憲法判例

第8版

Constitutional Law
Cases and Comments

TOMATSU Hidenori　SHIYAKE Masanori
戸松秀典／初宿正典【編著】

有斐閣
yuhikaku

第８版　はしがき

本書の第７版を発刊した2014年以来４年が経過した。その間に，注目すべき重要な憲法判例がいくつか登場したので，それを取り入れるとともに，従来の掲載判例の若干を整理し，第８版を刊行することにした。前回同様，日本の憲法秩序は，最高裁判所を軸に，かつて見られないほどの進展をしているということができる。そこで，この第８版でも，判例集としての完成度を高める改訂作業を継続して行った。その具体的作業内容については，前版のはしがきで記したとおりである。

本書の改訂作業で強く感じたことは，最高裁判所の裁判書における文章量が多くなっており，いかにしてこれに対応した編集をしたらよいかということである。特に，大法廷判決は，判決理由が長文であることに加え，いくつかの個別意見がこれもまた相当な長文で付けられていて，それを全部収録するわけにはいかないため，判例法の形成・発展に意義のある箇所を残すことに神経を使った。

昨今の日本の書籍文化は，文庫本や新書本に強い人気があるように，小さい本，コンパクトな本であることが好まれる傾向にある。しかし，判例集においてこの傾向に迎合すると，判例集の機能を大きく損なうことになる。そこで，編者としては，本書の頁数を大きく増やさないように配慮しながら理由部分に手を入れつつ，当該判例の意義をなるべく維持するように努めた。判例によっては，個別意見について大幅な削除や省略をしているところがあるが，その点は，編集に伴うそのような苦労の結果として，ご寛容を願いたい。

本書は，これまでと同様に，大学の学部や大学院の授業で使う教材として，また法実務家が利用する資料として，さらには一般市民が憲法の現状を知る書として広く受け入れられると期待しており，憲法判例集としての性格をいっそう高めるよう努めていく所存であり，ご意見をいただければ幸いである。

なお，前回の改訂と同様，この第８版の改訂作業についても，有斐閣京都支店の柳澤雅俊氏に大変お世話になった。厚く御礼申し上げる。

2018年２月

戸　松　秀　典
初　宿　正　典

第4版　はしがき

判例は，今日，法実務，法律学の研究および法学教育にとって不可欠の存在となっている。このことは今さら多言を要しないことであるが，憲法判例については，広範囲の実定法分野とのかかわりで，近年とくにその重要度を深めていることが特筆されるべきである。

このような憲法判例の意義の高まりに照らして，また，本書が1993年6月刊行の第3版以来すでに10年近く経ち，その増補版を出してからでもすでに5年以上経っているため，新たに数多くの重要判例を取り込む必要性に迫られていることもあって，このたび，旧版に大幅な改訂を加えて，第4版として刊行することとした。

この第4版を編むに当たっては，まず，新たに取り込むべき判例の取捨選択を徹底的に行ったうえで，収録判例を相当数増やすとともに，今となってはもう不要と思われるものなど，いくつかの判例を割愛した。

次に，旧版から引き続いて取り上げている判例も含めて，判例全体の配列のしかたを根本的に再検討して，実務，研究，教育の実情になるべく合うように編成し直した。

また，「事実」，「判旨」（または「決定要旨」）および小見出しなどについても，全般的に見直しをして，修正ないし加筆を施した。その際，とくに「事実」の欄では，事件の起きた年月，前審裁判所の判決・決定の年月日および出典をできる限り示して読者の便宜をはかり，最高裁判例における各裁判官の個別意見に関しては，その内容を概略しえなかった場合についても，裁判官名をすべて列記した。

さらに，各判例に関する評釈や解説については，「評釈」の項で主要なものに限定して挙げて，それを参照すれば他のものにもたどりつけるようにし，また，取り上げた判例と関連する判例や当該判例以後の法令改正，あるいは事件以後の情報等については，要所にコメントを付した。

他にも，目次や索引を充実させて，目的の判例の抽出をしやすくしたこと，判型をA5判にするなど，これまでの版にはなかった工夫もした。

本書の目指すところは，アメリカのロー・スクールなどで使用されているようなケースブックにまで仕立て上げることであるが，そのためには今後なおいっそうの工夫と改良が必要であろう。本書の利用者からの忌憚のないご意見を期待している。

今回の作業は，主として，編者である私ども二人で行ったが，完成に至ったのは，次のような方々の支援を得られたからであり，深い謝意を記しておきたい。まず，阿部照哉・池田政章両先生をはじめとする，旧版に関与された方々のご尽力が基となっていることを深く感じている。また，大幅な点検，組替えの作業をする過程で，学習院大学における演習参加者の大学院や学部の学生諸君の助力を得た。特に，菅るり子さんは，事実や判旨部分によく目を通して有益な意見を提示してくれたし，樋口卓也，飯田桂の両君は，原稿の補正，整理を手伝ってくれた。

最後に，有斐閣書籍編集第一部の香西大孝氏には，作業の進行が予定より相当に遅れたため，かなりの忍耐を求めることとなった。

この第４版が，今までのものと同様に，憲法判例を知る基本資料として，多くの読者に利用していただければ幸いである。

2002 年 11 月

戸 松 秀 典
初 宿 正 典

第５版 はしがき

本書の第４版は，その「はしがき」（後掲）で述べたように，旧版に大幅な改訂を加え，体裁も一新させたものであったが，その後も，補訂版，補訂２版として，最新の重要な判例を取り込むなどの補正を加えて，より使いやすい教材となるよう努めてきた。この度，この第４版の基本を維持しつつも，さらに手を加えて，第５版とすることとした。その際，１）追補として末尾に収録していた判例を本体に組み込んだ。２）最近の重要な判例をいくつか追加した。３）既存の判例のうち若干のものについて配置箇所を変更したり，入れ替えたりした。４）コメント欄になるべく新しい情報を加筆するようにした。５）その他，読者からご指摘いただいた諸点への対応をした。

本書は，2004 年に発足した法科大学院での授業でもよく利用して頂いているとのことである。今後も，内容はもちろん使い勝手等についても忌憚なきご意見を頂いて，さらに改善に努めていきたいと思っている。

この第５版の改訂作業は，有斐閣書籍編集第一部の稲塚真人氏のご尽力なしでは進めることができなかった。厚く御礼申し上げる。

2007 年２月

戸 松 秀 典
初 宿 正 典

第６版 はしがき

本書の第５版（2007 年刊）は，後掲の「はしがき」にもあるように，有斐閣双書として編まれていた第３版（1993 年刊）までの内容を全面的に見直し版型も一新させて読みやすくした第４版（2002 年刊）に，それ以後のいくつかの重要な判例を取り込んだり，既存の判例のうちのいくつかについて配置箇所の変更・入れ替えをしたりしたものであった。幸い多くの利用者を得て，2008 年には補訂を加えた第２刷を発行したが，その後も最高裁判所からいくつかの重要な判例が出されたことも考慮し，本書を利用してくださっている多くの方々にできるだけ up-to-date な情報を提供すべく，この度，この第５版にさらに手を加えて，第６版とすることとした。

その際，2010（平成22）年1月までの判例のうち，11の判例について，新たに加えたり入れ替えたりしたほか，コメントや評釈の欄においてもできる限り新しい情報を加筆して，利用の便宜に努めたつもりである。

本書は，学部の授業はもちろん法科大学院での授業でもよく利用して頂いているようであり，今後も，さらによきものとなるよう努めていく所存である。

この第6版の改訂作業についても，有斐閣書籍編集第一部の柳澤雅俊氏にたいへんお世話になった。厚く御礼申し上げる。

2010年2月

戸　松　秀　典
初　宿　正　典

第7版　はしがき

2010年に本書の第6版を発刊して以来4年を経過したが，その間に，注目すべき多くの重要な憲法判例が登場した。このところの状況を見ると，日本の憲法秩序は，最高裁判所を軸に，かつて見られないほどの進展をしているといってよい。そのことにも照らし，この第7版では，従来にも増して判例集としての完成度を高めるべく改訂作業を行った。

まず，憲法判例の展開状況が的確にとらえられるように，新判例の収録ばかりでなく，すでにこれまでの版に収載している判例についても再点検をして，判旨内容を補充したり，従来収載を見送っていたものを新たに収載したりした。

次に，紙幅の大幅な増加を抑えるため，今日では意義が薄れていると思われるいくつかの判例を整理したが，それは最小限にとどめ，コメント欄で簡単に要約する形で触れるだけにとどめることにしたものもある。

さらに，コメント欄には原則として小見出しを付し，そこに当該判例についての位置づけの理解に役立つ情報を記した。

こうして，本書は，憲法判例集としての利用価値をいっそう高めたのではないかと思っている。

本書は，学部の授業はもちろん法科大学院での授業でもよく利用して頂いているようであるが，さらに，弁護士をはじめとする法実務家からも，信頼の置ける利用価値の高い判例集であるとの評価をいただくようになっている。今後も，さらによきものとなるよう努めていく所存である。

この第7版の改訂作業についても，有斐閣京都支店の柳澤雅俊氏に大変お世話になったことにつき，厚く御礼申し上げる。

2014年1月

戸　松　秀　典
初　宿　正　典

目　　次

第Ⅳ章 国　会

第Ⅴ章 内　閣

第Ⅵ章 司　法

第Ⅶ章　財　　政

第Ⅷ章　地方自治

凡　　例

1　判例の出典は，おおむね通例に従い，以下の例のように略記した（巻末に判例索引を付した)。

最大判（決）＝最高裁判所大法廷判決（決定）
最一（二，三）判＝最高裁判所第一（第二，第三）小法廷判決
東京高判＝東京高等裁判所判決
大阪地判＝大阪地方裁判所判決
神戸簡判＝神戸簡易裁判所判決
高松高松山支判＝高松高等裁判所松山支部判決

民集＝最高裁判所民事判例集
刑集＝最高裁判所刑事判例集
行集＝行政事件裁判例集
集民＝最高裁判所裁判集（民事）
集刑＝最高裁判所裁判集（刑事）
高民（高刑）＝高等裁判所民事（刑事）判例集
下民（下刑）＝下級裁判所民事（刑事）裁判例集
裁時＝裁判所時報
労民＝労働関係民事裁判例集
刑月＝刑事裁判月報
訟月＝訟務月報
行月＝行政裁判月報
刑資＝刑事裁判資料
高刑特＝高等裁判所刑事裁判特報
東高刑時＝東京高等裁判所刑事判決時報
判時＝判例時報
判タ＝判例タイムズ
判自＝判例地方自治
労判＝労働判例

2　「**評釈**」の出典も以下のように略記した。なお，百選については項目

番号で，その他の出典については頁番号で表示した。

憲百Ⅰ（Ⅱ）＝憲法判例百選Ⅰ（Ⅱ）〔第６版〕

※「Ⅰ」「Ⅱ」を付けず，単に「憲百」とあるのは，芦部信喜編『憲法判例百選』（初版，新版，第３版）を表す。

重判〈平成○年度〉＝平成○年度重要判例解説

医事百選＝医事法判例百選〔第２版〕

会社法百選＝会社法判例百選〔第３版〕

環境百選＝環境法判例百選〔第２版〕

教育百選＝教育判例百選〔第３版〕

行政百選Ⅰ（Ⅱ）＝行政判例百選Ⅰ（Ⅱ）〔第７版〕

刑訴百選＝刑事訴訟法判例百選〔第10版〕

刑法百選＝刑法判例百選〔第７版〕

公務員百選＝公務員判例百選

国際百選＝国際法判例百選〔第２版〕

地自百選＝地方自治判例百選〔第４版〕

社会保障百選＝社会保障判例百選〔第５版〕

宗教百選＝宗教判例百選〔第２版〕

租税百選＝租税判例百選〔第６版〕

マスコミ百選＝マスコミ判例百選〔第２版〕

民訴百選＝民事訴訟法判例百選〔第５版〕

民法百選Ⅰ（Ⅱ）＝民法判例百選Ⅰ（Ⅱ）〔第８版〕

民法百選Ⅲ＝民法判例百選Ⅲ〔第２版〕

メディア百選＝メディア判例百選

労働百選＝労働判例百選〔第９版〕

基本判例＝憲法の基本判例〔第２版〕

憲法の判例＝憲法の判例〔第３版〕

セレクト〈'○〉Ⅰ（Ⅱ）＝判例セレクト○年度Ⅰ（Ⅱ）（法学教室別冊付録）

曹時＝法曹時報

判評＝判例評論

法教＝法学教室

法時＝法律時報

法セ＝法学セミナー

ジュリ＝ジュリスト

論ジュリ＝論究ジュリスト

民商＝民商法雑誌

3　判例中に引用されている参照判例の表記についても，たとえば，原典では「最高裁昭和44年(あ)第734号同47年11月22日大法廷判決・刑集26巻9号554頁」とあるのを，便宜上，「最大判昭47・11・22刑集26巻9号554頁」のように略記した。

4　年月日，出典，法令の条数については，判例中においても算用数字を用いた。

5　判例中の音便については，原典にかかわらず小さい「っ」等を用いたが，法令中のものについては，原典の表記に従った。

6　判決（決定）理由中の「　」内部分は原典からの引用であることを示し，原典中の「　」は便宜上『　』で表記した。また，〔　〕は編著者が補った部分であることを示す。

7　「**事実**」欄でのXは民事事件の原告，Yは民事事件の被告または刑事事件の被告人のことであり，「**判旨**」または「**決定要旨**」中においても（一般名詞として用いられている場合は別として）この記号で示した。その他，訴外の関係者も便宜上アルファベットで示したところがある。

8　最高裁判所における各裁判官の個別意見は，現在では「補足意見」「意見」または「反対意見」と表記されるが，初期の判例では必ずしも表記が統一されておらず，これら以外にも，「補充意見」とか「少数意見」といった表記も見られ，それらについては基本的に原典の表記に従った。

9　中央省庁や国務大臣の名称は事件当時のものであって，中央省庁改革後の現行の省庁名とは異なっている場合がある（例：「厚生大臣」＝現行の「厚生労働大臣」，「文部省」＝現行の「文部科学省」）。

編 著 者 紹 介

戸松 秀典（とまつ ひでのり）

愛知県出身

1966 年東京大学法学部卒業

現在　学習院大学名誉教授

〈主要著作〉

『平等原則と司法審査』（有斐閣，1990）

『立法裁量論』（有斐閣，1992）

『憲法訴訟〔第 2 版〕』（有斐閣，2008）

『論点体系 判例憲法 1 ～ 3 』（共編，第一法規，2013）

『憲法』（弘文堂，2015）

初宿 正典（しやけ まさのり）

滋賀県出身

1971 年京都大学法学部卒業

現在　京都大学名誉教授

〈主要著作〉

『現代社会における国家と法〔阿部照哉先生喜寿記念〕』（共編，成文堂，2007）

『国民主権と法の支配（上）（下）〔佐藤幸治先生古稀記念〕』（共編，成文堂，2008）

『憲法 2 基本権〔第 3 版〕』（成文堂，2010）

『憲法 Cases and Materials 人権〔第 2 版〕』（共編，有斐閣，2013）

『日独比較憲法学研究の論点』（成文堂，2015）

第Ⅰ章 天　皇

(1) 名誉毀損

I-1 プラカード事件

最大判昭23・5・26刑集2巻6号529頁
（不敬被告事件）

事　実　Yは，1946（昭和21）年5月19日，東京都内で行われた飯米獲得人民大会（食糧メーデー）において，縦2尺5寸横3尺7寸のプラカードに，「ヒロヒト　詔書曰ク　国体はゴジされたぞ　朕はタラフク　食ってるぞナンジ人民　飢えて死ね　ギヨメイ　ギヨジ　日本共産党　田中精機細胞」と書いて参加し，デモ行進に加わったところ，旧刑法74条の不敬罪で起訴された。第1審（東京刑事地判昭21・11・2刑集2巻6号603頁）は，プラカードの文言が天皇制の批判ではなく，天皇一身に対する誹毀侮辱であり，天皇の地位が完全に変革した以上，刑法230条1項の名誉毀損罪が相当だとして，懲役8月に処した。第2審（東京高判昭22・6・28刑集2巻6号607頁）は，日本国憲法の公布とともに不敬罪に対する大赦令が公布・施行されていたので，免訴の判決を言い渡した。そこで，検察官が上告した。

I

判　旨　**棄却**　**大赦による公訴権の消滅と裁判所の実体審理**「裁判所が公訴につき，実体的審理をして，刑罰権の存否及び範囲を確定する権能をもつのは，検事の当該事件に対する具体的公訴権が発生し，かつ，存続することを要件とするのであって，公訴権が消滅した場合，裁判所は，その事件につき，実体上の審理をすすめ，検事の公訴にかかる事実が果して真実に行われたかどうか，真実に行われたとして，その事実は犯罪を構成するかどうか，犯罪を構成するとせばいかなる刑罰を科すべきやを確定することはできなくなる。これは，不告不理の原則を採るわが刑事訴訟法の当然の帰結である。本件においても，既に大赦によって公訴権が消滅した以上，裁判所は前に述べたように，実体上の審理をすることはできなくなり，ただ刑事訴訟法第363条に従って，Yに対し，免訴の判決をするのみである。従って，この場合，Yの側においてもまた，訴訟の実体に関する理由を主張して，無罪の判決を求めることは許されないのである。若し，訴訟の実体に関する問題をいうならば，Y側にいろいろの主張はあるであろう。公訴にかかる事実の存在を争うこともその一であり，その事実の法律上罪とならぬことを主張するのもその一であり，その他，各種の免責事由の主張等いろいろあるであろうけれど，既に公訴の基礎をなす公訴権が消滅する以上，これは一切裁判所が取上げることができないと同様，Yも，また，これを主張して無罪の判決を求めることはできないのである。本件において，Yおよび弁護人が特に強調するところの，刑法不敬罪の規定は昭和21年5月19日，即ち本件Yの行為のなされた当時には既に失効していたという主張に関しても，畢竟これはYの本件行為が罪となるか，ならぬかの争点に関するものであって，大赦によって本件公訴権は消滅し，実体上の審理が許されないことは前説明のとおりであるから，Y等も，また，かかる理由に基いて，無罪を主張することは許されないのである。」「しかるに，原審は控訴審として本件を審理するにあたり，大赦令の施行にもかかわらず，依然本件公訴につき実体上の審理をつづけ，その結果，Yの本件所為は刑法第74条第1項に該当するものと判定し，その上で前記大赦令を適用して，その主文においてYを免訴する旨の判決をしたのである。右の如く原審が大赦令の施行にもかかわらず実体上の審理をなし，その判決理由においてYに対し有罪の判定を下したことは，前段説明したような大赦の趣旨を誤解したものであって，違法たるを免れず，その違法はまさに本判決をもって，これを払拭するところであるが，原判決がその主文において，Yに対して，免訴の判決を言渡したのは結局において正しいといわなければならぬ。」

補足意見 **井上登裁判官**（略）

意　見 **真野毅裁判官**（略） **栗山茂裁判官**（略） **霜山精一・沢田竹治郎裁判官**（略） **庄野理一裁判官**「既に新憲法は実施され，天皇は，主権の存する日本国民の総意に基き日本国の象徴であり日本国民統合の象徴であるとされ，不敬罪も刑法からそのかげを没し，刑法の威嚇がなければ天皇の尊厳が保てないという封建的な思想が払拭された今日，本件行為当時に不敬罪が実質的に廃止されていたと断ずることに，さ程の困難を感じないのである。」「右の理由により本件Yに対しては原判決を破毀して無罪を宣告すべきである。」

見　解 **斎藤悠輔裁判官**（略）

（評釈） 刑訴百選 A47，石村修・憲百Ⅱ 166。

I-2　コラージュ事件

富山地判平10・12・16判時1699号120頁，判タ995号76頁
（国家賠償等請求事件）

事　実　富山県立美術館は，1986（昭和61）年3月，X_4の制作した「遠近を抱えて」と題するコラージュ（昭和天皇の写真と裸婦像などを組み合わせたもの）連作版画を購入し，所蔵していたが，これを7年間非公開にして売却するとともに，その作品を収録した図録を焼却した。これに対して，作者のX_4は，表現の自由の侵害を，また，その他のXらは，鑑賞する権利，知る権利の侵害を主張して，Y_1（富山県）に損害賠償の請求を，Y_2（富山県教育委員会教育長）に対して，本件作品の売却および本件図録焼却の無効確認と本件作品の買戻しおよび本件図録の再発行を求める訴えを提起した。裁判所は，損害賠償請求を認めつつ，他の請求について棄却ないし却下としたのであるが，その判断理由中で，本件作品には，昭和天皇の写真が使用されており，そのプライバシー権ないし肖像権を侵害するおそれがあるとのYらの主張について，次のように判示した。

判　旨　**一部認容，一部棄却，一部却下**　**1天皇のプライバシー権・肖像権の保障**　「県教育委員会による本件作品の特別観覧許可申請の不許可，県立美術館及び県教育委員会による本件図録の閲覧の拒否が，その他の原告らの有する知る権利に対する必要かつ合理的な範囲内の制限であるとして是認されるか否かについて検討する。」「この点について，Yらは，まず，本件作品及び本件図録を非公開とした理由として，天皇も自然人として人格権を有しているところ，本件作品は昭和天皇のプライバシーの権利ないし肖像権を侵害するかその疑いがある旨主張する。」「ところで，憲法13条は，いわゆるプライバシーの権利を保障しており，公権力がその人の意思に反して接触を強要し，その人の道徳的自立の存在に関わる情報を取得し，あるいは利用ないし対外的に開示することは原則的に禁止され，また，国民の私生活上の自由の一つとしていわゆる肖像権を保障しており，国民は，その承諾なしに，みだりにその容貌，姿態を撮影されない自由を有しているものと解される。そして，天皇も憲法第3章にいう国民に含まれ，したがって，憲法の保障する基本的人権の享有主体であり，天皇の地位の世襲制，天皇の象徴としての地位，天皇の職務からくる最小限の特別扱いのみが認められるものと解されるから，天皇にもプライバシーの権利や肖像権が保障されることとなる。ただし，天皇の象徴としての地位，天皇の職務からすると，天皇についてはプライバシーの権利や肖像権の保障は制約を受けることになるものと解するのが相当である。」　**2本件での天皇のプライバシー権・肖像権の侵害**　「これを本件についてみると，本件作品は，……昭和天皇の肖像と東

西の名画，解剖図，家具，裸婦などを組み合わせて構成されたものであること，さらに，本件作品は既に撮影された昭和天皇の写真を利用して製作されたものであるから，新たにその容貌等を撮影されない自由としての肖像権を侵害するか否かという問題にはならないこと，個人の私生活に関する情報を含まない単なる容貌等についての写真は右にいうプライバシーの権利が保障する個人の道徳的自立の存在に直接関わる情報ではないから，そのような写真を利用ないし対外的に開示しても直ちにプライバシーの権利の侵害になるとはいえないところ，本件作品において利用された昭和天皇の写真は何ら昭和天皇個人の私生活に関する情報を含まないものであり，かつ，その利用の仕方からしても昭和天皇個人の私生活に関する情報を開示するものではないと認められること……，さらに，右にみたように，天皇の象徴としての地位，天皇の職務からすると，天皇についてはプライバシーの権利や肖像権の保障は制約を受けることを総合考慮すると，本件作品が昭和天皇のプライバシーの権利や肖像権を侵害するとか，その疑いがあるとは認められない。」

評釈　田中伸尚・法セ529号4，池端忠司・ジュリ1152号162，右崎正博・法時73巻2号44。

コメント　本件の控訴審は，本判決を取り消して損害賠償の請求を棄却したが，上記の判断理由についてはそれを引用して踏襲している（名古屋高金沢支判平12・2・16判時1726号111頁）。

(2)　裁判権

I-3　天皇への不当利得返還請求事件

最二判平元・11・20民集43巻10号1160頁，判時1338号104頁
（住民訴訟による損害賠償請求事件）

事　実　千葉県の住民である原告Xは，千葉県知事Yが，1988（昭和63）年9月23日から1989（昭和64）年1月6日まで天皇陛下の病気の快癒を願う県民記帳所を違法に設置し，これに千葉県の公費を違法に支出して千葉県に損害を与え，一方，昭和天皇は記帳所設置に要した費用負担相当額を不当に利得したところ1989（昭和64）年1月7日に死亡し，今上天皇が相続したとして，千葉県に代位してYに対しその損害賠償請求を，天皇に対し不当利得返還請求をした。

判　旨　**棄却**　**天皇と民事裁判権**　「天皇は日本国の象徴であり日本国民統合の象徴であることにかんがみ，天皇には民事裁判権が及ばないものと解するのが相当である。したがって，訴状において天皇を被告とする訴えについては，その訴状を却下すべきものであるが，本件訴えを

不適法として却下した第1審判決を維持した原判決は，これを違法として破棄するまでもない。記録によれば，本件訴訟手続に所論の違法はなく，また，所論違憲の主張はその実質において法令違背を主張するものにすぎず，論旨は採用することができない。」

(評釈) 岩渕正紀・ジュリ954号96，佐々木高雄・法教116号100，岩渕正紀・曹時42巻4号166，日比野勤・重判〈平成元年度〉14，棟善夫・法セ427号114，髙野幹久・セレクト〈'90〉6，長谷部恭男・民訴百選I〈新法対応補正版〉6，小林節・憲百II 168。

第Ⅱ章　戦争放棄

(1)　日米安保条約の合憲性

Ⅱ-1　砂川事件第1審

東京地判昭34・3・30下刑1巻3号776頁，判時180号2頁
（日本国とアメリカ合衆国との間の安全保障条約第3条に基く行政協定に伴う刑事特別法違反被告事件）

事　実　東京調達局は，行政協定の実施に伴う土地等の使用等に関する特別措置法および土地収用法により内閣総理大臣の使用認定を得て，1957（昭和32）年7月8日，米軍使用の立川飛行場内民有地の測量を開始した。これに反対する基地拡張反対同盟員，支援の各種労働組合員，学生団体員等千余名の集団が境界柵外に集合し，その中の一部の者が境界柵を数十メートルにわたって破壊した。Y等は，この集団に参加していた者であるが，他の参加者約300名とともに午前10時40分頃から同11時30分頃までの間に，正当な理由がないのに，境界柵の破壊された上記の箇所から，アメリカ合衆国軍隊が使用する区域であって立入禁止場所であった飛行場内に深さ2，3メートルないし4，5メートルにわたって立ち入ったため，この行為が刑事特別法2条に違反するとして起訴された。

判　旨　**無罪**　**1合衆国軍隊の駐留と戦力の不保持**　「わが国に駐留する合衆国軍隊はただ単にわが国に加えられる武力攻撃に対する防禦若しくは内乱等の鎮圧の援助にのみ使用されるものではなく，合衆国が極東における国際の平和と安全の維持のために事態が武力攻撃に発展する場合であるとして，戦略上必要と判断した際にも当然日本区域外にその軍隊を出動し得るのであって，その際にはわが国が提供した国内の施設，区域は勿論この合衆国軍隊の軍事行動のために使用されるわけであり，わが国が自国と直接関係のない武力紛争の渦中に巻き込まれ，戦争の惨禍がわが国に及ぶ虞は必ずしも絶無ではなく，従って日米安全保障条約によってかかる危険をもたらす可能性を包蔵する合衆国軍隊の駐留を許容したわが国政府の行為は，『政府の行為によって再び戦争の惨禍が起きないようにすることを決意』した日本国憲法の精神に悖るのではないかとする疑念も生ずるのである。」「ところでこのような実質を有する合衆国軍隊がわが国内に駐留するのは，勿論アメリカ合衆国の一方的な意思決定に基くものではなく，前述のようにわが国政府の要請と，

合衆国政府の承諾という意思の合致があったからで，従って合衆国軍隊の駐留は一面わが国政府の行為によるものということを妨げない。蓋し合衆国軍隊の駐留は，わが国の要請とそれに対する施設，区域の提供，費用の分担その他の協力があって始めて可能となるものであるからである。かようなことを実質的に考察するとき，わが国が外部からの武力攻撃に対する自衛に使用する目的で合衆国軍隊の駐留を許容していることは，指揮権の有無，合衆国軍隊の出動義務の有無に拘らず，日本国憲法第9条第2項前段によって禁止されている陸海空軍その他の戦力の保持に該当するものといわざるを得ず，結局わが国内に駐留する合衆国軍隊は憲法上その存在を許すべからざるものといわざるを得ないのである。」 **2刑事特別法2条と適正手続** 「もとより，安全保障条約及び行政協定の存続する限り，わが国が合衆国に対しその軍隊を駐留させ，これに必要なる基地を提供しまたその施設等の平穏を保護しなければならない国際法上の義務を負担することは当然であるとしても，前記のように合衆国軍隊の駐留が憲法第9条第2項前段に違反し許すべからざるものである以上，合衆国軍隊の施設又は区域内の平穏に関する法益が一般国民の同種法益と同様の刑事上，民事上の保護を受けることは格別，特に後者以上の厚い保護を受ける合理的な理由は何等存在しないところであるから，国民に対して軽犯罪法の規定よりも特に重い刑罰をもって臨む刑事特別法第2条の規定は，前に指摘したように何人も適正な手続によらなければ刑罰を科せられないとする憲法第31条に違反し無効なものといわなければならない。」

II-2　砂川事件上告審

最大判昭34・12・16刑集13巻13号3225頁，判時208号10頁
（日本国とアメリカ合衆国との間の安全保障条約第3条に基く行政協定に伴う刑事特別法違反被告事件）

事　実　⇒II-1　第1審判決に対し，検察側が最高裁に跳躍上告した。

判　旨　**破棄差戻**

1憲法9条と自衛権 「〔憲法9条〕は，同条にいわゆる戦争を放棄し，いわゆる戦力の保持を禁止しているのであるが，しかしもちろんこれによりわが国が主権国として持つ固有の自衛権は何ら否定されたものではなく，わが憲法の平和主義は決して無防備，無抵抗を定めたものではないのである。憲法前文にも明らかなように，われら日本国民は，平和を維持し，専制と隷従，圧迫と偏狭を地上から永遠に除去しようとつとめている国際社会において，名誉ある地位を占めることを願い，全

世界の国民と共にひとしく恐怖と欠乏から免かれ，平和のうちに生存する権利を有することを確認するのである。しからば，わが国が，自国の平和と安全を維持しその存立を全うするために必要な自衛のための措置をとりうることは，国家固有の権能の行使として当然のことといわなければならない。すなわち，われら日本国民は，憲法９条２項により，同条項にいわゆる戦力は保持しないけれども，これによって生ずるわが国の防衛力の不足は，これを憲法前文にいわゆる平和を愛好する諸国民の公正と信義に信頼することによって補ない，もってわれらの安全と生存を保持しようと決意したのである。そしてそれらは，必ずしも原判決のいうように，国際連合の機関である安全保障理事会等の執る軍事的安全措置等に限定されたものではなく，わが国の平和と安全を維持するための安全保障であれば，その目的を達するにふさわしい方式又は手段である限り，国際情勢の実情に即応して適当と認められるものを選ぶことができることはもとよりであって，憲法９条は，わが国がその平和と安全を維持するために他国に安全保障を求めることを，何ら禁ずるものではないのである。」 **2戦力の不保持の意味** 「そこで，右のような憲法９条の趣旨に即して同条２項の法意を考えてみるに，同条項において戦力の不保持を規定したのは，わが国がいわゆる戦力を保持し，自らその主体となってこれに指揮権，管理権を行使することにより，同条１項において永久に放棄することを定めたいわゆる侵略戦争を引き起こすがごときことのないようにするためであると解するを相当とする。従って同条２項がいわゆる自衛のための戦力の保持をも禁じたものであるか否かは別として，同条項がその保持を禁止した戦力とは，わが国がその主体となってこれに指揮権，管理権を行使し得る戦力をいうものであり，結局わが国自体の戦力を指し，外国の軍隊は，たとえそれがわが国に駐留するとしても，ここにいう戦力には該当しないと解すべきである。」 **3高度の政治性を有する国家行為と司法審査** 「本件安全保障条約は，前述のごとく，主権国としてのわが国の存立の基礎に極めて重大な関係をもつ高度の政治性を有するものというべきであって，その内容が違憲なりや否やの法的判断は，その条約を締結した内閣およびこれを承認した国会の高度の政治的ないし自由裁量的判断と表裏をなす点がすくなくない。それ故，右違憲なりや否やの法的判断は，純司法的機能をその使命とする司法裁判所の審査には，原則としてなじまない性質のものであり，従って，一見極めて明白に違憲無効であると認められない限りは，裁判所の司法審査権の範囲外のものであって，それは第一次的には，右条約の締結権を有する内閣およびこれに対して承認権を有する国会の判断に従うべく，終局的には，主権を有する国民の政治的批判に委ねらるべきであると解するを相当とする。そして，このことは，本件安全保障条約またはこれに基く政府の行為の違憲なりや否やが，本件のように前提問題となっている場合であると否とにかかわらないのである。」「果してしからば，かようなアメリカ合衆国軍隊の駐留は，憲法9条，98条2項および前文の趣旨に適合こそすれ，これらの条章に反して違憲無効であることが一見極めて明白であるとは，到底認められない。そしてこのことは，憲法9条2項が，自衛のための戦力の保持をも許さない趣旨のものであると否とにかかわらないのである。（なお，……米軍の配備を規律する条件を規定した行政協定は，既に国会の承認を経た安全保障条約3条の委任の範囲内のものであると認められ，これにつき特に国会の承認を経なかったからといって，違憲無効であるとは認められない。）」

補足意見　**田中耕太郎裁判官**「かりに駐留が違憲であったにしても，刑事特別法2条自体がそれにかかわりなく存在の意義を有し，有効であると考える。つまり駐留が合憲か違憲かについて争いがあるにしても，そしてかりにそれが違憲であるとしても，とにかく駐留という事実が現に存在する以上は，その事実を尊重し，これに対し適当な保護の途を講ずることは，立法政策上十分是認できる」。**島保裁判官**（略）　**藤田八郎・入江俊郎裁判官**（略）　**垂水克己裁判官**（略）　**河村大助裁判官**（略）　**石坂修一裁判官**（略）

意　見　**小谷勝重裁判官**「多数意見のいう本件安保条約に対しては違憲審査権は原則としてなじまないものとするのは如何なる法的根拠によるものであるのか，少しもその理由が説明されておらず，理由不備の判決といわなければならない。」「多数意見は『国の存立に重大な関係あり，したがって高度の政治性を有する条約』については，原則として違憲審査権の及ばないことを判示するものであって，国の重大事項と憲法との関係において，憲法を軽視するものであってそれはやがて力（権力）を重しとし法（憲法）を軽しとする思想に通ずる。」　**奥野健一・高橋潔裁判官**「安保条約の国内法的効力が憲法9条その他の条章に反しないか否かは，司法裁判所として純法律的に審査することは可能であるのみならず，特に，いわゆる統治行為として裁判所がその審査判断を回避しなければならない特段の理由も発見できない。」

評釈　佐藤功・憲法の判例187，栗城壽夫・基本判例162，松田幹夫・国際百選〈初版〉105，今村哲也・行政百選Ⅱ〈第6版〉150，浦田一郎・憲百Ⅱ169，笹田栄司・論ジュリ17号26。

コメント　本件差戻後の第1審（東京地判昭36・3・27判時255号7頁）は，罰金2千円の有罪判決を下し，第2審（東京高判昭37・2・15判タ131号150頁）は，控訴を棄却した。なお，違憲判断の回避の問題につき⇒***Ⅵ-22***。

(2)　自衛隊の合憲性

II-3　長沼ナイキ基地訴訟第1審

札幌地判昭48・9・7判時712号24頁
（保安林指定の解除処分取消請求事件）

事　実　防衛庁は，第3次防衛力整備計画に基づく防衛力強化のために，北海道夕張郡長沼町に航空自衛隊第三高射群施設（いわゆるナイキ基地）を設けることにし，農林省から国有林の所管替を受けて，保安林指定解除の手続を進めた。農林大臣Yは，1969（昭和44）年7月7日，「公益上の理由により必要が生じたとき」は保安林の指定を解除することができる旨を定めた森林法26条2項に基づき，本件保安林指定の解除の処分を行った。この処分に対し，Xら地元住民173名は，この解除処分の執行停止と取消しを求める訴訟を提起した。

判　旨　**認容**　**1平和的生存権の侵害**　「森林法を憲法の秩序のなかで位置づけたうえで，その各規定を理解するときには，同法第3章第1節の保安林制度の目的も，たんに同法第25条第1項各号に列挙された個々の目的にだけ限定して解すべきではなく，右各規定は帰するところ，憲法の基本原理である民主主義，基本的人権尊重主義，平和主義の実現のために地域住民の『平和のうちに生存する権利』（憲法前文）すなわち平和的生存権を保護しようとしているものと解するのが正当である。したがって，もしYのなんらかの森林法上の処分によりその地域住民の右にいう平和的生存権が侵害され，また侵害される危険がある限り，その地域住民にはその処分の瑕疵を争う法律上の利益がある。」 **2憲法判断回避の採否**　「裁判所は具体的争訟事件の審理の過程で，国家権力が憲法秩序の枠を越えて行使され，それゆえに，憲法の基本原理に対する黙過することが許されないような重大な違反の状態が発生している疑いが生じ，かつその結果，当該争訟事件の当事者をも含めた国民の権利が侵害され，または侵害される危険があると考えられる場合において，裁判所が憲法問題以外の当事者の主張について判断することによってその訴訟を終局させたのでは，当該事件の紛争を根本的に解決できないと認められる場合には，前記のような憲法判断を回避するといった消極的な立場はとらず，その国家行為の憲法適合性を審理判断する義務があるといわなければならない。」 **3司法審査の対象**　「司法審査の対象から除外される国家行為の容認は，前記したようにあくまでも法治主義に対する例外であって，このような例外の理由を述べた判示は，普遍化されるべき性格をもつものではなく，この点を顧慮しないで，右の一般論的叙述部分のみを安易に拡大ないしは抽象化することはついには，法治主義の崩壊にも至る危険をはらんでいるものといわなければならない。」「わが国の憲法が第97条，第98条にもみられるように，国民の権利と自由を最大に保護しようとしていることからみれば，このような憲法秩序を維持するためにも，右のような例外は最少に局限されるべきことはいうまでもない。」 **④憲法9条の解釈** 「『国権の発動たる戦争』とは，国家行為としての戦争と同意義である。なお本項では国権の発動によらない戦争の存在を容認する趣旨ではない。」「『武力による威嚇又は武力の行使』ここにいう『武力』とは，実力の行使を目的とする人的および物的設備の組織体であるが，この意味では，後記第9条第2項にいう『戦力』と同じ意味である。『武力による威嚇』とは，戦争または戦闘行為に訴えることをほのめかしてなされる威嚇であり，『武力の行使』とは，国際法上認められている戦争行為にいたらない事実上の戦闘行為を意味する。」「『国際紛争を解決する手段としては，永久にこれを放棄する。』ここにおいて，国際紛争を解決する手段として放棄される戦争とは，不法な戦争，つまり侵略戦争を意味する。」「『前項の目的を達するため』の『前項の目的』とは，第1項を規定するに至った基本精神，つまり同項を定めるに至った目的である『日本国民は，正義と秩序を基調とする国際平和を誠実に希求（する）』という目的を指す。この『前項の目的』なる文言を，たんに第1項の『国際紛争を解決する手段として』のみに限定して，そのための戦争，すなわち，不法な戦争，侵略戦争の放棄のみの目的と解すべきではない。なぜなら，それは，前記した憲法前文の趣旨に合致しないばかりか，後記するように，現行憲法の成立の歴史的経緯にも反し，しかも，本項の交戦権放棄の規定にも抵触するものであり，かつ，現行憲法には宣戦，講和などの戦争行為に関するいっさいの規定を置いていないことからも明らかである。」「『陸海空軍』は，通常の観念で考えられる軍隊の形態であり，あえて定義づけるならば，それは『外敵に対する実力的な戦闘行動を目的とする人的，物的手段としての組織体』であるということができる。このゆえに，それは，国内治安を目的とする警察と区別される。『その他の戦力』は，陸海空軍以外の軍隊か，または，軍という名称をもたなくとも，これに準じ，または，これに匹敵する実力をもち，必要ある場合には，戦争目的に転化できる人的，物的手段としての組織体をいう。このなかにはもっぱら戦争遂行のための軍需生産設備なども含まれる。」「このようにして，本項でいっさいの『戦力』を保持しないとされる以上，軍隊，その他の戦力による自衛戦争，制裁戦争も，事実上おこなうことが不可能となったものである。」「Yは，『外部からの不正な武力攻撃や侵略を防止するために心要最少限度の自衛力は憲法第9条第2項にいう戦力にはあたらない』旨主張する。しかしながら，……自衛力は戦力でない，というYのような考え方に立つと，現在世界の各国は，いずれも自国の防衛のために必要なものとしてその軍隊ならびに軍事力を保有しているのであるから，それらの国国は，いずれも戦力を保有していない，という奇妙な結論に達せざるをえないのであって，結局，『戦力』という概念は，それが，自衛または制裁戦争を目的としたものであるか，あるいは，その他の不正または侵略戦争を目的とするものであるかにかかわらず，前記したように，その客観的性質によってきめられなければならないものである。」「『国の交戦権は，これを認めない。』『交戦権』は，国際法上の概念として，交戦国が国家としてもつ権利で，敵の兵力を殺傷，破壊したり，都市を攻撃したり，占領地に軍政をしいたり，中立国に対しても一定の条件のもとに船舶を臨検，拿捕し，また，その貨物を没収したりするなどする権利の総称をいう。この交戦権を，ひろく国家が戦争をする権利と解する立場は，第1項の『国権の発動たる戦争』と重複し，妥当ではない。」 **5憲法9条と自衛権** 「もちろん，現行憲法が，以上のように，その前文および第9条において，いっさいの戦力および軍備をもつことを禁止したとしても，このことは，わが国が，独立の主権国として，その固有の自衛権自体までも放棄したものと解すべきでないことは当然である（昭和34年12月16日付最高裁判所判決参照)。しかし，自衛権を保有し，これを行使することは，ただちに軍事力による自衛に直結しなければならないものではない。」「自衛権の行使方法が数多くあり，そして，国家がその基本方針としてなにを選択するかは，まったく主権者の決定に委ねられているものであって，このなかにあって日本国民は前来記述のとおり，憲法において全世界に先駆けていっさいの軍事力を放棄して，永久平和主義を国の基本方針として定立したのである。」 **6自衛隊および自衛隊法の違憲性** 「自衛隊の編成，規模，装備，能力からすると，自衛隊は明らかに『外敵に対する実力的な戦闘行動を目的とする人的，物的手段としての組織体』と認められるので，軍隊であり，それゆえに陸，海，空各自衛隊は，憲法第9条第2項によってその保持を禁ぜられている『陸海空軍』という『戦力』に該当するものといわなければならない。そしてこのような各自衛隊の組織，編成，装備，行動などを規定している防衛庁設置法（昭和29年6月9日法律第164号)，自衛隊法（同年同月同日法律第165号）その他これに関連する法規は，いずれも同様に，憲法の右条項に違反し，憲法第98条によりその効力を有しえないものである。」

(評釈) ［特集］ジュリ549号，市原昌三郎・重判〈昭和48年度〉6，阿部照哉＝東條武治・判評177号2，鈴木敦・憲百Ⅱ 171。

Ⅱ

II-4 長沼ナイキ基地訴訟控訴審

札幌高判昭 51・8・5 行集 27 巻 8 号 1175 頁，判時 821 号 21 頁
（保安林指定の解除処分取消請求事件）

事　実 ⇒*II-3* 第 1 審判決に対しＹは控訴した。

判　旨 **破棄自判** **1平和的生存権と前文の裁判規範性** 「〔前文〕第 2，第 3 項の規定は，これら政治方針がわが国の政治の運営を目的的に規制するという意味では法的効力を有するといい得るにしても，国民主権代表制民主制と異なり，理念としての平和の内容については，これを具体的かつ特定的に規定しているわけではなく，前記第 2，第 3 項を受けるとみられる第 4 項の規定に照しても，右平和は崇高な理念ないし目的としての概念にとどまるものであることが明らかであって，前文中に定める『平和のうちに生存する権利』も裁判規範として，なんら現実的，個別的内容をもつものとして具体化されているものではないというほかないものである。」 **2統治行為と司法審査** 「立法，行政にかかる国家行為の中には，国の機構，組織，並びに対外関係を含む国の運営の基本に属する国政上の本質的事項に関する行為もあるのであって，この種の行為は，国の存立維持に直接影響を生じ，最も妥当な政策を採用するには高度の政治判断を要するもので，その政策は統一的意思として単一に確定されるべき性質のものである。したがってかかる本質的国家行為は，司法部門における個々的法判断をなすに適せず，当該行為を選択することをその政治責任として負わされている所管の機関にこれを専決行使せしめ，その当否については終局的には主権を有する国民の政治的判断に問うことが，三権分立の原則及びこれを支える憲法上の原理である国民主権主義に副うものであると考えられる。」「司法判断は，法令を大前提とし，一定の対象事項を小前提としてその適合性の判断をなすものであるが，統治行為が司法審査権の範囲外にあるという場合，一般的には小前提たる対象事項がいわゆる統治事項に当るものとして考えられていると解されるのであって，大前提たる法規解釈の問題としてとらえられているのではない。しかし，小前提に適用さるべき大前提たる憲法その他の法令の解釈行為についても，なお右と同様の問題が考慮されなければならないはずである。けだし，裁判所は，大前提たるべき法規については，自らこれを解釈適用する本来の職責を有するものではあるが，当該法規が統治事項を規定しながら，その規定の意味内容が，客観的には必ずしも一義的には明瞭でなく，一応合理的反対解釈が成立し得る余地のある場合において，各裁判所がそれぞれこれに解釈を与えるということは，その選択そのもの

が，事柄の性質上，政治部門が行うべき高度に政治的な裁量的判断と表裏する判断をなすこととなるのみならず，その解釈の相違の結果生ずる対社会的，政治的混乱の影響は広範かつ重大であることが避けられず，これを解釈とする場合の問題は，小前提たる統治行為が司法判断の対象となり得るか否かを検討した場合の問題と本質的には異なるところはないと解されるからである。」 **③憲法9条2項の解釈** 「憲法第9条第2項の解釈については，自衛のための軍隊その他の戦力の保持が禁じられているか否かにつき積極，消極の両説がある。」「双方の各論旨をみると，積極説はその解釈において，わが憲法は，採用した平和主義，国際協調主義による平和を生存をかけて実現すべき理想とし，かつ現在の国際社会の情勢上もそれが可能であるとの見解を基盤とするものであり，消極説は，わが憲法は平和主義の理想を尊重すべきことを命じてはいるが，現実の国際社会において，急迫不正の侵害の危険性は現存し，その際における自救行為はこれを当然の前提としているとの見解を基盤として立論するものである。そして，わが憲法が右のいずれの見解に立脚して設けられているものであるかは，必ずしも明瞭とはいえず，各論旨はいずれもそれなりに一応の合理性を有するものといわなければならないから，結局自衛のための戦力の保持に関する憲法第9条第2項前段は，一義的に明確な規定と解することができないものといわなければならない。」 **④自衛隊の存在と司法判断** 「自衛隊法が自衛隊の主たる任務をわが国の防衛に置き，このために自衛隊としての一定の組織，編成を定め，かつ武器を保有し，これらを対外的に行使することを予定し，また現実に自衛隊が右自衛隊法に基づき同法所定の組織，編成のもとに武器を保有しているものであること前記……のとおりであるから，その設定された目的の限りではもっぱら自衛のためであることが明らかである。そして自衛隊法で予定された自衛隊の組織，編成，装備，あるいは現実にある自衛隊の組織，編成，装備が，侵略戦争のためのものであるか否かは，掲げられた右目的だけから判断すべきものではなく，客観的にわが国の戦争遂行能力が他の諸国との対比において明らかに侵略に足る程度に至っているものであるか否かによって判断すべきであるところ，戦争遂行能力の比較は，その国の軍備ないし戦力を構成する個々の組織，編成，装備のみならず，その経済力，地理的条件，他の諸国の戦争遂行能力等各種要素を将来の展望を含め，広く，高度の専門技術的見地から相関的に検討評価しなければならないものであり，右評価は現状において客観的，一義的に確定しているものとはいえないから，一見極めて明白に侵略的なものであるとはいい得ないといわなければならない。」

(評釈) 浦田賢治・憲法の判例 194，浦田賢治・基本判例 181，山内敏弘・重判〈昭和 51 年度〉 8，同・憲百II〈第 5 版〉182。

(コメント)　本件上告審（最一判昭 57・9・9 民集 36 巻 9 号 1679 頁）は，訴えの利益が失われたとして上告を棄却した。

Ⅱ-5　百里基地訴訟

最三判平元・6・20 民集 43 巻 6 号 385 頁，判時 1318 号 3 頁
（不動産所有権確認，所有権取得登記抹消請求本訴，同反訴，不動産所有権確認，停止条件付所有権移転仮登記抹消登記請求本訴，同反訴，当事者参加事件）

事　実　茨城県小川町（当時）にある航空自衛隊百里基地の予定地内に本件土地を所有していたＸは，1958（昭和 33）年 5 月 19 日，基地反対派の住民Ｙとの間で本件土地を 306 万円で売り渡す契約を結んだが，Ｙは内金 110 万円を支払ったのみで支払期日が過ぎても残代金 196 万円を支払わなかった。そこで，Ｘは，1958（昭和 33）年 6 月，Ｙに対して債務不履行を理由に売買契約を解除したうえで，国・防衛庁にこの土地を 270 万円で売り渡した。Ｘおよび国は，Ｙおよびその他を相手として，所有権確認，所有権移転仮登記の抹消等を求める訴えを提起したところ，Ｙは契約解除の効力およびＸから国への売渡しの効力を否定し，所有権確認等を求める反訴を提起した。第 1 審（水戸地判昭 52・2・17 判時 842 号 22 頁），控訴審（東京高判昭 56・7・7 判時 1004 号 3 頁）はいずれもＹの主張を斥けたので，Ｙが上告した。

判　旨　**棄却**　**1 私人と対等の立場で行う国の行為の性質**　「憲法 98 条 1 項は，憲法が国の最高法規であること，すなわち，憲法が成文法の国法形式として最も強い形式的効力を有し，憲法に違反するその余の法形式の全部又は一部はその違反する限度において法規範としての本来の効力を有しないことを定めた規定であるから，同条項にいう『国務に関するその他の行為』とは，同条項に列挙された法律，命令，詔勅と同一の性質を有する国の行為，言い換えれば，公権力を行使して法規範を定立する国の行為を意味し，したがって，行政処分，裁判などの国の行為は，個別的・具体的ながらも公権力を行使して法規範を定立する国の行為であるから，かかる法規範を定立する限りにおいて国務に関する行為に該当するものというべきであるが，国の行為であっても，私人と対等の立場で行う国の行為は，右のような法規範の定立を伴わないから憲法 98 条 1 項にいう『国務に関するその他の行為』に該当しないものと解すべきである。以上のように解すべきことは，最大判昭 23・7・7 刑集 2 巻 8 号 801 頁の趣旨に徴して明らかである。そして，原審の適法に確定した事実関係のもとでは，本件売買契約は，国が行った行為ではあるが，私人と対等の立場で行った私法上の行為であり，右のような法規範の定立を伴わないことが明らかであるから，憲法 98 条 1 項にいう『国務に関するその他

の行為』には該当しないものというべきである。これと同旨に帰する原審の判断は，正当として是認することができる。」「被上告人国がXとの間で締結した本件売買契約は，国がその活動上生ずる個別的な需要を賄うためにした私法上の契約であるから，私法上の契約の効力発生の要件としては，国がその一方の当事者であっても，一般の私法上の効力発生要件のほかには，なんらの準拠法規を要しないことは明らかであり，したがって，本件売買契約の私法上の効力の有無を判断するについては，防衛庁設置法及びその関連法令について違憲審査をすることを要するものではない。これと同旨の原審の判断は，正当として是認することができる。」 **2憲法9条と私法上の行為の効力** 「Yらが平和主義ないし平和的生存権として主張する平和とは，理念ないし目的としての抽象的概念であって，それ自体が独立して，具体的訴訟において私法上の行為の効力の判断基準になるものとはいえず，また，憲法9条は，その憲法規範として有する性格上，私法上の行為の効力を直接規律することを目的とした規定ではなく，人権規定と同様，私法上の行為に対しては直接適用されるものではないと解するのが相当であり，国が一方当事者として関与した行為であっても，たとえば，行政活動上必要となる物品を調達する契約，公共施設に必要な土地の取得又は国有財産の売払いのためにする契約などのように，国が行政の主体としてでなく私人と対等の立場に立って，私人との間で個々的に締結する私法上の契約は，当該契約がその成立の経緯及び内容において実質的にみて公権力の発動たる行為となんら変わりがないといえるような特段の事情のない限り，憲法9条の直接適用を受けず，私人間の利害関係の公平な調整を目的とする私法の適用を受けるにすぎないものと解するのが相当である。以上のように解すべきことは，最大判昭48・12・12民集27巻11号1536頁の趣旨に徴して明らかである。」「これを本件についてみると，まず，本件土地取得行為のうちXがYに対してした契約解除の意思表示については，私人間でされた純粋な私法上の行為で，被上告人国がなんら関与していない行為であり，しかも，Xは，Yが売買残代金を支払わないことから，Yとの間の売買契約を解除する旨の意思表示をするに至ったものであり，かつ，被上告人国とは右解除の効果が生じた後に本件売買契約を締結したというのであるから，Xのした売買契約解除の意思表示は，被上告人国が本件売買契約を締結するについて有していた自衛隊基地の建設という目的とは直接かかわり合いのないものであり，したがって，憲法9条が直接適用される余地はないものというべきである。」「原審の確定した前記事実関係によれば，本件売買契約は，行為の形式をみると，私法上の契約として行われており，また，行為の実質をみても，被上告人国が基地予定地内の土地所有者らを相手方とし，なんら公権力を行使することなく純粋に私人と対等の立場に立って，個別的な事情を踏まえて交渉を重ねた結果締結された一連の売買契約の一つであって，右に説示したような特段の事情は認められず，したがって，本件売買契約は，私的自治の原則に則って成立した純粋な財産上の取引であるということができ，本件売買契約に憲法9条が直接適用される余地はないものというべく，これと同趣旨の原審の判断は，正当として是認することができる。」 **③自衛隊基地の建設と公序良俗違反** 「本件売買契約は，前述のように，被上告人国が自衛隊基地の建設を目的ないし動機として締結した契約であって，同被上告人はXに対しこの契約を締結するに当たって右の目的ないし動機を表示していることは明らかであるから，右の目的ないし動機は本件売買契約等が公序良俗違反となるか否かを決するについて考慮されるべき事項であるということができるので，以下自衛隊基地の建設という目的ないし動機によって，本件売買契約等が公序良俗違反として無効となるか否かについて判断する。」「まず，憲法9条は，人権規定と同様，国の基本的な法秩序を宣示した規定であるから，憲法より下位の法形式によるすべての法規の解釈適用に当たって，その指導原理となりうるものであることはいうまでもないが，憲法9条は，前判示のように私法上の行為の効力を直接規律することを目的とした規定ではないから，自衛隊基地の建設という目的ないし動機が直接憲法9条の趣旨に適合するか否かを判断することによって，本件売買契約が公序良俗違反として無効となるか否かを決すべきではないのであって，自衛隊基地の建設を目的ないし動機として締結された本件売買契約を全体的に観察して私法的な価値秩序のもとにおいてその効力を否定すべきほどの反社会性を有するか否かを判断することによって，初めて公序良俗違反として無効となるか否かを決することができるものといわなければならない。すなわち，憲法9条の宣明する国際平和主義，戦争の放棄，戦力の不保持などの国家の統治活動に対する規範は，私法的な価値秩序とは本来関係のない優れて公法的な性格を有する規範であるから，私法的な価値秩序において，右規範がそのままの内容で民法90条にいう『公ノ秩序』の内容を形成し，それに反する私法上の行為の効力を一律に否定する法的作用を営むということはないのであって，右の規範は，私法的な価値秩序のもとで確立された私的自治の原則，契約における信義則，取引の安全等の私法上の規範によって相対化され，民法90条にいう『公ノ秩序』の内容の一部を形成するのであり，したがって私法的な価値秩序のもとにおいて，社会的に許容されない反社会的な行為であるとの認識が，社会の一般的な観念として確立しているか否かが，私法上の行為の効力の有無を判断する基準になるものというべきである。」「そこで，自衛隊基地の建設という目的ないし動機が右に述べた意義及び程度において反社会性を有するか否かについて判断するに，自衛隊法及び防衛庁設置法は，昭和29年6月憲法9条の有する意義及び内容について自衛のための措置やそのための実力組織の保持は禁止されないとの解釈のもとで制定された法律であって，自衛隊は，右のような法律に基づいて設置された組織であるところ，本件売買契約が締結された昭和32年当時，私法的な価値秩序のもとにおいては，自衛隊のために国と私人との間で，売買契約その他の私法上の契約を締結することは，社会的に許容されない反社会的な行為であるとの認識が，社会の一般的な観念として確立していたということはできない。したがって，自衛隊の基地建設を目的ないし動機として締結された本件売買契約が，その私法上の契約としての効力を否定されるような行為であったとはいえない。また，Yらが平和主義ないし平和的生存権として主張する平和とは理念ないし目的としての抽象的概念であるから，憲法9条をはなれてこれとは別に，民法90条にいう『公ノ秩序』の内容の一部を形成することはなく，したがって私法上の行為の効力の判断基準とはならないものというべきである。」

補足意見 **伊藤正己裁判官** 「憲法98条1項の規定は国の私法上の行為に及ばないと解されるが，このことは，国の行う私法上の行為のすべてが，私人の行為と同じであり，憲法の直接的規律を受けないということではない。憲法的規律がどこまで及ぶかは，憲法98条1項に関する問題ではなく，憲法という法規の性質からみてその射程範囲がどこまでか，その名宛人はなんびとかという問題である。この観点からは，私人間の私法上の行為であっても，憲法の規律が直接に及ぶと解することも可能であるし（いわゆる憲法の第三者効力の問題であるが，最大判昭48・12・12民集27巻11号1536頁は，憲法14条，19条についてこれを消極に解している），また国が主体でなくとも，私人を主体とする行為も一定の条件のもとに国の行為とみなして，その私法上の行為について憲法の適用を認めることもありうる（いわゆる「ステート・アクションの法理」参照）。同様に国の私法上の行為も憲法の直接の規律を受けることがありうるものである。当裁判所は地方公共団体が地鎮祭のための神官への報酬などの費用を支出したことの憲法適合性を審査しているが（最大判昭52・7・13民集31巻4号533頁），この支出行為は私法的な行為に基づくものとみられるから，右の趣旨を前提としているものと解することができる。そして，私見によれば，国の行為は，たとえそれが私法上の行為であっても，少なくとも一定の行政目的の達成を直接的に目的とするものであるときには，それ以外にどこまで及ぶかどうかはともかくとして，私法上の行為であることを理由として憲法上の拘束を免れることができない場合もありうるものと思われる。」「本件土地の売買契約は，民法90条の公序違反として私法上の効力を否定するだけの反社会性をもつ行為といえるか。本件契約の目的動機として自衛隊基地の建設ということが表示されているが，これが私法的な価値秩序のもとでどのような反社会性をもつかは，憲法9条の規定について互いに対立して存在する複数の解釈のうちのいずれが正当なものかを決したうえですべき判断とは必ずしもいえないのであって，同条の解釈について国民各層にどのような解釈が存しているかという社会的状況，自衛隊が現実に存在していること及びその活動に対する社会一般の認識などの実情に即してえられるところの社会通念に照らして，私法的な価値秩序のもとでその効力を否定されるだけの反社会性を有するかどうかで判断されるべきものであると考えられる。もとよりこのことは，憲法が国の基本構造を形成していることからみて，裁判所の判断が社会の実情にそのまま依存し追従すべきであるというのではないが，このような憲法的規律を考慮に容れてもなお，本件契約が民法90条に違反しないとした法廷意見の理由づけは正当であるというべきである。」

(評釈) 小林直樹・法時61巻10号72，森英樹・法セ417号104，栗城壽夫・ジュリ942号48，古川純・法教109号48，木下智史・セレクト〈'89〉7，高見勝利・重判〈平成元年度〉11，木下智史・民商102巻6号104，小倉顕・曹時42巻10号201，阿部照哉・判評384号170，榎透・憲百II 172。

(コメント) イラクへの自衛隊派遣の差止め，違憲確認，および損害賠償を求めた訴訟に対して，請求を棄却したものの，自衛隊のイラク派遣を違憲と判示した名古屋高判平20・4・17判時2056号74頁がある。

第Ⅲ章　国民の権利および義務

1　総　　則

(1)　人権の享有主体

a）外 国 人

Ⅲ-1-1　不法出国・密輸事件

最大判昭 32・12・25 刑集 11 巻 14 号 3377 頁
（出入国管理令違反，関税法違反被告事件）

事　実　Yらは，1953（昭和 28）年 1 月 13 日関税法違反及び出入国管理令違反の現行犯として逮捕され，下級審裁判所で有罪の判決を受けた（長崎地判昭 28・3・20 刑集 11 巻 14 号 3390 頁，福岡高判昭 28・10・15 刑集 11 巻 14 号 3393 頁）。そこで，Yらが上告して，出入国管理令（現在の「出入国管理及び難民認定法」）の規定により処罰することは，憲法 22 条 2 項が保障する外国移住の自由を制限するものであり違憲である等と主張した。

判　旨　**一部破棄自判，一部棄却**　**外国人と外国移住の自由**　「憲法 22 条 2 項……にいう外国移住の自由は，その権利の性質上外国人に限って保障しないという理由はない。次に，出入国管理令 25 条 1 項は，本邦外の地域におもむく意図をもって出国しようとする外国人は，その者が出国する出入国港において，入国審査官から旅券に出国の証印を受けなければならないと定め，同 2 項において，前項の外国人は，旅券に証印を受けなければ出国してはならないと規定している。右は，出国それ自体を法律上制限するものではなく，単に，出国の手続に関する措置を定めたものであり，事実上かかる手続的措置のために外国移住の自由が制限される結果を招来するような場合があるにしても，同令 1 条に規定する本邦に入国し，又は本邦から出国するすべての人の出入国の公正な管理を行うという目的を達成する公共の福祉のため設けられたものであって，合憲性を有するものと解すべきである。」

意　見　**小谷勝重裁判官**　「憲法 22 条 2 項は，直接外国人の国外移住の自由を保障した規定とは解せられない。言いかえれば，本項の自由の保障はわが国民のみを対象とした規定と考える。」「しかし，わが国内に居住する外国人がその本国への帰国のための出国は勿論，その他の外国へ移住することの自由が保障せらるべきであることは，右憲法同条同項の精神に照して明らかであるから，結局憲法同条同項の規定は外国人を対象とした規定ではないが，憲法の精神は外国人に対しても国民に対すると同様の保障を与えておるものと解すべきであると考える。」 **河村大助・下飯坂潤夫裁判官**「私共は憲法22条2項は外国人には適用がないものと解する。憲法第3章の所謂権利宣言は，その表題の示すとおり国民の権利自由を保障するのが原則であって，外国人に対しても凡ての権利自由を日本国民と同様に保障しようとするものではない。国民はすべて法の下に平等であることが保障されているが，その権利自由の性質いかんによっては法律で外国人を合理的な範囲で差別することも許されなければならないと考えられる。」「憲法22条2項は外国移住及び国籍離脱の自由を保障しているのであるが，同条にいう「何人も」とは日本国民を意味し外国人を含まないものと解すべきである。かつては国民の兵役義務や国防関係等から国籍離脱の自由は相当の制限を受け，外国移住についても特別の保障はなかったのであるが，近世に至ってかかる自由を制限する必要もなくなったのと国際的交通の発達に伴い，国民の海外移住とそれに伴う外国への帰化が盛んに行われるようになって来た状勢に鑑み，また日本人を在来の鎖国的傾向から解放せんとする意図の下に，憲法は海外移住と国籍離脱の自由を保障することになったものと解すべきである。即ち，同条は国籍自由の原則を認め国民は自国を自由に離れることを妨げられないことを保障されたものであるから，同条の外国移住は国籍離脱の自由と共に日本国民に対する自由の保障であることは，同条の成立に至るまでの沿革に徴しても明らかである。従って同条2項は外国人に適用がないものと解するを正当とする。なお同条1項の居住移転の自由には外国人の入国を含まないことは既に判例の存するところである（最大判昭32・6・19刑集11巻6号1663頁)。然るに外国人の出国については同条2項に包含されると解するが如き，両者を別異に取扱うべき実質上の理由も存在しないものというべきである。」 **垂水克己裁判官**（略） **河村大助裁判官**（略） **下飯坂潤夫裁判官**（略）

(評釈) 日比野勤・法教210号35，木村草太・憲百Ⅰ A1。

(コメント) 外国人の入国の自由について⇒***Ⅲ-1-2***，外国人と法の下の平等について⇒***Ⅲ-3-1～4***。

Ⅲ-1-2　マクリーン事件

最大判昭53・10・4民集32巻7号1223頁，判時903号3頁
（在留期間更新不許可処分取消請求事件）

事　実　アメリカ合衆国国籍を有する外国人であるX（マクリーン）は，1969（昭和44）年5月10日，在留期間を1年とする上陸許可を得て入国した。入国後，Xは，英語教師として就職したが無届で職場を変わり，ベトナム反戦，出入国管理法案反対，日米安保条約反対等のデモや集会に参加した。

1970（昭和 45）年 5 月 1 日に，X は 1 年間の在留期間の更新を申請したところ，法務大臣 Y は出国準備期間として 120 日間の在留期間の更新を許可した。その後，X はさらに 1 年間の在留期間の更新を申請したが，Y は更新を許可しなかった。第 1 審（東京地判昭 48・3・27 判時 702 号 46 頁）は，在留外国人の政治活動が在留期間更新の不許可事由にあたるとするためには，外国人の上陸拒否事由を定める出入国管理令（現在は，「出入国管理及び難民認定法」）5 条 1 項 11 号ないし 14 号に準ずる事由がなければならないとし，Y の不許可処分を取り消した。第 2 審（東京高判昭 50・9・25 判時 792 号 11 頁）は，在留期間更新の許否につき Y の自由な裁量による判断を認め，第 1 審判決を取り消し，X の請求を棄却した。X は，これを不服として上告した。

判　旨　**棄却**

1外国人の入国の自由　「憲法 22 条 1 項は，日本国内における居住・移転の自由を保障する旨を規定するにとどまり，外国人がわが国に入国することについてはなんら規定していないものであり，このことは，国際慣習法上，国家は外国人を受け入れる義務を負うものではなく，特別の条約がない限り，外国人を自国内に受け入れるかどうか，また，これを受け入れる場合にいかなる条件を付するかを，当該国家が自由に決定することができるものとされていることと，その考えを同じくするものと解される（最大判昭 32・6・19 刑集 11 巻 6 号 1663 頁参照)。したがって，憲法上，外国人は，わが国に入国する自由を保障されているものでないことはもちろん，所論のように在留の権利ないし引き続き在留することを要求しうる権利を保障されているものでもないと解すべきである。」　**2法務大臣の裁量と司法審査**　「処分が違法となるのは，それが法の認める裁量権の範囲をこえ又はその濫用があった場合に限られるのであり，また，その場合に限り裁判所は当該処分を取り消すことができるものであって，行政事件訴訟法 30 条の規定はこの理を明らかにしたものにほかならない。もっとも，法が処分を行政庁の裁量に任せる趣旨，目的，範囲は各種の処分によって一様ではなく，これに応じて裁量権の範囲をこえ又はその濫用があったものとして違法とされる場合もそれぞれ異なるものであり，各種の処分ごとにこれを検討しなければならないが，これを出入国管理令 21 条 3 項に基づく法務大臣の「在留期間の更新を適当と認めるに足りる相当の理由」があるかどうかの判断の場合についてみれば，右判断に関する前述の法務大臣の裁量権の性質にかんがみ，その判断が全く事実の基礎を欠き又は社会通念上著しく妥当性を欠くことが明らかである場合に限り，裁量権の範囲をこえ又はその濫用があったものとして違法となるものというべきである。したがって，裁判所は，法務大臣の……判断の基礎とされた重要な事実に誤認があること等により右判断が全く事実の基礎を欠くかどうか，又は事実に対する評価が明白に合理性を欠くこと等により右判断が社会通念に照らし著しく妥当性を欠くことが明らかであるかどうかについて審理し，それが認められる場合に限り，右判断が裁量権の範囲をこえ又はその濫用があったものとして違法であるとすることができるものと解するのが，相当である。」

3外国人に対する人権保障「憲法第3章の諸規定による基本的人権の保障は，権利の性質上日本国民のみをその対象としていると解されるものを除き，わが国に在留する外国人に対しても等しく及ぶものと解すべきであり，政治活動の自由についても，わが国の政治的意思決定又はその実施に影響を及ぼす活動等外国人の地位にかんがみこれを認めることが相当でないと解されるものを除き，その保障が及ぶものと解するのが，相当である。しかしながら，前述のように，外国人の在留の許否は国の裁量にゆだねられ，わが国に在留する外国人は，憲法上わが国に在留する権利ないし引き続き在留することを要求することができる権利を保障されているものではなく，ただ，出入国管理令上法務大臣がその裁量により更新を適当と認めるに足りる相当の理由があると判断する場合に限り在留期間の更新を受けることができる地位を与えられているにすぎないものであり，したがって，外国人に対する憲法の基本的人権の保障は，右のような外国人在留制度のわく内で与えられているにすぎないものと解するのが相当であって，在留の許否を決する国の裁量を拘束するまでの保障，すなわち，在留期間中の憲法の基本的人権の保障を受ける行為を在留期間の更新の際に消極的な事情としてしんしゃくされないことまでの保障が与えられているものと解することはできない。在留中の外国人の行為が合憲合法的な場合でも，法務大臣がその行為を当不当の面から日本国にとって好ましいものとはいえないと評価し，また，右行為から将来当該外国人が日本国の利益を害する行為を行うおそれがある者であると推認することは，右行為が上記のような意味において憲法の保障を受けるものであるからといってなんら妨げられるものではない。」

（評釈）阿部照哉・判評243号145，江橋崇・重判〈昭和53年度〉18，村瀬信也・ジュリ695号129，藤馬竜太郎・民商81巻2号82，越山安久・曹時34巻1号230，萩野芳夫・基本判例6，日比野勤・法教210号35，日比野勤・法教217号43，徳川信治・国際百選44，愛敬浩二・憲百Ⅰ1，三浦大介・行政百選Ⅰ76。

（コメント）外国人の選挙権について⇒**Ⅲ-3-2・3**，外国人の公務就任権⇒**Ⅲ-3-4**，外国人と社会保障について⇒**Ⅲ-7-8**。

b）法人・団体

Ⅲ-1-3　八幡製鉄政治献金事件

最大判昭45・6・24民集24巻6号625頁，判時596号3頁
（取締役の責任追及請求事件）

事　実　八幡製鉄株式会社は，1960（昭和35）年3月14日，自由民主党に対して350万円の政治資金を寄附したが，これにつき，同社の株主であるXは，同社の取締役Yらに対し損害賠償責任を追及する訴えを提起した。第1審（東京地判昭38・4・5判時330号29頁）は，民主政治では政党は常に反対政党の存在を前提するから，政党に対する献金は，災害救援や善意の寄附と異なり，総株主の同意を期待できる行為ではないとして，Y等の責任を認めた。第2審（東京高判昭41・1・31判時433号9頁）は，代議制民主制の下で政党が公的性格をもつ不可欠の存在であり，その広範な政治活動と選挙には巨額の政治資金を必要とするが，その寄附も公の目的のための政治活動を助成するという公的性格をもち，当然に会社の目的の範囲に属する行為であるとし，第1審判決を取り消し，Xの請求を棄却した。そこで，Xが上告した。

判　旨　**棄却**　**1憲法と政党**　「憲法は政党について規定するところがなく，これに特別の地位を与えてはいないのであるが，憲法の定める議会制民主主義は政党を無視しては到底その円滑な運用を期待することはできないのであるから，憲法は，政党の存在を当然に予定しているものというべきであり，政党は議会制民主主義を支える不可欠の要素なのである。そして同時に，政党は国民の政治意思を形成する最も有力な媒体であるから，政党のあり方いかんは，国民としての重大な関心事でなければならない。したがって，その健全な発展に協力することは，会社に対しても，社会的実在としての当然の行為として期待されるところであり，協力の一態様として〔の〕政治資金の寄附についても例外ではないのである。」　**2法人の人権享有主体性**　「憲法上の選挙権その他のいわゆる参政権が自然人たる国民にのみ認められたものであることは，所論のとおりである。しかし，会社が，納税の義務を有し自然人たる国民とひとしく国税等の負担に任ずるものである以上，納税者たる立場において，国や地方公共団体の施策に対し，意見の表明その他の行動に出たとしても，これを禁圧すべき理由はない。のみならず，憲法第3章に定める国民の権利および義務の各条項は，性質上可能なかぎり，内国の法人にも適用されるものと解すべきであるから，会社は，自然人たる国民と同様，国や政党の特定の政策を支持，推進しまたは反対するなどの政治的行為をなす自由を有するのである。政治資金の寄附もまさにその自由の一環であり，会社によってそれがなされた場合，政治の動向に影響を与えることがあったとしても，これ

を自然人たる国民による寄附と別異に扱うべき憲法上の要請があるものではない。論旨は，会社が政党に寄附をすることは国民の参政権の侵犯であるとするのであるが，政党への寄附は，事の性質上，国民個々の選挙権その他の参政権の行使そのものに直接影響を及ぼすものではないばかりでなく，政党の資金の一部が選挙人の買収にあてられることがあるにしても，それはたまたま生ずる病理的現象に過ぎず，しかも，かかる非違行為を抑制するための制度は厳として存在するのであって，いずれにしても政治資金の寄附が，選挙権の自由なる行使を直接に侵害するものとはなしがたい。」

意　見　**松田二郎・入江俊郎・長部謹吾・岩田誠裁判官**（略）　**大隅健一郎裁判官**（略）

（評釈）　富山康吉・法セ174号2，柳川俊一・ジュリ459号108，河本一郎・重判〈昭和45年度〉86，西原寛一・民商64巻3号122，久保田きぬ子・憲法の判例206，芹沢斉・基本判例10，後藤元伸・民法百選I〈第6版〉8，高橋英治・法教369号140，毛利透・憲百I 9，川口恭弘・会社法百選2。

（コメント）　労働組合⇒***III-7-17***。

III-1-4　南九州税理士会事件

最三判平8・3・19民集50巻3号615頁，判時1571号16頁
（選挙権被選挙権停止処分無効確認等請求事件）

事　実　南九州税理士会（Y）は，1978（昭和53）年6月16日の総会において，税理士法改正運動に要する特別資金とするため，各会員から特別会費5000円を徴収する，その使途は全額南九州各県の税理士政治連盟（政治資金規正法上の政治団体）へ会員数を考慮して配布する，等の内容の決議をしたが，Yの会員Xは本件特別会費を納入しなかった。そこで，Yは役員選任規則に基づき，Xを選挙人名簿に登載しないまま役員選挙を実施したので，Xが特別会費納入義務の不存在確認と慰謝料の支払等を求めて提訴。第1審（熊本地判昭61・2・13判時1181号37頁）は，本件決議はYが権利能力を有しない事柄を内容とするもので無効である，Xについて役員の選挙権被選挙権を剥奪したのは不法行為である等として，請求を概ね認容した。これに対し，控訴審（福岡高判平4・4・24判時1421号3頁）は，税理士法改正運動のための各県税理士政治連盟への寄付が目的の範囲外の行為であるとはいえない，本件決議がXの思想，信条の自由を侵害するといえるまでの事情はないなどとして，請求を棄却したため，Xが上告した。

判　旨　**一部破棄自判，一部破棄差戻**　**政治献金と税理士会の目的の範囲**　「税理士会は，……会社とはその法的性格を異にする法人であり，その目的の範囲についても，これ

を会社のように広範なものと解するならば，法の要請する公的な目的の達成を阻害して法の趣旨を没却する結果となることが明らかである。」「税理士会が……強制加入の団体であり，その会員である税理士に実質的には脱退の自由が保障されていないことからすると，その目的の範囲を判断するに当たっては，会員の思想・信条の自由との関係で，次のような考慮が必要である。」「税理士会は，法人として，法及び会則所定の方式による多数決原理により決定された団体の意思に基づいて活動し，その構成員である会員は，これに従い協力する義務を負い，その一つとして会則に従って税理士会の経済的基礎を成す会費を納入する義務を負う。しかし，法が税理士会を強制加入の法人としている以上，その構成員である会員には，様々の思想・信条及び主義・主張を有する者が存在することが当然に予定されている。したがって，税理士会が右の方式により決定した意思に基づいてする活動にも，そのために会員に要請される協力義務にも，おのずから限界がある。」「特に，政党など規正法上の政治団体に対して金員の寄付をするかどうかは，選挙における投票の自由と表裏を成すものとして，会員各人が市民としての個人的な政治的思想，見解，判断等に基づいて自主的に決定すべき事柄であるというべきである。なぜなら，政党など規正法上の政治団体は，政治上の主義若しくは施策の推進，特定の公職の候補者の推薦等のため，金員の寄付を含む広範囲な政治活動をすることが当然に予定された政治団体であり（規正法3条等），これらの団体に金員の寄付をすることは，選挙においてどの政党又はどの候補者を支持するかに密接につながる問題だからである。」「そうすると，……公的な性格を有する税理士会が，このような事柄を多数決原理によって団体の意思として決定し，構成員にその協力を義務付けることはできないというべきであり（最三判昭50・11・28民集29巻10号1698頁参照），税理士会がそのような活動をすることは，法の全く予定していないところである。税理士会が政党など規正法上の政治団体に対して金員の寄付をすることは，たとい税理士に係る法令の制定改廃に関する要求を実現するためであっても，〔税理士〕法49条2項〔現行49条6項〕所定の税理士会の目的の範囲外の行為といわざるを得ない。」

（評釈）　中島茂樹・法教192号96，西原博史・ジュリ1099号99，森泉章・判評457号195，木下智史・セレクト〈'96〉11，同・民商116巻1号116，渡辺康行・重判〈平成8年度〉13，小沢隆一・法セ521号67，八木良一・曹時50巻12号151，井上典之・法セ629号79，西原博史・論ジュリ1号66，同・憲百Ⅰ39，後藤元伸・民法百選Ⅰ7。

Ⅲ-1-5　群馬司法書士会事件

最一判平14・4・25判時1785号31頁
（債務不存在確認請求事件）

事　実　群馬司法書士会（Y）は，兵庫県司法書士会に対して，阪神淡路大震災復興支援のための拠出金として3000万円を寄付すること，及びこのために会員から登記申請1件当たり50円の復興支援特別負担金徴収を行うことを決議した。これに対して，同会の会員Xらは，その決議が違法・無効であるからその支払義務がないと主張して，その決議に基づく債務の不存在確認を求めて訴えを起こした。第1審（前橋地判平8・12・3判時1625号80頁）は，南九州税理士会事件の最高裁判決（⇒**Ⅲ-1-4**）にほぼ従い，当該寄付がYの目的の範囲外の行為であり，その決議が無効であると判示したため，Yが控訴したところ，高裁（東京高判平11・3・10判時1677号22頁）は，第1審判決を取り消し，Xらの請求を棄却した。その理由は，要するに，本件拠出金の目的が被災司法書士会・司法書士の業務の円滑な遂行を経済的に支援することにより，司法書士会・司法書士の機能の回復に資することにあり，それがYからの「公的支援金」ともいえる性格をもつとした上で，この支援行為は司法書士会の目的の範囲内にあるから，多数決でそれが決定された以上，これに反対の意見をもつ会員にも協力義務がある，とするものであった。そこで，Xが上告した。

判　旨　**棄却**　**1本件拠出金の目的**「原審の適法に確定したところによれば，本件拠出金は，被災した兵庫県司法書士会及び同会所属の司法書士の個人的ないし物理的被害に対する直接的な金銭補てん又は見舞金という趣旨のものではなく，被災者の相談活動等を行う同司法書士会ないしこれに従事する司法書士への経済的支援を通じて司法書士の業務の円滑な遂行による公的機能の回復に資することを目的とする趣旨のものであったというのである。」**2本件拠出金の寄附と司法書士会の目的の範囲**「司法書士会は，司法書士の品位を保持し，その業務の改善進歩を図るため，会員の指導及び連絡に関する事務を行うことを目的とするものであるが（司法書士法14条2項〔現行52条2項〕），その目的を遂行する上で直接又は間接に必要な範囲で，他の司法書士会との間で業務その他について提携，協力，援助等をすることもその活動範囲に含まれるというべきである。そして，3,000万円という本件拠出金の額については，それがやや多額にすぎるのではないかという見方があり得るとしても，阪神・淡路大震災が甚大な被害を生じさせた大災害であり，早急な支援を行う必要があったことなどの事情を考慮すると，その金額の大きさをもって直ちに本件拠出金の寄付がYの目的の範囲を逸脱するものとまでいうことはできない。したがって，兵庫県司法書士会に本件拠出金を寄付することは，Ｙの権利能力の範囲内にあるというべきである。」 **③本件決議の効力** 「そうすると，Ｙは，本件拠出金の調達方法についても，それが公序良俗に反するなど会員の協力義務を否定すべき特段の事情がある場合を除き，多数決原理に基づき自ら決定することができるものというべきである。これを本件についてみると，Ｙがいわゆる強制加入団体であること（同法 19 条〔現行 73 条〕）を考慮しても，本件負担金の徴収は，会員の政治的又は宗教的立場や思想信条の自由を害するものではなく，また，本件負担金の額も，登記申請事件１件につき，その平均報酬約２万 1000 円の 0.2％強に当たる 50 円であり，これを３年間の範囲で徴収するというものであって，会員に社会通念上過大な負担を課するものではないのであるから，本件負担金の徴収について，公序良俗に反するなど会員の協力義務を否定すべき特段の事情があるとは認められない。したがって，本件決議の効力はＹの会員であるＸらに対して及ぶものというべきである。」

反対意見 **深澤武久裁判官** 「本件拠出金の寄付は，Ｙについて法が定める本来の目的（同法 14 条２項）ではなく，友会の災害支援という間接的なものであるから，そのために会員に対して……厳しい不利益を伴う協力義務を課すことは，目的との間の均衡を失し，強制加入団体が多数決によって会員に要請できる協力義務の限界を超えた無効なものである。」 **横尾和子裁判官** 「私は，本件拠出金を寄付することはＹの目的の範囲外の行為であると考える。」「本件拠出金については，被災した司法書士の個人的ないし物理的被害に対する直接的な金銭補てんや見舞金の趣旨，性格が色濃く残っていたものと評価せざるを得ない。」

（評釈） 山田創一・法セ 571 号 75，田高寛貴・法セ 577 号 116，岡田信弘・法教 269 号 48，南野森・セレクト〈'02〉 5，古野豊秋・重判〈平成 14 年度〉 9。

c）在 監 者

Ⅲ-1-6 禁煙処分事件

最大判昭 45・９・16 民集 24 巻 10 号 1410 頁，判時 605 号 55 頁
（国家賠償請求事件）

事 実 Ｘは，公職選挙法違反の容疑により，1963（昭和 38）年５月 30 日から６月７日まで高知刑務所に未決の拘禁を受け，その期間中，監獄法施行規則 96 条（平成 14 年８月１日法務省令第 48 号附則４により削除）に基づき喫煙を禁止されたため，高知刑務所長および法務大臣に対して禁煙処分の解除を請願したが容れられなかった。そこで，Ｘは，国を相手に，禁煙処分により精神的苦痛を被ったとして損害賠償の請求をしたところ，第１審（高知地判昭 40・３・31 判時 409 号 21 頁），第２審（高松高判昭 40・９・25 民集 24 巻 10 号 1423 頁）とも敗訴したため，監獄法施行規則 96 条が憲法 13 条に違反すると主張して

上告した。

判　旨　棄却　**在監者の禁煙処分と基本権**「未決勾留は，刑事訴訟法に基づき，逃走または罪証隠滅の防止を目的として，被疑者または被告人の居住を監獄内に限定するものであるところ，監獄内においては，多数の被拘禁者を収容し，これを集団として管理するにあたり，その秩序を維持し，正常な状態を保持するよう配慮する必要がある。このためには，被拘禁者の身体の自由を拘束するだけでなく，右の目的に照らし，必要な限度において，被拘禁者のその他の自由に対し，合理的制限を加えることもやむをえないところである。」「そして，右の制限が必要かつ合理的なものであるかどうかは，制限の必要性の程度と制限される基本的人権の内容，これに加えられる具体的制限の態様との較量のうえに立って決せられるべきものというべきである。」「これを本件についてみると，原判決（その引用する第1審判決を含む。）の確定するところによれば，監獄の現在の施設および管理態勢のもとにおいては，喫煙に伴う火気の使用に起因する火災発生のおそれが少なくなく，また，喫煙の自由を認めることにより通謀のおそれがあり，監獄内の秩序の維持にも支障をきたすものであるというのである。右事実によれば，喫煙を許すことにより，罪証隠滅のおそれがあり，また，火災発生の場合には被拘禁者の逃走が予想され，かくては，直接拘禁の本質的目的を達することができないことは明らかである。のみならず，被拘禁者の集団内における火災が人道上重大な結果を発生せしめることはいうまでもない。他面，煙草は生活必需品とまでは断じがたく，ある程度普及率の高い嗜好品にすぎず，喫煙の禁止は，煙草の愛好者に対しては相当の精神的苦痛を感ぜしめるとしても，それが人体に直接障害を与えるものではないのであり，かかる観点よりすれば，喫煙の自由は，憲法13条の保障する基本的人権の一に含まれるとしても，あらゆる時，所において保障されなければならないものではない。したがって，このような拘禁の目的と制限される基本的人権の内容，制限の必要性などの関係を総合考察すると，前記の喫煙禁止という程度の自由の制限は，必要かつ合理的なものであると解するのが相当であり，監獄法施行規則96条中未決勾留により拘禁された者に対し喫煙を禁止する規定が憲法13条に違反するものといえないことは明らかである。」

（評釈）島田茂・行政百選Ⅰ〈第4版〉20，藤井樹也・憲百Ⅰ 15。

（コメント）本判例で問題となった監獄法施行規則96条は，平成14年8月1日法務省令第48号附則4により削除された。また，2005（平成17）年に監獄法は改正され，「刑事施設及び受刑者の処遇等に関する法律」と「刑事施設ニ於ケル刑事被告人ノ収容等ニ関スル法律」となり（平成18年5月24日施行），さらに両者は，

「刑事収容施設及び被収容者等の処遇に関する法律」(平成18年6月8日公布，平成19年6月1日から施行）となっている。なお，新聞閲読の自由⇒Ⅲ-4-39。

d）公 務 員

(コメント) 公務員の政治活動の自由⇒Ⅲ-4-48～50，公務員の労働基本権⇒Ⅲ-7-20～26，裁判官の政治活動の自由⇒Ⅵ-13。

e）未成年者

Ⅲ-1-7　少年犯罪の「推知報道」事件

最二判平15・3・14民集57巻3号229頁，判時1825号63頁
（損害賠償請求事件）

事　実 Xは，未成年者であった当時，青年4人を殺害したとして逮捕され，殺人，強盗殺人等の罪で起訴されて刑事裁判係属中であったところ，1997（平成9）年7月31日発売のY発行の週刊誌『週刊文春』に，容易にXと推知することができる仮名X′を用いて，法廷での様子，犯行態様の一部，経歴や交友関係等を記載した部分のある記事（以下「本件記事」という）が掲載されたため（本件記事の掲載時にXは既に成人)，Yに対して，本件記事により名誉を毀損され，プライバシーを侵害されたとして，不法行為に基づく損害賠償を求めて出訴した。Xは，本件記事が少年法61条で禁止されている推知報道だと主張したが，その理由として，仮名X′が実名をことさらもじったもので類似性があり，本件記事中の個人情報から，また，本件記事に興味をもって法廷を傍聴した者やXと面識のある者にとっては，X′がXであると推知することができるからだとした。これに対してYは，本件記事が推知報道にあたらず，公共の利害に関する事実について公益を図る目的で掲載され，X指摘の部分も起訴状や冒頭陳述書に基づいて記載されたもので，真実性又は真実と信じるについての相当性があるから，名誉権侵害の違法性はなく，また，社会的に正当な関心事であってプライバシー侵害の違法性もないと主張した。第1審と原審（名古屋地判平11・6・30判時1688号151頁および名古屋高判平12・6・29判時1736号35頁）はいずれも，Yの不法行為責任を認め，30万円の限度で請求を認容すべきものとした。これに対し，Yが上告受理の申立てをした。

判　旨 **破棄差戻** **[1]本件記事の掲載行為と名誉毀損，プライバシー侵害** 「Xは，本件記事によって，X′がXであると推知し得る読者に対し，Xが起訴事実に係る罪を犯した事件本人であること（以下「犯人情報」という。）及び経歴や交友関係等の詳細な情報（以下「履歴情報」という。）を公表されたことにより，名誉を毀損され，プライバシーを侵害されたと主張しているところ，本件記事に記載された犯人情報及び履歴情報は，いずれもXの名誉を毀損する情報であり，また，他人にみだりに知られた

くないXのプライバシーに属する情報であるというべきである。そして，Xと面識があり，又は犯人情報あるいはXの履歴情報を知る者は，その知識を手がかりに本件記事がXに関する記事であると推知することが可能であり，本件記事の読者の中にこれらの者が存在した可能性を否定することはできない。そして，これらの読者の中に，本件記事を読んで初めて，Xについてのそれまで知っていた以上の犯人情報や履歴情報を知った者がいた可能性も否定することはできない。「したがって，Yの本件記事の掲載行為は，Xの名誉を毀損し，プライバシーを侵害するものであるとした原審の判断は，その限りにおいて是認することができる。」 **2推知報道であるか否かの基準** 「少年法61条に違反する推知報道かどうかは，その記事等により，不特定多数の一般人がその者を当該事件の本人であると推知することができるかどうかを基準にして判断すべきところ，本件記事は，Xについて，当時の実名と類似する仮名が用いられ，その経歴等が記載されているものの，Xと特定するに足りる事項の記載はないから，Xと面識等のない不特定多数の一般人が，本件記事により，Xが当該事件の本人であることを推知することができるとはいえない。したがって，本件記事は，少年法61条の規定に違反するものではない。」 **3不法行為成立にかかる判断方法** 「本件記事がXの名誉を毀損し，プライバシーを侵害する内容を含むものとしても，本件記事の掲載によってYに不法行為が成立するか否かは，被侵害利益ごとに違法性阻却事由の有無等を審理し，個別具体的に判断すべきものである。すなわち，名誉毀損については，その行為が公共の利害に関する事実に係り，その目的が専ら公益を図るものである場合において，摘示された事実がその重要な部分において真実であることの証明があるとき，又は真実であることの証明がなくても，行為者がそれを真実と信ずるについて相当の理由があるときは，不法行為は成立しないのであるから（最一判昭41・6・23民集20巻5号1118頁参照），本件においても，これらの点を個別具体的に検討することが必要である。また，プライバシーの侵害については，その事実を公表されない法的利益とこれを公表する理由とを比較衡量し，前者が後者に優越する場合に不法行為が成立するのであるから（最三判平6・2・8民集48巻2号149頁），本件記事が週刊誌に掲載された当時のXの年齢や社会的地位，当該犯罪行為の内容，これらが公表されることによってXのプライバシーに属する情報が伝達される範囲とXが被る具体的被害の程度，本件記事の目的や意義，公表時の社会的状況，本件記事において当該情報を公表する必要性など，その事実を公表されない法的利益とこれを公表する理由に関する諸事情を個別具体的に審理し，これらを比較衡量して判断することが必要である。」 **4原判決を破棄すべき理由** 「原審は，……個別具体的な事情を何ら審理判断することなく，Yの不法行為責任を肯定した。この原審の判断には，審理不尽の結果，判決に影響を及ぼすことが明らかな法令の違反がある。」

（評釈）青柳幸一・重判〈平成15年度〉16，飯室勝彦・法セ582号106，高佐智美・法セ582号114，渕野貴生・法セ583号120，廣瀬健二・法教277号102，高井裕之・セレクト〈'03〉4，右崎正博・メディア百選49，上村都・憲百Ⅰ71。

（コメント）同様の事案であるいわゆる堺通り魔殺人事件の実名報道事件に対し，第1審（大阪地判平11・6・9判時1679号54頁）は，プライバシー権等の侵害を認めたが，その控訴審（大阪高判平12・2・29判時1710号121頁）は，これを取り消す判断を下している。青少年保護条例による有害図書規制については⇒**Ⅲ-4-59**。

(2)　私人間効力

Ⅲ-1-8　三菱樹脂事件

最大判昭48・12・12民集27巻11号1536頁，判時724号18頁
（労働契約関係存在確認請求事件）

事　実　東北大学法学部を卒業したXは，1963（昭和38）年3月28日に三菱樹脂株式会社（Y）に入社したが，身上書への団体加入の有無・学生運動歴等についての虚偽申告（秘匿）や入社試験の際の虚偽回答などが「会社の信頼を著しく裏切るものであり，会社の管理職要員として不適格である」などとして，3か月の試用期間の満了する同年6月28日に本採用拒否の告知を受けた。そこでXは，その告知を無効として，雇傭契約上の地位の確認と賃金の支払を求める訴えを提起した。第1審（東京地判昭42・7・17判時498号66頁）は，学生運動等秘匿の点について悪意が認められないこと等を理由に，会社側の本採用拒否（＝解雇）は解雇権の濫用とした。Yはこれを不服として控訴し，Xも棄却された請求部分について控訴を提起した。第2審（東京高判昭43・6・12判時523号19頁）は，入社試験の際，応募者にその政治的思想，信条に関係のある事項を申告させることは公序良俗に反し許されず，応募者がこれを秘匿しても不利益を課しえない，かかる事実を後日の調査によって知りえたとしても，雇傭契約を取り消すことは，思想，信条を理由として従業員たる地位を失わしめることとなり労基法3条に抵触するとして，Y会社の控訴を棄却した。そこで，Yは上告し，憲法19条，14条は私人間の関係を直接規律するものではないなどと主張した。

判　旨　**破棄差戻**　**1基本権規定は国と個人の関係を規律する**　「〔憲法19条，14条の〕各規定は，同法第3章のその他の自由権的基本権の保障規定と同じく，国または公共団体の統治行動に対して個人の基本的自由と平等を保障する目的に出たもので，もっぱら国または公共団体と個人との関係を規律するものであり，私人相互の関係を直接規律すること

を予定するものではない。このことは，基本的人権なる観念の成立および発展の歴史的沿革に徴し，かつ，憲法における基本権規定の形式，内容にかんがみても明らかである。のみならず，これらの規定の定める個人の自由や平等は，国や公共団体の統治行動に対する関係においてこそ，侵されることのない権利として保障されるべき性質のものであるけれども，私人間の関係においては，各人の有する自由と平等の権利自体が具体的場合に相互に矛盾，対立する可能性があり，このような場合におけるその対立の調整は，近代自由社会においては，原則として私的自治に委ねられ，ただ，一方の他方に対する侵害の態様，程度が社会的に許容しうる一定の限界を超える場合にのみ，法がこれに介入しその間の調整をはかるという建前がとられているのであって，この点において国または公共団体と個人との関係の場合とはおのずから別個の観点からの考慮を必要とし，後者についての憲法上の基本権保障規定をそのまま私人相互間の関係について適用ないしは類推適用すべきものとすることは，決して当をえた解釈ということはできないのである。」 **2私人間における基本権規定の適用** 「もっとも，私人間の関係においても，相互の社会的力関係の相違から，一方が他方に優越し，事実上後者が前者の意思に服従せざるをえない場合があり，このような場合に私的自治の名の下に優位者の支配力を無制限に認めるときは，劣位者の自由や平等を著しく侵害または制限することとなるおそれがあることは否み難いが，そのためにこのような場合に限り憲法の基本権保障規定の適用ないし類推適用を認めるべきであるとする見解もまた，採用することはできない。何となれば，右のような事実上の支配関係なるものは，その支配力の態様，程度，規模等においてさまざまであり，どのような場合にこれを国または公共団体の支配と同視すべきかの判定が困難であるばかりでなく，一方が権力の法的独占の上に立って行なわれるものであるのに対し，他方はこのような裏付けないしは基礎を欠く単なる社会的事実としての力の優劣の関係にすぎず，その間に画然たる性質上の区別が存するからである。すなわち，私的支配関係においては，個人の基本的な自由や平等に対する具体的な侵害またはそのおそれがあり，その態様，程度が社会的に許容しうる限度を超えるときは，これに対する立法措置によってその是正を図ることが可能であるし，また，場合によっては，私的自治に対する一般的制限規定である民法1条，90条や不法行為に関する諸規定等の適切な運用によって，一面で私的自治の原則を尊重しながら，他面で社会的許容性の限度を超える侵害に対し基本的な自由や平等の利益を保護し，その間の適切な調整を図る方途も存するのである。そしてこの場合，個人の基本的な自由や平等を極めて重要な法益として尊重すべきことは当然であるが，これを絶対視することも許されず，統治行動の場合と同一の基準や観念によってこれを律することができないことは，論をまたないところである。」 **3基本権の保障と私的自治**　「憲法は，思想，信条の自由や法の下の平等を保障すると同時に，他方，22条，29条等において，財産権の行使，営業その他広く経済活動の自由をも基本的人権として保障している。それゆえ，企業者は，かような経済活動の一環としてする契約締結の自由を有し，自己の営業のために労働者を雇傭するにあたり，いかなる者を雇い入れるか，いかなる条件でこれを雇うかについて，法律その他による特別の制限がない限り，原則として自由にこれを決定することができるのであって，企業者が特定の思想，信条を有する者をそのゆえをもって雇い入れることを拒んでも，それを当然に違法とすることはできないのである。憲法14条の規定が私人のこのような行為を直接禁止するものでないことは前記のとおりであり，また，労働基準法3条は労働者の信条によって賃金その他の労働条件につき差別することを禁じているが，これは，雇入れ後における労働条件についての制限であって，雇入れそのものを制約する規定ではない。また，思想，信条を理由とする雇入れの拒否を直ちに民法上の不法行為とすることができないことは明らかであり，その他これを公序良俗違反と解すべき根拠も見出すことはできない。」 **4留保解約権の行使**「企業者は，労働者の雇入れそのものについては，広い範囲の自由を有するけれども，いったん労働者を雇い入れ，その者に雇傭関係上の一定の地位を与えた後においては，その地位を一方的に奪うことにつき，雇入れの場合のような広い範囲の自由を有するものではない。」「本件本採用の拒否は，留保解約権の行使，すなわち雇入れ後における解雇にあたり，これを通常の雇入れの拒否の場合と同視することはできない。」「解約権の留保は，大学卒業者の新規採用にあたり，採否決定の当初においては，その者の資質，性格，能力その他Yのいわゆる管理職要員としての適格性の有無に関連する事項について必要な調査を行ない，適切な判定資料を十分に蒐集することができないため，後日における調査や観察に基づく最終的決定を留保する趣旨でされるものと解されるのであって，今日における雇傭の実情にかんがみるときは，一定の合理的期間の限定の下にこのような留保約款を設けることも，合理性をもつものとしてその効力を肯定することができるというべきである。それゆえ，右の留保解約権に基づく解雇は，これを通常の解雇と全く同一に論ずることはできず，前者については，後者の場合よりも広い範囲における解雇の自由が認められてしかるべきものといわなければならない。」「留保解約権の行使は，上述した解約権留保の趣旨，目的に照らして，客観的に合理的な理由が存し社会通念上相当として是認されうる場合にのみ許されうるものと解するのが相当である。」

（評釈）　坂本重雄・重判〈昭和48年度〉184，宮沢達・曹時27巻1号209，花見忠・ジュリ580号133，阿部照哉・憲法の判例4，阿部照哉・民商71巻5号139，棟居快行・基本判例14，野坂泰司・法教300号130，井上典之・法セ628号82，大内伸哉・法教331号116，大内伸哉・法教335号61，君塚正臣・論ジュリ1号33，小山剛・憲百Ⅰ10，名古道功・労働百選8，阿部未央・労働百選10。

（コメント）　本件は，差戻し後，1976（昭和51）年3月11日和解し，Xは職場復帰した。

Ⅲ-1-9　昭和女子大学事件

最三判昭49・7・19民集28巻5号790頁，判時749号3頁
（身分確認請求事件）

事　実　Y大学学生Xらは，1961（昭和36）年10月，学内で，無届けで政治的暴力行為防止法（政暴法）反対の署名を集め，許可なく外部政治団体に加入申込み中であったことから，Y大学の「生活要録」に違反するとして自宅謹慎を申し渡された。その後さらに学外集会において本件の事実経過報告を行ったことが学則に反するとして退学処分に付されたので，Xらは身分確認の訴えを提起した。第1審（東京地判昭38・11・20判時353号9頁）はXらの請求を認め，大学側が控訴したところ，第2審（東京高判昭42・4・10判時478号16頁）では，退学処分は大学の裁量権の範囲をこえていないとして原判決を取り消した。これに対して，Xらは，「生活要録」および退学処分が違憲であることなどを理由として上告した。

判　旨　**棄却**　**1基本権の私人間効力**　「憲法19条，21条，23条等のいわゆる自由権的基本権の保障規定は，国又は公共団体の統治行動に対して個人の基本的な自由と平等を保障することを目的とした規定であって，専ら国又は公共団体と個人との関係を規律するものであり，私人相互間の関係について当然に適用ないし類推適用されるものでないことは，当裁判所大法廷判例（最大判昭48・12・12民集27巻11号1536頁）の示すところである。したがって，その趣旨に徴すれば，私立学校であるY大学の学則の細則としての性質をもつ前記生活要録の規定について直接憲法の右基本権保障規定に違反するかどうか論ずる余地はないものというべきである。」　**2大学の学則制定権能**　「大学は，国公立であると私立であるとを問わず，学生の教育と学術の研究を目的とする公共的な施設であり，法律に格別の規定がない場合でも，その設置目的を達成するために必要な事項を学則等により一方的に制定し，これによって在学する学生を規律する包括的権能を有するものと解すべきである。」「もとより，学校当局の有する右の包括的権能は無制限なものではありえず，在学関係設定の目的と関連し，かつ，その内容が社会通念に照らして合理的と認められる範囲においてのみ是認されるものであるが，具体的に学生

のいかなる行動についていかなる程度，方法の規制を加えることが適切であるとするかは，それが教育上の措置に関するものであるだけに，必ずしも画一的に決することはできず，各学校の伝統ないし校風や教育方針によってもおのずから異なることを認めざるをえないのである。」 **3本件学則の合理性** 「生活要録の規定をみるに，原審の確定するように，同大学が学生の穏健中正を標榜する保守的傾向の私立学校であることをも勘案すれば，右要録の規定は，政治的目的をもつ署名運動に学生が参加し又は政治的活動を目的とする学外の団体に学生が加入するのを放任しておくことは好ましくないとする同大学の教育方針に基づき，このような学生の行動について届出制あるいは許可制をとることによってこれを規制しようとする趣旨を含むものと解されるのであって，かかる規制自体を不合理なものと断定すること」はできない。「本件において，事件の発端以来退学処分に至るまでの間にＹ大学のとった措置が教育的見地から批判の対象となるかどうかはともかく，大学当局が，Ｘらに同大学の教育方針に従った改善を期待しえず教育目的を達成する見込が失われたとして，同人らの前記一連の行為を『学内の秩序を乱し，その他学生としての本分に反した』ものと認めた判断は，社会通念上合理性を欠くものであるとはいいがたく，結局，本件退学処分は，懲戒権者に認められた裁量権の範囲内にあるものとして，その効力を是認すべきである」。

(評釈) 佐藤司・ジュリ573号63，佐藤繁・曹時28巻11号140，兼子仁・判評190号1，森田明・重判〈昭和49年度〉21，東條武治・民商72巻6号66，永井憲一・教育百選6，高田敏・行政百選Ⅰ〈第4版〉19，木下智史・憲百Ⅰ 11。

Ⅲ-1-10　日産自動車事件

最三判昭56・3・24民集35巻2号300頁，判時998号3頁
（雇傭関係存続確認等請求事件）

事　実　A会社の従業員であったＸは，1949（昭和24）年，同社の事業不振のため整理解雇され，東京地裁の仮処分決定により地位を保全された。その後，営業譲渡，合併により，Ｘの雇傭関係はＹ会社に引き継がれた。Ｙの就業規則は，男子55歳，女子50歳の定年制を定めており，1969（昭和44）年1月15日に50歳に達したＸは，同月末日をもって定年退職を命ぜられた。Ｙは，1973（昭和48）年，定年年齢を男子60歳，女子55歳に改めた。Ｘをふくむ9名は，1953（昭和28）年，雇傭関係存続確認等を求めて本件訴訟を提起したのであるが，Ｘが人員整理の基準に該当するかという問題等とともに，男女別定年制を定める就業規則が民法90条に違反するかどうかが争われた。第1審（東京地判昭48・3・23判時698号36頁），第2審（東京高判昭54・3・12判時918号24頁）

ともに民法90条違反と判示したので，Yが上告した。

判　旨　棄却　**男女別定年制と民法90条**　「Yの就業規則は男子の定年年齢を60歳，女子の定年年齢を55歳と規定しているところ，右の男女別定年制に合理性があるか否かにつき，原審は，Yにおける女子従業員の担当職種，男女従業員の勤続年数，高齢女子労働者の労働能力，定年制の一般的現状等諸般の事情を検討したうえ，Yにおいては，女子従業員の担当職務は相当広範囲にわたっていて，従業員の努力とYの活用策いかんによっては貢献度を上げうる職種が数多く含まれており，女子従業員各個人の能力等の評価を離れて，その全体をYに対する貢献度の上がらない従業員と断定する根拠はないこと，しかも，女子従業員について労働の質量が向上しないのに実質賃金が上昇するという不均衡が生じていると認めるべき根拠はないこと，少なくとも60歳前後までは，男女とも通常の職務であれば企業経営上要求される職務遂行能力に欠けるところはなく，各個人の労働能力の差異に応じた取扱がされるのは格別，一律に従業員として不適格とみて企業外へ排除するまでの理由はないことなど，Yの企業経営上の観点から定年年齢において女子を差別しなければならない合理的理由は認められない旨認定判断したものであり，右認定判断は，原判決挙示の証拠関係及びその説示に照らし，正当として是認することができる。そうすると，原審の確定した事実関係のもとにおいて，Yの就業規則中女子の定年年齢を男子より低く定めた部分は，専ら女子であることのみを理由として差別したことに帰着するものであり，性別のみによる不合理な差別を定めたものとして民法90条の規定により無効であると解するのが相当である（憲法14条1項，民法1条ノ2〔現行2条〕参照）。」

(評釈)　米沢広一・法セ324号119，阿部照哉・民商85巻5号114，藤沢攻・法セ325号154，山川隆一・ジュリ777号113，中山勲・重判〈昭和56年度〉16，時岡泰・曹時36巻8号109，川口美貴・労働百選〈第6版〉27，春名麻季・憲百Ⅰ12，武田万里子・論ジュリ17号41，水野紀子・民法百選Ⅰ14。

III-1-11　入会権者資格差別事件

最二判平18・3・17民集60巻3号773頁，判時1931号29頁
（地位確認等請求事件）

事　実　沖縄の入会部落の慣習およびこれに基づく会則によると，入会権者の資格は，一家の代表者としての世帯主のみに認められ，また，原則として，払下げ当時の部落民等の男子孫に限って認められ，部落民以外の男性と結婚した女子孫は離婚して旧姓に復しない限り入会権者の資格を認められないものとされていた。入会地払下げ当時の部落民（入会権者）の女子孫Xら（原告）

は，この入会部落の慣習および会則が公序良俗に反して無効であるなどと主張して，入会権者の管理処分を行うために設立された入会団体Yを被告として，会員たる地位を有することの確認と補償金の支払を求めて出訴した。X_1とX_2は，部落民以外の男性と結婚したが，その後夫が死亡したため，現在は戸籍筆頭者として記載され，世帯主として独立の生計を構えるに至っているが，その余のXらは，戸籍筆頭者ではなく，世帯主であるとの主張立証がない。第1審（那覇地判平15・11・19判時1845号119頁）は，Yの会則につき，専ら性別のみによる不合理な差別を規定したものであって，憲法14条1項および民法2条の趣旨に反し，男女間の平等取扱いという公序に違反するものであるから，民法90条により無効であるとして，Xらの請求を認容した。これに対し，控訴審（福岡高那覇支判平16・9・7判時1870号39頁）は，XらがYの構成員の地位を有するためには，Xらが部落の慣習に基づいて入会権者の資格を取得したことが認められなければならないとした上で，X_1とX_2を除くXらについて，世帯主であることの主張立証がなく，さらに，本件慣習における男子孫要件にそれなりの合理性があり，公序良俗に反して無効とはいえないから，X_1とX_2について，男子孫要件を満たしておらず入会権を取得していないとして，第1審判決を取り消し，Xらの請求を全部棄却した。

判　旨　　一部破棄自判，一部上告棄却

1入会権者の地位　「Xらは，Yの会員の地位を有するというためには，本件入会地について入会権者の地位を有すること，すなわち，本件慣習に基づいて本件入会地についての入会権者の地位を取得したことを主張立証しなければならないというべきである（最二判昭37・11・2集民63号23頁参照）。」　**2世帯主要件と公序良俗違反**　「入会権は，一般に，一定の地域の住民が一定の山林原野等において共同して雑草，まぐさ，薪炭用雑木等の採取をする慣習上の権利であり（民法263条，294条），この権利は，権利者である入会部落の構成員全員の総有に属し，個々の構成員は，共有におけるような持分権を有するものではなく（最二判昭41・11・25民集20巻9号1921頁，最三判平6・5・31民集48巻4号1065頁参照），入会権そのものの管理処分については入会部落の一員として参与し得る資格を有するのみである（最一判昭57・7・1民集36巻6号891頁参照）。他方，入会権の内容である使用収益を行う権能は，入会部落内で定められた規律に従わなければならないという拘束を受けるものの，構成員各自が単独で行使することができる（前掲第一小法廷判決参照）。このような入会権の内容，性質等や，……本件入会地の入会権が家の代表ないし世帯主としての部落民に帰属する権利として当該入会権者からその後継者に承継されてきたという歴史的沿革を有するものであることなどにかんがみると，各世帯の構成員の人数にかかわらず各世帯の代表者にのみ

入会権者の地位を認めるという慣習は，入会団体の団体としての統制の維持という点からも，入会権行使における各世帯間の平等という点からも，不合理ということはできず，現在においても，本件慣習のうち，世帯主要件を公序良俗に反するものということはできない。」 **③男子孫要件と公序良俗違反** 「しかしながら，本件慣習のうち，男子孫要件は，専ら女子であることのみを理由として女子を男子と差別したものというべきであり，遅くとも本件で補償金の請求がされている平成4年以降においては，性別のみによる不合理な差別として民法90条の規定により無効であると解するのが相当である。その理由は，次のとおりである。」「男子孫要件は，世帯主要件とは異なり，入会団体の団体としての統制の維持という点からも，入会権の行使における各世帯間の平等という点からも，何ら合理性を有しない。このことは，A部落民会の会則においては，会員資格は男子孫に限定されていなかったことや，Yと同様に杣山〔本件入会地〕について入会権を有する他の入会団体では会員資格を男子孫に限定していないものもあることからも明らかである。Yにおいては，……女子の入会権者の資格について一定の配慮をしているが，これによって男子孫要件による女子孫に対する差別が合理性を有するものになったということはできない。そして，男女の本質的平等を定める日本国憲法の基本的理念に照らし，入会権を別異に取り扱うべき合理的理由を見いだすことはできないから，原審が……説示する本件入会地の入会権の歴史的沿革等の事情を考慮しても，男子孫要件による女子孫に対する差別を正当化することはできない。」 **④X_1およびX_2について** 「X_1らは，A部落民以外の男性と婚姻した後に配偶者の死亡により世帯主として独立の生計を構えるに至ったものであるというのであるから，現時点においては，世帯主要件を満たしていることが明らかである。もっとも，X_1らが，Yの会則に従った入会の手続を執ったことについては，その主張立証がないけれども，男子孫要件を有する本件慣習が存在し，Yがその有効性を主張している状況の下では，女子孫が入会の手続を執ってもそれが認められることは期待できないから，Yが，X_1らについて，入会の手続を執っていないことを理由にその会員の地位を否定することは信義則上許されないというべきである。したがって，男子孫要件を有効と解してX_1らがYの会員であることを否定した原審の判断には，判決に影響を及ぼすことが明らかな法令の違反がある。この点をいう論旨は，理由があり，原判決のうちX_1らに関する部分は破棄を免れない。」

補足意見 **滝井繁男裁判官** 「従来，入会団体の構成員としての資格は，入会権者が共同財産を維持するために必要とする無償の負担に応じることが要請されることから，そのこととの関連において決定されることが多かったと思われるが，本件入会地にみられるように権利者が入会地自体の共同利用に代えて入会地を第三者に使用させてその対価を分配するという収益形態をとるようになった場合においては，入会団体の構成員としての資格を画する上で重要な意味を持つ入会権者の負担が事実上消滅しているのである。」「本件において，このような入会地の利用形態の変化と家制度の消滅という状況の変化の中で，本件入会地において男子孫の間で行われてきた入会団体構成員としての新規加入がどのような条件の下で認められているのかがまず明らかにされ，その上で本件入会地における女子孫についても同じ条件での加入が認められるべきものである。」 **古田佑紀裁判官**（略）

(評釈) 吉田邦彦・民商 135 巻 4＝5 号 150，吉田克己・判評 582 号 192，佐々木雅寿・重判〈平成 18 年度〉12，大村敦志・重判〈平成 18 年度〉64，吉田邦彦・セレクト〈'06〉17，松並重雄・ジュリ 1356 号 191，松並重雄・曹時 61 巻 3 号 183。

2　幸福追求権

(1)　幸福追求権の意味

Ⅲ-2-1　賭場開帳図利事件

最大判昭 25・11・22 刑集 4 巻 11 号 2380 頁
（賭場開帳図利被告事件）

事　実　Yは，Aと共謀して，1948（昭和 23）年 3 月 4 日，Bの家で賭場を開帳し，C他数名に金銭を賭けた花札賭博をさせ，それらの者等から寺銭名義の下に金をとって利を図ったとして起訴され，下級審裁判所（裁判所名等不明）は，刑法 186 条 2 項を適用して被告人Yを懲役 8 月に処するとの判決を下した。これに対して，Yは，賭場開帳図利行為が日本国憲法施行後，憲法 13 条にいう公共の福祉に反しない娯楽の自由に属するなどと主張して上告した。

判　旨　**棄却**　**1賭博等に関する行為の本質**　「賭博行為は，一面互に自己の財物を自己の好むところに投ずるだけであって，他人の財産権をその意に反して侵害するものではなく，従って，一見各人に任かされた自由行為に属し罪悪と称するに足りないようにも見えるが，しかし，他面勤労その他正当な原因に因るのでなく，単なる偶然の事情に因り財物の獲得を僥倖せんと相争うがごときは，国民をして怠惰浪費の弊風を生ぜしめ，健康で文化的な社会の基礎を成す勤労の美風（憲法第 27 条 1 項参照）を害するばかりでなく，甚だしきは暴行，脅迫，殺傷，強窃盗その他の副次的犯罪を誘発し又は国民経済の機能に重大な障害を与える恐れすらあるのである。これわが国においては一時の娯楽に供する物を賭した場合の外単なる賭博でもこれを犯罪としその他常習賭博，賭場開張等又は富籤に関する行為を罰する所以であって，これ等の行為は畢竟公益に関する犯罪中の風俗を害する罪であり（旧刑法第2篇第6章参照），新憲法にいわゆる公共の福祉に反するものといわなければならない。ことに賭場開張図利罪は自ら財物を喪失する危険を負担することなく，専ら他人の行う賭博を開催して利を図るものであるから，単純賭博を罰しない外国の立法例においてもこれを禁止するを普通とする。されば，賭博等に関する行為の本質を反倫理性反社会性を有するものでないとする所論は，偏に私益に関する個人的な財産上の法益のみを観察する見解であって採ることができない。」 **2競馬・競輪・宝籤と賭場開張図利の行為** 「所論は，賭場開張図利の行為は新憲法施行後においては国家の中枢機関たる政府乃至都道府県が法律に因り自ら賭場開張図利と本質的に異なることなき『競馬』『競輪』の主催者となり，賭場開張図利罪乃至富籤罪とその行為の本質を同じくする『宝籤』を発売している現状からして，国家自体がこれを公共の福祉に反しない娯楽又は違法性若しくは犯罪性なき自由行為の範囲内に属するものとして公認しているものと観察すべく，従って，刑法82条2項の規定は新憲法施行後は憲法13条，98条に則り無効となった旨主張する。」「しかし，賭博及び富籤に関する行為が風俗を害し，公共の福祉に反するものと認むべきことは前に説明したとおりであるから，所論は全く本末を顚倒した議論といわなければならない。すなわち，政府乃至都道府県が自ら賭場開張図利乃至富籤罪と本質上同一の行為を為すこと自体が適法であるか否か，これを認める立法の当否は問題となり得るが現に犯罪行為と本質上同一である或る種の行為が行われているという事実並びにこれを認めている立法があるということだけから国家自身が一般に賭場開張図利乃至富籤罪を公認したものということはできない。」

意　見

栗山茂裁判官 「わが国においても少くとも当裁判所が裁判によって定めない限り『この憲法が保障する自由及び権利』は憲法第3章に列挙されているものである。憲法が定める国会，内閣及び裁判所の各権限も，その権限の行使に対して憲法が保障する自由及び権利も，すべてこの憲法の定めるところによることは，いわゆる成文憲法の原則であって，この原則は日本国憲法も他の国の成文憲法と同様に採用しているのは明である。そして憲法11条12条及び13条は『この憲法が保障する自由及び権利』の保障そのものではなく，保障は14条以下に列挙するものである。」「憲法13条は立法権の作用と司法権の作用とを調整することを目標とした法令審査権の限界に関する原則を定めたものと言ってよいであろう。要するに，本件論旨のように公共の福祉に反するものでないという主張は国会えママ申出ずべき筋合のもので，裁判所へ訴え出ずべき筋合のものではないのであるから，上告不適法の論旨たるを免れないと言うのである。」

(評釈)　林幹人・刑法百選Ⅱ〈第2版〉92，青柳幸一・憲百Ⅰ 17。

Ⅲ-2-2　自己消費目的の酒類製造事件

最一判平元・12・14 刑集 43 巻 13 号 841 頁，判時 1339 号 83 頁
（酒税法違反被告事件）

事　実　酒税法によれば，酒類を製造しようとする者は，政令で定める手続により，製造場の所在地の所轄税務署長の免許を受けなければならず（7条1項），この免許を受けないで酒類を製造した者に5年以下の懲役または50万円以下の罰金を科す（54条1項）とされている。また，年間の製造見込量が清酒なら60キロリットル，雑酒なら6キロリットルに達しない場合には，酒類の製造免許は受けることができないこととされている（7条2項）結果，自己消費目的での自家酒造は事実上できないこととなる。Yは，この免許を受けないで1981（昭和56）年に清酒27リットルを，また1984（昭和59）年には清酒製造の目的で雑酒26.1リットルを製造した等として起訴された。弁護人は，自己消費目的の酒類製造には同法の適用はなく，これにも適用があるとすれば罪刑法定主義（憲法31条），人格的自律権（憲法13条），財産権（憲法29条1項）等に違反すると主張して争った。第1審（千葉地判昭61・3・26判時1187号157頁）は，自己消費目的の酒類製造も個人の経済活動とした上で，これを禁止することに酒税収入確保のための一応の必要性・合理性を認めて弁護人の違憲の主張を斥け，Yを罰金30万円に処し，控訴審（東京高判昭61・9・29高刑39巻4号357頁）もこれを支持したので，Yが上告した。

判　旨　**棄却**　**自己消費目的の酒造の処罰の合憲性**　「酒税法の……各規定は，自己消費を目的とする酒類製造であっても，これを放任するときは酒税収入の減少など酒税の徴収確保に支障を生じる事態が予想されるところから，国の重要な財政収入である酒税の徴収を確保するため，製造目的のいかんを問わず，酒類製造を一律に免許の対象とした上，免許を受けないで酒類を製造した者を処罰することとしたものであり……，これにより自己消費目的の酒類製造の自由が制約されるとしても，そのような規制が立法府の裁量権を逸脱し，著しく不合理であることが明白であるとはいえず，憲法31条，13条に違反するものでないことは，当裁判所の判例（最大判昭60・3・27民集39巻2号247頁。なお，最一判昭35・2・11集刑132号219頁参照）の趣旨に徴し明らかであるから，論旨は理由がない。」

(評釈)　出田孝一・ジュリ954号98，小林武・法セ425号125，髙野敏樹・法教118号96，高野幸大・ジュリ971号313，釜田泰介・セレクト〈'90〉7，高井裕之・重判〈平成2年度〉11，首藤重幸・租税百選〈第3版〉63，押久保倫夫・憲百Ⅰ 24。

（コメント）　なお，酒税法の酒類販売業の免許制について，最三判平4・12・15民集46巻9号2829頁（⇒Ⅲ-5-10），最三判平10・3・24刑集52巻2号150頁，最一判平10・3・26判時1639号36頁，最一判平10・7・16判時1652号52頁，最三判平14・6・4判時1788号160頁。

Ⅲ-2-3　ハンセン病訴訟

熊本地判平13・5・11判時1748号30頁，判タ1070号151頁
（「らい予防法」違憲国家賠償請求事件）

事　実　ハンセン病は，らい菌によって引き起こされる慢性の細菌感染症であるが，現在では，外来治療によって完治し，感染の発見が遅れて障害を残した場合でも，その障害を最小限に止めることができるとされている病気である。しかし，日本では，古くから差別・偏見・迫害の対象とされてきた。1907（明治40）年には浮浪患者の隔離を目的とした「癩予防ニ関スル件」という法律が，1931（昭和6）年には患者撲滅を目的に全患者を隔離の対象とした「癩予防法」が成立した。しかし，昭和20年代前後までには，ハンセン病が伝染し発病に至るおそれが極めて低い病気であることが広く認められ，ハンセン病に著効を示すプロミンの登場により，ハンセン病が治療可能で不治の病気であるとの観念が妥当しなくなっていた。しかし，1953（昭和28）年には，らい予防法（本判決では「新法」と呼ぶ）が，患者の強制隔離や外出制限，懲戒検束規定などのそれまでの基本原理を引き継いだまま成立した。その後の内外でのハンセン病の実状やそれに対する認識の変化がみられたものの，1996（平成8）年4月1日に至るまで新法は廃止されなかった。そこで，新法11条の国立療養所に入所していたXら127名は，国に対し，厚生大臣が策定・遂行したハンセン病患者の隔離政策が違法であること，国会議員が新法を制定した立法行為又は新法を1996（平成8）年まで改廃しなかった立法不作為が違法である等の主張をして，国家賠償法に基づく損害の賠償を求めて訴えた。

判　旨　**認容**〔確定〕　**1居住・移転の自由の意義とその制限**　「〔憲法22条1項の保障する〕居住・移転の自由は，経済的自由の一環をなすものであるとともに，奴隷的拘束等の禁止を定めた憲法18条よりも広い意味での人身の自由としての側面を持つ。のみならず，自己の選択するところに従い社会の様々な事物に触れ，人と接しコミュニケートすることは，人が人として生存する上で決定的重要性を有することであって，居住・移転の自由は，これに不可欠の前提というべきものである。新法は，6条，15条及び28条が一体となって，伝染させるおそれがある患者の隔離を規定しているのであるが，いうまでもなく，これらの規定（以下「新法の隔離規定」という。）は，この居住・移転の自由を包括的に制限するものである。」

2新法の隔離規定と憲法13条の人格権　「ただ，新法の隔離規定によってもたらされる人権の制限は，居住・移転の自由という枠内で的確に把握し得るものではない。ハンセン病患者の隔離は，通常極めて長期間にわたるが，たとえ数年程度に終わる場合であっても，当該患者の人生に決定的に重大な影響を与える。ある者は，学業の中断を余儀なくされ，ある者は，職を失い，あるいは思い描いていた職業に就く機会を奪われ，ある者は，結婚し，家庭を築き，子供を産み育てる機会を失い，あるいは家族との触れ合いの中で人生を送ることを著しく制限される。その影響の現れ方は，その患者ごとに様々であるが，いずれにしても，人として当然持っているはずの人生のありとあらゆる発展可能性が大きく損なわれるのであり，その人権の制限は，人としての社会全般にわたるものである。このような人権制限の実態は，単に居住・移転の自由の制限ということで正当には評価し尽くせず，より広く憲法13条に根拠を有する人格権そのものに対するものととらえるのが相当である。」 **3公共の福祉による合理的制限の逸脱と違憲性**　「もっとも，これらの人権制限も，全く無制限のものではなく，公共の福祉による合理的な制限を受ける。しかしながら，前述した患者の隔離がもたらす影響の重大性にかんがみれば，これを認めるには最大限の慎重さをもって臨むべきであり，伝染病予防のために患者の隔離以外に適当な方法がない場合でなければならず，しかも，極めて限られた特殊な疾病にのみ許されるべきものである。」「これを本件についてみると，……新法制定当時の事情……，当時のハンセン病医学の状況等に照らせば，新法の隔離規定は，新法制定当時から既に，ハンセン病予防の必要を超えて過度な人権の制限を課すものであり，公共の福祉による合理的な制限を逸脱していたというべきである。」「そして，さらに，……新法制定以降の事情……からすれば，遅くとも昭和35年には，新法の隔離規定は，その合理性を支える根拠を全く欠く状況に至っており，その違憲性は明白となっていたというべきである。」

（評釈）　西埜章・法教251号43，小山剛・ジュリ1210号152，高佐智美・法セ562号117，松本克美・法時73巻11号109，宇賀克也・判評516号148，青柳幸一・セレクト〈'01〉3，土井真一・重判〈平成13年度〉25，佐藤修一郎・憲百Ⅱ198，高嶌英弘・医事百選〈第2版〉11。

（コメント）　嫌煙権について東京地判昭62・3・27判時1226号33頁，安楽死について横浜地判平7・3・28判時1530号28頁，喫煙の自由について⇒***Ⅲ-1-6***，肖像権について⇒***Ⅲ-2-6***。さらに本節***Ⅲ-2-13***のコメントを参照せよ。

(2)　プライバシーの権利

Ⅲ-2-4　『宴のあと』事件

東京地判昭 39・9・28 下民 15 巻 9 号 2317 頁，判時 385 号 12 頁
（損害賠償請求事件）

事　実　外務大臣を務めたこともあり衆議院議員にも一度当選したことがあるXは，1959（昭和 34）年の東京都知事選挙には社会党より推薦されて立候補したが落選した。Xの妻で，有名な料亭の女将であったAは，夫の選挙に尽力したが，選挙後離婚した。Y_1（三島由紀夫）はこの事件にヒントを得て 1960（昭和 35）年に「宴のあと」と題する小説を月刊紙『中央公論』に連載し，後に，Y_2（新潮社）を通じて同名の単行本として出版した。Y_2は，発売にあたって本書がモデル小説である旨の広告をくり返した。Xは，Y_1およびY_2を相手どり，プライバシーの侵害を理由に謝罪広告と損害賠償を請求して訴えを提起した。

判　旨　**一部認容，一部棄却**　**1私事を公開されないことの権利性**　「近代法の根本理念の一つであり，また日本国憲法のよって立つところでもある個人の尊厳という思想は，相互の人格が尊重され，不当な干渉から自我が保護されることによってはじめて確実なものとなるのであって，そのためには，正当な理由がなく他人の私事を公開することが許されてはならないことは言うまでもないところである。このことの片鱗はすでに成文法上にも明示されている」。「私事をみだりに公開されないという保障が，今日のマスコミュニケーションの発達した社会では個人の尊厳を保ち幸福の追求を保障するうえにおいて必要不可欠なものであるとみられるに至っていることとを合わせ考えるならば，その尊重はもはや単に倫理的に要請されるにとどまらず，不法な侵害に対しては法的救済が与えられるまでに高められた人格的な利益であると考えるのが正当であり，それはいわゆる人格権に包摂されるものではあるけれども，なおこれを一つの権利と呼ぶことを妨げるものではないと解するのが相当である。」 **2プライバシー侵害の基準**　「プライバシーの侵害に対し法的な救済が与えられるためには，公開された内容が(イ)私生活上の事実または私生活上の事実らしく受け取られるおそれのあることがらであること，(ロ)一般人の感受性を基準にして当該私人の立場に立った場合公開を欲しないであろうと認められることがらであること，換言すれば一般人の感覚を基準として公開されることによって心理的な負担，不安を覚えるであろうと認められることがらであること，(ハ)一般の人々に未だ知られていないことがらであることを必要とし，このような公開によって当該私人が実際に不快，不安の念を覚えたことを必要とするが，公開されたところが当該私人の名誉，

信用というような他の法益を侵害するものであることを要しないのは言うまでもない。」 **3プライバシーと表現の自由** 「元来，言論，表現等の自由の保障とプライバシーの保障とは一般的にはいずれが優先するという性質のものではなく，言論，表現等は他の法益すなわち名誉，信用などを侵害しないかぎりでその自由が保障されているものである。このことはプライバシーとの関係でも同様であるが，ただ公共の秩序，利害に直接関係のある事柄の場合とか社会的に著名な存在である場合には，ことがらの公的性格から一定の合理的な限界内で私生活の側面でも報道，評論等が許されるにとどまり，たとえ報道の対象が公人，公職の候補者であっても，無差別，無制限に私生活を公開することが許されるわけではない。このことは文芸という形での表現等の場合でも同様であり，文芸の前にはプライバシーの保障は存在し得ないかのような，また存在し得るとしても言論，表現等の自由の保障が優先さるべきであるというY等の見解はプライバシーの保障が個人の尊厳性の認識を介して，民主主義社会の根幹を培うものであることを軽視している点でとうてい賛成できないものである。」

(評釈) 奥平康弘・判評75号13，戒能通孝・法時36巻13号82，伊藤正己・憲法の判例125，阪本昌成・基本判例33，内野正幸・メディア百選43，大村敦志・法教355号99，根森健・憲百Ⅰ 65。

(コメント) **本件について** 本判決は謝罪広告の請求については認容しなかった。なお，Xは，本件が控訴審に係属中に死亡し，Xの遺族とYとの間に和解が成立した。**「石に泳ぐ魚」事件** プライバシー侵害等を争った他の事件として，芥川賞作家Y（柳美里）が雑誌『新潮』に発表した小説「石に泳ぐ魚」とこれに関連する文書「表現のエチカ」をめぐって，Yの知己で本件小説のモデルとされた女性Xがプライバシー侵害，名誉毀損，名誉感情の侵害を理由として損害賠償と本件小説の出版差止め等を求めた訴訟がある。その第1審（東京地判平11・6・22判時1691号91頁）は損害賠償と出版差止めを認め，第2審（東京高判平13・2・15判時1741号68頁）も控訴棄却したためYが上告したが，最高裁も原審の判断が「いずれも憲法21条1項に違反するものでない」として上告を棄却した（最三判平14・9・24判時1802号60頁）。**他の判例** 他に，プライバシー侵害等を理由とする出版差止請求等に関わる事件として，宝塚スターやジャニーズの追っかけマップ図書出版等差止請求事件（神戸地尼崎支判平9・2・12判時1604号127頁，東京地判平9・6・23判時1618号97頁）がある。**とらわれの聴衆** 大阪市交通局が地下鉄内での業務放送とあわせて商業宣伝放送を行ったことについて，それは列車内に拘束された乗客に対し商業宣伝放送の聴取を一方的に強制するもので人格権の侵害だとして争った訴訟が提起された。これに対して，最高裁判決（最三判昭63・12・20判時1302号94頁）は，それを違法でないとしたが，伊藤正己裁判官の補足意見では，そのとらわれの聴衆の利益を，プライバシーと呼び，幸福追求権（憲法13条）に含まれると解することもできないものではない，と論じられている。

Ⅲ-2-5　前科照会事件

最三判昭56・4・14民集35巻3号620頁，判時1001号3頁
（損害賠償等請求事件）

事　実　Xは，訴外A自動車学校の技術指導員であったが，地位保全仮処分命令の申請により従業員たる地位が仮に定められていた。これに関し，Aの弁護士Bは，1971（昭和46）年5月19日，弁護士法23条の2第1項に基づいて，Xの「前科及び犯罪歴について」京都市のC区役所に照会したところ，C区役所より道路交通法違反，業務上過失傷害等の前科歴がある旨の回答を得た。そこでAは，Xに対して，前科を秘匿した経歴詐称を理由に予備的解雇を通告した。これに対してXは，京都市を相手どり，自己の名誉，信用，プライバシーが侵害されたこと，C区長が前科照会に回答したことには過失があったこと等を主張して，損害賠償の請求をした。第1審（京都地判昭50・9・25判時819号69頁）で請求棄却されたが，第2審（大阪高判昭51・12・21判時839号55頁）では一部認容されたため，京都市が上告した。

判　旨　**棄却**　**前科等照会とプライバシーの権利**　「前科及び犯罪経歴（以下「前科等」という。）は人の名誉，信用に直接にかかわる事項であり，前科等のある者もこれをみだりに公開されないという法律上の保護に値する利益を有するのであって，市区町村長が，本来選挙資格の調査のために作成保管する犯罪人名簿に記載されている前科等をみだりに漏えいしてはならないことはいうまでもないところである。前科等の有無が訴訟等の重要な争点となっていて，市区町村長に照会して回答を得るのでなければ他に立証方法がないような場合には，裁判所から前科等の照会を受けた市区町村長は，これに応じて前科等につき回答をすることができるのであり，同様な場合に弁護士法23条の2に基づく照会に応じて報告することも許されないわけのものではないが，その取扱いには格別の慎重さが要求されるものといわなければならない。本件において，原審の適法に確定したところによれば，京都弁護士会が訴外B弁護士の申出により京都市伏見区役所に照会し，同市C区長に回付されたXの前科等の照会文書には，照会を必要とする事由としては，右照会文書に添付されていたB弁護士の照会申出書に『中央労働委員会，京都地方裁判所に提出するため』とあったにすぎないというのであり，このような場合に，市区町村長が漫然と弁護士会の照会に応じ，犯罪の種類，軽重を問わず，前科等のすべてを報告することは，公権力の違法な行使にあたると解するのが相当である。原審の適法に確定した事実関係のもとにおいて，C区長の本件報告を

過失による公権力の違法な行使にあたるとした原審の判断は，結論において正当として是認することができる。原判決に所論の違法はなく，論旨は採用することができない。」

補足意見　**伊藤正己裁判官**　「本件で問題とされた前科等は，個人のプライバシーのうちでも最も他人に知られたくないものの一つであり，それに関する情報への接近をきわめて困難なものとし，その秘密の保護がはかられているのもそのためである。もとより前科等も完全に秘匿されるものではなく，それを公開する必要の生ずることもありうるが，公開が許されるためには，裁判のために公開される場合であっても，その公開が公正な裁判の実現のために必須のものであり，他に代わるべき立証手段がないときなどのように，プライバシーに優越する利益が存在するのでなければならず，その場合でも必要最小限の範囲に限って公開しうるにとどまるのである。このように考えると，人の前科等の情報を保管する機関には，その秘密の保持につきとくに厳格な注意義務が課せられていると解すべきである。」

反対意見　**環昌一裁判官**　「……このような取り扱いをしたことは，他に特段の事情の存することが認められない限り，弁護士法23条の2の規定に関する一個の解釈として十分成り立ちうる見解に立脚したものとしてXの名誉等の保護に対する配慮に特に欠けるところがあったものというべきではないから，同区長に対し少なくとも過失の責めを問うことは酷に過ぎ相当でない。……よって，本件は更に審理を尽くさせるためこれを原審に差し戻すのが相当である。」

（評釈）　竹中勲・法セ324号127，更田義彦・ジュリ779号116，平松毅・重判〈昭和56年度〉17，平田浩・曹時37巻9号222，飯塚和之・メディア百選47，竹中勲・憲百Ⅰ19，伊藤眞・金法2028号6，椎橋邦雄・民訴百選73，稲葉一将・行政百選Ⅰ42。

（コメント）　早稲田大学が中国の国家主席江沢民の講演会開催にあたり，出席者名簿を出席者に断りなく警視庁に渡したことにつき，プライバシーの侵害だとして損害賠償の請求を認めた最二判平15・9・12民集57巻8号973頁を参照せよ。

Ⅲ-2-6　京都府学連事件

最大判昭44・12・24刑集23巻12号1625頁，判時577号18頁
（公務執行妨害，傷害被告事件）

事　実　学生Yは，1962（昭和37）年6月21日に，京都府学連主催の大学管理制度改悪反対等を標榜するデモ行進に参加し，集団先頭列外に立って行進していた。Yは，デモ行進の許可条件を詳しく知らないままデモ隊を誘導し，デモ隊は機動隊ともみ合い，隊列をくずしたまま行進した。これが許可条件に反すると判断した警察官は，違法な行進状況および違反者の確認のため，歩道上からデモ隊の先頭部分を写真撮影した。Yはこれに抗議し，旗竿で警察官

の下顎部を一突きして全治1週間の傷害を与えたため，傷害および公務執行妨害罪で起訴された。第1審（京都地判昭39・7・4刑集23巻12号1655頁）で有罪の宣告を受け，控訴審（大阪高判昭44・4・27刑集23巻12号1660頁）でも棄却されたので，本件写真撮影は憲法13条の保障するプライバシーの権利の一つである肖像権の侵害であること等を主張して最高裁に上告した。

判　旨

棄却

1肖像権の保障「憲法13条……は，国民の私生活上の自由が，警察権等の国家権力の行使に対しても保護されるべきことを規定しているものということができる。そして，個人の私生活上の自由の一つとして，何人も，その承諾なしに，みだりにその容ぼう・姿態(以下「容ぼう等」という。）を撮影されない自由を有するものというべきである。これを肖像権と称するかどうかは別として，少なくとも，警察官が，正当な理由もないのに，個人の容ぼう等を撮影することは，憲法13条の趣旨に反し，許されないものといわなければならない。しかしながら，個人の有する右自由も，国家権力の行使から無制限に保護されるわけでなく，公共の福祉のため必要のある場合には相当の制限を受けることは同条の規定に照らして明らかである。」**2無断写真撮影が許容される場合**「身体の拘束を受けている被疑者の写真撮影を規定した刑訴法218条2項のような場合のほか，次のような場合には，撮影される本人の同意がなく，また裁判官の令状がなくても，警察官による個人の容ぼう等の撮影が許容されるものと解すべきである。すなわち，現に犯罪が行なわれもしくは行なわれたのち間がないと認められる場合であって，しかも証拠保全の必要性および緊急性があり，かつその撮影が一般的に許容される限度をこえない相当な方法をもって行なわれるときである。このような場合に行なわれる警察官による写真撮影は，その対象の中に，犯人の容ぼう等のほか，犯人の身辺または被写体とされた物件の近くにいたためこれを除外できない状況にある第三者である個人の容ぼう等を含むことになっても，憲法13条，35条に違反しないものと解すべきである。」「〔本件〕写真撮影は，現に犯罪が行なわれていると認められる場合になされたものであって，しかも多数の者が参加し刻々と状況が変化する集団行動の性質からいって，証拠保全の必要性および緊急性が認められ，その方法も一般的に許容される限度をこえない相当なものであったと認められるから，たとえそれがＹら集団行進者の同意もなく，その意思に反して行なわれたとしても，適法な職務執行行為であったといわなければならない。」

評釈　久保田きぬ子・重判〈昭和44年度〉27，竹中勲・基本判例42，三浦守・刑訴百選〈第8版〉9，井上典之・法セ605号82，山本龍彦・法セ689号46，實原隆志・憲百Ⅰ18。

（コメント）刑事事件の法廷において，被疑者，被告人の容ぼう，姿態を隠し撮りした行為や被告人の容ぼう，姿態を描いたイラスト画を写真週刊誌に掲載，公表した行為が肖像権の侵害だとして慰謝料請求された訴訟に対する最一判平17・11・10民集59巻9号2428頁を参照せよ。また，外国人指紋押なつ拒否事件判決（最三判平7・12・15刑集49巻10号842頁）は，本判決を引用して，指紋の押なつを強制されない自由を認めた。

Ⅲ-2-7　ピンク・レディー事件

最一判平24・2・2民集66巻2号89頁，判時2143号72頁
（損害賠償請求事件）

事　実　Xらは，1976（昭和51）年から1981（昭和56）年まで，女性デュオ「ピンク・レディー」（以下「ピンク・レディー」）を結成し，歌手として活動をしていた者である。Yは，書籍，雑誌等の出版，発行等を業とする会社であり，週刊誌「女性自身」を発行している。2006（平成18）年秋頃には，ダイエットに興味を持つ女性を中心として，ピンク・レディーの曲の振り付けを利用したダイエット法が流行したが，Yは，2007（平成19）年2月13日，同月27日号の上記週刊誌（以下「本件雑誌」）を発行し，その16頁ないし18頁に「ピンク・レディー de ダイエット」と題する記事（以下「本件記事」）を掲載した。本件記事は，タレント（以下「本件解説者」）がピンク・レディーの5曲の振り付けを利用したダイエット法を解説することなどを内容とするものであり，本件記事には，Xらを被写体とする14枚の白黒写真（以下「本件各写真」）が使用されている。なお，本件各写真は，かつてXらの承諾を得てY側のカメラマンにより撮影されたものであるが，Xらは本件各写真が本件雑誌に掲載されることについて承諾しておらず，本件各写真は，Xらに無断で本件雑誌に掲載された。

Xらは，Xらを被写体とする14の写真を無断で週刊誌に掲載したYに対し，Xらの肖像が有する顧客吸引力を排他的に利用する権利が侵害されたと主張して，不法行為に基づく損害賠償を求めた。第1審（東京地判平20・7・4判時2023号152頁），原審（知財高判平21・8・27判時2060号137頁）とも，パブリシティ権の侵害を否定し，不法行為法上違法とはいえないとして，Xらの請求を棄却したのでXらが上告した。

判　旨　**棄却**　**1パブリシティ権の侵害と不法行為**　「人の氏名，肖像等（以下，併せて「肖像等」という。）は，個人の人格の象徴であるから，当該個人は，人格権に由来するものとして，これをみだりに利用されない権利を有すると解される（氏名につき，最三判昭63・2・16民集42巻2号27頁，肖像につき，最大判昭44・12・24刑集23巻12号1625頁，最一判平17・11・10民集59巻9号2428頁参照）。そして，肖像等は，商品の販売等を促進する顧客吸引力を有する場合があり，このような顧客吸引力

を排他的に利用する権利（以下「パブリシティ権」という。）は，肖像等それ自体の商業的価値に基づくものであるから，上記の人格権に由来する権利の一内容を構成するものということができる。他方，肖像等に顧客吸引力を有する者は，社会の耳目を集めるなどして，その肖像等を時事報道，論説，創作物等に使用されることもあるのであって，その使用を正当な表現行為等として受忍すべき場合もあるというべきである。そうすると，肖像等を無断で使用する行為は，①肖像等それ自体を独立して鑑賞の対象となる商品等として使用し，②商品等の差別化を図る目的で肖像等を商品等に付し，③肖像等を商品等の広告として使用するなど，専ら肖像等の有する顧客吸引力の利用を目的とするといえる場合に，パブリシティ権を侵害するものとして，不法行為法上違法となると解するのが相当である。」 **2パブリシティ権侵害の成否の判断基準** 「これを本件についてみると，前記事実関係によれば，Xらは，昭和50年代に子供から大人に至るまで幅広く支持を受け，その当時，その曲の振り付けをまねることが全国的に流行したというのであるから，本件各写真のXらの肖像は，顧客吸引力を有するものといえる。」「しかしながら，……本件記事の内容は，ピンク・レディーそのものを紹介するものではなく，前年秋頃に流行していたピンク・レディーの曲の振り付けを利用したダイエット法につき，その効果を見出しに掲げ，イラストと文字によって，これを解説するとともに，子供の頃にピンク・レディーの曲の振り付けをまねていたタレントの思い出等を紹介するというものである。そして，本件記事に使用された本件各写真は，約200頁の本件雑誌全体の3頁の中で使用されたにすぎない上，いずれも白黒写真であって，その大きさも，縦2.8cm，横3.6cmないし縦8cm，横10cm程度のものであったというのである。これらの事情に照らせば，本件各写真は，上記振り付けを利用したダイエット法を解説し，これに付随して子供の頃に上記振り付けをまねていたタレントの思い出等を紹介するに当たって，読者の記憶を喚起するなど，本件記事の内容を補足する目的で使用されたものというべきである。」「したがって，Yが本件各写真をXらに無断で本件雑誌に掲載する行為は，専らXらの肖像の有する顧客吸引力の利用を目的とするものとはいえず，不法行為法上違法であるということはできない。」

補足意見 **金築誠志裁判官** 「パブリシティ権が人の肖像等の持つ顧客吸引力の排他的な利用権である以上，顧客吸引力の無断利用を侵害の中核的要素と考えるべきであろう。」「もっとも，顧客吸引力を有する著名人は，パブリシティ権が問題になることが多い芸能人やスポーツ選手に対する娯楽的な関心をも含め，様々な意味において社会の正当な関心の対象となり得る存在であって，その人物像，活動状況等の紹介，報道，論評等を不当に制約するようなことがあってはならない。そして，ほとんどの報道，出版，放送等は商業活動として行われており，そうした活動の一環として著名人の肖像等を掲載等した場合には，それが顧客吸引の効果を持つことは十分あり得る。したがって，肖像等の商業的利用一般をパブリシティ権の侵害とすることは適当でなく，侵害を構成する範囲は，できるだけ明確に限定されなければならないと考える。また，我が国にはパブリシティ権について規定した法令が存在せず，人格権に由来する権利として認め得るものであること，パブリシティ権の侵害による損害は経済的なものであり，氏名，肖像等を使用する行為が名誉毀損やプライバシーの侵害を構成するに至れば別個の救済がなされ得ることも，侵害を構成する範囲を限定的に解すべき理由としてよいであろう。こうした観点については，物のパブリシティ権を否定した最二判平16・2・13民集58巻2号311頁が，物の名称の使用など，物の無体物としての面の利用に関しては，商標法等の知的財産権関係の法律が，権利の保護を図る反面として，使用権の付与が国民の経済活動や文化的活動の自由を過度に制約することのないよう，排他的な使用権の及ぶ範囲，限界を明確にしていることに鑑みると，競走馬の名称等が顧客吸引力を有するとしても，法令等の根拠もなく競走馬の所有者に排他的な使用権等を認めることは相当でないと判示している趣旨が想起されるべきであると思う。」「肖像等の無断使用が不法行為法上違法となる場合として，本判決が例示しているのは，ブロマイド，グラビア写真のように，肖像等それ自体を独立して鑑賞の対象となる商品等として使用する場合，いわゆるキャラクター商品のように，商品等の差別化を図る目的で肖像等を商品等に付する場合，肖像等を商品等の広告として使用する場合の三つの類型であるが，これらはいずれも専ら顧客吸引力を利用する目的と認めるべき典型的な類型であるとともに，従来の下級審裁判例で取り扱われた事例等から見る限り，パブリシティ権の侵害と認めてよい場合の大部分をカバーできるものとなっているのではないかと思われる。これら三類型以外のものについても，これらに準ずる程度に顧客吸引力を利用する目的が認められる場合に限定することになれば，パブリシティ権の侵害となる範囲は，かなり明確になるのではないだろうか。」

(評釈)　田村善之・法時84巻4号1，小泉直樹・ジュリ1442号6，松尾弘・法セ691号154，中島基至・ジュリ1445号88，辰巳直彦・民商147巻1号38，伊藤真・法セ697号6，中島基至・曹時65巻5号151，福本布紗・法時85巻9号118，水野謙・法教408号133，久保野恵美子・重判〈平成24年度〉85。

Ⅲ-2-8　住基ネット訴訟

最一判平20・3・6民集62巻3号665頁，判時2004号17頁
（損害賠償請求事件）

事　実　守口市（Y）は，住民基本台帳法（平成11年法133号改正後）に基づき，住民票コードを住民に割り振って住民票に記載し，2002（平成14）年8月5日に住民基本台帳ネットワーク（以下，「住基ネット」という）に

接続した。同市の住民Xらは，住基ネットにより行政機関が住民の個人情報を同意なく収集，管理または利用することは，憲法13条により保障されたプライバシー権その他の人格権を違法に侵害するものであるなどと主張し，Yに対し，人格権に基づく妨害排除請求として，住民基本台帳からXらそれぞれの住民票コードを削除すること，および，国家賠償法1条1項に基づく損害賠償（慰謝料）の支払を求めた。第1審（大阪地判平16・2・27判時1857号92頁）は，Xらの請求を棄却したが，控訴審（大阪高判平18・11・30判時1962号11頁）は，Xらの住民票コード削除請求を認容し，損害賠償請求については棄却した。そこで，Yは，敗訴部分について上告および上告受理の申立てをした。

判　旨　**破棄自判**　**1個人情報の保護と憲法13条**「憲法13条は，国民の私生活上の自由が公権力の行使に対しても保護されるべきことを規定しているものであり，個人の私生活上の自由の一つとして，何人も，個人に関する情報をみだりに第三者に開示又は公表されない自由を有するものと解される（最大判昭44・12・24刑集23巻12号1625頁参照）。」 **2住基ネットにより管理，利用等される本人確認情報の秘匿性の程度**「住基ネットによって管理，利用等される本人確認情報は，氏名，生年月日，性別及び住所から成る4情報に，住民票コード及び変更情報を加えたものにすぎない。このうち4情報は，人が社会生活を営む上で一定の範囲の他者には当然開示されることが予定されている個人識別情報であり，変更情報も，転入，転出等の異動事由，異動年月日及び異動前の本人確認情報にとどまるもので，これらはいずれも，個人の内面に関わるような秘匿性の高い情報とはいえない。これらの情報は，住基ネットが導入される以前から，住民票の記載事項として，住民基本台帳を保管する各市町村において管理，利用等されるとともに，法令に基づき必要に応じて他の行政機関等に提供され，その事務処理に利用されてきたものである。そして，住民票コードは，住基ネットによる本人確認情報の管理，利用等を目的として，都道府県知事が無作為に指定した数列の中から市町村長が一を選んで各人に割り当てたものであるから，上記目的に利用される限りにおいては，その秘匿性の程度は本人確認情報と異なるものではない。」
3本人確認情報にかかる具体的危険性「住基ネットによる本人確認情報の管理，利用等は，法令等の根拠に基づき，住民サービスの向上及び行政事務の効率化という正当な行政目的の範囲内で行われているものということができる。住基ネットのシステム上の欠陥等により外部から不当にアクセスされるなどして本人確認情報が容易に漏えいする具体的な危険はないこと，受領者による本人確認情報の目的外利用又は本人確認情報に関する秘密の漏えい等は，懲戒処分又は刑罰をもって禁止されていること，住基法は，都道府県に本人確認情報の保護に関する審議会を，指定情報処理機関に本人確認情報保護委員会を設置することとして，本人確認情報の適切な取扱いを担保するための制度的措置を講じていることなどに照らせば，住基ネットにシステム技術上又は法制度上の不備があり，そのために本人確認情報が法令等の根拠に基づかずに又は正当な行政目的の範囲を逸脱して第三者に開示又は公表される具体的な危険が生じているということもできない。」 **4住基法による目的外利用の禁止の実効性と住基ネット運用上の具体的危険性** 「行政個人情報保護法は，行政機関における個人情報一般についてその取扱いに関する基本的事項を定めるものであるのに対し，住基法 30 条の 34 等の本人確認情報の保護規定は，個人情報のうち住基ネットにより管理，利用等される本人確認情報につきその保護措置を講ずるために特に設けられた規定であるから，本人確認情報については，住基法中の保護規定が行政個人情報保護法の規定に優先して適用されると解すべきであって，住基法による目的外利用の禁止に実効性がないとの原審の判断は，その前提を誤るものである。また，……システム上，住基カード内に記録された住民票コード等の本人確認情報が行政サービスを提供した行政機関のコンピュータに残る仕組みになっているというような事情はうかがわれない。上記のとおり，データマッチングは本人確認情報の目的外利用に当たり，それ自体が懲戒処分の対象となるほか，データマッチングを行う目的で個人の秘密に属する事項が記録された文書等を収集する行為は刑罰の対象となり，さらに，秘密に属する個人情報を保有する行政機関の職員等が，正当な理由なくこれを他の行政機関等に提供してデータマッチングを可能にするような行為も刑罰をもって禁止されていること，現行法上，本人確認情報の提供が認められている行政事務において取り扱われる個人情報を一元的に管理することができる機関又は主体は存在しないことなどにも照らせば，住基ネットの運用によって原審がいうような具体的な危険が生じているということはできない。」 **5憲法 13 条の保障する自由の侵害ではない** 「行政機関が住基ネットにより住民であるＸらの本人確認情報を管理，利用等する行為は，個人に関する情報をみだりに第三者に開示又は公表するものということはできず，当該個人がこれに同意していないとしても，憲法 13 条により保障された上記の自由を侵害するものではないと解するのが相当である。また，以上に述べたところからすれば，住基ネットによりＸらの本人確認情報が管理，利用等されることによって，自己のプライバシーに関わる情報の取扱いについて自己決定する権利ないし利益が違法に侵害されたとするＸらの主張にも理由がないものというべきである。以上は，前記大法廷判決の趣旨に徴して明らかである。」

（評釈） 田島泰彦・法時 80 巻 6 号 1，福島力洋・法セ 642 号 4，榎透・法セ 647

号 123，平松毅・民商 139 巻 4＝5 号 84，松本和彦・セレクト〈'08〉 4，山崎友也・重判〈平成 20 年度〉11，増森珠美・ジュリ 1407 号 153，同・曹時 62 巻 11 号 147，小山剛・論ジュリ 1 号 118，高橋信行・地自百選 20，山本龍彦・法教 397 号 49，同・憲百Ⅰ 21。

（コメント） 住基ネットが人格権，プライバシーの権利等を侵害するとして争った別の訴訟に対する判決として，金沢地判平 17・5・30 判タ 1199 号 87 頁，名古屋高金沢支判平 18・12・11 判時 1962 号 40 頁がある。

(3) 環境権・人格権

Ⅲ-2-9 国立歩道橋事件

東京地判昭 48・5・31 行集 24 巻 4＝5 号 471 頁，判時 704 号 31 頁
（行政処分取消請求事件）

事　実 東京都は 1970（昭和 45）年 4 月 28 日，国立市にある都道 146 号線（通称大学通り）に横断歩道橋を架設する旨を決定し，同年 5 月 22 日，この決定に基づいてＳ会社に請け負わせて，9 月にはその架設工事に着手した。これに対して，国立市の住民で「国立の町づくりを考える会」の会員Ｘら（9 名）は，東京都を相手として，本件歩道橋設置処分の取消しを求めて提訴すると同時に，この処分の執行停止申立てをした。Ｘらの申立理由は，要するに，大学通りは，(1)交通安全施設等整備事業緊急措置法に定める「交通事故が多発している」道路等の要件に該当しないこと，(2)横断歩道橋の設置行為により自動車の交通量および速度が増大し危険が増加すること，(3)そして排気ガスの増加による大気汚染の公害が生じ，憲法 25 条の保障する快適な環境を享受し保全する住民固有の環境権を侵害し，かつ都の公害防止条例に違反する等であった。なお，執行停止申立てについてはすでに同年に却下決定が出されている（東京地決昭 45・10・14 行集 21 巻 10 号 1187 頁）。

判　旨 **却下** **1法律上の利益** 「太陽，空気，水，静けさその他人間をとりまく諸々の生活環境を良好な状態に保つことは，健康にして快適な生活のために不可欠な事柄であって，これが一定の限度をこえて破壊されるときは，人の生命，健康が害されるに至ることを思えば，人がそのような生活環境をその受認すべき限度をこえて破壊されないことについて有する利益は，法的保護に値する利益であるといいうるにしても，生活環境に及ぶ影響が右に述べた程度に達しない場合には，人がその生活環境の保持について有する利益をもって，行政事件訴訟法第 9 条にいう『法律上の利益』に当たると解することはできない。」 **2風致美観と法律上の利益** 「市街地に……通常の横断歩道橋が設置されることによって，付近の風致美観が害されると感ずるかどうかは，多分に主観的，情諸的価値評価の問題であって，歩道橋の設

置による風致美観の損傷なるものは，通常，付近の住民の健康にして快適な生活を害するという性質のものではなく，したがって，人の生活環境をその受忍すべき限度をこえて破壊するものとはとうてい考えられないところである。」 **③交通事故発生の危険性等と法律上の利益**　「そこに本件歩道橋が一つ設置されたからといって，そのことだけで自動車交通量とその走行速度に著しい変化をもたらすとはとうてい考えられず，したがって，交通事故の発生の危険性の増加，自動車の排気ガスによる大気汚染の進行等原告らの主張のような被害が……発生するとは認められない」。「そうすると，原告らは，本件取消しを求めるにつき法律上の利益を有するとは認められないから，原告適格を欠くというべきである。」

(評釈)　近藤昭三・公害・環境判例〈第2版〉50。

Ⅲ-2-10　伊達火力発電所訴訟

札幌地判昭55・10・14判時988号37頁，判タ428号145頁
（火力発電所建設禁止請求事件）

事　実　北海道電力（Y）は，1973（昭和48）年6月に，北海道伊達市長和地区に，出力35万キロワットの発電機2基（1，2号機）を備えた重油専焼火力発電所（伊達火力発電所）の建設に着手した。伊達市およびその周辺の漁業者，農業者，一般住民のほか札幌市住民2名からなる原告Xらは，北海道電力に対して，本件発電所の建設・操業の差止め等を求める訴えを提起した。

判　旨　**一部却下，一部棄却**〔確定〕　**①環境権に基づく訴えの適法性**　「本件主位的請求のうち環境権に基づく部分は，建設差止請求が求める給付の内容であって，環境権の存否は，これを基礎づけ特定しようとするものにすぎず，その存否の判断をとおして解決するに適するものということができるから，請求の資格を備えているものというべ〔きである〕。」 **②差止請求の法的根拠たる環境権**　「もともと，憲法13条は，基本的人権保障の理念的な前提である個人主義の原理を宣言し，国が国民の権利に対して最大限の尊重を払うべきことを規定したものであり，また，憲法25条1項は，国において，すべての国民が健康で文化的な最低限度の生活を営みうるよう国政を運営すべきことをその責務として宣言したものであって，いずれも綱領的規定であると解される。したがって，これらの規定自体は，個々の国民に，国に対する具体的な内容の請求権を賦与したものではないというべきであるとともに，国以外のものに対する私法上のなんらの具体的な請求権を直接定めたものではないといわざるをえない。ほかにXらのいうような私法上の権利としての環境権を認めた規定は，制定法上見出しえない。」

「環境は，いま仮にXらの主張自体に即して考えてみても，一定地域の自然的社会的状態であるが，その要素は，それ自体不確定，かつ流動的なものというべく，また，それは現にある状態を指すものか，それともあるべき状態を指すものか，更に，その認識及び評価について住民個々に差異があるのが普通であり，これを普遍的に一定の質をもったものとして，地域住民が共通の内容の排他的支配権を共有すると考えることは，困難であって，立法による定めがない現況においては，それが直ちに私権の対象となりうるだけの明確かつ強固な内容及び範囲をもったものであるかどうか，また，裁判所において法を適用するにあたり，国民の承認を得た私法上の権利として現に存在しているものと認識解釈すべきものかどうか甚だ疑問なしとしない。人の社会活動と環境保全の均衡点をどこに求めるか，環境汚染ないし破壊をいかにして阻止するかという環境管理の問題は，すぐれて民主主義の機構を通して決定されるべきものであるといえる。もとより司法救済は，現在，環境破壊行為が住民個人の具体的な権利，すなわち，生命，固有の健康，財産の侵害のおそれにまで達したときには，後記のように個々人の人格権，財産権の妨害予防ないし排除として発動されるのであるから，これをもって足るものと考えられる。以上の次第であって，Xらのいわゆる環境権の存在に関する主張は，いまだ採用することができない。」

評釈　阿部照哉・重判〈昭和55年度〉18，藤谷正博・公害・環境判例〈第2版〉44，松本恒雄・環境百選5。

コメント　なお，本判決は，上記に続いて，X側が差止請求の根拠とした人格権，土地所有権，漁業権については肯定した。また，Xが主張する手続違反に基づく差止請求の可否については，「環境評価手続について制定法の定めのない現段階においては，にわかに首肯し難い」と判示した。

Ⅲ-2-11　大阪空港公害訴訟

最大判昭56・12・16民集35巻10号1369頁，判時1025号39頁

（大阪国際空港夜間飛行禁止等請求事件）

事　実　大阪国際空港は，1959（昭和34）年に空港整備法にいう第1種空港の指定を受けた代表的な国営空港で，その後，1964（昭和39）年のジェット機の就航，1970（昭和45）年の滑走路の増設等を経て，大型機の頻繁な離着陸によって航空機騒音等の公害が深刻化した。そこで，空港の周辺地域の離着陸コースのほぼ真下に居住する住民である原告Xらは，空港の設置管理者である国Yに対し，①人格権と環境権に基づいて，1970（昭和45）年1月1日以降の午後9時から翌朝7時までの空港の供用の差止めと，②過去の損害賠償および③将来の損害賠償を求めて民事訴訟を提起した。第1審（大阪地判昭49・2・27判

時729号3頁）は，①人格権に基づく午後10時から翌朝7時までの差止請求を認容し，②についても認容したが，③については棄却した。X，Y双方からの控訴に対し，控訴審（大阪高判昭50・11・27判時797号36頁）は，Xらの主張をほぼ全面的に認容したので，Yが上告した。

判　旨　一部棄却，一部破棄自判，一部破棄差戻

1航空機の離着陸差止請求は不適法

「営造物管理権の本体をなすものは，公権力の行使をその本質的内容としない非権力的な権能であって，同種の私的施設の所有権に基づく管理権能とその本質において特に異なるところはない。国の営造物である本件空港の管理に関する事項のうちに，……私営の飛行場の場合におけると同じく，私法的規制に親しむものがあることは，否定しえない〔が〕，……空港については，その運営に深いかかわりあいを持つ事象として，航空行政権，すなわち航空法その他航空行政に関する法令の規定に基づき運輸大臣に付与された航空行政上の権限で公権力の行使を本質的内容とするものの行使ないし作用の問題があり，これと空港ないし飛行場の管理権の行使ないし作用とが法律上どのような位置，関係に立つのかが更に検討されなければならない。」「そもそも法が一定の公共用飛行場についてこれを国営空港として運輸大臣がみずから設置，管理すべきものとしたゆえんのものは，これによってその航空行政権の行使としての政策的決定を確実に実現し，国の航空行政政策を効果的に遂行することを可能とするにある，というべきである。……国際航空路線又は主要な国内航空路線に必要なものなど基幹となる公共用飛行場……にあっては，その設置，管理のあり方がわが国の政治，外交，経済，文化等と深いかかわりを持ち，国民生活に及ぼす影響も大きく，したがって，どの地域にどのような規模でこれを設置し，どのように管理するかについては航空行政の全般にわたる政策的判断を不可欠とする……。右に見られるような空港国営化の趣旨，すなわち国営空港の特質を参酌して考えると，本件空港の管理に関する事項のうち，少なくとも航空機の離着陸の規制そのもの等，本件空港の本来の機能の達成実現に直接にかかわる事項自体については，空港管理権に基づく管理と航空行政権に基づく規制とが，空港管理権者としての運輸大臣と航空行政権の主管者としての運輸大臣のそれぞれ別個の判断に基づいて分離独立的に行われ，両者の間に矛盾乖離を生じ，本件空港を国営空港とした本旨を没却し又はこれに支障を与える結果を生ずることがないよう，いわば両者が不即不離，不可分一体的に行使実現されているものと解するのが相当である。」「本件空港の離着陸のためにする供用は運輸大臣の有する空港管理権と航空行政権という二種の権限の，総合的判断に基づいた不可分一体的な行使の結果であるとみるべきであるから，右Xらの前記のよ

うな請求は，事理の当然として，不可避的に航空行政権の行使の取消変更ないしその発動を求める請求を包含することとなるものといわなければならない。したがって，右Xが行政訴訟の方法により何らかの請求をすることができるかどうかはともかくとして，Yに対し，いわゆる通常の民事上の請求として前記のような私法上の給付請求権を有するとの主張の成立すべきいわれはないというほかはない〔から〕，前記Xらの本件訴えのうち，いわゆる狭義の民事訴訟の手続により一定の時間帯につき本件空港を航空機の離着陸に使用させることの差止めを求める請求にかかる部分は，不適法というべきであ〔る〕。」〔原判決破棄，訴え却下〕 **2過去の損害賠償請求は認容** 「国家賠償法２条１項の営造物の設置又は管理の瑕疵とは，営造物が有すべき安全性を欠いている状態をいうのであるが，そこにいう安全性の欠如，すなわち，他人に危害を及ぼす危険性のある状態とは，ひとり当該営造物を構成する物的施設自体に存する物理的，外形的な欠陥ないし不備によって一般的に右のような危害を生ぜしめる危険性がある場合のみならず，その営造物が供用目的に沿って利用されることとの関連において危害を生ぜしめる危険性がある場合をも含み，また，その危害は，営造物の利用者に対してのみならず，利用者以外の第三者に対するそれをも含むものと解すべきである。……したがって，右営造物の設置・管理者において，かかる危険性があるにもかかわらず，これにつき特段の措置を講ずることなく，また，適切な制限を加えないままこれを利用に供し，その結果利用者又は第三者に対して現実に危害を生ぜしめたときは，それが右設置・管理者の予測しえない事由によるものでない限り，国家賠償法２条１項の規定による責任を免れることができないと解される……。」「そうすると，……右供用の違法性が肯定される限り，国家賠償法２条１項の規定の解釈に関しさきに判示したところに照らし，右事実関係のもとにおいて本件空港の設置，管理に瑕疵があるものと認めた原審の判断は正当というべきである。」「国の行う公共事業が第三者に対する関係において違法な権利侵害ないし法益侵害となるかどうかを判断するにあたっては，……侵害行為の態様と侵害の程度，被侵害利益の性質と内容，侵害行為のもつ公共性ないし公益上の必要性の内容と程度等を比較検討するほか，侵害行為の開始とその継続の経過および状況，その間にとられた被害の防止に関する措置の有無及びその内容，効果等の事情をも考慮し，これらを総合的に考察してこれを決すべきものであることは，異論のないところであ……る。本件において主張されている公共性ないし公益上の必要性の内容は，航空機による迅速な公共輸送の必要性をいうものであるところ，現代社会，特にその経済活動の分野における行動の迅速性へのますます増大する要求に照らしてそれが公共的重要性をもつものであることは自明であり，また，本件空港が国内・国際航空路線上に占める地位からいって，その供用に対する公共的要請が相当高度のものであることも明らかであ〔るが〕，これによる便益は，国民の日常生活の維持存続に不可欠な役務の提供のように絶対的ともいうべき優先順位を主張しうるものとは必ずしもいえないものであるのに対し，他方，……本件空港の供用によって被害を受ける地域住民はかなりの多数にのぼり，その被害内容も広範かつ重大なものであり，しかもこれら住民が空港の存在によって受ける利益とこれによって被る被害との間には，後者の増大に必然的に前者の増大が伴うというような彼此相補の関係が成り立たないことも明らかで，結局，前記の公共的利益の実現は，Xらを含む周辺住民という限られた一部少数者の特別の犠牲の上でのみ可能であって，そこに看過することのできない不公平が存することを否定できないのである。」「してみると，原判決がこれら諸般の事情の総合的考察に基づく判断として，Yが本件空港の供用につき公共性ないし公益上の必要性という理由によりXら住民に対してその被る被害を受忍すべきことを要求することはできず，Yの右供用行為は法によって承認されるべき適法な行為とはいえないとしたことは，十分な合理的根拠がないとはいえ……ない。」 **3いわゆる危険への接近の理論の適用範囲** 「Xらのうちには，本件空港にジェット機が就航した昭和39年6月以降B滑走路供用開始までの間に居住を始めた者が相当数存在するが，……いわゆる地域性，先住性を理由としては右Xらの請求を排斥することができず，また，……右Xらについて〔いわゆる危険への接近の理論〕を適用する余地がないことも明らかである。」「これに対し，……B滑走路供用開始後に転居して来た被上告人M，Nについては，……別途に検討する必要がある。」「原審は，いわゆる危険への接近の理論について，住民の側が特に公害問題を利用しようとするごとき意図をもって接近したと認められる場合でない限り右の理論は適用がないとの見解のもとに，被上告人M，Nの両名につきかかる意図は認められないとして，この点に関するYの主張を排斥した。しかし，危険への接近の理論は，必ずしも右のように狭く解すべきものではなく，たとえ危険に接近した者に原審の判示するような意図がない場合であっても，その者が危険の存在を認識しながらあえてそれによる被害を容認していたようなときは，事情のいかんにより加害者の免責を認めるべき場合がないとはいえないのであって，原審の前記見解は是認しえないものといわなければならない。」「Mが航空機騒音の存在についての認識を有しながらそれによる被害を容認して居住したものであり，かつ，その被害が騒音による精神的苦痛ないし生活妨害のごときもので直接生命，身体にかかわるものでない場合においては，原判決の摘示する本件空港の公共性をも参酌して考察すると，Mの入居後に実際に被った被害の程度が入居の際Yがその存在を認識した騒音から推測される被害の程度を超えるものであったとか，入居後に騒音の程度が格段に増大したとかいうような特段の事情が認められない限り，その被害はＹにおいて受忍すべきものというべく，右被害を理由として慰藉料の請求をすることは許されないものと解するのが相当である。」「そして，Ｎについても……Ｍについて述べたところと同じである。」「そうすると，前記のような特段の事情の存在を確定することなく右被上告人両名の損害賠償請求……を一部認容した原判決は，経験則に違背して事実を認定したか，又は法令の解釈適用を誤り，ひいては審理不尽，理由不備の違法を犯したものというべきであ〔る〕。」〔原審へ差戻し〕

(1)　差止請求に関する個別意見

補足意見　伊藤正己・横井大三・宮﨑梧一裁判官（略）

反対意見　団藤重光裁判官（略）　環昌一裁判官（略）　中村治朗裁判官（略）　木下忠良裁判官（略）

(2)　過去の損害の賠償請求に関する個別意見

補足意見　服部髙顯・伊藤正己・宮﨑梧一・寺田治郎・谷口正孝裁判官（略）　寺田治郎・栗本一夫・谷口正孝裁判官（略）

補足意見·意見　環昌一裁判官（略）

反対意見·補足意見　栗本一夫・藤﨑萬里・本山亨・横井大三裁判官（略）

反対意見　団藤重光・中村治朗・木下忠良・伊藤正己裁判官（略）　環昌一裁判官（略）

追加反対意見　木下忠良・団藤重光裁判官（略）

(3)　将来の損害の賠償請求に関する個別意見

反対意見　団藤重光裁判官

評釈　［特集］法時 54 巻 2 号，沢井裕・法セ 325 号 2，下山瑛二・法セ 325 号 12，田原睦夫・民商 87 巻 4 号 69，近藤昭三・重判〈昭和 56 年度〉31，沢井裕・重判〈昭和 56 年度〉82，加茂紀久男・曹時 37 巻 1 号 159，川嶋四郎・法教 221 号 39，宇佐美誠・法時 75 巻 8 号 26，三木浩一・法教 385 号 13，高橋滋・論ジュリ 3 号 85，古城誠・環境百選 33，田井義信・環境百選 34，渋谷秀樹・憲百Ⅰ 27，長谷部由起子・民訴百選 22，杉本和士・民訴百選 A20，深澤龍一郎・行政百選Ⅱ 149，磯村篤範・行政百選Ⅱ 241。控訴審判決につき，［特集］法時 48 巻 2 号，沢井裕・公害・環境判例百選〈第2版〉27，松本昌悦・憲百Ⅱ〈初版〉107，隅野隆徳・基本判例38。

（コメント）　**基地の騒音公害訴訟**　本判決後，自衛隊や駐留アメリカ軍の基地における騒音に対して，環境権，人格権等の侵害だとして争う訴訟が各地で提起されており，最高裁判所は，厚木基地公害訴訟に対して，夜間の飛行差止請求や将来の損害賠償請求を棄却している（最一判平5・2・25民集47巻2号643頁）。横田基地訴訟に対する最高裁判決（最二判平14・4・12民集56巻4号729頁）は，アメリカ軍基地関係の請求について，民事裁判権の免除を判示している。

(4)　自己決定権・人格権

Ⅲ-2-12　エホバの証人輸血拒否事件

最三判平12・2・29民集54巻2号582頁，判時1710号97頁
（損害賠償請求事件）

事　実　X_1は，「エホバの証人」の信者であって，宗教上の信念から，いかなる場合にも輸血を受けることは拒否するという固い意思を有していた。X_1の夫であるX_2は，「エホバの証人」の信者ではないが，X_1の右意思を尊重しており，同人の長男であるX_3は，その信者である。Y（国）が設置し，運営している東京大学医科学研究所附属病院（以下「医科研」という。）に医師として勤務していたMは，「エホバの証人」の信者に協力的な医師を紹介するなどの活動をしている医療機関連絡委員会のメンバーの間で，輸血を伴わない手術をした例を有することで知られていた。しかし，医科研においては，外科手術を受ける患者が「エホバの証人」の信者である場合，右信者が，輸血を受けるのを拒否することを尊重し，できる限り輸血をしないことにするが，輸血以外には救命手段がない事態に至ったときは，患者及びその家族の諾否にかかわらず輸血する，という方針を採用していた。X_1は，1992（平成4）年6月17日，K病院に入院し，悪性の肝臓血管腫との診断結果を伝えられたが，輸血をしないで手術することはできないと言われたため，同病院を退院し，医科研に入院し，同年9月16日，肝臓の腫瘍を摘出する手術（以下「本件手術」という）を受けた。その間，X_1，X_2及びX_3は，M医師らに対し，X_1は輸血を受けることができない旨を伝えた。X_3は，同月14日，M医師に対し，X_1及びX_2が連署した免責証書を手渡したが，右証書には，X_1は輸血を受けることができないこと及び輸血をしなかったために生じた損傷に関して医師及び病院職員等の責任を問わない旨が記載されていた。M医師らは，同年9月16日，輸血を必要とする事態が生ずる可能性があったことから，その準備をした上で本件手術を施行した。患部の腫瘍を摘出した段階で出血量が約2245ミリリットルに達するなどの状態になったので，M医師らは，輸血をしない限りX_1を救うことができない可能性が高いと判断して輸血をした。これに対して，X_1は，精神的損害を被ったとして，YおよびM医師らを相手に損害賠償請求訴訟

を提起したが，医科研を退院後，1997（平成 9）年 8 月 13 日，死亡したので，X_2及び X_3が訴訟を承継した。第 1 審（東京地判平 9・3・12 判タ 964 号 82 頁）は，請求を棄却したが，控訴審（東京高判平 10・2・9 判時 1629 号 34 頁）は，医師の説明義務違反により患者の自己決定権が侵害されたとして，不法行為の成立を認め，55 万円の賠償を命じたため，Y が上告した。

判　旨　**棄却**　**1輸血拒否の意思決定権**「本件において，M医師らが，X_1の肝臓の腫瘍を摘出するために，医療水準に従った相当な手術をしようとすることは，人の生命及び健康を管理すべき業務に従事する者として当然のことであるということができる。しかし，患者が，輸血を受けることは自己の宗教上の信念に反するとして，輸血を伴う医療行為を拒否するとの明確な意思を有している場合，このような意思決定をする権利は，人格権の一内容として尊重されなければならない。そして，X_1が，宗教上の信念からいかなる場合にも輸血を受けることは拒否するとの固い意思を有しており，輸血を伴わない手術を受けることができると期待して医科研に入院したことをM医師らが知っていたなど本件の事実関係の下では，M医師らは，手術の際に輸血以外には救命手段がない事態が生ずる可能性を否定し難いと判断した場合には，X_1に対し，医科研としてはそのような事態に至ったときには輸血するとの方針を採っていることを説明して，医科研への入院を継続した上，M医師らの下で本件手術を受けるか否かを X_1自身の意思決定にゆだねるべきであったと解するのが相当である。」 **2X_1に対する不法行為責任の成否**「ところが，M医師らは，本件手術に至るまでの約 1 か月の間に，手術の際に輸血を必要とする事態が生ずる可能性があることを認識したにもかかわらず，X_1に対して医科研が採用していた右方針を説明せず，X_1及び X_2らに対して輸血する可能性があることを告げないまま本件手術を施行し，右方針に従って輸血をしたのである。そうすると，本件においては，M医師らは，右説明を怠ったことにより，X_1が輸血を伴う可能性のあった本件手術を受けるか否かについて意思決定をする権利を奪ったものといわざるを得ず，この点において同人の人格権を侵害したものとして，同人がこれによって被った精神的苦痛を慰謝すべき責任を負うものというべきである。そして，また，Y は，M医師らの使用者として，X_1に対し民法 715 条に基づく不法行為責任を負うものといわなければならない。これと同旨の原審の判断は，是認することができ，原判決に所論の違法があるとはいえない。論旨は採用することができない。」

（評釈）　野澤正充・法セ 546 号 115，樋口範雄・法教 239 号 41，野口勇・法セ 549 号 65，佐久間邦夫・ジュリ 1195 号 108，新美育文・法教 248 号 11，岡田信弘・セレクト〈'00〉3，吉田克己・セレクト〈'00〉22，潮見佳男・重判〈平成 12 年度〉

66，吉田邦彦・判評 521 号 181，佐久間邦夫・曹時 55 巻 1 号 187，濱真一郎・法時 75 巻 8 号 6，大村敦志・法教 361 号 103，淺野博宣・憲百Ⅰ 26，岩志和一郎・医事百選 36。

Ⅲ-2-13 「バイク三ない原則」違反事件

最三判平 3・9・3 判時 1401 号 56 頁，判タ 770 号 157 頁
（損害賠償請求事件）

事　実　Y 私立高校の高校生であった X は，同校校則に定めるいわゆるバイクに関する「三ない原則」（免許を取らない，乗らない，買わない）に反して 1981（昭和 56）年 9 月に自動二輪車免許を取得し，親に購入してもらったバイクを所有し，自宅近辺で乗車していたが，同月 17 日，同校の友人 A に頼まれて翌日それを A に貸与したところ，A から転借した同校の生徒 B が無免許運転の上，事故を起こし警察官をはね飛ばして怪我を負わせた。X らは，この事実が発覚するのを恐れて学校に秘匿していたが，B が逮捕されるに及んで警察からの連絡で Y 側の知るところとなった。この事故により X らは Y から自主退学勧告を受け，退学願を提出して自主退学した。その後，X は，Y の措置が違憲・違法な校則に基づく退学処分に当たると主張して，Y を相手に，損害賠償請求訴訟を起こした。第 1 審（千葉地判昭 62・10・30 判時 1266 号 81 頁）は，X の請求を棄却し，控訴審（東京高判平元・3・1 判例集未登載）も，第 1 審判決をほぼ踏襲して棄却したので，X が上告した。

判　旨　**棄却**　**[1]違憲の主張について**　「所論は，いわゆる三ない原則を定めた本件校則……及び本件校則を根拠としてされた本件自主退学勧告は憲法 13 条，29 条，31 条に違反する旨をいうが，憲法上のいわゆる自由権的基本権の保障規定は，国又は公共団体の統治行動に対して個人の基本的な自由と平等を保障することを目的とした規定であって，専ら国又は公共団体と個人との関係を規律するものであり，私人相互間の関係について当然に適用ないし類推適用されるものでないことは，当裁判所大法廷判例（最大判昭 48・12・12 民集 27 巻 11 号 1536 頁）の示すところである。したがって，その趣旨に徴すれば，私立学校である Y 設置に係る高等学校の本体校則及び X が本件校則に違反したことを理由の一つとしてされた本件自主退学勧告について，それが直接憲法の右基本権保障規定に違反するかどうかを論ずる余地はないものというべきである。」 **[2]校則の合理性**　「所論の点に関する原審の事実認定は，原判決挙示の証拠関係に照らして首肯するに足り，原審の確定した事実関係の下においては，本件校則が社会通念上不合理であるとはいえないとした原審の判断は，正当として是認することができる。」

（評釈）　青柳幸一・セレクト〈'91〉 7，小林武・民商 106 巻 2 号 259，坂本秀夫・

教育百選 59，横田守弘・憲百Ⅰ 25。

（コメント） 校則によるバイク規制については，他に，退学処分を違法とした東京地判平 3・5・27 判時 1387 号 25 頁，自宅謹慎事件の高知地判昭 63・6・6 判時 1295 号 50 頁，高松高判平 2・2・19 判時 1362 号 44 頁などがある。他の校則関係として，男子中学生丸刈り事件の熊本地判昭 60・11・13 判時 1174 号 48 頁，女子中学生標準服着用事件の京都地判昭 61・7・10 判自 31 号 50 頁，パーマ退学事件の東京地判平 3・6・21 判時 1388 号 3 頁などがある。

3　法の下の平等

(1)　人種・外国人

Ⅲ-3-1　関税法等違反事件

最大判昭 39・11・18 刑集 18 巻 9 号 579 頁，判時 393 号 50 頁
（外国為替及び外国貿易管理法違反，関税法違反，物品税法違反被告事件）

事　実 Yらは，1956（昭和 31）年 2 月から 5 月頃，アメリカ合衆国軍隊が軍関係用として輸入した関税免除物品を，税関の許可を受けることなく，米兵より買い受けて輸入し，また米国軍票を隠匿所持するという犯罪をくり返してきたために，下級審において有罪判決を受けた（福岡地判昭 36・2・3 刑集 18 巻 9 号 585 頁，福岡高判昭 37・2・26 刑集 18 巻 9 号 592 頁）。これに対し，Yらは，「日本国とアメリカ合衆国との間の安全保障条約第 3 条に基く行政協定の実施に伴う関税法等の臨時特例に関する法律」（昭和 27 年法 112 号）によれば，アメリカ軍人等が関税免除品を購入しても処罰の対象とならないが，日本国民およびアメリカ軍関係以外の外国人の場合は処罰されることになっていることを指摘し，この取扱いは人種による差別を禁止した憲法 14 条の平等原則に違反すると主張して上告した。

判　旨 **棄却** **1憲法 14 条の趣旨の外国人に対する類推** 「憲法 14 条は……直接には日本国民を対象とするものではあるが，法の下における平等の原則は，近代民主主義諸国の憲法における基礎的な政治原理の一としてひろく承認されており，また既にわが国も加入した国際連合が 1948 年の第 3 回総会において採択した世界人権宣言の 7 条においても，「すべて人は法の前において平等であり，また，いかなる差別もなしに法の平等な保護を受ける権利を有する。……」と定めているところに鑑みれば，わが憲法 14 条の趣旨は，特段の事情の認められない限り，外国人に対しても類推さるべきものと解するのが相当である。」 **2合理的差別** 「他面，……各人には経済的，社会的その他種々の事実関係上の差異が存するものであるから，法規の

制定またはその適用の面において，右のような事実関係上の差異から生ずる不均等が各人の間にあることは免れ難いところであり，その不均等が一般社会観念上合理的な根拠に基づき必要と認められるものである場合には，これをもって憲法14条の法の下の平等の原則に反するものといえないことは，当裁判所の判例とするところである（最大判昭25・6・7刑集4巻6号956頁，最大判昭33・3・12刑集12巻3号501頁等）。」 **③特例法の合理的根拠** 「安全保障条約および行政協定が違憲無効と認められないことは，当裁判所の判例とするところであり（最大判昭34・12・16刑集13巻13号3225頁），また，憲法98条2項は，わが国が締結した条約と確立された国際法規はこれを誠実に遵守すべきことを定めており，さらに，外国軍隊が条約によりまたは同意を得て他国に駐在する場合，その外国軍隊の機能を全うさせる必要上，これに対しこの種の特権を認めることは，一般に承認された国際慣行と認められる。しからば，……特例法が，合衆国軍隊，その構成員等に対し所論の特権を認めたことは，十分合理的な根拠があると認められるのであって，右特例法の諸規定は憲法14条に違反するものということはできない。」

（評釈） 市川郁雄・曹時17巻1号159，日比野勤・法教210号35。

Ⅲ-3-2　ヒッグス・アラン事件

最二判平5・2・26判時1452号37頁，判タ812号166頁
（損害賠償請求事件）

事　実　Xは，イギリス国籍を有する外国人で，1981（昭和56）年に日本人女性と結婚し，同人との間に日本国籍の2人の子どもをもつ者であるが，1982（昭和57）年に来日し，1987（昭和62）年に永住許可を取得した。Xは，1989（平成元）年7月23日の参議院議員選挙に投票するため，その前日，Xの住所地を管轄する選挙管理委員会に訪れたところ，同委員会より，Xが日本国籍を有しないから，公職選挙法9条・21条により，その選挙の投票を行うことができない旨告げられ，結局選挙において投票することができなかった。そこで，Xは，被告の国を相手に，損害賠償の請求を求めて出訴した。その理由として次のように主張した。①憲法15条1項が「国民」固有の権利として選挙権を保障しているが，そこにいう「国民」とは，国籍保持者としての国民だけでなく社会の構成員として日本の政治社会における政治決定に従わざるを得ない者をいうと解すべきであり，それゆえ，永住権を有する外国人たるXが右「国民」に該当するといえるので，合理的な理由なくXに選挙権を認めていない公職選挙法9条1項は，憲法15条に違反する。②Xは，実質上帰化者に準じた地位にあり，納税義務も負担しているから，Xと帰化者とを参政権の享有に関して合理的な理由なく区別している右公選法の規定は，憲法14条にも違反する。③国会議員，内閣総理大

臣および国務大臣は，違憲の法律たる公選法9条1項が存在する場合に，これを改廃して違憲状態の解消に努めるべき義務を負っているにもかかわらずこれを怠っており，その不作為は，違法の職務行為に該当するうえ，これにつき故意または重大な過失が存在する。これに対して，第1審・第2審（大阪地判平3・3・29判タ779号94頁，大阪高判平4・7・31判例集未登載）は，いずれもXの請求を棄却したので，Xは，上告した。

判　旨　**棄却**　**国会議員の選挙権と外国人**　「国会議員の選挙権を有する者を日本国民に限っている公職選挙法9条1項の規定が憲法15条，14条の規定に違反するものでないことは，最大判昭53・10・4民集32巻7号1223頁〔⇒Ⅲ-1-2〕の趣旨に徴して明らかであり，これと同旨の原審の判断は，正当として是認することができる。その余の違憲の主張は，原判決の結論に影響を及ぼさない点につき原判決を論難するものであって，失当である。論旨は，いずれも採用することができない。」

（評釈）　戸松秀典・判評417号179，小栗実・法セ468号37，長尾一紘・セレクト〈'93〉11，大石眞・重判〈平成5年度〉16，後藤光男・憲百Ⅰ〈第3版〉3。

（コメント）　外国人の参議院の被選挙権については，それを否認した大阪高判平8・3・27訟月43巻5号1285頁，大阪地判平6・12・9判時1539号107頁を参照。

Ⅲ-3-3　地方議会議員選挙の投票権

最三判平7・2・28民集49巻2号639頁，判時1523号49頁
（選挙人名簿不登録処分に対する異議の申出却下決定取消請求事件）

事　実　Xらは，永住者の地位を有する在日韓国人であるが，定住外国人は憲法上地方公共団体における選挙権を保障されているはずであるから，自分たちが選挙人名簿に登録されていないのは不当であるとして，1990（平成2）年9月に，選挙管理委員会に対して，選挙人名簿に登録することを求める異議の申出をした。これに対して，選挙管理委員会が却下の決定をしたため，Xらは，その却下決定の取消しを求めて訴えを提起したところ，その請求が棄却された（大阪地判平5・6・29判タ825号134頁）ため，公職選挙法25条3項に基づいて最高裁判所に上告した。

判　旨　**棄却**　**1憲法15条1項と外国人**　「憲法〔15条1項〕は，国民主権の原理に基づき，公務員の終局的任免権が国民に存することを表明したものにほかならないところ，主権が『日本国民』に存するものとする憲法前文及び1条の規定に照らせば，憲法の国民主権の原理における国民とは，日本国民すなわち我が国の国籍を有する者を意味することは明らかである。そうとすれば，公務員を選定罷免する権利を保障した憲法15条

1項の規定は，権利の性質上日本国民のみをその対象とし，右規定による権利の保障は，我が国に在留する外国人には及ばないものと解するのが相当である。」 **②憲法93条2項にいう「住民」**「国民主権の原理及びこれに基づく憲法15条1項の規定の趣旨に鑑み，地方公共団体が我が国の統治機構の不可欠の要素を成すものであることをも併せ考えると，憲法93条2項にいう『住民』とは，地方公共団体の区域内に住所を有する日本国民を意味するものと解するのが相当であり，右規定は，我が国に在留する外国人に対して，地方公共団体の長，その議会の議員等の選挙の権利を保障したものということはできない。」 **③永住者等への選挙権の付与は立法政策の問題**「このように，憲法93条2項は，我が国に在留する外国人に対して地方公共団体における選挙の権利を保障したものとはいえないが，憲法第8章の地方自治に関する規定は，民主主義社会における地方自治の重要性に鑑み，住民の日常生活に密接な関連を有する公共的事務は，その地方の住民の意思に基づきその区域の地方公共団体が処理するという政治形態を憲法上の制度として保障しようとする趣旨に出たものと解されるから，我が国に在留する外国人のうちでも永住者等であってその居住する区域の地方公共団体と特段に緊密な関係を持つに至ったと認められるものについて，その意思を日常生活に密接な関連を有する地方公共団体の公共的事務の処理に反映させるべく，法律をもって，地方公共団体の長，その議会の議員等に対する選挙権を付与する措置を講ずることは，憲法上禁止されているものではないと解するのが相当である。しかしながら，右のような措置を講ずるか否かは，専ら国の立法政策にかかわる事柄であって，このような措置を講じないからといって違憲の問題を生ずるものではない。」 **④選挙権否認の合憲性**「以上検討したところによれば，地方公共団体の長及びその議会の議員の選挙の権利を日本国民たる住民に限るものとした地方自治法11条，18条，公職選挙法9条2項の各規定が憲法15条1項，93条2項に違反するものということはできず，その他本件各決定を維持すべきものとした原審の判断に憲法の右各規定の解釈の誤りがあるということもできない。」

(評釈)　常本照樹・法セ486号82，岡崎勝彦・法教177号42，萩野芳夫・判評441号159，稲正樹・セレクト〈'95〉14，宇都宮純一・重判〈平成7年度〉20，福岡右武・曹時50巻3号199，門田孝・法セ521号73，高田篤・地自百選14，柳井健一・憲百Ⅰ4。

Ⅲ-3-4　外国人管理職選考受験拒否事件

最大判平17・1・26民集59巻1号128頁，判時1885号3頁
（管理職選考受験資格確認等請求事件）

事　実　韓国籍の特別永住者であるXは，1988（昭和63）年に保健婦として東京都（Y）に採用され，1994（平成6）年度および1995年度に実施された課長級の職への管理職選考を受験しようとした。ところが，Yは，外国人であるXにはその管理職選考を受験する資格はないとして，1994（平成6）年度の選考についてはXの受験申込書の受取りを拒否し，1995（平成7）年度の選考については東京都人事委員会が受験資格の要件として日本国籍を有することを明示したため，Xは，両年度の管理職選考を受験できなかった。そこで，Xは，Yを相手に，1995（平成7）年度および1996年度の各管理職選考の受験資格を有することの確認を求めるとともに，1994（平成6）年度および1995年度の選考の受験拒否により受けた精神的損害の賠償を求める訴えを提起した。第1審（東京地判平8・5・16判時1566号23頁）は，Xの請求中，管理職選考の受験資格確認を求めた点について不適法として訴えを却下し，慰謝料請求については棄却したため，Xは，控訴した。控訴審（東京高判平9・11・26判時1639号30頁）は，外国籍の職員から管理職選考の受験の機会を奪うことは，外国籍の職員の課長級の管理職への昇任の途を閉ざすものであり，憲法22条1項，14条1項に違反する違法な措置であると判示した。これに対してYは，上告した。

判　旨　**破棄自判**　**1職員に採用した在留外国人の処遇と憲法14条1項**　「地方公務員法は，一般職の地方公務員（以下「職員」という。）に本邦に在留する外国人（以下「在留外国人」という。）を任命することができるかどうかについて明文の規定を置いていないが（同法19条1項参照），普通地方公共団体が，法による制限の下で，条例，人事委員会規則等の定めるところにより職員に在留外国人を任命することを禁止するものではない。普通地方公共団体は，職員に採用した在留外国人について，国籍を理由として，給与，勤務時間その他の勤務条件につき差別的取扱いをしてはならないものとされており（労働基準法3条，112条，地方公務員法58条3項），地方公務員法24条6項に基づく給与に関する条例で定められる昇格（給料表の上位の職務の級への変更）等も上記の勤務条件に含まれるものというべきである。しかし，上記の定めは，普通地方公共団体が職員に採用した在留外国人の処遇につき合理的な理由に基づいて日本国民と異なる取扱いをすることまで許されないとするものではない。また，そのような取扱いは，合理的な理由に基づくものである限り，憲法14条1項に違反するものでもない。」　**2公権力行使等地方公務員の任用制度と憲法14条1項**　「地方公務員のうち，住民

の権利義務を直接形成し，その範囲を確定するなどの公権力の行使に当たる行為を行い，若しくは普通地方公共団体の重要な施策に関する決定を行い，又はこれらに参画することを職務とするもの（以下「公権力行使等地方公務員」という。）については，次のように解するのが相当である。すなわち，公権力行使等地方公務員の職務の遂行は，住民の権利義務や法的地位の内容を定め，あるいはこれらに事実上大きな影響を及ぼすなど，住民の生活に直接間接に重大なかかわりを有するものである。それゆえ，国民主権の原理に基づき，国及び普通地方公共団体による統治の在り方については日本国の統治者としての国民が最終的な責任を負うべきものであること（憲法１条，15条１項参照）に照らし，原則として日本の国籍を有する者が公権力行使等地方公務員に就任することが想定されているとみるべきであり，我が国以外の国家に帰属し，その国家との間でその国民としての権利義務を有する外国人が公権力行使等地方公務員に就任することは，本来我が国の法体系の想定するところではないものというべきである。」「普通地方公共団体が，公務員制度を構築するに当たって，公権力行使等地方公務員の職とこれに昇任するのに必要な職務経験を積むために経るべき職とを包含する一体的な管理職の任用制度を構築して人事の適正な運用を図ることも，その判断により行うことができるものというべきである。そうすると，普通地方公共団体が上記のような管理職の任用制度を構築した上で，日本国民である職員に限って管理職に昇任することができることとする措置を執ることは，合理的な理由に基づいて日本国民である職員と在留外国人である職員とを区別するものであり，上記の措置は，労働基準法３条にも，憲法14条１項にも違反するものではないと解するのが相当である。そして，この理は，……特別永住者についても異なるものではない。」 **3本件の管理職任用制度と憲法14条1項** 「昭和63年４月にＹに保健婦として採用されたＸは，東京都人事委員会の実施する平成６年度及び同７年度の管理職選考（選考種別Ａの技術系の選考区分医化学）を受験しようとしたが，東京都人事委員会が上記各年度の管理職選考において日本の国籍を有しない者には受験資格を認めていなかったため，いずれも受験することができなかったというのである。そして，当時，Ｙにおいては，管理職に昇任した職員に終始特定の職種の職務内容だけを担当させるという任用管理を行っておらず，管理職に昇任すれば，いずれは公権力行使等地方公務員に就任することのあることが当然の前提とされていたということができるから，Ｙは，公権力行使等地方公務員の職に当たる管理職のほか，これに関連する職を包含する一体的な管理職の任用制度を設けているということができる。」「Ｙにおいて，上記の管理職の任用制度を適正に運営するために必要があると判断して，職員が管理職に昇任するための資格要件として当該職員が日本の国籍を有する職員であることを定めたとしても，合理的な理由に基づいて日本の国籍を有する職員と在留外国人である職員とを区別するものであり，上記の措置は，労働基準法3条にも，憲法14条1項にも違反するものではない。原審がいうように，Yの管理職のうちに，企画や専門分野の研究を行うなどの職務を行うにとどまり，公権力行使等地方公務員には当たらないものも若干存在していたとしても，上記判断を左右するものではない。」

補足意見 **藤田宙靖裁判官**「Xが，日本国で出生・成育し，日本社会で何の問題も無く生活を営んで来た者であり，また，我が国での永住を法律上認められている者であることを考慮するならば，本人が日本国籍を有しないとの一事をもって，地方公務員の管理職に就任する機会をおよそ与えないという措置が，果たしてそれ自体妥当と言えるかどうかには，確かに，疑問が抱かれないではない。」

「原審は，管理職に在る者が事案の決定過程に関与すると言っても，そのかかわり方及びかかわりの程度は様々であるから，Yの管理職について一律に在留外国人の任用を認めないとするのは相当ではなく，……在留外国人を任用することが許されない管理職とそれが許される管理職とを区別して任用管理を行う必要がある，という。もとより，そのような任用管理を行うことは，人事政策として考え得る選択肢の一つではあろうが，他方でしかし，外国籍の者についてのみ常にそのような特別の人事的配慮をしなければならないとすれば，全体としての人事の流動性を著しく損なう結果となる可能性があるということもまた，否定することができない。こういったことを考慮して，Yが，一般的に管理職への就任資格として日本国籍を要求したことは，それが人事政策として最適のものであったか否かはさておくとして，なお，その行政組織権及び人事管理権の行使として許される範囲内にとどまるものであった，ということができよう。」

意　見 **金谷利廣裁判官**「憲法は，外国人に対しては，公務員就任権を保障するものではなく，憲法上の制限の範囲内において，外国人が公務員に就任することができることとするかどうかの決定を立法府の裁量にゆだねているものというべきである。」「地方公共団体のこの裁量権は，オール・オア・ナッシングの裁量のみが認められるものではなく，一定の職種のみに限って外国人に公務員となる機会を与えることはもちろん，職務の内容と責任を考慮し昇任の上限を定めてその限度内で採用の機会を与えること，さらには，一定の職種のみに限り，かつ，一定の昇任の上限を定めてその限度内で採用の機会を与えることも許されると解されるのであって，その判断については，裁量権を逸脱し，あるいは濫用したと評価される場合を除き，違法の問題を生じることはないと解される。」 **上田豊三裁判官**「それぞれの地方公共団体は，在留外国人の地方公務員への就任の問題を定めるに当たり，ある職種について在留外国人の就任を認めるかどうかという裁量（便宜「横軸の裁量」という。）を有するのみならず，職務の内容と責任に応じた級についてどの程度・レベルのものにまでの就任（昇任）を認めるかどうかについての裁量（便宜「縦軸の裁量」という。）をも有するものと解すべきである。」「この地方公共団体の裁量にも限界があり，裁量権を逸脱したり，濫用したと評価される場合には，違法性を帯びることになる。」「本件においては，Yは保健婦（当時）について在留外国人の就任を認めることとしたが，課長級以上の管理職についてはこれを認めないこととしたというものであるところ，その制度は，上記に述べたような縦軸の裁量の限界を超えているものではなく，その裁量の範囲内にあるものとして，違法性を帯びることはないというべきである。」

反対意見　**滝井繁男裁判官**「日本国籍を有しないというだけで管理職選考の受験の機会を与えず，一切の管理職への昇任のみちを閉ざすというのは，人事の適正な運用を図るというその目的の正当性は是認し得るにしろ，それを達成する手段としては実質的関連性を欠き，合理的な理由に基づくものとはいえない……。」「したがって，Yが，日本国籍を有しないことのみを理由としてXに管理職選考の受験の機会を与えなかったのは，国籍による労働者の違法な差別といわざるを得ない。また，このような差別が憲法 14 条に由来する労働基準法 3 条に違反するものであることからすれば，国家賠償法 1 条 1 項の過失の存在も肯定することができるので，Xの請求を認容した原判決は結論において正当であり，本件上告は棄却すべきものと考える。」　**泉徳治裁判官**「国家主権を有する国が，法律で，特別永住者に対し永住権を与えつつ，特別永住者が地方公務員になることを制限しておらず，一方，憲法に規定する平等原則及び職業選択の自由が特別永住者にも及ぶことを考えれば，特別永住者は，地方公務員となることにつき，日本国民と平等に扱われるべきであるということが，一応肯定される……。」「特別永住者の法的地位，職業選択の自由の人格権的側面，特別永住者の住民としての権利等を考慮すれば，自治事務を適正に処理・執行するという目的のために，特別永住者が自己統治の過程に密接に関係する職員以外の職員となることを制限する場合には，その制限に厳格な合理性が要求されるというべきである。換言すると，具体的に採用される制限の目的が自治事務の処理・執行の上で重要なものであり，かつ，この目的と手段たる当該制限との間に実質的な関連性が存することが要求され，その存在を地方公共団体の方で論証したときに限り，当該制限の合理性を肯定すべきである。」「Yの上記昇任管理ないし人事管理政策を実施するためという目的は，自治事務を適正に処理・執行する上において合理性を有するものであって，一応の正当性を肯定することができるが，特別永住者に対し法の下の平等取扱い及び職業選択の自由の面で不利益を与えることを正当化するほど，自治事務を処理・執行する上で重要性を有する目的とはいい難い。」「また，……特別永住者に本件管理職選考の受験を認め，将来において課長級の職に昇任させた上，自己統治の過程に密接に関係する職員以外の職員に任用しても，Yの昇任管理ないし人事管理政策の実施にさほど支障が生ずるものとは考えられず，特別永住者に対し本件管理職選考の受験自体を拒否し，自己統治の過程に密接に関係する職員以外の職員になることを制限するという手段が，Yの昇任管理ないし人事管理政策の実施という目的と実質的な関連性を有するとはいい難い。」「以上のとおり，特別永住者であるXに対する本件管理職選考の受験拒否は，憲法が規定する法の下の平等及び職業選択の自由の原則に違反するものであることを考えると，国家賠償法1条1項の過失の存在も，これを肯定することができるものというべきである。」

（評釈）［特集］ジュリ1288号，［特集］法時77巻5号，松田浩・法セ606号116，岡田正則・法セ607号119，榊原秀訓・法セ608号70，草野功一・判自270号111，渡辺賢・法時77巻13号332，虎頭昭夫・法セ615号10，渡辺康行・民商135巻2号89，井上典之・法セ630号76，石川健治・セレクト〈'05〉5，大沢秀介・重判〈平成17年度〉13，高世三郎・曹時60巻1号181，野坂泰司・法教337号59，山本隆司・法教347号35，山本隆司・法教349号63，松戸浩・地自百選80，近藤敦・憲百Ⅰ5。

（コメント）外国人差別　他の外国人に対する差別事件として，不法出国・密輸事件（⇒**Ⅲ-1-1**），マクリーン事件（⇒**Ⅲ-1-2**），第二塩見訴訟（⇒**Ⅲ-7-8**）も参照せよ。**台湾人元日本兵戦死傷補償請求事件判決**（最三判平4・4・28判時1422号91頁）これは，台湾人元日本兵およびその遺族らが戦傷病者戦没者遺族等援護法（1952年4月30日施行）または恩給法における国籍条項のため給付を受けられないことが差別であり憲法14条に違反するとして争った事件に対する判決であり，最高裁判所は，請求を棄却した。その後，サハリン残留訴訟や従軍慰安婦訴訟など，日本の戦争・戦後責任を問う一連の訴訟が提起されたが，この判決はそれらの裁判の先駆けとなるものである。

(2)　信　条

Ⅲ-3-5　日中旅行社事件

大阪地判昭44・12・26労民20巻6号1806頁，判時599号90頁
（地位保全等仮処分申請事件）

事　実　日本と中国との間の交流を目的する日中旅行社（Y）において，相手国である中共の路線と対立する日本共産党および日中友好協会に所属する従業員Xらは，Y幹部の説得を聞かず，右政党および団体から脱退しなかったため，Yから1967（昭和42）年3月26日付内容証明郵便を以って解雇の通知を受けた。これに対して，Xは，Yを相手に地位保全等の仮処分申請をした。

判　旨　**一部認容**　**1 イデオロギーの相違を理由とする解雇の成否**「憲法14条および労基法3条によると，使用者が労働者の信条即ちイデオロギーを以て差別的取扱をすることを禁じているものと解することができるから，イデオロギーを以て雇用契約の要素とすることはできず，したがって使用者が特定のイデオロギーの承認，支持を存立の条件とする事業を営むことは，右承認，支持が使用者側だけの問題であるならば格別，

労働者に対してもこれを求めるものである以上，それは雇用契約の要素とせざるを得ないので，許されないものといわなければならない。しかしながら一方憲法22条によると，国民は公共の福祉に反しない限り営業の自由を認められているのであるから，公共の福祉に反しないものである以上，特定のイデオロギーを存立の条件としかつ労働者に対してもその承認，支持を要求する事業を営むことも認められなければならないのであって，この2つの相反する憲法上の要請を満たすためには，その事業が特定のイデオロギーと本質的に不可分であり，その承認，支持を存立の条件とし，しかも労働者に対してそのイデオロギーの承認，支持を求めることが事業の本質からみて客観的に妥当である場合に限って，その存在を認められているものと解すべきである。そしてそれはあくまで事業目的とイデオロギーとの本質的な不可分性にその特徴を求められるべきもので，例えば政党や宗教団体または特定の宗教的政治的イデオロギーの宣伝，布教を目的とする事業等にその例を見られるのであって，イデオロギーと事業目的との関連性は認められるが，それが本質的に不可分でない事業についてはそのイデオロギーを以て雇用契約の要素としてはならないものというべきである。そしてイデオロギーの承認，支持を存立の条件とする事業において労働者に対してもその承認，支持を求めるものである以上，それは前記のとおり憲法14条，労基法3条の例外をなすものであるところから，労働者の右資格要件は明確にすべきものであり，個別的雇用契約だけではなく労働協約か少くとも就業規則中の労働条件を定めた部分にこれを明記しなければならないものと解する。」「Yは日中友好を目的とし，しかも特殊な日中関係においてその交流を実現するためには政治三原則，貿易三原則，政経不可分の原則を承認し共同声明を支持して日本共産党および分裂後の日中友好協会との関係を断つべきであるとする政治的イデオロギーを承認，支持するもので，また右承認，支持をその存立の条件としているものと解することができるが，ただ右イデオロギーの承認，支持が事業の目的と本質的に不可分であるものとは認められない。」「元来Yは分裂前の日中友好協会によって日中間の人事交流を円滑にし相互理解に基づく友好を目的として設立されたものであるが，同協会より更に大衆的な組織として一党一派に偏せず政治的イデオロギーにかかわりのないことを以てその建前とし，広範な各種株主の出資によつて設立されている営利会社なのであって，ただ設立当時日本共産党が日中友好とこれを目的とする人事の交流に積極的であったところから勢い同党員が多くその従業員として雇用されてYの事業方針に対する協力が事実上実現されていたものであるが，もとより従業員の資格要件として特定の政治的イデオロギーの承認，支持や政党の支持，加入を定めているのではなく，Yとしては従業員とは一応かかわりなく，それ自体として，また少くとも経営に関与する役員個人の問題として日中友好に関する一定の政治的イデオロギーの承認，支持を決していたものと認めることができるのであるから，XらがYのイデオロギーと相反するイデオロギーを有する結果となったとしても，そのことだけでXらを解雇することは許されないものというべきである。」 **2イデオロギーに基づく行為による解雇の成否** 「およそ憲法 14 条および労基法 3 条に各所定の信条中に実践的な志向を有する政治的意見を含むもので……あるが，右信条が信条として右各法条によつて差別的取扱禁止の保障を受けるのはそれが内心の問題としてとどまる場合においてであって，右信条に基づく具体的な行動があつた場合には既に右各法条による保障の範囲外の問題として別個の観点から考慮されなくてはならず，右行動によつて事業に明白かつ現在の危害を及ぼすべき具体的危険を発生させたときは，その行動によって解雇が可能となる場合もあるものということができる。」「Yはその方針として政党本部の支持を決定しているだけでなく，その役員の構成からしても政党本部とはかなり強度の密着性があるのであって，このことからして同じく政党本部を支持しこれと深い関係をもつ関西国貿促その他日中友好を建前とする商社，団体等が単なる従業員にすぎないXらに前記政党や団体等に所属の行動があったとしても，ただそれだけでYへの中国渡航の斡旋依頼を全面的にとりやめるなど同社の経営基盤を揺がすような行動に出る恐れがあったものとはとうてい考えられない。したがってXらの各行動によって関西国貿促その他の団体，商社等との関係で会社の存立に明白かつ現在の具体的危険が発生したものとは認められない。」「Yは中国との国交未回復の状態において希望者が友好的に同国を訪問できるよう同国の国営企業である中国国際旅行社総社と特約を結び同国への旅行についての斡旋業務を行っている企業であるから，同社から右特約を破棄されると業務の遂行は不能となりその存立を脅かされるものであるところ，既に……認定の事実によると，日中間の交流は分裂前の日中友好協会と中日友好協会との間で昭和 41 年 10 月 12 日調印発表された共同声明を支持することによって可能で，右共同声明に反対し中国の現支配勢力と敵対関係にある日本共産党および分裂後の日中友好協会に所属するときは中国から反中国団体に属し反中国活動をするものとして，一切の関係を断たれる恐れがあるものと認められ，また……，現実に中国国際旅行社総社との間に特約を締結して会社と同じく中国渡航の斡旋業を営んでいた株式会社F旅行社が日中友好協会の分裂に当り同協会に残留し日本共産党との関係を継続したため右中国国際旅行社総社から非友好的行為があつたとの理由で特約を破棄され営業が不能の状態となった事実も認められるのであるから，本件会社においても，会社自体が，またその経営権を掌握している主要役員らが分裂後の日中友好協会に残留し日本共産党との関係を継続した場合には同じく中国国際旅行社総社から特約を破棄されることは十分に考えられるのであるが，単なる末端の従業員にすぎないXらが同党員であり同協会に残留するからといって，そのことだけで同社から特約を破棄される状況にあつたものとは考えられない。F旅行社の場合はまさに経営首脳部が日本共産党員として日中友好協会に残留し会社そのものが同党および同協会のイデオロギーを支持した場合に当るものであるから，本件の場合とは事案の内容に本質的な相違があるものといわねばならない。結局Xらの前記行動を以てしては，中国国際旅行社総社との関係においても，具体的な危険は発生していないものと認めることができる。よってこの点に関するYの主張は理由がない。」

（評釈）尾吹善人・重判〈昭和45年度〉21，山口俊夫・労働百選〈第3版〉12，萩沢清彦・判評142号25，木村俊夫・憲百Ⅰ〈第4版〉33。

（コメント）雇用上の差別⇒**Ⅲ-1-8**。

(3)　性　　別

Ⅲ-3-6　父系優先血統主義違憲訴訟

東京地判昭56・3・30行集33巻6号1374頁，判時996号23頁
（国籍存在確認請求事件）

事　実　Xは，アメリカ合衆国籍の父と日本国籍の母の長女として1977（昭和52）年8月24日出生した。Xの両親は婚姻しており，日本に居住する予定であったため，Xの母は，出生届をするとともに，Xを自己の戸籍に入籍させるように申し出た。しかし，国籍法（昭和59年改正前）は，父系優先の血統主義をとっていたため，Xの出生による日本国籍の取得は認められず，また，アメリカ国籍法によれば同国領内での居住期間が10年に満たないため，アメリカ合衆国籍も認められず，Xは無国籍となった。そこで，Xは，国を相手に，日本国籍の存在確認を求める訴えを起こし，その理由として，父系優先主義は両性の平等，個人の尊重を定めた憲法14条，24条2項および13条に違反するものであり，平等原則によれば，父または母が日本国籍の子は出生により国籍を取得するものと解釈すべきであると主張した。

判　旨　**棄却**　**1 子の当事者適格**「父系優先血統主義は，父母の性別を基準とするものであって，子の性別による差別ではない。しかし，父系優先血統主義の直接的効果として，子は自己が生来的日本国籍を取得できるか否かを一方的に決定されるのであり，……国籍の重要性を考えれば，子としては，右国籍決定基準の定め方における父母の性別による差別の違憲性を主張するにつき実質的かつ具体的利益を有するものである。また，

父系優先血統主義が子の国籍決定に関する基準であることからいっても，その違憲性は子自身を当事者とする子の国籍に関する訴訟においてこれを争わせるのが最も適切であり，それ以外に母自らが独立の訴訟で右の違憲性を主張することは理論上も実際上も不可能に近い。これらの点を考えると，右国籍訴訟の当事者である子は，その訴訟において，父系優先血統主義をとる国籍法の前記規定につき父母の性別による差別を理由としてその違憲性を主張することができるものと解するのが相当である。」 **2重国籍発生の防止と両性の平等** 「現行の国籍法は，昭和 25 年に制定されたもので，旧国籍法と同じく父系優先血統主義を採用しているが，立法の際の国会審議における政府当局の説明等によれば，その当時において原則的あるいは補充的に血統主義を採用している各国の国籍立法のうちで母系主義を原則とするものはその例がないため，もしわが国が父母両系血統主義を採用すると，父が血統主義をとる外国の国民で母が日本人の場合には常に子が重国籍となるので，主として国籍の抵触防止の見地から，父の国籍を優先させたものであるとされている。」「一般的にいえば，重国籍防止の理想は両性平等原則と調和的に実現すべきものであって，重国籍を防止するためであれば父母を差別すること（その結果として無国籍の子をも生ぜしめること）が当然に許容されると解することはできない。右に述べた父系優先血統主義の重国籍防止における必要性と有用性からみて，重国籍を防止する立法技術としての父系優先血統主義の合理性を低く評価することは相当でないが，その評価も，他の諸国において採用する立法主義のいかんや，両性平等原則の具体的内容についての時代的要請などに応じて変遷することを免れないのであって，現代における両性平等原則の意義と価値に照らすときは，単に重国籍防止における必要性と有用性を強調するのみでは，父系優先血統主義が憲法の精神に反するものでないことを基礎づけるにはなお不十分であるといわなければならない。」 **3簡易帰化制度による補完** 「国籍法の父系優先血統主義の父母の性別による差別は，前述した重国籍防止における必要性及び有用性のほかに，……補完的な簡易帰化制度を併せ伴う限りにおいて，立法目的との実質的均衡を欠くとまではいえず，これを著しく不合理な差別であるとする非難を辛うじて回避し得るものであると考える。もとより，一切の差別を設けず，かつ，国籍の抵触を生ぜしめない制度が理想であることは当然であり，国籍法の制定当時から諸般の事情が相当に変化している今日の状況下においては，父系優先血統主義に代えて重国籍を防止しながら父母両系血統主義を採用することがなおできないかどうかは十分考慮に値するものであるが，現行の制度をもって著しく不合理なものであるとまではいえない以上，これを将来にわたりいかにするかは，諸般の多角的検討を経て慎重に決定されるべき立法政策の問題であるといわざるを得ない。」「結局，国籍法2条1号ないし3号の規定は，出生による日本国籍の取得につき父母のいずれが日本人であるかによって差別を設けるものではあるが，……これを憲法14条及び……24条2項に違反するものということはできない。」

（評釈）　米沢広一・法セ324号117，二宮正人・ジュリ760号164，欧龍雲・重判〈昭和56年度〉274，石黒一憲・法教9号101，加来昭隆・渉外判例百選〈第2版〉112。

（コメント）　本件の控訴審（東京高判昭57・6・23行集33巻6号1367頁）は，「国籍付与制度自体の違憲性を論じ，合憲の国籍法を制定するのは，国会の権限でありかつ義務であって，裁判所の権限でもなく又義務でもないのである」と判示して，控訴を棄却している。なお，1984（昭和59）年の国籍法の改正により，子は，父または母が日本人であれば，日本国籍を取得するとの父母両系血統主義に変更された。

性別に基づく差別に関する他の判例として，女子若年定年制⇒***Ⅲ-1-10***，社会福祉給付とのかかわりで⇒***Ⅲ-7-4〜9***。

Ⅲ-3-7　女性の再婚禁止期間違憲訴訟

最大判平27・12・16民集69巻8号2427頁，判時2284号20頁
（損害賠償請求事件）

事　実　X（原告，控訴人，上告人）は，2008（平成20）年3月28日に前夫と離婚をし，同年10月7日に後夫と再婚をしたが，同再婚は，女性について6箇月の再婚禁止期間を定める民法733条1項の規定（以下「本件規定」という）があるために望んだ時期から遅れて成立したものであった。Xは，本件規定が憲法14条1項および24条2項に違反すると主張し，本件規定を改廃する立法措置をとらなかった立法不作為（以下「本件立法不作為」という）の違法を理由に，国に対し，国家賠償法1条1項に基づき損害賠償を求める訴えを提起した。

第1審と控訴審において，請求が棄却された（それぞれ，岡山地判平24・10・18判時2181号124頁，広島高岡山支判平25・4・26民集69巻8号2582頁）ので，Xは，上告した。

判　旨　**棄却**　**1本件規定の憲法適合性について**　「憲法14条1項は，法の下の平等を定めており，この規定が，事柄の性質に応じた合理的な根拠に基づくものでない限り，法的な差別的取扱いを禁止する趣旨のものであると解すべきことは，当裁判所の判例とするところである（最大判昭39・5・27民集18巻4号676頁，最大判昭48・4・4刑集27巻3号265頁等）。そして，本件規定は，女性についてのみ前婚の解消又は取消しの

日から6箇月の再婚禁止期間を定めており，これによって，再婚をする際の要件に関し男性と女性とを区別しているから，このような区別をすることが事柄の性質に応じた合理的な根拠に基づくものと認められない場合には，本件規定は憲法14条1項に違反することになると解するのが相当である。」「ところで，婚姻及び家族に関する事項は，国の伝統や国民感情を含めた社会状況における種々の要因を踏まえつつ，それぞれの時代における夫婦や親子関係についての全体の規律を見据えた総合的な判断を行うことによって定められるべきものである。したがって，その内容の詳細については，憲法が一義的に定めるのではなく，法律によってこれを具体化することがふさわしいものと考えられる。憲法24条2項は，このような観点から，婚姻及び家族に関する事項について，具体的な制度の構築を第一次的には国会の合理的な立法裁量に委ねるとともに，その立法に当たっては，個人の尊厳と両性の本質的平等に立脚すべきであるとする要請，指針を示すことによって，その裁量の限界を画したものといえる。また，同条1項は，『婚姻は，両性の合意のみに基いて成立し，夫婦が同等の権利を有することを基本として，相互の協力により，維持されなければならない。』と規定しており，婚姻をするかどうか，いつ誰と婚姻をするかについては，当事者間の自由かつ平等な意思決定に委ねられるべきであるという趣旨を明らかにしたものと解される。婚姻は，これにより，配偶者の相続権（民法890条）や夫婦間の子が嫡出子となること（同法772条1項等）などの重要な法律上の効果が与えられるものとされているほか，近年家族等に関する国民の意識の多様化が指摘されつつも，国民の中にはなお法律婚を尊重する意識が幅広く浸透していると考えられることをも併せ考慮すると，上記のような婚姻をするについての自由は，憲法24条1項の規定の趣旨に照らし，十分尊重に値するものと解することができる。」「そうすると，婚姻制度に関わる立法として，婚姻に対する直接的な制約を課すことが内容となっている本件規定については，その合理的な根拠の有無について以上のような事柄の性質を十分考慮に入れた上で検討をすることが必要である。」「そこで，本件においては，上記の考え方に基づき，本件規定が再婚をする際の要件に関し男女の区別をしていることにつき，そのような区別をすることの立法目的に合理的な根拠があり，かつ，その区別の具体的内容が上記の立法目的との関連において合理性を有するものであるかどうかという観点から憲法適合性の審査を行うのが相当である。」 **2本件規定の立法目的は，父性の推定の重複を回避することにある** 「昭和22年法律第222号による民法の一部改正（以下「昭和22年民法改正」という。）により，旧民法（昭和22年民法改正前の明治31年法律第9号をいう。以下同じ。）における婚姻及び家族に関する規定は，憲法24条2項で婚姻及び家族に関する事項について法律が個人の尊厳及び両性の本質的平等に立脚して制定されるべきことが示されたことに伴って大幅に変更され，憲法の趣旨に沿わない『家』制度が廃止されるとともに，上記の立法上の指針に沿うように，妻の無能力の規定の廃止など夫婦の平等を図り，父母が対等な立場から共同で親権を行使することを認めるなどの内容に改められた。」「その中で，女性についてのみ再婚禁止期間を定めた旧民法 767 条 1 項……及び同条 2 項……は，父性の推定に関する旧民法 820 条 1 項……及び同条 2 項……と共に，現行の民法にそのまま引き継がれた。」「現行の民法は，嫡出親子関係について，妻が婚姻中に懐胎した子を夫の子と推定し（民法 772 条 1 項），夫において子が嫡出であることを否認するためには嫡出否認の訴えによらなければならず（同法 775 条），この訴えは夫が子の出生を知った時から 1 年以内に提起しなければならない（同法 777 条）と規定して，父性の推定の仕組みを設けており，これによって法律上の父子関係を早期に定めることが可能となっている。しかるところ，上記の仕組みの下において，女性が前婚の解消等の日から間もなく再婚をし，子を出産した場合においては，その子の父が前夫であるか後夫であるかが直ちに定まらない事態が生じ得るのであって，そのために父子関係をめぐる紛争が生ずるとすれば，そのことが子の利益に反するものであることはいうまでもない。」「民法 733 条 2 項は，女性が前婚の解消等の前から懐胎していた場合には，その出産の日から本件規定の適用がない旨を規定して，再婚後に前夫の子との推定が働く子が生まれない場合を再婚禁止の除外事由として定めており，また，同法 773 条は，本件規定に違反して再婚をした女性が出産した場合において，同法 772 条の父性の推定の規定によりその子の父を定めることができないときは裁判所がこれを定めることを規定して，父性の推定が重複した場合の父子関係確定のための手続を設けている。これらの民法の規定は，本件規定が父性の推定の重複を避けるために規定されたものであることを前提にしたものと解される。」「以上のような立法の経緯及び嫡出親子関係等に関する民法の規定中における本件規定の位置付けからすると，本件規定の立法目的は，女性の再婚後に生まれた子につき父性の推定の重複を回避し，もって父子関係をめぐる紛争の発生を未然に防ぐことにあると解するのが相当であり（最三判平 7・12・5 集民 177 号 243 頁（以下「平成 7 年判決」という。）参照），父子関係が早期に明確となることの重要性に鑑みると，このような立法目的には合理性を認めることができる。」　**3科学的判定による父子関係の確定の余地**　「これに対し，仮に父性の推定が重複しても，父を定めることを目的とする訴え（民法 773 条）の適用対象を広げることにより，子の父を確定することは容易にできるから，必ずしも女性に対する再婚の禁止によって父性の推定の重複を回避する必要性はないという指摘があるところである。」「確かに，近年の医療や科学技術の発達により，DNA 検査技術が進歩し，安価に，身体に対する侵襲を伴うこともなく，極めて高い確率で生物学上の親子関係を肯定し，又は否定することができるようになったことは公知の事実である。」「しかし，そのように父子関係の確定を科学的な判定に委ねることとする場合には，父性の推定が重複する期間内に生まれた子は，一定の裁判手続等を経るまで法律上の父が未定の子として取り扱わざるを得ず，その手続を経なければ法律上の父を確定できない状態に置かれることになる。生まれてくる子にとって，法律上の父を確定できない状態が一定期間継続することにより種々の影響が生じ得ることを考慮すれば，子の利益の観点から，上記のような法律上の父を確定するための裁判手続等を経るまでもなく，そもそも父性の推定が重複することを回避するための制度を維持することに合理性が認められるというべきである。」 **4再婚禁止期間を設けていることと本件規定の立法目的との合理的関連性** 「本件規定の立法目的は，父性の推定の重複を回避し，もって父子関係をめぐる紛争の発生を未然に防ぐことにあると解されるところ，民法 772 条 2 項は，『婚姻の成立の日から二百日を経過した後又は婚姻の解消若しくは取消しの日から三百日以内に生まれた子は，婚姻中に懐胎したものと推定する。』と規定して，出産の時期から逆算して懐胎の時期を推定し，その結果婚姻中に懐胎したものと推定される子について，同条 1 項が『妻が婚姻中に懐胎した子は，夫の子と推定する。』と規定している。そうすると，女性の再婚後に生まれる子については，計算上 100 日の再婚禁止期間を設けることによって，父性の推定の重複が回避されることになる。夫婦間の子が嫡出子となることは婚姻による重要な効果であるところ，嫡出子について出産の時期を起点とする明確で画一的な基準から父性を推定し，父子関係を早期に定めて子の身分関係の法的安定を図る仕組みが設けられた趣旨に鑑みれば，父性の推定の重複を避けるため上記の 100 日について一律に女性の再婚を制約することは，婚姻及び家族に関する事項について国会に認められる合理的な立法裁量の範囲を超えるものではなく，上記立法目的との関連において合理性を有するものということができる。」「よって，本件規定のうち 100 日の再婚禁止期間を設ける部分は，憲法 14 条 1 項にも，憲法 24 条 2 項にも違反するものではない。」「これに対し，本件規定のうち 100 日超過部分については，民法 772 条の定める父性の推定の重複を回避するために必要な期間ということはできない。」「旧民法起草時における諸事情に鑑みると，再婚禁止期間を厳密に父性の推定が重複することを回避するための期間に限定せず，一定の期間の幅を設けることが父子関係をめぐる紛争を未然に防止することにつながるという考え方にも理解し得る面があり，このような考え方に基づき再婚禁止期間を6箇月と定めたことが不合理であったとはいい難い。このことは，再婚禁止期間の規定が旧民法から現行の民法に引き継がれた後においても同様であり，その当時においては，国会に認められる合理的な立法裁量の範囲を超えるものであったとまでいうことはできない。」「しかし，その後，医療や科学技術が発達した今日においては，上記のような各観点から，再婚禁止期間を厳密に父性の推定が重複することを回避するための期間に限定せず，一定の期間の幅を設けることを正当化することは困難になったといわざるを得ない。」「加えて，昭和22年民法改正以降，我が国においては，社会状況及び経済状況の変化に伴い婚姻及び家族の実態が変化し，特に平成期に入った後においては，晩婚化が進む一方で，離婚件数及び再婚件数が増加するなど，再婚をすることについての制約をできる限り少なくするという要請が高まっている事情も認めることができる。また，かつては再婚禁止期間を定めていた諸外国が徐々にこれを廃止する立法をする傾向にあり，……世界的には再婚禁止期間を設けない国が多くなっていることも公知の事実である。それぞれの国において婚姻の解消や父子関係の確定等に係る制度が異なるものである以上，その一部である再婚禁止期間に係る諸外国の立法の動向は，我が国における再婚禁止期間の制度の評価に直ちに影響を及ぼすものとはいえないが，再婚をすることについての制約をできる限り少なくするという要請が高まっていることを示す事情の一つとなり得るものである。」「そして，上記のとおり，婚姻をするについての自由が憲法24条1項の規定の趣旨に照らし十分尊重されるべきものであることや妻が婚姻前から懐胎していた子を産むことは再婚の場合に限られないことをも考慮すれば，再婚の場合に限って，前夫の子が生まれる可能性をできるだけ少なくして家庭の不和を避けるという観点や，婚姻後に生まれる子の父子関係が争われる事態を減らすことによって，父性の判定を誤り血統に混乱が生ずることを避けるという観点から，厳密に父性の推定が重複することを回避するための期間を超えて婚姻を禁止する期間を設けることを正当化することは困難である。他にこれを正当化し得る根拠を見いだすこともできないことからすれば，本件規定のうち100日超過部分は合理性を欠いた過剰な制約を課すものとなっているというべきである。」 **5法令の一部違憲** 「以上を総合すると，本件規定のうち100日超過部分は，遅くともXが前婚を解消した日から100日を経過した時点までには，婚姻及び家族に関する事項について国会に認められる合理的な立法裁量の範囲を超えるものとして，その立法目的との関連において合理性を欠くものになっていたと解される。」「以上の次第で，本件規定のうち100日超過部分が憲法24条2項にいう両性の本質的平等に立脚したものでなくなっていたことも明らかであり，上記当時において，同部分は，憲法14条1

項に違反するとともに，憲法 24 条 2 項にも違反するに至っていたというべきである。」 **6国家賠償法 1 条 1 項の意義** 「国会議員の立法行為又は立法不作為が同項の適用上違法となるかどうかは，国会議員の立法過程における行動が個々の国民に対して負う職務上の法的義務に違反したかどうかの問題であり，立法の内容の違憲性の問題とは区別されるべきものである。そして，上記行動についての評価は原則として国民の政治的判断に委ねられるべき事柄であって，仮に当該立法の内容が憲法の規定に違反するものであるとしても，そのゆえに国会議員の立法行為又は立法不作為が直ちに国家賠償法 1 条 1 項の適用上違法の評価を受けるものではない。」「もっとも，法律の規定が憲法上保障され又は保護されている権利利益を合理的な理由なく制約するものとして憲法の規定に違反するものであることが明白であるにもかかわらず，国会が正当な理由なく長期にわたってその改廃等の立法措置を怠る場合などにおいては，国会議員の立法過程における行動が上記職務上の法的義務に違反したものとして，例外的に，その立法不作為は，国家賠償法 1 条 1 項の規定の適用上違法の評価を受けることがあるというべきである（最一判昭 60・11・21 民集 39 巻 7 号 1512 頁，最大判平 17・9・14 民集 59 巻 7 号 2087 頁参照）。」 **7本件立法不作為と国家賠償法 1 条 1 項** 「国会議員としては，平成 7 年判決が同条〔民法 733 条〕を違憲とは判示していないことから，本件規定を改廃するか否かについては，平成 7 年の時点においても，基本的に立法政策に委ねるのが相当であるとする司法判断が示されたと受け止めたとしてもやむを得ないということができる。」「また，平成 6 年に法制審議会民法部会身分法小委員会の審議に基づくものとして法務省民事局参事官室により公表された『婚姻制度等に関する民法改正要綱試案』及びこれを更に検討した上で平成 8 年に法制審議会が法務大臣に答申した『民法の一部を改正する法律案要綱』においては，再婚禁止期間を 100 日に短縮するという本件規定の改正案が示されていたが，同改正案は，現行の嫡出推定の制度の範囲内で禁止期間の短縮を図るもの等の説明が付され，100 日超過部分が違憲であることを前提とした議論がされた結果作成されたものとはうかがわれない。」「婚姻及び家族に関する事項については，その具体的な制度の構築が第一次的には国会の合理的な立法裁量に委ねられる事柄であることに照らせば，平成 7 年判決がされた後も，本件規定のうち 100 日超過部分については違憲の問題が生ずるとの司法判断がされてこなかった状況の下において，我が国における医療や科学技術の発達及び社会状況の変化等に伴い，平成 20 年当時において，本件規定のうち 100 日超過部分が憲法 14 条 1 項及び 24 条 2 項に違反するものとなっていたことが，国会にとって明白であったということは困難である。」 **8損害賠償請求の否認** 「上記当時においては本件規定のうち100日超過部分が憲法に違反するものとなってはいたものの，これを国家賠償法1条1項の適用の観点からみた場合には，憲法上保障され又は保護されている権利利益を合理的な理由なく制約するものとして憲法の規定に違反することが明白であるにもかかわらず国会が正当な理由なく長期にわたって改廃等の立法措置を怠っていたと評価することはできない。したがって，本件立法不作為は，国家賠償法1条1項の適用上違法の評価を受けるものではないというべきである。」

補足意見 **櫻井龍子・千葉勝美・大谷剛彦・小貫芳信・山本庸幸・大谷直人裁判官** 「私たちは，本件規定のうち100日の再婚禁止期間を設ける部分（以下「100日以内部分」という。）について憲法14条1項又は24条2項に違反するものではないとする多数意見に賛同するものであるが，再婚禁止による支障をできる限り少なくすべきとの観点から，上記100日の期間内であっても，女性が再婚をすることが禁止されない場合を認める余地が少なくないのではないかと考えており，100日以内部分の適用除外に関する法令解釈上の問題について補足しておきたい。」「多数意見が判示するとおり，本件規定の立法目的は，父性の推定の重複を回避し，もって父子関係をめぐる紛争の発生を未然に防ぐことにあると解され，女性の再婚後に生まれた子につき民法772条の規定による父性の推定の重複を避けるため100日の再婚禁止期間を設けることは，国会に認められる合理的な立法裁量の範囲を超えるものではなく，上記立法目的との関連において合理性を有するということができる。」「100日以内部分の適用を除外する場合に関する民法733条2項は，除外する事由として，女性が前婚の解消等の後にその前から懐胎していた子を出産した場合を挙げているところ，これは，その出産後に懐胎した子については，当然に前夫との婚姻中に懐胎したものではないから，同法772条の規定による父性の推定を及ぼす必要がないとの理由によるものであると思われる。そうすると，女性にのみ再婚禁止期間が設けられた立法目的が上記のとおり父性の推定の重複を回避することにあることからすれば，民法733条2項は，上記の場合以外であっても，およそ父性の推定の重複を回避する必要がない場合には同条1項の規定の適用除外を認めることを許容しているものと解するのが相当であろう。また，そのように解することは，婚姻をするについての自由を尊重する多数意見の立場にも沿うものということができる。」「具体的には，女性に子が生まれないことが生物学上確実であるなど父性の推定の重複が生じ得ない場合，離婚した前配偶者と再婚するなど父性の推定が重複しても差し支えない場合及び一定の事由により父性の推定が及ばないと解される場合（最一判昭44・5・29民集23巻6号1064頁，最一判昭44・9・4集民96号485頁，最二判平10・8・31集民189号497頁等参照）には，民法733条1項の規定の適用がないというべきである。」「従来の戸籍実務においても，前婚の夫との再婚の場合（大正元年11月25日民事第708号民事局長回答），夫の3年以上の生死不明を理由とする離婚判決によって前婚を解消した場合（大正7年9月13日民第1735号法務局長回答，昭和25年1月6日民事甲第2号民事局長回答)，女性が懐胎することのできない年齢（67歳）である場合（昭和39年5月27日民事甲第1951号民事局長回答）及び3年前から音信不通状態にあり悪意の遺棄を理由とする離婚判決によって前婚を解消した場合（昭和40年3月16日民事甲第540号民事局長回答）などにおいて，再婚禁止期間内の婚姻届を受理してよい旨の取扱いがされており，このような取扱いは，民法733条1項の規定の適用除外についての上記のような理解に沿ったものと思われる。」「以上の理解に立つと，女性がいわゆる不妊手術を受けている場合についても，これをもって当該女性に子が生まれないことが生物学上確実であるときは，上記の各場合と同等に取り扱って差し支えないものと解されるであろう。また，前婚の解消等の時点で懐胎していない女性については，民法733条2項に規定する前婚の解消等の後にその前から懐胎していた子を出産した場合と客観的な状況は異ならないのであるから，100日以内部分の適用除外の事由があるとしても不相当とはいえないであろう。」「このように，本件規定の立法目的との関連において考えれば，100日以内部分の適用除外の事由に当たると解される場合は，民法733条2項に直接規定されている場合や従来の戸籍実務において認められてきた場合に限られるものではないということができるのである。」「もとより，婚姻届の提出の場面においては，戸籍事務管掌者が行う形式的審査の限界から，その届出の時点で民法733条1項の規定の適用除外とされる事由の範囲に影響があること自体はやむを得ず，上記のように前婚の解消等の時点で懐胎していないという事由は，医師の作成した証明書など明確性・客観性の上で確実な証明手段による認定を要するという制約は受け入れなければならないであろう。」

補足意見 千葉勝美裁判官（略） 木内道祥裁判官（略）

意　見 鬼丸かおる裁判官「私は，Xの国家賠償請求については，これを棄却すべきものとした原判決は結論において是認できるとするものであるが，多数意見と異なり，本件規定が女性について6箇月の再婚禁止期間を定めていることは，性別による不合理な差別であって憲法14条1項に違反し，また立法の指針である両性の本質的平等に立脚していないことから憲法24条2項にも違反するものであって，その全部が無効であると考えるものである。」

反対意見 山浦善樹裁判官「私は，多数意見と異なり，女性について6箇月の再婚禁止期間を定める本件規定の全部が憲法14条1項及び24条2項に違反し，Xが前夫と離婚をした平成20年3月までの時点において本件規定を廃止する立法措置をとらなかった立法不作為は国家賠償法1条1項の適用上違法の評価を受けるべきものであるから，原判決を破棄して損害額の算定のため本件を原審に差し戻すのが相当と考える。」

（評釈） 作花知志・法セ734号39，堀口悟郎・法セ734号108，加本牧子・ジュリ1490号88，朝田とも子・法セ735号109，前田陽一・法教429号15，笹田栄司・法教430号125，神橋一彦・法教430号133，久保野恵美子・法教430号136，巻美矢紀・論ジュリ18号86，渡邉泰彦・民商152巻3号57。

(4) 社会的身分

Ⅲ-3-8 町職員待命事件

最大判昭 39・5・27 民集 18 巻 4 号 676 頁，判時 379 号 9 頁
（待命処分無効確認判定取消等請求事件）

事　実 富山県立山町の職員であったX（当時 66 歳）は，立山町長（Y）が地方公務員法改正法（昭和 29 年法 192 号）附則 3 項等に基づいて制定した待命条例に基づいて，定員を超える員数の職員を整理する目的で，臨時待命を命じられた（臨時待命とは，現在のように定年制のなかった時代に，公務員にその地位を保有させ給与を支給しながら〔本人の意に反してでも〕一時的に具体的職務を担当させず，その期間の経過とともに公務員の地位を失わせる一種の分限処分である）。Xはこの待命処分が高齢であることを理由とするもので憲法 14 条 1 項，地公法 13 条に違反する違法な処分であるとして，Yに対し，その無効確認等を求めた。第 1 審（富山地判昭 35・4・15 民集 18 巻 4 号 685 頁）および控訴審（名古屋高金沢支判昭 37・10・17 民集 18 巻 4 号 705 頁）はいずれも訴えを認めなかったので，Xが上告した。

判　旨 **論旨理由なし** **1上告論旨** 「所論の要旨は，Xが高令（ママ）であることを理由にYがした本件待命処分は，社会的身分により差別をしたものであって，憲法 14 条 1 項及び地方公務員法 13 条に違反するとのXの主張に対し，原審が，高令であることは社会的身分に当らないとしてXの右主張を排斥したのは，(1)右各法条にいう社会的身分の解釈を誤ったものであり，また，(2)仮りに右解釈に誤りがないとしても，右各法条は，それに列挙された事由以外の事由による差別をも禁止しているものであるから，高令であることを理由とする本件待命処分を肯認した原判決には，右各法条の解釈を誤った違法があるというにある。」 **2社会的身分の概念** 「思うに，憲法 14 条 1 項及び地方公務員法 13 条にいう社会的身分とは，人が社会において占める継続的な地位をいうものと解されるから，高令であるということは右の社会的身分に当らないとの原審の判断は相当と思われるが，右各法条は，国民に対し，法の下の平等を保障したものであり，右各法条に列挙された事由は例示的なものであって，必ずしもそれに限るものではないと解するのが相当であるから，原判決が，高令であることは社会的身分に当らないとの一事により，たやすくXの前示主張を排斥したのは，必ずしも十分に意を尽したものとはいえない。しかし，右各法条は，国民に対し絶対的な平等を保障したものではなく，差別すべき合理的な理由なくして差別することを禁止している趣旨と解すべきであるから，事柄の性質に即応して合理的と認められる差別的取扱をすることは，なんら右各法条の否定するところではない。」 **3本件臨時待命処分に**

ついての判断　「本件につき原審が確定した事実を要約すれば，Yは，地方公務員法に基づき制定された立山町待命条例により与えられた権限，すなわち職員にその意に反して臨時待命を命じ又は職員の申出に基づいて臨時待命を承認することができる旨の権限に基づき，立山町職員定員条例による定員を超過する職員の整理を企図し，合併前の旧町村の町村長，助役，収入役であった者で年令55歳以上のものについては，後進に道を開く意味でその退職を望み，右待命条例に基づく臨時待命の対象者として右の者らを主として考慮し，右に該当する職員約10名位（当時建設課長であったXを含む）に退職を勧告した後，Xも右に該当する者であり，かつ勤務成績が良好でない等の事情を考慮した上，Xに対し本件待命処分を行ったというのであるから，本件待命処分は，Xが年令55歳以上であることを一の基準としてなされたものであることは，所論のとおりである。」「ところで，昭和29年法律第192号地方公務員法の一部を改正する法律附則3項は，地方公共団体は，条例で定める定員をこえることとなる員数の職員については，昭和29年度及び昭和30年度において，国家公務員の例に準じて条例の定めるところによって，職員にその意に反し臨時待命を命ずることができることにしており，国家公務員については，昭和29年法律第186号及び同年政令第144号によって，過員となる職員で配置転換が困難な事情にあるものについては，その意に反して臨時待命を命ずることができることにしているのであり，前示立山町待命条例ならびにYが行った本件待命処分は，右各法令に根拠するものであることは前示のとおりである。しかして，一般に国家公務員につきその過員を整理する場合において，職員のうちいずれを免職するかは，任命権者が，勤務成績，勤務年数その他の事実に基づき，公正に判断して定めるべきものとされていること……にかんがみても，前示待命条例により地方公務員に臨時待命を命ずる場合においても，何人に待命を命ずるかは，任命権者が諸般の事実に基づき公正に判断して決定すべきもの，すなわち，任命権者の適正な裁量に任せられているものと解するのが相当である。これを本件についてみても，原判示のごとき事情の下において，任命権者たるYが，55歳以上の高令であることを待命処分の一応の基準とした上，Xはそれに該当し（本件記録によれば，Xは当時66歳であったことが明らかである），しかも，その勤務成績が良好でないこと等の事情をも考慮の上，Xに対し本件待命処分に出たことは，任命権者に任せられた裁量権の範囲を逸脱したものとは認められず，高令であるXに対し他の職員に比し不合理な差別をしたものとも認められないから，憲法14条1項及び地方公務員法13条に違反するものではない。されば，本件待命処分は右各法条に違反するものではないとの原審の判断は，結局正当であり，原判決には所論のごとき違法はなく，論旨は採用のかぎりでない。」

（評釈） 柳瀬良幹・判評74号1，森順次・民商52巻1号131，矢野邦雄・曹時16巻8号64，熊本信夫・公務員百選21。

Ⅲ-3-9 サラリーマン税金訴訟

最大判昭60・3・27民集39巻2号247頁，判時1149号30頁
（所得税決定処分取消請求事件）

事 実 某大学教授であったXは，1964（昭和39）年分所得税の確定申告をしなかったため，Y税務署長は，納付すべき税額5万5250円とする更正決定をするとともに，無申告加算税5500円の賦課決定をした。これに対して，Xは，所得税法（昭和40年改正前のもの。以下「旧所得税法」という）中の給与所得にかかる課税規定が全体として憲法14条1項に違反し無効であるとし，その課税規定を根拠とする当該課税処分は違法であるとして，その取消しを求めて訴えを提起した。その違憲の理由として，⑴給与所得控除について必要経費の実額控除を認めず，一律に定額を控除するのみで，その収入額に対する割合が，他の事業所得にくらべて低いこと，⑵給与所得の捕捉率が他の事業所得よりも高いこと，⑶他の事業所得には租税特別措置により優遇措置がなされていること等をあげたが，第1審（京都地判昭49・5・30判時741号28頁）は，これらの理由を認めず，請求を棄却した。そこでXは，さらに，給与所得に対する各種控除が少額であるために，生活費課税となって憲法25条に違反すること等の理由を加えて控訴したが，控訴審（大阪高判昭54・11・7判時947号23頁）もすべて理由なしとして請求を棄却したので，上告した。

判 旨 **棄却** **1租税法規に対する司法審査** 「租税は，今日では，国家の財政需要を充足するという本来の機能に加え，所得の再分配，資源の適正配分，景気の調整等の諸機能をも有しており，国民の租税負担を定めるについて，財政・経済・社会政策等の国政全般からの総合的な政策判断を必要とするばかりでなく，課税要件等を定めるについて，極めて専門技術的な判断を必要とすることも明らかである。したがって，租税法の定立については，国家財政，社会経済，国民所得，国民生活等の実態についての正確な資料を基礎とする立法府の政策的，技術的な判断にゆだねるほかはなく，裁判所は，基本的にはその裁量的判断を尊重せざるを得ないものというべきである。そうであるとすれば，租税法の分野における所得の性質の違い等を理由とする取扱いの区別は，その立法目的が正当なものであり，かつ，当該立法において具体的に採用された区別の態様が右目的との関連で著しく不合理であることが明らかでない限り，その合理性を否定することができず，これを憲法14条1項の規定に違反するものということはできないものと解するのが相当

である。」 **2給与所得者に必要経費の実額控除を認めていないことの合理性**「憲法14条1項の規定の適用上，事業所得等に係る必要経費につき実額控除が認められていることとの対比において，給与所得に係る必要経費の控除のあり方が均衡のとれたものであるか否かを判断するについては，給与所得控除を専ら給与所得に係る必要経費の控除ととらえて事を論ずるのが相当である。しかるところ，給与所得者の職務上必要な諸設備，備品等に係る経費は使用者が負担するのが通例であり，また，職務に関し必要な旅行や通勤の費用に充てるための金銭給付，職務の性質上欠くことのできない現物給付などがおおむね非課税所得として扱われていることを考慮すれば，本件訴訟における全資料に徴しても，給与所得者において自ら負担する必要経費の額が一般に旧所得税法所定の前記給与所得控除の額を明らかに上回るものと認めることは困難であって，右給与所得控除の額は給与所得に係る必要経費の額との対比において相当性を欠くことが明らかであるということはできないものとせざるを得ない。」 **3捕捉率の較差**「所得の捕捉の不均衡の問題は，原則的には，税務行政の適正な執行により是正されるべき性質のものであって，捕捉率の較差が正義衡平の観念に反する程に著しく，かつ，それが長年にわたり恒常的に存在して租税法制自体に基因していると認められるような場合であれば格別（本件記録上の資料からかかる事情の存在を認めることはできない。），そうでない限り，租税法制そのものを違憲ならしめるものとはいえないから，捕捉率の較差の存在をもって本件課税規定が憲法14条1項の規定に違反するということはできない。」 **4租税優遇措置の存在**「仮に所論の租税優遇措置が合理性を欠くものであるとしても，そのことは，当該措置自体の有効性に影響を与えるものにすぎず，本件課税規定を違憲無効ならしめるものということはできない。」

補足意見 伊藤正己裁判官 1「租税法の分野にあっても，例えば性別のような憲法14条1項後段所定の事由に基づいて差別が行われるときには，合憲性の推定は排除され，裁判所は厳格な基準によってその差別が合理的であるかどうかを審査すべきであり，平等原則に反すると判断されることが少なくない」。「しかし，本件は，右のような事由に基づく差別ではなく，所得の性質の違い等を理由とする取扱いの区別であるから，厳格な基準による審査を必要とする場合でないことは明らかである。」 2「特定の給与所得者について，その給与所得に係る必要経費の額がその者の給与所得控除の額を著しく超過するという事情がみられる場合には，右給与所得者に対し本件課税規定を適用して右超過額を課税の対象とすることは，明らかに合理性を欠くものであり，本件課税規定は，かかる場合に，当該給与所得者に適用される限度において，憲法14条1項の規定に違反するものといわざるを得ないと考える。」 谷口正孝裁判官（略） 木戸口久治裁判官（略） 島谷六郎裁判官（略）

(評釈)　畠山武道・法教56号134,［特集］ジュリ837号，渡辺賢・法セ375号37，清永敬次・民商94巻1号97，水野忠恒・重判〈昭和60年度〉11，泉徳治・曹時38巻5号223，金子宏・判評332号2，戸波江二・憲百Ⅰ32，金子宏・租税百選1。

(コメント)　**総評サラリーマン税金訴訟**　総評（日本労働組合総評議会）は，給与所得者の所得税減税運動を展開し，その一環として全国各地で所得税返還請求訴訟を提起した。その一つの上告審において，最高裁判所は，本判決や源泉徴収制度の合憲判決（最大判昭37・2・28刑集16巻2号212頁）を先例として請求を棄却している（最三判平元・2・7判時1312号69頁）。

III-3-10　公務員の地位に基づく科刑差別訴訟

最二判昭26・5・18刑集5巻6号1175頁
（業務上横領被告事件）

事　実　鳥取市の公務員Yは，1948（昭和23）年2月頃，業務上保管する同市所有の硝子その他の資材を闇値で売却し，または自家建築用に費消したとの理由で起訴され，業務上横領罪により実刑の判決を受け，執行猶予が与えられなかった。その理由は，Yの経歴によれば市の主任，課長等の要職を歴任しており，弱年の小吏と同列に論ずるわけにはいかないということであった。そこでYは，控訴審（広島高松江支判昭25・4・17刑集5巻6号1184頁）が「主任，課長，係長等の要職を歴任」したYを執行猶予不相当にして，「弱年の小吏」ならば執行猶予相当とする旨判示していることをとらえ，それは，Yの身分をYにとって不利益に強調するものであり，Yの生活の窮状について考慮を払わないのは，社会的身分による差別であると主張して上告した。

判　旨　**棄却**　**社会的身分による差別**　「原判決には論旨の摘録するような記載があるけれども，原判決を熟読吟味すると，その趣旨とするところは，Yの年齢，経歴，公務員としての地位に伴う社会的，道義的責任は弱年の小吏に比して遥かに重いものであり，当時のYの家庭的，経済的事情や犯情を併せ考慮すると，控訴趣意において主張されたようなYにとって有利な事情を斟酌しても，その情状はなお決して軽いものではないということを示したものと解するのが相当であり，所論のように公務員中比較的高い地位を有する者と小吏とを抽象的に区別して，仮にYが小吏であったとしたならば刑の執行猶予を言い渡すべきであるが，高い地位を有する者の犯行なるが故に，他に如何なる有利な事情があらうとも執行猶予を与うべきではないとの趣旨を判示したものと解すべきではない。即ち論旨はその前提において原判決の趣旨を誤解したものであり，犯情によって，犯人の処遇を異にしても，何ら憲法14条に違反するものでないと解すべきことは当裁判所の判例の趣旨とするところであるから，論旨はその理由がない。」

(評釈) 畑博行・憲百Ⅰ〈第2版〉21。

Ⅲ-3-11　地方公務員自動失職制違憲訴訟

最三判平元・1・17判時1303号139頁，判タ693号54頁
（雇用関係存在確認等請求事件）

事　実　Y県の事務職員として1972（昭和47）年9月からY県立図書館に勤務する公務員であったXは，採用される約2年半前の1969（昭和44）年9月の学生運動に参加して往来妨害・凶器準備集合・公務執行妨害の各罪で起訴され，採用から約5年後の1977（昭和52）年4月25日に懲役10月・執行猶予2年の判決を受け，同年5月10日に判決が確定した。Yは，判決確定から約2年9月後（すなわち，執行猶予期間が満了し，犯行時より約10年が経過していた時）にその事実を知り，判決謄本で確認の上，勤務を継続していたXに対して，1980（昭和55）年2月20日，地公法16条2号・28条4項の規定により判決確定時に失職した旨を通知し，以後Xの勤務を拒否した。これに対し，Xは，地公法の上記規定が憲法14条1項に違反することを理由に，雇用関係確認および給与支払を求めて出訴したところ，第1審（神戸地判昭59・2・1判時1114号104頁），第2審（大阪高判昭62・7・8行集38巻6＝7号532頁）において請求棄却の判決を受けたので，上告した。

判　旨　**棄却**　**地方公務員の自動失職制の合理性**　「地公法28条4項，16条2号は，禁錮以上の刑に処せられた者が地方公務員として公務に従事する場合には，その者の公務に対する住民の信頼が損なわれるのみならず，当該地方公共団体の公務一般に対する住民の信頼も損なわれるおそれがあるため，かかる者を公務の執行から排除することにより公務に対する住民の信頼を確保することを目的としているものであるところ，地方公務員は全体の奉仕者として公共の利益のために勤務しなければならず（憲法15条2項，地公法30条），また，その職の信用を傷つけたり，地方公務員の職全体の不名誉となるような行為をしてはならない義務がある（同法33条）など，その地位の特殊性や職務の公共性があることに加え，わが国における刑事訴追制度や刑事裁判制度の実情のもとにおける禁錮以上の刑に処せられたことに対する社会的感覚などに照らせば，地公法28条4項，16条2号の前記目的には合理性があり，地方公務員を法律上このような制度が設けられていない私企業労働者に比べて不当に差別したものとはいえず，また，条例に特別の定めがある地方公共団体の地方公務員と右特別の定めがない地方公共団体の地方公務員との間には失職に関しその取扱いに差異が生ずることになるが，それは各地方

公共団体の自治を尊重した結果によるものであって不合理なものとはいえず，地公法28条4項，16条2号が憲法14条1項，13条に違反するものでないことは，当裁判所の判例（最大判昭33・3・12刑集12巻3号501頁，最大判昭39・5・27民集18巻4号676頁，最大判昭60・10・23刑集39巻6号413頁）の趣旨に徴して明らかである。」

（評釈） 森英樹・法セ416号94，村井龍彦・民商101巻4号138，岡田信弘・セレクト〈'89〉8，和田進・重判〈平成元年度〉18。

（コメント） **関連判例** 社会的身分の差別に関連するその他の裁判例としては，老齢福祉年金給付について⇒***Ⅲ-7-4・7***，また同性愛者に対する公共施設の宿泊拒否事件についての東京高判平9・9・16判タ986号206頁参照。

(5) 家族関係

a）尊　属

Ⅲ-3-12　尊属傷害致死事件

最大判昭25・10・11刑集4巻10号2037頁
（尊属傷害致死被告事件）

事　実　Yは，1949（昭和24）年10月31日夜，自宅で実父Mと雑談中，盗みの疑いをかけられ，これを否定したところ，Mから，お前が盗んだに違いないと決めつけられ，その上，なべや鉄びんをやつぎばやに投げつけられた。そこでYはかっとなって，これらの物を受け止めるや直ちに投げかえしたところ，それがMに当たって頭蓋骨を骨折し，Mは内出血のため翌日死亡した。このためYは，刑法205条2項の尊属傷害致死罪として公訴の提起がなされたが，第1審（福岡地飯塚支判昭25・1・9刑集4巻10号2070頁）は，同規定が憲法14条に違反するとして，刑法205条1項を適用し，懲役3年，執行猶予3年の有罪判決を下した。この第1審判決に対し，検察側は最高裁に跳躍上告をした。

判　旨　**破棄差戻**　**①道徳的要請に基づく加罰規定**　「憲法14条が法の下における国民平等の原則を……規定したのは，人格の価値がすべての人間について平等であり，従って人種，宗教，男女の性，職業，社会的身分等の差異にもとずいて，あるいは特権を有し，あるいは特別に不利益な待遇を与えられてはならぬという大原則を示したものに外ならない。……しかしながら，このことは法が，国民の基本的平等の原則の範囲内において，各人の年令，自然的素質，職業，人と人との間の特別の関係等の各事情を考慮して，道徳，正義，合目的性等の要請より適当な具体的規定をすることを妨げるものではない。刑法において尊属親に対する殺人，傷害致死等が一般の場合に比して重く罰せられているのは，法が子の親に対する道徳的義務をとくに重要視したものであり，これ道徳の要請にもとずく法による具体的規定に外ならないのである。」 **2 人類普遍の道徳原理** 「原判決は，子の親に対する道徳的義務をかように重要視することを以て，封建的，反民主主義的思想に胚胎するものであり，また『忠孝一本』『祖先崇拝』の思想を基盤とする家族主義社会においてのみ存在を許さるべきものであるというが，夫婦，親子，兄弟等の関係を支配する道徳は，人倫の大本，古今東西を問わず承認せられているところの人類普遍の道徳原理，すなわち学説上所謂自然法に属するものといわなければならない。従って立法例中普通法の国である英米を除き，尊属親に対する罪を普通の場合よりも重く処罰しているものが多数見受けられるのである。しかるに原判決が子の親に対する道徳をとくに重視する道徳を以て封建的，反民主主義的と断定したことは，これ親子の間の自然的関係を，新憲法の下において否定せられたところの，戸主を中心とする人為的，社会的な家族制度と混同したものであり，畢竟するに封建的，反民主主義的の理由を以て既存の淳風美俗を十把一束に排斥し，所謂『浴湯と共に子供まで流してしまう』弊に陥り易い現代の風潮と同一の誤謬を犯しているものと認められるのである。」「さらに憲法 14 条 1 項の解釈よりすれば，親子の関係は，同条項において差別待遇の理由としてかかぐる，社会的身分その他いずれの事由にも該当しない。また同条項が国民を政治的，経済的又は社会的関係において原則として平等に取り扱うべきことを規定したのは，基本的権利義務に関し国民の地位を主体の立場から観念したものであり，国民がその関係する各個の法律関係においてそれぞれの対象の差に従ひ異る取扱を受けることまでを禁止する趣旨を包含するものではないのである。……立法の主眼とするところは被害者たる尊属親を保護する点には存せずして，むしろ加害者たる卑属の背倫理性がとくに考慮に入れられ，尊属親は反射的に一層強度の保護を受けることあ(ママ)るものと解釈するのが至当である。」 **3 量刑上の考慮と立法化** 「なお原判決は親族間の愛情が法律の規定をまってはじめてしかるものではなく，親族関係は刑の量定の分野において考慮されることは格別，法律を以て不平等を規定する合理的根拠を欠くものと断定するが，もし原判決のいうように子の親に対する倫理を強調することが封建的，反民主主義的であり，従ってそれを基礎とする法律が違憲であるとするなら，これを情状として刑の量定の際に考慮に入れて判決することもその違憲性において変りはないことになるのである。逆にもし憲法上これを情状として考慮し得るとするならば，さらに一歩を進めてこれを法規の形式において客観化することも憲法上可能である……。」

意　見　**斎藤悠輔裁判官**（略）

少数意見　**真野毅裁判官**「刑法205条の……重罰規定は，前記憲法の例示規定の正条にいわゆる『社会的身分……により政治的……差別』をすることに該当し，この点から言っても憲法違反である。」**穂積重遠裁判官**「憲法14条の『国民平等の原則』は新憲法の貴重な基本観念であるところ，実際上千差万別たり得る人生全般にわたって随所に在来の観念との摩擦を起し各種具体的除外要請を生じ得べく，あれに聴きこれに譲っては，ついに根本原則を骨抜きならしめるおそれがある……上告論旨……は，憲法14条は『いかなる理由があっても不平等扱を許さないとまでする趣旨ではない。……一定の合理的な理由があれば必ずしも均分的な取扱を要しないものと解すべきである』と言うが，さような考え方の濫用は憲法14条の自壊作用を誘起する危険がある。平等原則の合理的運用こそ望ましけれ不平等を許容して可なりとなすべきでない。」

(評釈)　大須賀明・憲法の判例〈第2版〉16，小嶋和司・憲百〈新版〉6，岡部泰昌・刑法百選〈新版〉83。

(コメント)　この判決の2週間後に，最高裁は，刑法200条の尊属殺人罪の規定について，この判決を引用して合憲と判示した（最大判昭25・10・25刑集4巻10号2126頁）。なお，刑法205条2項については，次の*Ⅲ-3-13*判決で刑法200条が違憲とされた後も合憲と判示されている（最一判昭49・9・26刑集28巻6号329頁，最三判昭50・11・28判時797号156頁，最二判昭51・2・6刑集30巻1号1頁など）。*Ⅲ-3-13*のコメントも参照せよ。

Ⅲ-3-13　尊属殺人事件

最大判昭48・4・4刑集27巻3号265頁，判時697号3頁
（尊属殺人被告事件）

事　実　Yは，14歳のときに実父Mから犯され，以後，10年あまり夫婦同様の生活を強制され，5人の子どもまで生んだが，1968（昭和43）年8月頃，職場でたまたま知り合った青年と愛し合い結婚を考えるようになった。しかし，これを知ったMは，これを嫌い怒り狂ったうえ，10日余り脅迫虐待を加えたため，Yは煩悶し，忌わしい境遇から逃れようとして同年10月5日夜，Mを絞殺した。第1審（宇都宮地判昭44・5・29判タ237号262頁）は刑法200条を違憲として，199条の殺人罪について判断し，過剰防衛を理由に刑を免除した。控訴審（東京高判昭45・5・12判時619号93頁）は第1審を破棄して200条を合憲とし，過剰防衛も否認して，心神耗弱による減軽および酌量減軽により最低限の懲役3年6月の実刑を宣告した。これに対しYは，刑法200条の平等原則違反を理由に上告した。

判　旨　**破棄自判**　**1平等原則の趣旨**　「憲法14条1項は，国民に対し法の下の平等を保障した規定であって，同項後段列挙の事項は例示的なものであること，およびこの平等の要請は，……合理的な根拠に基づくものでないかぎり，差別的な取扱いをすることを禁止する趣旨……である。」　**2加罰規定の目的と差別の合理性**　「刑法200条が憲法……に違反するかどうかが問題となる……が，それは……差別的取扱いが合理的な根拠に基づくものであるかどうかによって決せられる。」「刑法200条の立法目的は，尊属を卑属またはその配偶者が殺害することをもって……高度の社会的道義的非難に値するものとし，……通常の殺人の場合より厳重に処罰し，もって特に強くこれを禁圧しようとするにある。」「尊属に対する尊重報恩は，社会生活上の基本的道義というべく，……刑法上の保護に値する……。」「尊属の殺害は通常の殺人に比して一般に高度の社会的道義的非難を受けて然るべきであるとして，このことをその処罰に反映させても，あながち不合理であるといえない。」「……法律上，刑の加重要件とする規定を設けても，……合理的な根拠を欠くものと断ずることはできず，……憲法第14条1項に違反するということもできない。」　**3加重の程度と極端な厳しさ**　「しかしながら，……加重の程度が極端であって，……立法目的達成の手段として甚だしく均衡を失し，これを正当化しうべき根拠を見出しえないときは，その差別は著しく不合理なものといわなければならず，かかる規定は憲法14条1項に違反して無効である……。」「刑法200条をみるに，……刑種選択の範囲が極めて重い刑に限られ……処断刑の下限は懲役3年6月を下ることがなく，……法律上刑の執行を猶予することはできない。」「量刑の実状をみても，尊属殺の罪のみにより法定刑を科せられる事例はほとんどなく，……2回の減軽を加えられる例が少なくないのみか，その処断刑の下限である懲役3年6月の刑の宣告される場合も決して稀ではない。このことは，卑属の背倫理性が必ずしも常に大であるとはいえないことを示すとともに，尊属殺の法定刑が極端に重きに失していることをも窺わせるものである。」「尊属殺の法定刑は，それが死刑または無期懲役刑に限られている点（現行刑法上，これは外患誘致罪を除いて最も重いものである。）においてあまりにも厳しいものというべく，……合理的根拠に基づく差別的取扱いとして正当化することはとうていできない。」　**4判例変更による違憲性の認定**　「刑法200条は，……必要な限度を遥かに超え，普通殺に関する刑法199条の法定刑に比し著しく不合理な差別的取扱いをするものと認められ，憲法14条1項に違反して無効であるとしなければならず，したがって，尊属殺にも刑法199条を適用するのほかはない。この見解に反する当審従来の判例はこれを変更する。」

補足意見　**岡原昌男裁判官**（略）

意　見　**田中二郎・小川信雄・坂本吉勝裁判官**　「尊属殺人に関する規定を設け，……差別的取扱いを認めること自体が，……憲法14条1項に違反する。」　**下村三郎裁判官**　「尊属殺人に対する処罰規定を存置し，その刑を加重することは，合理的根拠を失なう。」　**色川幸太郎裁判官**　「古い家族制度と結びついたまま道徳を……温存しようとする法律は，憲法によって否定されなければならない。」　**大隅健一郎裁判官**　「夫婦相互間ならびに親子等の直系親族相互間の殺害行為……につき近親殺というべき特別の罪を設け，……刑を加重することは，……合理的な範囲を超えない限り，……憲法の条項に反するものではない……それは法律政策の問題である。」

反対意見　**下田武三裁判官**　「法定刑をいかに定めるかは……立法政策の当否の問題で……憲法上の問題……ではない。……尊属に対する敬愛……を重視すべきものとし，……刑法200条程度の法定刑を規定することは……不合理……とは考えられない。……法制審議会を中心として刑法改正案作成の作業が進捗中であり，……立法の先取りをなす……判断を下すことは……司法の謙抑の原則に反する」。

（評釈）　久保田きぬ子・重判〈昭和48年度〉9，香川達夫・重判〈昭和48年度〉132，大須賀明・憲法の判例16，大須賀明・基本判例46，井上祐司・刑法百選Ⅱ〈第2版〉1，井上典之・法セ607号76，野坂泰司・法教302号71，渡辺康行・憲百Ⅰ28。

（コメント）　本判決の先例等については，***Ⅲ-3-12***およびその末尾のコメントを参照せよ。本判決に至るまでに，最大判昭29・1・20刑集8巻1号52頁や，最大判昭32・2・20刑集11巻2号824頁（妻が亡夫の直系尊属たる父母を殺害しようとした未遂事件で，刑法200条の配偶者の直系尊属は生存配偶者の直系尊属を指すと解し，破棄差戻の判決をした）等がある。なお，刑法200条をはじめ尊属に対する犯罪（尊属傷害致死，尊属遺棄，尊属逮捕監禁）の刑罰加重規定は，1995（平成7）年の改正ですべて削除された。

Ⅲ-3

b）嫡出・非嫡出子

Ⅲ-3-14　非嫡出子相続分規定違憲訴訟

最大決平25・9・4民集67巻6号1320頁，判時2197号10頁
（遺産分割審判に対する抗告棄却決定に対する特別抗告事件）

事　実　本件は，2001（平成13）年7月に死亡したAの遺産につき，Aの嫡出である子（その代襲相続人を含む）である相手方らが，Aの嫡出でない子である抗告人らに対し，遺産の分割の審判を申し立てた事件である。原々審（東京家審平24・3・26金融・商事判例1425号30頁），原審（東京高決

平24・6・22金融・商事判例1425号29頁）ともに，最大決平7・7・5民集49巻7号1789頁の説示を引用し，民法900条4号ただし書の規定のうち嫡出でない子の相続分を嫡出子の相続分の2分の1とする部分（以下，この部分を「本件規定」という）は憲法14条1項に違反しないと判断し，本件規定を適用して算出された相手方ら及び抗告人らの法定相続分を前提に，Aの遺産の分割をすべきものとした。そこで抗告人らは，本件規定が憲法14条1項に違反し無効であると主張し特別抗告した。

決定要旨　**破棄差戻**　**1憲法14条1項適合性の判断基準**　「相続制度は，被相続人の財産を誰に，どのように承継させるかを定めるものであるが，相続制度を定めるに当たっては，それぞれの国の伝統，社会事情，国民感情なども考慮されなければならない。さらに，現在の相続制度は，家族というものをどのように考えるかということと密接に関係しているのであって，その国における婚姻ないし親子関係に対する規律，国民の意識等を離れてこれを定めることはできない。これらを総合的に考慮した上で，相続制度をどのように定めるかは，立法府の合理的な裁量判断に委ねられているものというべきである。この事件で問われているのは，このようにして定められた相続制度全体のうち，本件規定により嫡出子と嫡出でない子との間で生ずる法定相続分に関する区別が，合理的理由のない差別的取扱いに当たるか否かということであり，立法府に与えられた上記のような裁量権を考慮しても，そのような区別をすることに合理的な根拠が認められない場合には，当該区別は，憲法14条1項に違反するものと解するのが相当である。」　**2民法900条4号ただし書の憲法14条1項適合性**　「⑴……〔憲法24条1項および2項〕を受けて，民法739条1項は，『婚姻は，戸籍法（中略）の定めるところにより届け出ることによって，その効力を生ずる。』と定め，いわゆる事実婚主義を排して法律婚主義を採用している。」「⑵法律婚主義の下においても，嫡出子と嫡出でない子の法定相続分をどのように定めるかということについては，前記〔1〕で説示した事柄を総合的に考慮して決せられるべきものであり，また，これらの事柄は時代と共に変遷するものでもあるから，その定めの合理性については，個人の尊厳と法の下の平等を定める憲法に照らして不断に検討され，吟味されなければならない。」「⑶昭和22年民法改正以降の変遷等の概要をみると，次のとおりである。ア　……昭和22年民法改正以降，我が国においては，社会，経済状況の変動に伴い，婚姻や家族の実態が変化し，その在り方に対する国民の意識の変化も指摘されている。……　イ　……本件規定の立法に影響を与えた諸外国の状況も，大きく変化してきている。……現在，我が国以外で嫡出子と嫡出でない子の相続分に差異を設けている国は，欧米諸国にはなく，世界的にも限られた状況にある。……　ウ　我が国は，昭和54年に『市民的及び政治的権利に関する国際規約』（昭和54年条約第7号）を，平成6年に『児童の権利に関する条約』（平成6年条約第2号）をそれぞれ批准した。これらの条約には，児童が出生によっていかなる差別も受けない旨の規定が設けられている。また，国際連合の関連組織として，前者の条約に基づき自由権規約委員会が，後者の条約に基づき児童の権利委員会が設置されており，これらの委員会は，上記各条約の履行状況等につき，締約国に対し，意見の表明，勧告等をすることができるものとされている。……　エ　前記イ及びウのような世界的な状況の推移の中で，我が国における嫡出子と嫡出でない子の区別に関わる法制等も変化してきた。……さらに，最大判平20・6・4民集62巻6号1367頁は，嫡出でない子の日本国籍の取得につき嫡出子と異なる取扱いを定めた国籍法3条1項の規定（平成20年法律第88号による改正前のもの）が遅くとも平成15年当時において憲法14条1項に違反していた旨を判示し，同判決を契機とする国籍法の上記改正に際しては，同年以前に日本国籍取得の届出をした嫡出でない子も日本国籍を取得し得ることとされた。……　オ　嫡出子と嫡出でない子の法定相続分を平等なものにすべきではないかとの問題についても，かなり早くから意識されており，昭和54年に法務省民事局参事官室により法制審議会民法部会身分法小委員会の審議に基づくものとして公表された『相続に関する民法改正要綱試案』において，嫡出子と嫡出でない子の法定相続分を平等とする旨の案が示された。……　カ　前記ウの各委員会から懸念の表明，法改正の勧告等がされた点について同エのとおり改正が行われた結果，我が国でも，嫡出子と嫡出でない子の差別的取扱いはおおむね解消されてきたが，本件規定の改正は現在においても実現されていない。……しかし，嫡出でない子の法定相続分を嫡出子のそれの2分の1とする本件規定の合理性は，前記2及び(2)で説示したとおり，種々の要素を総合考慮し，個人の尊厳と法の下の平等を定める憲法に照らし，嫡出でない子の権利が不当に侵害されているか否かという観点から判断されるべき法的問題であり，法律婚を尊重する意識が幅広く浸透しているということや，嫡出でない子の出生数の多寡，諸外国と比較した出生割合の大小は，上記法的問題の結論に直ちに結び付くものとはいえない。……　キ　当裁判所は，平成7年大法廷決定以来，結論としては本件規定を合憲とする判断を示してきたものであるが，平成7年大法廷決定において既に，嫡出でない子の立場を重視すべきであるとして5名の裁判官が反対意見を述べたほかに，婚姻，親子ないし家族形態とこれに対する国民の意識の変化，更には国際的環境の変化を指摘して，昭和22年民法改正当時の合理性が失われつつあるとの補足意見が述べられ，その後の小法廷判決及び小法廷決定においても，同旨の個別意見が繰り返し述べられてきた（最一判平12・1・27〔判時1707号121頁〕，最二判平15・3・28〔判時1820号62頁〕，最一判平15・3・31〔判時1820号62頁〕，最一判平16・10・14〔判時1884号40頁〕，最二決平21・9・30〔判時2064号61頁〕等）。特に，前掲最一判平15・3・31以降の当審判例は，その補足意見の内容を考慮すれば，本件規定を合憲とする結論を辛うじて維持したものとみることができる。……　ク　前記キの当審判例の補足意見の中には，本件規定の変更は，相続，婚姻，親子関係等の関連規定との整合性や親族・相続制度全般に目配りした総合的な判断が必要であり，また，上記変更の効力発生時期ないし適用範囲の設定も慎重に行うべきであるとした上，これらのことは国会の立法作用により適切に行い得る事柄である旨を述べ，あるいは，速やかな立法措置を期待する旨を述べるものもある。……平成7年大法廷決定においては，本件規定を含む法定相続分の定めが遺言による相続分の指定等がない場合などにおいて補充的に機能する規定であることをも考慮事情としている。しかし，本件規定の補充性からすれば，嫡出子と嫡出でない子の法定相続分を平等とすることも何ら不合理ではないといえる上，遺言によっても侵害し得ない遺留分については本件規定は明確な法律上の差別というべきであるとともに，本件規定の存在自体がその出生時から嫡出でない子に対する差別意識を生じさせかねないことをも考慮すれば，本件規定が上記のように補充的に機能する規定であることは，その合理性判断において重要性を有しないというべきである。」 **③上記の変遷からの帰結** 「本件規定の合理性に関連する以上のような種々の事柄の変遷等は，その中のいずれか一つを捉えて，本件規定による法定相続分の区別を不合理とすべき決定的な理由とし得るものではない。しかし，昭和22年民法改正時から現在に至るまでの間の社会の動向，我が国における家族形態の多様化やこれに伴う国民の意識の変化，諸外国の立法のすう勢及び我が国が批准した条約の内容とこれに基づき設置された委員会からの指摘，嫡出子と嫡出でない子の区別に関わる法制等の変化，更にはこれまでの当審判例における度重なる問題の指摘等を総合的に考察すれば，家族という共同体の中における個人の尊重がより明確に認識されてきたことは明らかであるといえる。そして，法律婚という制度自体は我が国に定着しているとしても，上記のような認識の変化に伴い，上記制度の下で父母が婚姻関係になかったという，子にとっては自ら選択ないし修正する余地のない事柄を理由としてその子に不利益を及ぼすことは許されず，子を個人として尊重し，その権利を保障すべきであるという考えが確立されてきているものということができる。」「以上を総合すれば，遅くともAの相続が開始した平成13年7月当時においては，立法府の裁量権を考慮しても，嫡出子と嫡出でない子の法定相続分を区別する合理的な根拠は失われていたというべきである。」「したがって，本件規定は，遅くとも平成 13 年 7 月当時において，憲法 14 条 1 項に違反していたものというべきである。」 **4先例としての事実上の拘束性について** 「本決定は，本件規定が遅くとも平成 13 年 7 月当時において憲法 14 条 1 項に違反していたと判断するものであり，平成 7 年大法廷決定並びに前記……〔2キ〕の小法廷判決及び小法廷決定が，それより前に相続が開始した事件についてその相続開始時点での本件規定の合憲性を肯定した判断を変更するものではない。」「……既に関係者間において裁判，合意等により確定的なものとなったといえる法律関係までをも現時点で覆すことは相当ではないが，関係者間の法律関係がそのような段階に至っていない事案であれば，本決定により違憲無効とされた本件規定の適用を排除した上で法律関係を確定的なものとするのが相当であるといえる。そして，相続の開始により法律上当然に法定相続分に応じて分割される可分債権又は可分債務については，債務者から支払を受け，又は債権者に弁済をするに当たり，法定相続分に関する規定の適用が問題となり得るものであるから，相続の開始により直ちに本件規定の定める相続分割合による分割がされたものとして法律関係が確定的なものとなったとみることは相当ではなく，その後の関係者間での裁判の終局，明示又は黙示の合意の成立等により上記規定を改めて適用する必要がない状態となったといえる場合に初めて，法律関係が確定的なものとなったとみるのが相当である。」「したがって，本決定の違憲判断は，Aの相続の開始時から本決定までの間に開始された他の相続につき，本件規定を前提としてされた遺産の分割の審判その他の裁判，遺産の分割の協議その他の合意等により確定的なものとなった法律関係に影響を及ぼすものではないと解するのが相当である。」

補足意見　**金築誠志裁判官**　「違憲判断は個別的効力しか有しないのであるから，その判断の遡及効に関する判示を含めて，先例としての事実上の拘束性を持つ判断として，他の裁判所等により尊重され，従われることによって効果を持つものである。その意味でも，立法とは異なるのであるが，実際上も，今後どのような形で関連する紛争が生ずるかは予測しきれないところがあり，本決定は，違憲判断の効果の及ばない場合について，網羅的に判示しているわけでもない。各裁判所は，本決定の判示を指針としつつも，違憲判断の要否等も含めて，事案の妥当な解決のために適切な判断を行っていく必要があるものと考える。」

千葉勝美裁判官　「憲法が最高裁判所に付与した違憲審査権は，法令をも対象にするため，それが違憲無効との判断がされると，個別的効力説を前提にしたとしても，先例としての事実上の拘束性が広く及ぶことになるため，そのままでは法的安定性を損なう事態が生ずることは当然に予想されるところである。そのことから考えると，このような事態を避けるため，違憲判断の遡及効の有無，時期，範囲等を一定程度制限するという権能，すなわち，立法が改正法の附則でその施行時期等を定めるのに類した作用も，違憲審査権の制度の一部として当初から予定されているはずであり，本件遡及効の判示は，最高裁判所の違憲審査権の行使に性質上内在する，あるいはこれに付随する権能ないし制度を支える原理，作用の一部であって，憲法は，これを違憲審査権行使の司法作用としてあらかじめ承認しているものと考えるべきである。」 **岡部喜代子裁判官**（略）

（評釈） 蟻川恒正・法教 397 号 102，斎藤一久・法セ 706 号 108，松尾弘・法セ 706 号 110，水野紀子・法時 85 巻 12 号 1，伊藤正晴・ジュリ 1460 号 88，本山敦・金判 1430 号 8，蟻川恒正・法教 399 号 132，糠塚康江・法教 400 号 81，蟻川恒正・法教 400 号 132，井上典之・幡野弘樹・論ジュリ 8 号 96，高井裕之・憲百Ⅰ 29，川岸令和・セレクト〈'13〉Ⅰ 3，水野紀子・セレクト〈'13〉Ⅰ 25，野坂泰司・重判〈平成 25 年度〉15，前田陽一・重判〈平成 25 年度〉95，西希代子・法教 403 号 52，中里実・ジュリ 1465 号 8，渡邉泰彦・判評 665 号 132，白水隆＝宇野文重・法セ 731 号 38，伊藤正晴・曹時 68 巻 1 号 292，中林暁生・論ジュリ 17 号 93，幡野弘樹・民法百選Ⅲ 57。

（コメント） **本決定までの判例の流れ**　民法 900 条 4 号ただし書前段の非嫡出子相続分規定に関する最初の最高裁判例である最大決平 7・7・5 民集 49 巻 7 号 1789 頁は，同規定の「立法理由は，法律上の配偶者との間に出生した嫡出子の立場を尊重するとともに，他方，被相続人の子である非嫡出子の立場にも配慮して，非嫡出子に嫡出子の 2 分の 1 の法定相続分を認めることにより，非嫡出子を保護しようとしたものであり，法律婚の尊重と非嫡出子の保護の調整を図ったものと解され」，同規定の「立法理由にも合理的な根拠があるというべきであり，……非嫡出子の法定相続分を嫡出子の 2 分の 1 としたことが，右立法理由との関連において著しく不合理であり，立法府に与えられた合理的な裁量判断の限界を超えたものということはできない」として合憲の決定をしていた。その後，最一判平 12・1・27 判時 1707 号 121 頁，最二判平 15・3・28 判時 1820 号 62 頁，最一判平 15・3・31 判時 1820 号 64 頁，最一判平 16・10・14 判時 1884 号 40 頁，最二決平 21・9・30 判時 2064 号 61 頁も，上記の平成 7 年大法廷決定を踏襲して合憲と結論していたが，いずれの判決・決定にも補足意見や反対意見が付されていた。また大阪高決平 23・8・24 判時 2140 号 19 頁は同規定を憲法違反とし（確定），名古屋高判平 23・12・21 判時 2150 号 41 頁は，被相続人が一度も婚姻したことがない状態でその非嫡出子として出生した子について，その後に被相続人の嫡出子として出生した子の関係で，同規定を準用している民法 1044 条（遺留分）を適用することは，その限度で違憲であるとした（確定）。その後，民法 900 条 4 号ただし書前段を削除する民法改正が成立した（平成 25 年 2 月 11 日施行の同年法 94 号）。

関連判例　本決定と同日に，平成 13 年 11 月に死亡した被相続人の遺産分割審判に係る特別抗告事件（原審は大阪高裁）において同じく本件規定の憲法 14 条 1 項適合性が争われた事例についての同趣旨の違憲決定（最大決平 25・9・4 民集 67 巻 6 号 1320 頁）があり，大法廷回付が遅れた仙台高裁を原審とする同様の特別抗告事件（被相続人の死亡は平成15年3月）について本決定を引用した極めて簡潔な理由づけの違憲決定（最大決平25・9・18官報6142号9頁）がある。**関連規定の合憲性**　住民票の続柄欄に非嫡出子を意味する「子」の記載方式について，最一判平11・1・21判時1675号48頁があり，また，嫡出子と非嫡出子の別を記載すべきものと定める戸籍法49条2項1号が違憲だと主張して，当該規定を削除しない立法不作為の違法を理由に国家賠償を求めた事案につき，最一判平25・9・26民集67巻6号1384頁は，嫡出子と非嫡出子の別の記載がなくても届出の受理や職権による戸籍の記載も可能であること等に鑑みれば，本件規定それ自体によって，非嫡出子について「嫡出子との間で子又はその父母の法的地位に差異がもたらされるものとはいえない」から，不合理な差別的取扱いを定めたものとはいえず憲法14条1項に違反しないとした。**女性から男性に性別変更した後の父の嫡出子**　なお，性同一性障害特例法3条1項の規定に基づき男性への性別の取扱いの変更の審判を受けた男性と，その後同人と婚姻をした女性が，同女が婚姻中に第三者の精子を使った人工授精で懐胎し出産した男児Aの父の欄を空欄とする等の戸籍の記載につき，戸籍法113条の規定に基づく戸籍の訂正の許可を求めた事案の許可抗告審において，最高裁は（憲法に関わる判示はないとはいえ），性別の取扱いの変更の審判を受けた者が「妻との性的関係によって子をもうけることはおよそ想定できないものの，一方でそのような者に婚姻することを認めながら，他方で，その主要な効果である同条による嫡出の推定についての規定の適用を，妻との性的関係の結果もうけた子であり得ないことを理由に認めないとすることは相当でない」とし，Aが同条による嫡出の推定を受けないことを理由とする本件戸籍記載は法律上許されず，戸籍の訂正を許可すべきであるとして，原審の決定を破棄し戸籍記載の訂正の許可申立てを認容した（最三決平25・12・10民集67巻9号1847頁）。

Ⅲ-3-15　国籍法違憲判決

最大判平20・6・4民集62巻6号1367頁，判時2002号3頁
（退去強制令書発付処分取消等請求事件）

事　実　フィリピン共和国籍を有する女性Aは，在留期間の更新許可を受けることなく日本に在留していた1997（平成9）年に，日本国籍を有する男性Bとの間の子であるXを出生した。Xの親権者であるAは，2003（平成15）年2月，Xが出生後にBから認知されたことを理由として，Xが当時の国籍法3条の準正要件を満たさないにもかかわらず法務大臣あてにXの国籍取得届を提出したところ，同月中に，千葉地方法務局から，その届出は国籍取得の条件を備えているものとは認められないとする通知を受けた（なお，当時の国籍法3条1項は，「父母の婚姻及びその認知により嫡出子たる身分を取得した子で20歳未満のもの（日本国民であつた者を除く。）は，認知をした父又は母が子の出生の時に日本国民であつた場合において，その父又は母が現に日本国民であるとき，又

はその死亡の時に日本国民であつたときは，法務大臣に届け出ることによつて，日本の国籍を取得することができる。」と規定し，同条2項は，「前項の規定による届出をした者は，その届出の時に日本の国籍を取得する。」と規定していた。この1項が定める要件のうち，父母の婚姻により嫡出子たる身分を取得したという部分を「準正要件」という）。そこで，Xは，国籍法3条1項の規定が憲法14条1項に違反すること等を主張して，国に対して，国籍を有することの確認を求める訴えを起こした。第1審（東京地判平17・4・13判時1890号27頁）は，国籍法3条1項が，準正子と父母が内縁関係にある非嫡出子との間で国籍取得の可否について合理的な理由のない区別を生じさせているから憲法14条1項に違反するとしたうえで，Xの日本国籍取得を認めた。控訴審（東京高判平18・2・28家月58巻6号47頁）は，国籍法の憲法適合性についての判断をせずに，Xの国籍取得を否定した。

判　旨　破棄自判

1憲法14条1項と日本国籍取得の要件　「憲法14条1項は，法の下の平等を定めており，この規定は，事柄の性質に即応した合理的な根拠に基づくものでない限り，法的な差別的取扱いを禁止する趣旨であると解すべきことは，当裁判所の判例とするところである（最大判昭39・5・27民集18巻4号676頁，最大判昭48・4・4刑集27巻3号265頁等）。」「憲法10条の規定は，国籍は国家の構成員としての資格であり，国籍の得喪に関する要件を定めるに当たってはそれぞれの国の歴史的事情，伝統，政治的，社会的及び経済的環境等，種々の要因を考慮する必要があることから，これをどのように定めるかについて，立法府の裁量判断にゆだねる趣旨のものであると解される。しかしながら，このようにして定められた日本国籍の取得に関する法律の要件によって生じた区別が，合理的理由のない差別的取扱いとなるときは，憲法14条1項違反の問題を生ずることはいうまでもない。すなわち，立法府に与えられた上記のような裁量権を考慮しても，なおそのような区別をすることの立法目的に合理的な根拠が認められない場合，又はその具体的な区別と上記の立法目的との間に合理的関連性が認められない場合には，当該区別は，合理的な理由のない差別として，同項に違反するものと解されることになる。」「日本国籍は，我が国の構成員としての資格であるとともに，我が国において基本的人権の保障，公的資格の付与，公的給付等を受ける上で意味を持つ重要な法的地位でもある。一方，父母の婚姻により嫡出子たる身分を取得するか否かということは，子にとっては自らの意思や努力によっては変えることのできない父母の身分行為に係る事柄である。したがって，このような事柄をもって日本国籍取得の要件に関して区別を生じさせることに合理的な理由があるか否かについては，慎重に検討することが必要である。」

2国籍法の立法目的と同法3条1項の国籍取得要件との合理的関連性　「本件

区別〔国籍法3条1項の規定が，日本国民である父の非嫡出子について，父母の婚姻により嫡出子たる身分を取得した者に限り日本国籍の取得を認めていることによって，同じく日本国民である父から認知された子でありながら父母が法律上の婚姻をしていない非嫡出子は，その余の同項所定の要件を満たしても日本国籍を取得することができないという区別〕については，これを生じさせた立法目的自体に合理的な根拠は認められるものの，立法目的との間における合理的関連性は，我が国の内外における社会的環境の変化等によって失われており，今日において，国籍法3条1項の規定は，日本国籍の取得につき合理性を欠いた過剰な要件を課するものとなっているというべきである。しかも，本件区別については，……他の区別も存在しており，日本国民である父から出生後に認知されたにとどまる非嫡出子に対して，日本国籍の取得において著しく不利益な差別的取扱いを生じさせているといわざるを得ず，国籍取得の要件を定めるに当たって立法府に与えられた裁量権を考慮しても，この結果について，……立法目的との間において合理的関連性があるものということはもはやできない。」「そうすると，本件区別は，遅くともXが法務大臣あてに国籍取得届を提出した当時には，立法府に与えられた裁量権を考慮してもなおその立法目的との間において合理的関連性を欠くものとなっていたと解される。」「したがって，……本件区別は合理的な理由のない差別となっていたといわざるを得ず，国籍法3条1項の規定が本件区別を生じさせていることは，憲法14条1項に違反するものであったというべきである。」　**3本件区別による違憲状態を前提とした日本国籍取得認容の可否**　「以上のとおり，国籍法3条1項の規定が本件区別を生じさせていることは，遅くとも上記時点以降において憲法14条1項に違反するといわざるを得ないが，国籍法3条1項が日本国籍の取得について過剰な要件を課したことにより本件区別が生じたからといって，本件区別による違憲の状態を解消するために同項の規定自体を全部無効として，準正のあった子（以下「準正子」という。）の届出による日本国籍の取得をもすべて否定することは，血統主義を補完するために出生後の国籍取得の制度を設けた同法の趣旨を没却するものであり，立法者の合理的意思として想定し難いものであって，採り得ない解釈であるといわざるを得ない。そうすると，準正子について届出による日本国籍の取得を認める同項の存在を前提として，本件区別により不合理な差別的取扱いを受けている者の救済を図り，本件区別による違憲の状態を是正する必要があることになる。」「このような見地に立って是正の方法を検討すると，憲法14条1項に基づく平等取扱いの要請と国籍法の採用した基本的な原則である父母両系血統主義とを踏まえれば，日本国民である父と日本国民でない母との間に出生し，父から出生後に認知されたにとどまる子についても，血統主義を基調として出生後における日本国籍の取得を認めた同法3条1項の規定の趣旨・内容を等しく及ぼすほかはない。すなわち，このような子についても，父母の婚姻により嫡出子たる身分を取得したことという部分を除いた同項所定の要件が満たされる場合に，届出により日本国籍を取得することが認められるものとすることによって，同項及び同法の合憲的で合理的な解釈が可能となるものということができ，この解釈は，本件区別による不合理な差別的取扱いを受けている者に対して直接的な救済のみちを開くという観点からも，相当性を有するものというべきである。」「そして，上記の解釈は，本件区別に係る違憲の瑕疵を是正するため，国籍法3条1項につき，同項を全体として無効とすることなく，過剰な要件を設けることにより本件区別を生じさせている部分のみを除いて合理的に解釈したものであって，その結果も，準正子と同様の要件による日本国籍の取得を認めるにとどまるものである。この解釈は，日本国民との法律上の親子関係の存在という血統主義の要請を満たすとともに，父が現に日本国民であることなど我が国との密接な結び付きの指標となる一定の要件を満たす場合に出生後における日本国籍の取得を認めるものとして，同項の規定の趣旨及び目的に沿うものであり，この解釈をもって，裁判所が法律にない新たな国籍取得の要件を創設するものであって国会の本来的な機能である立法作用を行うものとして許されないと評価することは，国籍取得の要件に関する他の立法上の合理的な選択肢の存在の可能性を考慮したとしても，当を得ないものというべきである。」「したがって，日本国民である父と日本国民でない母との間に出生し，父から出生後に認知された子は，父母の婚姻により嫡出子たる身分を取得したという部分を除いた国籍法3条1項所定の要件が満たされるときは，同項に基づいて日本国籍を取得することが認められるというべきである。」「原審の適法に確定した事実によれば，X は，上記の解釈の下で国籍法3条1項の規定する日本国籍取得の要件をいずれも満たしていることが認められる。そうすると，X は，法務大臣あての国籍取得届を提出したことによって，同項の規定により日本国籍を取得したものと解するのが相当である。」

補足意見　**泉徳治裁判官**　「国籍法3条1項は，日本国民の子のうち同法2条の適用対象とならないものに対する日本国籍の付与について，『父母の婚姻』を要件とすることにより，父に生後認知され『父母の婚姻』がない非嫡出子を付与の対象から排除している。これは，日本国籍の付与に関し，非嫡出子であるという社会的身分と，日本国民である親が父であるという親の性別により，父に生後認知された非嫡出子を差別するものである。」「この差別は，差別の対象となる権益が日本国籍という基本的な法的地位であり，差別の理由が憲法14条1

項に差別禁止事由として掲げられている社会的身分及び性別であるから，それが同項に違反しないというためには，強度の正当化事由が必要であって，国籍法3条1項の立法目的が国にとり重要なものであり，この立法目的と，『父母の婚姻』により嫡出子たる身分を取得することを要求するという手段との間に，事実上の実質的関連性が存することが必要である。」 **今井功裁判官（那須弘平・涌井紀夫裁判官同調）**「問題となるのは，本件のようにその法律の規定が国民に権利利益を与える場合である。この場合には，その規定全体を無効とすると，権利利益を与える根拠がなくなって，問題となっている権利利益を与えられないことになる。このように解釈すべき場合もあろう。しかし，国民に権利利益を与える規定が，権利利益を与える要件として，A，Bの二つの要件を定め，この両要件を満たす者に限り，権利利益を与える（反対解釈によりA要件のみを満たす者には権利利益を与えない。）と定めている場合において，権利利益を与える要件としてA要件の外にB要件を要求することが平等原則に反し，違憲であると判断されたときに，A要件のみを備える者にも当該権利利益を与えることができるのかが，ここでの問題である。このような場合には，その法律全体の仕組み，当該規定が違憲とされた理由，結果の妥当性等を考慮して，B要件の定めのみが無効である（すなわちB要件の定めがないもの）とし，その結果，A要件のみを満たした者についても，その規定の定める権利利益を与えることになると解することも，法律の合憲的な解釈として十分可能であると考える。」 **田原睦夫裁判官**「現行法上，本件Xのような子女においては，日本国籍を取得することができるか否かにより，教育や社会保障の側面において，その権利を享受できるか否かという点で，大きな差異が存するのである。」 **近藤崇晴裁判官**（略）

意　見

藤田宙靖裁判官「〔国籍法3条1〕項が準正要件を定めているのは，準正子でありかつ同項の定めるその他の要件を満たす者についてはこれを特に国籍取得の上で優遇する趣旨なのであって，殊更に非準正子を排除しようという趣旨ではない。」「一般に，立法府が違憲な不作為状態を続けているとき，その解消は第一次的に立法府の手に委ねられるべきであって，とりわけ本件におけるように，問題が，その性質上本来立法府の広範な裁量に委ねられるべき国籍取得の要件と手続に関するものであり，かつ，問題となる違憲が法の下の平等原則違反であるような場合には，司法権がその不作為に介入し得る余地は極めて限られているということ自体は否定できない。しかし，立法府が既に一定の立法政策に立った判断を下しており，また，その判断が示している基本的な方向に沿って考えるならば，未だ具体的な立法がされていない部分においても合理的な選択の余地は極めて限られていると考えられる場合において，著しく不合理な差別を受けている者を個別的な訴訟の範囲内で救済するために，立法府が既に示している基本的判断に抵触しない範囲で，司法権が現行法の合理的拡張解釈により違憲状態の解消を目指すことは，全く許されないことではないと考える。」

反対意見

横尾和子・津野修・古田佑紀裁判官「国籍の付与は，国家共同体の構成員の資格を定めるものであり，多数意見の摘示する諸事情など国家共同体との結び付きを考慮して決せられるものであって，国家共同体の最も基本的な作用であり，基本的な主権作用の一つといえる。このことからすれば，国籍付与の条件をどう定めるかは，明確な基準により，出生時において，一律，かつ，可能な限り単一に取得されるべきことなどの要請を害しない範囲で，広い立法裁量にゆだねられているというべきである。」「非準正子についても我が国との密接な結び付きを認めることが相当な場合を類型化して国籍取得を認めるなど，届出による国籍取得を認める範囲について考慮する余地があるとしても，国籍法が，準正子に届出による国籍の取得を認め，非準正子は帰化によることとしていることは，立法政策の選択の範囲にとどまり，憲法14条1項に違反するものではないと考える。」 **甲斐中辰夫・堀籠幸男裁判官** 「日本国民たる要件は，法律により創設的・授権的に定められるものである。本件で問題となっている非準正子の届出による国籍取得については立法不存在の状態にあるから，これが違憲状態にあるとして，それを是正するためには，法の解釈・適用により行うことが可能でなければ，国会の立法措置により行うことが憲法の原則である（憲法10条，41条，99条）。また，立法上複数の合理的な選択肢がある場合，そのどれを選択するかは，国会の権限と責任において決められるべきであるが，本件においては，非準正子の届出による国籍取得の要件について，多数意見のような解釈により示された要件以外に『他の立法上の合理的な選択肢の存在の可能性』があるのであるから，その意味においても違憲状態の解消は国会にゆだねるべきであると考える。」

（評釈） 榎透・法セ645号126，奥田安弘・法時80巻10号1，［特集］ジュリ1366号，竹下啓介・法セ647号6，市川正人・判評599号164，宍戸常寿・法時81巻1号76，原田央・法教341号6，近藤博徳・法セ651号26，山元一・重判〈平成20年度〉13，前田雅子・重判〈平成20年度〉58，立松美也子・重判〈平成20年度〉319，石川健治・法教343号35，近藤敦・セレクト〈'08〉3，松本和彦・民商140巻1号59，森英明・曹時62巻7号240，常本照樹・論ジュリ1号100，毛利透・国際私法判例百選〈第2版〉122，井上典之・憲百Ⅰ 35。

（コメント） 本件と同様に，日本国籍を有する父とフィリピン国籍を有する母との間に，日本で出生した子9名が日本国籍を有することの確認を求めた事件（平成19年（行ツ）第164号事件）についても，最高裁大法廷は，本判決と同日に，請求認容の判決を言い渡している。また，本件で争われた国籍法3条1項は，2008（平成20）年12月12日改正（2009年1月1日施行）され，出生後に日本人に認知されていれば，父母が結婚していない場合にも届出によって日本の国籍を取得することができるようになった。また，虚偽の届出をした者に対する罰則が設けられた。

c）夫　婦

Ⅲ-3-16　夫婦同氏制を定める民法750条の合憲性

最大判平27・12・16民集69巻8号2586頁，判時2284号38頁
（損害賠償請求事件）

事　実　X_1・X_4・およびX_5は婚姻の際，夫の氏を称すると定めたが，通称として婚姻前の氏を使用している。またX_2とX_3は夫婦であり，婚姻の際，夫X_3の氏を称すると定めたが，協議上離婚をし，その後，再度婚姻届を提出したが，婚姻後の氏の選択がされていないとして不受理とされた。Xらは，夫婦が婚姻の際に定めるところに従い夫又は妻の氏を称すると定める民法750条の規定（以下「本件規定」）は憲法13条，24条1項・2項および女子差別撤廃条約16条1項に違反すると主張し，本件規定を改廃する立法措置をとらないという立法不作為の違法を理由に，国に対し，国家賠償法1条1項に基づく損害賠償請求訴訟を提起した。第1審（東京地判平25・5・29判時2196号67頁）および原審（東京高判平26・3・28民集69巻8号2741頁）はいずれも請求を棄却したので，Xらは上記のほかに憲法14条1項違反の主張を追加して上告した。

判　旨　**上告棄却**　**1本件規定と憲法13条**　「氏名は，社会的にみれば，個人を他人から識別し特定する機能を有するものであるが，同時に，その個人からみれば，人が個人として尊重される基礎であり，その個人の人格の象徴であって，人格権の一内容を構成するものというべきである（最三判昭63・2・16民集42巻2号27頁参照）。」「しかし，氏は，婚姻及び家族に関する法制度の一部として法律がその具体的な内容を規律しているものであるから，氏に関する上記人格権の内容も，憲法上一義的に捉えられるべきものではなく，憲法の趣旨を踏まえつつ定められる法制度をまって初めて具体的に捉えられるものである。」「したがって，具体的な法制度を離れて，氏が変更されること自体を捉えて直ちに人格権を侵害し，違憲であるか否かを論ずることは相当ではない。」「そこで，民法における氏に関する規定〔790条，本件規定，767条1項，771条，749条，810条，816条1項，808条2項〕を通覧すると，……これらの規定は，氏の性質に関し，氏に，名と同様に個人の呼称としての意義があるものの，名とは切り離された存在として，夫婦及びその間の未婚の子や養親子が同一の氏を称するとすることにより，社会の構成要素である家族の呼称としての意義があるとの理解を示しているものといえる。そして，家族は社会の自然かつ基礎的な集団単位であるから，このように個人の呼称の一部である氏をその個人の属する集団を想起させるものとして一つに定めることにも合理性があるといえる。」「本件で問題となっているのは，婚姻という身分関係の変動を自らの意思で選択することに伴って夫婦の一方が氏を

改めるという場面であって，自らの意思に関わりなく氏を改めることが強制されるというものではない。」「氏は，個人の呼称としての意義があり，名とあいまって社会的に個人を他人から識別し特定する機能を有するものであることからすれば，自らの意思のみによって自由に定めたり，又は改めたりすることを認めることは本来の性質に沿わないものであり，一定の統一された基準に従って定められ，又は改められるとすることが不自然な取扱いとはいえないところ，上記のように，氏に，名とは切り離された存在として社会の構成要素である家族の呼称としての意義があることからすれば，氏が，親子関係など一定の身分関係を反映し，婚姻を含めた身分関係の変動に伴って改められることがあり得ることは，その性質上予定されているといえる。」以上のような氏の性質等に鑑みると，婚姻の際に「氏の変更を強制されない自由」が憲法上の権利として保障される人格権の一内容であるとはいえず，本件規定は，憲法 13 条に違反するものではない。もっとも，「氏が，名とあいまって，個人を他人から識別し特定する機能を有するほか，人が個人として尊重される基礎であり，その個人の人格を一体として示すものでもあることから，氏を改める者にとって，そのことによりいわゆるアイデンティティの喪失感を抱いたり，従前の氏を使用する中で形成されてきた他人から識別し特定される機能が阻害される不利益や，個人の信用，評価，名誉感情等にも影響が及ぶという不利益が生じたりすることがあることは否定できず，特に，近年，晩婚化が進み，婚姻前の氏を使用する中で社会的な地位や業績が築かれる期間が長くなっていることから，婚姻に伴い氏を改めることにより不利益を被る者が増加してきていることは容易にうかがえるところである。」「これらの婚姻前に築いた個人の信用，評価，名誉感情等を婚姻後も維持する利益等は，憲法上の権利として保障される人格権の一内容であるとまではいえないものの，後記のとおり，氏を含めた婚姻及び家族に関する法制度の在り方を検討するに当たって考慮すべき人格的利益であるとはいえるのであり，憲法 24 条の認める立法裁量の範囲を超えるものであるか否かの検討に当たって考慮すべき事項であると考えられる。」 **2本件規定と憲法 14 条 1 項**　「論旨は，本件規定が，96% 以上の夫婦において夫の氏を選択するという性差別を発生させ，ほとんど女性のみに不利益を負わせる効果を有する規定であるから，憲法 14 条 1 項に違反する旨をいうものである。」「憲法 14 条 1 項……の規定が，事柄の性質に応じた合理的な根拠に基づくものでない限り，法的な差別的取扱いを禁止する趣旨のものであると解すべきことは，当裁判所の判例とするところである（最大判昭 39・5・27 民集 18 巻 4 号 676 頁，最大判昭 48・4・4 刑集 27 巻 3 号 265 頁等）。」「そこで検討すると，本件規定は，夫婦が夫又は妻の氏を称するものとしており，夫婦がいずれの氏を称するかを夫婦となろうとする者の間の協議に委ねているのであって，その文言上性別に基づく法的な差別的取扱いを定めているわけではなく，本件規定の定める夫婦同氏制それ自体に男女間の形式的な不平等が存在するわけではない。我が国において，夫婦となろうとする者の間の個々の協議の結果として夫の氏を選択する夫婦が圧倒的多数を占めることが認められるとしても，それが，本件規定の在り方自体から生じた結果であるということはできない。」「したがって，本件規定は，憲法 14 条 1 項に違反するものではない。」「もっとも，氏の選択に関し，これまでは夫の氏を選択する夫婦が圧倒的多数を占めている状況にあることに鑑みると，この現状が，夫婦となろうとする者双方の真に自由な選択の結果によるものかについて留意が求められるところであり，仮に，社会に存する差別的な意識や慣習による影響があるのであれば，その影響を排除して夫婦間に実質的な平等が保たれるように図ることは，憲法 14 条 1 項の趣旨に沿うものであるといえる。そして，この点は，氏を含めた婚姻及び家族に関する法制度の在り方を検討するに当たって考慮すべき事項の一つというべきであり，後記の憲法 24 条の認める立法裁量の範囲を超えるものであるか否かの検討に当たっても留意すべきものと考えられる。」 **③本件規定と憲法 24 条** 「論旨は，本件規定が，夫婦となろうとする者の一方が氏を改めることを婚姻届出の要件とすることで，実質的に婚姻の自由を侵害するものであり，また，国会の立法裁量の存在を考慮したとしても，本件規定が個人の尊厳を侵害するものとして，憲法 24 条に違反する旨をいうものである。」「憲法 24 条〔1 項〕は，……婚姻をするかどうか，いつ誰と婚姻をするかについては，当事者間の自由かつ平等な意思決定に委ねられるべきであるという趣旨を明らかにしたものと解される。」「本件規定は，婚姻の効力の一つとして夫婦が夫又は妻の氏を称することを定めたものであり，婚姻をすることについての直接の制約を定めたものではない。仮に，婚姻及び家族に関する法制度の内容に意に沿わないところがあることを理由として婚姻をしないことを選択した者がいるとしても，これをもって，直ちに上記法制度を定めた法律が婚姻をすることについて憲法 24 条 1 項の趣旨に沿わない制約を課したものと評価することはできない。ある法制度の内容により婚姻をすることが事実上制約されることになっていることについては，婚姻及び家族に関する法制度の内容を定めるに当たっての国会の立法裁量の範囲を超えるものであるか否かの検討に当たって考慮すべき事項であると考えられる。」「婚姻及び家族に関する事項は，関連する法制度においてその具体的内容が定められていくものであることから，当該法制度の制度設計が重要な意味を持つものであるところ，憲法 24 条 2 項は，具体的な制度の構築を第一次的には国会の合理的な立法裁量に委ねるとともに，その立法に当たっては，同条1項も前提としつつ，個人の尊厳と両性の本質的平等に立脚すべきであるとする要請，指針を示すことによって，その裁量の限界を画したものといえる。」「そして，憲法24条が，本質的に様々な要素を検討して行われるべき立法作用に対してあえて立法上の要請，指針を明示していることからすると，その要請，指針は，単に，憲法上の権利として保障される人格権を不当に侵害するものでなく，かつ，両性の形式的な平等が保たれた内容の法律が制定されればそれで足りるというものではないのであって，憲法上直接保障された権利とまではいえない人格的利益をも尊重すべきこと，両性の実質的な平等が保たれるように図ること，婚姻制度の内容により婚姻をすることが事実上不当に制約されることのないように図ること等についても十分に配慮した法律の制定を求めるものであり，この点でも立法裁量に限定的な指針を与えるものといえる。」「他方で，婚姻及び家族に関する事項は，国の伝統や国民感情を含めた社会状況における種々の要因を踏まえつつ，それぞれの時代における夫婦や親子関係についての全体の規律を見据えた総合的な判断によって定められるべきものである。特に，憲法上直接保障された権利とまではいえない人格的利益や実質的平等は，その内容として多様なものが考えられ，それらの実現の在り方は，その時々における社会的条件，国民生活の状況，家族の在り方等との関係において決められるべきものである。」「そうすると，憲法上の権利として保障される人格権を不当に侵害して憲法13条に違反する立法措置や不合理な差別を定めて憲法14条1項に違反する立法措置を講じてはならないことは当然であるとはいえ，憲法24条の要請，指針に応えて具体的にどのような立法措置を講ずるかの選択決定が……国会の多方面にわたる検討と判断に委ねられているものであることからすれば，婚姻及び家族に関する法制度を定めた法律の規定が憲法13条，14条1項に違反しない場合に，更に憲法24条にも適合するものとして是認されるか否かは，当該法制度の趣旨や同制度を採用することにより生ずる影響につき検討し，当該規定が個人の尊厳と両性の本質的平等の要請に照らして合理性を欠き，国会の立法裁量の範囲を超えるものとみざるを得ないような場合に当たるか否かという観点から判断すべきものとするのが相当である。」「氏は，家族の呼称としての意義があるところ，現行の民法の下においても，家族は社会の自然かつ基礎的な集団単位と捉えられ，その呼称を一つに定めることには合理性が認められる。」「そして，夫婦が同一の氏を称することは，上記の家族という一つの集団を構成する一員であることを，対外的に公示し，識別する機能を有している。特に，婚姻の重要な効果として夫婦間の子が夫婦の共同親権に服する嫡出子となるということがあるところ，嫡出子であることを示すために子が両親双方と同氏である仕組みを確保することにも一定の意義があると考えられる。また，家族を構成する個人が，同一の氏を称することにより家族という一つの集団を構成する一員であることを実感することに意義を見いだす考え方も理解できるところである。さらに，夫婦同氏制の下においては，子の立場として，いずれの親とも等しく氏を同じくすることによる利益を享受しやすいといえる。」「加えて，前記のとおり，本件規定の定める夫婦同氏制それ自体に男女間の形式的な不平等が存在するわけではなく，夫婦がいずれの氏を称するかは，夫婦となろうとする者の間の協議による自由な選択に委ねられている。」「これに対して，夫婦同氏制の下においては，婚姻に伴い，夫婦となろうとする者の一方は必ず氏を改めることになるところ，婚姻によって氏を改める者にとって，そのことによりいわゆるアイデンティティの喪失感を抱いたり，婚姻前の氏を使用する中で形成してきた個人の社会的な信用，評価，名誉感情等を維持することが困難になったりするなどの不利益を受ける場合があることは否定できない。そして，氏の選択に関し，夫の氏を選択する夫婦が圧倒的多数を占めている現状からすれば，妻となる女性が上記の不利益を受ける場合が多い状況が生じているものと推認できる。さらには，夫婦となろうとする者のいずれかがこれらの不利益を受けることを避けるために，あえて婚姻をしないという選択をする者が存在することもうかがわれる。」「しかし，夫婦同氏制は，婚姻前の氏を通称として使用することまで許さないというものではなく，近時，婚姻前の氏を通称として使用することが社会的に広まっているところ，上記の不利益は，このような氏の通称使用が広まることにより一定程度は緩和され得るものである。」「以上の点を総合的に考慮すると，本件規定の採用した夫婦同氏制が，夫婦が別の氏を称することを認めないものであるとしても，上記のような状況の下で直ちに個人の尊厳と両性の本質的平等の要請に照らして合理性を欠く制度であるとは認めることはできない。したがって，本件規定は，憲法24条に違反するものではない。」「なお，論旨には，夫婦同氏制を規制と捉えた上，これよりも規制の程度の小さい氏に係る制度（例えば，夫婦別氏を希望する者にこれを可能とするいわゆる選択的夫婦別氏制）を採る余地がある点についての指摘をする部分があるところ，上記……の判断は，そのような制度に合理性がないと断ずるものではない。上記のとおり，夫婦同氏制の採用については，嫡出子の仕組みなどの婚姻制度や氏の在り方に対する社会の受け止め方に依拠するところが少なくなく，この点の状況に関する判断を含め，この種の制度の在り方は，国会で論ぜられ，判断されるべき事柄にほかならないというべきである。」 **4結論** 「以上によれば，本件規定を改廃する立法措置をとらない立法不作為は，国家賠償法1条1項の適用上違法の評価を受けるものではない。Xらの請求を棄却すべきものとした原審の判断は，是認することができる。論旨は採用することができない。」

補足意見　**寺田逸郎裁判官**「本件で上告人らが主張するのは，氏を同じくする夫婦に加えて氏を異にする夫婦を法律上の存在として認めないのは不合理であるということであり，いわば法律関係のメニューに望ましい選択肢が用意されていないことの不当性を指摘し，現行制度の不備を強調するものであるが，このような主張について憲法適合性審査の中で裁判所が積極的な評価を与えることには，本質的な難しさがある。」

意　見　**岡部喜代子裁判官（櫻井龍子・鬼丸かおる裁判官同調）**（要旨）「本件規定は，夫婦が家から独立し各自が独立した法主体として協議してどちらの氏を称するかを決定するという形式的平等を規定した点に意義があり」，昭和22年の制定当時においては合理性のある規定として「憲法24条に適合するものであった」が，本件規定の制定後に長期間が経過し，近年女性の社会進出は著しく進み，婚姻前に稼働する女性が増加したばかりでなく，婚姻後に「社会と広く接触する活動に携わる機会も増加し」，「婚姻前の氏から婚姻後の氏に変更することによって，当該個人が同一人であるという個人の識別，特定に困難を引き起こす事態が生じてきた」ために，「婚姻後も婚姻前の氏によって社会的経済的な場面における生活を継続したいという欲求が高まってきた」。それだけでなく「例えば，婚姻前に営業実績を積み上げた者が婚姻後の氏に変更したことによって外観上その実績による評価を受けることができないおそれがあり，また，婚姻前に特許を取得した者と婚姻後に特許を取得した者とが同一人と認識されないおそれがあり，あるいは論文の連続性が認められないおそれがある等，それが業績，実績，成果などの法的利益に影響を与えかねない状況となることは容易に推察できるところである。氏の第一義的な機能が同一性識別機能であると考えられることからすれば，婚姻によって取得した新しい氏を使用することによって当該個人の同一性識別に支障の及ぶことを避けるために婚姻前の氏使用を希望することには十分な合理的理由があるといわなければならない。」このような同一性識別のための婚姻前の氏使用は，その合理性と必要性が増しており，その有用性，必要性は更に高くなっている。また，我が国が昭和60年に批准した女子差別撤廃条約に基づき設置された女子差別撤廃委員会からも，「平成15年以降，繰り返し，我が国の民法に夫婦の氏の選択に関する差別的な法規定が含まれていることについて懸念が表明され，その廃止が要請されている」。現実に96%を超える夫婦が夫の氏を称する婚姻をしているところからすると，「上記の個人識別機能に対する支障，自己喪失感などの負担は，ほぼ妻について生じているといえる。夫の氏を称することは夫婦となろうとする者双方の協議によるものであるが，96%もの多数が夫の氏を称することは，女性の社会的経済的な立場の弱さ，家庭生活における立場の弱さ，種々の事実上の圧力など様々な要因のもたらすところであるといえるのであって，夫の氏を称することが妻の意思に基づくものであるとしても，その意思決定の過程に現実の不平等と力関係が作用しているのである。そうすると，その点の配慮をしないまま夫婦同氏に例外を設けないことは，多くの場合妻となった者のみが個人の尊厳の基礎である個人識別機能を損ねられ，また，自己喪失感といった負担を負うこととなり，個人の尊厳と両性の本質的平等に立脚した制度とはいえない。」「婚姻は，戸籍法の定めるところにより，これを届け出ることによってその効力を生ずるとされ（民法739条1項），夫婦が称する氏は婚姻届の必要的記載事項である（戸籍法74条1号）。したがって，現時点においては，夫婦が称する氏を選択しなければならないことは，婚姻成立に不合理な要件を課したものとして婚姻の自由を制約するものである。」以上のとおり，「本件規定は，昭和22年の民法改正後，社会の変化とともにその合理性は徐々に揺らぎ，少なくとも現時点においては，夫婦が別の氏を称することを認めないものである点において，個人の尊厳と両性の本質的平等の要請に照らして合理性を欠き，国会の立法裁量の範囲を超える状態に至っており，憲法24条に違反するものといわざるを得ない。」「もっとも，これまで当裁判所や下級審において本件規定が憲法24条に適合しない旨の判断がされたこともうかがわれない。」また，本件規定については，平成6年に法務省民事局参事官室により公表された「婚姻制度等に関する民法改正要綱試案」及び平成8年に法制審議会が法務大臣に答申した「民法の一部を改正する法律案要綱」においては，いわゆる選択的夫婦別氏制という本件規定の改正案が示されていたが，本件規定が違憲であることを前提とした議論がされた結果作成されたものとはうかがわれない。本件規定を国家賠償法1条1項の適用の観点からみた場合には，本件立法不作為は，同項の適用上違法の評価を受けるものではない。 **木内道祥裁判官**（略）

反対意見 **山浦善樹裁判官**（要旨） 本件規定の憲法24条適合性については，岡部裁判官の意見に同調する。「本件立法不作為は，現時点においては，憲法上保障され又は保護されている権利利益を合理的な理由なく制約するものとして憲法の規定に違反することが明白であるにもかかわらず国会が正当な理由なく長期にわたって改廃等の立法措置を怠っていたものとして，国家賠償法1条1項の適用上違法の評価を受けるものである。そして，本件立法不作為については，過失の存在も否定することはできない。このような本件立法不作為の結果，Xらは，精神的苦痛を被ったものというべきであるから，本件においては，上記の違法な本件立法不作為を理由とする国家賠償請求を認容すべきである」。

評釈 寺原真希子・法セ734号44，畑佳秀・ジュリ1490号97，同・曹時68巻12号213，斎藤一久・法セ735号108，建石真公子・判時2284号53，上田健介・法教430号126，中里見博・法教431号30，巻美矢紀・論ジュリ18号86，床谷文雄・判評694号62，小山剛・重判〈平成28年度〉21，野村豊弘・重判〈平成28年度〉89。

(6) 選挙権の平等

a）衆議院議員定数不均衡訴訟

Ⅲ-3-17 昭和51年判決

最大判昭51・4・14民集30巻3号223頁，判時808号24頁
（選挙無効請求事件）

事　実　1972（昭和47）年12月10日に行われた衆議院議員選挙の千葉県第1区の選挙に関して，同選挙区の選挙人であったXは，公職選挙法204条に基づき，同選挙を無効とする判決を求めて提訴した。その無効理由として，選挙当時の公職選挙法別表第1，同法付則7項ないし9項の規定による各選挙区間の議員1人当たりの有権者分布表比率は，最大4.99対1に及んでおり，これは明らかに，なんらの合理的根拠に基づかないで，選挙区のいかんにより一部の国民を不平等に扱ったもので，憲法14条1項に反し，それゆえ本件選挙も無効であると主張した。第1審（東京高判昭49・4・30行集25巻4号356頁）は，先例（最大判昭39・2・5民集18巻2号270頁⇒*Ⅲ-3-22*）に従って，議員定数の不平等が容認できない段階ではないとして棄却したので，Xは上告した。

判　旨　**破棄自判**　**1議員定数配分が違憲となる場合**　「憲法14条1項に定める法の下の平等は，選挙権に関しては，国民はすべての政治的価値において平等であるべきであるとする徹底した平等化を志向するものであり，右15条1項等の各規定の文言上は単に選挙人資格における差別の禁止が定められていたにすぎないけれども，単にそれだけにとどまらず，選挙権の内容，すなわち各選挙人の投票の価値の平等もまた，憲法の要求するところであると解するのが，相当である。」「しかしながら，右の投票価値の平等は，各投票が選挙の結果に及ぼす影響力が数字的に完全に同一であることまでも要求するものと考えることはできない」。「衆議院議員の選挙における選挙区割と議員定数の配分の決定には，極めて多種多様で，複雑微妙な政策的及び技術的考慮要素が含まれており，それらの諸要素のそれぞれをどの程度考慮し，これを具体的にどこまで反映させることができるかについては，もとより厳密に一定された客観的基準が存在するわけのものではないから，結局は，国会の具体的に決定したところがその裁量権の合理的な行使として是認されるかどうかによって決するほかはな……い。しかしながら，このような見地に立って考えても，具体的に決定された選挙区割と議員定数の配分の下における選挙人の投票価値の不平等が，国会において通常考慮しうる諸般の要素をしんしゃくしてもなお，一般的に合理性を有するものとはとうてい考えられない程度に達しているときは，もはや国会の合理的裁量の限界を超えているものと推定されるべきものであり，このような不平等を正当化すべき特段の理由が示さ

れない限り，憲法違反と判断するほかはないというべきである。」 **2議員定数配分規定は全体として違憲** 「昭和 47 年 12 月 10 日の本件衆議院議員選挙当時においては，各選挙区の議員 1 人あたりの選挙人数と全国平均のそれとの偏差は，下限において 47.30 パーセント，上限において 162.87 パーセントとなり，その開きは，約 5 対 1 の割合に達していた，というのである。このような事態を生じたのは，専ら前記改正後（昭和 39 年法律 132 号）における人口の異動に基づくものと推定されるが，右の開きが示す選挙人の投票価値の不平等は，前述のような諸般の要素，特に右の急激な社会的変化に対応するについてのある程度の政策的裁量を考慮に入れてもなお，一般的に合理性を有するものとはとうてい考えられない程度に達しているばかりでなく，これを更に超えるに至っているものというほかはなく，これを正当化すべき特段の理由をどこにも見出すことができない以上，本件議員定数配分規定の下における各選挙区の議員定数と人口数との比率の偏差は，右選挙当時には，憲法の選挙権の平等の要求に反する程度になっていたものといわなければならない。」「本件議員定数配分規定をみると，同規定の下における人口数と議員定数との比率上の著しい不均衡は，前述のように人口の漸次的異動によって生じたものであって，本件選挙当時における前記のような著しい比率の偏差から推しても，そのかなり以前から選挙権の平等の要求に反すると推定される程度に達していたと認められることを考慮し，更に，公選法自身その別表第 1 の末尾において同表は，その施行後 5 年ごとに直近に行われた国勢調査の結果によって更正するのを例とする旨を規定しているにもかかわらず，昭和 39 年の改正後本件選挙の時まで 8 年余にわたってこの点についての改正がなんら施されていないことをしんしゃくするときは，前記規定は，憲法の要求するところに合致しない状態になっていたにもかかわらず，憲法上要求される合理的期間内における是正がされなかったものと認めざるをえない。それ故，本件議員定数配分規定は，本件選挙当時，憲法の選挙権の平等の要求に違反し，違憲と断ぜられるべきものであったというべきである。そして，選挙区割及び議員定数の配分は，議員総数と関連させながら，前述のような複雑，微妙な考慮の下で決定されるのであって，一旦このようにして決定されたものは，一定の議員総数の各選挙区への配分として，相互に有機的に関連し，一の部分における変動は他の部分にも波動的に影響を及ぼすべき性質を有するものと認められ，その意味において不可分の一体をなすと考えられるから，右配分規定は，単に憲法に違反する不平等を招来している部分のみでなく，全体として違憲の瑕疵を帯びるものと解すべきである。」 **3本件選挙の効力と事情判決の法理** 「本件議員定数配分規定についてみると，……右規定及びこれに基づく選挙を当然に無効であると解した場合，これによって憲法に適合する状態が直ちにもたらされるわけではなく，かえって，右選挙により選出された議員がすべて当初から議員としての資格を有しなかったこととなる結果，すでに右議員によって組織された衆議院の議決を経たうえで成立した法律等の効力にも問題が生じ，また，今後における衆議院の活動が不可能となり，前記規定を憲法に適合するように改正することさえもできなくなるという明らかに憲法の所期しない結果を生ずるのである。それ故，右のような解釈をとるべきでないことは，極めて明らかである。」「そこで考えるのに，行政処分の適否を争う訴訟についての一般法である行政事件訴訟法は，31条1項前段において，当該処分が違法であっても，これを取り消すことにより公の利益に著しい障害を生ずる場合においては，諸般の事情に照らして右処分を取り消すことが公共の福祉に適合しないと認められる限り，裁判所においてこれを取り消さないことができることを定めている。この規定は法政策的考慮に基づいて定められたものではあるが，しかしそこには，行政処分の取消の場合に限られない一般的な法の基本原理に基づくものとして理解すべき要素も含まれていると考えられるのである。もっとも，行政事件訴訟法の右規定は，公選法の選挙の効力に関する訴訟についてはその準用を排除されているが（公選法219条），……本件のように，選挙が憲法に違反する公選法に基づいて行われたという一般性をもつ瑕疵を帯び，その是正が法律の改正なくしては不可能である場合については，単なる公選法違反の個別的瑕疵を帯びるにすぎず，かつ，直ちに再選挙を行うことが可能な場合についてされた前記の立法府の判断は，必ずしも拘束力を有するものとすべきではなく，前記行政事件訴訟法の規定に含まれる法の基本原則の適用により，選挙を無効とすることによる不当な結果を回避する裁判をする余地もありうるものと解するのが，相当である。もとより，明文の規定がないのに安易にこのような法理を適用することは許されず，殊に憲法違反という重大な瑕疵を有する行為については，憲法98条1項の法意に照らしても，一般にその効力を維持すべきものではないが，しかし，このような行為についても，高次の法的見地から，右の法理を適用すべき場合がないとはいいきれないのである。」「そこで本件について考えてみるのに，本件選挙が憲法に違反する議員定数配分規定に基づいて行われたものであることは上記のとおりであるが，そのことを理由としてこれを無効とする判決をしても，これによって直ちに違憲状態が是正されるわけではなく，かえって憲法の所期するところに必ずしも適合しない結果を生ずることは，さきに述べたとおりである。これらの事情等を考慮するときには，……本件選挙は憲法に違反する議員定数配分規定に基づいて行われた点において違法である旨を判示するにとどめ，選挙自体はこれを無効としないこととするのが，相当であり，そしてまた，このような場合においては，選挙を無効とする旨の判決を求める請求を棄却するとともに，当該選挙が違法である旨を主文で宣言するのが，相当である。」

反対意見　**岡原昌男・下田武三・江里口清雄・大塚喜一郎・吉田豊裁判官**「本件選挙当時の議員定数配分規定中千葉県第1区に関する部分は違憲の瑕疵があったものといわざるをえない。しかし，……その瑕疵が，多数意見の説くように，必然的に他の選挙区全部について違憲の瑕疵を来すものとは考えない。」 **岸盛一裁判官**「本件配分規定のうち，千葉県第1区に関する部分は，その定数配分が過少に限定されている点において，かつ，その限度で違憲なのであるから，……同区の選挙は……違憲であり，無効とされるべきものであるが，当選人4名の選挙に関する限りは，その結果としての当選の効力を維持すべきである。」 **天野武一裁判官**「もし公選法の議員定数の配分規定が違憲であるとすれば，国会の立法による是正をまたなければ選挙管理委員会が適法な再選挙を実施することはできないのであるから，公選法の議員定数配分規定の違憲無効を唯一の理由として，その法の下で行われた選挙の効力を争うことは，現行の公選法が定める前記訴訟の予想するところではない。それゆえ，本件の訴えは，公選法の前記規定の許容する範囲外のものというべきであり，かつ，そのような訴えのために道を開いた実定法規が制定されていない以上は，結局不適法の訴えとして却下されるほかないことになるのである。」

（評釈）千葉勇夫・民商76巻1号97，吉田善明・憲法の判例22，矢野邦雄・判評210号125，越山安久・曹時31巻8号132，吉田善明・基本判例55，野中俊彦・重判〈昭和51年度〉12，常本照樹・法教211号81，井上典之・法セ609号91，野坂泰司・法教303号61，宍戸常寿・論ジュリ1号41，山元一・憲百Ⅱ153，徳永貴志＝砂原庸介・法セ734号60，佐々木雅寿・論ジュリ17号54，髙作正博・行政百選Ⅱ212。

（コメント）本判決は昭和50年法63号による改正前の衆議院議員選挙における議員定数配分規定を違憲としたにとどまる。

Ⅲ-3-18　昭和58年判決

最大判昭58・11・7民集37巻9号1243頁，判時1096号19頁
（選挙無効請求事件）

事　実　1980（昭和55）年6月22日に行われた衆議院議員選挙において選挙人であったXらは，本選挙当時，選挙区間において議員1人当たりの選挙人数につき最大1対3.94の較差があり，このような較差を含む定数配分規定は選挙権の平等を保障した憲法14条1項等に違反し無効であり，本配分規定に基づく本選挙も無効であると主張して提訴した。本判決の原審（東京高判昭55・12・23判時984号26頁＝千葉県第4区関係）において，選挙区間における議員1人当たりの人口または選挙人数の比率の最大がおおむね1対2を超える定数配分

規定は，憲法の保障する選挙における平等原則に違反するとして，本配分規定が1975（昭和50）年の改正当時既に違憲であるとの判示がなされた。また，同じ選挙の大阪府第2区関係に関し，原審（大阪高判昭57・2・17判時1032号19頁）は，上記比率の最大値は示さなかったが，やはり本配分規定を違憲と判示した。ただし，いわゆる事情判決の法理（⇒***Ⅲ-3-17***）に従い，いずれも選挙無効の請求も棄却された。

判　旨　**破棄自判**　**1選挙権の平等**　「〔憲法14条1項の規定は，〕議員の選出における各選挙人の投票の有する影響力の平等，すなわち投票価値の平等をも要求」している。投票価値の不平等が存する場合，それが憲法上の投票価値の平等の要請に反しないかどうかを判定するには，その「不平等が国会の裁量権の行使として合理性を是認しうるものであるかどうか」を検討しなくてはならない。そして「制定又は改正の当時合憲であった議員定数配分規定の下における選挙区間の議員1人当たりの選挙人数又は人口の較差が，その後の人口の異動によって拡大し，憲法の選挙権の平等の要求に反する程度に至った場合には，そのことによって直ちに当該議員定数配分規定の憲法違反までもたらすものと解すべきではなく，人口の異動の状態をも考慮して合理的期間内における是正が憲法上要求されているにもかかわらずそれが行われないときに，初めて右規定が憲法に違反するものと断定すべきである。」　**2最大格差1対3.94は違憲状態**　「本件選挙当時，選挙区間における議員1人当たりの選挙人数の較差が最大1対3.94に達していたことは，原審の適法に確定するところである。……選挙区の人口と配分された議員数との比率の平等が最も重要かつ基本的な基準とされる衆議院議員の選挙の制度において，右較差が示す選挙区間における投票価値の不平等は，国会において通常考慮しうる諸般の要素をしんしゃくしてもなお，一般的に合理性を有するものとは考えられない程度に達していたというべきであり，選挙区間における本件選挙当時の右投票価値の較差は，憲法の選挙権の平等の要求に反する程度に至っていたものというべきである。」　**3合理的期間**　「昭和50年改正法による改正後の議員定数配分規定の下においては，……直近の同45年10月実施の国勢調査に基づく選挙区間における議員1人当たりの人口の較差が最大1対4.83から1対2.92に縮小することとなったのであり，前記大法廷判決によって違憲と判断された右改正前の議員定数配分規定の下における投票価値の不平等状態は，右改正によって一応解消されたものと評価することができる。」したがって，「本件において，選挙区間における議員1人当たりの選挙人数の較差が憲法の選挙権の平等の要求に反する程度に達した時から本件選挙までの間に，その是正のための改正がされなかったことにより，憲法上要求される合理的期間内における是正がされなかったものと断定することは困難であるといわざるをえない。」「上述したところからすると，本件においては，本件選挙当時，選挙区間における議員1人当たりの選挙人数の較差は，憲法の選挙権の平等の要求に反する程度に至っていたものではあるけれども，本件選挙当時の議員定数配分規定（公職選挙法13条1項，同法別表第1，同法附則7ないし9項）を憲法に違反するものと断定することはできないというべきである。」「原判決は，前記判示と抵触する点において失当であり，その限度において変更を免れないというべきである。」 **4速やかな改正の要望** 「なお，前述のとおり，選挙区間における本件選挙当時の投票価値の較差は憲法の選挙権の平等の要求に反する程度に至っていたものであるから，議員定数配分規定は，公職選挙法別表第1の末尾に，5年ごとに直近に行われた国勢調査の結果によって更正するのを例とする旨規定されていることにも照らし，昭和50年改正法施行後既に約7年を経過している現在，できる限り速やかに改正されることが強く望まれるところである。」

補足意見 **宮﨑梧一裁判官**（要旨） 投票価値の不平等についての違憲判断の基準は，具体的な数値でもって明示することはできない。

反対意見 **団藤重光・横井大三裁判官**（要旨） 1対2を超える較差は違憲であり，配分規定は，昭和50年の改正当時すでに違憲であった。 **中村治朗・安岡滿彦裁判官**（要旨） 較差は1対3程度が限度であり，やはり，配分規定は違憲。 **藤﨑萬里裁判官**（要旨） このような形態の訴訟は公選法の予定するものでなく不適法であり，却下すべきである。 **谷口正孝裁判官**（略） **木戸口久治裁判官**（略）

（評釈） ［特集］ジュリ806号，野中俊彦・法セ351号34，中村睦男・重判〈昭和58年度〉11，山本浩三・民商91巻3号92，江見弘武・曹時40巻6号116。

（コメント） 本判決は，東京都第3区関係の判決について，被告の東京都選挙管理委員会が上告した事件に対してなされたもの。他の選挙区関係の事件についても同日に判決が下され，選挙人が上告した事件も，上告棄却の判決がなされた。

Ⅲ-3-19　昭和60年判決

最大判昭60・7・17民集39巻5号1100頁，判時1163号3頁
（選挙無効請求事件）

事　実 1983（昭和58）年12月18日施行の衆議院議員選挙においては，各選挙区間の議員1人当たりの有権者数の比率が最大1対4.40に及んでいた。選挙人のXらは，これが，憲法14条1項，44条但書等に違反するとして，当該選挙を無効とする旨の判決を求める訴訟を，広島・東京・大阪・札幌の各高裁に提起した。1984（昭和59）年9月から12月にかけて言い渡された高裁判決

（広島高判昭 59・9・28 判時 1134 号 27 頁など）は，いずれも「請求を棄却する。ただし，本件選挙は違法である」と述べるいわゆる事情判決であった。X，Y（選挙管理委員会）双方が上告した。

判　旨　**棄却**　**1投票価値の平等**「憲法 14 条 1 項の規定は……投票価値の平等をも要求するものと解すべきである。」しかし「投票価値の平等は，憲法上，選挙制度の決定のための唯一，絶対の基準となるものではな」く，「不平等が国会の裁量権の行使として合理性を是認し得る範囲内にとどまるものであるかどうかにつき，検討を加えなければならない。」そして，投票価値の較差が「憲法の選挙権の平等の要求に反する程度に至った場合には，そのことによって直ちに当該議員定数配分規定が憲法に違反するとすべきものではなく，憲法上要求される合理的期間内の是正が行われないとき初めて憲法に違反するものというべきである。」**2最大 1 対 4.40 の較差は違憲**　本件選挙当時において「最大 1 対 4.40 に拡大」した較差は，「選挙区の選挙人数又は人口と配分議員数との比率の平等が最も重要かつ基本的な基準とされる衆議院議員の選挙の制度の下で，国会において通常考慮し得る諸般の要素をしんしゃくしてもなお，一般に合理性を有するものとは考えられない程度に達していたものというべきであり，」したがって「憲法の選挙権の平等の要求に反する程度に至っていたものというべきである。」**3合理的期間**「昭和 50 年改正法による改正の結果，従前の議員定数配分規定の下における投票価値の不平等状態は，一応解消されたものと評価することができるものというべきであるが，その後，昭和 55 年 6 月の衆議院議員選挙当時における前記 1 対 3.94 の較差は選挙権の平等の要求に反する程度に至っていたもの……と認められることは，先に昭和 58 年大法廷判決の指摘したとおりである。……しかるに本件において，投票価値の不平等状態が違憲の程度に達した時から本件選挙までの間に右較差の是正が何ら行われることがなかったことは，……憲法上要求される合理的期間内の是正が行われなかったものと評価せざるを得ない。したがって，本件議員定数配分規定は，本件選挙当時，憲法の選挙権の平等の要求に反し，違憲と断定するほかはない。」「そして，本件議員定数配分規定は，その性質上不可分の一体をなすものと解すべきであり，憲法に違反する不平等を生ぜしめている部分のみならず，全体として違憲の瑕疵を帯びるものと解すべきである（昭和 51 年大法廷判決参照）。」**4事情判決の法理**「右較差が漸次拡大の傾向をたどっていたことは，それまでの人口の動態等から十分予測可能なところであって，決して予期し難い特殊事情に基づく結果ではなかったことは否定できないが，他方，本件議員定数配分規定の下における投票価値の不平等状態が違憲の程度にあることを明示した昭和 58 年大法廷判決の言渡から本件選挙までの期間や本件選挙当時の選挙区間における議員1人当たりの選挙人数の較差の程度等本件に現れた諸般の事情を併せ考察すると，本件は，一般的な法の基本原則に従い，本件選挙が憲法に違反する議員定数配分規定に基づいて行われた点において違法である旨を判示し，主文において右選挙の違法を宣言するにとどめ，右選挙は無効としないこととするのが相当である場合に当たるものというべきである。」

補足意見　**寺田治郎・木下忠良・伊藤正己・矢口洪一裁判官**（要旨）　できるだけ早く是正措置が講ぜられるべき旨を強調するとともに，是正措置がなされず現行の規定のままで再び選挙が施行された場合には，選挙を（直ちに，または一定期間経過後に）無効とする旨の判決を下すこともありうる。**木戸口久治裁判官**（要旨）　そのような場合には直ちに選挙を無効とするか，または，一定期間経過後に選挙無効の効果を生ずる旨の判決をすべきである。

反対意見　**谷口正孝裁判官**（要旨）　配分規定を違憲無効としても選挙の全部が当然に無効になるわけではないとして，議員1人当たりの選挙人数の全国平均からの乖離が上下50％を超える選挙区の選挙を無効とすべきである。

（評釈）　濱野惺・ジュリ850号56，中村睦男・法セ375号38，戸松秀典・判評326号16，森英樹・重判〈昭和60年度〉14，小林武・民商94巻4号80，濱野惺・曹時38巻8号99，内藤光博・憲百Ⅱ 154。

（コメント）　この判決後，1990（平成2）年2月18日施行の総選挙の時点で最大格差1対3.18となっていた不均衡を争う一連の訴訟（33件）に対して，最高裁は，投票価値の不平等状態に至っていたが，「合理的期間内における是正がなされなかったものと断定することは困難」として，請求を斥けている（最大判平5・1・20民集47巻1号67頁）。

Ⅲ-3-20　平成11年判決

最大判平11・11・10民集53巻8号1441頁，判時1696号46頁
（選挙無効請求事件）

事　実　衆議院議員選挙の仕組みは，1994（平成6）年に，従来の中選挙区制度を廃止して小選挙区比例代表並立制を導入する改革がなされた。この改革による公職選挙法の改正後に初めて行われた1996（平成8）年10月20日の衆議院議員総選挙について，東京高裁管内の各地の選挙区の選挙人Xらが，右改正後の公職選挙法が定める小選挙区選挙又は比例代表選挙の仕組みは投票価値の不平等をもたらすなど，憲法に違反すると主張して，それぞれの選挙区における選挙の無効を請求する訴訟を起こした。最高裁は，それら31件の事件について同時に判決を下したが，衆議院議員選挙区画定審議会設置法3条の衆議院小選挙区選出議員の選挙区割りの基準を定める規定及び公職選挙法13条1項，別表第1の右区割りを定める規定の憲法14条1項，15条1項，3項，43条1項，44条

違反の主張に対して，次のように判示した。

判　旨　棄却　**1区画審設置法３条２項と投票価値の平等**　「区画審設置法３条２項……は，人口の多寡にかかわらず各都道府県にあらかじめ定数１を配分することによって，相対的に人口の少ない県に定数を多めに配分し，人口の少ない県に居住する国民の意見をも十分に国政に反映させることができるようにすることを目的とするものであると解される。しかしながら，同条は，他方で，選挙区間の人口較差が２倍未満になるように区割りをすることを基本とすべきことを基準として定めているのであり，投票価値の平等にも十分な配慮をしていると認められる。」　**2選挙区割りを決定する要素**　「選挙区割りを決定するに当たっては，議員１人当たりの選挙人数又は人口ができる限り平等に保たれることが，最も重要かつ基本的な基準であるが，国会はそれ以外の諸般の要素をも考慮することができるのであって，都道府県は選挙区割りをするに際して無視することができない基礎的な要素の一つであり，人口密度や地理的状況等のほか，人口の都市集中化及びこれに伴う人口流出地域の過疎化の現象等にどのような配慮をし，選挙区割りや議員定数の配分にこれらをどのように反映させるかという点も，国会において考慮することができる要素というべきである。そうすると，これらの要素を総合的に考慮して同条１項，２項のとおり区割りの基準を定めたことが投票価値の平等との関係において国会の裁量の範囲を逸脱するということはできない。」　**3議員が全国民の代表者であること**　「また，憲法43条１項が両議院の議員が全国民を代表する者でなければならないとしているのは，本来的には，両議院の議員は，その選出方法がどのようなものであるかにかかわらず，特定の階級，党派，地域住民など一部の国民を代表するものではなく全国民を代表するものであって，選挙人の指図に拘束されることなく独立して全国民のために行動すべき使命を有するものであることを意味していると解される。そして，右規定は，全国を多数の小選挙区に分けて選挙を行う場合に，選挙区割りにつき厳格な人口比例主義を唯一，絶対の基準とすべきことまでをも要求しているとは解されないし，衆議院小選挙区選出議員の選挙制度の仕組みについて区画審設置法３条２項が都道府県にあらかじめ定数１を配分することとした結果，人口の少ない県に完全な人口比例による場合より多めに定数が配分されることとなったからといって，これによって選出された議員が全国民の代表者であるという性格と矛盾抵触することになるということはできない。」　**4較差の合憲性**　「そして，本件区割規定は，区画審設置法３条の基準に従って定められたものであるところ，その結果，選挙区間における人口の最大較差は，改正の直近の平成２年10月に実施された国勢調査による人口に基づけば１対2.137であり，本件選挙の直近の同 7 年 10 月に実施された国勢調査による人口に基づけば 1 対 2.309 であったというのである。このように抜本的改正の当初から同条 1 項が基本とすべきものとしている 2 倍未満の人口較差を超えることとなる区割りが行われたことの当否については議論があり得るところであるが，右区割りが直ちに同項の基準に違反するとはいえないし，同条の定める基準自体に憲法に違反するところがないことは前記のとおりであることにかんがみれば，以上の較差が示す選挙区間における投票価値の不平等は，一般に合理性を有するとは考えられない程度に達しているとまではいうことができず，本件区割規定が憲法 14 条 1 項，15 条 1 項，43 条 1 項等に違反するとは認められない。」

反対意見　**河合伸一・遠藤光男・元原利文・梶谷玄裁判官**「本件区割規定に基づく選挙区間の最大較差は 2 倍をわずかに超えるものであったとはいえ，2 倍を超える選挙区が，改正直近の国勢調査によれば 28，本件選挙直近の国勢調査によれば 60 にも達していたこと，このような結果を招来した原因が専ら一人別枠方式を採用したことにあること，一人別枠方式を採用すること自体に憲法上考慮することのできる正当性を認めることができず，かつ，国会の裁量権の行使としての合理性も認められないことなどにかんがみると，本件区割規定は憲法に違反するものというべきである。なお，その違憲状態は法制定の当初から存在していたのであるから，いわゆる「是正のための合理的期間」の有無を考慮する余地がないことはいうまでもない。」　**福田博裁判官**「国会がその構成員（議員）を選出する制度を策定する際，憲法の定める投票価値の平等の原則を軽視し，遵守しないのであれば，これを違憲と断ずるのは司法の責務である。長年にわたって寛容な態度をとってきたからといって，その違憲性から目を背けてはならない。憲法に定める平等原則に照らせば，今回の公職選挙法改正における小選挙区決定に当たっての定数較差是正の方針の程度はそもそも質的に不十分であるのみならず，恣意的な投票価値の操作である『一人別枠制』の導入と相まって，右改正の内容が憲法に違反することは極めて明らかである。」

評釈　只野雅人・法セ 542 号 108，毛利透・セレクト〈'99〉4，辻村みよ子・ジュリ 1176 号 58，野中俊彦・民商 122 巻 6 号 97，大橋寛明・ジュリ 1192 号 212，同・曹時 54 巻 1 号 219。

コメント　本件と同日に，同様の争点について下された判決（最大判平 11・11・10 民集 53 巻 8 号 1704 頁）も参照せよ。また，これらの判決における重複立候補制・比例代表制・小選挙区制に関する判断については，***Ⅲ-8-9*** を参照せよ。本判決後，本判決を先例として合憲の判断を下している判決として，最三判平 13・12・18 民集 55 巻 7 号 1647 頁，および，最大判平 19・6・13 民集 61 巻 4 号 1617 頁がある。また，平成 21 年 8 月 30 日の総選挙における小選挙区選挙（最大格差 2.30 倍）に関して，最大判平 23・3・23 民集 65 巻 2 号 755 頁がある。その内容については，次の ***Ⅲ-3-21*** の事実(2)を参照せよ。

Ⅲ-3-21　平成25年判決

最大判平25・11・20民集67巻8号1503頁，判時2205号3頁
（選挙無効請求事件）

事　実　2012（平成24）年12月16日施行の衆議院議員総選挙（「本件選挙」）について，東京都の6つの選挙区および神奈川県の1つの選挙区の選挙人Xらは，衆議院小選挙区選出議員の選挙（「小選挙区選挙」）の選挙区割りおよび選挙運動に関する公職選挙法の規定は憲法に違反し無効であるから，これに基づき施行された本件選挙の上記各選挙区における選挙も無効であると主張して選挙無効訴訟を提起した。第1審の判決（東京高判平25・3・26判時2188号48頁）は，選挙区割りが違憲であり，各選挙区における選挙は違法であるが，無効としないと判示した。

(1)　衆議院議員選挙区画定審議会設置法（以下，後記の改正の前後を通じて「区画審設置法」という）による衆議院議員選挙区画定審議会（「区画審」）は，2000（平成12）年10月に実施された国勢調査（「平成12年国勢調査」）の結果に基づき，2001（平成13）年12月，衆議院小選挙区選出議員の選挙区に関し，旧区画審設置法3条2項に従って各都道府県の議員の定数につきいわゆる5増5減を行った上で，同条1項に従って各都道府県内における選挙区割りを策定した改定案を作成して内閣総理大臣に勧告し，これを受けて，2002（平成14）年7月，その勧告どおり選挙区割りの改定を行うことなどを内容とする公職選挙法の一部を改正する法律（平成14年法95号）が成立した。2009（平成21）年8月30日施行の衆議院議員総選挙（「平成21年選挙」）の小選挙区選挙は，同法により改定された選挙区割り（「本件選挙区割り」）の下で施行されたものである（以下，平成21年選挙に係る衆議院小選挙区選出議員の選挙区を定めた上記改正後（平成24年法95号による改正前）の公職選挙法13条1項及び別表第1を併せて「本件区割規定」という）。

(2)　2002（平成14）年の上記改正の基礎とされた2000（平成12）年国勢調査の結果による人口を基に，本件区割規定の下における選挙区間の人口の較差を見ると，最大較差は1対2.064であり，較差が2倍以上となっている選挙区は9選挙区であった。また，2009（平成21）年選挙当日における選挙区間の選挙人数の最大較差は，1対2.304であり，較差が2倍以上となっている選挙区は45選挙区であった。

このような状況の下で本件選挙区割りに基づいて施行された2009（平成21）年選挙について，最大判平23・3・23民集65巻2号755頁（「平成23年大法廷判決」）は，選挙区の改定案の作成に当たり，選挙区間の人口の最大較差が2倍未満になるように区割りをすることを基本とすべきものとする旧区画審設置法3条1項の定めは，投票価値の平等の要請に配慮した合理的な基準を定めたものであると評価する一方，2009年選挙時において，選挙区間の投票価値の較差が上記のとおり拡大していたのは，各都道府県にあらかじめ1の選挙区数を割り当てる同条2項の一人別枠方式がその主要な要因となっていたことが明らかであり，かつ，

人口の少ない地方における定数の急激な減少への配慮等の視点から導入された一人別枠方式は既に立法時の合理性が失われていたものというべきであるから，本件旧区割基準のうち一人別枠方式に係る部分及び同区割基準に従って改定された本件区割規定の定める本件選挙区割りは憲法の投票価値の平等の要求に反する状態に至っていたと判示した。そして，同判決は，これらの状態につき憲法上要求される合理的期間内における是正がされなかったとはいえず，本件旧区割基準規定及び本件区割規定が憲法14条1項等の憲法の規定に違反するものということはできないとした上で，事柄の性質上必要とされる是正のための合理的期間内に上記の状態を解消するために，できるだけ速やかに本件旧区割基準中の一人別枠方式を廃止し，旧区画審設置法3条1項の趣旨に沿って本件区割規定を改正するなど，投票価値の平等の要請にかなう立法的措置を講ずる必要があると判示した。

(3) その後，平成23年大法廷判決を受けて，是正の方策について，各政党による検討を経た上で，2011（平成23）年10月以降，衆議院選挙制度に関する政党間の協議が行われたが，成案を得られないまま，2010（平成22）年10月に実施された国勢調査（「平成22年国勢調査」）の結果に基づく区画審による選挙区割りの改定案の勧告の期限である2012（平成24）年2月25日を経過した。

その後は区画審が選挙区割りの改定案の検討に着手するための所要の法改正の作業が優先され，同年6月及び7月に複数の政党の提案に係る改正法案がそれぞれ第180回国会に提出された。これらの改正法案は，①一人別枠方式の廃止（旧区画審設置法3条2項の削除）及びいわゆる0増5減（各都道府県の選挙区数を増やすことなく議員1人当たりの人口の少ない5県の各選挙区数をそれぞれ1減ずることをいう。以下同じ）の点で内容を同じくし，②比例代表選挙の総定数の削減及び小選挙区選挙との連用制の採否の点で内容を異にするものであったが，上記②をめぐる政党間の意見対立のため同国会の会期中にはいずれも成立に至らず，同年10月に召集された第181回国会において，継続審議とされていた上記①のみを内容とする改正法案が，同年11月15日に衆議院で可決され，翌16日の衆議院解散の当日に参議院で可決されて平成24年法95号（「平成24年改正法」）として成立した。

一人別枠方式の廃止を含む制度の是正のためには，区画審の審議を挟んで区割基準に係る区画審設置法の改正と選挙区割りに係る公職選挙法の改正という二段階の法改正を要することから，平成24年改正法は，附則において，旧区画審設置法3条2項を削除する改正規定は公布日から施行するものとする一方で，各都道府県の選挙区数の0増5減を内容とする改正後の公職選挙法の規定は次回の総選挙から適用する（公職選挙法の改正規定は別に法律で定める日から施行する）ものとし，上記0増5減を前提に，区画審が選挙区間の人口較差が2倍未満となるように選挙区割りを改める改定案の勧告を公布日から6月以内に行い，政府がその勧告に基づいて速やかに法制上の措置を講ずべき旨を定めた。上記の改正により，旧区画審設置法3条1項が同改正後の区画審設置法3条（「新区画審設置法3条」）となり，同条においては前記(3)①の基準のみが区割基準として定められている（「本件新区割基準」）。

平成24年改正法の成立と同日に衆議院が解散され，その1か月後の平成24年12月16日に本件選挙が施行されたが，上記のとおり，平成24年改正法の改正内容に沿った選挙区割りの改定には新たな区画審の勧告及びこれに基づく別途の法律の制定を要し，本件選挙までに新たな選挙区割りを定めることは時間的に不可能であったため，本件選挙は前回の平成21年選挙と同様に本件区割規定及びこれに基づく本件選挙区割りの下で施行されることとなった。

(4)　本件選挙当日における選挙区間の選挙人数の較差を見ると，最大格差は，1対2.425であり，較差が2倍以上となっている選挙区は72選挙区であった。

このような状況において本件選挙区割りの下で施行された本件選挙について，本件区割規定が憲法に違反するとして各選挙区における選挙を無効とすることを求める選挙無効訴訟が8高等裁判所及び6高等裁判所支部に提起され，2013（平成25）年3月6日から同年4月11日までの間に，本件の原判決を含む17件の判決が言い渡された。そのうち，2件の判決においては，平成23年大法廷判決において憲法の投票価値の平等の要求に反する状態に至っているとされた本件選挙区割りにつき，憲法上要求される合理的期間内における是正がされなかったとはいえず，本件区割規定は憲法の規定に違反するに至っているとはいえないとされ，その余の判決においては，憲法上要求される合理的期間内における是正がされなかったとして，本件区割規定は憲法の規定に違反するに至っているなどとされた。

(5)　本件選挙後の事情についてみると，平成24年改正法の成立後，同改正法の附則の規定に従って区画審による審議が行われ，平成25年3月28日，区画審は，内閣総理大臣に対し，選挙区割りの改定案の勧告を行った。この改定案は，平成24年改正法の附則の規定に基づき，各都道府県の選挙区数の0増5減を前提に，選挙区間の人口較差が2倍未満となるように17都県の42選挙区において区割りを改めることを内容とするものであった。

上記勧告を受けて，同年4月12日，内閣は，平成24年改正法に基づき，同改正法のうち上記0増5減を内容とする公職選挙法の改正規定の施行期日を定めるとともに，上記改定案に基づく選挙区割りの改定を内容とする公職選挙法の改正事項（本件区割規定の改正規定及びその施行期日）を定める法制上の措置として，平成24年改正法の一部を改正する法律案を第183回国会に提出した。この改正法案は，同月23日に衆議院で可決されたが，参議院では同日の送付から60日の経過後も議決に至らなかったため，同年6月24日，衆議院において，参議院で否決されたものとみなした上で出席議員の3分の2以上の多数により再可決され（憲法59条2項，4項），平成25年法68号（「平成25年改正法」）として成立した。平成25年改正法は，同月28日に公布，施行され，同改正法による改正後の平成24年改正法中の上記0増5減及びこれを踏まえた区画審の上記改定案に基づく選挙区割りの改定を内容とする公職選挙法の改正規定はその1か月後の同年7月28日から施行されており，これにより，各都道府県の選挙区数の0増5減とともに上記改定案のとおりの選挙区割りの改定が行われ，平成22年国勢調査の結果による選挙区間の人口の最大較差は1.998倍に縮小されている。

判　旨　**棄却**　**1選挙制度の仕組みを決定する国会の裁量権とその限界**　「衆議院議員の選挙につき全国を多数の選挙区に分けて実施する制度が採用される場合には，選挙制度の仕組みのうち定数配分及び選挙区割りを決定するに際して，憲法上，議員1人当たりの選挙人数ないし人口ができる限り平等に保たれることを最も重要かつ基本的な基準とすることが求められているというべきであるが，それ以外の要素も合理性を有する限り国会において考慮することが許容されているものと解されるのであって，具体的な選挙区を定めるに当たっては，都道府県を細分化した市町村その他の行政区画などを基本的な単位として，地域の面積，人口密度，住民構成，交通事情，地理的状況などの諸要素を考慮しつつ，国政遂行のための民意の的確な反映を実現するとともに，投票価値の平等を確保するという要請との調和を図ることが求められているところである。したがって，このような選挙制度の合憲性は，これらの諸事情を総合的に考慮した上でなお，国会に与えられた裁量権の行使として合理性を有するといえるか否かによって判断されることになり，国会がかかる選挙制度の仕組みについて具体的に定めたところが，上記のような憲法上の要請に反するため，上記の裁量権を考慮してもなおその限界を超えており，これを是認することができない場合に，初めてこれが憲法に違反することになるものと解すべきである。」「以上は，衆議院議員の選挙に関する最大判昭51・4・14民集30巻3号223頁以降の累次の大法廷判決の趣旨とするところであって（上掲最大判昭51・4・14，最大判昭58・11・7民集37巻9号1243頁，最大判昭60・7・17民集39巻5号1100頁，最大判平5・1・20民集47巻1号67頁，最大判平11・11・10民集53巻8号1441頁，最大判平11・11・10民集53巻8号1704頁，最大判平19・6・13民集61巻4号1617頁及び平成23年大法廷判決参照），これを変更する必要は認められない。」 **2本件区割りは違憲状態**　「本件選挙は，このように平成21年選挙時に既に憲法の投票価値の平等の要求に反する状態に至っていた本件選挙区割りの下で再び施行されたものであること，前記……のとおり選挙区間の較差は平成21年選挙時よりも更に拡大して最大較差が2.425に達していたこと等に照らせば，本件選挙時において，前回の平成21年選挙時と同様に，本件選挙区割りは憲法の投票価値の平等の要求に反する状態にあったものといわざるを得ない。」 **3最高裁判所のこれまでの判断姿勢**　「衆議院議員の選挙における投票価値の較差の問題について，当裁判所大法廷は，これまで，①定数配分又は選挙区割りが前記のような諸事情を総合的に考慮した上で投票価値の較差において憲法の投票価値の平等の要求に反する状態に至っているか否か，②上記の状態に至っている場合に，憲法上要求される合理的期間内における是正がされなかったとして定数配分規定又は区割規定が憲法の規定に違反するに至っているか否か，③当該規定が憲法の規定に違反するに至っている場合に，選挙を無効とすることなく選挙の違法を宣言するにとどめるか否かといった判断の枠組みに従って審査を行ってきた。こうした段階を経て判断を行う方法が採られてきたのは，単に事柄の重要性に鑑み慎重な手順を踏むというよりは，憲法の予定している司法権と立法権との関係に由来するものと考えられる。すなわち，裁判所において選挙制度について投票価値の平等の観点から憲法上問題があると判断したとしても，自らこれに代わる具体的な制度を定め得るものではなく，その是正は国会の立法によって行われることになるものであり，是正の方法についても国会は幅広い裁量権を有しており，上記の判断枠組みのいずれの段階においても，国会において自ら制度の見直しを行うことが想定されているものと解される。換言すれば，裁判所が選挙制度の憲法適合性について上記の判断枠組みの各段階において一定の判断を示すことにより，国会がこれを踏まえて所要の適切な是正の措置を講ずることが，憲法の趣旨に沿うものというべきである。このような憲法秩序の下における司法権と立法権との関係に照らすと，上記①の段階において憲法の投票価値の平等の要求に反する状態に至っている旨の司法の判断がされれば国会はこれを受けて是正を行う責務を負うものであるところ，上記②の段階において憲法上要求される合理的期間内における是正がされなかったといえるか否かを判断するに当たっては，単に期間の長短のみならず，是正のために採るべき措置の内容，そのために検討を要する事項，実際に必要となる手続や作業等の諸般の事情を総合考慮して，国会における是正の実現に向けた取組が司法の判断の趣旨を踏まえた立法裁量権の行使として相当なものであったといえるか否かという観点から評価すべきものと解される。」 **4本件において，憲法上要求される合理的期間内における是正がされなかったといえるか**「本件旧区割基準中の一人別枠方式に係る部分及び同方式を含む同区割基準に基づいて定められた選挙区割りについては，前掲最大判平19・6・13までは憲法の投票価値の平等の要求に反する状態に至っていないとする当審の判断が続けられており，これらが憲法の投票価値の平等の要求に反する状態に至っているとする当裁判所大法廷の判断が示されたのは，平成23年3月23日であり，国会においてこれらが上記の状態にあると認識し得たのはこの時点からであったというべきである。」「これらの憲法の投票価値の平等の要求に反する状態を解消するためには，旧区画審設置法3条2項の定める一人別枠方式を廃止し，同条1項の趣旨に沿って平成22年国勢調査の結果を基に各都道府県への選挙区の数すなわち議員の定数の配分を見直し，それを前提として多数の選挙区の区割りを改定することが求められていたところである。その一連の過程を実現していくことは，多くの議員の身分にも直接関わる事柄であり，平成6年の公職選挙法の改正の際に人口の少ない県における定数の急激かつ大幅な減少への配慮等の視点から設けられた一人別枠方式によりそれらの県に割り当てられた定数を削減した上でその再配分を行うもので，制度の仕組みの見直しに準ずる作業を要するものということができ，立法の経緯等にも鑑み，国会における合意の形成が容易な事柄ではないといわざるを得ない。また，このような定数配分の見直しの際に，議員の定数の削減や選挙制度の抜本的改革といった基本的な政策課題が併せて議論の対象とされたことも，この問題の解決に向けての議論を収れんさせることを困難にする要因となったことも否定し難い。そうした中で，平成22年国勢調査の結果に基づく区画審による選挙区割りの改定案の勧告の期限を経過した後，まず憲法の投票価値の平等の要求に反する状態の是正が最も優先されるべき課題であるとの認識の下に法改正の作業が進められ，一人別枠方式を定めた旧区画審設置法3条2項の規定の削除と選挙区間の人口較差を2倍未満に抑えるための前記0増5減による定数配分の見直しが行われたものといえる。」「このような上記0増5減による定数配分の見直しの内容を現に実施し得るものとするためには，一人別枠方式の廃止及び定数配分と区割り改定の枠組みを定める法改正の後，新たな区割基準に従い区画審が選挙区割りの改定案の勧告を行い，これに基づいて新たな選挙区割りを定める法改正を行うという二段階の法改正を含む作業を経る必要があったところ，前者の改正を内容とする平成24年改正法が成立した時点で衆議院が解散されたため，平成23年大法廷判決の言渡しから約1年9か月後に施行された本件選挙は従前の定数と選挙区割りの下において施行せざるを得なかったことは前記のとおりであるが，本件選挙前に成立した平成24年改正法の定めた枠組みに基づき，本来の任期満了時までに，区画審の改定案の勧告を経て平成25年改正法が成立し，定数配分の上記0増5減の措置が行われ，平成22年国勢調査の結果に基づく選挙区間の人口較差を2倍未満に抑える選挙区割りの改定が実現されたところである。このように，平成21年選挙に関する平成23年大法廷判決を受けて，立法府における是正のための取組が行われ，本件選挙前の時点において是正の実現に向けた一定の前進と評価し得る法改正が成立に至っていたものということができる。」 **5結論** 「本件選挙自体は，衆議院解散に伴い前回の平成21年選挙と同様の選挙区割りの下で行われ，平成21年選挙より最大較差も拡大していたところではあるが，本件選挙までに，一人別枠方式を定めた旧区画審設置法3条2項の規定が削除され，かつ，全国の選挙区間の人口較差を2倍未満に収めることを可能とする定数配分と区割り改定の枠組みが定められており，前記……〔3〕において述べた司法権と立法権との関係を踏まえ，前記のような考慮すべき諸事情に照らすと，国会における是正の実現に向けた取組が平成23年大法廷判決の趣旨を踏まえた立法裁量権の行使として相当なものでなかったということはできず，本件において憲法上要求される合理的期間を徒過したものと断ずることはできない。」「投票価値の平等は憲法上の要請であり，一人別枠方式の構造的な問題は最終的に解決されているとはいえないことは前記のとおりであって，国会においては，今後も，新区画審設置法3条の趣旨に沿った選挙制度の整備に向けた取組が着実に続けられていく必要があるというべきである。」 **6小選挙区の選挙運動について** 「小選挙区選挙の選挙運動に関する公職選挙法の規定については，これが憲法14条1項等の憲法の規定に違反するとはいえないことは，前掲最大判平11・11・10，前掲最大判平19・6・13及び平成23年大法廷判決の判示するところであって，これを変更する必要は認められない。」

意　見

鬼丸かおる裁判官「憲法の規定により，国会は，両議院議員の定数の定め及び選挙の仕組みを決定するに当たり，選挙制度を比例代表制にするか選挙区制にするか，選挙区制と比例代表制の両者を組み合わせるか，その方法をどのようなものにするか，大中小等いずれの選挙区制を選択するか，選挙区をどのように区割りするかなどの事項について，立法裁量権を有するのであるが，私は，これらの内容を国会が具体的に決定するに当たっては，投票価値の平等を最大限尊重し，その較差の最小化を図ることが憲法上要請されていると考えるものである。」「他方，上記要請を前提にして国会が配慮を尽くしても，人口異動による選挙人の基礎人口の変化，あるいは選挙区の単位となる行政区画の規模の大小や行政区画の変更といった，社会的な事情及びその変動に伴ういわば技術的に不可避ともいうべき較差は生ずるのであって，このような較差は許容せざるを得ないものである。以上のことから，投票価値の較差については，それが生ずる理由を明らかにした上で，当該理由を投票価値の平等と比較衡量してその適否を検証すべきものであると考えるものである。」

反対意見

大谷剛彦裁判官「私は，本件選挙は，憲法の投票価値の平等の要求に反する状態に至っていたとされた前回の選挙と同じ本件区割規定により実施されたもので，本件選挙区割りは憲法の投票価値の平等の要求に反する状態にあったというべきであり，また，多数意見と異なり，本件選挙時まで区割規定の是正が実施されなかったことは，憲法上要求される合理的な期間内における是正がなされなかったとして，本件区割規定が憲法の規定に違反するに至っていたといわざるを得ず，したがって本件選挙は違法であるが，いわゆる事情判決の法理により，違法を宣言するにとどめ，本件選挙を無効としないこととするのが相当と考えるものである。」 **大橋正春裁判官**「私は，多数意見と異なり，平成23年大法廷判決において憲法の投票価値の平等の要求に反する状態に至っているとされた本件選挙区割りについて，憲法上要求される合理的期間内における是正がされなかったものであり，本件区割規定は憲法の規定に違反するに至っていると考えるものであるが，本件においては選挙の違法を宣言するにとどめるべきものと考える。」 **木内道祥裁判官** 「憲法上要求される合理的期間内における是正がされなかったといえるか否かについては，私は，多数意見と異なり，その期間内における是正がされておらず，本件区割規定は違憲であると考える。そして，違憲とされた区割規定のもとで行われた本件選挙の効力については，憲法によって司法に委ねられた範囲内において裁判所がこれを定めることができるものであり，今回については，違法である旨を宣言するが選挙は無効としないこととするのが相当であると解する。」

（評釈） 岩井伸晃＝林俊之・ジュリ1470号64，赤坂正浩・重判〈平成25年度〉8，倉田玲・判評666号132，山元一・セレクト〈'14〉Ⅰ3，岩井伸晃＝林俊之・曹時68巻3号173。

（コメント） **関連判例** 本判決は，上記事実の(4)で示されている17件の全高等裁判所およびその6支部による判決中の東京高裁判決に対する上告審判決であるが，他の訴訟に対しても同趣旨の判断のもとに棄却の判決が下されている。ただし，選挙区割りが違憲であり，選挙無効とし，無効の効力は将来に向かって生じると判示した広島高岡山支判平25・3・26（裁判所ウェブサイト）に対しては，原判決破棄とされている（裁判所ウェブサイト）。 **平成27年判決** 本判決後にも最高裁判所は，大法廷判決を下している。それは，平成26年12月14日施行の衆議院議員総選挙当時において，平成25年判決の対象となった衆議院議員総選挙当時と同様に憲法の投票価値の平等の要求に反する状態にあったが，憲法上要求される合理的期間内における是正がされなかったとはいえず，公職選挙法13条1項，別表第1の区割り規定が憲法14条1項等の憲法の規定に違反するものということはできないとするものである（最大判平27・11・25民集69巻7号2035頁）。なお，そこには，裁判官3人の反対意見，同一人の補足意見，同二人の意見が付されている。

b）参議院議員定数不均衡訴訟

Ⅲ-3-22 昭和39年判決

最大判昭39・2・5民集18巻2号270頁，判時361号8頁
（選挙無効請求事件）

事　実 1962（昭和37）年7月施行の参議院東京地方区選出議員選挙の選挙人であったXらは，公職選挙法14条および別表2を基礎として「投票の価値」を考慮すると，島根県選挙区と東京都選挙区では，前者における1票の価値が後者の4倍に達し，このような「投票の価値」の不均等は，平等選挙において許容される限度を超え，憲法14条に違反し，別表2に基づいて行われた前

記選挙は無効であると主張して訴えを提起した。第1審（東京高判昭38・1・30行集14巻1号21頁）は，その請求を棄却したので，Xらは上告した。

判　旨　**棄却**　**議員定数の配分は立法政策の問題**　「憲法が両議院の議員の定数，選挙区その他選挙に関する事項については特に自ら何ら規定せず，法律で定める旨規定した所以のものは，選挙に関する事項の決定は原則として立法府である国会の裁量的権限に委せているものと解せられる。」「もとより議員数を選挙人の人口数に比例して，各選挙区に配分することは，法の下に平等の憲法の原則からいって望ましいところであるが，議員数を選挙区に配分する要素の主要なものは，選挙人の人口比率であることは否定できないところであるとしても，他の幾多の要素を加えることを禁ずるものではない。例えば，憲法46条の参議院議員の3年ごとの半数改選の制度からいっても，各選挙区の議員数を人口数に拘らず現行の最低2人を更に低減することは困難であるし，その他選挙区の大小，歴史的沿革，行政区画別議員数の振合等の諸要素も考慮に値することであって，これを考慮に入れて議員数の配分を決定することも不合理とはいえない。……選挙区の議員数について，選挙人の選挙権の享有に極端な不平等を生じさせるような場合は格別，各選挙区に如何なる割合で議員数を配分するかは，立法府である国会の権限に属する立法政策の問題であって，議員数の配分が選挙人の人口に比例していないという一事だけで，憲法14条1項に反し無効であると断ずることはできない。」

意　見　斎藤朔郎裁判官（略）

（評釈）　鵜飼信成・判評66号1，田中真次・曹時16巻4号103，林田和博・民商51巻5号114，芦部信喜・憲法の判例〈第2版〉22，山本浩三・憲百〈第3版〉14。

Ⅲ-3-23　昭和58年判決

最大判昭58・4・27民集37巻3号345頁，判時1077号30頁
（選挙無効請求事件）

事　実　1977（昭和52）年7月10日施行の参議院議員選挙当時，地方選出議員の各選挙区ごとの議員定数と選挙人数との割合には最大1対5.26の較差があり，また，いくつかの選挙区間にはいわゆる逆転現象もみられた。大阪府選挙区の選挙人であったXらは，このような投票価値の不平等は憲法14条1項等に違反するとして，選挙無効の訴えを提起した。これに対し，大阪高裁は，請求を棄却したので（大阪高判昭54・2・28行集30巻2号308頁），Xらは上告した。

判　旨　**棄却**　**1参議院の特殊性**「公職選挙法は，参議院議員の選挙については，衆議院議員のそれとは著しく趣を異にする選挙制度の仕組みを設け（ているが，それは）国会の有する……裁量的権限の合理的な行使の範囲を逸脱するものであるとは断じえないのであって，専ら立法政策の当否の問題にとどまるものというべきである。」「参議院地方選出議員の選挙の仕組みについて事実上都道府県代表的な意義ないし機能を有する要素を加味したからといって，これによって選出された議員が全国民の代表であるという性格と矛盾抵触することになるものということもできない。」「(したがって，参議院については)，投票価値の平等の要求は，(衆議院のような）人口比例主義を基本とする選挙制度の場合と比較して，一定の譲歩，後退を免れない……。」**2 5倍を超える格差も立法裁量の範囲内**「参議院議員の任期を６年としていわゆる半数改選制を採用し，また，参議院については解散を認めないものとするなど憲法の定める二院制の本旨にかんがみると，参議院地方選出議員については，選挙区割や議員定数の配分をより長期にわたって固定し，国民の利害や意見を安定的に国会に反映させる機能をそれに持たせることとすることも，立法政策として許容されると解されるところである。」また，「選挙区間における議員１人当たりの選挙人数の較差の是正を図るにもおのずから限度があることは明らかである。」「本件参議院議員定数配分規定の下においては，前記のように，投票価値の平等の要求も，人口比例主義を基本として選挙区割及び議員定数の配分を定めた選挙制度の場合と同一に論じ難いことを考慮するときは，本件参議院議員選挙当時に選挙区間においては議員１人当たりの選挙人数に前記のような較差があり，あるいはいわゆる逆転現象が一部の選挙区においてみられたとしても，それだけでは……違憲の問題が生ずる程度の著しい不平等状態が生じていたとするには足らないものというべきである。」

補足意見　**伊藤正己・宮﨑梧一裁判官**（要旨）　本件で問題となっているのは住所地を異にすることによる差別であり，これは，憲法14条1項後段所定の事由（これに基づく差別の合憲性判断には，厳格な基準が適用される）による差別ではないので，立法に対する合憲性の推定が働き，国会の裁量権の範囲が広く，その立法が合理性を欠く恣意的な差別をする場合に初めて違憲となる。
大橋進裁判官（略）

意　見　**横井大三裁判官**（略）　**谷口正孝裁判官**（略）

反対意見　**団藤重光裁判官**（略）　**藤﨑萬里裁判官**（略）

(評釈)　山本浩三・判評300号185，野中俊彦・法セ351号36，山本浩三・民商

89巻6号72，村上敬一・曹時40巻7号169，芦部信喜・法教34号6，高野真澄・ジュリ794号13，辻村みよ子・憲百Ⅱ〈第3版〉156。

（コメント） その後も最高裁は，本判決を先例として，小法廷での合憲判決を下している（最一判昭61・3・27判タ604号83頁，最一判昭62・9・24判時1273号35頁，最二判昭63・10・21判時1321号123頁）。平成になると，2つの大法廷判決（最大判平8・9・11民集50巻8号2283頁，最大判平10・9・2民集52巻6号1373頁）が登場した。さらに，その後の展開については，次の**Ⅲ-3-24**のコメントを参照せよ。

Ⅲ-3-24　平成24年判決

最大判平24・10・17民集66巻10号3357頁，判時2166号3頁
（選挙無効請求訴訟）

事　実 2010（平成22）年7月11日施行の参議院議員通常選挙（以下「本件選挙」という）について，東京都選挙区の選挙人であるX（原告，上告人）らが，公職選挙法14条，別表第3の参議院（選挙区選出）議員の議員定数配分規定（以下，数次の改正の前後を通じ，平成6年法2号による改正前の別表第2を含め，「参議院議員定数配分規定」という）は憲法14条1項等に違反し無効であるから，これに基づき施行された本件選挙の上記選挙区における選挙も無効であると主張して，東京都選挙管理委員会（Y）を相手として訴えを提起した。なお，本件選挙当時，選挙区間の最大格差は，1対5.00であった。原審（東京高判平22・11・17判時2098号24頁）は，違憲の主張を斥けたので，Xらが上告した。

判　旨 **棄却** **1投票価値の平等の実現と国会の裁量権** 「憲法は，選挙権の内容の平等，換言すれば，議員の選出における各選挙人の投票の有する影響力の平等，すなわち投票価値の平等を要求していると解される。しかしながら，憲法は，どのような選挙制度が国民の利害や意見を公正かつ効果的に国政に反映させることになるかの決定を国会の裁量に委ねているのであるから，投票価値の平等は，選挙制度の仕組みを決定する唯一，絶対の基準となるものではなく，国会が正当に考慮することができる他の政策的目的ないし理由との関連において調和的に実現されるべきものである。それゆえ，国会が具体的に定めたところがその裁量権の行使として合理性を有するものである限り，それによって投票価値の平等が一定の限度で譲歩を求められることになっても，憲法に違反するとはいえない。」「憲法が二院制を採用し衆議院と参議院の権限及び議員の任期等に差異を設けている趣旨は，それぞれの議院に特色のある機能を発揮させることによって，国会を公正かつ効果的に国民を代表する機関たらしめようとするところにあると解される。……参議院議

員の選挙制度の仕組みは，このような観点から，参議院議員について，全国選出議員と地方選出議員に分け，前者については全国の区域を通じて選挙するものとし，後者については都道府県を各選挙区の単位としたものである（この仕組みは，昭和57年改正後の比例代表選出議員と選挙区選出議員から成る選挙制度の下においても基本的に同様である。）。昭和22年の参議院議員選挙法及び同25年の公職選挙法の制定当時において，このような選挙制度の仕組みを定めたことが，国会の有する裁量権の合理的な行使の範囲を超えるものであったということはできない。しかしながら，社会的，経済的変化の激しい時代にあって不断に生ずる人口変動の結果，投票価値の著しい不平等状態が生じ，かつ，それが相当期間継続しているにもかかわらずこれを是正する措置を講じないことが，国会の裁量権の限界を超えると判断される場合には，当該議員定数配分規定が憲法に違反するに至るものと解するのが相当である。」「以上は，昭和58年大法廷判決以降の参議院議員（地方選出議員ないし選挙区選出議員）選挙に関する累次の大法廷判決の趣旨とするところであり，後記……の点をおくとしても，基本的な判断枠組みとしてこれを変更する必要は認められない。」「もっとも，最大較差1対5前後が常態化する中で，平成16年大法廷判決において，複数の裁判官の補足意見により較差の状況を問題視する指摘がされ，平成18年大法廷判決において，投票価値の平等の重要性を考慮すると，投票価値の不平等の是正については国会における不断の努力が望まれる旨の指摘がされ，さらに，平成21年大法廷判決においては，投票価値の平等という観点からはなお大きな不平等が存する状態であって較差の縮小が求められること及びそのためには選挙制度の仕組み自体の見直しが必要であることが指摘されるに至っており，これらの大法廷判決においては，上記の判断枠組み自体は基本的に維持しつつも，投票価値の平等の観点から実質的にはより厳格な評価がされるようになってきたところである。」 **②本件定数配分の合憲性** 「いかなる具体的な選挙制度によって，……憲法の趣旨を実現し，投票価値の平等の要請と調和させていくかは，二院制の下における参議院の性格や機能及び衆議院との異同をどのように位置付け，これをそれぞれの選挙制度にいかに反映させていくかという点を含め，国会の合理的な裁量に委ねられているところであるが，その合理性を検討するに当たっては，参議院議員の選挙制度が設けられてから60年余，当裁判所大法廷において前記3の基本的な判断枠組みが最初に示されてからでも30年近くにわたる，制度と社会の状況の変化を考慮することが必要である。」「参議院においては，この間の人口移動により，都道府県間の人口較差が著しく拡大したため，半数改選という憲法上の要請を踏まえた偶数配分を前提に，都道府県を単位として各選挙区の定数を定めるという現行の選挙制度の仕組みの下で，昭和22年の制度発足時には2.62倍であった最大較差が，昭和58年大法廷判決の判断の対象とされた昭和52年選挙の時点では5.26倍に拡大し，平成8年大法廷判決において違憲の問題が生ずる程度の投票価値の著しい不平等状態と判断された平成4年選挙の時点では6.59倍にまで達する状況となり，その後若干の定数の調整によって是正が図られたが，基本的な選挙制度の仕組みについて見直しがされることはなく，5倍前後の較差が維持されたまま推移してきた。」「現行の選挙制度は，限られた総定数の枠内で，半数改選という憲法上の要請を踏まえた偶数配分を前提に，都道府県を単位として各選挙区の定数を定めるという仕組みを採っているが，人口の都市部への集中による都道府県間の人口較差の拡大が続き，総定数を増やす方法を採ることにも制約がある中で，このような都道府県を各選挙区の単位とする仕組みを維持しながら投票価値の平等の実現を図るという要求に応えていくことは，もはや著しく困難な状況に至っているものというべきである。このことは，……平成17年10月の専門委員会の報告書において指摘されていたところであり，前回の平成19年選挙についても，投票価値の大きな不平等がある状態であって，選挙制度の仕組み自体の見直しが必要であることは，平成21年大法廷判決において特に指摘されていたところである。それにもかかわらず，平成18年改正後は上記状態の解消に向けた法改正は行われることなく，本件選挙に至ったものである。これらの事情を総合考慮すると，本件選挙が平成18年改正による4増4減の措置後に実施された2回目の通常選挙であることを勘案しても，本件選挙当時，前記の較差が示す選挙区間における投票価値の不均衡は，投票価値の平等の重要性に照らしてもはや看過し得ない程度に達しており，これを正当化すべき特別の理由も見いだせない以上，違憲の問題が生ずる程度の著しい不平等状態に至っていたというほかはない。」「もっとも，当裁判所が平成21年大法廷判決においてこうした参議院議員の選挙制度の構造的問題及びその仕組み自体の見直しの必要性を指摘したのは本件選挙の約9か月前のことであり，その判示の中でも言及されているように，選挙制度の仕組み自体の見直しについては，参議院の在り方をも踏まえた高度に政治的な判断が求められるなど，事柄の性質上課題も多いためその検討に相応の時間を要することは認めざるを得ないこと，参議院において，同判決の趣旨を踏まえ，参議院改革協議会の下に設置された専門委員会における協議がされるなど，選挙制度の仕組み自体の見直しを含む制度改革に向けての検討が行われていたこと（なお，本件選挙後に国会に提出された……公職選挙法の一部を改正する法律案は，単に4選挙区で定数を4増4減するものにとどまるが，その附則には選挙制度の抜本的な見直しについて引き続き検討を行う旨の規定が置かれている。）などを考慮すると，本件選挙までの間に本件定数配分規定を改正しなかったことが国会の裁量権の限界を超えるものとはいえず，本件定数配分規定が憲法に違反するに至っていたということはできない。」 **③速やかに違憲の問題を生じる不平等状態を解消する必要** 「参議院議員の選挙制度については，限られた総定数の枠内で，半数改選という憲法上の要請を踏まえて各選挙区の定数が偶数で設定されるという制約の下で，長期にわたり投票価値の大きな較差が続いてきた。しかしながら，国民の意思を適正に反映する選挙制度が民主政治の基盤であり，投票価値の平等が憲法上の要請であることや，さきに述べた国政の運営における参議院の役割に照らせば，より適切な民意の反映が可能となるよう，単に一部の選挙区の定数を増減するにとどまらず，都道府県を単位として各選挙区の定数を設定する現行の方式をしかるべき形で改めるなど，現行の選挙制度の仕組み自体の見直しを内容とする立法的措置を講じ，できるだけ速やかに違憲の問題が生ずる前記の不平等状態を解消する必要がある。」

補足意見 **櫻井龍子裁判官** 「本件選挙及び過去の参議院議員通常選挙の推移を見ると，多数意見において示されているように，選挙区間の較差が1対5前後あるいはそれ以上に及ぶ状態が既に40年以上を経過してきているのであり，今日の国政における参議院の役割等も踏まえると，二院制に係る憲法の趣旨や参議院の衆議院に対する位置付け等を勘案しても，本件選挙当時の投票価値の不均衡は，もはや早急に是正すべき状態に達しているといわざるを得ないと考えるものである。そして，都道府県間の人口較差の拡大が続く中で，現状の仕組み，すなわち都道府県を単位とする選挙区選挙を採用する限り，選挙区間の投票価値の較差を適切に是正することが困難であることは自明のこととなってきている。平成18年の公職選挙法改正が本来は本件選挙をも射程にして行われたものであったにもかかわらず，本件選挙時には平成19年の前回選挙の時から更に較差が拡大し，最大較差が5に達する結果になってしまったことからも，当面の弥縫的な措置では適切に対応し得なくなっていることが十分にうかがえるところである。したがって，参議院の選挙区選出議員の選挙については，もはや都道府県を単位とする現行制度の仕組みの見直しという抜本的改正を行うことが避けて通れないところまできているといわざるを得ないものである。」 **金築誠志裁判官** 「選挙制度の仕組み自体の見直しは，容易な作業ではなく，相当程度の時間を要することはやむを得ない。しかし，投票価値の平等が憲法上の要請であることに鑑み，仕組みの見直しによるいわゆる違憲状態の是正の可及的に早期の実現に向けて，真摯かつ具体的な検討が進められることが強く期待されるところである。」 **千葉勝美裁判官** 「多数意見の述べるとおり，今後の選挙制度の見直しに当たっては，現行の選挙制度の仕組み自体の見直しが必要であり，弥縫策では足りず，立法府においては，短兵急に結論を出すのではなく，法原理的な観点からの吟味に加え，二院制に関する政治哲学や諸外国の二院制議会の現状分析と評価等が不可欠であり，さらに，グローバルな視点を保持した上での日本の社会，産業，文化，歴史等についての構造的な分析が求められるなど，専門的で多角的な検討が求められるところである。新しい選挙制度については，それが地域を基準にする場合でも，それ以外の基準による場合でも，立法府が，このような検討を十分に行った上で，二院制に係る憲法の趣旨や参議院の果たすべき役割，機能をしっかりと捉えて制度設計を行うなど，相応の時間をかけて周到に裁量権を行使する必要があるというべきである。」

意　見　**竹内行夫裁判官**「これまで国会においても参議院の在り方を踏まえた抜本的な検討の必要性が指摘され，何度か是正措置が執られたところであるが，参議院の在り方にふさわしい選出基盤とは何か，参議院の場合に投票価値の平等の要請やこれを具現化するための人口比例原則が譲歩を求められることがあるとして，憲法が二院制を採用した趣旨も含め，これを正当化する他の政策的目的ないし理由として国会は何を考慮しているのか，投票価値の平等の要請と他の理念や政策的目的の調和点をどのあたりに求めるか，といった基本的な諸点については，いまだに国民の議論や理解が進んでいるとは見受けられない。平成21年大法廷判決における補足意見においても述べたところであるが，国会が立法裁量権を行使して参議院議員選挙制度の仕組みを検討するに当たっては，投票価値の平等の観点に加えて，二院制の下における衆議院とは異なった参議院の在り方にふさわしい選挙制度の仕組みの基本となる理念や政策的目的等を国民に対して速やかに提示し，具体的な検討を行うことが強く望まれる。」

反対意見　**田原睦夫裁判官**「何らの合理的理由もなく選挙区間における投票価値が4倍を超えるという違憲状態が長期間に亘って継続し，かつ，その解消のための選挙制度の抜本的改正の必要性が最高裁判所大法廷判決によって繰り返し指摘されてきたにもかかわらず，その改正作業に着手することなく施行された本件選挙は，憲法に反する違法な選挙制度の下で施行されたものとして違法であるといわざるを得ない。そして，前回選挙以後も抜本的な選挙制度改革についての具体的な提案が国会に上程されるに至っていないという国会の著しい怠慢は座視するに忍びず，前回の選挙について事情判決によるべきであるとする意見と異なり，本件選挙については選挙無効の判決をなすべきではないかとも思慮される。……しかし，憲法違反の状態を放置し，司法からの繰り返しての警鐘に対しても何ら真正面から応答しない国会の姿勢をそのまま放置することは，到底認められるものではない。もし平成25年参議院議員通常選挙が上記のとおりの当面の弥縫策（選挙区間の議員1人当たりの最大較差1対4.75）を施した上で，現行法の枠組みの下で行われるならば，当審として選挙無効の判断をもって対処すべきものと考える。」　**須藤正彦裁判官**「本件定数配分規定は，本件選挙当時，合理的理由なく投票価値の著しい不平等を生じさせているという点においても，それについて相当期間是正する立法的措置を講じなかったという点においても，国会の裁量権の限界を超えており，憲法に違反するに至っていたものというべきである。」「ただし，本件選挙については，前記のとおり，平成18年改正時において，平成19年選挙と本件選挙とが『当面の措置』との位置付けがなされ，本件選挙でそれが『完了』することと観念されていたということが看取されることから，その事情を斟酌し，いわゆる事情判決の法理を適用して違法宣言にとどめることが相当である。」「しかしながら，平成25年選挙に至ってもなお現状のままで選挙制度の枠組みの改変について見るべき取組も見いだされない状態であるならば，同選挙における選挙無効訴訟の提起された選挙区の選出議員の選挙に限っては無効とせざるを得ないというべきである。この場合，参議院は，同選挙におけるその余の選挙区選出議員，非改選の選挙区選出議員及び比例区選出議員のみによって審議がなされるということが避けられないことになる。」 **大橋正春裁判官** 「私は，本件定数配分規定は，本件選挙当時，違憲であり，いわゆる事情判決の法理により，請求を棄却した上で，主文において本件が違法である旨を宣言すべきであると考える。」

(評釈) 工藤達朗・論ジュリ4号92，榎透・法セ697号128，新井誠・重判〈平成24年度〉8，岩井伸晃＝上村考由・ジュリ1457号90，吉川和宏・判評654号148，辻村みよ子・憲百Ⅱ155，只野雅人・セレクト〈'13〉Ⅰ4，岩井伸晃＝上村考由・曹時67巻7号242。

(コメント) 昭和58年判決（⇒**Ⅲ-3-23**）以降，本判決に至るまでに，最高裁大法廷は，合憲の結論を維持しつつも，従来よりも厳しい審査姿勢を示すようになっていた（最大判平16・1・14民集58巻1号56頁，最大判平18・10・4民集60巻8号2696頁，および最大判平21・9・30民集63巻7号1520頁を参照せよ）。また，関連判例として，平成12年判決（最大判平12・9・6民集54巻7号1997頁）があり，1998（平成10）年7月12日施行の参議院議員選挙について，最大格差が1対4.98で，逆転現象も生じていた定数不均衡を広い立法裁量論のもとに合憲と判断している（5人の裁判官の反対意見がある）。さらに，平成16年判決の対象事件の原告らは，参議院比例代表選出議員選挙についても違憲の主張をして争っているが，その判決（最大判平16・1・14民集58巻1号1頁）については，本書の**Ⅲ-8-10**で扱っている。なお，本判決後，2013（平成25）年7月21日施行の，また，2016（平成28）年7月10日施行の参議院議員選挙についての選挙無効請求訴訟に対して，最高裁大法廷は，いずれも本判決の判断を踏襲して上告棄却の判決を下している（それぞれ，最大判平26・11・26民集68巻9号1363頁，最大判平29・9・27民集71巻7号1139頁）。後者の平成29年判決は，2015（平成27）年の公職選挙法改正において，初めて合区を行い，都道府県を選挙区とする仕組みを見直し，26年判決の趣旨に沿った格差是正をはかったとみられること，また，同改正付則において次回選挙に向けて制度の抜本的見直しをする立法府の決意が示されていることなどを指摘して，「選挙当時，……選挙区間における投票価値の不均衡は，違憲の問題が生ずる程度の著しい不平等状態にあったものとはいえず，本件定数配分規定が憲法に違反するに至っていたということはできない」と判示している。

c）地方議会議員定数不均衡訴訟

Ⅲ-3-25　千葉県議会議員選挙事件

最一判平元・12・18民集43巻12号2139頁，判時1337号17頁
（選挙無効請求事件）

事　実　「千葉県議会議員の選挙区等に関する条例」（昭和49年制定。現在では「千葉県議会議員の定数及び選挙区等に関する条例」）にかかる議員定数配分規定は，最高裁判決（最一判昭60・10・31判時1181号83頁）により，1983（昭和58）年4月10日施行の県議会議員選挙当時において公選法15条7項〔現行15条8項〕に違反していたと判示されたことを踏まえて，その後1986（昭和61）年に改正された結果，1987（昭和62）年4月12日施行の本件選挙当時，公選法15条2項の「強制合区」の例外として同法271条2項が認めるいわゆる「特例選挙区」として3選挙区を存置した。その結果，本件選挙当時，特例選挙区とその他の選挙区間における投票価値の最大較差は1対3.98，特例選挙区を除くその他の選挙区間における最大較差は1対2.81，いわゆる逆転現象も31とおりあるという状況であった。そこで原告Xら（市川市の選挙人）がこの千葉県条例の議員定数配分規定が憲法14条1項，公選法15条7項に違反するとして同法202条1項に基づく異議申立てをしたが却下されたので，同法203条に基づいて同選挙区の選挙の効力を争った。原判決（東京高判昭63・9・19判時1286号24頁）は事情判決の法理を用いて選挙を違法と宣言して請求を棄却したので，Xらが上告した。

判　旨　**破棄自判**　**①地方議会議員定数配分規定の違法性を争う訴訟の適法性**　「地方公共団体の議会の議員の定数配分を定めた条例の規定そのものの違憲，違法を理由とする地方公共団体の議会の議員の選挙の効力に関する訴訟が，公職選挙法（以下「公選法」という。）203条の規定による訴訟として許されることは，当裁判所大法廷判決（昭51・4・14民集30巻3号223頁，昭58・11・7民集37巻9号1243頁，昭60・7・17民集39巻5号1100頁）の趣旨に徴して明らかであり（最一判昭59・5・17民集38巻7号721頁，最一判昭60・10・31〔判時1181号83頁〕，最三判昭62・2・17〔判時1243号10頁〕参照），本訴を適法とした原審の判断は，正当として是認することができる。」 **②いわゆる特例選挙区の設置と都道府県議会の裁量**　「特例選挙区に関する公選法271条2項の……現行の規定は，いわゆる高度経済成長下にあって社会の急激な工業化，産業化に伴い農村部から都市部への人口の急激な変動が現れ始めた状況に対応したものとみられるが，また都道府県議会議員の選挙区制については，歴史的に形成され存在してきた地域的まとまりを尊重し，その意向を都道府県政に反映させる方が長期的展望

に立った均衡のとれた行政施策を行うために必要であり，そのための地域代表を確保する必要があるという趣旨を含むものと解される。」「具体的にいかなる場合に特例選挙区の設置が認められるかについては，客観的な基準が定められているわけではなく，結局，……当該都道府県の行政施策の遂行上当該地域からの代表確保の必要性の有無・程度，隣接の都市との合区の困難性の有無・程度等を総合判断して決することにならざるを得〔ず〕，……都道府県議会において，右のような観点から特例選挙区設置の必要性を判断し，かつ，地域間の均衡を図るための諸般の要素を考慮した上でその設置を決定したときは，それは原則的には裁量権の合理的な行使として是認され，その設置には合理性があるものと解すべきである。もっとも，……公選法 15 条 1 項ないし 3 項が規定しているところからすると，同法 271 条 2 項は，当該区域の人口が議員 1 人当たりの人口の半数を著しく下回る場合……には，特例選挙区の設置を認めない趣旨であると解される。」「以上によれば，千葉県議会が，本件条例において，…… 3 選挙区を特例選挙区として存置したことは，同議会に与えられた裁量権の合理的な行使として是認することができるから，その存置には合理性があり，……いまだ特例選挙区の設置が許されない程度には至っていないものというべきである。」 **③地方議会の議員定数配分規定と投票価値の平等** 「都道府県議会の議員の選挙に関し，当該都道府県の住民が，その選挙権の内容，すなわち投票価値においても平等に取り扱われるべきものであることは憲法の要求するところであると解すべきであり……，公選法 15 条 7 項は，憲法の右要請を受け，都道府県議会の議員の定数配分につき，人口比例を最も重要かつ基本的な要素とし，各選挙人の投票価値が平等であるべきことを強く要求しているものと解される。……定数配分規定が公選法 15 条 7 項の規定に適合するかどうかについては，都道府県議会の具体的に定めるところがその裁量権の合理的な行使として是認されるかどうかによって決するほかはない。したがって，……具体的に決定された定数配分の下における選挙人の投票の有する価値に不平等が存し，あるいはその後の人口の変動により右不平等が生じ，それが都道府県の議会において地域間の均衡を図るため通常考慮しうる諸般の要素をしんしゃくしてもなお，一般的に合理性を有するものとは考えられない程度に達しているときは，右のような不平等は，もはや都道府県の議会の合理的裁量の限界を超えているものと推定され，これを正当化すべき特別の理由が示されない限り，公選法 15 条 7 項違反と判断されざるを得ないものというべきである。」「投票価値の最大較差は，……千葉県議会が公選法 15 条 7 項ただし書を適用して本件条例を定めた結果，投票価値の最大較差は，……特例選挙区を含めた場合には 1 対 3.98，特例選挙区を除いた場合には 1 対 2.81 になっており，いずれも較差が縮小されているということになる。」「本件選挙当時において右のような議員１人当たりの人口の較差が示す投票価値の不平等は，千葉県議会において地域間の均衡を図るため通常考慮しうる諸般の要素をしんしゃくしてもなお，一般的に合理性を有するものとは考えられない程度に達していたものとはいえず，同議会に与えられた裁量権の合理的な行使として是認することができ……る。」

（評釈）　日笠完治・法教116号102，上田豊三・曹時42巻3号254，武永淳・セレクト〈'90〉8，戸松秀典・民商103巻2号95，野中俊彦・判評378号193。

（コメント）　他の同種の判例として，東京都議会議員選挙について，最一判昭59・5・17民集38巻7号721頁，最三判昭62・2・17判時1243号10頁，最三判平3・4・23民集45巻4号554頁，最二判平11・1・22判時1666号32頁，最一判平27・1・15判時2251号28頁。千葉県議会議員選挙については，本判決以外に，最一判昭60・10・31判時1181号83頁，最二判平5・10・22判時1456号77頁，最三判平28・10・18判時2327号17頁。愛知県議会議員選挙について，最二判平5・10・22判時1484号25頁。兵庫県議会選挙について，最一判平元・12・21民集43巻12号2297頁，岡山県議会選挙について，最一判平元・12・21判時1337号38頁。

(7)　条例による地域的取扱いの差別

Ⅲ-3-26　東京都売春取締条例違反事件

最大判昭33・10・15刑集12巻14号3305頁
（売春等取締条例違反被告事件）

事　実　料亭を経営していたＹは，1952（昭和27）年夏から秋にかけて５人の従業員に幾度も売春をさせ，その報酬の一部を，みずから取得していた。そのためＹは，東京都売春取締条例４条違反の管理売春として起訴され，下級審（大森簡判昭28・8・3刑集12巻14号3311頁，東京高判昭28・11・30刑集12巻14号3312頁）において罰金刑を受けた。そこで，Ｙは上告し，売春取締りは，法律により全国一律に規律すべきもので地方公共団体が個々に条例で罰則を定めるべきではなく，各都道府県ごとに処罰の規定が異なる売春取締条例は，憲法の平等原則および人権尊重の憲法の精神にも反すると主張した。

判　旨　**棄却**　**[1]憲法は地域差を容認**　「憲法が各地方公共団体の条例制定権を認める以上，地域によって差別を生ずることは当然予期されることであるから，かかる差別は憲法みずから容認するところであると解すべきである。」 **[2]地域差の合憲性**　「それ故，地方公共団体が売春の取締について各別に条例を制定する結果，その取扱に差別を生ずることがあっても，所論のように地域差の故をもって違憲ということはできない。」

補足意見 **下飯坂潤夫・奥野健一裁判官** 「憲法が各地方公共団体に，条例制定権を認めているからといって，当然に，各条例相互間に憲法14条の原則を破る結果を生ずることまでも，憲法が是認しているものと解すべきではなく，各条例が各地域の特殊な地方の実情その他の合理的根拠に基いて制定され，その結果生じた各条例相互間の差異が，合理的なものとして是認せられて始めて，合憲と判断すべきものと考える。」

（評釈） 吉川由己夫・曹時11巻1号112，新村とわ・憲百Ⅰ 34。

4 精神的自由

(1) 思想・良心の自由

Ⅲ-4-1 謝罪広告事件

最大判昭31・7・4民集10巻7号785頁，判時80号3頁
（謝罪広告請求事件）

事　実 A党公認候補として1952（昭和27）年10月の衆議院議員総選挙に立候補したYは，その選挙運動中にラジオ・新聞を通じて，別の候補者であるXが県副知事在職中に，ある発電所の機械購入にからんで汚職をなした旨公表した。これに対し，Xは，虚偽の事実の公表により名誉を毀損されたとして，名誉回復のための謝罪文の放送および掲載を求める訴えを提起した。第1審（徳島地判昭28・6・24下民4巻6号926頁）は，「……放送及び記事は真実に相違して居り，貴下の名誉を傷け御迷惑をおかけいたしました。ここに陳謝の意を表します」という文面の「謝罪広告」をYの名で新聞紙上に掲載することを命じた。第2審（高松高判昭28・10・3民集10巻7号818頁）もこれを全面的に認め控訴を棄却したので，Yは上告し，かかる謝罪広告の強制は良心の自由を侵害するものであると主張した。

判　旨 **棄却** **良心の自由と謝罪広告の強制** 「謝罪広告を命ずる判決にもその内容上，これを新聞紙に掲載することが謝罪者の意思決定に委ねるを相当とし，これを命ずる場合の執行も債務者の意思のみに係る不代替作為として民訴734条〔現行の民事執行法172条〕に基き間接強制によるを相当とするものもあるべく，時にはこれを強制することが債務者の人格を無視し著しくその名誉を毀損し意思決定の自由乃至良心の自由を不当に制限することとなり，いわゆる強制執行に適さない場合に該当することもありうるであろうけれど，単に事態の真相を告白し陳謝の意を表明するに止まる程度のものにあっては，これが強制執行も代替作為として民訴733条〔現行の民事執行法171条〕の手続によることを得るものといわなければならない。そし

て原判決の是認したXの本訴請求は……Yをして右公表事実が虚偽且つ不当であったことを広報機関を通じて発表すべきことを求めるに帰する。されば少くともこの種の謝罪広告を新聞紙に掲載すべきことを命ずる原判決は，Yに屈辱的若くは苦役的労苦を科し，又はYの有する倫理的な意思，良心の自由を侵害することを要求するものとは解せられない。」

補足意見　**田中耕太郎裁判官**「憲法19条の『良心』というのは，謝罪の意思表示の基礎としての道徳的の反省とか誠実さというものを含まないと解する。……今日においてはこれは宗教上の信仰に限らずひろく世界観や主義や思想や主張をもつことにも推及されていると見なければならない。」「要するに国家としては宗教や上述のこれと同じように取り扱うべきものについて，禁止，処罰，不利益取扱等による強制，特権，庇護を与えることによる偏頗な所遇というようなことは，各人が良心に従って自由に，ある信仰，思想等をもつことに支障を招来するから，憲法19条に違反する」。**栗山茂裁判官**「憲法19条の『良心の自由』は英語のフリーダム・オブ・コンシャンスの邦訳であってフリーダム・オブ・コンシャンスは信仰選択の自由……の意味である……原判決にはYのいう憲法19条の『良心の自由』を侵害する問題を生じないのである。」

意　見　**入江俊郎裁判官**（略）

反対意見　**藤田八郎裁判官**「憲法19条にいう『良心の自由』とは単に事物に関する是非弁別の内心的自由のみならず，かかる是非弁別の判断に関する事項を外部に表現するの自由並びに表現せざるの自由をも包含するものと解すべきであり，……本件のごとき人の本心に反して，事の是非善悪の判断を外部に表現せしめ，心にもない陳謝の念の発露を判決をもって命ずるがごときことは，まさに憲法19条の保障する良心の外的自由を侵犯するものである。」**垂水克己裁判官**　憲法19条は「信条上沈黙を欲する者に沈黙する自由をも保障するもの……である。」「本件広告中，右『謝罪』，『陳謝の意を表します』の文言があるのに，Yが信条上欲しない場合でもこれをなすべきことを命ずる原判決は，性質上，Yの思想及び良心の自由を侵すところがあり憲法19条に違反する」。

（評釈）　大西芳雄・民商35巻2号57，宮田豊・憲法の判例34，笹川紀勝・基本判例61，野坂泰司・法教305号87，蟻川恒正・メディア百選70，越山和広・民事執行・保全判例百選〈第2版〉71，芹沢斉・憲百Ⅰ36。

III-4-2　労働者の政党所属調査事件

最二判昭63・2・5労判512号12頁
（損害賠償請求事件）

事　実　被上告人会社Y_1（東京電力）塩山営業所の所長Y_2は，会社の秘密情報が外部に漏れて日本共産党の機関紙「赤旗」の1973（昭和48）年

12月28日号および1974（昭和49）年1月17日号紙上に報道されたことから，営業所の責任者としてその報道記事の取材源につき調査の必要を認め，同営業所の職員Xを勤務時間中に呼び出し，Xが共産党員であるかどうかを尋ねた（この質問を「本件質問」という）。これに対しXは，共産党員ではない旨の返答をした。そこで，Y_2は，さらに，Xに対して共産党員ではない旨を書面にしたためることを求めた（この要求を「本件書面交付の要求」という）が，Xはその要求を断った。しかし，Y_2は，その書面を作成することの必要性などをいろいろ説いて要求に応じさせようと，再三にわたり話題を変えてXの説得に努め，本件書面交付の要求を繰り返したが，Xはこれを拒否して退室した。その後，Xは，Y_2の行為により憲法19条の保障する思想・信条の自由が侵害されたとして，Y_1，Y_2に対し80万円の慰謝料を求めて訴えを起こした。第1審（甲府地判昭56・7・13労判367号25頁）は，10万円の損害賠償を認容したが，第2審（東京高判昭59・1・20労判424号14頁）は，Xの請求を棄却したため，Xが上告した。

判　旨　棄却

[1]本件質問の違法性　「右事実関係によれば，Y_2が本件話合いをするに至った動機，目的は，本件営業所の公開されるべきでないとされていた情報が外部に漏れ，共産党の機関紙『赤旗』紙上に報道されたことから，当時，本件営業所の所長であったY_2が，その取材源ではないかと疑われていたXから事情を聴取することにあり，本件話合いは企業秘密の漏えいという企業秩序違反行為の調査をするために行われたことが明らかであるから，Y_2が本件話合いを持つに至ったことの必要性，合理性は，これを肯認することができる。右事実関係によれば，Y_2は，本件話合いの比較的冒頭の段階で，Xに対し本件質問をしたのであるが，右調査目的との関連性を明らかにしないで，Xに対して共産党員であるか否かを尋ねたことは，調査の方法として，その相当性に欠ける面があるものの，前記赤旗の記事の取材源ではないかと疑われていたXに対し，共産党との係わりの有無を尋ねることには，その必要性，合理性を肯認することができないわけではなく，また，本件質問の態様は，返答を強要するものではなかったというのであるから，本件質問は，社会的に許容し得る限界を超えてXの精神的自由を侵害した違法行為であるとはいえない。」　**[2]本件書面交付の要求の違法性**　「本件話合いの中で，Xが本件質問に対し共産党員ではない旨の返答をしたところ，Y_2は，Xに対し本件書面交付の要求を繰り返したというのであるが，企業内においても労働者の思想，信条等の精神的自由は十分尊重されるべきであることにかんがみると，Y_2が，本件書面交付の要求と右調査目的との関連性を明らかにしないで，右要求を繰り返したことは，このような調査に当たる者として慎重な配慮を欠いたものというべきであり，調査方法として不相当な面があるといわざるを得ない。しかしながら，前記事実関係によれば，本件書面交付の要求は，Xが共

産党員ではない旨の返答をしたことから，Y_2がその旨を書面にするように説得するに至ったものであり，右要求は強要にわたるものではなく，また，本件話合いの中で，Y_2が，Xに対し，Xが本件書面交付の要求を拒否することによって不利益な取扱いを受ける虞のあることを示唆したり，右要求に応じることによって有利な取扱いを受け得る旨の発言をした事実はなく，さらに，Xは右要求を拒否した，というのであって，右事実関係に照らすと，Y_2がした本件書面交付の要求は，社会的に許容し得る限界を超えてXの精神的自由を侵害した違法行為であるということはできない。」

(評釈) 森英樹・法セ401号130，野坂泰司・セレクト〈'88〉11，今関源成・憲百Ⅰ38。

(コメント) 労働組合がいわゆる安保反対闘争実施等の費用として課した臨時組合費の徴収に関連して思想・信条の自由が問題とされたいわゆる国労広島地本事件判決（最三判昭50・11・28民集29巻10号1634頁および最三判昭50・11・28民集29巻10号1698頁）参照。さらに，南九州税理士会事件⇒**Ⅲ-1-4**，群馬司法書士会事件⇒**Ⅲ-1-5**，三菱樹脂事件⇒**Ⅲ-1-8**，国民審査投票方法違憲訴訟⇒**Ⅵ-11**も参照せよ。また，麹町中学内申書事件の最高裁判決（最二判昭63・7・15判時1287号65頁）は，思想・信条の自由の侵害の争点に立ち入らずに斥けている。

Ⅲ-4-3　君が代ピアノ伴奏職務命令拒否事件

最三判平19・2・27民集61巻1号291頁，判時1962号3頁
（戒告処分取消請求事件）

事　実　Xは，1999（平成11）年4月1日から日野市立A小学校に音楽専科の教諭として勤務していた。A小学校では，1995（平成7）年3月以降，卒業式及び入学式において，音楽専科の教諭によるピアノ伴奏で「君が代」の斉唱が行われてきており，同校の校長は，1999年4月6日に行われる入学式（以下「本件入学式」という）においても，式次第に「国歌斉唱」を入れて音楽専科の教諭によるピアノ伴奏で「君が代」を斉唱することとした。同月5日，A小学校において本件入学式の最終打合せのための職員会議が開かれた際，Xは，事前に校長から国歌斉唱の際にピアノ伴奏を行うよう言われたが，自分の思想，信条上，また音楽の教師としても，これを行うことはできない旨発言した。校長は，Xに対し，本件入学式の国歌斉唱の際にピアノ伴奏を行うよう命じたが，Xは，これに応じない旨返答した。校長は，同月6日午前8時20分過ぎころ，校長室において，Xに対し，改めて，本件入学式の国歌斉唱の際にピアノ伴奏を行うよう命じた（以下，校長のこれらの命令を「本件職務命令」という）が，Xは，これに応じない旨返答した。同日午前10時，本件入学式が開始された。司会者は，開式の言葉を述べ，続いて「国歌斉唱」と言ったが，Xはピアノの椅子に座ったま

までであった。校長は，Xがピアノを弾き始める様子がなかったことから，約5ないし10秒間待った後，あらかじめ用意しておいた「君が代」の録音テープにより伴奏を行うよう指示し，これによって国歌斉唱が行われた。東京都教育委員会（Y）は，Xに対し，同年6月11日付で，Xが本件職務命令に従わなかったことが地方公務員法32条および33条に違反するとして，地方公務員法29条1項1号ないし3号に基づき，戒告処分をした。これに対し，Xは，本件職務命令が思想・良心の自由を保障した憲法19条に違反すること等から同処分は違法であると主張して，Yにその取消しを求めた。第1審（東京地判平15・12・3判時1845号135頁）は，本件職務命令がXの思想・良心の自由を制約するものであってもXにおいて受忍すべきものであり，憲法19条に違反するとまではいえないと判示した。控訴審（東京高判平16・7・7判自290号86頁）もXの請求を棄却した。

判　旨　棄却　**1本件職務命令が直ちにXの歴史観・世界観それ自体を否定するものとはいえない**　「Xは，『君が代』が過去の日本のアジア侵略と結び付いており，これを公然と歌ったり，伴奏することはできない，また，子どもに『君が代』がアジア侵略で果たしてきた役割等の正確な歴史的事実を教えず，子どもの思想及び良心の自由を実質的に保障する措置を執らないまま『君が代』を歌わせるという人権侵害に加担することはできないなどの思想及び良心を有すると主張するところ，このような考えは，『君が代』が過去の我が国において果たした役割に係わるX自身の歴史観ないし世界観及びこれに由来する社会生活上の信念等ということができる。しかしながら，学校の儀式的行事において『君が代』のピアノ伴奏をすべきでないとして本件入学式の国歌斉唱の際のピアノ伴奏を拒否することは，Xにとっては，上記の歴史観ないし世界観に基づく一つの選択ではあろうが，一般的には，これと不可分に結び付くものということはできず，Xに対して本件入学式の国歌斉唱の際にピアノ伴奏を求めることを内容とする本件職務命令が，直ちにXの有する上記の歴史観ないし世界観それ自体を否定するものと認めることはできないというべきである。」　**2「君が代」のピアノ伴奏行為は特定の思想の表明行為ではない**　「本件職務命令当時，公立小学校における入学式や卒業式において，国歌斉唱として『君が代』が斉唱されることが広く行われていたことは周知の事実であり，客観的に見て，入学式の国歌斉唱の際に『君が代』のピアノ伴奏をするという行為自体は，音楽専科の教諭等にとって通常想定され期待されるものであって，上記伴奏を行う教諭等が特定の思想を有するということを外部に表明する行為であると評価することは困難なものであり，特に，職務上の命令に従ってこのような行為が行われる場合には，上記のように評価することは一層困難であるといわざるを得ない。」「本件職務命令は，上記のように，公立小学校における儀式的行事において広く行われ，A小学校でも従前から入学式等において行われていた国歌斉唱に際し，音楽専科の教諭にそのピアノ伴奏を命ずるものであって，Xに対して，特定の思想を持つことを強制したり，あるいはこれを禁止したりするものではなく，特定の思想の有無について告白することを強要するものでもなく，児童に対して一方的な思想や理念を教え込むことを強制するものとみることもできない。」 **③Xは法令等や職務上の命令に従うべき立場にある** 「憲法15条2項は，『すべて公務員は，全体の奉仕者であって，一部の奉仕者ではない。』と定めており，地方公務員も，地方公共団体の住民全体の奉仕者としての地位を有するものである。こうした地位の特殊性及び職務の公共性にかんがみ，地方公務員法30条は，地方公務員は，全体の奉仕者として公共の利益のために勤務し，かつ，職務の遂行に当たっては全力を挙げてこれに専念しなければならない旨規定し，同法32条は，上記の地方公務員がその職務を遂行するに当たって，法令等に従い，かつ，上司の職務上の命令に忠実に従わなければならない旨規定するところ，Xは，A小学校の音楽専科の教諭であって，法令等や職務上の命令に従わなければならない立場にあり，校長から同校の学校行事である入学式に関して本件職務命令を受けたものである。そして，学校教育法18条2号は，小学校教育の目標として『郷土及び国家の現状と伝統について，正しい理解に導き，進んで国際協調の精神を養うこと。』を規定し，学校教育法（平成11年法律第87号による改正前のもの）20条，学校教育法施行規則（平成12年文部省令第53号による改正前のもの）25条に基づいて定められた小学校学習指導要領（平成元年文部省告示第24号）第4章第2 D(1)は，学校行事のうち儀式的行事について，『学校生活に有意義な変化や折り目を付け，厳粛で清新な気分を味わい，新しい生活の展開への動機付けとなるような活動を行うこと。』と定めるところ，同章第3の3は，『入学式や卒業式などにおいては，その意義を踏まえ，国旗を掲揚するとともに，国歌を斉唱するよう指導するものとする。』と定めている。入学式等において音楽専科の教諭によるピアノ伴奏で国歌斉唱を行うことは，これらの規定の趣旨にかなうものであり，A小学校では従来から入学式等において音楽専科の教諭によるピアノ伴奏で『君が代』の斉唱が行われてきたことに照らしても，本件職務命令は，その目的及び内容において不合理であるということはできないというべきである。」 **④本件職務命令は憲法19条に違反しない** 「以上の諸点にかんがみると，本件職務命令は，Xの思想及び良心の自由を侵すものとして憲法19条に反するとはいえないと解するのが相当である。」「以上は，当裁判所大法廷判決（最大判昭31・7・4民集10巻7号785頁，最大判昭49・11・6刑集28巻9号393頁，最大判昭51・5・21刑集30巻5号615頁及び最大判昭51・5・21刑集30巻5号1178頁）の趣旨に徴して明らかである。」

補足意見　**那須弘平裁判官**「本件職務命令は，Ｘに対し……心理的な矛盾・葛藤を生じさせる点で，同人が有する思想及び良心の自由との間に一定の緊張関係を惹起させ，ひいては思想及び良心の自由に対する制約の問題を生じさせる可能性がある。したがって，本件職務命令と『思想及び良心』との関係を論じるについては，Ｘが上記のような心理的矛盾・葛藤や精神的苦痛にさいなまれる事態が生じる可能性があることを前提として，これをなぜ甘受しなければならないのかということについて敷えんして述べる必要があると考える。」「Ａ小学校において，入学式における国歌斉唱を行うことが組織として決定された後は，上記のような思想・良心を有するＸもこれに協力する義務を負うに至ったというべきであり，本件職務命令はこの義務を更に明確に表明した措置であって，これを違憲，違法とする理由は見いだし難い。」

反対意見　**藤田宙靖裁判官**「本件における真の問題は，校長の職務命令によってピアノの伴奏を命じることが，Ｘに『「君が代」に対する否定的評価』それ自体を禁じたり，あるいは一定の『歴史観ないし世界観』の有無についての告白を強要することになるかどうかというところにあるのではなく……，むしろ，入学式においてピアノ伴奏をすることは，自らの信条に照らしＸにとって極めて苦痛なことであり，それにもかかわらずこれを強制することが許されるかどうかという点にこそあるように思われる。……本件において問題とされるべきＸの『思想及び良心』としては，……『「君が代」の斉唱をめぐり，学校の入学式のような公的儀式の場で，公的機関が，参加者にその意思に反してでも一律に行動すべく強制することに対する否定的評価（従って，また，このような行動に自分は参加してはならないという信念ないし信条）』といった側面が含まれている可能性があるのであり，また，後者の側面こそが，本件では重要なのではないかと考える。」「このような信念ないし信条がそれ自体として憲法による保護を受けるものとはいえないのか，すなわち，そのような信念・信条に反する行為……を強制することが憲法違反とならないかどうかは，……改めて検討する必要がある……。」「公的儀式においてその斉唱を強制すること……自体に対して強く反対するという考え方……は，それ自体，上記の歴史観ないし世界観とは理論的には一応区別された一つの信念・信条であるということができ，このような信念・信条を抱く者に対して公的儀式における斉唱への協力を強制することが，当人の信念・信条そのものに対する直接的抑圧となることは，明白であるといわなければならない。」「本件のピアノ伴奏拒否が，Ｘの思想・良心の直接的な表現であるとして位置付けられるとしたとき，このような『違和感』が，これを制約するのに充分な公共の福祉ないし公共の利益であるといえるか否かにある……。」「本件において本来問題とされるべきＸの『思想及び良心』とは正確にどのような内容のものであるのかについて，更に詳細な検討を加える必要があり，また，そうして確定された内容の『思想及び良心』の自由とその制約要因としての公共の福祉ないし公共の利益との間での考量については，本件事案の内容に即した，より詳細かつ具体的な検討がなされるべきである。このような作業を行ない，その結果を踏まえてXに対する戒告処分の適法性につき改めて検討させるべく，原判決を破棄し，本件を原審に差し戻す必要があるものと考える。」

(評釈)　多田一路・法セ630号112，渡辺康行・ジュリ1337号32，小泉良幸・法セ634号50，森英明・ジュリ1344号83，安西文雄・判評586号170，渡辺康行・セレクト〈'07〉5，淺野博宣・重判〈平成19年度〉12，森英明・曹時61巻11号238，渡辺康行・論ジュリ1号108。

Ⅲ-4-4　国歌起立斉唱職務命令違反事件

最二判平23・5・30民集65巻4号1780頁，判時2123号3頁
（再雇用拒否処分取消等請求事件）

事　実　2004（平成16）年3月当時，都立高等学校の教諭であったXは，同月5日の卒業式における国歌斉唱の際に国旗に向かって起立し国歌を斉唱すること（起立斉唱行為）を命ずる旨の校長の職務命令に従わず，国歌斉唱の際に起立しなかったため，戒告処分を受けた（地公29条1項1～3号）。その後Xは，2007（平成19）年3月31日付で定年退職したが，これに先立ち申し込んだ非常勤の嘱託員及び常時勤務を要する職又は短時間勤務の職の採用選考において，東京都教育委員会（都教委）から，上記不起立行為が職務命令違反等に当たることを理由に不合格とされたため，上記職務命令は憲法19条に違反し，Xを不合格としたことは違法であるなどと主張して，東京都に対し，上記職務命令の取消しと国家賠償法1条1項に基づく損害賠償等を求めた。第1審（東京地判平21・1・19判時2056号148頁）は逸失利益相当額と弁護士費用の損害賠償請求の一部のみを認容したが，控訴審（東京高判平21・10・15判時2063号147頁）では原審判決のこの部分も取り消して請求を棄却したので，Xが上告した。

判　旨　**棄却**　**1原告の主張する良心の内容**　「Xは，卒業式における国歌斉唱の際の起立斉唱行為を拒否する理由について，日本の侵略戦争の歴史を学ぶ在日朝鮮人，在日中国人の生徒に対し，『日の丸』や『君が代』を卒業式に組み入れて強制することは，教師としての良心が許さないという考えを有している旨主張する。このような考えは，『日の丸』や『君が代』が戦前の軍国主義等との関係で一定の役割を果たしたとするX自身の歴史観ないし世界観から生ずる社会生活上ないし教育上の信念等ということができる。」「しかしながら，本件職務命令当時，公立高等学校における卒業式等の式典において……広く行われていた……国歌斉唱の際の起立斉唱行為は，一般的，客観的に見て，これらの式典における慣例上の儀礼的な所作としての性質を有するものであり，かつ，そのような所作として外部からも認識されるものというべきである。したがって，上記の起立斉唱行為は，その性質の点か

ら見て，Xの有する歴史観ないし世界観を否定することと不可分に結び付くものとはいえず，Xに対して上記の起立斉唱行為を求める本件職務命令は，上記の歴史観ないし世界観それ自体を否定するものということはできない。また，上記の起立斉唱行為は，その外部からの認識という点から見ても，特定の思想又はこれに反する思想の表明として外部から認識されるものと評価することは困難であり，職務上の命令に従ってこのような行為が行われる場合には，上記のように評価することは一層困難であるといえるのであって，本件職務命令は，特定の思想を持つことを強制したり，これに反する思想を持つことを禁止したりするものではなく，特定の思想の有無について告白することを強要するものということもできない。そうすると，本件職務命令は，これらの観点において，個人の思想及び良心の自由を直ちに制約するものと認めることはできないというべきである。」 **2敬意の表明としての起立斉唱行為** 「もっとも，上記の起立斉唱行為は，教員が日常担当する教科等や日常従事する事務の内容それ自体には含まれないものであって，一般的，客観的に見ても，国旗及び国歌に対する敬意の表明の要素を含む行為であるということができる。そうすると，自らの歴史観ないし世界観との関係で否定的な評価の対象となる『日の丸』や『君が代』に対して敬意を表明することには応じ難いと考える者が，これらに対する敬意の表明の要素を含む行為を求められることは，その行為が個人の歴史観ないし世界観に反する特定の思想の表明に係る行為そのものではないとはいえ，個人の歴史観ないし世界観に由来する行動（敬意の表明の拒否）と異なる外部的行為（敬意の表明の要素を含む行為）を求められることとなり，その限りにおいて，その者の思想及び良心の自由についての間接的な制約となる面があることは否定し難い。」「なお，Xは，個人の歴史観ないし世界観との関係に加えて，学校の卒業式のような式典において一律の行動を強制されるべきではないという信条それ自体との関係でも個人の思想及び良心の自由が侵される旨主張するが，そのような信条との関係における制約の有無が問題となり得るとしても，それは，上記のような外部的行為が求められる場面においては，個人の歴史観ないし世界観との関係における間接的な制約の有無に包摂される事柄というべきであって，これとは別途の検討を要するものとは解されない。」 **3思想・良心の間接的制約** 「そこで，このような間接的な制約について検討するに，個人の歴史観ないし世界観には多種多様なものがあり得るのであり，それが内心にとどまらず，それに由来する行動の実行又は拒否という外部的行動として現れ，当該外部的行動が社会一般の規範等と抵触する場面において制限を受けることがあるところ，その制限が必要かつ合理的なものである場合には，その制限を介して生ずる上記の間接的な制約も許容され得るものというべきである。そして，職務命令においてある行為を求められることが，個人の歴史観ないし世界観に由来する行動と異なる外部的行為を求められることとなり，その限りにおいて，当該職務命令が個人の思想及び良心の自由についての間接的な制約となる面があると判断される場合にも，職務命令の目的及び内容には種々のものが想定され，また，上記の制限を介して生ずる制約の態様等も，職務命令の対象となる行為の内容及び性質並びにこれが個人の内心に及ぼす影響その他の諸事情に応じて様々であるといえる。したがって，このような間接的な制約が許容されるか否かは，職務命令の目的及び内容並びに上記の制限を介して生ずる制約の態様等を総合的に較量して，当該職務命令に上記の制約を許容し得る程度の必要性及び合理性が認められるか否かという観点から判断するのが相当である。」 **4起立斉唱行為と間接的制約** 「これを本件についてみるに，本件職務命令に係る起立斉唱行為は，前記のとおり，Xの歴史観ないし世界観との関係で否定的な評価の対象となるものに対する敬意の表明の要素を含むものであることから，そのような敬意の表明には応じ難いと考えるXにとって，その歴史観ないし世界観に由来する行動（敬意の表明の拒否）と異なる外部的行為となるものである。この点に照らすと，本件職務命令は，一般的，客観的な見地からは式典における慣例上の儀礼的な所作とされる行為を求めるものであり，それが結果として上記の要素との関係においてその歴史観ないし世界観に由来する行動との相違を生じさせることとなるという点で，その限りでXの思想及び良心の自由についての間接的な制約となる面があるものということができる。」「他方，学校の卒業式や入学式等という教育上の特に重要な節目となる儀式的行事においては，生徒等への配慮を含め，教育上の行事にふさわしい秩序を確保して式典の円滑な進行を図ることが必要であるといえる。法令等においても，学校教育法は，高等学校教育の目標として国家の現状と伝統についての正しい理解と国際協調の精神の涵養を掲げ（同法42条1号，36条1号，18条2号〔現行法では51条1号，45条，30条，21条等に該当〕），……高等学校学習指導要領も，学校の儀式的行事の意義を踏まえて国旗国歌条項を定めているところであり，また，国旗及び国歌に関する法律は，従来の慣習を法文化して，国旗は日章旗（『日の丸』）とし，国歌は『君が代』とする旨を定めている。そして，住民全体の奉仕者として法令等及び上司の職務上の命令に従って職務を遂行すべきこととされる地方公務員の地位の性質及びその職務の公共性（憲法15条2項，地方公務員法30条，32条）に鑑み，公立高等学校の教諭であるXは，法令等及び職務上の命令に従わなければならない立場にあるところ，地方公務員法に基づき，高等学校学習指導要領に沿った式典の実施の指針を示した本件通達を踏まえて，その勤務する当該学校の校長から学校行事である卒業式に関して本件職務命令を受けたものである。これらの点に照らすと，本件職務命令は，公立高等学校の教諭であるXに対して当該学校の卒業式という式典における慣例上の儀礼的な所作として国歌斉唱の際の起立斉唱行為を求めることを内容とするものであって，高等学校教育の目標や卒業式等の儀式的行事の意義，在り方等を定めた関係法令等の諸規定の趣旨に沿い，かつ，地方公務員の地位の性質及びその職務の公共性を踏まえた上で，生徒等への配慮を含め，教育上の行事にふさわしい秩序の確保とともに当該式典の円滑な進行を図るものであるということができる。」「以上の諸事情を踏まえると，本件職務命令については，前記のように外部的行動の制限を介してXの思想及び良心の自由についての間接的な制約となる面はあるものの，職務命令の目的及び内容並びに上記の制限を介して生ずる制約の態様等を総合的に較量すれば，上記の制約を許容し得る程度の必要性及び合理性が認められるものというべきである。」 **5本件職務命令についての判断** 「以上の諸点に鑑みると，本件職務命令は，Xの思想及び良心の自由を侵すものとして憲法19条に違反するとはいえないと解するのが相当である。」「以上は，当裁判所大法廷判決（最大判昭31・7・4民集10巻7号785頁，最大判昭49・11・6刑集28巻9号393頁，最大判昭51・5・21刑集30巻5号615頁，最大判昭51・5・21刑集30巻5号1178頁）の趣旨に徴して明らかというべきである。」

補足意見　竹内行夫裁判官（略）　須藤正彦裁判官（略）　千葉勝美裁判官（略）

評釈　駒村圭吾・法セ680号84，山田隆司・法セ681号52，榎透・法セ681号128，金井光生・法教377号49，土本武司・判評636号158，戸波江二・重判〈平成23年度〉18，渡辺康行・論ジュリ1号108，花見忠・ジュリ1444号124，蟻川恒正・憲百Ⅰ 40，岩井伸晃＝菊池章・ジュリ1461号93，同・曹時66巻9号227。

コメント　本件と同様に都立高校の元教員らが退職後の再雇用不合格処分を争った損害賠償請求事案に対する同趣旨の判決として最一判平23・6・6民集65巻4号1855頁がある（これには宮川光治裁判官の反対意見がある）。また，東京都の公立中学校教諭らが職務命令違反として受けた戒告処分等の取消しと損害賠償を請求した事案に対する判決として最三判平23・6・14民集65巻4号2148頁（これには田原睦夫裁判官の反対意見がある），さらに，広島県立高校の教職員らが戒告処分の取消しを求めた事案に対する判決として最三判平23・6・21判時2123号35頁（これにも田原睦夫裁判官の反対意見がある）がある。また，卒業式等における国歌の起立斉唱またはピアノ伴奏を命ずる職務命令に従わなかった都立高校等の教職員らに対する懲戒処分の取消しと損害賠償等を請求した事案について，当該職務命令自体は合憲とした上で，過去に処分歴のない者に対する戒告処分は違法でないとしつつ，過去に１回の処分歴のある者に対する減給処分は違法であるとし（最一判平 24・１・16 判時 2147 号 127 頁），東京都公立中学校または養護学校の教員らに対する同種処分に関する事例につき，一部の者に対する停職処分を違法としつつ，他の一部の者に対する停職処分は違法でないとした判決がある（最一判平 24・１・16 判時 2147 号 139 頁）。なお，Ⅲ-4-57 も参照。

(2) 信教の自由

Ⅲ-4-5 加持祈祷事件

最大判昭 38・５・15 刑集 17 巻 4 号 302 頁，判時 335 号 11 頁
（傷害致死被告事件）

事 実 Ｙは，1958（昭和 33）年 10 月，Ａの精神障害平癒を祈願するため，線香護摩による加持祈祷を行ったが，祈祷を開始して４時間後Ａは急性心臓麻痺で死亡した。第１審（大阪地判昭 35・５・７刑集 17 巻 4 号 328 頁）は，Ｙの加持祈祷行為は医療上一般に承認された精神障害者に対する治療行為とは到底認めえず，刑法 205 条の傷害致死罪に該当するとして有罪の判決を下し，第２審（大阪高判昭 35・12・22 刑集 17 巻 4 号 333 頁）もそれを支持した。そこでＹは，憲法 20 条１項違反を主張して上告した。

判 旨 **棄却** **信教の自由と公共の福祉** 「およそ基本的人権は，国民はこれを濫用してはならないのであって，常に公共の福祉のためにこれを利用する責任を負うべきことは憲法第 12 条の定めるところであり，また同 13 条は，基本的人権は，公共の福祉に反しない限り立法その他の国政の上で，最大の尊重を必要とする旨を定めており，これら憲法の規定は，決して所論のような教訓的規定というべきものではなく，従って，信教の保障も絶対無制限のものではない。」「Ｙの本件行為は，所論のように一種の宗教行為としてなされたものであったとしても，それが前記各判決の認定したような他人の生命，身体等に危害を及ぼす違法な有形力の行使に当るものであり，これにより被害者を死に致したものである以上，Ｙの右行為が著しく反社会的なものであることは否定し得ないところであって，憲法 20 条１項の信教の自由の保障の限界を逸脱したものというほかはなく，これを刑法 205 条に該当するものとして処罰したことは，何ら憲法の右条項に反するものではない。」

（評釈） 安念潤司・法教 209 号 49，清水望・宗教百選１，玉蟲由樹・憲百Ⅰ 41。

Ⅲ-4-6　牧会活動事件

神戸簡判昭50・2・20刑月7巻2号104頁，判時768号3頁
（犯人蔵匿被告事件）

事　実　日本キリスト教団尼崎教会牧師Yは，1970（昭和45）年10月，A高校生徒2名を，A高校において発生した建造物侵入，兇器準備集合等の事件の犯人として警察署が捜査中であることを知りながら，約1週間にわたり同教会教育館に宿泊させたため，犯人蔵匿罪に該当するとして起訴された。

判　旨　**無罪**〔確定〕　**1牧会活動と公共の福祉**　「牧会活動は，形式的には宗教の職にある牧師の職の内容をなすものであり，実質的には日本国憲法20条の信教の自由のうち礼拝の自由にいう礼拝の一内容（即ちキリスト教における福音的信仰の一部）をなすものであるから，それは宗教行為としてその自由は日本国憲法の右条項によって保障され，すべての国政において最大に尊重されなければならないものである。尤も，内面的な信仰と異なり，外面的行為である牧会活動が，その違いの故に公共の福祉による制約を受ける場合のあることはいうまでもないが，その制約が，結果的に行為の実体である内面的信仰の自由を事実上侵すおそれが多分にあるので，その制約をする場合は最大限に慎重な配慮を必要とする。」「確かに，形式上刑罰法規に触れる行為は，一応反社会的なもので公共の福祉に反し違法であるとの推定を受けるであろうが，その行為が宗教行為でありかつ公共の福祉に奉仕する牧会活動であるとき，同じく公共の福祉を窮極の目標としながらも，直接には国家自身の法益の保護（本件の刑法103条の保護法益は正にこれに当る。）を目的とする刑罰法規との間において，その行為が後者に触れるとき，公共の福祉的価値において，常に後者が前者に優越し，その行為は公共の福祉に反する（従ってその自由も制約を受け，引いては違法性を帯びる）ものと解するのは，余りに観念的かつ性急に過ぎる論であって採ることができない。」　**2本件所為についての判断**　「これを本件についてみると，17歳前後のA，Bの2少年が……Yに何らかの救済を求めた……のに対し，Yは牧師としてこれに対処し，彼等が右犯罪行為（窃盗罪該当の事実を除く）をなした者であるとの認識を有したものの，彼等の人間としての救済に魂を凝結し，彼等の将来に思いをめぐらして，何よりも先ず彼等の不安定な心を静め，自己に対する反省と肉体的労働を通じて健全な人間性を取り戻させ，爾後自己の責任において対処せしめるのを最良の道と考え，そのためには彼等が手の届かない所へ逃亡することと他の過激なグループと接触することを予防しながら，労働せしめかつ礼拝への参加，教義の伝道等を通じて地道な自己省察をなさしめるため……その処置

を採ったものであり，その結果両少年は８日後には心の落着きを取戻し，自己の行為を反省して自主的に所轄警察署に出頭したものであった。」「従って，それは専らＹを頼って来た両少年の魂への配慮に出た行為というべく，Ｙの採った右牧会活動は目的において相当な範囲にとどまったものである。」「Ｙの本件所為を判断するとき，それは全体として法秩序の理念に反するところがなく，正当な業務行為として罪とならないものということができる。」

（評釈）　久保田きぬ子・重判〈昭和50年度〉12，前田光夫・宗教百選７，安念潤司・法教209号49，矢島基美・憲百Ⅰ43。

Ⅲ-4-7　自衛官合祀訴訟

最大判昭63・６・１民集42巻５号277頁，判時1277号34頁
（自衛官らによる合祀手続の取消等請求事件）

事　実　キリスト教の信仰者であるＸは，自衛隊員の夫Ａが1968（昭和43）年１月12日公務従事中の事故により死亡したため，自衛隊およびＡの父親による仏式の葬儀にそれぞれ参列した後，教会の納骨堂にＡの遺骨を納め，以来キリスト教の信仰の下に生活していた。ところが，隊友会山口県支部連合会Y_1は，Ａを含む殉職自衛隊員の合祀申請を要望し，Y_1と関係のある自衛隊山口地方連絡部職員〔以下，地連職員〕の支援を得て，1972（昭和47）年，山口県護国神社にその申請を行うに至った。これを知ったＸは，その合祀を断る旨を申し出たが，その申請は撤回されることなく，祭祀は斎行された。そこで，Ｘは，Y_1と国Y_2とを相手どり，政教分離原則違反，Ａの人格権侵害などを理由に，Y_1，Y_2に対してはＸの被った精神的損害の賠償を，Y_1に対しては合祀申請手続の取消しを求めて訴えを起こした。

第１審（山口地判昭54・３・22判時921号44頁）は，Y_1に対する請求を棄却したが，Y_1，Y_2に対する損害賠償請求を認容したため，Y_1，Y_2が控訴したところ，第２審（広島高判昭57・６・１判時1046号３頁）も第１審判決をほぼそのまま認容したので，国側が上告した。

判　旨　**破棄自判**　**1本件合祀申請の共同行為性**　「〔当法廷の認めた〕事実からすれば，Ａを含む殉職自衛隊員27名の県護国神社による合祀は，基本的には遺族の要望を受けた県隊友会がその実現に向けて同神社と折衝を重ねるなどの努力をし，同神社が殉職自衛隊員を合祀する方針を決定した結果実現したものである。してみれば，県隊友会において地連職員の事務的な協力に負うところがあるにしても，県隊友会の単独名義でされた本件合祀申請は，実質的にも県隊友会単独の行為であったものというべく，これを地連職員と県隊友会の共同の行為とし，地連職員も本件合祀申請をしたものと評価することはできないものといわなければならない。」　**2地連職員の**

行為と憲法 20 条 3 項　「右条項にいう宗教的活動とは，宗教とかかわり合いをもつすべての行為を指すものではなく，当該行為の目的が宗教的意義をもち，その効果が宗教に対する援助，助長，促進又は圧迫，干渉等になるような行為をいい，ある行為が宗教的活動に該当するかどうかを検討するに当たっては，当該行為の行われる場所，当該行為に対する一般人の宗教的評価，当該行為者が当該行為を行うについての意図，目的及び宗教的意識の有無，程度，当該行為の一般人に与える効果，影響等，諸般の事情を考慮し，社会通念に従って，客観的に判断しなければならないものである（最大判昭 52・7・13 民集 31 巻 4 号 533 頁)。」「本件合祀申請という行為は，殉職自衛隊員の氏名とその殉職の事実を県護国神社に対し明らかにし，合祀の希望を表明したものであって，宗教とかかわり合いをもつ行為であるが，合祀の前提としての法的意味をもつものではない。そして，本件合祀申請に至る過程において県隊友会に協力してした地連職員の具体的行為は前記のとおりであるところ，その宗教とのかかわり合いは間接的であり，その意図，目的も，合祀実現により自衛隊員の社会的地位の向上と士気の高揚を図ることにあったと推認されることは前記のとおりであるから，どちらかといえばその宗教的意識も希薄であったといわなければならないのみならず，その行為の態様からして，国又はその機関として特定の宗教への関心を呼び起こし，あるいはこれを援助，助長，促進し，又は他の宗教に圧迫，干渉を加えるような効果をもつものと一般人から評価される行為とは認め難い。したがって，地連職員の行為が宗教とかかわり合いをもつものであることは否定できないが，これをもって宗教的活動とまではいうことはできないものといわなければならない。」「なお，憲法 20 条 3 項の政教分離規定は，いわゆる制度的保障の規定であって，私人に対して信教の自由そのものを直接保障するものではなく，国及びその機関が行うことのできない行為の範囲を定めて国家と宗教との分離を制度として保障することにより，間接的に信教の自由を確保しようとするものである（前記最高裁大法廷判決)。したがって，この規定に違反する国又はその機関の宗教的活動も，それが同条 1 項前段に違反して私人の信教の自由を制限し，あるいは同条 2 項に違反して私人に対し宗教上の行為等への参加を強制するなど，憲法が保障している信教の自由を直接侵害するに至らない限り，私人に対する関係で当然には違法と評価されるものではない。」　**③Xの法的利益の侵害の有無**　「合祀は神社の自主的な判断に基づいて決められる事柄で，本件合祀申請は合祀の前提としての法的意味をもつものではないことは前記のとおりであるから，合祀申請が神社のする合祀に対して事実上の強制とみられる何らかの影響力を有したとすべき特段の事情の存しない限り，法的利益の侵害の成否に関して，合祀申請の事実を合祀と併せ一体として評価すべきものではないというべきである。そうであってみれば，本件合祀申請が右のような影響力を有したとすべき特段の事情の主張・立証のない本件においては，法的利益の侵害の成否は，合祀それ自体が法的利益を侵害したか否かを検討すれば足りるものといわなければならない。また，合祀それ自体は県護国神社によってされているのであるから，法的利益の侵害の成否は，同神社とXの間の私法上の関係として検討すべきこととなる。」「私人相互間において憲法20条1項前段及び同条2項によって保障される信教の自由の侵害があり，その態様，程度が社会的に許容し得る限度を超えるときは，場合によっては，私的自治に対する一般的制限規定である民法1条，90条や不法行為に関する諸規定等の適切な運用によって，法的保護が図られるべきである（最大判昭48・12・12民集27巻11号1536頁参照）。しかし，人が自己の信仰生活の静謐を他者の宗教上の行為によって害されたとし，そのことに不快の感情を持ち，そのようなことがないよう望むことのあるのは，その心情として当然であるとしても，かかる宗教上の感情を被侵害利益として，直ちに損害賠償を請求し，又は差止めを請求するなどの法的救済を求めることができるとするならば，かえって相手方の信教の自由を妨げる結果となるに至ることは，見易いところである。信教の自由の保障は，何人も自己の信仰と相容れない信仰をもつ者の信仰に基づく行為に対して，それが強制や不利益の付与を伴うことにより自己の信教の自由を妨害するものでない限り寛容であることを要請しているものというべきである。このことは死去した配偶者の追慕，慰霊等に関する場合においても同様である。何人かをその信仰の対象とし，あるいは自己の信仰する宗教により何人かを追慕し，その魂の安らぎを求めるなどの宗教的行為をする自由は，誰にでも保障されているからである。原審が宗教上の人格権であるとする静謐な宗教的環境の下で信仰生活を送るべき利益なるものは，これを直ちに法的利益として認めることができない性質のものである。」

補足意見　**長島敦裁判官　1信教の自由と宗教的寛容**　「本件合祀行為に関して，……〔県護国〕神社がXに対し同神社の行う宗教上の行為，儀式又は行事に参加するよう強制し，あるいはXの信仰又はそれに基づく行為に対し，制限又は禁止，圧迫又は干渉が加えられたと評価する余地は全くなく，本件合祀行為によりXの法的利益は，何ら侵害されていないというべきである。」「私も，Xの意に反して本件合祀行為がされ，静謐な宗教的環境の下で自己の信仰に従い亡夫を追慕し，その魂の安らぎを求めつつ信仰生活を送るという利益を害されたとするXの心情は，これを理解するにやぶさかではないが，前記のとおり，信教の自由を真に保障するためには，すべての人がその信仰いかんにかかわらず，他者の宗教上の行為を受忍すべきことが要請されていることに想いをいたすと，Xのいう心の静謐を法的に保護された利益として認めるわけにはいかないのである。」 2地連職員の行為と宗教的活動 「本件において地連職員に憲法20条3項にいう宗教的活動と評価し得る行為があったか否かは，その行った具体的行為について検討するほかないところ，その具体的行為をみると，それは宗教上の式典，儀式，行事又は布教，教化宣伝活動のように，それ自体独立して宗教的意義を目的とする行為ではないことはもとより，県護国神社のした本件合祀行為とのかかわり合いも間接的，二次的なものにすぎず，その意識も自衛隊員の社会的地位の向上と士気の高揚という世俗的なもので，宗教的意識は希薄と認められ，その行為の態様からしても，国又はその機関として特定の宗教への関心を呼び起こし，あるいはこれを援助，助長，促進し，又は他の宗教に圧迫，干渉を加えるような効果をもつものと一般人から評価される行為とは認め難く，憲法20条3項にいう宗教的活動に当たらないことは，多数意見の説示するとおりなのである。」「……しかしながら，憲法がその20条3項に政教分離規定を設けた趣旨にかんがみるときは，本件合祀申請に至る過程における地連職員の行為の中には，より慎重であることが望ましかったものがあり，特に本件合祀行為が終了した後のある地連職員の言動の中には，行き過ぎの感を免れず，公務員としては自粛が求められるもののあることは，裁判官高島益郎，同四ツ谷巖，同奥野久之の補足意見のとおりであ〔る〕。」 **高島益郎・四ツ谷巖・奥野久之裁判官** 「本件合祀申請に至る過程において県隊友会に協力していた地連職員の行為は，その職務である遺族援護業務の一環としてされたものであって，その意図には諒とすべきものがないではないが，たとえ間接的であるとはいえ宗教とかかわり合いをもつものであり，しかも専ら世俗的な目的をもった習俗的宗教行事にかかる行為や社会的儀礼にかかる行為とも認め難いものであるから，より慎重であることが望ましかったといわなければならない。……地連のある職員〔による言動は〕……いずれも合祀がされて2か月余ないし3か月余を経た後の言動であって，Xが本訴請求原因として主張する侵害行為とは直接関係のないものではあるが，宗教的中立性に疑惑を招きかねない言動であって，行き過ぎの感を免れず，公務員としては自粛が求められるところといわなければならない。」

意　見

島谷六郎・佐藤哲郎裁判官 「本件合祀申請に至る一連の行為，すなわち殉職自衛隊員の合祀を求めての県護国神社に対する働き掛けを全体としてみれば，それは地連職員と県隊友会の共同の行為と評価すべきであって，これを是認した原審の判断は正当であり，地連職員は県隊友会のする合祀申請に事務的に協力したにすぎないとし，本件合祀申請が県隊友会の単独名義でされていることから，共同の行為でないとする多数意見は，余りにも形式論にすぎるといわなければならない。……合祀それ自体は県護国神社のした行為ではあるが，原判決判示の合祀に至る経緯に照らせば，地連職員及び県隊友会も同神社と意を通じ，共同してこの合祀を実現したとみることができるのであって，このように県護国神社及び県隊友会と共同して合祀を実現した地連職員の行為は，まさしく宗教的活動そのものであるといわなければならない。」「しかしながら，憲法20条3項の政教分離規定に違反する国又はその機関の宗教的活動も，それが私人の権利又は法的利益を侵害するに至らない限り，私人に対する関係では当然には違法と評価されるものでないことは，多数意見の説示するとおりであるし，本訴においてXが宗教上の人格権又は宗教上のプライバシーとして主張するところのものは，これを法的利益として認めることができないとする点についても，我々は多数意見と意見を同じくする。」**坂上壽夫裁判官**「人は，死去した近親者に関して，他者により自己の意思に反する宗教的方法で追慕，慰霊等が行われ，その結果，自己の心の静謐が害された場合には，その宗教上の人格権に基づき，法的救済を求めることができるというべきである。……これを本件についてみるに，県護国神社によるAの合祀は，信教の自由により保障されているところとして同神社が自由になし得ることは，多数意見のいうとおりである。しかし，それがAの配偶者であるXの意思に反したものであり，Xがそれにより不快の感情をもち，その信仰に関する心の静謐を害された以上，Xは法的利益を侵害されたものといわなければならない。」「もっとも，……ある近親者によって行われ，又はその意思に沿って行われた追慕，慰霊等の方法が他の近親者にとってはその意思に反するものであっても，それに対しては寛容が要請されなければならず，その者の心の静謐を優先して保護すべき特段の事情のない限り，その人格権の侵害は，受忍すべき限度内のものとして，その違法性が否定されるべきである。」「また，Xが侵害行為であると主張する本件合祀申請は，県隊友会の行為であって，これを地連職員と県隊友会の共同の行為と評価することはできず，地連職員は県隊友会のした右申請に協力したものと評価すべきこと及び本件合祀申請に至る過程において県隊友会に協力してした地連職員の行為は，これを憲法20条3項にいう宗教的活動とまでいうことができないことは，多数意見の説示するとおりである。」「なお，Aの合祀後における地連職員の言動には，行き過ぎの感を免れないものがあり，公務員として自粛が求められるところがあることについては，裁判官高島益郎，同四ツ谷巖，同奥野久之の補足意見のとおりであ〔る〕……。」

反対意見

伊藤正己裁判官　**1本件の問題点**「本件は，国の行為によって精神的苦痛を受けたとしてXの提起する不法行為に基づく損害賠償請求訴訟であり，のちにみるように信教の自由，政教分離の原則のごとき憲法上の論点を含むものではあるが，その争点は，不法行為責任の有無であり，結局，被侵害利益と侵害行為の態様との相関関係において考察する必要のある問題であるといわねばならない。」「本件において，Xは，自己の信ずる宗教上の活動を阻害されたり，県護国神社への参拝を強制されたりしたことはないのであるから，信教の自由そのものへの侵害は認めることができないのである。そこで，問題は，信教の自由とかかわりをもつとはいえ，信教の自由そのものではない，原判示の『静謐な環境のもとで信仰生活を送る利益』が被侵害利益となりうるかどうかということになる。」「Xがキリスト教信仰によって亡夫Aを宗教的に取り扱おうとしているのに，合祀の結果その意に反して神社神道の祭神として祀られ，鎮座祭への参拝を希望され，事実に反してXの篤志により神楽料が奉納されたとして通知を受け，永代にわたって命日祭を斎行されるというのは，まさに宗教上の心の静穏を乱されるものであり，法的利益の侵害があったものといわねばならず，県護国神社への合祀は，Xに対し，せいぜい不快の感情を与えるものにとどまるもので法的な利益の侵害があったとは認められないとするのは適切でない。」 **2本件侵害行為のとらえ方** 「本件における宗教的な心の静穏が人格権として成熟したものといえるかどうかは別として，人格権の場合におけると同様に，一連の行為を侵害行為としてとらえて，その態様を考察すべきである。」 **3加害行為と損害発生との間の因果関係** 「本件合祀申請と本件合祀とは密接不可分の関係にあるものというべきであり，合祀に至る全体の経過をみるとき，一連の働き掛けがあって初めて合祀が実現したものであって，本件合祀申請と本件合祀との間に因果関係の存在を認めて差し支えはないと考える。」 **4本件合祀申請行為の共同行為性** 「本件合祀申請行為は，原判決のいうように，県隊友会と地連職員とが相謀り共同して行ったものとみるのが相当である。県隊友会は地連職員の関与する前に殉職自衛隊員の合祀実現を企図していたものであり，地連職員が後からこれに加わったことになるが，このことは，本件合祀申請行為をもって両者の共同の行為であるとすることの妨げになるものではない。」 **5地連職員の行為と憲法20条3項** 「地連職員の行為は憲法20条3項にいう宗教的活動に当たるものというべきである。右に述べたとおりであるとすると，Xの被侵害利益は法的保護に値する利益としていまだ十分強固なものとはいえないけれども，これを侵害した地連職員の行為は許容されない態様のものであり，また，Xが受忍すべきいわれはないというべきであるから，地連職員の行為はXに対する関係でも違法なものといわなければならない。」

（評釈）［本判決の特集］ジュリ916号，法教95号，法律のひろば41巻4号。横田耕一・法セ404号14，森英樹・法セ405号116，平野武・民商99巻6号109，戸松秀典・判評362号27，栗城壽夫・重判〈昭和63年度〉21，瀬戸正義・曹時42巻2号376，笹川紀勝・宗教百選2，横田耕一・宗教百選17，野坂泰司・基本判例70，安念潤司・法教208号57，河上正二・法セ588号72，河上正二・法セ589号66，大村敦志・法教358号128，赤坂正浩・憲百Ⅰ47。

Ⅲ-4-8　オウム真理教解散命令事件

最一決平8・1・30民集50巻1号199頁，判時1555号3頁
（宗教法人解散命令に対する抗告棄却決定に対する特別抗告事件）

事　実　検察官と東京都知事は，宗教法人オウム真理教の代表役員およびその指示を受けた幹部らが，1993（平成5）年11月頃から1994（平成6）年12月下旬頃，毒ガスであるサリンの生成を企てた行為について，それが殺人予備行為に相当し，宗教法人法81条1項1号の「法令に違反して，著しく公共の福祉を害すると明らかに認められる行為をしたこと」および同2号前段の「第2条に規定する宗教団体の目的を著しく逸脱した行為をしたこと」に該当するとして，オウム真理教の解散命令を東京地裁に請求した。これに対し，同裁判所は，

「オウム真理教を解散する」旨の決定をした（東京地決平7・10・30判時1544号43頁）。そこで，教団の代表役員および幹部らは，東京高裁に抗告したところ，抗告棄却の決定を受けた（東京高決平7・12・19判時1548号26頁）ので，事実関係を争うとともに，解散命令は関係のない多数の信者の信仰の自由を奪うもので憲法20条に違反するなどと主張して特別抗告をした。

決定要旨　**棄却**　**1解散命令と信者の宗教行為の制約**　「解散命令によって宗教法人が解散しても，信者は，法人格を有しない宗教団体を存続させ，あるいは，これを新たに結成することが妨げられるわけではなく，また，宗教上の行為を行い，その用に供する施設や物品を新たに調えることが妨げられるわけでもない。すなわち，解散命令は，信者の宗教上の行為を禁止したり制限したりする法的効果を一切伴わないのである。もっとも，宗教法人の解散命令が確定したときはその清算手続が行われ（法49条2項，51条），その結果，宗教法人に帰属する財産で礼拝施設その他の宗教上の行為の用に供していたものも処分されることになるから（法50条参照），これらの財産を用いて信者らが行っていた宗教上の行為を継続するのに何らかの支障を生ずることがあり得る。このように，宗教法人に関する法的規制が，信者の宗教上の行為を法的に制約する効果を伴わないとしても，これに何らかの支障を生じさせることがあるとするならば，憲法の保障する精神的自由の一つとしての信教の自由の重要性に思いを致し，憲法がそのような規制を許容するものであるかどうかを慎重に吟味しなければならない。」　**2解散命令は必要やむを得ない法的措置**　「法81条に規定する宗教法人の解散命令の制度は，……専ら宗教法人の世俗的側面を対象とし，かつ，専ら世俗的目的によるものであって，宗教団体や信者の精神的・宗教的側面に容かいする意図によるものではなく，その制度の目的も合理的であるということができる。そして，原審が確定したところによれば，抗告人の代表役員であった松本智津夫及びその指示を受けた抗告人の多数の幹部は，大量殺人を目的として毒ガスであるサリンを大量に生成することを計画した上，多数の信者を動員し，抗告人の物的施設を利用し，抗告人の資金を投入して，計画的，組織的にサリンを生成したというのであるから，抗告人が，法令に違反して，著しく公共の福祉を害すると明らかに認められ，宗教団体の目的を著しく逸脱した行為をしたことが明らかである。抗告人の右のような行為に対処するには，抗告人を解散し，その法人格を失わせることが必要かつ適切であり，他方，解散命令によって宗教団体であるオウム真理教やその信者らが行う宗教上の行為に何らかの支障を生ずることが避けられないとしても，その支障は，解散命令に伴う間接的で事実上のものであるにとどまる。したがって，本件解散命令は，宗教団体であるオウム真理教やその信者らの精神的・宗教的側面に及ぼす影響を考慮しても，抗告人の行為に対処するのに必要でやむを得ない法的規制であるということができる。また，本件解散命令は，法81条の規定に基づき，裁判所の司法審査によって発せられたものであるから，その手続の適正も担保されている。」 **3本件解散命令は合憲**「宗教上の行為の自由は，もとより最大限に尊重すべきものであるが，絶対無制限のものではなく，以上の諸点にかんがみれば，本件解散命令及びこれに対する即時抗告を棄却した原決定は，憲法20条1項に違背するものではないというべきであり，このように解すべきことは，当裁判所の判例（最大判昭38・5・15刑集17巻4号302頁）の趣旨に徴して明らかである。論旨は採用することができない。」

（評釈） 近藤崇晴・ジュリ1088号82，笹田栄司・重判〈平成7年度〉14，笹川紀勝・法教188号74，近藤崇晴・曹時48巻8号138，日笠完治・セレクト〈'96〉12，平野武・民商115巻6号155，光信一宏・憲百Ⅰ 42。

（コメント） さらに，無差別大量殺人行為を行った団体の規制に関する法律に定める観察処分が合憲であり，当該観察処分は適法だと判示した東京地判平13・6・13判時1755号3頁および詐欺行為を理由とする宗教法人明覚寺の解散命令請求事件に関する和歌山地判平14・1・24訟月48巻9号2154頁も参照せよ。

Ⅲ-4-9 神戸高専剣道実技履修拒否事件

最二判平8・3・8民集50巻3号469頁，判時1564号3頁
（進級拒否処分取消，退学命令処分等取消請求事件）

事　実 「エホバの証人」の信者である原告Xは，1990（平成2）年に神戸市立工業高等専門学校（神戸高専）に入学した学生であるが，体育科目の履修において，信仰上の理由から格技である剣道実技に参加することを拒否した。このためXは，必修である体育科目の修得認定を受けることができず，2年連続して原級留置（進級拒否）の処分を受け，さらに，これを理由に学校規則および退学に関する内規に従い，退学事由である「学力劣等で成業の見込みがないと認められる者」に該当するとして退学処分を受けた。そこでXは，信教上の信条から剣道実技に参加しない者にその履修を強制し，それを履修しなかった者に代替措置をとることなく原級留置・退学の処分をしたことは，憲法20条の信教の自由や憲法26条の教育を受ける権利を侵害するものであり，教育基本法（平成18年改正前）3条，9条1項，憲法14条等にも違反すると主張して，原級留置および退学の各処分の取消しを求める本案訴訟を提起するとともに，各処分の執行停止の申立てをした。各処分の執行停止の申立てはいずれも認められず，各本案訴訟の第1審（神戸地判平5・2・22判時1524号20頁）では，いずれもXの請求が棄却された。しかし，第2審（大阪高判平6・12・22判時1524号8頁）は，

事件を併合審理した上，各処分をいずれも裁量権の逸脱であり違法だとして，第1審判決を取り消し，Xの請求をすべて認容した。

判　旨　**棄却**　**①学生処分に対する校長の裁量権**　「高等専門学校の校長が学生に対し原級留置処分又は退学処分を行うかどうかの判断は，校長の合理的な教育的裁量にゆだねられるべきものであり，裁判所がその処分の適否を審査するに当たっては，校長と同一の立場に立って当該処分をすべきであったかどうか等について判断し，その結果と当該処分とを比較してその適否，軽重等を論ずべきものではなく，校長の裁量権の行使としての処分が，全く事実の基礎を欠くか又は社会観念上著しく妥当を欠き，裁量権の範囲を超え又は裁量権を濫用してされたと認められる場合に限り，違法であると判断すべきものである……。」　**②校長の裁量権の範囲**　「しかし，退学処分は学生の身分をはく奪する重大な措置であり，学校教育法施行規則13条3項も4個の退学事由を限定的に定めていることからすると，当該学生を学外に排除することが教育上やむを得ないと認められる場合に限って退学処分を選択すべきであり，その要件の認定につき他の処分の選択に比較して特に慎重な配慮を要するものである……。また，原級留置処分も，学生にその意に反して1年間にわたり既に履修した科目，種目を再履修することを余儀なくさせ，上級学年における授業を受ける時期を延期させ，卒業を遅らせる上，神戸高専においては，原級留置処分が2回連続してされることにより退学処分にもつながるものであるから，その学生に与える不利益の大きさに照らして，原級留置処分の決定に当たっても，同様に慎重な配慮が要求されるものというべきである。そして，前記事実関係の下においては，以下に説示するとおり，本件各処分は，社会観念上著しく妥当を欠き，裁量権の範囲を超えた違法なものといわざるを得ない。」　**③信仰上の理由による剣道実技の履修拒否**　「Xが剣道実技への参加を拒否する理由は，Xの信仰の核心部分と密接に関連する真しなものであった。Xは，他の体育種目の履修は拒否しておらず，特に不熱心でもなかったが，剣道種目の点数として35点中のわずか2.5点しか与えられなかったため，他の種目の履修のみで体育科目の合格点を取ることは著しく困難であったと認められる。したがって，Xは，信仰上の理由による剣道実技の履修拒否の結果として，他の科目では成績優秀であったにもかかわらず，原級留置，退学という事態に追い込まれたものというべきであり，その不利益が極めて大きいことも明らかである。また，本件各処分は，その内容それ自体においてXに信仰上の教義に反する行動を命じたものではなく，その意味では，Xの信教の自由を直接的に制約するものとはいえないが，しかし，Xがそれらによる重大な不利益を避けるためには剣道実技の履修という自己の信仰上の教義に反する行動を採ることを余儀なくさせられるという性質を有するものであったことは明白である。」 **4代替措置の必要性** 「上告人の採った措置が，信仰の自由や宗教的行為に対する制約を特に目的とするものではなく，教育内容の設定及びその履修に関する評価方法についての一般的な定めに従ったものであるとしても，本件各処分が右のとおりの性質を有するものであった以上，上告人は，前記裁量権の行使に当たり，当然そのことに相応の考慮を払う必要があったというべきである。また，Xが，自らの自由意思により，必修である体育科目の種目として剣道の授業を採用している学校を選択したことを理由に，先にみたような著しい不利益をXに与えることが当然に許容されることになるものでもない。」「Xは，レポート提出等の代替措置を認めて欲しい旨繰り返し申し入れていたのであって，剣道実技を履修しないまま直ちに履修したと同様の評価を受けることを求めていたものではない。これに対し，神戸高専においては，Xら『エホバの証人』である学生が，信仰上の理由から格技の授業を拒否する旨の申出をするや否や，剣道実技の履修拒否は認めず，代替措置は採らないことを明言し，X及び保護者からの代替措置を採って欲しいとの要求も一切拒否し，剣道実技の補講を受けることのみを説得したというのである。本件各処分の前示の性質にかんがみれば，本件各処分に至るまでに何らかの代替措置を採ることの是非，その方法，態様等について十分に考慮するべきであったということができるが，本件においてそれがされていたとは到底いうことができない。」「信仰上の理由に基づく格技の履修拒否に対して代替措置を採っている学校も現にあるというのであり，他の学生に不公平感を生じさせないような適切な方法，態様による代替措置を採ることは可能であると考えられる。また，履修拒否が信仰上の理由に基づくものかどうかは外形的事情の調査によって容易に明らかになるであろうし，信仰上の理由に仮託して履修拒否をしようという者が多数に上るとも考え難いところである。さらに，代替措置を採ることによって，神戸高専における教育秩序を維持することができないとか，学校全体の運営に看過することができない重大な支障を生ずるおそれがあったとは認められないとした原審の認定判断も是認することができる。そうすると，代替措置を採ることが実際上不可能であったということはできない。」 **5代替措置と政教分離原則違反** 「信仰上の真しな理由から剣道実技に参加することができない学生に対し，代替措置として，例えば，他の体育実技の履修，レポートの提出等を求めた上で，その成果に応じた評価をすることが，その目的において宗教的意義を有し，特定の宗教を援助，助長，促進する効果を有するものということはできず，他の宗教者又は無宗教者に圧迫，干渉を加える効果があるともいえないのであって，およそ代替措置を採ることが，その方法，態様のいかんを問わず，憲法20条

3項に違反するということができないことは明らかである。また，公立学校において，学生の信仰を調査せん索し，宗教を序列化して別段の取扱いをすることは許されないものであるが，学生が信仰を理由に剣道実技の履修を拒否する場合に，学校が，その理由の当否を判断するため，単なる怠学のための口実であるか，当事者の説明する宗教上の信条と履修拒否との合理的関連性が認められるかどうかを確認する程度の調査をすることが公教育の宗教的中立性に反するとはいえないものと解される。」 **⑥本件各処分の違法性** 「以上によれば，信仰上の理由による剣道実技の履修拒否を，正当な理由のない履修拒否と区別することなく，代替措置が不可能というわけでもないのに，代替措置について何ら検討することもなく，体育科目を不認定とした担当教員らの評価を受けて，原級留置処分をし，さらに，不認定の主たる理由及び全体成績について勘案することなく，2年続けて原級留置となったため進級等規程及び退学内規に従って学則にいう『学力劣等で成業の見込みがないと認められる者』に当たるとし，退学処分をしたという上告人の措置は，考慮すべき事項を考慮しておらず，又は考慮された事実に対する評価が明白に合理性を欠き，その結果，社会観念上著しく妥当を欠く処分をしたものと評するほかはなく，本件各処分は，裁量権の範囲を超える違法なものといわざるを得ない。」

（評釈） 棟居快行・法教192号94，孝忠延夫・セレクト〈'96〉13，小林武・民商115巻6号167，矢島基美・重判〈平成8年度〉15，安念潤司・法教209号49，木下智史・法セ522号55，井上典之・法セ611号81，栗田佳泰・憲百Ⅰ45，榊原秀訓・行政百選Ⅰ81。

（コメント） **信教の自由と政教分離原則** 本件では，信教の自由の保護が政教分離原則違反となるとの争点が主張され，最高裁判所は，それを否認している。信教の自由の侵害と政教分離原則違反の両者を主張した例として，古都保存協力税条例事件があり，裁判所は，違憲の主張を認めなかった（京都地判昭59・3・30行集35巻3号353頁）。なお，その控訴審判決（大阪高判昭60・11・29行集36巻11＝12号1910頁）は，訴えを不適法却下としている。 **日曜日授業参観事件** 区立小学校が日曜日を授業参観日としたところ，キリスト教の教会学校に出席のために欠席した児童およびその父母が指導要領上の欠席記載の取消し及びその措置による精神的損害の賠償を請求する訴えを提起したところ，裁判所は，取消請求を不適法却下し，賠償請求を棄却している（東京地判昭61・3・20行集37巻3号347頁）。

(3) 政教分離原則

III-4-10 津地鎮祭事件

最大判昭52・7・13民集31巻4号533頁，判時855号24頁
（行政処分取消等請求事件）

事　実　津市は，1965（昭和40）年1月14日，市体育館の起工にあたり，神社神道固有の儀式にのっとった起工式（地鎮祭）を挙行し，それに要する費用として市の公金7663円を支出した。当時市議会議員であったXは，市のこの行為が憲法20条，89条に違反するとして，地方自治法242条の2（住民訴訟）に基づき，市長であるYに対して損害補填を求めるとともに，起工式への参加の強制による精神的苦痛に対する慰謝料を求める訴えを起こした。第1審（津地判昭42・3・16判時483号28頁）は，本件起工式の実態をみれば「神道の布教宣伝を目的とする宗教的活動ではもちろんないし，また宗教的行事というより習俗的行事と表現した方が適切であろう」として，本件起工式の挙行および本件支出の違憲性を否定した。Xは，これを不服として控訴した。控訴審（名古屋高判昭46・5・14行集22巻5号680頁）は，「憲法でいう宗教とは『超自然的，超人間的本質（すなわち絶対者，造物主，至高の存在等，なかんずく神，仏，霊等）の存在を確信し，畏敬崇拝する心情と行為』をいい，個人的宗教たると，集団的宗教たると，はたまた発生的に自然的宗教たると，創唱的宗教たるとを問わず，すべてこれを包含するものと解するを相当とする」との定義付けを示したうえで，当該地鎮祭が宗教的行為か，習俗的行為かを区別する基準として，(イ)当該行為の主宰者が宗教家であるか，(ロ)当該行為の順序作法（式次第）が宗教界で定められたものか，(ハ)当該行為が一般人に違和感なく受け入れられる程度に普遍性を有するかをあげ，それによってみると，当該地鎮祭が宗教的行為であり，憲法20条3項で禁止する「宗教的活動」に該当すると判示した。そこでYが上告した。

判　旨　**破棄自判**　**1政教分離原則の意義**　「元来，政教分離規定は，いわゆる制度的保障の規定であって，信教の自由そのものを直接保障するものではなく，国家と宗教との分離を制度として保障することにより，間接的に信教の自由の保障を確保しようとするものである。ところが，宗教は，信仰という個人の内心的な事象としての側面を有するにとどまらず，同時に極めて多方面にわたる外部的な社会事象としての側面を伴うのが常であって，この側面においては，教育，福祉，文化，民俗風習など広汎な場面で社会生活と接触することになり，そのことからくる当然の帰結として，国家が，社会生活に規制を加え，あるいは教育，福祉，文化などに関する助成，援助等の諸施策を実施するにあたって，宗教とのかかわり合いを生ずることを免れえないこととなる。したがって，現実の国家制度として，国家と宗教との完全な分離を実現することは，実際上不可能に近いものといわなければならな

い。更にまた，政教分離原則を完全に貫こうとすれば，かえって社会生活の各方面に不合理な事態を生ずることを免れないのであって，例えば，特定宗教と関係のある私立学校に対し一般の私立学校と同様な助成をしたり，文化財である神社，寺院の建築物や仏像等の維持保存のため国が宗教団体に補助金を支出したりすることも疑問とされるに至り，それが許されないということになれば，そこには，宗教との関係があることによる不利益な取扱い，すなわち宗教による差別が生ずることになりかねず，また例えば，刑務所等における教誨活動も，それがなんらかの宗教的色彩を帯びる限り一切許されないということになれば，かえって受刑者の信教の自由は著しく制約される結果を招くことにもなりかねないのである。これらの点にかんがみると，政教分離規定の保障の対象となる国家と宗教との分離にもおのずから一定の限界があることを免れず，政教分離原則が現実の国家制度として具現される場合には，それぞれの国の社会的・文化的諸条件に照らし，国家は実際上宗教とある程度のかかわり合いをもたざるをえないことを前提としたうえで，そのかかわり合いが，信教の自由の保障の確保という制度の根本目的との関係で，いかなる場合にいかなる限度で許されないこととなるかが，問題とならざるをえないのである。右のような見地から考えると，わが憲法の前記政教分離規定の基礎となり，その解釈の指導原理となる政教分離原則は，国家が宗教的に中立であることを要求するものではあるが，国家が宗教とのかかわり合いをもつことを全く許さないとするものではなく，宗教とのかかわり合いをもたらす行為の目的及び効果にかんがみ，そのかかわり合いが右の諸条件に照らし相当とされる限度を超えるものと認められる場合にこれを許さないとするものであると解すべきである。」 **2憲法 20 条 3 項と目的効果基準** 「憲法 20 条 3 項は，『国及びその機関は，宗教教育その他いかなる宗教的活動もしてはならない。』と規定するが，ここにいう宗教的活動とは，前述の政教分離原則の意義に照らしてこれをみれば，およそ国及びその機関の活動で宗教とのかかわり合いをもつすべての行為を指すものではなく，そのかかわり合いが右にいう相当とされる限度を超えるものに限られるというべきであって，当該行為の目的が宗教的意義をもち，その効果が宗教に対する援助，助長，促進又は圧迫，干渉等になるような行為をいうものと解すべきである。その典型的なものは，同項に例示される宗教教育のような宗教の布教，教化，宣伝等の活動であるが，そのほか宗教上の祝典，儀式，行事等であっても，その目的，効果が前記のようなものである限り，当然，これに含まれる。そして，この点から，ある行為が右にいう宗教的活動に該当するかどうかを検討するにあたっては，当該行為の主宰者が宗教家であるかどうか，その順序作法（式次第）が宗教の定める方式に則ったものであるかどうかなど，当該行為の外形的側面のみにとらわれることなく，当該行為の行われる場所，当該行為に対する一般人の宗教的評価，当該行為者が当該行為を行うについての意図，目的及び宗教的意識の有無，程度，当該行為の一般人に与える効果，影響等，諸般の事情を考慮し，社会通念に従って，客観的に判断しなければならない。」

3 地鎮祭の宗教活動性　「元来，わが国においては，多くの国民は，地域社会の一員としては神道を，個人としては仏教を信仰するなどし，冠婚葬祭に際しても異なる宗教を使いわけてさしたる矛盾を感ずることがないというような宗教意識の雑居性が認められ，国民一般の宗教的関心度は必ずしも高いものとはいいがたい。他方，神社神道自体については，祭祀儀礼に専念し，他の宗教にみられる積極的な布教・伝道のような対外活動がほとんど行われることがないという特色がみられる。このような事情と前記のような起工式に対する一般人の意識に徴すれば，建築工事現場において，たとえ専門の宗教家である神職により神社神道固有の祭祀儀礼に則って，起工式が行われたとしても，それが参列者及び一般人の宗教的関心を特に高めることとなるものとは考えられず，これにより神道を援助，助長，促進するような効果をもたらすことになるものとも認められない。そして，このことは，国家が主催して，私人と同様の立場で，本件のような儀式による起工式を行った場合においても，異なるものではなく，そのために，国家と神社神道との間に特別に密接な関係が生じ，ひいては，神道が再び国教的な地位をえたり，あるいは信教の自由がおびやかされたりするような結果を招くものとは，とうてい考えられないのである。」「以上の諸事情を総合的に考慮して判断すれば，本件起工式は，宗教とかかわり合いをもつものであることを否定しえないが，その目的は建築着工に際し土地の平安堅固，工事の無事安全を願い，社会の一般的慣習に従った儀礼を行うという専ら世俗的なものと認められ，その効果は神道を援助，助長，促進し又は他の宗教に圧迫，干渉を加えるものとは認められないのであるから，憲法20条3項により禁止される宗教的活動にはあたらないと解するのが，相当である。」

反対意見　**藤林益三・吉田豊・団藤重光・服部高顕・環昌一裁判官**　「本件起工式は，明らかに，憲法20条3項にいう宗教的活動にあたり，許されないものといわなければならない。」

追加反対意見　**藤林益三裁判官**（略）

（評釈）　小林孝輔・憲法の判例29，平野武・民商78巻6号100，横田耕一・重判〈昭和52年度〉15，越山安久・曹時33巻2号227，芦部信喜・宗教百選16，横田耕一・基本判例65，安念潤司・法教208号57，井上典之・法セ612号88，大石眞・憲百Ⅰ46。

Ⅲ-4-11　箕面忠魂碑・慰霊祭訴訟

最三判平5・2・16民集47巻3号1687頁，判時1454号41頁
（運動場一部廃止決定無効確認等，慰霊祭支出差止請求事件）

事　実　箕面（みのお）市は，小学校の増改築工事に伴い，同校庭にあった市遺族会の所有管理する忠魂碑を移転する必要ができたため，1975（昭和50）年7月に，7882万円余で土地を購入し，そこに忠魂碑を移設するとともに，同土地を遺族会に無償貸与した。同市の市民であるXらは，本件忠魂碑の移設およびその敷地の貸与が憲法20条，89条に違反するとして，市長Y_1らを相手どり，地方自治法242条の2第1項に基づく住民訴訟を起こした。第1審（大阪地判昭57・3・24判時1036号20頁）は，Xらの主張を認容したため，Y_1らは控訴した。他方，1976（昭和51），77（昭和52）年に，市遺族会が行った本件忠魂碑における神式または仏式の慰霊祭に，箕面市の市長（Y_1），教育長（Y_2）が参列し，玉串奉奠・焼香をし，また，市の職員は市の事務用品を使用して案内状を発送したり，送迎用に乗用車・マイクロバスを使う等のことがなされた。これに対して同市の市民であるXらは，市のそのような関与が憲法20条，89条に違反するとして住民訴訟を提起し，第1審（大阪地判昭58・3・1判時1068号27頁）は，教育長に対する不当利得の返還義務についてXの主張を認容したが，その余の請求を棄却したため，双方が控訴ないし附帯控訴をした。これら2つの訴訟を併合して，控訴審ではXらの請求が棄却（大阪高判昭62・7・16行集38巻6=7号561頁）されたため，Xらは上告した。

判　旨　**棄却**　**1政教分離規定の意義**　「政教分離規定は，いわゆる制度的保障の規定であって，信教の自由そのものを直接保障するものではなく，国家（地方公共団体を含む。以下同じ。）と宗教との分離を制度として保障することにより，間接的に信教の自由の保障を確保しようとするものである。そして，憲法の政教分離規定の基礎となり，その解釈の指導原理となる政教分離原則は，国家が宗教的に中立であることを要求するものではあるが，国家が宗教とのかかわり合いを持つことを全く許さないとするものではなく，宗教とのかかわり合いをもたらす行為の目的及び効果にかんがみ，そのかかわり合いが，我が国の社会的，文化的諸条件に照らし，信教の自由の保障の確保という制度の根本目的との関係で相当とされる限度を超えるものと認められる場合にこれを許さないとするものと解すべきである。右政教分離原則の意義に照らすと，憲法20条3項にいう宗教的活動とは，およそ国及びその機関の活動で宗教とのかかわり合いを持つすべての行為を指すものではなく，そのかかわり合いが右にいう相当とされる限度を超えるものに限られるというべきであって，当該行為の目的が宗教的意義を持ち，その効果が宗教に対する

援助，助長，促進又は圧迫，干渉等になるような行為をいうものと解すべきであり，ある行為が右にいう宗教的活動に該当するか否かを検討するに当たっては，当該行為の主宰者が宗教家であるかどうか，その順序作法（式次第）が宗教の定める方式に従ったものであるかどうかなど，当該行為の外形的側面のみにとらわれることなく，当該行為の行われる場所，当該行為に対する一般人の宗教的評価，当該行為者が当該行為を行うについての意図，目的及び宗教的意識の有無，程度，当該行為の一般人に与える効果，影響等，諸般の事情を考慮し，社会通念に従って，客観的に判断しなければならないものである（最大判昭 52・7・13 民集 31 巻 4 号 533 頁，最大判昭 63・6・1 民集 42 巻 5 号 277 頁)。」 **2箕面市の行為と宗教活動** 「旧忠魂碑は，地元の人々が郷土出身の戦没者の慰霊，顕彰のために設けたもので，元来，戦没者記念碑的な性格のものであり，本件移設・再建後の本件忠魂碑も同様の性格を有するとみられるものであって，……本件忠魂碑と神道等の特定の宗教とのかかわりは，少なくとも戦後においては希薄であり，本件忠魂碑を靖国神社又は護国神社の分身（いわゆる「村の靖国」）とみることはできないこと」などの「諸点にかんがみると，箕面市が旧忠魂碑ないし本件忠魂碑に関してした次の各行為，すなわち，旧忠魂碑を本件敷地上に移設，再建するため右公社から本件土地を代替地として買い受けた行為（本件売買），旧忠魂碑を本件敷地上に移設，再建した行為（本件移設・再建)，市遺族会に対し，本件忠魂碑の敷地として本件敷地を無償貸与した行為（本件貸与）は，いずれも，その目的は，小学校の校舎の建替え等のため，公有地上に存する戦没者記念碑的な性格を有する施設を他の場所に移設し，その敷地を学校用地として利用することを主眼とするものであり，そのための方策として，右施設を維持管理する市遺族会に対し，右施設の移設場所として代替地を取得して，従来どおり，これを右施設の敷地等として無償で提供し，右施設の移設，再建を行ったものであって，専ら世俗的なものと認められ，その効果も，特定の宗教を援助，助長，促進し又は他の宗教に圧迫，干渉を加えるものとは認められない。したがって，箕面市の右各行為は，宗教とのかかわり合いの程度が我が国の社会的，文化的諸条件に照らし，信教の自由の保障の確保という制度の根本目的との関係で相当とされる限度を超えるものとは認められず，憲法 20 条 3 項により禁止される宗教的活動には当たらない……。」 **3遺族会の宗教団体性** 「財団法人日本遺族会及びその支部である市遺族会，地区遺族会は，いずれも，戦没者遺族の相互扶助・福祉向上と英霊の顕彰を主たる目的として設立され活動している団体であって，その事業の一つである英霊顕彰事業として，政府主催の遺骨収集，外地戦跡の慰霊巡拝，全国戦没者追悼式等への参加，協力などの活動のほか，神式又は仏式による慰霊祭の挙行，靖国神社の参拝等の宗教的色彩を帯びた行事をも実施し，靖国神社国家護持の推進運動にも参画しているが，右行事の実施及び右運動への参画は，会の本来の目的として，特定の宗教の信仰，礼拝又は普及等の宗教的活動を行おうとするものではなく，その会員が戦没者の遺族であることにかんがみ，戦没者の慰霊，追悼，顕彰のための右行事等を行うことが，会員の要望に沿うものであるとして行われていることが明らかである。」「これらの諸点を考慮すると，財団法人日本遺族会及びその支部である市遺族会，地区遺族会は，いずれも，特定の宗教の信仰，礼拝又は普及等の宗教的活動を行うことを本来の目的とする組織ないし団体には該当しないものというべきであって，憲法20条1項後段にいう『宗教団体』，憲法89条にいう『宗教上の組織若しくは団体』に該当しないものと解するのが相当である。」 **4教育長の慰霊祭参列の合憲性**「(1)旧忠魂碑は，地元の人々が郷土出身の戦没者の慰霊，顕彰のために設けたものであり，元来，戦没者記念碑的な性格のものであって，本件移設・再建後の本件忠魂碑も同様の性格を有するとみられるものであること，(2)本件各慰霊祭を挙行した市遺族会の下部組織である地区遺族会は，箕面地区に居住する戦没者遺族を会員とする団体であって，特定の宗教の信仰，礼拝又は普及等の宗教的活動を行うことを本来の目的とする団体ではないこと，(3)本件各慰霊祭へのY_2の参列は，地元において重要な公職にある者の社会的儀礼として，地方遺族会が主催する地元の戦没者の慰霊，追悼のための宗教的行事に際し，戦没者やその遺族に対して弔意，哀悼の意を表する目的で行われたものであることが明らかである。」「これらの諸点にかんがみると，Y_2の本件各慰霊祭への参列は，その目的は，地元の戦没者の慰霊，追悼のための宗教的行事に際し，戦没者遺族に対する社会的儀礼を尽くすという，専ら世俗的なものであり，その効果も，特定の宗教に対する援助，助長，促進又は圧迫，干渉等になるような行為とは認められない。したがって，Y_2の本件各慰霊祭への参列は，宗教とのかかわり合いの程度が我が国の社会的，文化的諸条件に照らし，信教の自由の保障の確保という制度の根本目的との関係で相当とされる限度を超えるものとは認められず，憲法上の政教分離原則及びそれに基づく政教分離規定に違反するものではない……。」

補足意見 **園部逸夫裁判官**「本件忠魂碑は，碑石及びその付属施設から成っているが，一般にこのような追悼のための施設等は，その大小，形状，材質又は付属施設の有無等を問わず，その前で，故人の追悼，慰霊等の行動や行事をする者の何らかの宗教的な感情の対象となるのであり，それは，単なる記念碑以上の宗教的存在としての性格を有するものとなり得るのであって，このことは，右の行動や行事が，特定の宗教の儀式によらない場合も同様であると考える。

しかしながら，このような追悼のための施設等の性格を，それにかかわる者の感情に照らして，一義的に判断することは，困難であるのみならず，右の性格を明らかにすることが，憲法上の政教分離原則違反の有無を判断するための不可欠の要件であるとまではいえないのではないかと思う。したがって，本件についていえば，本件忠魂碑の性格いかんにかかわらず，箕面市が本件忠魂碑に関して既存の特定の宗教とどのようにかかわっているか，そのかかわり合いが，我が国の社会的，文化的諸条件に照らし，信教の自由の保障の確保という制度の根本目的との関係で相当とされる限度を超えるものと認められるかという法廷意見の引用する各大法廷判決の判断基準によって判断をすることで足りると考えるのである。」

(評釈)　長谷部恭男・ジュリ1026号48，高橋利文・ジュリ1026号80，浦部法穂・法教154号109，高橋利文・曹時45巻9号221，小栗実・法セ468号38，孝忠延夫・セレクト〈'93〉12，平野武・民商109巻6号133，大石眞・判評422号174，孝忠延夫・重判〈平成5年度〉26，安念潤司・法教208号57，野口貴公美・地自百選〈第3版〉84，松平徳仁・憲百Ⅰ51。

Ⅲ-4-12　岩手県議会靖国神社公式参拝議決・玉串料訴訟控訴審

仙台高判平3・1・10行集42巻1号1頁，判時1370号3頁
（損害賠償代位請求控訴，同附帯控訴事件）

事　実　〔甲事件〕　岩手県議会は，1979（昭和54）年12月19日，天皇，内閣総理大臣等による靖国神社公式参拝が実現されるように要望する旨の議決をした。また，同議会議長は，同議会を代表して，議決事項を内容とする意見書，請願書，陳情書を作成して上京し，内閣総理大臣等に同書を提出した。これに対して，岩手県の住民であるXらは，公式参拝が憲法20条1項後段，同条3項，89条に違反する違憲の行為であり，それを求める議決も違憲であると主張し，議長および議員に対して地方自治法242条の2第1項4号前段に基づく損害賠償請求訴訟および同項4号後段に基づく代位請求訴訟を起こした。

〔乙事件〕　岩手県は，靖国神社に対し，1981（昭和56）年4月から10月にかけて，玉串料，献燈料の名目で3回にわたり合計2万1000円を支出したところ，岩手県の住民であるXらは，本件各支出行為が憲法20条1項後段，3項，89条に違反すると主張して，同県知事Y_1，同県福祉部長Y_2および厚生援護課長Y_3に対して，地方自治法242条の2第1項4号後段に基づく損害賠償請求訴訟を起こした。第1審（盛岡地判昭62・3・5判時1223号30頁）は，甲・乙両事件ともXらの請求を却下ないし棄却したので，控訴した。

判　旨　**一部控訴棄却，一部取消**　〔甲事件〕　**1議員の発言・表決の自由とその限界**　「普通地方公共団体の議会の議員には，国会議員のように憲法51条が規定する『両議院の議員は，議院で行った演説，討論又は表決について，院外で責任を問はれない。』

とのいわゆる発言，表決の免責特権は付与されておらず，議員は憲法及び法令を誠実に遵守して，職務を遂行すべき義務を負っているのである。したがって，議会内における議員の発言及び表決が憲法及び法令の明文の規定に反することはもとより許されないというべきである。」「問題は，ある議案に関する法的解釈が一義的でなく，未だ確定しているとはいえない状況にある場合である。この場合には，議員は，議会内における諸々の発言及び自己の得た各種調査の結果を参考にして，結局のところ，自己の議員としての見識に基づいた解釈により発言若しくは表決することになるが，この場合においても，右解釈については，相当の根拠と合理性を有するものでなければならないというべきである。」「そして，議員の発言及び表決が右の諸点を考慮にいれて誠実になされたものである限り，これによって成立した議会の議決が後に裁判によって違憲若しくは違法と判断されることがあっても，そのことをもって直ちに，右議員の行為が違法と評価されるべきではないというべきである。しかし，反面，議会内における議員のした発言若しくは表決が，前記判示の諸点を考慮にいれても，その違法性が明白であり，右行為に故意，過失が認められ，その結果，普通地方公共団体に違法な支出をさせるなどして損害を与えたときには，不法行為を構成するというべきである。そして，かような場合には，当該議員に対する損害賠償請求は，住民訴訟の対象となりうるものと解するのが相当である。」 **2違法な議決に伴う支出と議長の責任** 「普通地方公共団体の議会の議長は，〔地方自治〕法 104 条により，議場の秩序を保持し，議事を整理し，議会の事務を統理し，議会を代表する権限を有するから，議決が法 99 条 2 項所定の意見書となる場合には，議長は，その名をもって，これを関係行政庁に提出するため意見書を印刷し，その提出のため出張することも，当然，職務として行うべきものである。」「問題は，議決が違憲又は違法な場合である。この場合においても，その当時において，その違憲性又は違法性が一見明白でない限り，議長は，議会の議決を尊重すべき立場にあるので，右議決に従った職務を行うべきである。したがって，右議決が後に裁判によって違憲又は違法と判断されても，右議決当時，その違法性が一見明白でない以上，これによって，議長がした職務上の行為（例えば，議長がした意見書の印刷及び意見書提出のための出張）は，違法と評価されるべきではなく，また，議長が右行為のため支出された費用を取得しても，不当利得とはならないというべきである。」 **3公式参拝の合憲性** 「天皇，内閣総理大臣の靖国神社公式参拝は，その目的が宗教的意義をもち，その行為の態様からみて国又はその機関として特定の宗教への関心を呼び起こす行為というべきであり，しかも，公的資格においてなされる右公式参拝がもたらす直接的，顕在的な影響及び将来予想される間接的，潜在的な動向を総合考慮すれば，右公式参拝における国と宗教法人靖国神社との宗教上のかかわり合いは，我が国の憲法の拠って立つ政教分離原則に照らし，相当とされる限度を超えるものと断定せざるをえない。したがって，右公式参拝は，憲法20条3項が禁止する宗教的活動に該当する違憲な行為といわなければならない。」

4違法の議決と賛成発言・表決をした議員の責任等　「本件議決のなされる前後の本件公式参拝に関する法的解釈の状況は，確定的なものがなく，かなり流動的で，合憲論が急に台頭しはじめ，その法理論的根拠についても，後の靖国懇報告書列挙の公式参拝肯定説とほぼ同様の見解がみられるのである。」「のみならず，津地鎮祭事件最高裁判決が判示するように，ある具体的行為が憲法20条3項の規定する宗教的活動に該当するかどうかを検討するにあたっては，当該行為の外形的側面にのみとらわれることなく，当該行為の行われる場所，当該行為に対する一般人の宗教的評価，当該行為者が当該行為を行うについての意図，目的及び宗教的意識の有無程度，当該行為の一般人に与える効果，影響等諸般の事情を考慮し，社会通念に従って客観的に判断しなければならないのである。そして，当該行為が違憲かどうかは，個別的事案について，総じて困難な事実の認定と法的検討がなされた後に，諸般の事情を総合考慮して当該行為の違憲性，違法性が判断されるものであるから，当該事案について裁判所による総合的判断が確定するまでは，関係者の行為について，さまざまな法的評価が生ずることを免れえないのが通常である。」「そして，右のような諸事情を考え合わせ，かつ，地方議会における議員の発言及び表決に関する当裁判所の前記判示の趣旨にかんがみれば，本件公式参拝につき，合憲論に立脚して，被控訴人……のした前記各発言及び被控訴人ら議員がした本件公式参拝要望への賛成の表決は，現時点ではさまざまな難点を指摘できるものの，当時においては，未だ議員としての見識に反し，また，相当の根拠と合理性を欠いたものとは認められない。」「よって，本件議決は当裁判所によって違法と判断されたけれども，そのことによって被控訴人ら議員の発言及び表決が直ちに違法とはいえないというべきである。また，被控訴人議長の責任についても，右のようにして可決された本件議決が一見明らかに違法とはいえないというべきであるから，印刷費の支出，旅費の受領に関し，不当利得をしたとはいえないというべきである。」

〔乙事件〕　**1玉串料等の支出と憲法20条3項**　「本件玉串料等の支出は，その意図ないし目的が戦没者の追悼及び遺族の慰藉という世俗的な側面を有するとはいえ，玉串料等の奉納は同神社の宗教上の行事に直接かかわり合いをもつ宗教性の濃厚なものであるうえ，その効果にかんがみると，特定の宗教団体への関心を呼び起こし，かつ靖国神社の宗教活動を援助するものと認められるから，政教分離の原則から要請される岩手県の非宗教性ないし中立性を損うおそれがあるというべきである。そして，右支出によって生じる岩手県と同神社とのかかわり合いは，その招来するであろう波及的効果に照らし，かつ前記認定の諸般の事情を考慮すると，相当とされる限度を超えるものと判断するのが相当であるから，右支出は，憲法 20 条 3 項の禁止する宗教的活動に当たるものといわなければならない。」「したがって，右支出は，そのほかの争点について判断するまでもなく，違憲，違法なものというべきである。」 **2知事の責任** 「被控訴人 Y_1〔知事〕には，本件玉串料等の支出に関し，指揮監督上の故意があったとは認められない。また，Y_1 が右支出の事実を知らなかったのは，岩手県では，昭和 37 年頃から靖国神社に対する玉串料等の支出が，特に重大又は異例の案件として認識されたことはなく，長年にわたり担当課長の専決事項として何ら問題視されることはなく処理されてきたことによるものであるから，Y_1 が知事として，これを知らなかったことについて職務上の怠慢があったとは認め難い。そして，Y_1 が本件支出を知った後は，Y_2が報告した支出中止の措置を了承し，もって，適切な指揮監督権を行使したと認められるから，Y_1 において，指揮監督権の行使を怠った過失があったと認めることはできない。」

(評釈) 森英樹・法セ 436 号 118，熊本信夫・法教 131 号 102，初宿正典・ジュリ 979 号 39，桐ヶ谷章・セレクト〈'91〉11，栗城壽夫・重判〈平成 3 年度〉27，野坂泰司・法教 137 号 92，瀧澤信彦・憲百Ⅰ〈第 3 版〉47，高田篤・地自百選 A11。

(コメント) 部長については被告適格が否定され，課長については，昭和天皇崩御に伴う法令の措置により責務が免除されているから請求は理由がないとされた。なお，控訴審で勝訴した県側から上告がなされたが，却下された（最二決平 3・9・24 宗務時報 89 号 96 頁）。

Ⅲ-4-13　愛媛玉串料訴訟

最大判平 9・4・2 民集 51 巻 4 号 1673 頁，判時 1601 号 47 頁
（損害賠償代位請求事件）

事　実　愛媛県は，Y_1 が同県知事であった 1981（昭和 56）年から 1986（昭和 61）年までの間に，靖国神社に対して，春秋の例大祭の際に玉串料，献灯料の名目で 13 回にわたり合計 7 万 6 千円を，また，愛媛県護国神社で行われる春秋の慰霊大祭に際し，供物料の名目で，財団法人愛媛県遺族会に対して，9 回にわたり合計 9 万円を，いずれも公金により支出してきた。なお，供物料は，県遺族会から県護国神社に献納されている。また，右靖国神社に対する支出については，地方自治法 153 条 1 項および愛媛県会計規則の規定により愛媛県東京事務所長に権限が委任され，県遺族会に対する支出については，愛媛県処務規則お

よび愛媛県庁事務決裁規定により同県生活福祉部老人福祉課長が専決処理することとされていた（以下，これらの者を Y_2 らとする）。これに対し，愛媛県の住民であるXらは，靖国神社および県護国神社に対してした県の支出行為が憲法 20 条 3 項および 89 条に違反する違法なものであると主張し，Y_1 および Y_2 らに対し，地方自治法 242 条の 2 第 1 項 4 号〔平成 14 年に改正〕に基づき，本件支出によって県が被った損害の賠償を請求した。第 1 審（松山地判平元・3・17 行集 40 巻 3 号 188 頁）は，Xらの主張を認め，違憲の判断を下したが，控訴審（高松高判平 4・5・12 判時 1419 号 38 頁）は，本件支出行為が社会的儀礼に当たるなどとして，第 1 審判決を覆したので，Xらは上告した。

判　旨　一部破棄自判，一部棄却

1政教分離原則の意義　「一般に，政教分離原則とは，国家（地方公共団体を含む。以下同じ。）は宗教そのものに干渉すべきではないとする，国家の非宗教性ないし宗教的中立性を意味するものとされているところ，国家と宗教との関係には，それぞれの国の歴史的・社会的条件によって異なるものがある。……憲法は，明治維新以降国家と神道が密接に結び付き……種々の弊害を生じたことにかんがみ，新たに信教の自由を無条件に保障することとし，更にその保障を一層確実なものとするため，政教分離規定を設けるに至ったのである。元来，我が国においては，各種の宗教が多元的，重層的に発達，併存してきているのであって，このような宗教事情の下で信教の自由を確実に実現するためには，単に信教の自由を無条件に保障するのみでは足りず，国家といかなる宗教との結び付きをも排除するため，政教分離規定を設ける必要性が大であった。これらの点にかんがみると，憲法は，政教分離規定を設けるに当たり，国家と宗教との完全な分離を理想とし，国家の非宗教性ないし宗教的中立性を確保しようとしたものと解すべきである。」「しかしながら，元来，政教分離規定は，いわゆる制度的保障の規定であって，信教の自由そのものを直接保障するものではなく，国家と宗教との分離を制度として保障することにより，間接的に信教の自由の保障を確保しようとするものである。そして，国家が社会生活に規制を加え，あるいは教育，福祉，文化などに関する助成，援助等の諸施策を実施するに当たって，宗教とのかかわり合いを生ずることを免れることはできないから，現実の国家制度として，国家と宗教との完全な分離を実現することは，実際上不可能に近いものといわなければならない。さらにまた，政教分離原則を完全に貫こうとすれば，かえって社会生活の各方面に不合理な事態を生ずることを免れない。これらの点にかんがみると，政教分離規定の保障の対象となる国家と宗教との分離にもおのずから一定の限界があることを免れず，政教分離原則が現実の国家制度として具現される場合には，それぞれの国の社会的・文化的諸条件に照らし，国家は実際上宗教とある程度のかかわり合いを持たざるを得ないことを前提とした上で，そのかかわり合いが，信教の自由の保障の確保という制度の根本目的との関係で，いかなる場合にいかなる限度で許されないこととなるかが問題とならざるを得ないのである。」「憲法20条3項にいう宗教的活動とは，およそ国及びその機関の活動で宗教とのかかわり合いを持つすべての行為を指すものではなく，そのかかわり合いが右にいう相当とされる限度を超えるものに限られるというべきであって，当該行為の目的が宗教的意義を持ち，その効果が宗教に対する援助，助長，促進又は圧迫，干渉等になるような行為をいうものと解すべきである。そして，ある行為が右にいう宗教的活動に該当するかどうかを検討するに当たっては，当該行為の外形的側面のみにとらわれることなく，当該行為の行われる場所，当該行為に対する一般人の宗教的評価，当該行為者が当該行為を行うについての意図，目的及び宗教的意識の有無，程度，当該行為の一般人に与える効果，影響等，諸般の事情を考慮し，社会通念に従って，客観的に判断しなければならない。」「憲法89条が禁止している公金その他の公の財産を宗教上の組織又は団体の使用，便益又は維持のために支出すること又はその利用に供することというのも，前記の政教分離原則の意義に照らして，公金支出行為等における国家と宗教とのかかわり合いが前記の相当とされる限度を超えるものをいうものと解すべきであり，これに該当するかどうかを検討するに当たっては，前記と同様の基準によって判断しなければならない。」「以上は，当裁判所の判例の趣旨とするところでもある（最大判昭52・7・13民集31巻4号533頁，最大判昭63・6・1民集42巻5号277頁参照)。」 **2本件支出の違法性** 「神社神道においては，祭祀を行うことがその中心的な宗教上の活動であるとされていること，例大祭及び慰霊大祭は，神道の祭式にのっとって行われる儀式を中心とする祭祀であり，各神社の挙行する恒例の祭祀中でも重要な意義を有するものと位置付けられていること，みたま祭は，同様の儀式を行う祭祀であり，靖國神社の祭祀中最も盛大な規模で行われるものであることは，いずれも公知の事実である。そして，玉串料及び供物料は，例大祭又は慰霊大祭において右のような宗教上の儀式が執り行われるに際して神前に供えられるものであり，献灯料は，これによりみたま祭において境内に奉納者の名前を記した灯明が掲げられるというものであって，いずれも各神社が宗教的意義を有すると考えていることが明らかなものである。」「これらのことからすれば，県が特定の宗教団体の挙行する重要な宗教上の祭祀にかかわり合いを持ったということが明らかである。そして，一般に，神社自体がその境内において挙行する恒例の重要な祭祀に際して右のような玉串料等を奉納することは，建築主が主催して建築現場において土地の平安堅固，工事の無事安全等を祈願するために行う儀式である起工式の場合とは異なり，時代の推移によって既にその宗教的意義が希薄化し，慣習化した社会的儀礼にすぎないものになっているとまでは到底いうことができず，一般人が本件の玉串料等の奉納を社会的儀礼の一つにすぎないと評価しているとは考え難いところである。そうであれば，玉串料等の奉納者においても，それが宗教的意義を有するものであるという意識を大なり小なり持たざるを得ないのであり，このことは，本件においても同様というべきである。また，本件においては，県が他の宗教団体の挙行する同種の儀式に対して同様の支出をしたという事実がうかがわれないのであって，県が特定の宗教団体との間にのみ意識的に特別のかかわり合いを持ったことを否定することができない。これらのことからすれば，地方公共団体が特定の宗教団体に対してのみ本件のような形で特別のかかわり合いを持つことは，一般人に対して，県が当該特定の宗教団体を特別に支援しており，それらの宗教団体が他の宗教団体とは異なる特別のものであるとの印象を与え，特定の宗教への関心を呼び起こすものといわざるを得ない。」「確かに，靖國神社及び護國神社に祭られている祭神の多くは第二次大戦の戦没者であって，その遺族を始めとする愛媛県民のうちの相当数の者が，県が公の立場において靖國神社等に祭られている戦没者の慰霊を行うことを望んでおり，そのうちには，必ずしも戦没者を祭神として信仰の対象としているからではなく，故人をしのぶ心情からそのように望んでいる者もいることは，これを肯認することができる。そのような希望にこたえるという側面においては，本件の玉串料等の奉納に儀礼的な意味合いがあることも否定できない。しかしながら，明治維新以降国家と神道が密接に結び付き種々の弊害を生じたことにかんがみ政教分離規定を設けるに至ったなど前記の憲法制定の経緯に照らせば，たとえ相当数の者がそれを望んでいるとしても，そのことのゆえに，地方公共団体と特定の宗教とのかかわり合いが，相当とされる限度を超えないものとして憲法上許されることになるとはいえない。戦没者の慰霊及び遺族の慰謝ということ自体は，本件のように特定の宗教と特別のかかわり合いを持つ形でなくてもこれを行うことができると考えられるし，神社の挙行する恒例祭に際して玉串料等を奉納することが，慣習化した社会的儀礼にすぎないものになっているとも認められないことは，前記説示のとおりである。ちなみに，神社に対する玉串料等の奉納が故人の葬礼に際して香典を贈ることとの対比で論じられることがあるが，香典は，故人に対する哀悼の意と遺族に対する弔意を表するために遺族に対して贈られ，その葬礼儀式を執り行っている宗教家ないし宗教団体を援助するためのものではないと一般に理解されており，これと宗教団体の行う祭祀に際して宗教団体自体に対して玉串料等を奉納することとでは，一般人の評価において，全く異なるものがあるといわなければならない。」「地方公共団体の名を示して行う玉串料等の奉納と一般にはその名を表示せずに行うさい銭の奉納とでは，その社会的意味を同一に論じられないことは，おのずから明らかである。そうであれば，本件玉串料等の奉納は，たとえそれが戦没者の慰霊及びその遺族の慰謝を直接の目的としてされたものであったとしても，世俗的目的で行われた社会的儀礼にすぎないものとして憲法に違反しないということはできない。」「以上の事情を総合的に考慮して判断すれば，県が本件玉串料等を靖國神社又は護國神社に前記のとおり奉納したことは，その目的が宗教的意義を持つことを免れず，その効果が特定の宗教に対する援助，助長，促進になると認めるべきであり，これによってもたらされる県と靖國神社等とのかかわり合いが我が国の社会的・文化的諸条件に照らし相当とされる限度を超えるものであって，憲法 20 条 3 項の禁止する宗教的活動に当たると解するのが相当である。そうすると，本件支出は，同項の禁止する宗教的活動を行うためにしたものとして，違法というべきである。」「また，靖國神社及び護國神社は憲法 89 条にいう宗教上の組織又は団体に当たることが明らかであるところ，以上に判示したところからすると，本件玉串料等を靖國神社又は護國神社に前記のとおり奉納したことによってもたらされる県と靖國神社等とのかかわり合いが我が国の社会的・文化的諸条件に照らし相当とされる限度を超えるものと解されるのであるから，本件支出は，同条の禁止する公金の支出に当たり，違法というべきである。」 **3損害賠償責任の有無** 「Y_1 は，自己の権限に属する本件支出を補助職員である Y_2 らに委任し，又は専決により処理させたのであるから，その指揮監督上の義務に違反し，故意又は過失によりこれを阻止しなかったと認められる場合には，県に対し右違法な支出によって県が被った損害を賠償する義務を負うことになると解すべきである（最二判平 3・12・20 民集 45 巻 9 号 1455 頁，最三判平 5・2・16 民集 47 巻 3 号 1687 頁参照）。原審の適法に確定したところによれば，Y_1 は，靖國神社等に対し，Y_2 らに玉串料等を持参させるなどして，これを奉納したと認められるというのであり，本件支出には憲法に違反するという重大な違法があること，地方公共団体が特定の宗教団体に玉串料，供物料等の支出をすることについて，文部省，自治省等が，政教分離原則に照らし，慎重な対応を求める趣旨の通達，回答をしてきたことなどをも考慮すると，その指揮監督上の義務に違反したものであって，これにつき少なくとも過失があったというのが相当である。したがって，Y_1 は，県に対し，違法な本件支出により県が被った本件支出金相当額の損害を賠償する義務を負うというべきである。」「これに対し，Y_2 らについては，地方自治法 243 条の 2 第 1 項後段により損害賠償責任の発生要件が限定されており，本件支出行為をするにつき故意又は重大な過失があった場合に限り県に対して損害賠償責任を負うものであるところ，原審の適法に確定したところによれば，Y_2らは，いずれも委任を受け，又は専決することを任された補助職員として知事の前記のような指揮監督の下で本件支出をしたというのであり，しかも，本件支出が憲法に違反するか否かを極めて容易に判断することができたとまではいえないから，Y_2らがこれを憲法に違反しないと考えて行ったことは，その判断を誤ったものではあるが，著しく注意義務を怠ったものとして重大な過失があったということはできない。そうすると，Y_1以外の被上告人らは県に対し損害賠償責任を負わないというべきである。」

補足意見 **大野正男裁判官**（略） **福田博裁判官**（略）

意　見 **園部逸夫裁判官** 「従来の最高裁判所判例は，公金を宗教上の団体に対して支出することを制限している憲法89条の規定の解釈についても，憲法20条3項の解釈に関するいわゆる目的効果基準が適用されるとしているが，私は，右基準の客観性，正確性及び実効性について，尾崎裁判官の意見と同様の疑問を抱いており，特に，本判決において，その感を深くしている。しかし，その点はさておき，本件において，憲法89条の右規定の解釈について，右基準を適用する必要はないと考える。」 **高橋久子裁判官** 「目的・効果基準は，基準としては極めてあいまいなものといわざるを得ず，このようなあいまいな基準で国家と宗教とのかかわり合いを判断し，憲法20条3項の宗教的活動を限定的に解することについては，国家と宗教との結び付きを許す範囲をいつの間にか拡大させ，ひいては信教の自由もおびやかされる可能性があるとの懸念を持たざるを得ない。」 **尾崎行信裁判官** 「多数意見の示す政教分離規定の解釈は，前述の制定経緯やその趣旨及び文言に忠実とはいえず，また，その判断基準は，極めて多様な諸要素の総合考慮という漠然としたもので，基準としての客観性，明確性に欠けており，相当ではないというほかはなく，私は，これに賛成することができない。」

反対意見 **三好達裁判官** 「私は，本件支出は，憲法20条3項の禁止する宗教的活動に該当せず，また，同89条の禁止する公金の支出にも該当しないし，宗教団体が国から特権を受けることを禁止した同20条1項後段にも違反しないと考える。したがって，Xらの本訴請求は棄却されるべきものであり，これを棄却した原判決は，その結論において維持せらるべく，本件上告は，理由がないものとして，これを棄却すべきものであると考える。」 **可部恒雄裁判官** 「私は，津地鎮祭大法廷判決の定立した基準に従い，その列挙した四つの考慮要素を勘案すれば，自然に合憲の結論に導かれるものと考える……。」

（評釈） ［特集］ジュリ1114号，［特集］法教203号，大橋寛明・ジュリ1119号130，紙谷雅子・判評466号177，安念潤司・法教208号57，諸根貞夫・法セ521号52，平野武・民商118巻1号87，前田徹生・重判〈平成9年度〉10，伊藤眞・

重判〈平成9年度〉129，大橋寛明・曹時51巻4号120，今関源成・法教247号19，野坂泰司・法教307号116，芝池義一・地自百選96，岡田信弘・憲百Ⅰ48，阪口正二郎・論ジュリ17号61。

Ⅲ-4-14　空知太神社事件

最大判平22・1・20民集64巻1号1頁，判時2070号21頁
（財産管理を怠る事実の違法確認請求事件）

事　実　北海道砂川市（以下「市」）の所有にかかる本件各土地上には，地域の集会場等であるS会館（本件建物）が建てられ，その一角に空知太（S）神社（本件神社）の祠（本件祠）が設置され，建物の外壁には「神社」との表示が設けられていた。また，本件土地1上には，鳥居（本件鳥居）及び地神宮（本件地神宮）が設置されている（以下，これら4物件を併せて「本件神社物件」という）。市は，本件建物及び本件神社物件の所有者であるS連合町内会（本件町内会）に対し，本件各土地を無償で本件建物・鳥居及び地神宮の敷地としての利用に供していた（本件利用提供行為）。堅固な構造を有する本件鳥居の上部正面には「S神社」の額が掲げられていた。本件建物には，会館入口とは別に，鳥居の正面に当たる部分に「神社」と表示された入口が設けられ，その入口を入った正面に祠が設置されていた。鳥居の脇には，「地神宮」と彫られた石造の地神宮が設置されていた。鳥居・神社入口及び祠は一直線上に配置され，また，祠内には御神体として天照大神が宿るとされる鏡が置かれていた。本件神社の管理運営をしていた本件氏子集団（神社付近の住民らで構成される氏子集団）は，その会計を町内会の会計とは別に管理していたが，組織についての規約等はなく，氏子の範囲を明確に特定することはできず，本件氏子集団を権利能力なき社団と認めることはできないため，本件神社物件も，法的には町内会の所有と認められる。

本件町内会（S地区の6町内会によって組織される地域団体）は，本件氏子集団を包摂し，各町内会の会員によって組織される運営委員会が本件建物の管理運営を行っていた。建物の主要部分を占める集会室は，ふだんは使用料を徴収して学習塾等の用途に使用されていたが，本件町内会及び本件氏子集団は，本件各土地又は本件建物における本件神社物件の所有・使用について対価を市に支払っていなかった（氏子集団による建物の使用については，氏子総代が町内会に年6万円の使用料を支払っていた）。

本件神社で行われる年3回の祭事のうち，初詣の際には，A神社から提供されたおみくじや交通安全の札等が販売され，代金や売れ残ったおみくじ等はA神社に納められていた。また，春祭りと秋祭りの際には，A神社から宮司の派遣を受け，「S神社」，「地神宮」などと書かれたのぼりが本件鳥居の両脇に立てられたし，秋祭りの際には，本件地神宮の両脇に「奉納地神宮氏子中」などと書かれたのぼりが立てられて神事が行われ，「秋季祭典奉納S神社」などと書かれた看板が地域に掲げられた。

S地区の住民らは，1892（明治25）年頃，五穀豊穣を祈願して，現在の市立S小学校（本件小学校）の所在地付近に祠を建てた。その後，地元住民らが神社創設発願者として，上記所在地付近の3120坪の土地について，北海道庁に土地御貸下願を提出して認められ（1897〔明治30〕年），そこに神社の施設を建立し，天照大神の分霊が祭られて鎮座祭が行われ，地元住民の有志団体（S青年会）がその維持管理に当たった。

1903（明治36）年に上記施設に隣接して本件小学校が建設されたが，1948（昭和23）年頃，校舎増設及び体育館新設計画のための敷地として隣地である上記土地を使用することになり，上記土地から神社の施設を移転する必要が生じたため，同施設は，S地区の住民Dがこの計画に協力するために提供したD所有の本件土地1・4に移設され，1950（昭和25）年には同土地上に本件地神宮も建てられた。その後1953（昭和28）年，Dは，本件土地1・4に係る固定資産税の負担を解消するため，砂川町（当時）に同土地の寄附願出をし，町議会は，同土地の採納の議決及び同土地を祠等の施設のために無償で使用させるとの議決をしたため，町はDからの寄附に基づきその所有権を取得した。

1970（昭和45）年，本件町内会が市から補助金の交付を受けて，本件各土地上に地域の集会場として本件建物を新築したのに伴い，本件町内会は，市から本件土地1・4に加えて本件土地3（地元住民であるEらから市への寄附）を，北海土地改良区（改良区）から本件土地2・5を，いずれも本件建物の敷地として無償で借用した。そして，建物の建築に伴い，本件土地1・4上にあった従前の本件神社の施設は，本件祠及び地神宮を除き取り壊され，建物内の一角に祠が移設され，本件土地1上に本件鳥居が新設された。1994（平成6）年，市は，改良区から本件土地2・5を買い受けた。こうした過程を経て，本件各土地はすべて市の所有地となり，本件建物・鳥居及び地神宮の敷地として無償で提供されていた。

そこで市の住民Xらは，砂川市がその所有する土地を神社施設の敷地として無償で使用させていることは，憲法の定める政教分離原則に違反する行為であって，敷地の使用貸借契約を解除し同施設の撤去及び土地明渡しを請求しないことは違法に財産の管理を怠るものであるとして，Y（市長）を被告としてその違法確認を求めた（地方自治法242条の2第1項3号参照）。

第1審（札幌地判平18・3・3裁判所ウェブサイト）は，①本件施設が宗教施設（神社）であり，本件土地取得の目的は宗教的意義を有し，本件土地の無償提供行為は特定の宗教に特別の便宜を与えこれを援助・助長・促進することが明らかであって憲法20条3項及び89条に違反するとし，②他方，S会館が地域住民の非宗教的活動にも用いられていることにも鑑みれば，使用貸借契約を解除して土地の明渡しを請求しなくても，本件祠や鳥居，神社の表示などを収去させることで違憲状態が解消されると判断し，その限度でYの怠る事実の違法性を確認した。控訴審（札幌高判平19・6・26裁判所ウェブサイト）も，本件神社物件及び本件建物は宗教施設としての性格が明確であり，本件利用提供行為は，「市が特定の宗教上の組織との間にのみ意識的に特別のかかわり合いを持つものであり，一般人に対し市が特定の宗教に特別の便宜を与えているとの印象をもたらすものであって，我が国の社会的，文化的諸条件に照らして相当とされる限度を超え」，憲法20条3項の政教分離原則に違反するとともに，憲法20条1項後段及び89条の政教分離原則の精神に明らかに反するもの」とし，また，上記②の点についてもYの主張を斥けたため，Yが上告。

判　旨　破棄差戻

1憲法判断の枠組み　「憲法89条……の趣旨は，国家が宗教的に中立であることを要求するいわゆる政教分離の原則を，公の財産の利用提供等の財政的な側面において徹底させるところにあり，これによって，憲法20条1項後段の規定する宗教団体に対する特権の付与の禁止を財政的側面からも確保し，信教の自由の保障を一層確実なものにしようとしたものである。しかし，国家と宗教とのかかわり合いには種々の形態があり，およそ国又は地方公共団体が宗教との一切の関係を持つことが許されないというものではなく，憲法89条も，公の財産の利用提供等における宗教とのかかわり合いが，我が国の社会的，文化的諸条件に照らし，信教の自由の保障の確保という制度の根本目的との関係で相当とされる限度を超えるものと認められる場合に，これを許さないとするものと解される。」「国又は地方公共団体が国公有地を無償で宗教的施設の敷地としての用に供する行為は，一般的には，当該宗教的施設を設置する宗教団体等に対する便宜の供与として，憲法89条との抵触が問題となる行為であるといわなければならない。もっとも，国公有地が無償で宗教的施設の敷地としての用に供されているといっても，当該施設の性格や来歴，無償提供に至る経緯，利用の態様等には様々なものがあり得ることが容易に想定されるところである。例えば，一般的には宗教的施設としての性格を有する施設であっても，同時に歴史的，文化財的な建造物として保護の対象となるものであったり，観光資源，国際親善，地域の親睦の場などといった他の意義を有していたりすることも少なくなく，それらの文化的あるいは社会的な価値や意義に着目して当該施設が国公有地に設置されている場合もあり得よう。また，我が国においては，明治初期以来，一定の社寺領を国等に上知（上地）させ，官有地に編入し，又は寄附により受け入れるなどの施策が広く採られたこともあって，国公有地が無償で社寺等の敷地として供される事例が多数生じた。このような事例については，戦後，国有地につき『社寺等に無償で貸し付けてある国有財産の処分に関する法律』……が公布され，公有地についても同法と同様に譲与等の処分をすべきものとする内務文部次官通牒が発出された上，これらによる譲与の申請期間が経過した後も，譲与，売払い，貸付け等の措置が講じられてきたが，それにもかかわらず，現在に至っても，なおそのような措置を講ずることができないまま社寺等の敷地となっている国公有地が相当数残存していることがうかがわれるところである。これらの事情のいかんは，当該利用提供行為が，一般人の目から見て特定の宗教に対する援助等と評価されるか否かに影響するものと考えられるから，政教分離原則との関係を考えるに当たっても，重要な考慮要素とされるべきものといえよう。」「国公有地が無償で宗教的施設の敷地としての用に供されている状態が，……信教の自由の保障の確保という制度の根本目的との関係で相当とされる限度を超えて憲法89条に違反するか否かを判断するに当たっては，当該宗教的施設の性格，当該土地が無償で当該施設の敷地としての用に供されるに至った経緯，当該無償提供の態様，これらに対する一般人の評価等，諸般の事情を考慮し，社会通念に照らして総合的に判断すべきものと解するのが相当である。」「以上のように解すべきことは，当裁判所の判例（最大判昭52・7・13民集31巻4号533頁，最大判平9・4・2民集51巻4号1673頁等）の趣旨とするところからも明らかである。」 **②本件利用提供行為の憲法適合性** 「本件神社物件は，一体として神道の神社施設に当たるものと見るほかはない。」「また，本件神社において行われている諸行事は，地域の伝統的行事として親睦などの意義を有するとしても，神道の方式にのっとって行われているその態様にかんがみると，宗教的な意義の希薄な，単なる世俗的行事にすぎないということはでき」ず，「このような施設の性格に沿って宗教的行事として行われているものということができる。」本件神社物件を管理し，上記のような祭事を行っている本件氏子集団は，「宗教的行事等を行うことを主たる目的としている宗教団体であって，寄附を集めて本件神社の祭事を行っており，憲法89条にいう『宗教上の組織若しくは団体』に当たるものと解される」。「しかし，本件氏子集団は，祭事に伴う建物使用の対価を町内会に支払うほかは，本件神社物件の設置に通常必要とされる対価を何ら支払うことなく，その設置に伴う便益を享受している。すなわち，本件利用提供行為は，その直接の効果として，氏子集団が神社を利用した宗教的活動を行うことを容易にしているものということができる。」「そうすると，本件利用提供行為は，市が，何らの対価を得ることなく本件各土地上に宗教的施設を設置させ，本件氏子集団においてこれを利用して宗教的活動を行うことを容易にさせているものといわざるを得ず，一般人の目から見て，市が特定の宗教に対して特別の便益を提供し，これを援助していると評価されてもやむを得ないものである。」「本件利用提供行為は，もともとは小学校敷地の拡張に協力した用地提供者に報いるという世俗的，公共的な目的から始まったもので，本件神社を特別に保護，援助するという目的によるものではなかったことが認められるものの，明らかな宗教的施設といわざるを得ない本件神社物件の性格，これに対し長期間にわたり継続的に便益を提供し続けていることなどの本件利用提供行為の具体的態様等にかんがみると，……本件利用提供行為は，市と本件神社ないし神道とのかかわり合いが，我が国の社会的，文化的諸条件に照らし，信教の自由の保障の確保という制度の根本目的との関係で相当とされる限度を超えるものとして，憲法89条の禁止する公の財産の利用提供に当たり，ひいては憲法20条1項後段の禁止する宗教団体に対する特権の付与にも該当すると解するのが相当である。」 **3職権による検討**　本件利用提供行為の現状を違憲とする理由は，「判示のような施設の下に一定の行事を行っている本件氏子集団に対し，長期にわたって無償で土地を提供していることによるものであって，このような違憲状態の解消には，神社施設を撤去し土地を明け渡す以外にも適切な手段があり得るというべきである。例えば，戦前に国公有に帰した多くの社寺境内地について戦後に行われた処分等と同様に，本件土地1及び2の全部又は一部を譲与し，有償で譲渡し，又は適正な時価で貸し付ける等の方法によっても上記の違憲性を解消することができる。そして，Yには，本件各土地，本件建物及び本件神社物件の現況，違憲性を解消するための措置が利用者に与える影響，関係者の意向，実行の難易等，諸般の事情を考慮に入れて，相当と認められる方法を選択する裁量権があると解される。本件利用提供行為に至った事情は，それが違憲であることを否定するような事情として評価することまではできないとしても，解消手段の選択においては十分に考慮されるべきであろう。本件利用提供行為が開始された経緯や本件氏子集団による本件神社物件を利用した祭事がごく平穏な態様で行われてきていること等を考慮すると，Yにおいて直接的な手段に訴えて直ちに本件神社物件を撤去させるべきものとすることは，神社敷地として使用することを前提に土地を借り受けている本件町内会の信頼を害するのみならず，地域住民らによって守り伝えられてきた宗教的活動を著しく困難なものにし，氏子集団の構成員の信教の自由に重大な不利益を及ぼすものとなることは自明であるといわざるを得ない。さらに，上記の他の手段のうちには，市議会の議決を要件とするものなども含まれているが，そのような議決が適法に得られる見込みの有無も考慮する必要がある。これらの事情に照らし，Yにおいて他に選択することのできる合理的で現実的な手段が存在する場合には，Yが本件神社物件の撤去及び土地明渡請求という手段を講じていないことは，財産管理上直ちに違法との評価を受けるものではな」く，「それが違法とされるのは，上記のような他の手段の存在を考慮しても，なおYにおいて上記撤去及び土地明渡請求をしないことがYの財産管理上の裁量権を逸脱又は濫用するものと評価される場合に限られるものと解するのが相当である。」本件において，当事者は「本件利用提供行為の違憲性を解消するための他の手段が存在するか否かに関する主張をしておらず，原審も当事者に対してそのような手段の有無に関し釈明権を行使した形跡はうかがわれない。しかし，本件利用提供行為の違憲性を解消するための他の手段があり得ることは，当事者の主張の有無にかかわらず明らかというべきである。また，原審は，本件と併行して，本件と当事者がほぼ共通する市内の別の神社（T 神社）をめぐる住民訴訟を審理しており，同訴訟においては，市有地上に神社施設が存在する状態を解消するため，市が，神社敷地として無償で使用させていた市有地を町内会に譲与したことの憲法適合性が争われていたところ，第1，2審とも，それを合憲と判断し，当裁判所もそれを合憲と判断するものである（最高裁平成19年（行ツ）第334号）。原審は，上記訴訟の審理を通じて，本件においてもそのような他の手段が存在する可能性があり，Y がこうした手段を講ずる場合があることを職務上知っていたものである。」「そうすると，原審が Y において本件神社物件の撤去及び土地明渡請求をすることを怠る事実を違法と判断する以上は，原審において，本件利用提供行為の違憲性を解消するための他の合理的で現実的な手段が存在するか否かについて適切に審理判断するか，当事者に対して釈明権を行使する必要があったというべきである。原審が，この点につき何ら審理判断せず，上記釈明権を行使することもないまま，上記の怠る事実を違法と判断したことには，怠る事実の適否に関する審理を尽くさなかった結果，法令の解釈適用を誤ったか，釈明権の行使を怠った違法があるものというほかない。」 **4**

結論　「以上によれば，本件利用提供行為を違憲とした原審の判断は是認することができるが，Y が本件神社物件の撤去請求をすることを怠る事実を違法とした判断には，判決に影響を及ぼすことが明らかな法令の違反がある。そこで，原判決を職権で破棄し，本件利用提供行為の違憲性を解消するための他の手段の存否等について更に審理を尽くさせるため，本件を原審に差し戻すこととする。」

補足意見　**藤田宙靖裁判官**　「本件において，敢えて目的効果基準の採用それ自体に対しこれを全面的に否定するまでの必要は無いものと考える」が，「ここにいう目的効果基準の具体的な内容あるいはその適用の在り方については，慎重な配慮が必要なのであって，当該事案の内容を十分比較検討することなく，過去における当審判例上の文言を金科玉条として引用し，機械的に結論を導くようなことをしてはならない。」本件において合憲性が問われているのは，「取り立てて宗教外の意義を持つものではない純粋の神道施設につき，地方公共団体が公有地を単純にその敷地として提供しているという事実であ」り，「本件における神社施設は，これといった文化財や史跡等としての世俗的意義を有するものではなく，一義的に宗教施設（神道施設）であって，そこで行われる行事もまた宗教的な行事であることは明らかである」から，「本件利用提供行為が専ら特定の純粋な宗教施設及び行事……を利する結果をもたらしていること自体は，これを否定することができないのであって」，津地鎮祭訴訟，箕面忠魂碑訴訟，大阪地蔵像訴訟とは，「状況が明らかに異なる」。その意味では，「本件における憲法問題は，本来，目的効果基準の適用の可否が問われる以前の問題であるというべきである。」もっとも，「本件神社は，それ自体としては明らかに純粋な神道施設であると認められるものの，他方において，その外観，日々の宗教的活動の態様等からして，さほど宗教施設としての存在感の大きいものであるわけではなく」，また「X らが問題提起をするまでは，他の市民の間において殊更にその違憲性が問題視されることも無かった，というのが実態であったようにもうかがわれる」ことからすると，「少なくとも，本件利用提供行為が，直ちに他の宗教あるいはその信者らに対する圧迫ないし脅威となるとまではいえず」，「敢えて憲法違反を問うまでのことはないのではないかという疑問も抱かれ得るところであろう。」「本件における固有の問題は，一義的に特定の宗教のための施設であれば……地域におけるその存在感がさして大きなものではない……ような場合であっても，そのような施設に対して行われる地方公共団体の土地利用提供行為をもって，当然に憲法 89 条違反といい得るか，という点にある」。しかし「いうまでもなく，政教分離の問題は，対象となる宗教の教義の内容如何とは明確に区別されるべき問題であるし，また，ある宗教を信じあるいは受容している国民の数ないし割合が多いか否かが政教分離の問題と結び付けられるべきものではないことも，明らかである」。憲法 89 条の定める政教分離原則に違反するか否かの問題は，「必ずしも，問題とされている行為によって個々人の信教の自由が現実に侵害されているか否かの事実によってのみ判断されるべきものではない」。**田原睦夫裁判官**　「政教分離原則は，本来，厳格に適用されてしかるべきである」が，「雛祭や七夕祭，地域の盆踊りの如く，巷間行われる行事等が宗教的な起源を有してはいるものの，今日では宗教的な要素がほとんどなく，地域の習俗，年中行事として行われているような場合にまで」その原則が適用されるものではない。また，国家と宗教との関わり合いについては，「国家等が，宗教上の行事等への参加や宗教団体への財政的な出捐等の行為を含む何らかの積極的な関与をなす場合と，国家等が所有する土地や施設に，歴史的な経緯等から宗教的な施設等が存置されているのを除去しないという不作為を含む消極的な関与に止まるにすぎない場合とでは，政教分離原則の位置づけは，自ら異ならざるを得ない」のであって，「前者においては，それが国家等の意思の発現たる性質が顕著であり，国民の精神的自由に対して直接的な影響を及ぼし得るものであるとともに，その社会的影響も大きいことからして，政教分離原則は厳格に適用されるべきである」が，「後者の場合，例えば，路傍の道祖神や地蔵尊等の如く，今日では宗教的な意義が稀薄となり，習俗として存置されたままになっているものや，設置主体や管理主体も定かでない祠等のようなものが設けられているのを除去することなく放置していたとしても，そのことが国家等と宗教との関係において，社会的に何らかの影響をもたらすとは認め難い。」砂川町が土地の寄附を受け容れ，「引き続き本件神社の敷地として無償で利用させることは，実質的に本件神社の管理主体を経済的に支援するために，上記寄附を受け容れたものと認めざるを得ず，それは憲法20条1項後段及び89条に違反するものとして無効であると評さざるを得ない」。**近藤崇晴裁判官**「憲法が政教分離原則において本来的に想定しているのは，国によって政治的に利用される危険性のある宗教であり，典型的にはかつての国家神道がこれに当たる。その他，既成の大宗教に属する有力な教団や信者に対する支配力の強い有力な新宗教など，信者に対する精神的，経済的な支配力の強い宗教が潜在的にその危険性を帯びているであろう。」しかし，このような「弊害を生ずる危険性の大小によって違憲か合憲かの線引きをすることは，困難であり，適切でもない。」本件利用提供行為も，「その直接の効果として，本件氏子集団が本件神社を利用した宗教的活動を行うことを容易にさせているものといわざるを得ないのであって，上記のような弊害を生ずる現実の危険性がいかに乏しいとしても，憲法89条及び20条1項後段に抵触し，違憲であると評価せざるを得ない」。「本件利用提供行為が違憲であるとした場合に，これを解消する方法にはこの撤去等の請求……以外にも，本件各土地の譲与その他の適切な手段があり得る。……そして，違憲状態を解消する方法が上記撤去等の請求だけではないとすれば，これを怠ることが直ちに違法であるということにはならず，Xらの上記確認請求は棄却すべきであるということになる。」また，Xらの求める「鳥居，地神宮等の神社施設の撤去」等の請求は，「政教分離を実現しようとする結果，憲法20条1項前段の保障する信教の自由を侵害することになりかねない」のに対し，「譲与等の手段によるならば，氏子（信者）の信教の自由を侵害するおそれはなく，適切な結果を得ることができる。」

意　見

甲斐中辰夫・中川了滋・古田佑紀・竹内行夫裁判官「国公有地の宗教的施設に対する無償による利用提供行為が相当とされる限度を超えて憲法89条に違反するか否かの判断に当たって」多数意見が示した具体的な判断基準については，基本的に賛成するが，「特に，本件のように明治以来，地域社会と密接な関係を持って，存続し引き継がれてきた宗教的施設については，過去の沿革・経緯，宗教的施設の性格，土地利用の具体的態様，運営主体の性格，地域住民の認識や一般人の評価などを，外形のみならず実態に即して，文字どおり総合的に判断する必要がある。この点で，原判決は，……過去の経緯，土地利用の具体的態様，運営主体の性格，地域住民の認識や一般人の評価などについては，部分的又は抽象的な認定にとどまっている。多数意見も原判決のような一面的な確定事実を基礎として，本件利用提供行為が違憲であるとの判断をしているが，結果として本来の意味での総合的判断がされていないきらいがある。」Yは「本件建物は町内会館であって，本件建物内部の構造は，集会場等地域のコミュニティーセンターとしての利用に供するように造られていて，本件祠が設置されている部分は，そのごく一部であり（本件建物の概略図によれば，その建築面積の20分の1程度），日常的には，その扉は閉ざされたままで，参拝する者は皆無であることや，本件建物の利用状況も，その大半は英語などの学習教室や，老人クラブなどの町内会の親睦等に利用され，年間利用実績355回のうち神社の行事として利用されているのは，2%足らずの7回程度にすぎない」旨を主張立証しており，「本件のように北海道の農村地帯に存在し，専ら地元住民が自らの手で維持，管理してきたもので，地元住民以外に知る人が少ない宗教的施設に対する公有地の利用提供行為についての一般人の評価を検討するのであれば，まず，当該宗教施設が存在する地元住民の一般的な評価を検討しなければならないところ，……Xらによる本件監査請求以前に，住民らが本件利用提供行為の憲法適合性について問題提起したり，市議会において採り上げられたという事情はうかがわれず，……本件利用提供行為に特段憲法上の問題はないとの理解が一般的ではないかと思われる。このような点についての検討をしないで，一般人の評価を抽象的に観念して憲法判断の理由とすることは，審理不尽といわざるを得ない。」

反対意見 **今井功裁判官** 「私は，砂川市がその所有する本件土地を本件神社物件のために無償で使用させている本件利用提供行為が憲法89条の禁止する公の財産の利用提供に当たり，ひいては憲法20条1項後段の禁止する宗教団体に対する特権の付与にも該当して違憲であるとする多数意見の判示」には全面的に賛成するものであるが，多数意見が「原判決を破棄し，本件を原審に差し戻すべきものとする点については賛成することができず，本件上告を棄却すべきものと考える。」 **堀籠幸男裁判官** 「砂川市がその所有する土地を神社施設の敷地として無償で使用させていることが，憲法の定める政教分離原則に違反するかどうか」に関する多数意見の基本的な憲法解釈を前提としても，「これを本件に適用し，違憲と判断する点において，多数意見に賛成することができない。」「神道は，日本列島に住む人々が集団生活を営む中で……自然発生的に育った伝統的な民俗信仰・自然信仰であって，日本の固有文化に起源を持つものであり，」「人々の生活に密着した信仰ともいうべきものであって，その生活の一部になっているともいえる。」「確かに，神道も，憲法にいう宗教としての性質を有することは否定することはできない」が，「これと，創始者が存在し，確固たる教義や教典を持つ排他的な宗教とを，政教分離原則の適用上，抽象的に宗教一般として同列に論ずるのは相当ではない」。「本件神社は，もともと北海道開拓のためS地域へ渡った人々……やその子孫によって開拓当時の思いを伝承するものとして，維持，運営されてきたものであ」り，本件神社の行事は，「主として地域住民の安らぎや親睦を主たる目的として行っているものであり，神道の普及のために行っているものではないと推認することができる。多数意見は，初詣でまでも除外することなく本件神社における諸行事すべてが宗教的な意義の希薄な単なる世俗的行事にすぎないということはできないとしており，国民一般から見れば違和感があるというべきである。」「本件神社物件は，宗教性がより希薄であり，むしろ，習俗的，世俗的施設の意味合いが強い施設というべきである。」したがって，「本件利用提供行為は，我が国の社会的，文化的諸条件に照らし，信教の自由の保障という制度の根本目的との関係で相当とされる限度を超えるものとは到底認められ」ず，「憲法の定める政教分離原則に違反するということはできない。」

評釈 ［特集］ジュリ1399号，小泉良幸・法時82巻4号1，榎透・法セ667号

118，蟻川恒正・法時82巻11号85，野坂泰司・判評622号164，石田明義・法セ673号30，小泉洋一・民商143巻1号44，清野正彦・曹時63巻8号131，常本照樹・重判〈平成22年度〉15，山下竜一・重判〈平成22年度〉67，井上典之・論ジュリ1号125，土井真一・セレクト〈'10〉Ⅰ3，土田伸也・地自百選102，長谷部恭男・憲百Ⅰ52，川嶋四郎・法セ711号136。

(コメント) **富平神社事件** 判旨中でも言及されている別件（最高裁平成19年（行ツ）第334号事件）に対する同日の判決は，砂川市が富平神社（T神社）の敷地となっている市有地を砂川市T町内会に無償で譲与したことにつき違憲だとして争われた事案について，裁判官全員一致で合憲とした（最大判平22・1・20民集64巻1号128頁）。 **第二次上告審判決** 本件が差し戻された後，Y市長らは，本件神社施設を利用する地域住民で構成される氏子集団幹部と協議のうえ，一定の措置を施す手段をとることで合意し，差戻審終了前に合意事項の一部を実施に移した。差戻後控訴審判決（札幌高判平22・12・6裁判所ウェブサイト）は，その手段を違憲性解消の手段として相当であると評価してXらの請求を棄却した。そこで，Xらは，再度上告したが，最高裁判所は，当該手段について，違憲性を解消するための手段として合理的かつ現実的であり，憲法89条，20条1項後段に違反しないと判断した（最一判平24・2・16民集66巻2号673頁）。 **他の政教分離原則関係判例** 政教分離原則違反を争う他の判例として，大阪地蔵像訴訟に対する最一判平4・11・16判時1441号57頁，内閣総理大臣の靖国神社参拝についての訴訟に対する大阪高判平4・7・30判時1434号38頁，福岡地判平16・4・7判時1859号125頁，大阪地判平16・2・27判時1859号79頁，大阪地判平16・2・27判時1859号102頁，松山地判平16・3・16判時1859号117頁，最二判平18・6・23判時1940号122頁，抜穂の儀違憲訴訟に対する最三判平14・7・9判時1799号101頁，鹿児島県大嘗祭訴訟に対する最一判平14・7・11民集56巻6号1204頁，神奈川県大嘗祭訴訟に対する最二判平16・6・28判時1890号41頁，新宮村観音像違憲訴訟に対する松山地判平13・4・27判タ1058号290頁などがある。さらに白山比咩神社御鎮座二千百年式年大祭奉賛会発会式での白山市長による祝辞が違憲ではないかが争われた白山比咩神社事件において，控訴審の名古屋高金沢支判平20・4・7判時2006号53頁は，違憲の主張を認めたのに対し，最高裁判所は，当該大祭が観光上重要な行事であり，そこに市長が祝辞を述べたこと，宗教的儀式を伴っていなかったこと，市長の祝辞の内容が一般の儀礼的な祝辞の範囲内であったことなどを根拠に，憲法20条3項違反の主張を斥けている（最一判平22・7・22判時2087号26頁）。

(4)　集会・結社の自由

a）制限と保護の限界

Ⅲ-4-15　皇居外苑使用不許可事件

最大判昭28・12・23民集7巻13号1561頁，判時17号19頁
（皇居外苑使用不許可処分取消請求事件）

事　実　Xは，1951（昭和26）年11月10日に，翌年の5月1日のメーデーに使用するため，厚生大臣に対してその管理する皇居外苑の使用許可の申請をしたが，不許可の処分を受けたので，同処分は国民公園管理規則の趣旨を誤解しかつ憲法21条，28条に違反するものであるとして不許可処分取消しの訴えを提起した。第1審（東京地判昭27・4・28行集3巻3号634頁）は，本件不許可処分は国民公園管理規則の適用を誤り，ひいては憲法21条に反するとして同処分を取り消した。そこで厚生大臣は控訴したが，控訴審（東京高判昭27・11・15行集3巻11号2366頁）は，すでに5月1日が本訴係属中に経過した以上不許可処分の取消しを求める実益はないとしてXの請求を棄却したので，Xは憲法32条，76条2項違反を理由に最高裁に上告した。

判　旨　**棄却**　**1本訴請求と法律上の利益**　「Xの本訴請求は，同日の経過により判決を求める法律上の利益を喪失したものといわなければならない。……原判決は，Xの本訴請求を権利保護の利益なきものとして棄却の裁判をしたものであって，裁判そのものを拒否したものではなく，憲法32条に違反したものとはいえない。また，原判決は本訴のごとき訴は，所期の日時までに確定判決を受けることは不可能ではないと判断したものであるから，憲法76条2項の保障に反したものともいえない。」　**2管理権と集会の自由**（「なお，念のため，本件不許可処分の適否に関する当裁判所の意見を附加する。……国民公園管理規則……4条……に基いた本件不許可処分は，厚生大臣がその管理権の範囲内に属する国民公園の管理上の必要から，本件メーデーのための集会及び示威行進に皇居外苑を使用することを許可しなかったのであって，何ら表現の自由又は団体行動権自体を制限することを目的としたものでないことは明らかである。ただ，厚生大臣が管理権の行使として本件不許可処分をした場合でも，管理権に名を藉り，実質上表現の自由又は団体行動権を制限するの目的に出でた場合は勿論，管理権の適正な行使を誤り，ために実質上これらの基本的人権を侵害したと認められうるに至った場合には，違憲の問題が生じうるけれども，本件不許可処分は……管理権の適正な運用を誤ったものとは認められないし，また，管理権に名を藉りて実質上表現の自由又は団体行動を制限することを目的としたものとも認められないのであって，……憲法21条及び28条違反であるということはできない。」）

意　見　**栗山茂裁判官**　「公共用物の使用許可の中には往々にして管理本来の作用と併せて警察許可の性質を帯びているものがある。そうして厚生大臣は本件規則4条……によってかような警察許可の性質を有する許可を規定したものであるから，法律に特別の定を必要とするものである。それ故法律に特別の定なくして規定された右規則4条は違法であって，それに基いてなされた本訴不許可処分もまた違法たるを免れない。」

（評釈）　南博方・ジュリ200号136，田中二郎・ジュリ248号の2第100，俵静夫・ジュリ276号の2第44，橋本公亘・憲法の判例65，市川正人・法教207号42，町村泰貴・民訴百選〈第3版〉37，齊藤芳浩・憲百Ⅰ85，大久保規子・行政百選Ⅰ65。

Ⅲ-4-16　成田新法訴訟

最大判平4・7・1民集46巻5号437頁，判時1425号45頁
（工作物等使用禁止命令取消等請求事件）

事　実　運輸大臣Yは，1979（昭和54）年以降毎年2月に，原告Xに対して，成田新法（正式には「新東京国際空港の安全確保に関する緊急措置法」，その後「成田国際空港の安全確保に関する緊急措置法」と名称変更）3条1項に基づき，空港の規制区域内に所在するX所有の通称「横堀要塞」を，1年間，「多数の暴力主義的破壊活動者の集合の用」（3条1項1号），または，「暴力主義的破壊活動等に使用され，又は使用されるおそれがあると認められる爆発物，火炎びん等の物の製造又は保管の場所の用」（同2号）に供することを禁止する旨の処分をした。この使用禁止命令に対して，Xは，その取消しを請求するとともに，国に対して慰謝料等の支払を求めて出訴したところ，第1審（千葉地判昭59・2・3訟月30巻7号1208頁），第2審（東京高判昭60・10・23民集46巻5号483頁）で敗訴したため，成田新法3条1項1号・2号，3項が憲法21条1項，22条1項，29条1項・2項，31条，35条に違反する等と主張して，上告した。

判　旨　**一部破棄自判，一部棄却**　**集会の自由の意義と成田新法による規制**　「現代民主主義社会においては，集会は，国民が様々な意見や情報等に接することにより自己の思想や人格を形成，発展させ，また，相互に意見や情報等を伝達，交流する場として必要であり，さらに，対外的に意見を表明するための有効な手段であるから，憲法21条1項の保障する集会の自由は，民主主義社会における重要な基本的人権の一つとして特に尊重されなければならないものである。」「しかしながら，集会の自由といえどもあらゆる場合に無制限に保障されなければならないものではなく，公共の福祉による必要かつ合理的な制限を受けることがあるのはいうまでもない。そして，このような自由に対する制限が必要かつ合理的なもの

として是認されるかどうかは，制限が必要とされる程度と，制限される自由の内容及び性質，これに加えられる具体的制限の態様及び程度等を較量して決めるのが相当である（最大判昭58・6・22民集37巻5号793頁参照)。」「そこで検討するに，本法3条1項1号に基づく工作物使用禁止命令により保護される利益は，新空港若しくは航空保安施設等の設置，管理の安全の確保並びに新空港及びその周辺における航空機の航行の安全の確保であり，それに伴い新空港を利用する乗客等の生命，身体の安全の確保も図られるのであって，これらの安全の確保は，国家的，社会経済的，公益的，人道的見地から極めて強く要請されるところのものである。他方，右工作物使用禁止命令により制限される利益は，多数の暴力主義的破壊活動者が当該工作物を集合の用に供する利益にすぎない。しかも，前記本法制定の経緯に照らせば，暴力主義的破壊活動等を防止し，前記新空港の設置，管理等の安全を確保することには高度かつ緊急の必要性があるというべきであるから，以上を総合して較量すれば，規制区域内において暴力主義的破壊活動者による工作物の使用を禁止する措置を採り得るとすることは，公共の福祉による必要かつ合理的なものであるといわなければならない。また，本法2条2項にいう『暴力主義的破壊活動等を行い，又は行うおそれがあると認められる者』とは，本法1条に規定する目的や本法3条1項の規定の仕方，さらには，同項の使用禁止命令を前提として，同条6項の封鎖等の措置や同条8項の除去の措置が規定されていることなどに照らし，『暴力主義的破壊活動を現に行っている者又はこれを行う蓋然性の高い者』の意味に解すべきである。そして，本法3条1項にいう『その工作物が次の各号に掲げる用に供され，又は供されるおそれがあると認めるとき』とは，『その工作物が次の各号に掲げる用に現に供され，又は供される蓋然性が高いと認めるとき』の意味に解すべきである。したがって，同項1号が過度に広範な規制を行うものとはいえず，その規定する要件も不明確なものであるとはいえない。」

意　見　園部逸夫裁判官（略）　可部恒雄裁判官（略）

(評釈)　野中俊彦・ジュリ1009号27，千葉勝美・ジュリ1009号33，永田秀樹・法セ455号122，渋谷秀樹・法教148号108，中谷実・セレクト〈'92〉16，千葉勝美・曹時45巻3号187，田村和之・判評411号164，渡辺久丸・民商108巻4＝5号235，熊本信夫・重判〈平成4年度〉51，市川正人・法教206号34，同・法教207号42，井上典之・法セ627号62，宮地基・憲百Ⅱ 115，宇那木正寛・行政百選Ⅰ 116。

(コメント)　なお，本判決は，他の憲法違反の主張に対しても合憲の判断を下し，特に，憲法31条違反の争点については，園部逸夫裁判官と可部恒雄裁判官がそれぞれ意見を付している。⇒Ⅲ-6-8。

Ⅲ-4-17　泉佐野市民会館使用不許可事件

最三判平7・3・7民集49巻3号687頁，判時1525号34頁
（損害賠償請求事件）

事　実　Xらは，1984（昭和59）年6月3日に市立泉佐野市民会館ホールで「関西新空港反対全国総決起集会」を開催するため，Y（同市長）に対し，同年4月2日，市立泉佐野市民会館条例6条に基づき，使用団体名を「全関西実行委員会」として使用許可申請をした。これに対してYは，同条例7条1号の「公の秩序をみだすおそれがある場合」および3号の「その他会館の管理上支障があると認められる場合」に該当するとして不許可処分をしたため，Xらは損害賠償を請求した。第1審（大阪地判昭60・8・14民集49巻3号872頁）は本件不許可処分が適法であるとしてXらの請求を棄却し，第2審（大阪高判平元・1・25民集49巻3号885頁）も控訴を棄却したので，Xらが，憲法21条1項・2項，地方自治法244条に違反すると主張して上告。

判　旨　**棄却**　**1集会の自由の制約の審査基準**　「集会の用に供される公共施設の管理者は，当該公共施設の種類に応じ，また，その規模，構造，設備等を勘案し，公共施設としての使命を十分達成せしめるよう適正にその管理権を行使すべきであって，これらの点からみて利用を不相当とする事由が認められないにもかかわらずその利用を拒否し得るのは，利用の希望が競合する場合のほかは，施設をその集会のために利用させることによって，他の基本的人権が侵害され，公共の福祉が損なわれる危険がある場合に限られるものというべきであり，このような場合には，その危険を回避し，防止するために，その施設における集会の開催が必要かつ合理的な範囲で制限を受けることがあるといわなければならない。そして，右の制限が必要かつ合理的なものとして肯認されるかどうかは，基本的には，基本的人権としての集会の自由の重要性と，当該集会が開かれることによって侵害されることのある他の基本的人権の内容や侵害の発生の危険性の程度等を較量して決せられるべきものである。」「以上のように解すべきことは，当裁判所大法廷判決（最大判昭28・12・23民集7巻13号1561頁，最大判昭59・12・12民集38巻12号1308頁，最大判昭61・6・11民集40巻4号872頁，最大判平4・7・1民集46巻5号437頁）の趣旨に徴して明らかである。」「そして，このような較量をするに当たっては，集会の自由の制約は，基本的人権のうち精神的自由を制約するものであるから，経済的自由の制約における以上に厳格な基準の下にされなければならない（最大判昭50・4・30民集29巻4号572頁参照）。」

2本件条例の限定解釈　「本件条例7条1号は，『公の秩序をみだすおそれがある場合』を本件会館の使用を許可してはならない事由として規定しているが，同号は，広義の表現を採っているとはいえ，右のような趣旨からして，本件会館における集会の自由を保障することの重要性よりも，本件会館で集会が開かれることによって，人の生命，身体又は財産が侵害され，公共の安全が損なわれる危険を回避し，防止することの必要性が優越する場合をいうものと限定して解すべきであり，その危険性の程度としては，前記大法廷判決の趣旨によれば，単に危険な事態を生ずる蓋然性があるというだけでは足りず，明らかな差し迫った危険の発生が具体的に予見されることが必要であると解するのが相当である（最大判昭29・11・24刑集8巻11号1866頁参照）。そう解する限り，このような規制は，他の基本的人権に対する侵害を回避し，防止するために必要かつ合理的なものとして，憲法21条に違反するものではなく，また，地方自治法244条に違反するものでもないというべきである」。**3本件不許可処分の適否**　「主催者が集会を平穏に行おうとしているのに，その集会の目的や主催者の思想，信条に反対する他のグループ等がこれを実力で阻止し，妨害しようとして紛争を起こすおそれがあることを理由に公の施設の利用を拒むことは，憲法21条の趣旨に反するところである。しかしながら……本件不許可処分は，本件集会の目的やその実質上の主催者と目される中核派という団体の性格そのものを理由とするものではなく，また，Yの主観的な判断による蓋然的な危険発生のおそれを理由とするものでもなく，中核派が，本件不許可処分のあった当時，関西新空港の建設に反対して違法な実力行使を繰り返し，対立する他のグループと暴力による抗争を続けてきたという客観的事実からみて，本件集会が本件会館で開かれたならば，本件会館内又はその付近の路上等においてグループ間で暴力の行使を伴う衝突が起こるなどの事態が生じ，その結果，グループの構成員だけでなく，本件会館の職員，通行人，付近住民等の生命，身体又は財産が侵害されるという事態を生ずることが，具体的に明らかに予見されることを理由とするものと認められる。」「したがって，本件不許可処分が憲法21条，地方自治法244条に違反するということはできない。」

補足意見　**園部逸夫裁判官**　「この種の会館の使用が，集会の自由ひいては表現の自由の保障に密接にかかわる可能性のある状況の下において……条例の運用が，右の諸自由に対する公権力による恣意的な規制に至るおそれがないとはいえない。」「本件条例は，公物管理条例であって，会館に関する公物管理権の行使について定めるのを本来の目的とするものであるから，公の施設の管理に関連するものであっても，地方公共の秩序の維持及び住民・滞在者の安全の保持のための規制に及ぶ場合は（地方自治法2条3項1号），公物警察権行使のための組織・権限及び手続に関する法令（条例を含む。）に基づく適正な規制によるべきである。右の観点からすれば，本件条例7条1号は，「正当な理由」による公の施設利用拒否を規定する地方自治法244条2項の委任の範囲を超える疑いがないとはいえない」。

（評釈） 近藤崇晴・ジュリ1069号82，浅利祐一・法セ488号75，小高剛・法教180号102，近藤崇晴・曹時47巻9号305，紙谷雅子・判評442号215，井上典之・セレクト〈'95〉13，藤井俊夫・重判〈平成7年度〉16，藤田達朗・民商115巻1号67，米沢広一・法教247号24，井上典之・法セ619号66，川岸令和・憲百Ⅰ186。

（コメント） 上尾市福祉会館事件に関する最二判平8・3・15民集50巻3号549頁は，本判決を引用することなく，福祉会館使用不許可処分を違法と判示している。また，最三判平18・2・7民集60巻2号401頁は，公立学校施設の目的外使用不許可処分について，それが裁量権の逸脱・濫用であり違法だと判示している。

Ⅲ-4-18 広島市暴走族追放条例事件

最三判平19・9・18刑集61巻6号601頁，判時1987号150頁
（広島市暴走族追放条例違反被告事件）

事 実 被告人Yは，観音連合などの暴走族構成員約40名と共謀の上，2002（平成14）年11月23日午後10時31分ころから，広島市が管理する公共の場所である広島市中区所在の「広島市西新天地公共広場」において，広島市長の許可を得ないで，所属する暴走族のグループ名を刺しゅうした「特攻服」と呼ばれる服を着用し，顔面の全部若しくは一部を覆い隠し，円陣を組み，旗を立てる等威勢を示して，公衆に不安又は恐怖を覚えさせるような集会を行い，同日午後10時35分ころ，同所において，広島市暴走族追放条例（平成14年広島市条例39号。以下「本条例」という）による広島市長の権限を代行する広島市職員から，上記集会を中止して上記広場から退去するよう命令を受けたが，これに従わず，引き続き同所において，同日午後10時41分ころまで本件集会を継続し，もって，上記命令に違反したものである。

なお，本条例は，16条1項において，「何人も，次に掲げる行為をしてはならない。」と定め，その1号として「公共の場所において，当該場所の所有者又は管理者の承諾又は許可を得ないで，公衆に不安又は恐怖を覚えさせるようない集又は集会を行うこと。」を掲げ，17条は，「前条第1項第1号の行為が，本市の管理する公共の場所において，特異な服装をし，顔面の全部若しくは一部を覆い隠し，円陣を組み，又は旗を立てる等威勢を示すことにより行われたときは，市長は，当該行為者に対し，当該行為の中止又は当該場所からの退去を命ずることができる。」とし，本条例19条は，この市長の命令に違反した者は，6月以下の懲役又は10万円以下の罰金に処するものと規定している。

Yは，自己に適用された上記各規定（以下「本規定」という）の文言が不明確

であり，また，規制対象が広範に過ぎ，さらに，本条例のような集会の規制は憲法21条1項の集会の自由の保障を侵害するものであるとして，憲法31条，21条1項に違反すると主張した。これに対し，第1審・第2審判決（広島地判平16・7・16刑集61巻6号645頁，広島高判平17・7・28刑集61巻6号662頁）はいずれも，その合憲性を肯定し，Yを有罪とした。

判　旨　棄却

1本規定についての合憲限定解釈　「本条例は，暴走族の定義において社会通念上の暴走族以外の集団が含まれる文言となっていること，禁止行為の対象及び市長の中止・退去命令の対象も社会通念上の暴走族以外の者の行為にも及ぶ文言となっていることなど，規定の仕方が適切ではなく，本条例がその文言どおりに適用されることになると，規制の対象が広範囲に及び，憲法21条1項及び31条との関係で問題があることは所論のとおりである。しかし，本条例19条が処罰の対象としているのは，同17条の市長の中止・退去命令に違反する行為に限られる。そして，本条例の目的規定である1条は，『暴走行為，い集，集会及び祭礼等における示威行為が，市民生活や少年の健全育成に多大な影響を及ぼしているのみならず，国際平和文化都市の印象を著しく傷つけている』存在としての『暴走族』を本条例が規定する諸対策の対象として想定するものと解され，本条例5条，6条も，少年が加入する対象としての『暴走族』を想定しているほか，本条例には，暴走行為自体の抑止を眼目としている規定も数多く含まれている。また，本条例の委任規則である本条例施行規則3条は，『暴走，騒音，暴走族名等暴走族であることを強調するような文言等を刺しゅう，印刷等をされた服装等』の着用者の存在（1号），『暴走族名等暴走族であることを強調するような文言等を刺しゅう，印刷等をされた旗等』の存在（4号），『暴走族であることを強調するような大声の掛合い等』（5号）を本条例17条の中止命令等を発する際の判断基準として挙げている。このような本条例の全体から読み取ることができる趣旨，さらには本条例施行規則の規定等を総合すれば，本条例が規制の対象としている『暴走族』は，本条例2条7号の定義にもかかわらず，暴走行為を目的として結成された集団である本来的な意味における暴走族の外には，服装，旗，言動などにおいてこのような暴走族に類似し社会通念上これと同視することができる集団に限られるものと解され，したがって，市長において本条例による中止・退去命令を発し得る対象も，Yに適用されている『集会』との関係では，本来的な意味における暴走族及び上記のようなその類似集団による集会が，本条例16条1項1号，17条所定の場所及び態様で行われている場合に限定されると解される。」　**2本規定は憲法21条1項，31条に違反しない**　「このように限定的に解釈すれば，本条例16条1項1号，17条，19条の規定による規制は，広島市内の公共の場所における暴走族による集会等が公衆の平穏を害してきたこと，規制に係る集会であっても，これを行うことを直ちに犯罪として処罰するのではなく，市長による中止命令等の対象とするにとどめ，この命令に違反した場合に初めて処罰すべきものとするという事後的かつ段階的規制によっていること等にかんがみると，その弊害を防止しようとする規制目的の正当性，弊害防止手段としての合理性，この規制により得られる利益と失われる利益との均衡の観点に照らし，いまだ憲法21条1項，31条に違反するとまではいえないことは，最大判昭49・11・6刑集28巻9号393頁，最大判平4・7・1民集46巻5号437頁の趣旨に徴して明らかである。」

補足意見　**堀籠幸男裁判官**「最大判昭59・12・12民集38巻12号1308頁は，関税定率法21条1項3号の『公安又は風俗を害すべき書籍，図画』等の明確性が問題となった事案において，Yに適用された『風俗』に関する部分についてのみ判断し，『公安』の関係については一切判断していない。これは，憲法判断をするに際し，最高裁判所が当該事件に直接には適用されない文言の関係について判断するのは適当でないことを明らかにしたものと解される。本件においては，Yに適用されたのは『集会』という文言であって，『い集』という文言は適用されていないのである。したがって，『い集』という文言の不明確性をもって，違憲の理由とすることは相当ではないと考える。」**那須弘平裁判官**「本条例は，広島市における暴走族の追放を眼目として，市民生活の安全と安心が確保される地域社会の実現を図るために制定されたものであり，地方自治の本旨に基づく市の責務遂行の一環として，それなりの評価がなされて然るべき性質のものである。」「私は，本件につき第1審及び原審の判断を維持しつつ，憲法上広範に過ぎると判断される部分については判決書の中でこれを指摘するにとどめ，後のことは広島市における早期かつ適切な改正等の自発的な措置にまつこととするのが至当であると考える。」

反対意見　**藤田宙靖裁判官**「私もまた，法令の合憲限定解釈一般について，それを許さないとするものではないが，表現の自由の規制について，最高裁判所が法令の文言とりわけ定義規定の強引な解釈を行ってまで法令の合憲性を救うことが果たして適切であるかについては，重大な疑念を抱くものである。本件の場合，広島市の立法意図が多数意見のいうようなところにあるのであるとするならば，『暴走族』概念の定義を始め問題となる諸規定をその趣旨に即した形で改正することは，技術的にさほど困難であるとは思われないのであって，本件は，当審が敢えて合憲限定解釈を行って条例の有効性を維持すべき事案ではなく，違憲無効と判断し，即刻の改正を強いるべき事案であると考える。」**田原睦夫裁判官**「本条例の規制対象者は，本条例の目的規定を超えて『何人も』がその対象であり，その対象行為は，本条例の制定目的を遥かに超えて，特異な服装等一般に及び得るのであって，その対象行為は余りに広範囲であって憲法31条に違反すると共に，民主主義国家であれば当然に認められるいわば憲法11条，13条をまつまでもなく認められる行動の自由権を侵害し，また，表現，集会の自由を侵害するものとして憲法21条に違反するものであると言わざるを得ない。」「本条例によって保護されるのは，市が管理する公共の場所を利用する公衆の漠とした『不安』，『恐怖』にすぎず，他方規制されるのは，人間の根源的な服装や行動の自由，思想，表現の自由であり，しかもそれを刑罰の威嚇の下に直接規制するものであって，その保護法益ないし侵害行為と規制内容の間の乖離が著しいと解さざるを得ない。」「したがって，かかる視点からしても，本条例は憲法11条，13条，21条，31条に反するものであると言わざるを得ないのである。」「多数意見のように限定解釈によって，本条例の合憲性を肯定した場合，仮にその限定解釈の枠を超えて本条例が適用されると，それに伴って，国民（市民）の行動の自由や表現，集会の自由等精神的自由が，一旦直接に規制されることとなり，それがその後裁判によって，その具体的適用が限定解釈の枠を超えるものとして違法とされても，既に侵害された国民（市民）の精神的自由自体は，回復されないのであり，また，一旦，それが限定解釈の枠を超えて適用されると，それが違憲，無効であるとの最終判断がなされるまでの間，多くの国民（市民）は，本条例が限定解釈の枠を超えて適用される可能性があり得ると判断して行動することとなり，国民（市民）の行動に対し，強い萎縮的効果をもたらしかねないのである。」

（評釈）　門田孝・法時79巻13号1，豊田兼彦・法セ637号115，井上禎男・法セ637号112，前田巌・ジュリ1350号84，曽我部真裕・セレクト〈'07〉7，巻美矢紀・重判〈平成19年度〉16，宿谷晃弘・法時81巻3号121，曽根威彦・判評604号180，前田巌・曹時62巻10号170，青井未帆・論ジュリ1号90，長谷部恭男・地自百選26，西村裕一・憲百Ⅰ89。

b）公安条例事件

Ⅲ-4-19　新潟県公安条例事件

最大判昭29・11・24刑集8巻11号1866頁，判時39号3頁
（昭和24年新潟県条例第4号違反被告事件）

事　実　Y_1，Y_2は，1949（昭和24）年4月8日，酒の密造容疑者30数名の一斉検挙に抗議し，釈放要求をかかげて，無許可で警察署前の空地と道路上に集まった200〜300名の集団示威運動を指導し，新潟県の「行列行進，集団示威運動に関する条例」違反として起訴され，第1審（新潟地高田支判昭24・12・6刑集8巻11号1884頁），第2審（東京高判昭25・10・26刑集8巻11号1885頁）とも，3月および4月の懲役刑に処された。Y_1らは，憲法21条の保障する表現の自由は絶対的であり，憲法上保障された「行列行進又は集団示威運動」を公安委員会の許可がなければ行えないというのは矛盾であると主張して上告した。

判 旨 棄却

1 **デモ等の制限基準** 「行列行進又は公衆の集団示威運動（以下単にこれらの行動という）は，公共の福祉に反するような不当な目的又は方法によらないかぎり，本来国民の自由とするところであるから，条例においてこれらの行動につき単なる届出制を定めることは格別，そうでなく一般的な許可制を定めてこれを事前に抑制することは，憲法の趣旨に反し許されないと解するを相当とする。しかしこれらの行動といえども公共の秩序を保持し，又は公共の福祉が著しく侵されることを防止するため，特定の場所又は方法につき，合理的かつ明確な基準の下に，予じめ許可を受けしめ，又は届出をなさしめてこのような場合にはこれを禁止することができる旨の規定を条例に設けても，これをもって直ちに憲法の保障する国民の自由を不当に制限するものと解することはできない。……さらにまた，これらの行動について公共の安全に対し明らかな差迫った危険を及ぼすことが予見されるときは，これを許可せず又は禁止することができる旨の規定を設けることも，これをもって直ちに憲法の保障する国民の自由を不当に制限することにはならないと解すべきである。」 2 **本件条例の合憲性** 「本件の新潟県条例……の1条……にいう『行列行進又は公衆の集団示威運動』は，その解釈として括弧内に『徒歩又は車輌で道路公園その他公衆の自由に交通することができる場所を行進し又は占拠しようとするもの，以下同じ』と記載されているから，本件条例が許可を受けることを要求する行動は，……その4条1項後段同2項4項を合せて考えれば，……冒頭に述べた意味において特定の場所又は方法に関するものに限ることがうかがわれ，またこれらの行動といえども特段の事由のない限り許可することを原則とする趣旨であることが認められる。されば本件条例1条の立言（括弧内）はなお一般的な部分があり，特に4条1項の前段はきわめて抽象的な基準を掲げ，公安委員会の裁量の範囲がいちじるしく広く解されるおそれがあって，いずれも明らかな具体的な表示に改めることが望ましいけれども，条例の趣旨全体を綜合して考察すれば，本件条例は許可の語を用いてはいるが，これらの行動そのものを一般的に許可制によって抑制する趣旨ではなく，上述のように別の観点から特定の場所又は方法についてのみ制限する場合があることを定めたものに過ぎないと解するを相当とする。されば本件条例は，所論の憲法12条同21条同28条同98条その他論旨の挙げる憲法のいずれの条項にも違反するものではなく，従って原判決にも所論のような違法はなく論旨は理由がない。」 3 **条例の適用範囲** 「なお地方公共団体の制定する条例は，憲法が特に民主主義政治組織の欠くべからざる構成として保障する地方自治の本旨に基き〔憲法92条〕，直接憲法94条により法律の範囲内において制定する権能を認められた自治立法にほかならない。従って条例を制定する権能もその効力も，法律の認める範囲を越えることを得ないとともに，法律の範囲内に在るかぎり原則としてその効力は当然属地的に生ずるものと解すべきである。それゆえ本件条例は，新潟県の地域内においては，この地域に来れる何人に対してもその効力を及ぼすものといわなければならない。なお条例のこの効力は，法令又は条例に別段の定めある場合，若しくは条例の性質上住民のみを対象とすること明らかな場合はこの限りでないと解すべきところ，本件条例についてはかかる趣旨は認められない。従ってYが長野県の在住者であったとしても，新潟県の地域内において右条例5条の罰則に当る行為があった以上その罪責を免れるものではない。」

補足意見　井上登・岩松三郎裁判官（略）

少数意見　藤田八郎裁判官「およそ問題となるべき行列行進又は公衆の集団示威運動のほとんどすべては徒歩又は車輌で道路公園その他公衆の自由に交通することができる場所を行進し又は占拠しようとするものであって，それ以外の場所方法による集団行動は，ほとんど，ここで問題とするに足りないと云っても過言ではあるまい。右条例掲示のような場所方法による集団行動のすべてを許可制にかかるとすることは，とりもなおさず，この種行動に対する一般的，抽象的な抑制に外ならないのであって，これをしも，場所と方法とを特定してする局限的の抑制とするがごときは，ことさらに，顧みて他をいうのそしりを免れないのであろう。」

評釈　菊井康郎・地自百選〈第2版〉24，市川正人・法教207号42，植村勝慶・憲百Ⅰ87。

Ⅲ-4-20　東京都公安条例事件

最大判昭35・7・20刑集14巻9号1243頁，判時229号6頁
（昭和25年東京都条例第44号集会，集団行進及び集団示威運動に関する条例違反被告事件）

事　実　Yらは，1958（昭和33）年の9月，11月に，東京都公安委員会の許可を得ないで集会・集団行進を主催したり，指導したり，または同委員会の許可条件に違反する集団行進を指導した者として，東京都公安条例違反で起訴された。第1審（東京地判昭34・8・8刑集14巻9号1281頁）は，先例（⇒Ⅲ-4-19）のかかげた基準を同条例にあてはめ，規制の対象が一般的であり，許可の基準も不明確で，不許可または保留された場合の救済手段も用意されていない等の点で，憲法上特に重要視されねばならぬ表現の自由に対する行きすぎた制限であるとして，条例を違憲とし無罪を言い渡した。控訴を受けた東京高裁は，刑事訴訟規則247条によって事件を最高裁に移送した。

判　旨　**破棄差戻**　**1表現の自由の意義**　「そもそも憲法21条の規定する集会，結社および言論，出版その他一切の表現の自由が，侵すことのできない永久の権利すなわち基本的人権に属し，その完全なる保障が民主政治の基本原則の一つであること，とくにこれが民主主義を全体主義から区別する最も重要な一特徴をなすことは，多言を要しない。しかし国民がこの種の自由を濫用することを得ず，つねに公共の福祉のためにこれを利用する責任を負うことも，他の種類の基本的人権とことなるところはない(憲法12条参照)。この故に日本国憲法の下において，裁判所は，個々の具体的事件に関し，表現の自由を擁護するとともに，その濫用を防止し，これと公共の福祉との調和をはかり，自由と公共の福祉との間に正当な限界を画することを任務としているのである。」　**2集団行動の特質と規制の必要性**　「およそ集団行動は，学生，生徒等の遠足，修学旅行等および，冠婚葬祭等の行事をのぞいては，通常一般大衆に訴えんとする，政治，経済，労働，世界観等に関する何等かの思想，主張，感情等の表現を内包するものである。この点において集団行動には，表現の自由として憲法によって保障さるべき要素が存在することはもちろんである。ところでかような集団行動による思想等の表現は，単なる言論，出版等によるものとはことなって，現在する多数人の集合体自体の力，つまり潜在する一種の物理的力によって支持されていることを特徴とする。かような潜在的な力は，あるいは予定された計画に従い，あるいは突発的に内外からの刺激，せん動等によってきわめて容易に動員され得る性質のものである。この場合に平穏静粛な集団であっても，時に昂奮，激昂の渦中に巻きこまれ，甚だしい場合には一瞬にして暴徒と化し，勢いの赴くところ実力によって法と秩序を蹂躙し，集団行動の指揮者はもちろん警察力を以てしても如何ともし得ないような事態に発展する危険が存在すること，群集心理の法則と現実の経験に徴して明らかである。従って地方公共団体が……集団行動による表現の自由に関するかぎり，いわゆる『公安条例』を以て，地方的情況その他諸般の事情を十分考慮に入れ，不測の事態に備え，法と秩序を維持するに必要かつ最小限度の措置を事前に講ずることは，けだし止むを得ない次第である。」　**3本条例の合憲性**　「しからば如何なる程度の措置が必要かつ最小限度のものとして是認できるであろうか。これについては，公安条例の定める集団行動に関して要求される条件が「許可」を得ることまたは「届出」をすることのいずれであるかというような，概念乃至用語のみによって判断すべきでない。またこれが判断にあたっては条例の立法技術上のいくらかの欠陥にも拘泥してはならない。我々はそのためにすべからく条例全体の精神を実質的かつ有機的に考察しなければならない。」「今本条例を検討するに，集団行動に関しては，公安委員会の許可が要求されている（1条）。しかし公安委員会は集団行動の実施が『公共の安寧を保持する上に直接危険を及ぼすと明らかに認められる場合』の外はこれを許可しなければならない（3条）。すなわち許可が義務づけられており，不許可の場合が厳格に制限されている。従って本条例は規定の文面上では許可制を採用しているが，この許可制はその実質において届出制とことなるところがない。……もちろん『公共の安寧を保持する上に直接危険を及ぼすと明らかに認められる場合』には，許可が与えられないことになる。……許可または不許可の処分をするについて，かような場合に該当する事情が存するかどうかの認定が公安委員会の裁量に属することは，それが諸般の情況を具体的に検討，考量して判断すべき性質の事項であることから見て当然である。我々は，とくに不許可の処分が不当である場合を想定し，または許否の決定が保留されたまま行動実施予定日が到来した場合の救済手段が定められていないことを理由としてただちに本条例を違憲，無効と認めることはできない。」「条例の運用にあたる公安委員会が権限を濫用し，公安の安寧の保持を口実にして，平穏で秩序ある集団行動まで抑圧することのないよう極力戒心すべきこともちろんである。しかし濫用の虞れがあり得るからといって，本条例を違憲とすることは失当である。」

反対意見　**藤田八郎裁判官**「自分は原判決と共に，本条例の許可制は，表現の自由に対する必要にしてやむを得ない最小限度の規制とはみとめ難く，憲法の趣意に沿わないものと断ぜざるを得ない。」　**垂水克己裁判官**「本条例1条のうち集団示威運動のみに関する『場所のいかんを問わず』の文言を削り，かつ，新潟県条例4条のような『申請を受理した公安委員会が当該行列行進，集団示威運動開始日時の24時間前迄に条件を附し又は許可を与えない旨の意思表示をしない時は許可のあったものとして行動することができる。』旨の規定を設けないかぎり，本条例中集団示威運動を許可制とし，無許可又は許可条件違反の集団示威運動の指導者等を処罰する規定は憲法21条1項に違反すると考える。」

（評釈）　江橋崇・基本判例75，市川正人・法教207号42，木下昌彦・憲百Ⅰ A4。

Ⅲ-4-21　徳島市公安条例事件

最大判昭50・9・10刑集29巻8号489頁，判時787号22頁
（集団行進及び集団示威運動に関する徳島市条例違反，道路交通法違反被告事件）

事　実　総評の専従職員兼徳島県反戦青年委員会の幹事であったYは，1968（昭和43）年12月10日，青年や学生と共に同委員会主催の集団示威行進に参加し，先頭集団が車道上において蛇行進をした際，自らも蛇行進をしたり，先頭列外付近に位置して笛を吹くなどして，蛇行進をするようにせん動し，

かつ集団示威運動に対する許可条件に違反したため，道路交通法77条3項，119条1項13号違反，および徳島市公安条例3条3号，5条違反として起訴された。第1審（徳島地判昭47・4・20刑集29巻8号552頁）は，道交法違反の点については有罪としたが，条例違反の点については，同条例3条3号，5条の規定が刑罰法令として明確性を欠き憲法31条に違反し無効であるとして無罪としたため，検察官が控訴したが，第2審（高松高判昭48・2・19刑集29巻8号570頁）も控訴を棄却したので，検察官はさらに，原判決には憲法31条解釈適用の誤りがあるとして上告した。

判　旨　**破棄自判**　**1公安条例と道交法の関係**（略）　**2犯罪構成要件の明確性と憲法31条**（略）　**3本条例の合憲性**（略）　以上省略部分については本書の*Ⅲ-6-4*を参照。

補足意見　小川信雄・坂本吉勝裁判官（略）　岸盛一裁判官　**1規制目的が表現そのものの抑制の場合**　「規制の目的が表現そのものを抑制することにある場合には，それはまさに，国又は地方公共団体にとって好ましくない表現と然らざるものとの選別を許容することとなり，いわば検閲を認めるにひとしく，多くの場合，基本的人権としての表現の自由を抑圧するものであって，違憲の判断をうけることはいうまでもない。」　**2規制目的が表現を伴う行動を抑制する場合**　「規制の目的が表現を伴う行動を抑制することにあるときは右と事情を異にする。この場合の規制は，国又は地方公共団体による検閲にひとしいような性質のものではない。そればかりでなく，表現を伴うあらゆる行動が，表現という要素をもつということだけの理由で憲法上絶対的な地位を占めるものとするときは，利益較量による相対立する利益の調和（それは，単なる平均的な調和ではなく，いわば配分的なそれというべきであろうか）という憲法解釈の要諦を忘れたものとの譏を免れないであろう。」「また，その行動を伴うことが，当該表現活動にとって唯一又は極めて重要な意義をもつ場合には，行動それ自体が思想，意見の伝達と評価され，表現そのものと同様に憲法上の保障に値することもありうるが，そのようなときでも，規制の真の目的が行動による思想，意見の伝達を抑制することにあるのではなく，行動自体のもたらす実質的な弊害を防止することにある限りは，これを直ちに違憲であるということはできない。」「ところで，集団行動の規制について，しばしば，一定の時間，場所，方法の規制あるいは一定の態様の行動（一定の属性をもった行動）の規制であれば合憲であるとされるのは，その規制が概して当該行動のもたらす弊害の防止を目的とするものであると認められるからであって，その真の根拠は前述したところに存するのである。換言すれば，ある一定の態様の集団行動についていうならば，一定の態様に限定された規制であるが故に直ちにそれが合憲とされるのではなくて，実質的な弊害をもたらすような当該行動の規制であり，しかも，それに伴う表現そのものに対する制約の程度も適正な利益較量として許容されるものであるからにほかならない。一定の態様による集団行動を禁止する規制であって，他の態様による表現活動の余地が残されている場合であっても，規制の目的が表現そのものを抑制することにあるならば，その規制は矢張り違憲であるとされなければならない。」 **③本件条例の合憲性** 「本件におけるような集団行動の規制を目的とするわが国の公安条例について，上述した見解をあてはめてみるに，もし，表現そのものが国又は地方公共団体にとって好ましくないものとしてこれを規制しようとするのであれば，違憲であるといわざるをえない。しかしながら，本件の徳島市条例がそのような規制を目的とするものではなく，行動のもたらす弊害の防止を目的とするものであることは明白である。そしてまた，蛇行進うず巻行進，すわり込み，道路一杯を占拠して行進するいわゆるフランスデモ等の殊更な道路交通秩序の阻害をもたらす虞のある表現活動が表現の自由の名に値するものであるかは別論としても，上述のような見地からすれば，その規制は合憲であるとすることには異論はないと考えるものである。」 **団藤重光裁判官　①表現の自由の制約の問題** 「表現の自由の制約の問題……については，表現そのものと表現の態様とを区別して考えなければならない。単に表現の態様にすぎないようなもの，換言すれば，問題となっている当の態様によらなくても，他の態様によって表現の目的を達しうるようなばあいには，法益の権衡を考えた上で，単なる道路交通秩序のような，それほど重大でない法益を守るためにも，当の態様による表現を制約することができるものと解するべきであろう。多数意見が『道路交通秩序の維持をも内包』する広い概念としての『地方公共の安寧と秩序』ということを持ち出しているのは，表現の態様に関するかぎりにおいて，理解されうる。本件は，Ｙらのとったような態様の行動によらなくても表現の目的を達しえたであろう事案であったとみとめられるのであって，多数意見の判示するところは正当であるとおもう。これに反し，表現そのものについては別論であって，万が一にも本条例の濫用によって単なる『交通秩序の維持』のために，表現そのものを抑圧するような処分が行われたならば，その処分はあきらかに違憲だといわなければならない。本条例が，そのような表現の自由の抑圧を容認するものでないことは，いうまでもない。」「ちなみに，ここにわたくしが表現そのものと表現の態様とを区別するのは，表現の中に『純粋な言論』と『行動』とを区別する見解とは同一ではないことを，念のために，あきらかにしておく必要がある。」 **②犯罪構成要件の明確性に関する問題** 「本条例５条は，３条とあいまって，本件で問題となっている犯罪構成要件を規定しているが，３条３号は単純に『交通秩序の維持』としているだけであって，同条本文の『公共の安寧を保持するため』とあわせてみるにせよ，『立法措置として著しく妥当を欠くものがある』ことは多数意見もみとめるとおりである。罪刑法定主義が犯罪構成要件の明確性を要請するのは，一方，裁判規範としての面において刑罰権の恣意的な発動を避止することを趣旨とするとともに，他方，行為規範としての面において，可罰的行為と不可罰的行為との限界を明示することによって国民に行動の自由を保障することを目的とする。後者の見地における行動の自由の保障は，表現の自由に関しては，とくに重要であって，もし，可罰的行為と不可罰的行為との限界が不明確であるために，国民が本来表現の自由に属する行動さえをも遠慮するような事態がおこれば，それは国民一般の表現の自由に対する重大な侵害だといわなければならない。これは不明確な構成要件が国民一般の表現の自由に対して有するところの萎縮的ないし抑止的作用の問題である。もちろん，本件についてかような問題に立ち入ることが，司法権行使のありかたとして許されるかどうかについては，疑問がないわけではない。けだし，一般国民（徳島市の住民および滞在者一般）が本条例の規定によって表現の自由の関係で萎縮的ないし抑止的影響を受けていたかどうか，また，現に受けているかどうかは，本件の審理の対象外とされるべきではないかとも考えられるからである。しかし，このような考え方は，裁判所が国民一般の表現の自由を保障する機能を大きく制限する結果をもたらす。わたくしは，これは，とうてい憲法の趣旨とするところではないと考えるのである。」「かようにして，わたくしは，本条例3条，5条の構成要件の明確性の問題を検討するにあたっては，それが表現の自由との関連において国民一般に対して有するかも知れないところの萎縮的・抑止的作用をもとくに考慮に入れたつもりである。そうして，わたくしは，多数意見もまた，同じ見地に立つものと理解している。」

意　見　**高辻正己裁判官**（略）

（評釈）　長谷川正安・憲法の判例70，三井誠・刑法百選Ⅰ〈第2版〉4，浦田一郎・基本判例220，市川正人・法教206号34，野坂泰司・法教310号56，山下淳・地自百選31，木村草太・憲百Ⅰ88，嘉藤亮・行政百選Ⅰ43。

（コメント）　なお憲法31条について⇒***Ⅲ-6-4***参照。下級審で公安条例を違憲と判断した判決の代表例として，京都市公安条例事件に対する京都地判昭42・2・23下刑9巻2号141頁がある。また，日韓条約反対デモ事件に対する東京地判昭42・5・10下刑9巻5号638頁は，いわゆる運用違憲判決を下した。しかし，第2審の東京高判昭48・1・16判時706号103頁は，原判決の理由づけを失当として排斥し，原判決を破棄している。

c）道路使用

Ⅲ-4-22　エンタープライズ寄港阻止佐世保闘争事件

最三判昭57・11・16刑集36巻11号908頁，判時1061号14頁
（道路交通法違反，公務執行妨害等被告事件）

事　実　1968（昭和43）年1月，原子力空母エンタープライズの佐世保寄港阻止闘争で，Yらは，米軍基地に向けての無許可デモ，デモ規制の警察官に対する投石，米軍基地内への侵入等を行い，道路交通法違反，公務執行妨害等の罪で起訴された。第1審（長崎地佐世保支判昭52・11・15刑集36巻11号928頁），第2審（福岡高判昭56・2・18刑集36巻11号980頁）で有罪判決を受けたので，Yらは，集団示威行進につき道路の使用許可を受けることを要求

する道交法77条1項4号は憲法21条に違反するとして上告した。

判　旨　棄却　**道交法による集団行進規制**　道交法77条1項4号の規定は，「『道路における危険を防止し，その他交通の安全と円滑を図り，及び道路の交通に起因する障害の防止に資する』という目的（道交法1条参照）のもとに，道路を使用して集団行進をしようとする者に対しあらかじめ所轄警察署長の許可を受けさせることにしたものであるところ，同法77条2項の規定は，道路使用の許可に関する明確かつ合理的な基準を掲げて道路における集団行進が不許可とされる場合を厳格に制限しており，これによれば，道路における集団行進に対し同条1項の規定による許可が与えられない場合は，当該集団行進の予想される規模，態様，コース，時刻などに照らし，これが行われることにより一般交通の用に供せられるべき道路の機能を著しく害するものと認められ，しかも，同条3項の規定に基づき警察署長が条件を付与することによっても，かかる事態の発生を阻止することができないと予測される場合に限られることになるのであって，右のような場合にあたらない集団行進に対し警察署長が同条1項の規定による許可を拒むことは許されないものと解される。しかして，憲法21条は，表現の自由を無条件に保障したものではなく，公共の福祉のため必要かつ合理的な制限を是認するものであることは，当裁判所の確立した判例（最大判昭35・7・20刑集14巻9号1243頁，最大判昭43・12・18刑集22巻13号1549頁，最大判昭45・6・17刑集24巻6号280頁，最一判昭35・3・3刑集14巻3号253頁）であって，前記のような目的のもとに，道路における集団行進に対し右の程度の規制をする道交法77条1項4号，長崎県道交法施行細則15条3号の各規定が，表現の自由に対する公共の福祉による必要かつ合理的な制限として憲法上是認されるべきものであることは，これらの判例の趣旨に徴し明らかなところである。」

（評釈）木谷明・ジュリ783号76，榎原猛・法教31号86，横田耕一・重判〈昭和57年度〉20，阿部照哉・判評296号218，鴨野幸雄・法セ351号42，木谷明・曹時37巻8号260，市川正人・法教207号42，渡辺洋・憲百Ⅰ 90。

Ⅲ-4-23　街頭演説事件

最一判昭35・3・3刑集14巻3号253頁，判時216号9頁
（道路交通取締法違反被告事件）

事　実　Y外2名は，1958（昭和33）年3月23日午後，道路交通取締法（現在は，「道路交通法」）において道路上の演説等人寄せには所轄警察署長の事前の許可を要するとされているにかかわらず，その許可を受けないで時局問題に関する演説を行ったため起訴された。第1審（北見簡判昭34・1・28刑

集14巻3号279頁）は刑事責任を負うべきは演説会の主催者であって単なる演説者ではないとして無罪の判決を下したが，第2審（札幌高判昭34・7・28高刑12巻6号671頁）は原判決を破棄し有罪とした。Yらは，道路において演説をなし人寄せをする場合を許可制とする道路交通取締法，同法施行令等は憲法21条に違反すると主張して上告した。

判　旨　**棄却**　**旧道交法は合憲**「憲法21条は表現の自由を所論のように無条件に保障したものではなく，公共の福祉の為め必要あるときは，その時，所，方法等につき合理的に制限できるものであることは当裁判所の夙に判例（最大判昭25・9・27刑集4巻9号1799頁，最大判昭30・3・30刑集9巻3号635頁各参照）とするところであって，今これを変更する要を見ない。そして，道路において演説その他の方法により人寄せをすることは，場合によっては道路交通の妨害となり，延いて，道路交通上の危険の発生，その他公共の安全を害するおそれがないでもないから，演説などの方法により人寄せをすることを警察署長の許可にかからしめ，無許可で演説などの為め人寄せをしたものを処罰することは公共の福祉の為め必要であり，この程度の制限を規制した所論道路交通取締法規，すなわち道路交通取締法26条1項4号，同29条1号，道路交通取締法施行令69条1項，道路交通取締法施行細則（昭和29年12月27日北海道公安委員会規則12号）26条8号及びこれら法規に則ってなされた原判決は憲法21条に抵触するものとは認められない。そしてこの理は当裁判所〔最大判昭29・11・24刑集8巻11号1866頁参照〕が趣旨として夙に示しているところと解するを相当とする。」

（評釈）　永田秀樹・憲百Ⅰ〈第5版〉65。

(5)　言論・出版の自由

a）煽動的言論

Ⅲ-4-24　食糧緊急措置令違反事件

最大判昭24・5・18刑集3巻6号839頁
（食糧緊急措置令違反被告事件）

事　実　日本農民組合北海道連合会の常任書記であるYは，1946（昭和21）年11月25日に，北海道で開催された農民大会に列席し，供米出荷問題等の討論に際し，農民を主とする参会者約250名ないし350名の集会の席上，生産した米を供出するなと演説した。この言動が食糧緊急措置令11条にいう「主要食糧ノ政府ニ対スル売渡ヲ為サザルコトヲ煽動」する行為に当たるとして懲役6月に処せられた（第2審の札幌地判［年月日不明］刑集3巻6号843頁）。Yは札幌高裁に上告したが棄却されたので（札幌高判［年月日不明］刑集3巻6号844

頁)，さらに最高裁に再上告し，措置令11条は政府の食糧政策に対する国民の批判を妨げ，言論の自由を封ずる違憲無効のものであると主張した。

判　旨 **棄却** **犯罪の煽動の処罰は合憲** 「新憲法の保障する言論の自由は，旧憲法の下において，日本臣民が『法律ノ範囲内ニ於テ』有した言論の自由とは異なり，立法によっても妄りに制限されないものであることは言うまでもない。しかしながら国民はまた，新憲法が国民に保障する基本的人権を濫用してはならないのであって，常に公共の福祉のためにこれを利用する責任を負うのである（憲法12条)。その故，新憲法下における言論の自由といえども，国民の無制約な恣意のままに許されるものではなく，常に公共の福祉によって調整されなければならぬのである。所論のように，国民が政府の政策を批判し，その失政を攻撃することは，その方法が公安を害せざる限り，言論その他一切の表現の自由に属するであろう。しかしながら，現今における貧困なる食糧事情の下に国家が国民全体の主要食糧を確保するために制定した食糧管理法所期の目的の遂行を期するために定められたる同法の規定に基く命令による主要食糧の政府に対する売渡に関し，これを為さざることを煽動するが如きは，所論のように，政府の政策を批判し，その失政を攻撃するに止るものではなく，国民として負担する法律上の重要な義務の不履行を慫慂し，公共の福祉を害するものである。されば，かかる所為は，新憲法の保障する言論の自由の限界を逸脱し，社会生活において道義的に責むべきものであるから，これを犯罪として処罰する法規は新憲法第21条の条規に反するものではない。」

(評釈) 市川正人・法教202号70，太田裕之・憲百Ⅰ53。

(コメント) 最三判昭33・4・22刑集12巻6号1118頁は，脅迫は公共の福祉を害し憲法の保障する言論，表現の自由の限界を逸脱する非社会道義的なものと判示した。なお，本件の食糧緊急措置令は，食糧管理法の廃止とともに廃止されている。

Ⅲ-4-25　破防法違反事件

最二判平2・9・28刑集44巻6号463頁，判時1370号42頁
（破壊活動防止法違反被告事件）

事　実 中核派全学連の中央執行委員長であったYは，1971（昭和46）年10月21日および11月10日に行われた沖縄返還協定批准等を阻止する目的の集会において，多数の聴衆に向かって演説し，その目的のためには武装闘争が必要であり，機動隊をせん滅すべき等と説いたところ，その演説行為が破壊活動防止法（以下，破防法という）39条および40条のせん動罪に当たるとして起

訴された。第1審（東京地判昭60・10・16刑月17巻10号953頁）および，第2審（東京高判昭63・10・12判時1308号157頁）で有罪判決を受けたので，Yは，破防法39条，40条が憲法19条，21条，31条等に違反すると主張して上告した。

判　旨　**棄却**

1破防法39条・40条と憲法19条　「破壊活動防止法39条及び40条のせん動罪は，政治上の主義若しくは施策を推進し，支持し，又はこれに反対する目的（以下「政治目的」という。）をもって，各条所定の犯罪のせん動をすることを処罰するものであるが，せん動として外形に現れた客観的な行為を処罰の対象とするものであって，行為の基礎となった思想，信条を処罰するものでないことは，各条の規定自体から明らかであるから，所論は前提を欠き，適法な上告理由に当たらない。」 **2破防法39条・40条と憲法21条1項**　「確かに，破壊活動防止法39条及び40条のせん動は，政治目的をもって，各条所定の犯罪を実行させる目的をもって，文書若しくは図画又は言動により，人に対し，その犯罪行為を実行する決意を生ぜしめ又は既に生じている決意を助長させるような勢のある刺激を与える行為をすることであるから（同法4条2項参照），表現活動としての性質を有している。しかしながら，表現活動といえども，絶対無制限に許容されるものではなく，公共の福祉に反し，表現の自由の限界を逸脱するときには，制限を受けるのはやむを得ないものであるところ，右のようなせん動は，公共の安全を脅かす現住建造物等放火罪，騒擾罪等の重大犯罪をひき起こす可能性のある社会的に危険な行為であるから，公共の福祉に反し，表現の自由の保護を受けるに値しないものとして，制限を受けるのはやむを得ないものというべきであり，右のようなせん動を処罰することが憲法21条1項に違反するものでないことは，当裁判所大法廷の判例（最大判昭24・5・18刑集3巻6号839頁，最大判昭27・1・9刑集6巻1号4頁，最大判昭30・11・30刑集9巻12号2545頁，最大判昭32・3・13刑集11巻3号997頁，最大判昭37・2・21刑集16巻2号107頁，最大判昭44・10・15刑集23巻10号1239頁，最大判昭48・4・25刑集27巻4号547頁）の趣旨に徴し明らかであり，所論は理由がない。」

3破防法39条・40条のせん動の概念と憲法31条　「破壊活動防止法39条及び40条のせん動の概念は，同法4条2項の定義規定により明らかであって，その犯罪構成要件が所論のようにあいまいであり，漠然としているものとはいい難いから，所論は前提を欠き，適法な上告理由に当たらない（最大判昭37・2・21刑集16巻2号107頁，最大判昭48・4・25刑集27巻4号547頁，最一決昭45・7・21刑集24巻7号412頁参照）。」

（評釈）　山下威士・セレクト〈'90〉12，松井幸夫・法セ438号126，右崎正博・重判〈平成2年度〉22，吉本徹也・曹時44巻11号265，市川正人・憲百Ⅰ54。

b）わいせつ表現

Ⅲ-4-26　チャタレー事件

最大判昭32・3・13刑集11巻3号997頁，判時105号76頁
（猥褻文書販売被告事件）

事　実　出版社社長Y_1の依頼により，文学者であり著述家であるY_2はD. H. ローレンスの『チャタレー夫人の恋人』を翻訳した。Y_1は，その内容に露骨な性的描写があることを知りながら，これを上下2巻に分冊して出版し，1950（昭和25）年4月から同年6月頃までの間に相当部数（上下それぞれ約8万冊，7万冊）を販売した。これに対して，Y_1，Y_2は，共謀して販売した行為が刑法175条の定める猥褻文書頒布販売罪に当たるとして起訴された。第1審（東京地判昭27・1・18判時105号7頁）は，本件訳書の性描写がいわゆる春本と異なることを認めつつも，刺激的な広告方法等の理由で一般読者には低俗な愛欲小説として受けとられることになったとしてY_1を有罪としたが，Y_2は無罪とした。検察・Y_1ともに控訴したが，第2審（東京高判昭27・12・10高刑5巻13号2429頁）は，翻訳書自体端的に猥褻文書に当たるとして，Y_2も有罪とした。そこで，Y_1，Y_2は，表現の自由を不当に制限するものだとして最高裁に上告した。

判　旨　**棄却**　**1わいせつ性の判断基準**　「……〔刑法175条〕の猥褻文書（および図画その他の物）とは如何なるものを意味するか。従来の大審院の判例は『性欲を刺戟興奮し又は之を満足せしむべき文書図画その他一切の物品を指称し，従って猥褻物たるには人をして羞恥嫌悪の感念を生ぜしむるものたることを要する』ものとしており（例えば大正7年6月10日刑事第2部判決），また最高裁判所の判決は『徒らに性欲を興奮又は刺戟せしめ，且つ普通人の正常な性的羞恥心を害し，善良な性的道義観念に反するものをいう』としている（最一判昭26・5・10刑集5巻6号1026頁）。そして原審判決は右大審院および最高裁判所の判例に従うをもって正当と認めており，我々もまたこれらの判例を是認するものである。」「しからば本被告事件において問題となっている『チャタレー夫人の恋人』が刑法175条の猥褻文書に該当するか否か。これについて前提問題としてまず明瞭にしておかなければならないことは，この判断が法解釈すなわち法的価値判断に関係しており事実認定の問題でないということである。」「本件において前掲著作の頒布，販売や翻訳者の協力の事実，発行の部数，態様，頒布販売の動機等は，あるいは犯罪の構成要件に，あるいはその情状に関係があるので証人調に適しているし，また著者の文学界における地位や著作の文学的評価については鑑定人の意見をきくのが有益または必要である。しかし著作自体が刑法175条の猥褻文書にあたるかどうかの判断は，当該著作についてなされる事実認定の問題でなく，法解

釈の問題である。問題の著作は現存しており，裁判所はただ法の解釈，適用をすればよいのである。このことは刑法各本条の個々の犯罪の構成要件に関する規定の解釈の場合と異るところがない。この故にこの著作が一般読者に与える興奮，刺戟や読者のいだく羞恥感情の程度といえども，裁判所が判断すべきものである。そして裁判所が右の判断をなす場合の規準は，一般社会において行われている良識すなわち社会通念である。この社会通念は，『個々人の認識の集合又はその平均値でなく，これを超えた集団意識であり，個々人がこれに反する認識をもつことによって否定するものでない』こと原判決が判示しているごとくである。かような社会通念が如何なるものであるかの判断は，現制度の下においては裁判官に委ねられているのである。社会における個々の人について，また各審級の裁判官，同一審級における合議体を構成する各裁判官の間に必ずしも意見の一致が存すると限らない事実は，他の法解釈の場合と同様である。これは猥褻文書であるかどうかの判断の場合のみではなく，これを以て裁判所が社会通念の何たるかを判断する権限をもつことを否定し得ないのである。従って本著作が猥褻文書にあたるかどうかの判断が一部の国民の見解と一致しないことがあっても止むを得ないところである。この場合に裁判官が良識に従い社会通念が何であるかを決定しなければならぬことは，すべての法解釈の場合と異るところがない。」「なお性一般に関する社会通念が時と所とによって同一でなく，同一の社会においても変遷がある……。」「本件訳書を検討するに，その中の検察官が指摘する12箇所に及ぶ性的場面の描写は，そこに春本類とちがった芸術的特色が認められないではないが，それにしても相当大胆，微細，かつ写実的である。それは性行為の非公然性の原則に反し，家庭の団欒においてはもちろん，世間の集会などで朗読を憚る程度に羞恥感情を害するものである。またその及ぼす個人的，社会的効果としては，性的欲望を興奮刺戟せしめまた善良な性的道義観念に反する程度のものと認められる。要するに本訳書の性的場面の描写は，社会通念上認容された限界を超えているものと認められる。」「本書が全体として芸術的，思想的作品であり，その故に英文学界において相当の高い評価を受けていることは上述のごとくである。……しかし……芸術的面においてすぐれた作品であっても，これと次元を異にする道徳的，法的面において猥褻性をもっているものと評価されることは不可能ではない……。我々は作品の芸術性のみを強調して，これに関する道徳的，法的の観点からの批判を拒否するような芸術至上主義に賛成することができない。高度の芸術性といえども作品の猥褻性を解消するものとは限らない。芸術といえども，公衆に猥褻なものを提供する何等の特権をもつものではない。芸術家もその使命の遂行において，羞恥感情と道徳的な法を尊重すべき，一般国民の負担する義務に違反してはならないのである。」「刑法175条の罪における犯意の成立については問題となる記載の存在の認識とこれを頒布販売することの認識があれば足り，かかる記載のある文書が同条所定の猥褻性を具備するかどうかの認識まで必要としているものでない。かりに主観的には刑法175条の猥褻文書にあたらないものと信じてある文書を販売しても，それが客観的に猥褻性を有するならば，法律の錯誤として犯意を阻却しないものといわなければならない。猥褻性に関し完全な認識があったか，未必の認識があったのにとどまっていたか，または全く認識がなかったかは刑法38条3項但書の情状の問題にすぎず，犯意の成立には関係がない。従ってこの趣旨を認める原判決は正当であり，論旨はこれを採ることを得ない。」 **2わいせつ文書の禁止と公共の福祉** 「憲法の保障する各種の基本的人権についてそれぞれに関する各条文に制限の可能性を明示していると否とにかかわりなく，憲法12条，13条の規定からしてその濫用が禁止せられ，公共の福祉の制限の下に立つものであり，絶対無制限のものでないことは，当裁判所がしばしば判示したところである（最大判昭23・3・12刑集2巻3号191頁，最大判昭23・12・27刑集2巻14号1951頁，最大判昭25・10・11刑集4巻10号2029頁，とくに憲法21条に関するものとしては最大判昭24・5・18刑集3巻6号839頁，最大判昭25・9・27刑集4巻9号1799頁，最大判昭26・4・4民集5巻5号214頁，最大判昭27・1・9刑集6巻1号4頁，最大判昭27・8・6刑集6巻8号974頁）。この原則を出版その他表現の自由に適用すれば，この種の自由は極めて重要なものではあるが，しかしやはり公共の福祉によって制限されるものと認めなければならない。そして性的秩序を守り，最少限度の性道徳を維持することが公共の福祉の内容をなすことについて疑問の余地がないのであるから，本件訳書を猥褻文書と認めその出版を公共の福祉に違反するものとなした原判決は正当であり，論旨は理由がない。」「憲法によって事前の検閲が禁止されることになったからといって，猥褻文書の頒布販売もまた禁止できなくなったと推論することはできない。猥褻文書の禁止が公共の福祉に適合するものであること明かであることおよび何が猥褻文書であるかについても社会通念で判断できるものである以上，原判決には……憲法違反は存在しない。」

補足意見 小林俊三裁判官（略）

意　見 真野毅裁判官（略）

評釈　松尾浩也・憲法の判例39，初宿正典・基本判例80，市川正人・法教203号52，阪口正二郎・メディア百選55，諸根貞夫・憲百Ⅰ56，松原久利・刑法百選

Ⅰ 47。

Ⅲ-4-27 『悪徳の栄え』事件

最大判昭 44・10・15 刑集 23 巻 10 号 1239 頁，判時 569 号 3 頁

（猥褻文書販売，同所持被告事件）

事　実　出版業者 Y_1 は，Y_2 にマルキ・ド・サドの『悪徳の栄え』の翻訳を依頼し，1959（昭和 34）年に，上下 2 巻に分けて出版した。その下巻の中に性交，性戯に関する露骨で具体的かつ詳細な描写が 14 カ所にわたってみられることを根拠に，刑法 175 条の定める猥褻文書販売，同所持に該当するとして起訴された。第 1 審（東京地判昭 37・10・16 判時 318 号 3 頁）は猥褻文書の意義についての最高裁判例に従いつつ，本件訳書には徒らに性欲を刺激・興奮させるという事情は認められないことを理由に，Y_1 と Y_2 をともに無罪としたが，第 2 審（東京高判昭 38・11・21 判時 366 号 13 頁）はこれを破棄し，刑訴法 400 条但書により自ら有罪の判決を下した。そこで，Y_1 と Y_2 は，表現の自由の侵害等を理由に最高裁に上告した。

判　旨　**棄却**　**1わいせつ性判断の基準**　「文書がもつ芸術性・思想性が，文書の内容である性的描写による性的刺激を減少・緩和させて，刑法が処罰の対象とする程度以下に……猥褻性が解消されないかぎり，芸術的・思想的価値のある文書であっても，猥褻の文書としての取扱いを免れることはできない。当裁判所は，文書の芸術性・思想性を強調して，芸術的・思想的価値のある文書は猥褻の文書として処罰対象とすることができないとか，……文書のもつ猥褻性によって侵害される法益と芸術的・思想的文書としてもつ公益性とを比較衡量して，猥褻罪の成否を決すべしとするような主張は，採用することができない。」「文書の個々の章句の部分は，全体としての文書の一部として意味をもつものであるから，その章句の部分の猥褻性の有無は，文書全体との関連において判断されなければならないものである。したがって，特定の章句の部分を取り出し，全体から切り離して，その部分だけについて猥褻性の有無を判断するのは相当でないが，特定の章句の部分について猥褻性の有無が判断されている場合でも，その判断が文書全体との関連においてなされている以上，これを不当とする理由は存在しない。」　**2精神的自由と公共の福祉**　「表現の自由や学問の自由は，民主主義の基礎をなすきわめて重要なものであるが，絶対無制限なものではなく，その濫用が禁ぜられ，公共の福祉の制限の下に立つものであることは，……当裁判所昭和 32 年 3 月 13 日大法廷判決の趣旨とするところである。そして，芸術的・思想的価値のある文書についても，それが猥褻性をもつものである場合には，性生活に関する秩序お

よび健全な風俗を維持するため，これを処罰の対象とすることが国民生活全体の利益に合致するものと認められるから，これを目して憲法21条，23条に違反するものということはできない。」

補足意見　**下村三郎裁判官**（略）

意　見　**岩田誠裁判官**「刑法175条の罪を構成するか否かは，この文書の公表により猥褻性のため侵害される法益と，これが公表により，社会が芸術的・思想的・学問的に享ける利益とを比較衡量して，猥褻性のため侵害される法益よりもその文書を公表することにより社会の享ける利益（公益）の方が大きいときは，その社会の利益（公益）のためにその文書を公表することは，刑法35条の正当な行為として猥褻罪を構成しない。」

反対意見　**横田正俊・大隅健一郎裁判官**「表現の自由の保障は，われわれ個人が価値ありと信ずるところを自由に表現することができ，したがって他人にそれを知る自由が与えられるところにその意義がある……裁判所は作品のもつ思想性等の重要度を判断するに当っても，必ずしもその作品の真の価値や優秀性を判定する要はないのであって，表現の自由を保障する憲法の趣旨にかんがみ，弱いわいせつ性のある部分とともに，その作品全体を公表することに意義が認められる程度の思想性等が具備しているかどうかを判断すれば足り，また，この程度の判断をすることは必要である。」**奥野健一裁判官**「作品の猥褻性によって侵害される法益と，芸術的，思想的，文学的作品として持つ公益性とを比較衡量して，なおかつ，後者を犠牲にしても，前者の要請を優先せしめるべき合理的理由があるときにおいて，始めて猥褻罪として処罰さるべきものであると解する。」**田中二郎裁判官**「刑法175条の定める猥褻罪の処罰規定も，……言論表現の自由や学問の自由に内在する制約を具体化したものと解し得る限りにおいてのみ，違憲無効であるとの非難を免れ得るのであって，若し，……『性生活に関する秩序および健全な風俗を維持するため，これを処罰の対象とすることが国民生活全体の利益に合致する』という理由のもとに，外来的な政策的目的実現の手段としての意味をも，あわせもたしめられるべきものとすれば，……自由に内在する制約の範囲を逸脱するおそれがあり，……違憲の疑いを生ずるものといわなければならない。」「私は，次に述べるような種々の観点から，……猥褻概念の相対性を認めるべきものと考える。……(1)文書等そのものの面からみて，猥褻性の強弱ということが問題とされなければならないし，これを受けとってこれを評価する人間の面からみて，どういう人間を基準とすべきかが問題とされなければならない。……(2)文書等の猥褻性は，その科学性・思想性・芸術性との関連において，相対的に判断されるべき……である。……(3)猥褻文書として処罰の対象とされるべきものかどうかは，当該文書等に客観的に現われている作者の姿勢・態度や，その販売・頒布等にあたっての宣伝・広告の方法等との関係においても，相対的に判断されなければならない。」**色川幸太郎裁判官**「刑法175条にいう猥褻の文書に該当するかを考えてみるのに，大きくわけて二つになると思う。一つは端的な春本であり，他は猥褻性……はあるけれども，春本のたぐいには属しないところの娯楽作品及び文芸作品である。……小説が猥褻性をもっているからといって，そのために帯びる反価値と，作品そのものの具有する社会的価値とを慎重に比較衡量することなく，ただちにこれを刑法175条にいう猥褻の文書であると判断することは許されない。」「憲法21条にいう表現の自由が，言論，出版の自由のみならず，知る自由をも含むことについては恐らく異論がないであろう。……表現の自由は他者への伝達を前提とするのであって，読み，聴きそして見る自由を抜きにした表現の自由は無意味となるからである。……文芸作品を鑑賞しその価値を享受する自由は，出版，頒布等の自由と共に，十分に尊重されなければならない。」

評釈　小早川義則・刑訴百選〈第6版〉92，市川正人・法教203号52，佐々木弘通・メディア百選56，右崎正博・憲百Ⅰ57。

Ⅲ-4-28　『四畳半襖の下張』事件

最二判昭55・11・28刑集34巻6号433頁，判時982号64頁
（わいせつ文書販売被告事件）

事　実　Y_1は，雑誌・書籍の出版・販売等を営業目的とする株式会社の代表取締役であるが，1972（昭和47）年より月刊誌『面白半分』を発行し，同年7月号に，同誌編集長で作家のY_2と謀って，金阜山人戯作の『四畳半襖の下張』と題する文章を掲載した上，同雑誌をT出版販売株式会社ほかに売り渡し，刑法175条の猥褻文書販売罪に問われた。第1審（東京地判昭51・4・27判時812号22頁）は，同罪の成立を認め，Y_1，Y_2を罰金に処したため，両名が控訴したが，棄却された（東京高判昭54・3・20判時918号17頁）。後者では，何らかの思想の表明が客観的に読みとれるものであっても，実質上，春本と大差がない場合には，明白現在の危険ではなく，合理的関連性テストで足りるとされた。これを不服として両名は上告した。

判　旨　**棄却**　**1わいせつ性判断の基準**　「文書のわいせつ性の判断にあたっては，当該文書の性に関する露骨で詳細な描写叙述の程度とその手法，右描写叙述の文書全体に占める比重，文書に表現された思想等と右描写叙述との関連性，文書の構成や展開，さらには芸術性・思想性等による性的刺激の緩和の程度，これらの観点から該文書を全体としてみたときに，主として，読者の好色的興味にうったえるものと認められるか否かなどの諸点を検討することが必要であり，これらの事情を総合し，その時代の健全な社会通念に照らして，それが『徒らに性欲を興奮又は刺激せしめ，かつ，普通人の正常な性的羞恥心を害し，善良な性的道義観念に反するもの』（……最

大判昭32・3・13参照）といえるか否かを決すべきである。」 **2本件文書のわいせつ性** 「本件についてこれをみると，本件『四畳半襖の下張』は，男女の性的交渉の情景を扇情的な筆致で露骨，詳細かつ具体的に描写した部分が量的質的に文書の中枢を占めており，その構成や展開，さらには文芸的，思想的価値などを考慮に容れても，主として読者の好色的興味にうったえるものと認められるから，以上の諸点を総合検討したうえ，本件文書が刑法175条にいう『わいせつの文書』にあたると認めた原判断は，正当である。」

（評釈） 島伸一・法セ324号137，江橋崇・重判〈昭和58年度〉25，市川正人・法教203号52，江橋崇・マスコミ百選12，愛敬浩二・メディア百選57，建石真公子・憲百Ⅰ58，園田寿・刑法百選Ⅱ100。

（コメント） 他の判例として，『サンデー娯楽』事件の最一判昭26・5・10刑集5巻6号1026頁，日活ロマンポルノ映画事件の東京高判昭55・7・18判時975号20頁，『愛のコリーダ』出版事件の東京高判昭57・6・8判時1043号3頁，ビニール本事件の最三判昭58・3・8刑集37巻2号15頁，ポルノ写真誌事件の最一判昭58・10・27刑集37巻8号1294頁。また，青少年保護育成条例との関係では⇒*Ⅲ-4-59*。

c）名誉毀損

Ⅲ-4-29　『夕刊和歌山時事』事件

最大判昭44・6・25刑集23巻7号975頁，判時559号25頁
（名誉毀損被告事件）

事　実　Yは，その発行する『夕刊和歌山時事』の1963（昭和38）年2月18日紙面に，「吸血鬼Sの罪業」と題して，次の内容の記事を掲載，頒布した。すなわち，S本人または同人の指示のもとに同人経営の和歌山特だね新聞の記者が，和歌山市役所土木部の某課長に対し「出すものを出せば目をつむってやるんだが，チビリくさるのでやったるんや」といい，某主幹に向かって「しかし魚心あれば水心ということもある。どうだ，お前にも汚職の疑いがあるが，一つ席を変えて一杯やりながら話をつけるか」と凄んだ旨の記事である。第1審（和歌山地判昭41・4・16刑集23巻7号984頁）は名誉毀損罪の成立を認めたので，Yは，証明可能な程度の資料・根拠をもって事実を真実と確信したから，名誉毀損の故意が阻却され犯罪は成立しないと主張して控訴したが，第2審（大阪高判昭41・10・7刑集23巻7号995頁）は「Yの摘示した事実につき真実であることの証明がない以上，Yにおいて真実であると誤信していたとしても，故意を阻却せず，名誉毀損罪の罪責を免れることができない」ことは最高裁の判例（最一判昭34・5・7刑集13巻5号641頁）の趣旨とするところであると述べてYの主張を斥け，第1審判決を支持した。Yは，このような解釈は言論の自由を必要以上に制約するもので憲法21条に違反するとして上告した。

判　旨　**破棄差戻**　**名誉毀損罪成立の要件**　「刑法230条ノ2の規定は，人格権としての個人の名誉の保護と，憲法21条による正当な言論の保障との調和をはかったものというべきであり，これら両者間の調和と均衡を考慮するならば，たとい刑法230条ノ2第1項にいう事実が真実であることの証明がない場合でも，行為者がその事実を真実であると誤信し，その誤信したことについて，確実な資料，根拠に照らし相当の理由があるときは，犯罪の故意がなく，名誉毀損の罪は成立しないものと解するのが相当である。これと異なり，右のような誤信があったとしても，およそ事実が真実であることの証明がない以上名誉毀損の罪責を免れることがないとした当裁判所の前記判例（最一判昭34・5・7刑集13巻5号641頁）は，これを変更すべきものと認める。したがって，原判決の前記判断は法令の解釈適用を誤ったものといわなければならない。」「本件においては，Yが本件記事内容を真実であると誤信したことにつき，確実な資料，根拠に照らし相当な理由があったかどうかを慎重に審理検討したうえ刑法230条ノ2第1項の免責があるかどうかを判断すべきであったので，右に判示した原判決の各違法は判決に影響を及ぼすことが明らかであり，これを破棄しなければいちじるしく正義に反するものといわなければならない。」

（評釈）　市川正人・法教203号52，平川宗信・メディア百選25，上村貞美・憲百Ⅰ68，佐久間修・刑法百選Ⅱ21。

Ⅲ-4-30　『月刊ペン』事件

最一判昭56・4・16刑集35巻3号84頁，判時1000号25頁
（名誉毀損被告事件）

事　実　株式会社月刊ペン社の編集局長であるYは，同社発行の月刊誌『月刊ペン』誌上で創価学会を批判する連続特集を組んだ。その中で，同会の会長池田大作の私的行動をもとりあげ，1976（昭和51）年3月号の同誌上に，彼が「金脈もさることながら，とくに女性関係において，……病的であり色情的でさえある……」などとする記事を執筆掲載し，また，同年4月号の同誌上に，「池田好みの女性タイプ」にふれ，「お手付き情婦として，2人とも公明党議員として国会に送りこんだというT子とM子」をあげ，両人が前国会議員の創価学会会員の特定人であることを世人に容易に推認させるような表現の記事を執筆掲載したうえ，同雑誌各3万部を販売・頒布した。これらの行為について，Yは，公然事実を摘示して，創価学会および上記3名の名誉を毀損したとして起訴された。第1審（東京地判昭53・6・29刑集35巻3号97頁）は，刑法230条1項を適用して有罪の判決をし，第2審（東京高判昭54・12・12刑集35巻3号104頁）

は，Ｙの刑法 230 条ノ２第１項にいう「公共ノ利害ニ関スル事実」に当たるとの主張を排斥したので，Ｙは上告した。

判　旨　**破棄差戻**　**「公共ノ利害ニ関スル事実」の意義**　「Ｙが『月刊ペン』誌上に摘示した事実の中に，私人の私生活上の行状，とりわけ一般的には公表をはばかるような異性関係の醜聞に属するものが含まれていることは，１，２審判決の指摘するとおりである。しかしながら，私人の私生活上の行状であっても，そのたずさわる社会的活動の性質及びこれを通じて社会に及ぼす影響力の程度などのいかんによっては，その社会的活動に対する批判ないし評価の一資料として，刑法 230 条ノ２第１項にいう『公共ノ利害ニ関スル事実』にあたる場合があると解すべきである。」「本件についてこれをみると，Ｙが執筆・掲載した前記の記事は，多数の信徒を擁するわが国有数の宗教団体である創価学会の教義ないしあり方を批判しその誤りを指摘するにあたり，その例証として，同会の池田大作会長（当時）の女性関係が乱脈をきわめており，同会長と関係のあった女性２名が同会長によって国会に送り込まれていることなどの事実を摘示したものであることが，右記事を含むＹの『月刊ペン』誌上の論説全体の記載に照らして明白であるところ，記録によれば，同会長は，同会において，その教義を身をもって実践すべき信仰上のほぼ絶対的な指導者であって，公私を問わずその言動が信徒の精神生活等に重大な影響を与える立場にあったばかりでなく，右宗教上の地位を背景とした直接・間接の政治的活動等を通じ，社会一般に対しても少なからぬ影響を及ぼしていたこと，同会長の醜聞の相手方とされる女性２名も，同会婦人部の幹部で元国会議員という有力な会員であったことなどの事実が明らかである。」「このような本件の事実関係を前提として検討すると，Ｙによって摘示された池田会長らの前記のような行状は，刑法 230 条ノ２第１項にいう『公共ノ利害ニ関スル事実』にあたると解するのが相当であって，これを一宗教団体内部における単なる私的な出来事であるということはできない。なお，右にいう『公共ノ利害ニ関スル事実』にあたるか否かは，摘示された事実自体の内容・性質に照らして客観的に判断されるべきものであり，これを摘示する際の表現方法や事実調査の程度などは，同条にいわゆる公益目的の有無の認定等に関して考慮されるべきことがらであって，摘示された事実が『公共ノ利害ニ関スル事実』にあたるか否かの判断を左右するものではないと解するのが相当である。」

（評釈）　松井茂記・法セ 324 号 124，島伸一・法セ 324 号 140，野村稔・重判〈昭和 56 年度〉165，奥平康弘・宗教百選 52，市川正人・法教 203 号 52，佐伯仁志・メディア百選 19，髙佐智美・憲百Ⅰ 69，臼木豊・刑法百選Ⅱ 20。

（コメント）　公立小学校における通知表の交付をめぐる混乱についての批判，論評を主題とするビラの配布行為に対して，そのビラ内容が公益を図る目的の下になされた公正な論評ないし真摯な意見の陳述ではないとして，下級審裁判所は，名誉毀損による不法行為の成立を認めたが（長崎地判昭58・3・28判時1121号106頁，福岡高判昭60・7・17判タ567号180頁），最高裁判所はこれを覆している（最一判平元・12・21民集43巻12号2252頁）。

Ⅲ-4-31　『北方ジャーナル』事件

最大判昭61・6・11民集40巻4号872頁，判時1194号3頁
（損害賠償請求事件）

事　実　Yは，1979（昭和54）年4月の北海道知事選挙への立候補を同年2月の時点ですでに予定していたが，雑誌『北方ジャーナル』が同誌4月号（同年2月23日発売予定）に自分の名誉を毀損する記事を掲載する予定であることを知り，同誌の印刷，頒布等を差し止める仮処分を申請し，札幌地裁はこれを認めた。これに対し，株式会社北方ジャーナルの代表取締役であるXは，本件仮処分およびその申請を不法行為であるとし，国とYらに対し損害賠償を請求する訴訟を提起した。Xは，第1審（札幌地判昭55・7・16民集40巻4号908頁），第2審（札幌高判昭56・3・26民集40巻4号921頁）ともに敗訴したので，上告した。

判　旨　**棄却**　**1仮処分による事前差止めと検閲**　「仮処分による事前差止めは，表現物の内容の網羅的一般的な審査に基づく事前規制が行政機関によりそれ自体を目的として行われる場合とは異なり，個別的な私人間の紛争について，司法裁判所により，当事者の申請に基づき差止請求権等の私法上の被保全権利の存否，保全の必要性の有無を審理判断して発せられるものであって」検閲には当たらない。**2人格権に基づく差止請求**「人の品性，徳行，名声，信用等の人格的価値について社会から受ける客観的評価である名誉を違法に侵害された者は，損害賠償（民法710条）又は名誉回復のための処分（同法723条）を求めることができるほか，人格権としての名誉権に基づき，加害者に対し，現に行われている侵害行為を排除し，又は将来生ずべき侵害を予防するため，侵害行為の差止めを求めることができるものと解するのが相当である。」**3公共的事項に関する表現と名誉の保護**「刑事上及び民事上の名誉毀損に当たる行為についても，当該行為が公共の利害に関する事実にかかり，その目的が専ら公益を図るものである場合には，当該事実が真実であることの証明があれば，右行為には違法性がなく，また，真実であることの証明がなくても，行為者がそれを真実であると誤信したことについて相当の理由があるときは，右行為には故意又は過失がないと解すべく，これによ

り人格権としての個人の名誉の保護と表現の自由の保障との調和が図られている。」 **4出版物頒布等の事前差止めの条件** 「表現行為に対する事前抑制は，新聞，雑誌その他の出版物や放送等の表現物がその自由市場に出る前に抑止してその内容を読者ないし聴視者の側に到達させる途を閉ざし又はその到達を遅らせてその意義を失わせ，公の批判の機会を減少させるものであり，また，事前抑制たることの性質上，予測に基づくものとならざるをえないこと等から事後制裁の場合よりも広汎にわたり易く，濫用の虞があるうえ，実際上の抑止的効果が事後制裁の場合より大きいと考えられるのであって，表現行為に対する事前抑制は，表現の自由を保障し検閲を禁止する憲法21条の趣旨に照らし，厳格かつ明確な要件のもとにおいてのみ許容されうるものといわなければならない。」「出版物の頒布等の事前差止めは，このような事前抑制に該当するものであって，とりわけ，その対象が公務員又は公職選挙の候補者に対する評価，批判等の表現行為に関するものである場合には，そのこと自体から，一般にそれが公共の利害に関する事項であるということができ，前示のような憲法21条1項の趣旨に照らし，その表現が私人の名誉権に優先する社会的価値を含み憲法上特に保護されるべきであることにかんがみると，当該表現行為に対する事前差止めは，原則として許されないものといわなければならない。ただ，右のような場合においても，その表現内容が真実でなく，又はそれが専ら公益を図る目的のものでないことが明白であって，かつ，被害者が重大にして著しく回復困難な損害を被る虞があるときは，当該表現行為はその価値が被害者の名誉に劣後することが明らかであるうえ，有効適切な救済方法としての差止めの必要性も肯定されるから，かかる実体的要件を具備するときに限って，例外的に事前差止めが許される。」「事前差止めを命ずる仮処分命令を発するについては，口頭弁論又は債務者の審尋を行い，表現内容の真実性等の主張立証の機会を与えることを原則とすべきものと解するのが相当である。」

補足意見 **伊藤正己裁判官**（略） **大橋進・牧圭次裁判官**（略） **長島敦裁判官**（略）

意　見 **谷口正孝裁判官** 「表現の事前規制は，事後規制の場合に比して格段の慎重さが求められるのであり，名誉の侵害・毀損の被害者が公務員，公選による公職の候補者等の公的人物であって，その表現内容が公的問題に関する場合には，表現にかかる事実が真実に反していてもたやすく規制の対象とすべきではない。しかし，その表現行為がいわゆる現実の悪意をもってされた場合，換言すれば，表現にかかる事実が真実に反し虚偽であることを知りながらその行為に及んだとき又は虚偽であるか否かを無謀にも無視して表現行為に踏み切った場合には，表現の自由の優越的保障は後退し，その保護を主張しえないものと考える。」

（評釈）　加藤和夫・ジュリ 867 号 50，青柳幸一・セレクト〈'86〉15，横田耕一・判評 338 号 34，阿部照哉・重判〈昭和 61 年度〉15，加藤和夫・曹時 41 巻 9 号 199，市川正人・法教 206 号 34，井上典之・法セ 615 号 72，野坂泰司・法教 309 号 92，宍戸常寿・メディア百選 73，山口いつ子・論ジュリ 1 号 50，笠井正俊・民事執行・保全判例百選〈第 2 版〉87，阪口正二郎・憲百Ⅰ 72，山本敬三・民法百選Ⅰ 4。

Ⅲ-4-32　インターネット上の表現による名誉毀損

最一決平 22・3・15 刑集 64 巻 2 号 1 頁，判時 2075 号 160 頁
（名誉毀損被告事件）

事　実　被告人（Y）は，フランチャイズによる飲食店「ラーメン甲」の加盟店等の募集及び経営指導等を業とする乙株式会社（2002〔平成 14〕年 7 月 1 日に「株式会社甲食品」から商号変更）の名誉を毀損しようと企て，2002（平成 14）年 10 月 18 日頃から同年 11 月 12 日頃までの間，東京都大田区内の Y 方において，パーソナルコンピュータを使用し，インターネットを介して，プロバイダーから提供されたサーバーのディスクスペースを用いて開設した「丙観察会　逝き逝きて丙」と題するホームページ内のトップページにおいて，「インチキ FC 甲粉砕！」，「貴方が『甲』で食事をすると，飲食代の 4 ～ 5 %がカルト集団の収入になります。」などと，同社がカルト集団である旨の虚偽の内容を記載した文章を掲載し，また，同ホームページの同社の会社説明会の広告を引用したページにおいて，その下段に「おいおい，まともな企業のふりしてんじゃねえよ。この手の就職情報誌には，給料のサバ読みはよくあることですが，ここまで実態とかけ離れているのも珍しい。教祖が宗教法人のブローカーをやっていた右翼系カルト『丙』が母体だということも，FC 店を開くときに，自宅を無理矢理担保に入れられるなんてことも，この広告には全く書かれず，『店が持てる，店長になれる』と調子のいいことばかり。」と，同社が虚偽の広告をしているがごとき内容を記載した文章等を掲載し続け，これらを不特定多数の者の閲覧可能な状態に置き，もって，公然と事実を摘示して乙株式会社の名誉を毀損した（以下，Y の上記行為を「本件表現行為」という）。

第 1 審判決（東京地判平 20・2・29 判時 2009 号 151 頁）は，被害会社には本件表現行為に対する反論を要求しても不当とはいえない状況があり，Y がインターネットの個人利用者に対して要求される程度の情報収集をした上で本件表現行為に及んだものと認められることからすると，名誉毀損の罪責は問えないとして，Y に無罪を言い渡した。控訴審判決（東京高判平 21・1・30 判タ 1309 号 91 頁）は，Y は，公共の利害に関する事実について，主として公益を図る目的で本件表現行為を行ったものではあるが，摘示した事実の重要部分である，乙株式会社と丙とが一体性を有すること，そして，加盟店から乙株式会社へ，同社から丙へと資金が流れていることについては，真実であることの証明がなく，Y が真実と信

じたことについて相当の理由も認められないとして，Ｙを有罪とした。そこで，Ｙは上告した。

決定要旨　**棄却**　**1相当の理由の存否と名誉毀損罪の成立**　「個人利用者がインターネット上に掲載したものであるからといって，おしなべて，閲覧者において信頼性の低い情報として受け取るとは限らないのであって，相当の理由の存否を判断するに際し，これを一律に，個人が他の表現手段を利用した場合と区別して考えるべき根拠はない。そして，インターネット上に載せた情報は，不特定多数のインターネット利用者が瞬時に閲覧可能であり，これによる名誉毀損の被害は時として深刻なものとなり得ること，一度損なわれた名誉の回復は容易ではなく，インターネット上での反論によって十分にその回復が図られる保証があるわけでもないことなどを考慮すると，インターネットの個人利用者による表現行為の場合においても，他の場合と同様に，行為者が摘示した事実を真実であると誤信したことについて，確実な資料，根拠に照らして相当の理由があると認められるときに限り，名誉毀損罪は成立しないものと解するのが相当であって，より緩やかな要件で同罪の成立を否定すべきものとは解されない（最大判昭44・6・25刑集23巻7号975頁参照)。」　**2本件における相当の理由の存否**　「原判決の認定によれば，Ｙは，商業登記簿謄本，市販の雑誌記事，インターネット上の書き込み，加盟店の店長であった者から受信したメール等の資料に基づいて，摘示した事実を真実であると誤信して本件表現行為を行ったものであるが，このような資料の中には一方的立場から作成されたにすぎないものもあること，フランチャイズシステムについて記載された資料に対するＹの理解が不正確であったこと，Ｙが乙株式会社の関係者に事実関係を確認することも一切なかったことなどの事情が認められるというのである。以上の事実関係の下においては，Ｙが摘示した事実を真実であると誤信したことについて，確実な資料，根拠に照らして相当の理由があるとはいえないから，これと同旨の原判断は正当である。」

（評釈）　金澤真理・法時82巻9号17，鈴木秀美・法時82巻9号22，三宅裕一郎・法セ668号126，豊田兼彦・法セ669号123，紀藤正樹・法セ674号30，家令和典・ジュリ1422号125，西土彰一郎・重判〈平成22年度〉23，丸山雅夫・重判〈平成22年度〉210，末道康之・セレクト〈'10〉Ⅰ35，嘉門優・判評641号181，成瀬幸典・論ジュリ5号239，家令和典・曹時65巻6号144。

（コメント）　**関連判例**　インターネット上の電子掲示板にされた書き込みによって名誉感情を侵害されたと主張し，インターネット接続サービス提供者に対し特定電気通信役務提供者の損害賠償責任の制限及び発信者情報の開示に関する法律4条1項に基づいてその書き込みにかかる発信者情報の開示および損害賠償の請求がなされた事件に対し，その請求を斥けた最三判平22・4・13民集64巻3号758

頁がある。同様の事件に対する下級審裁判例として，金沢地判平24・3・27判時2152号62頁，パソコン通信上のフォーラムについて，東京高判平13・9・5判時1786号80頁がある。なお，プライバシーに関するものではあるが，児童買春の容疑で逮捕され罰金刑に処せられた犯罪歴のある原告（抗告人）が，逮捕から3年以上経過した時点でもインターネット検索サービスで逮捕歴が表示されることから，このサービスを提供する検索事業者に対し，人格権に基づいて検索結果の削除を命じる仮処分命令の申立てをした事件に対する許可抗告審決定において，最三決平29・1・31民集71巻1号63頁は，本件逮捕事実は原告の「他人にみだりに知られたくない抗告人のプライバシーに属する事実である」が，「今なお公共の利害に関する事項である」とし，また「本件事実が伝達される範囲はある程度限られたものである」などとして，これを「公表されない法的利益が優越することが明らか」とはいえないとした。

d）営利的言論

Ⅲ-4-33　灸の適応症・効能記載ビラ配布事件

最大判昭36・2・15刑集15巻2号347頁，判時250号4頁
（あん摩師はり師きゅう師及び柔道整復師法違反被告事件）

事　実　灸業を営むYは，1953（昭和28）年3月から5月にかけて，灸の適用症として神経痛，リュウマチ，血の道，胃腸病等の病名を記載し，かつ通俗的に灸の効能を説いたビラを約7千枚配布したところ，あん摩師はり師きゅう師及び柔道整復師法7条の禁止する広告に当たるとして起訴された。第1審（大津簡判昭28・9・8刑集15巻2号377頁）は，有罪の判決を下したところ，第2審は，憲法問題のみが控訴理由である事件として，刑事訴訟規則247条，248条により最高裁に移送した。Yは，同条によって本件ビラの配布が禁止されるとすれば，公共の福祉のため必要な限界を越え，憲法21条等に違反すると主張した。

判　旨　**棄却**　**誇大営利広告の禁止の合憲性**　「あん摩師，はり師，きゅう師及び柔道整復師法……があん摩，はり，きゅう等の業務又は施術所に関し……制限を設け，いわゆる適応症の広告をも許さないゆえんのものは，もしこれを無制限に許容するときは，患者を吸引しようとするためややもすれば虚偽誇大に流れ，一般大衆を惑わす虞があり，その結果適時適切な医療を受ける機会を失わせるような結果を招来することをおそれたためであって，このような弊害を未然に防止するため一定事項以外の広告を禁止することは，国民の保健衛生上の見地から，公共の福祉を維持するためやむをえない措置として是認されなければならない。されば同条は憲法21条に違反せず，同条違反の論旨は理由がない。」

補足意見　**垂水克己裁判官**「心（意思）の表現が必ずしもすべて憲法21条にいう『表現』には当らない。財産上の契約をすること，その契約の誘引としての広告をすることの如きはそれである。」「本法に定めるきゅう師等の業務は一般に有償で行われるのでその限りにおいてその業務のためにする広告は一の経済的活動であり，財産獲得の手段であるから，きゅう局的には憲法上財産権の制限に関連する強い法律的制限を受けることを免れない性質のものである。」
河村大助裁判官（略）

少数意見　**斎藤悠輔裁判官**「わたくしは，あん摩師，はり師，きゅう師及び柔道整復師法7条の立法趣旨は，多数説と同じ……と解する。従って，広告が同条違反であるとするには，ただ形式的に同条1項各号に列挙する事項以外の事項について広告したというだけでは足りず，さらに，現実に前記のごとき結果を招来する虞のある程度の虚偽，誇大であることを要するものといわなければならない。」「しかるに，原判決の確定したところによれば，本件広告は，きゅうの適応症であるとした神経痛，リヨウマチ，血の道，胃腸病等の病名を記載したというだけであって，虚偽，誇大であることは何等認定されていないのである。そして，きゅうがかかる疾病に適応する効能を有することは顕著な事実である。従って，本件は，罪とならないものと思う。」 **藤田八郎裁判官**（略） **奥野健一・河村又介裁判官**「憲法21条は……思想，良心の表現の外事実の報道その他一切の表現の自由を保障しているのであって，広告の如きもこれに包含されるものと解するを相当とする。」「本法7条が真実，正当な適応症の広告までも一切禁止したことは不当に表現の自由を制限した違憲な条章であって無効である。」

（評釈）　長岡徹・メディア百選64，橋本基弘・憲百Ⅰ59。

（コメント）　あん摩師はり師きゅう師及び柔道整復師法（旧法）は，現在，あん摩マッサージ指圧師，はり師，きゅう師等に関する法律（7条が旧規定に相当）となり，柔道整復業務については，別に柔道整復師法（24条が旧規定に相当）が制定されている。

e）報道の自由・取材源秘匿権

Ⅲ-4-34　『北海タイムス』事件

最大決昭33・2・17刑集12巻2号253頁，判時145号6頁
（法廷等の秩序維持に関する法律による制裁事件に対する抗告棄却決定に対する特別抗告事件）

事　実　北海タイムス釧路支社報道部所属のカメラマンであったYは，1953（昭和28）年12月10日，ある刑事事件の取材のため法廷内の記者席にいた。Yは，公判廷における写真撮影は公判開始前に限るとの裁判所側の告知を十分了解していたにもかかわらず，公判開始後，裁判長の許可がないのに記者席を離れ，裁判官席のある壇上に登り，裁判長の制止を無視して壇上より被告人

の写真を撮影した。この行為が，法廷等の秩序維持に関する法律2条1項に該当するものとして過料に処せられ（釧路地決昭28・12・10刑集12巻2号266頁），抗告（札幌高決昭29・2・15高刑12巻2号266頁）も棄却されたので，Yはさらに最高裁に特別抗告を行い，原決定は憲法21条の保障する報道の自由・取材の自由を制限しているから取り消されるべきである，と主張した。

決定要旨 **棄却** **法廷内取材の制限** 「およそ，新聞が真実を報道することは，憲法21条の認める表現の自由に属し，またそのための取材活動も認められなければならないことはいうまでもない。しかし，憲法が国民に保障する自由であっても，国民はこれを濫用してはならず，常に公共の福祉のためにこれを利用する責任を負うのであるから（憲法12条），その自由も無制限であるということはできない。そして，憲法が裁判の対審及び判決を公開法廷で行うことを規定しているのは，手続を一般に公開してその審判が公正に行われることを保障する趣旨にほかならないのであるから，たとい公判廷の状況を一般に報道するための取材活動であっても，その活動が公判廷における審判の秩序を乱し被告人その他訴訟関係人の正当な利益を不当に害するがごときものは，もとより許されないところであるといわなければならない。ところで，公判廷における写真の撮影等は，その行われる時，場所等のいかんによっては，前記のように好ましくない結果を生ずる恐れがあるので，刑事訴訟規則215条は写真撮影の許可等を裁判所の裁量に委ね，その許可に従わないかぎりこれらの行為をすることができないことを明らかにしたのであって，右規則は憲法に違反するものではない。」

（評釈） 堀部政男・メディア百選3，池端忠司・憲百Ⅰ76。

（コメント） 法廷内でのメモ行為制限について⇒***Ⅲ-4-41***。

Ⅲ-4-35 博多駅事件

最大決昭44・11・26刑集23巻11号1490頁，判時574号11頁
（取材フィルム提出命令に対する抗告棄却決定に対する特別抗告事件）

事　実 1968（昭和43）年1月に，米原子力空母エンタープライズ佐世保寄港阻止闘争に参加する三派系全学連学生が博多駅に下車したところ，待機していた機動隊は，駅構内から彼らを排除するとともに，集札口の外で検問，持物検査を行った。護憲連合等は，この警備実態に行き過ぎがあり，機動隊員の行為が特別公務員暴行陵虐・職権濫用罪にあたるとして告発したが，地検は不起訴処分としたため，刑訴法262条により付審判請求を行った。第1審（福岡地決昭44・8・28刑集23巻11号1513頁）は，その付審判請求の審理にあたって，刑訴法99条2項により，NHK福岡放送局外3社に対してニュース・フィルムの提出命令を発した。放送局側は福岡高裁に抗告をしたが，棄却された（福岡高決

昭44・9・20高刑22巻4号616頁）のでさらに最高裁に特別抗告を行い，提出命令に応ずべき義務があるとすれば，取材活動に支障をきたし，国民の「知る権利」と表裏の関係にある報道の自由を保障する憲法21条に反すると主張した。

決定要旨 **棄却** **1表現の自由と取材の自由** 「報道機関の報道は，民主主義社会において，国民が国政に関与するにつき，重要な判断の資料を提供し，国民の『知る権利』に奉仕するものである。したがって，思想の表明の自由とならんで，事実の報道の自由は，表現の自由を規定した憲法21条の保障のもとにあることはいうまでもない。また，このような報道機関の報道が正しい内容をもつためには，報道の自由とともに，報道のための取材の自由も，憲法21条の精神に照らし，十分尊重に値いするものといわなければならない。」 **2公正な刑事裁判のための制限** 「しかし，取材の自由といっても，もとより何らの制約を受けないものではなく，……公正な刑事裁判の実現を保障するために，報道機関の取材活動によって得られたものが，証拠として必要と認められるような場合には，取材の自由がある程度の制約を蒙ることとなってもやむを得ないところというべきである。しかしながら，このような場合においても，一面において，審判の対象とされている犯罪の性質，態様，軽重および取材したものの証拠としての価値，ひいては，公正な刑事裁判を実現するにあたっての必要性の有無を考慮するとともに，他面において取材したものを証拠として提出させられることによって報道機関の取材の自由が妨げられる程度およびこれが報道の自由に及ぼす影響の度合その他諸般の事情を比較衡量して決せられるべきであり，これを刑事裁判の証拠として使用することがやむを得ないと認められる場合においても，それによって受ける報道機関の不利益が必要な限度をこえないように配慮されなければならない。」 **3本件提出命令の可否** 「本件の付審判請求事件の……審理は，現在において，被疑者および被害者の特定すら困難な状態であって，事件発生後2年ちかくを経過した現在，第三者の新たな証言はもはや期待することができず，したがって，当時，右の現場を中立的な立場から撮影した報道機関の本件フィルムが証拠上きわめて重要な価値を有し，被疑者らの罪責の有無を判定するうえに，ほとんど必須のものと認められる状況にある。他方，本件フィルムは，すでに放映されたものを含む放映のために準備されたものであり，それが証拠として使用されることによって報道機関が蒙る不利益は，報道の自由そのものではなく，将来の取材の自由が妨げられるおそれがあるというにとどまるものと解されるのであって，付審判請求事件とはいえ，本件の刑事裁判が公正に行なわれることを期するためには，この程度の不利益は，報道機関の立場を十分尊重すべきものとの見地に立っても，なお忍受されなければならない程度のものというべきである。」

(評釈) 奥平康弘・判評132号23，小林直樹・憲法の判例51，古川純・基本判例94，井上典之・法セ617号72，工藤達朗・メディア百選6，山口いつ子・憲百Ⅰ78。

Ⅲ-4-36　TBS事件

最二決平2・7・9刑集44巻5号421頁，判時1357号34頁
（司法警察職員がした押収処分に対する準抗告棄却決定に対する特別抗告事件）

事　実　株式会社東京放送（TBSテレビ，申立人）は，1990（平成2）年3月20日のテレビ番組「ギミア・ぶれいく」の中で，暴力団組長らが暴力団事務所で被害者を暴行・脅迫するなどして債権取立をする場面を放映した。これを契機に，その暴力団組長らに対する暴力行為等処罰法違反，傷害被疑事件の捜査が開始され，彼らは逮捕勾留された。その後，司法警察員は，差押許可状を得て，TBS本社内で，被疑事実の裏付けとなる被疑者の脅迫・暴行場面を収録したビデオテープ（いわゆるマザーテープ）合計29巻を押収した。そこで，TBSは，その押収処分が憲法21条の保障する取材の自由を侵害する等と主張して，その取消しを求める準抗告を東京地裁に申し立てたが，棄却された（東京地決平2・6・13判時1348号16頁）ので，特別抗告した。

決定要旨　**棄却**　**1報道の自由の制約**　「報道機関の報道の自由は，表現の自由を規定した憲法21条の保障の下にあり，報道のための取材の自由も，憲法21条の趣旨に照らし十分尊重されるべきものであること，取材の自由も，何らの制約を受けないものではなく，公正な裁判の実現というような憲法上の要請がある場合には，ある程度の制約を受けることがあることは，いずれも博多駅事件決定（最大決昭44・11・26刑集23巻11号1490頁）の判示するところである。そして，その趣旨からすると，公正な刑事裁判を実現するために不可欠である適正迅速な捜査の遂行という要請がある場合にも，同様に，取材の自由がある程度の制約を受ける場合があること，また，このような要請から報道機関の取材結果に対して差押をする場合において，差押の可否を決するに当たっては，捜査の対象である犯罪の性質，内容，軽重等及び差し押さえるべき取材結果の証拠としての価値，ひいては適正迅速な捜査を遂げるための必要性と，取材結果を証拠として押収されることによって報道機関の報道の自由が妨げられる程度及び将来の取材の自由が受ける影響その他諸般の事情を比較衡量すべきであることは，明らかである（最二決平元・1・30刑集43巻1号19頁参照）。」　**2本件押収の合憲性**　「本件差押は，暴力団組長である被疑者が，組員らと共謀の上債権回収を図るため暴力団事務所

において被害者に対し加療約１箇月間を要する傷害を負わせ，かつ，被害者方前において団体の威力を示し共同して被害者を脅迫し，暴力団事務所において団体の威力を示して脅迫したという，軽視することのできない悪質な傷害，暴力行為等処罰に関する法律違反被疑事件の捜査として行われたものである。しかも，本件差押は，被疑者，共犯者の供述が不十分で，関係者の供述も一致せず，傷害事件の重要な部分を確定し難かったため，真相を明らかにする必要上，右の犯行状況等を収録したと推認される本件ビデオテープ（原決定添付目録番号15ないし18）を差し押さえたものであり，右ビデオテープは，事案の全容を解明して犯罪の成否を判断する上で重要な証拠価値を持つものであったと認められる。他方，本件ビデオテープは，すべていわゆるマザーテープであるが，申立人において，差押当時既に放映のための編集を終了し，編集に係るものの放映を済ませていたのであって，本件差押により申立人の受ける不利益は，本件ビデオテープの放映が不可能となって報道の機会が奪われるというものではなかった。また，本件の撮影は，暴力団組長を始め組員の協力を得て行われたものであって，右取材協力者は，本件ビデオテープが放映されることを了承していたのであるから，報道機関たる申立人が右取材協力者のためその身元を秘匿するなど擁護しなければならない利益は，ほとんど存在しない。さらに本件は，撮影開始後複数の組員により暴行が繰り返し行われていることを現認しながら，その撮影を続けたものであって，犯罪者の協力により犯行現場を撮影収録したものといえるが，そのような取材を報道のための取材の自由の一態様として保護しなければならない必要性は疑わしいといわざるを得ない。そうすると，本件差押により，申立人を始め報道機関において，将来本件と同様の方法により取材をすることが仮に困難になるとしても，その不利益はさして考慮に値しない。このような事情を総合すると，本件差押は，適正迅速な捜査の遂行のためやむを得ないものであり，申立人の受ける不利益は，受忍すべきものというべきである。」

反対意見　**奥野久之裁判官**　「日本テレビ事件と本件とを対比しながら，適正迅速な捜査を遂げるための必要性と，報道機関の報道の自由が妨げられる程度及び将来の取材の自由が受ける影響等を比較衡量すると，日本テレビ事件の犯罪は，国民が広く関心を寄せる重大な贈賄事犯であったが，本件の犯罪は，軽視できない悪質な事犯とはいえ，日本テレビ事件ほど重大とはいえない。」

（評釈）　阪本昌成・法教123号90，森英樹・法セ433号120，日笠完治・セレクト〈'90〉11，小林武・重判〈平成２年度〉24，小早川義則・法セ451号139，山田利夫・曹時44巻10号319，佐藤隆之・ジュリ1099号140，小山剛・メディア百選８，田島泰彦・憲百Ⅰ79，田中開・刑訴百選18。

（コメント）　本決定が引用する日本テレビ事件決定（最二決平元・1・30 刑集 43 巻 1 号 19 頁）は，リクルート事件において，現金授受現場を隠し撮りしたビデオテープの押収を容認したもの。

Ⅲ-4-37　外務省機密漏洩事件

最一決昭 53・5・31 刑集 32 巻 3 号 457 頁，判時 887 号 17 頁
（国家公務員法違反被告事件）

事　実　1972（昭和 47）年 3 月，衆議院予算委員会における沖縄返還交渉の審議の過程で，無いとされていた密約を裏づける外務省極秘電文が社会党のA議員により暴露された。政府は，これを秘密漏洩事件として捜査を開始し，毎日新聞社の記者 Y_1と，外務省事務官 Y_2とが，国公法 109 条 12 号，100 条 1 項，111 条違反容疑で逮捕され，起訴された。第 1 審（東京地判昭 49・1・31 判時 732 号 12 頁）は Y_2は有罪としたが，Y_1については，その行為は 111 条の「そそのかし」の構成要件に該当するとしつつも，取材活動の自由は「憲法 21 条の精神に照らして十分尊重されなければならない」との基本的立場に立って，Y_1の行為は手段方法の相当性には欠ける点があるけれども，これと目的の正当性の程度および利益の比較衡量の点とを総合判断してみると，処罰されてもやむをえないと断定することはできず，正当行為性を具備しているとして無罪とした。Y_1に関する部分について検察側が控訴し，控訴審（東京高判昭 51・7・20 判時 820 号 26 頁）は，第 1 審判決を破棄し，懲役 4 月，執行猶予 1 年の刑を言い渡した。その判決で，裁判所は，取材の自由は「憲法 21 条により保護される自由の範疇に属する」との立場から，「そそのかし」の意義を限定的に解すべきものとしつつ，Y_1の行為はその「そそのかし」行為に当たるとした。Y_1は，「そそのかし」の定義は前後矛盾し不明確であり，本件行為が「そそのかし」に当たるとするのは国公法 111 条の解釈適用を誤り，ひいては憲法 21 条に違反するものであると主張して上告した。

決定要旨　**棄却**　**1 国公法にいう「秘密」の意義と本件電信文**　「国家公務員法 109 条 12 号，100 条 1 項にいう秘密とは，非公知の事実であって，実質的にもそれを秘密として保護するに値すると認められるものをいい（最二決昭 52・12・19 刑集 31 巻 7 号 1053 頁），その判定は司法判断に服するものである。……条約や協定の締結を目的とする外交交渉の過程で行われる会談の具体的内容については，当事国が公開しないという国際的外交慣行が存在するのであり，これが漏示されると相手国ばかりでなく第三国の不信を招き，当該外交交渉のみならず，将来における外交交渉の効果的遂行が阻害される危険性があるものというべきであるから，本件第 1034 号電信文案の内容は，実質的にも秘密として保護するに値するものと認められる。」 **2**

「そそのかし」の意義と本件行為　「国家公務員法111条にいう同法109条12号，100条1項所定の行為の『そそのかし』とは，右109条12号，100条1項所定の秘密漏示行為を実行させる目的をもって，公務員に対し，その行為を実行する決意を新に生じさせるに足りる慫慂行為をすることを意味するものと解するのが相当であるところ（最三判昭29・4・27刑集8巻4号555頁，最大判昭44・4・2刑集23巻5号685頁，最大判昭48・4・25刑集27巻4号547頁参照）……Y_1の……行為は，……『そそのかし』にあたる」。**③表現の自由と正当な取材活動の範囲**　「報道機関の国政に関する報道は，民主主義社会において，国民が国政に関与するにつき，重要な判断の資料を提供し，いわゆる国民の知る権利に奉仕するものであるから，報道の自由は，憲法21条が保障する表現の自由のうちでも特に重要なものであり，また，このような報道が正しい内容をもつためには，報道のための取材の自由もまた，憲法21条の精神に照らし，十分尊重に値するものといわなければならない（最大決昭44・11・26刑集23巻11号1490頁）。そして，報道機関の国政に関する取材行為は，国家秘密の探知という点で公務員の守秘義務と対立拮抗するものであり，時としては誘導・唆誘的性質を伴うものであるから，報道機関が取材の目的で公務員に対し秘密を漏示するようにそそのかしたからといって，そのことだけで，直ちに当該行為の違法性が推定されるものと解するのは相当ではなく，報道機関が公務員に対し根気強く執拗に説得ないし要請を続けることは，それが真に報道の目的からでたものであり，その手段・方法が法秩序全体の精神に照らし相当なものとして社会観念上是認されるものである限りは，実質的に違法性を欠き正当な業務行為というべきである。しかしながら，報道機関といえども，取材に関し他人の権利・自由を不当に侵害することのできる特権を有するものでないことはいうまでもなく，取材の手段・方法が贈賄，脅迫，強要等の一般の刑罰法令に触れる行為を伴う場合は勿論，その手段・方法が一般の刑罰法令に触れないものであっても，取材対象者の個人としての人格の尊厳を著しく蹂躪する等法秩序全体の精神に照らし社会観念上是認することのできない態様のものである場合にも，正当な取材活動の範囲を逸脱し違法性を帯びるものといわなければならない。……Y_1は，当初から秘密文書を入手するための手段として利用する意図でY_2と肉体関係を持ち，同女が右関係のためY_1の依頼を拒み難い心理状態に陥ったことに乗じて秘密文書を持ち出させたが，同女を利用する必要がなくなるや，同女との右関係を消滅させてその後は同女を顧みなくなったものであって，取材対象者であるY_2の個人としての人格の尊厳を著しく蹂躪したものといわざるをえず，このようなY_1の取材行為は，その手段・方法において法秩序全体の精神に照らし社会観念上，到底是認することのできない不相当なものであるから，正当な取材活動の範囲を逸脱しているものというべきである。」

(評釈) 佐藤幸治＝松井茂記・判評236号2，堀部政男・重判〈昭和53年度〉15，岡田信弘・メディア百選5，齊藤愛・憲百Ⅰ 80，丸山雅夫・刑法百選Ⅰ 18。

(コメント) **取材の自由の制限に関する判例** 雑誌の編集者が拘置所に拘禁中の刑事被告人への接見を申し出たところ，拘置所長から取材を目的とするかぎりは接見を一切認めないとの不許可処分を受けたため，拘置所長を相手に取材の自由を侵害した処分の取消し，慰謝料の請求をした訴訟があり，裁判所は，拘置所長の判断に合理性を認め，社会通念にてらして著しく妥当性を欠くとはいえないと判示している（東京高判平7・8・10判時1546号3頁）。

Ⅲ-4-38 NHK記者証言拒否事件

最三決平18・10・3民集60巻8号2647頁，判時1954号34頁
（証拠調べ共助事件における証人の証言拒否についての決定に対する抗告棄却決定に対する許可抗告事件）

事 実 抗告人（X）らは，アメリカ合衆国を被告として合衆国アリゾナ州地区連邦地方裁判所に提起した損害賠償請求事件（以下「本件基本事件」という）における開示（ディスカバリー）の手続として，日本に居住する相手方の証人尋問を申請した。そこで，同裁判所は，この証人尋問を日本の裁判所に嘱託し，同証人尋問は，国際司法共助事件として新潟地方裁判所（原々審）に係属した。記者として本件基本事件の紛争の発端となった報道に関する取材活動をしていた相手方（Y）は，原々審での証人尋問において，取材源の特定に関する証言を拒絶し，原々審（新潟地決平17・10・11判タ1205号118頁）はその証言拒絶に理由があるものと認めた。これに対し，Xらは，上記証言拒絶に理由がないことの裁判を求めて抗告したが，原審（東京高決平18・3・17判時1939号23頁）がこれを棄却したために，最高裁判所への抗告の許可を申し立て，これが許可された。なお，本件の経緯等は次のとおりである。

(1) A社は，健康・美容アロエ製品を製造，販売する企業グループの日本における販売会社である。Xは，上記企業グループの合衆国における関連会社であり，その余の抗告人らは，A社の社員持分の保有会社，その役員等である。

(2) 日本放送協会（以下「NHK」という）は，1997（平成9）年10月9日午後7時のニュースにおいて，A社が原材料費を水増しして77億円余りの所得隠しをし，日本の国税当局から35億円の追徴課税を受け，また，所得隠しに係る利益が合衆国の関連会社に送金され，同会社の役員により流用されたとして，合衆国の国税当局も追徴課税をしたなどの報道をし（以下「本件NHK報道」という），翌日，主要各新聞紙も同様の報道をし，合衆国内でも同様の報道がされた（以下，これらの報道を一括して「本件報道」という）。Yは，本件NHK報道当時，記者

として，NHK 報道局社会部に在籍し，同報道に関する取材活動をした。

(3)　Xらは，合衆国の国税当局の職員が，1996（平成８）年における日米同時税務調査の過程で，日本の国税庁の税務官に対し，国税庁が日本の報道機関に違法に情報を漏えいすると知りながら，無権限でしかも虚偽の内容の情報を含むA社及びX人らの徴税に関する情報を開示したことにより，国税庁の税務官が情報源となって本件報道がされ，その結果，Xらが，株価の下落，配当の減少等による損害を被ったなどと主張して，合衆国を被告として，上記連邦地方裁判所に対し，本件基本事件の訴えを提起した。

(4)　本件基本事件は開示（ディスカバリー）の手続中であるところ，上記連邦地方裁判所は，今後の事実審理（トライアル）のために必要であるとして，2005（平成 17）年３月３日付で，二国間共助取決めに基づく国際司法共助により，我が国の裁判所に対し，上記連邦地方裁判所の指定する質問事項について，Yの証人尋問を実施することを嘱託した。

(5)　上記嘱託に基づき，2005（平成 17）年７月８日，相手方の住所地を管轄する原々審においてYに対する証人尋問が実施されたが，Yは，上記質問事項のうち，本件 NHK 報道の取材源は誰かなど，その取材源の特定に関する質問事項について，職業の秘密に当たることを理由に証言を拒絶した（以下「本件証言拒絶」という）。

(6)　原々審（新潟地決平 17・10・11 判タ 1205 号 118 頁）は，Xら及びYを書面により審尋した上，本件証言拒絶に正当な理由があるものと認める決定をし，Xらは，本件証言拒絶に理由がないことの裁判を求めて原審に抗告したが，原審（東京高決平 18・３・17 判時 1939 号 23 頁）は，報道関係者の取材源は民訴法 197 条１項３号所定の職業の秘密に該当するなどとして，本件証言拒絶には正当な理由があるものと認め，抗告を棄却した。

決定要旨　抗告棄却

1職業の秘密と保護に値する秘密　「民訴法は，公正な民事裁判の実現を目的として，何人も，証人として証言をすべき義務を負い（同法 190 条），一定の事由がある場合に限って例外的に証言を拒絶することができる旨定めている（同法 196 条，197 条）。そして，同法 197 条１項３号は，「職業の秘密に関する事項について尋問を受ける場合」には，証人は，証言を拒むことができると規定している。ここにいう「職業の秘密」とは，その事項が公開されると，当該職業に深刻な影響を与え以後その遂行が困難になるものをいうと解される（最一決平 12・３・10 民集 54 巻３号 1073 頁参照）。もっとも，ある秘密が上記の意味での職業の秘密に当たる場合においても，そのことから直ちに証言拒絶が認められるものではなく，そのうち保護に値する秘密についてのみ証言拒絶が認められると解すべきである。そして，保護に値する秘密であるかどうかは，秘密の公表によって生ずる不利益と証言の拒絶によって犠牲になる真実発見及び裁判の公正との比較衡量により決せられるというべきである。」 **2取材源の秘密は職業の秘密に当たる** 「報道関係者の取材源は，一般に，それがみだりに開示されると，報道関係者と取材源となる者との間の信頼関係が損なわれ，将来にわたる自由で円滑な取材活動が妨げられることとなり，報道機関の業務に深刻な影響を与え以後その遂行が困難になると解されるので，取材源の秘密は職業の秘密に当たるというべきである。そして，当該取材源の秘密が保護に値する秘密であるかどうかは，当該報道の内容，性質，その持つ社会的な意義・価値，当該取材の態様，将来における同種の取材活動が妨げられることによって生ずる不利益の内容，程度等と，当該民事事件の内容，性質，その持つ社会的な意義・価値，当該民事事件において当該証言を必要とする程度，代替証拠の有無等の諸事情を比較衡量して決すべきことになる。」 **3保護に値する秘密についての審査基準たる比較衡量法** 「この比較衡量にあたっては，次のような点が考慮されなければならない。」「報道機関の報道は，民主主義社会において，国民が国政に関与するにつき，重要な判断の資料を提供し，国民の知る権利に奉仕するものである。したがって，思想の表明の自由と並んで，事実報道の自由は，表現の自由を規定した憲法 21 条の保障の下にあることはいうまでもない。また，このような報道機関の報道が正しい内容を持つためには，報道の自由とともに，報道のための取材の自由も，憲法 21 条の精神に照らし，十分尊重に値するものといわなければならない（最大判昭 44・11・26 刑集 23 巻 11 号 1490 頁参照)。取材の自由の持つ上記のような意義に照らして考えれば，取材源の秘密は，取材の自由を確保するために必要なものとして，重要な社会的価値を有するというべきである。そうすると，当該報道が公共の利益に関するものであって，その取材の手段，方法が一般の刑罰法令に触れるとか，取材源となった者が取材源の秘密の開示を承諾しているなどの事情がなく，しかも，当該民事事件が社会的意義や影響のある重大な民事事件であるため，当該取材源の秘密の社会的価値を考慮してもなお公正な裁判を実現すべき必要性が高く，そのために当該証言を得ることが必要不可欠であるといった事情が認められない場合には，当該取材源の秘密は保護に値すると解すべきであり，証人は，原則として，当該取材源に係る証言を拒絶することができると解するのが相当である。」 **4本件証言拒絶** 「これを本件についてみるに，本件 NHK 報道は，公共の利害に関する報道であることは明らかであり，その取材の手段，方法が一般の刑罰法令に触れるようなものであるとか，取材源となった者が取材源の秘密の開示を承諾しているなどの事情はうかがわれず，一方，本件基本事件は，株価の下落，配当の減少等による損害の賠償を求めているものであり，社会的意義や影響のある重大な民事事件であるかどうかは明らかでなく，また，本件基本事件はその手続がいまだ開示（ディスカバリー）の段階にあり，公正な裁判を実現するために当該取材源に係る証言を得ることが必要不可欠であるといった事情も認めることはできない。」「したがって，相手方は，民訴法197条1項3号に基づき，本件の取材源に係る事項についての証言を拒むことができるというべきであり，本件証言拒絶には正当な理由がある。」

評釈　川嶋四郎・法セ624号106，長谷部恭男・ジュリ1329号2，坂田宏・ジュリ1329号9，松井茂記・法教319号32，右崎正博・法時79巻5号1，曽我部真裕・重判〈平成18年度〉20，松本博之・重判〈平成18年度〉129，駒村圭吾・判評585号187，鈴木秀美・セレクト〈'06〉8，戸田久・曹時61巻6号236，鈴木秀美・憲百Ⅰ75，岡田幸宏・民訴百選67。

コメント　報道機関の記者の証言拒否権が憲法上保障されるかについて，最高裁は，いわゆる石井記者証言拒否事件の判決（最大判昭27・8・6刑集6巻8号974頁）において，「わが現行刑訴法は新聞記者を証言拒絶権あるものとして列挙していないのであるから，刑訴法149条に列挙する医師等と比較して新聞記者に右規定を類推適用することのできないことはいうまでもないところである」としたうえで，「憲法〔21条〕……は一般人に対し平等に表現の自由を保障したものであって，新聞記者に特種の保障を与えたものではない。……憲法の右規定の保障は，公の福祉に反しない限り，いいたいことはいわせなければならないということである。未だいいたいことの内容も定まらず，これからその内容を作り出すための取材に関しその取材源について，公の福祉のため最も重大な司法権の公正な発動につき必要欠くべからざる証言の義務をも犠牲にして，証言拒絶の権利までも保障したものとは到底解することができない。」と判示していた。その後，旧民事訴訟法281条1項3号（現行の197条1項3号に該当する）について，札幌高決昭54・8・31判時937号16頁は，「新聞記者の側と情報を提供する側との間において，取材源を絶対に公表しないという信頼関係があって，はじめて正確な情報が提供されるものであり，従って取材源の秘匿は正確な報道の必要条件であるというべきところ，自由な言論が維持されるべき新聞において，もし記者が取材源を公表しなければならないとすると，情報提供者を信頼させ安んじて正確な情報を提供させることが不可能ないし著るしく困難になることは当然推測されるところであるから，新聞記者の取材源は右『職業ノ秘密』に該ると解するのが相当である」と判示した例が登場したものの，最高裁は，これに実体判断を加えることなく斥けていた。

なお，本件と同様の読売新聞記者事件について，東京地決平18・3・14判時1926号42頁，東京高決平18・6・14判時1939号23頁がある。

f）知る自由・反論権

Ⅲ-4-39　よど号ハイジャック記事墨塗り事件

最大判昭 58・6・22 民集 37 巻 5 号 793 頁，判時 1082 号 3 頁
（損害賠償請求事件）

事　実　1969（昭和 44）年 10 月 21 日の国際反戦デー闘争等に参加し，兇器準備集合罪，公務執行妨害罪等で起訴され，東京拘置所に勾留，収容されていたXらは，読売新聞を私費で定期購読していた。1970（昭和 45）年 3 月 31 日，赤軍派学生による日本航空「よど号」乗っ取り事件が発生し，拘置所長は同日夕刊から 4 月 2 日朝刊まで，乗っ取り事件に関する記事（ラジオ・テレビの番組案内部分にも及んだ）を墨でぬりつぶして配付した。Xらは「知る権利」を侵害されたとして，国を被告として，損害賠償請求訴訟を提起した。第 1 審（東京地判昭 50・11・21 判時 806 号 26 頁），第 2 審（東京高判昭 52・5・30 訟月 23 巻 6 号 1051 頁）ともに敗訴したので，Xらは上告した。

判　旨　**棄却**　**1新聞紙，図書等の閲読の自由の意義**　「およそ各人が，自由に，さまざまな意見，知識，情報に接し，これを摂取する機会をもつことは，その者が個人として自己の思想及び人格を形成・発展させ，社会生活の中にこれを反映させていくうえにおいて欠くことのできないものであり，また，民主主義社会における思想及び情報の自由な伝達，交流の確保という基本的原理を真に実効あるものたらしめるためにも，必要なところである。それゆえ，これらの意見，知識，情報の伝達の媒体である新聞紙，図書等の閲読の自由が憲法上保障されるべきことは，思想及び良心の自由の不可侵を定めた憲法 19 条の規定や，表現の自由を保障した憲法 21 条の規定の趣旨，目的から，いわばその派生原理として当然に導かれるところであり，また，すべて国民は個人として尊重される旨を定めた憲法 13 条の規定の趣旨に沿うゆえんでもあると考えられる。しかしながら，このような閲読の自由は，生活のさまざまな場面にわたり，極めて広い範囲に及ぶものであって，もとよりXらの主張するようにその制限が絶対に許されないものとすることはできず，それぞれの場面において，これに優越する公共の利益のための必要から，一定の合理的制限を受けることがあることもやむをえないものといわなければならない。」 **2未決拘禁者の閲読の自由の制限**　「未決勾留により監獄に拘禁されている者の新聞紙，図書等の閲読の自由についても，逃亡及び罪証隠滅の防止という勾留の目的のためのほか，前記のような監獄内の規律及び秩序の維持のために必要とされる場合にも，一定の制限を加えられることはやむをえないものとして承認しなければならない。しかしながら，未決勾留は，前記刑事司法上

の目的のために必要やむをえない措置として一定の範囲で個人の自由を拘束するものであり，他方，これにより拘禁される者は，当該拘禁関係に伴う制約の範囲外においては，原則として一般市民としての自由を保障されるべき者であるから，監獄内の規律及び秩序の維持のためにこれら被拘禁者の新聞紙，図書等の閲読の自由を制限する場合においても，それは，右の目的を達するために真に必要と認められる限度にとどめられるべきものである。したがって，右の制限が許されるためには，当該閲読を許すことにより右の規律及び秩序が害される一般的，抽象的なおそれがあるというだけでは足りず，被拘禁者の性向，行状，監獄内の管理，保安の状況，当該新聞紙，図書等の内容その他の具体的事情のもとにおいて，その閲読を許すことにより監獄内の規律及び秩序の維持上放置することのできない程度の障害が生ずる相当の蓋然性があると認められることが必要であり，かつ，その場合においても，右の制限の程度は，右の障害発生の防止のために必要かつ合理的な範囲にとどまるべきものと解するのが相当である。」 **3閲読の自由の制限規定** 「監獄法31条2項は，在監者に対する文書，図画の閲読の自由を制限することができる旨を定めるとともに，制限の具体的内容を命令に委任し，これに基づき監獄法施行規則86条1項はその制限の要件を定め，更に所論の法務大臣訓令及び法務省矯正局長依命通達は，制限の範囲，方法を定めている。これらの規定を通覧すると，その文言上はかなりゆるやかな要件のもとで制限を可能としているようにみられるけれども，上に述べた要件及び範囲内でのみ閲読の制限を許す旨を定めたものと解するのが相当であり，かつ，そう解することも可能であるから，右法令等は，憲法に違反するものではないとしてその効力を承認することができるというべきである。」

(評釈) 江橋崇・法セ344号20，橋本公亘・法教37号106，太田豊・ジュリ799号68，野村敬造・法セ351号40，奥平康弘・判評302号2，303号2，戸波江二・重判〈昭和58年度〉8，阿部照哉・民商90巻3号107，中川剛・基本判例〈初版〉19，太田豊・曹時37巻11号297，土井真一・メディア百選84，稲葉実香・憲百Ⅰ16。

(コメント) **関連法令のその後の推移** 判旨中の監獄法は全面改正され，現在では，刑事収容施設及び被収容者等の処遇に関する法律（平成17年法50号）となっている。また，監獄法施行規則は，現在では，刑事施設及び受刑者の処遇等に関する法律施行規則となっている。

Ⅲ-4-40　サンケイ新聞意見広告事件

最二判昭62・4・24民集41巻3号490頁，判時1261号74頁
（反論文掲載請求事件）

事　実　1973（昭和48）年12月2日，Y（サンケイ新聞）は，「前略　日本共産党殿　はっきりさせてください」という見出しの自由民主党の意見広告を掲載した。X（日本共産党）は，反論意見広告の無料掲載をYに要求したが，Yは有料を主張して争い，交渉が決裂したため，Xは反論意見広告無料掲載を求める仮処分を申請した。しかし，その申請は却下された（東京地決昭49・5・14判時739号49頁）ため，Xは，反論文の掲載を求めた本案訴訟を提起した。その際，Xは，名誉毀損に基づくほか，反駁権，反論権の存在を主張して反論意見広告無料掲載請求権の発生を根拠づけ，かかる反駁権，反論権は憲法21条に由来し，また人格権，条理に根拠するものであるとした。第1審（東京地判昭52・7・13判時857号30頁），第2審（東京高判昭55・9・30判時981号43頁）ともにXの請求を棄却したため，Xは上告した。

判　旨　**棄却**　**1私人間訴訟と憲法21条**　「憲法21条等のいわゆる自由権的基本権の保障規定は，国又は地方公共団体の統治行動に対して基本的な個人の自由と平等を保障することを目的としたものであって，私人相互の関係については，たとえ相互の力関係の相違から一方が他方に優越し事実上後者が前者の意思に服従せざるをえないようなときであっても，適用ないし類推適用されるものでないことは，当裁判所の判例（最大判昭48・12・12民集27巻11号1536頁，最三判昭49・7・19民集28巻5号790頁）とするところであり，その趣旨とするところに徴すると，私人間において，当事者の一方が情報の収集，管理，処理につき強い影響力をもつ日刊新聞紙を全国的に発行・発売する者である場合でも，憲法21条の規定から直接に，所論のような反論文掲載の請求権が他方の当事者に生ずるものでない……。」 **2新聞の表現の自由と反論権**　「新聞の記事に取り上げられた者が，その記事の掲載によって名誉毀損の不法行為が成立するかどうかとは無関係に，自己が記事に取り上げられたというだけの理由によって，新聞を発行・販売する者に対し，当該記事に対する自己の反論文を無修正で，しかも無料で掲載することを求めることができるものとするいわゆる反論権の制度は，記事により自己の名誉を傷つけられあるいはそのプライバシーに属する事項等について誤った報道をされたとする者にとっては，機を失せず，同じ新聞紙上に自己の反論文の掲載を受けることができ，これによって原記事に対する自己の主張を読者に訴える途が開かれることになるのであって，かかる制度により名誉あるいはプライバシーの保護に資するものがあることも否定し難いところである。しかしなが

ら，この制度が認められるときは，新聞を発行・販売する者にとっては，原記事が正しく，反論文は誤りであると確信している場合でも，あるいは反論文の内容がその編集方針によれば掲載すべきでないものであっても，その掲載を強制されることになり，また，そのために本来ならば他に利用できたはずの紙面を割かなければならなくなる等の負担を強いられるのであって，これらの負担が，批判的記事，ことに公的事項に関する批判的記事の掲載をちゅうちょさせ，憲法の保障する表現の自由を間接的に侵す危険につながるおそれも多分に存するのである。このように，反論権の制度は，民主主義社会において極めて重要な意味をもつ新聞等の表現の自由……に対し重大な影響を及ぼすものであって，たとえＹの発行するサンケイ新聞などの日刊全国紙による情報の提供が一般国民に対し強い影響力をもち，その記事が特定の者の名誉ないしプライバシーに重大な影響を及ぼすことがあるとしても，不法行為が成立する場合にその者の保護を図ることは別論として，反論権の制度について具体的な成文法がないのに，反論権を認めるに等しいＸ主張のような反論文掲載請求権をたやすく認めることはできない……。」 **③政党間の論評と名誉の保護** 「政党は，それぞれの党綱領に基づき，言論をもって自党の主義主張を国民に訴えかけ，支持者の獲得に努めて，これを国又は地方の政治に反映させようとするものであり，そのためには互いに他党を批判しあうことも当然のことがらであって，政党間の批判・論評は，公共性の極めて強い事項に当たり，表現の自由の濫用にわたると認められる事情のない限り，専ら公益を図る目的に出たものというべきである。」「本件広告は，政党間の批判・論評として，読者である一般国民に訴えかけ，その判断をまつ性格を有するものであって，公共の利害に関する事実にかかり，その目的が専ら公益を図るものである場合に当たり，本件広告を全体として考察すると，それがＸの社会的評価に影響を与えないものとはいえないが，未だ政党間の批判・論評の域を逸脱したものであるとまではいえず，その論評としての性格にかんがみると，前記の要約した部分は，主要な点において真実であることの証明があったものとみて差し支えがないというべきであって，本件広告によって政党としてのＸの名誉が毀損され不法行為が成立するものとすることはできない。」

（評釈） 右崎正博・法時60巻3号96，江橋崇・法セ392号94，清水英夫・ジュリ891号104，長岡徹・法教83号85，棟居快行・セレクト〈'87〉12，斉藤博・セレクト〈'87〉23，浜田純一・重判〈昭和62年度〉17，阪本昌成・判評354号39，平田浩・曹時42巻3号149，山本敬三・メディア百選72，松田浩・憲百Ⅰ82。

（コメント） **関連判例** 放送法64条1項が憲法13条，21条，29条に違反しないとした最大判平29・12・6裁判所ウェブサイト（⇒***Ⅲ-5-17***）において，放送を視聴する自由が憲法上保障されていると解することはできないと判示されている。放送法4条に基づく訂正放送の請求を棄却した最一判平16・11・25民集58巻8号2326頁（生活ほっとモーニング事件），およびNHKが放送したテレビ番組による名誉毀損が否定された最一判平28・1・21判時2305号13頁も参照せよ。

g）裁判の傍聴とメモを取る権利

Ⅲ-4-41　レペタ法廷メモ訴訟

最大判平元・3・8民集43巻2号89頁，判時1299号41頁
（メモ採取不許可国家賠償請求事件）

事　実　アメリカの弁護士であるレペタ（X）は，日本における証券市場およびこれに関する法的規制に関する研究をするため来日し，1982（昭和57）年10月以来，東京地方裁判所における所得税法違反被告事件の各公判期日における公判を傍聴した。Xは，各公判期日に先立ち，担当裁判長にメモを取ることの許可を求めたが許されなかった。そこでXは，国に対して，裁判所によるメモ採取不許可は違法な行為である等と主張して，損害賠償の請求をする訴えを起こしたが，第1審（東京地判昭62・2・12判時1222号28頁），第2審（東京高判昭62・12・25判時1262号30頁）で敗訴したので，上告した。

判　旨　**棄却**　**1憲法82条1項とメモを取る権利**　「憲法82条1項の規定は，裁判の対審及び判決が公開の法廷で行われるべきことを定めているが，その趣旨は，裁判を一般に公開して裁判が公正に行われることを制度として保障し，ひいては裁判に対する国民の信頼を確保しようとするところにある。」「裁判の公開が制度として保障されていることに伴い，各人は，裁判を傍聴することができることとなるが，右規定は，各人が裁判所に対して傍聴することを権利として要求できることまでを認めたものでないことはもとより，傍聴人に対して法廷においてメモを取ることを権利として保障しているものでないことも，いうまでもないところである。」　**2憲法21条1項と筆記行為の自由**　「1　憲法21条1項の規定は，表現の自由を保障している。そうして，各人が自由にさまざまな意見，知識，情報に接し，これを摂取する機会をもつことは，その者が個人として自己の思想及び人格を形成，発展させ，社会生活の中にこれを反映させていく上において欠くことのできないものであり，民主主義社会における思想及び情報の自由な伝達，交流の確保という基本的原理を真に実効あるものたらしめるためにも必要であって，このような情報等に接し，これを摂取する自由は，右規定の趣旨，目的から，いわばその派生原理として当然に導かれるところである（最大判昭58・6・22民集37巻5号793頁参照）。市民的及び政治的権利に関する国際規約（以下「人権規

約」という。）19条2項の規定も，同様の趣旨にほかならない。」「2　筆記行為は，一般的には人の生活活動の一つであり，生活のさまざまな場面において行われ，極めて広い範囲に及んでいるから，そのすべてが憲法の保障する自由に関係するものということはできないが，さまざまな意見，知識，情報に接し，これを摂取することを補助するものとしてなされる限り，筆記行為の自由は，憲法21条1項の規定の精神に照らして尊重されるべきであるといわなければならない。」「裁判の公開が制度として保障されていることに伴い，傍聴人は法廷における裁判を見聞することができるのであるから，傍聴人が法廷においてメモを取ることは，その見聞する裁判を認識，記憶するためになされるものである限り，尊重に値し，故なく妨げられてはならないものというべきである。」

③メモを取る行為の制限　「もっとも，情報等の摂取を補助するためにする筆記行為の自由といえども，他者の人権と衝突する場合にはそれとの調整を図る上において，又はこれに優越する公共の利益が存在する場合にはそれを確保する必要から，一定の合理的制限を受けることがあることはやむを得ないところである。しかも，右の筆記行為の自由は，憲法21条1項の規定によって直接保障されている表現の自由そのものとは異なるものであるから，その制限又は禁止には，表現の自由に制約を加える場合に一般に必要とされる厳格な基準が要求されるものではないというべきである。」「これを傍聴人のメモを取る行為についていえば，法廷は，事件を審理，裁判する場，すなわち，事実を審究し，法律を適用して，適正かつ迅速な裁判を実現すべく，裁判官及び訴訟関係人が全神経を集中すべき場であって，そこにおいて最も尊重されなければならないのは，適正かつ迅速な裁判を実現することである。傍聴人は，裁判官及び訴訟関係人と異なり，その活動を見聞する者であって，裁判に関与して何らかの積極的な活動をすることを予定されている者ではない。したがって，公正かつ円滑な訴訟の運営は，傍聴人がメモを取ることに比べれば，はるかに優越する法益であることは多言を要しないところである。してみれば，そのメモを取る行為がいささかでも法廷における公正かつ円滑な訴訟の運営を妨げる場合には，それが制限又は禁止されるべきことは当然であるというべきである。適正な裁判の実現のためには，傍聴それ自体をも制限することができるとされているところでもある（刑訴規則202条，123条2項参照）。」「傍聴人のメモを取る行為が公正かつ円滑な訴訟の運営を妨げるに至ることは，通常はあり得ないのであって，特段の事情のない限り，これを傍聴人の自由に任せるべきであり，それが憲法21条1項の規定の精神に合致するものということができる。」 **④裁判長の法廷警察権とその裁量の範囲**　「裁判所法71条，刑訴法288条2項の各規定により，法廷において裁判所の職務の執行を妨げ，又は不当な行状をする

者に対し，裁判長が法廷の秩序を維持するため相当な処分をすることが認められている以上，裁判長は，傍聴人のメモを取る行為といえども，公正かつ円滑な訴訟の運営の妨げとなるおそれがある場合は，この権限に基づいて，当然これを禁止又は規制する措置を執ることができるものと解するのが相当であるから，実定法上，法廷において傍聴人に対してメモを取る行為を禁止する根拠となる規定が存在しないということはできない。」「裁判長としては，特に具体的に公正かつ円滑な訴訟の運営の妨げとなるおそれがある場合においてのみ，法廷警察権によりこれを制限又は禁止するという取扱いをすることが望ましいといわなければならないが，事件の内容，傍聴人の状況その他当該法廷の具体的状況によっては，傍聴人がメモを取ることをあらかじめ一般的に禁止し，状況に応じて個別的にこれを許可するという取扱いも，傍聴人がメモを取ることを故なく妨げることとならない限り，裁判長の裁量の範囲内の措置として許容されるものというべきである。」 **5報道機関の記者のみに対するメモ許可と憲法14条1項** 「報道の公共性，ひいては報道のための取材の自由に対する配慮に基づき，司法記者クラブ所属の報道機関の記者に対してのみ法廷においてメモを取ることを許可することも，合理性を欠く措置ということはできない」。 **6本件措置の合理的根拠** 「原審の確定した前示事実関係の下においては，本件裁判長が法廷警察権に基づき傍聴人に対してあらかじめ一般的にメモを取ることを禁止した上，Xに対しこれを許可しなかった措置（以下「本件措置」という。）は，これを妥当なものとして積極的に肯認し得る事由を見出すことができない。Xがメモを取ることが，法廷内の秩序や静穏を乱したり，審理，裁判の場にふさわしくない雰囲気を醸し出したり，あるいは証人，被告人に不当な影響を与えたりするなど公正かつ円滑な訴訟の運営の妨げとなるおそれがあったとはいえないのであるから，本件措置は，合理的根拠を欠いた法廷警察権の行使であるというべきである。」「裁判所としては，今日においては，傍聴人のメモに関し配慮を欠くに至っていることを率直に認め，今後は，傍聴人のメモを取る行為に対し配慮をすることが要請されることを認めなければならない。」「もっとも，このことは，法廷の秩序や静穏を害したり，公正かつ円滑な訴訟の運営に支障を来したりすることのないことを前提とするものであることは当然であって，裁判長は，傍聴人のいかなる行為であっても，いやしくもそれが右のような事態を招くものであると認めるときには，厳正かつ果断に法廷警察権を行使すべき職務と責任を有していることも，忘れられてはならないであろう。」「法廷警察権は，裁判所法71条，刑訴法288条2項の各規定に従って行使されなければならないことはいうまでもないが，前示のような法廷警察権の趣旨，目的，更に遡って法の支配の精神に照らせば，その行使に当たっての裁判長の判断は，最大限に尊重されなければならない。したがって，それに基づく裁判長の措置は，それが法廷警察権の目的，範囲を著しく逸脱し，又はその方法が甚だしく不当であるなどの特段の事情のない限り，国家賠償法1条1項の規定にいう違法な公権力の行使ということはできないものと解するのが相当である。このことは，前示のような法廷における傍聴人の立場にかんがみるとき，傍聴人のメモを取る行為に対する法廷警察権の行使についても妥当するものといわなければならない。」「本件措置が執られた当時には，法廷警察権に基づき傍聴人がメモを取ることを一般的に禁止して開廷するのが相当であるとの見解も広く採用され，相当数の裁判所において同様の措置が執られていたことは前示のとおりであり，本件措置には前示のような特段の事情があるとまではいえないから，本件措置が配慮を欠いていたことが認められるにもかかわらず，これが国家賠償法1条1項の規定にいう違法な公権力の行使に当たるとまでは，断ずることはできない。」

意　見　四ツ谷巖裁判官（略）

(評釈)　［特集］ジュリ936号，門口正人・曹時41巻4号244，森英樹・法セ414号100頁，阿部照哉・判評369号196，松井茂記・民商101巻4号111，日比野勤・セレクト〈'89〉11，清水睦・重判〈平成元年度〉28，大久保史郎・法教106号6，津村政孝・法教106号13，渥美東洋・刑訴百選〈第7版〉60，井上典之・法セ616号64，市川正人・メディア百選4，大沢秀介・憲百Ⅰ77。

h）ビラ貼り・ビラ配布規制

Ⅲ-4-42　大阪市屋外広告物条例違反事件

最大判昭43・12・18刑集22巻13号1549頁，判時540号81頁
（大阪市屋外広告物条例違反被告事件）

事　実　右翼団体のメンバーであったY_1，Y_2は，1964（昭和39）年8月下旬頃，「四十五年の危機迫る!!　国民よ決起せよ!!　大日本菊水会」などと印刷したビラ26枚を13カ所の橋柱や電信柱に貼りつけたために，大阪市屋外広告物条例（昭和31年大阪市条例39号）違反として起訴された。第1審（大阪簡判昭40・6・14判例集未登載）において有罪とされ，第2審（大阪高判昭41・2・12刑集22巻13号1557頁）もこれを是認したので，Y_1，Y_2は，その条例により営利と関係のない純粋な思想・政治・社会運動として行うビラ貼りまで禁止するのは憲法21条に違反すると主張して上告した。

判　旨　**棄却**　**ビラ貼りの処罰の合憲性**　「大阪市屋外広告物条例は，屋外広告物法（昭和24年法律第189号）に基づいて制

定されたもので，右法律と条例の両者相俟って，大阪市における美観風致を維持し，および公衆に対する危害を防止するために，屋外広告物の表示の場所および方法ならびに屋外広告物を掲出する物件の設置および維持について必要な規制をしているのであり，本件印刷物の貼付が所論のように営利と関係のないものであるとしても，右法律および条例の規制の対象とされているものと解すべきところ（屋外広告物法1条，2条，大阪市屋外広告物条例1条），Y_1らのした橋柱，電柱，電信柱にビラをはりつけた本件各所為のごときは，都市の美観風致を害すものとして規制の対象とされているものと認めるのを相当とする。そして，国民の文化的生活の向上を目途とする憲法の下においては，都市の美観風致を維持することは，公共の福祉を保持する所以であるから，この程度の規制は，公共の福祉のため，表現の自由に対し許された必要且つ合理的な制限と解することができる。従って，所論の各禁止規定を憲法に違反するものということはできず，……右と同趣旨に出た原判決の判断は相当であって，論旨は理由がない。」

（評釈）　阿部照哉・マスコミ百選〈初版〉75，石村善治・判評124号31，市川正人・法教202号70，西土彰一郎・憲百Ⅰ 60。

（コメント）　商店街にある街路樹の支柱にプラカード式ポスターを針金でくくりつけたために，大分県屋外広告物条例違反に問われた事件（最三判昭62・3・3刑集41巻2号15頁）での，伊藤正己裁判官の補足意見「それぞれの事案の具体的な事情に照らし，広告物の貼付されている場所がどのような性質をもつものであるか，周囲がどのような状況であるか，貼付された広告物の数量・形状や，掲出のしかた等を総合的に考慮し，その地域の美観風致の侵害の程度と掲出された広告物にあらわれた表現のもつ価値とを比較衡量した結果，表現の価値の有する利益が美観風致の維持の利益に優越すると判断されるときに，本条例の定める刑事罰を科することは，適用において違憲となるのを免れないというべきである。」

Ⅲ-4-43　軽犯罪法違反事件

最大判昭45・6・17刑集24巻6号280頁，判時594号30頁
（軽犯罪法違反被告事件）

事　実　Y_1，Y_2は，1964（昭和39）年7月3日，電力会社・電々公社等の所有・管理する電柱30数本に無断で政治的アピールを印刷したビラ84枚を貼りつけたために，軽犯罪法1条33号に定める「みだりに他人の家屋その他の工作物にはり札をした者」として起訴された。第1審（一宮簡判昭41・3・24刑集24巻6号292頁）は，拘留10日の有罪判決を言い渡し，第2審（名古屋高判昭42・6・6刑集24巻6号295頁）もこれを支持したので，Y_1，Y_2は，この規定が憲法21条・31条に違反すると主張して上告した。

判　旨　棄却　**①軽犯罪法1条33号前段と憲法21条1項**　「軽犯罪法1条33号前段は，主として他人の家屋その他の工作物に関する財産権，管理権を保護するために，みだりにこれらの物にはり札をする行為を規制の対象としているものと解すべきところ，たとい思想を外部に発表するための手段であっても，その手段が他人の財産権，管理権を不当に害するごときものは，もとより許されないところであるといわなければならない。したがって，この程度の規制は，公共の福祉のため，表現の自由に対し許された必要かつ合理的な制限であって，右法条を憲法21条1項に違反するものということはできず（最大判昭25・9・27刑集4巻9号1799頁，最大判昭30・4・6刑集9巻4号819頁参照），右と同趣旨に出た原判決の判断は正当であって，論旨は理由がない。」　**②「みだりに」の明確性**　「次に論旨は，軽犯罪法1条33号前段は憲法31条に違反すると主張するが，右法条にいう『みだりに』とは，他人の家屋その他の工作物にはり札をするにつき，社会通念上正当な理由があると認められない場合を指称するものと解するのが相当であって，所論のように，その文言があいまいであるとか，犯罪の構成要件が明確でないとは認められないから，所論違憲の主張は，その前提を欠き，採用することができない。」

（評釈）　阿部照哉・マスコミ百選〈初版〉76，清水睦・憲法の判例46，大久保史郎・基本判例85，市川正人・法教202号70，井上典之・法セ618号61，木下昌彦・憲百Ⅰ A3。

Ⅲ-4-44　有楽町駅前事件

東京地判昭40・1・23下刑7巻1号76頁，判時403号20頁
（道路交通法違反被告事件）

事　実　Yらは所轄警察署長の許可を受けることなく，1962（昭和37）年5月4日午前8時頃から同8時35分頃までの間，国鉄京浜線有楽町駅中央日比谷口前の交通のひんぱんな道路で共産党発行の「全国遊説第一声国会報告大演説会」と題する印刷物及び「戦争準備をいそぐアメリカの核実験をただちに中止せよ」と題する印刷物を通行人に交付し，道路交通法77条1項4号および同号の委任による東京都道路交通規則（昭和46年廃止）14条8号（現在では18条8号）の規制に違反するとして起訴された。

判　旨　無罪　**①規則にいう「物の交付」の意味**　道路交通法は，「公安委員会において，道路または交通の状況によって，危険の防止，交通の安全または円滑のため必要と認めるものをすべて要許可事項として規制し得るとしたのでなく，さらに当該行為が，社会通念上一般的にみ

て，祭礼行事のように，その行為自体において一般交通に著しい影響を及ぼすような性質内容をもつ類型のものであるか，またはロケーションのように，道路に人が集まる状態を招いて一般交通に著しい影響を及ぼすような性質内容をもつ類型のもの，換言すれば，行為の性質上，一般交通に著しい影響を及ぼすことが通常予測し得られる行為類型に属すると認められるもので，それが祭礼行事やロケーション，更には法第77条第1項第1号ないし第3号に規定する行為に匹敵するものにその範囲を限定して委任したものであることが明らかなのであるから，そもそも，公安委員会が右委任に基づいて規則に定めるべき要許可事項に，右類型に該当しないものまでをも含ましめることは，右委任の範囲を超えるものとして許されないというべきである。……規則にいう『物の交付』とは，それに限定を加え，社会通念上一般に，その態様，方法からみて，法の掲げている前示要件（類型）を充しているものと認められる範囲内の物の交付行為をいうのであって，右の類型に当らない行為までをも含ましめているものではないというべきであり，従って規則の右条項部分は，これを『交通のひんぱんな道路において』，『一般交通に著しい影響を及ぼすような形態若しくは方法により物を交付すること』というように態様上の制限を加えて解すべきものである。」 **②事前許可制と憲法21条** 「道路上において印刷物を交付する行為は，その態様，方法のいかんによっては，道路交通上の危険を生じさせ，公共の安全を害する虞れがないとはいい難いのであるから，規則が，社会通念上一般交通に著しい影響を及ぼすとみられる態様，方法による印刷物の配布行為について，法の規定する手続内容により管轄警察署長の事前許可を受けしめるべき規制を加えたとしても，それが憲法21条に違反するものであるとはいえない。」 **③本条による規制と少人数によるビラ配布行為** 「1人または小ママ数のものが，人の通行の状況に応じその妨害を避けるためいつでも移動し得る状態において，通行人に印刷物を交付する行為のようなものは，その態様，方法において，社会通念上一般に，一般交通に著しい影響を及ぼす行為類型に該当するものとはいい難いところである。」

（コメント） 検察官は，交通のひんぱんな道路において物を交付する行為は抽象的に一般交通に著しい影響を及ぼす行為であり，法律が公安委員会に要許可事項として規制することを委任した範囲内の行為であると主張して控訴したが，東京高裁は，控訴を棄却し，無罪判決が確定した（東京高判昭41・2・28高刑19巻1号64頁）。

Ⅲ-4-45　吉祥寺駅構内ビラ配布事件

最三判昭 59・12・18 刑集 38 巻 12 号 3026 頁，判時 1142 号 3 頁
（鉄道営業法違反，建造物侵入被告事件）

事　実　Yらは，他の者と共謀のうえ，1976（昭和 51）年 5 月 4 日午後 6 時 30 分頃から京王帝都井の頭線吉祥寺駅の構内である同駅南口一階階段付近において，同駅係員の許諾を受けないで，多数の乗降客や通行人に対し，「5・5 狭山闘争勝利武蔵野三鷹集会に結集しよう！」と題するビラ多数枚を配付し，かつ，携帯用拡声器を使用して，「狭山裁判は不当な裁判である。石川被告を救おう」「明日の映画会に参加して下さい」などと呼びかける演説をするなどの行為をしたうえ，同駅管理者からの退去要求を無視して約 20 分間にわたり同階段付近に滞留した。そこで，Yらは，鉄道営業法 35 条および刑法 130 条後段の規定により起訴された。第 1 審（東京地八王子支判昭 57・11・9 刑集 38 巻 12 号 3036 頁），控訴審（東京高判昭 59・1・23 刑集 38 巻 12 号 3044 頁）はともに有罪の判決を下したため，Yらは上告した。

判　旨　**棄却**　**表現の自由とその制限の合憲性**「憲法 21 条 1 項は，表現の自由を絶対無制限に保障したものではなく，公共の福祉のため必要かつ合理的な制限を是認するものであって，たとえ思想を外部に発表するための手段であっても，その手段が他人の財産権，管理権を不当に害するごときものは許されないといわなければならないから，……本件各所為につき，鉄道営業法 35 条及び刑法 130 条後段の各規定を適用してこれを処罰しても憲法 21 条 1 項に違反するものでないことは，当裁判所大法廷の判例（最大判昭 24・5・18 刑集 3 巻 6 号 839 頁，最大判昭 25・9・27 刑集 4 巻 9 号 1799 頁，最大判昭 45・6・17 刑集 24 巻 6 号 280 頁）の趣旨に徴し明らかであ〔る〕……。」

補足意見　**伊藤正己裁判官**「一般公衆が自由に出入りすることのできる場所においてビラを配布することによって自己の主張や意見を他人に伝達することは，表現の自由の行使のための手段の一つとして決して軽視することのできない意味をもっている。特に，社会における少数者のもつ意見は，マス・メディアなどを通じてそれが受け手に広く知られるのを期待することは必ずしも容易ではなく，それを他人に伝える最も簡便で有効な手段の一つが，ビラ配布であるといってよい。いかに情報伝達の方法が発達しても，ビラ配布という手段のもつ意義は否定しえないのである。この手段を規制することが，ある意見にとって社会に伝達される機会を実質上奪う結果になることも少なくない。」「ビラ配布という手段は重要な機能をもっているが，他方において，一般公衆が自由に出入りすることのできる場所であっても，他人の所有又は管理する区域内でそれを行うときには，その者の利益に基づく制約を受けざるをえないし，またそれ以外の利

益（例えば，一般公衆が妨害なくその場所を通行できることや，紙くずなどによってその場所が汚されることを防止すること）との調整も考慮しなければならない。ビラ配布が言論出版という純粋の表現形態でなく，一定の行動を伴うものであるだけに，他の利益との較量の必要性は高いといえる。したがって，所論のように，本件のような規制は，社会に対する明白かつ現在の危険がなければ許されないとすることは相当でないと考えられる。」「ビラ配布の規制については，その行為が主張や意見の有効な伝達手段であることからくる表現の自由の保障においてそれがもつ価値と，それを規制することによって確保できる他の利益とを具体的状況のもとで較量して，その許容性を判断すべきであり，形式的に刑罰法規に該当する行為というだけで，その規制を是認することは適当ではないと思われる。そして，この較量にあたっては，配布の場所の状況，規制の方法や態様，配布の態様，その意見の有効な伝達のための他の手段の存否など多くの事情が考慮されることとなろう。」「ある主張や意見を社会に伝達する自由を保障する場合に，その表現の場を確保することが重要な意味をもっている。特に表現の自由の行使が行動を伴うときには表現のための物理的な場所が必要となってくる。この場所が提供されないときには，多くの意見は受け手に伝達することができないといってもよい。一般公衆が自由に出入りできる場所は，それぞれその本来の利用目的を備えているが，それは同時に，表現のための場として役立つことが少なくない。道路，公園，広場などは，その例である。これを『パブリック・フォーラム』と呼ぶことができよう。このパブリック・フォーラムが表現の場所として用いられるときには，所有権や，本来の利用目的のための管理権に基づく制約を受けざるをえないとしても，その機能にかんがみ，表現の自由の保障を可能な限り配慮する必要があると考えられる。」「もとより，道路のような公共用物と，一般公衆が自由に出入りすることのできる場所とはいえ，私的な所有権，管理権に服するところとは，性質に差異があり，同一に論ずることはできない。しかし，後者にあっても，パブリック・フォーラムたる性質を帯有するときには，表現の自由の保障を無視することができないのであり，その場合には，それぞれの具体的状況に応じて，表現の自由と所有権，管理権とをどのように調整するかを判断すべきこととなり，前述の較量の結果，表現行為を規制することが表現の自由の保障に照らして是認できないとされる場合がありうるのである。本件に関連する『鉄道地』（鉄道営業法35条）についていえば，それは，法廷意見のいうように，鉄道の営業主体が所有又は管理する用地・地域のうち，駅のフオームやホール，線路のような直接鉄道運送業務に使用されるもの及び駅前広場のようなこれと密接不可分の利用関係にあるものを指すと解される。しかし，これらのうち，例えば駅前広場のごときは，その具体的状況によってはパブリック・フォーラムたる性質を強くもつことがありうるのであり，このような場合に，そこでのビラ配布を同条違反として処罰することは，憲法に反する疑いが強い。このような場合には，公共用物に類似した考え方に立って処罰できるかどうかを判断しなければならない。」「本件においては，……Ｙらの所為が行われたのは，駅舎の一部であり，パブリック・フォーラムたる性質は必ずしも強くなく，むしろ鉄道利用者など一般公衆の通行が支障なく行われるために駅長のもつ管理権が広く認められるべき場所であるといわざるをえず，その場所が単に『鉄道地』にあたるというだけで処罰が是認されているわけではない。したがって，前述のような考慮を払ったとしても，原判断は正当というほかはない。」

（評釈）　小林節・法教 54 号 85，高橋省吾・ジュリ 834 号 64，中山研一・判評 319 号 59，常本照樹・法セ 375 号 43，高橋省吾・曹時 38 巻 11 号 311，上田健二・刑法百選Ⅱ〈第 4 版〉16，平地秀哉・憲百Ⅰ 62。

（コメント）　**関連判例**　選挙運動との関連で⇒*Ⅲ-4-53*。ビラ配布規制の新たな展開を見せるものとして，東京地八王子支判平 16・12・16 判時 1892 号 150 頁およびその控訴審判決の東京高判平 17・12・ 9 判時 1949 号 169 頁，さらに東京地判平 18・ 8 ・28 判例集未登載を参照せよ。

Ⅲ-4-46　自衛隊官舎ビラ配布事件

最二判平 20・ 4 ・11 刑集 62 巻 5 号 1217 頁，判時 2033 号 142 頁
（住居侵入被告事件）

事　実　立川市所在の防衛庁（当時）立川宿舎（以下「立川宿舎」）の南側敷地の南半分には，南から北へ順に 1 号棟～ 8 号棟の集合住宅（鉄筋 4 階建て，各階 6 室）が，また北側敷地には，東から西へ順に 9 号棟，10 号棟の集合住宅（5 階建て，10 号棟は各階に 8 室）が建っている。1 号棟～ 8 号棟の敷地は，東側，南側，西側が高さ 1.5～2 mほどの鉄製か金網のフェンスで，北側が鉄線が張られた木製杭でそれぞれ囲まれている。一般道路に面する東側，北側のフェンスは，各号棟の出入口となる部分が開口（門扉なし）している。

各開口部のフェンス部分には，いずれも，A 3 判大の横長の白色の用紙に，縦書きで，「宿舎地域内の禁止事項　一　関係者以外，地域内に立ち入ること　一　ビラ貼り・配り等の宣伝活動　一　露店（土地の占有）等による物品販売及び押し売り　一　車両の駐車　一　その他，人に迷惑をかける行為　　管理者」と印刷された禁止事項表示板が設置されている。

3 つの階段がある各号棟の 1 階には，上各階に通じる門扉のない出入口があり，そこには，それぞれ集合郵便受けが設置されており，これらの階段に面する各階 2 室ずつの玄関の各ドアには新聞受けが設置されている。これらの 1 階出入口にある掲示板又は集合郵便受けの上部の壁等には，A 4 判大の横長の白色又は黄色の用紙に，縦書きで，上記と同じ文言が印刷された禁止事項表示物が掲示されていた。

立川宿舎は，防衛庁の職員とその家族が居住するための国が設置する宿舎であり，本件当時，1 号棟～ 8 号棟は，ほぼ全室に居住者が入居していた。敷地及び 5 号棟～ 8 号棟は陸上自衛隊東立川駐屯地業務隊長の管理，1 号棟～ 4 号棟は航空自衛隊第 1 補給処立川支処長の管理となっており，9 号棟，10 号棟は防衛庁契

約本部や同庁技術研究本部第3研究所の管理下にある。

「立川自衛隊監視テント村」（以下「テント村」）は，自衛隊の米軍立川基地移駐に際して結成され，反戦平和を課題として各種活動を行っている団体で，被告人Yらは，その構成員である。テント村は，自衛隊のイラク派遣が迫ってきたころから，これに反対する活動を積極的に行うようになり，2003（平成15）年10月中ごろから12月にかけて，月1回の割合で，「自衛官のみなさん・家族のみなさんへ　イラクへの派兵が，何をもたらすというのか？」，「自衛官のみなさん・家族のみなさんへ　殺すのも・殺されるのもイヤだと言おう」，「イラクへ行くな，自衛隊！戦争では何も解決しない」との表題の下に，自衛隊のイラク派遣に反対し，かつ，自衛官に対しイラク派兵に反対するよう促し，自衛官のためのホットラインの存在を知らせる内容のA4判大のビラを，立川宿舎の各号棟の1階出入口の集合郵便受け又は各室玄関ドアの新聞受けに投かんした。

2003（平成15）年12月13日のビラの投かん後，立川宿舎の管理業務に携わっていた者は，連絡を取り合った上，管理者の意を受けて，同月18日，前記の禁止事項表示板を立川宿舎の敷地の一般道路に面するフェンスの各号棟の出入口となる各開口部のすぐわきのフェンス部分に設置し，同月19日から24日にかけて，禁止事項表示物を各号棟の1階出入口に掲示した。そのころ，前記の12月13日のビラの投かんについて，立川宿舎の管理業務に携わっていた者により管理者の意を受けて警察に住居侵入の被害届が提出された。

Yら3人は，共謀の上，テント村の活動の一環として，「自衛官・ご家族の皆さんへ　自衛隊のイラク派兵反対！　いっしょに考え，反対の声をあげよう！」との表題の下，前同様の内容のA4判大のビラを，立川宿舎の各号棟の各室玄関ドアの新聞受けに投かんする目的で，2004（平成16）年1月17日の昼前ごろ，立川宿舎の敷地内に立ち入った上，分担して，3号棟の東側と中央の階段，5号棟と6号棟の各東側階段及び7号棟西側階段に通じる各1階出入口からそれぞれ4階の各室玄関前まで立ち入り，各室玄関ドアの新聞受けに上記ビラを投かんするなどした。同月23日，このビラの投かんについて，立川宿舎の管理業務に携わっていた者により管理者の意を受けて警察に住居侵入の被害届が提出された。なお，同年2月3日に実施された実況見分時には，1号棟・9号棟の各出入口と3号棟の中央出入口，4号棟の東側出入口，5号棟と8号棟の各西側出入口には，前記の禁止事項表示物がなかった。

Y_1及びY_2は，共謀の上，テント村の活動の一環として，「ブッシュも小泉も戦場には行かない」との表題の下，前同様の内容のA4判大のビラを，立川宿舎の各号棟の各室玄関ドアの新聞受けに投かんする目的で，2004（平成16）年2月22日昼前後の時間，立川宿舎の敷地内に立ち入った上，分担して，3号棟，5号棟及び7号棟の各西側階段に通じる1階出入口からそれぞれ4階の各室玄関前まで立ち入り，各室玄関ドアの新聞受けに上記ビラを投かんするなどした。同年3月22日，前記のビラの投かんについても，前記と同様に住居侵入の被害届が提出された。

Ｙら３人は，上記の行為について刑法130条前段の罪に問われたが，第１審（東京地八王子支判平16・12・16判時1892号150頁）は，Ｙらの行為が住居侵入罪の構成要件に該当するものの，法秩序全体の理念からして刑事罰に処するに値する程度の違法性があるとは認められないとして，Ｙらを無罪としたが，控訴審（東京高判平17・12・9判時1949号169頁）は，Ｙらの行為が可罰的違法性を欠き違法性が阻却されるとはいえず，Ｙらの行為に住居侵入罪を適用して処罰しても，憲法21条に違反しないなどとして，原判決を破棄して自判し，Ｙらに罰金刑を言い渡したので，Ｙらが上告。

判　旨　棄却

1 Ｙらの行為の刑法130条前段該当性　「立川宿舎の各号棟の構造及び出入口の状況，その敷地と周辺土地や道路との囲障等の状況，その管理の状況等によれば，各号棟の１階出入口から各室玄関前までの部分は，居住用の建物である宿舎の各号棟の建物の一部であり，宿舎管理者の管理に係るものであるから，居住用の建物の一部として刑法130条にいう『人の看守する邸宅』に当たるものと解され，また，各号棟の敷地のうち建築物が建築されている部分を除く部分は，各号棟の建物に接してその周辺に存在し，かつ，管理者が外部との境界に門塀等の囲障を設置することにより，これが各号棟の建物の付属地として建物利用のために供されるものであることを明示していると認められるから，上記部分は，『人の看守する邸宅』の囲にょう地として，邸宅侵入罪の客体になるものというべきである（最一判昭51・3・4刑集30巻2号79頁参照）。」「そして，刑法130条前段にいう『侵入し』とは，他人の看守する邸宅等に管理権者の意思に反して立ち入ることをいうものであるところ（最二判昭58・4・8刑集37巻3号215頁参照），立川宿舎の管理権者は，前記……のとおりであり，Ｙらの立入りがこれらの管理権者の意思に反するものであったことは，前記……の事実関係から明らかである。」「そうすると，Ｙらの本件立川宿舎の敷地及び各号棟の１階出入口から各室玄関前までへの立入りは，刑法130条前段に該当するものと解すべきである。なお，本件Ｙらの立入りの態様，程度は前記……の事実関係のとおりであって，管理者からその都度被害届が提出されていることなどに照らすと，所論のように法益侵害の程度が極めて軽微なものであったなどということもできない。」

2 Ｙらの行為を刑法130条前段の罪に問うことは憲法21条1項に違反するか

「確かに，表現の自由は，民主主義社会において特に重要な権利として尊重されなければならず，Ｙらによるその政治的意見を記載したビラの配布は，表現の自由の行使ということができる。しかしながら，憲法21条１項も，表現の自由を絶対無制限に保障したものではなく，公共の福祉のため必要かつ合理的な制限を是認するものであって，たとえ思想を外部に発表するための手段であっても，その手段が他人の権利を不当に害するようなものは許されないというべきである（最三判昭59・12・18刑集38巻12号3026頁参照）。本件では，表現そのものを処罰することの憲法適合性が問われているのではなく，表現の手段すなわちビラの配布のために『人の看守する邸宅』に管理権者の承諾なく立ち入ったことを処罰することの憲法適合性が問われているところ，本件でYらが立ち入った場所は，防衛庁の職員及びその家族が私的生活を営む場所である集合住宅の共用部分及びその敷地であり，自衛隊・防衛庁当局がそのような場所として管理していたもので，一般に人が自由に出入りすることのできる場所ではない。たとえ表現の自由の行使のためとはいっても，このような場所に管理権者の意思に反して立ち入ることは，管理権者の管理権を侵害するのみならず，そこで私的生活を営む者の私生活の平穏を侵害するものといわざるを得ない。したがって，Yらの行為をもって刑法130条前段の罪に問うことは，憲法21条1項に違反するものではない。このように解することができることは，当裁判所の判例（最大判昭43・12・18刑集22巻13号1549頁，最大判昭45・6・17刑集24巻6号280頁）の趣旨に徴して明らかである。」

(評釈) 川岸令和・法セ643号4，松宮孝明・法セ643号123，阪口正二郎・法教336号8，榎透・法セ651号120，大島佳代子・セレクト〈'08〉8，松尾誠紀・セレクト〈'08〉35，橋本基弘・重判〈平成20年度〉20，関哲夫・重判〈平成20年度〉186，安達光治・法時82巻9号8，山口裕之・曹時63巻9号96，同・ジュリ1430号76，上嶌一高・ジュリ1431号159，曽根威彦・曹時65巻5号1，木下昌彦・憲百Ⅰ63。

(コメント) 本判決後，葛飾の民間分譲マンションの各住戸ドアポストに政党のビラを配布したYの行為について住居侵入罪の成立を認めた最二判平21・11・30刑集63巻9号1765頁があり，その中で最高裁は，次のように判示して，「本件立入り行為をもって刑法130条前段の罪に問うことは，憲法21条1項に違反するものではない」とした。すなわち，「表現の自由は，民主主義社会において特に重要な権利として尊重されなければならず，本件ビラのような政党の政治的意見等を記載したビラの配布は，表現の自由の行使ということができる」が，「本件では，表現そのものを処罰することの憲法適合性が問われているのではなく，表現の手段すなわちビラの配布のために本件管理組合の承諾なく本件マンション内に立ち入ったことを処罰することの憲法適合性が問われているところ，本件でYが立ち入った場所は，本件マンションの住人らが私的生活を営む場所である住宅の共用部分であり，その所有者によって構成される本件管理組合がそのような場所として管理していたもので，一般に人が自由に出入りすることのできる場所ではない。たとえ表現の自由の行使のためとはいっても，そこに本件管理組合の意思に反して立ち入ることは，本件管理組合の管理権を侵害するのみならず，そこで私的生活を営む者の私生活の平穏を侵害するものといわざるを得ない。」

ⅰ）情報公開・知る権利

Ⅲ-4-47　鴨川ダムサイト候補地図面公開請求事件

京都地判平3・3・27判タ775号85頁
（公文書非公開決定処分取消請求事件）

事　実　京都府は，府内を流れる鴨川の改修計画を予定し，その構想を検討するため，1987（昭和62）年7月に鴨川改修協議会を設置した。京都府内に事務所を置き，主として府民により組織される権利能力なき社団であるXは，その協議会の第5回会合で提出された①流水量に関する資料及び②ダムサイト候補地点選定位置図について，京都府情報公開条例4条に基づき，京都府知事Yに公開請求をした。これに対して，Yは，①のみを公開し，②については，同条例5条6号の非公開事由に該当するとして非公開の決定をした。これに対してXは，公開条例5条6号が憲法21条の保障する知る権利等を侵害し違憲であり，非公開処分も違憲であると主張し，審査請求したが認められなかったため，訴えを提起した。これに対し，本判決は，知る権利論，違憲論について次のように判示した上，本件図面が公開除外事由にあたらないとして（その部分の判旨は以下では省略），Xの請求を認容した。

判　旨　**認容**　**1知る権利の性格**　「憲法21条の規定は，表現の自由を保障している。そうして，各人が自由にさまざまな意見，知識，情報に接し，これを摂取する機会をもつことは，民主主義社会における思想及び情報の自由な伝達，交流の確保という基本的原理を真に実効あるものとするためにも必要であって，このような情報等に接し，これを摂取する自由（いわゆる知る権利ないし情報アクセス権）は，右規定の趣旨，目的から，いわばその派生原理として導かれうるし（最大判平元・3・8民集43巻2号89頁，最大判昭58・6・22民集37巻5号793頁参照），国政，府政などが真に国民（住民）の信託によるもので，その権威が国民（住民）に由来しその権力が国民（住民）の代表により行使され，その福利は国民（住民）がこれを享受するという民主主義が行なわれるためには，国民（住民）は政府，自治体の活動を詳しく知らねばならない。秘密ほど民主主義を減殺するものはない。自治，即ち，国事，地方自治への市民の最大限の参加は，情報を与えられた公衆についてのみ意味をもつのである。したがって，立憲民主主義体制の下では，知る権利ないし情報アクセス権は，単に情報収集活動が公権力によって妨げられないことを意味するのみでなく，国民又は住民の誰もが行政機関等の情報を必要とするときに自由に入手することができる権利，即ち，情報の開示を請求し得るという情報公開請求権を法令等により保障するとともに，行政機関等に開示義務を課す情報公開制度を要求するものである。」 **2知る権利の具体化**　「しかし，もとより，右の知る権利，情報アクセス権は抽象的権利に過ぎないから，法令による開示基準と開示請求権の具体的内容，方法，手続の制定を待って初めて具体的な情報の開示を請求することができる権利となる。」「そして，右の具体的立法をするにあたっては，知る権利の重要性から，公文書の公開を原則としなければならず，公開の内容，方法等に関する具体的立法は立法機関の裁量に委ねられるが，公開を制限する規定は，知る権利の具体化という制度の趣旨が損なわれないように，合理的理由のある必要最小限度のものにとどめなければならず，その立法目的に合理性があり，非公開が右の立法目的達成のために必要不可欠である場合に限り許される……。」

（コメント） 同様の争点について，愛知県公文書公開条例事件の名古屋地判平3・8・30判タ779号156頁，大阪府公文書公開条例事件の大阪地判平元・3・14判時1309号3頁参照。自治体の情報公開条例の適用をめぐる訴訟において，最高裁は，知る権利にかかわる判断を示すことなく，非公開処分の適否に関する判断を下している。本件の上告審（最二判平6・3・25判時1512号22頁），大阪府知事交際費情報公開請求事件の最一判平6・1・27民集48巻1号53頁，その第二次上告審（最三判平13・3・27民集55巻2号530頁），栃木県知事交際費情報公開請求事件の最一判平6・1・27判時1487号48頁，大阪府水道部懇談会議費情報公開請求事件の最三判平6・2・8判時1488号3頁など。

j）公務員の政治活動

Ⅲ-4-48 猿払事件第1審

旭川地判昭43・3・25下刑10巻3号293頁，判時514号20頁
（国家公務員法違反被告事件）

事　実 北海道宗谷郡猿払村の郵便局に勤務する郵政省の現業の公務員Yは，1967（昭和42）年の衆議院議員選挙に際し，労働組合の地区協議会の決定に従って，日本社会党を支持する目的で同党公認候補者の選挙用ポスターを自ら掲示したり，掲示を依頼して配布したりした。Yは，これらの行為が，国公法102条1項およびそれに基づく人事院規則14‐7第5項3号・6項13号の禁止に違反するとして，国公法110条1項19号に基づき起訴された。

判　旨 棄却 **1 公務員の政治活動の制限についての基本的考え方** 「当裁判所は，国家公務員につき国民の基本的人権の一つである政治活動をどの程度制約できるかにつき，先に引用した米連邦最高裁判所判決における多数意見の判示と同様，制約できる程度についての判断権は，一次的には国会および国会の委任を受けて規則を制定した人事院にあると解するけれども，この公務員の政治活動の自由の制約については，その違反行為に課せられる制裁を含みその制約の程度が，社会一般に存在している観念をとび

超えたものである場合には，その制約が合理的でないと判断する権能を有すると解する。この観念は，……国民の政治活動の自由が基本的人権として認められている近代民主主義社会で先進国といわれている諸国における公務員に対する政治活動の制限についての基本的考え方をも基礎として思考すべきものと思料する。」表現の「自由も絶対無制限のものでないばかりでなく，全体の奉仕者であって一部の奉仕者でない国家公務員の身分を取得することにより，ある程度の制約を受けざるを得ないことは論をまたないところであるが，政治活動を行う国民の権利の民主主義社会における重要性を考えれば国家公務員の政治活動の制約の程度は，必要最小限度のものでなければならない。」「米合衆国においては勿論その余の近代民主主義国家において公務員の政治活動禁止違反の行為に対し刑事罰を科している国はない。法がある行為を禁じその禁止によって国民の憲法上の権利にある程度の制約が加えられる場合，その禁止行為に違反した場合に加えられるべき制裁は，法目的を達成するに必要最小限度のものでなければならないと解される。法の定めている制裁方法よりも，より狭い範囲の制裁方法があり，これによってもひとしく法目的を達成することができる場合には，法の定めている広い制裁方法は法目的達成の必要最小限度を超えたものとして，違憲となる場合がある。」 **②本件行為に刑事罰を科すことの可否**「非管理者である現業公務員でその職務内容が機械的労務の提供に止まるものが勤務時間外に国の施設を利用することなく，かつ職務を利用し，若しくはその公正を害する意図なしで人事院規則 14-7，6 項 13 号の行為を行う場合，その弊害は著しく小さいものと考えられるのであり，このような行為自身が規制できるかどうか，或いはその規制違反に対し懲戒処分の制裁を課し得るかどうかはともかくとして，国公法 82 条の懲戒処分ができる旨の規定に加え，3 年以下の懲役又は 10 万円以下の罰金という刑事罰を加えることができる旨を法定することは，行為に対する制裁としては相当性を欠き，合理的にして必要最小限度の域を超えている。」「当裁判所としては，Yの所為に，国公法 110 条 1 項 19 号が適用される限度において，同号が憲法 21 条および 31 条に違反するもので，これをYに適用することができない」。

(評釈) 芦部信喜・憲百Ⅱ 200。

Ⅲ-4-49　猿払事件上告審

最大判昭49・11・6刑集28巻9号393頁，判時757号33頁
（国家公務員法違反被告事件）

事　実　*Ⅲ-4-48*の事案につき第1審は無罪とし，第2審（札幌高判昭44・6・24判時560号30頁）も第1審判決の論理を採用したので，検察側から上告がなされた。

判　旨　**破棄自判，有罪**　**1公務員の政治活動の禁止と憲法21条**「憲法21条の保障する表現の自由は，民主主義国家の政治的基盤をなし，国民の基本的人権のうちでもとりわけ重要なものであ」る。「およそ政治的行為は，行動としての面をもつほかに，政治的意見の表明としての面をも有するものであるから，その限りにおいて，憲法21条による保障を受けるものであることも，明らかである。」しかし，「『すべて公務員は，全体の奉仕者であって，一部の奉仕者ではない。』とする憲法15条2項の規定」，および「公務のうちでも行政の分野におけるそれは，憲法の定める統治組織の構造に照らし，議会制民主主義に基づく政治過程を経て決定された政策の忠実な遂行を期し，もっぱら国民全体に対する奉仕を旨とし，政治的偏向を排して運営されなければならない」ことから，「行政の中立的運営が確保され，これに対する国民の信頼が維持されることは，憲法の要請にかなうものであり，公務員の政治的中立性が維持されることは，国民全体の重要な利益にほかならないというべきである。したがって，公務員の政治的中立性を損うおそれのある公務員の政治的行為を禁止することは，それが合理的で必要やむをえない限度にとどまるものである限り，憲法の許容するところである」。**2禁止についての判断基準**「国公法102条1項及び規則による公務員に対する政治的行為の禁止が右の合理的で必要やむをえない限度にとどまるものか否かを判断するにあたっては，禁止の目的，この目的と禁止される政治的行為との関連性，政治的行為を禁止することにより得られる利益と禁止することにより失われる利益との均衡の3点から検討することが必要である。」「もし公務員の政治的行為のすべてが自由に放任されるときは，おのずから公務員の政治的中立性が損われ，ためにその職務の遂行ひいてはその属する行政機関の公務の運営に党派的偏向を招くおそれがあり，行政の中立的運営に対する国民の信頼が損われることを免れない。また，公務員の右のような党派的偏向は，逆に政治的党派の行政への不当な介入を容易にし，行政の中立的運営が歪められる可能性が一層増大するばかりでなく，そのような傾向が拡大すれば，本来政治的中立を保ちつつ一体となって国民全体に奉仕すべき責務を負う行政組織の内部に深

刻な政治的対立を醸成し，そのため行政の能率的で安定した運営は阻害され，ひいては議会制民主主義の政治過程を経て決定された国の政策の忠実な遂行にも重大な支障をきたすおそれがあり，このようなおそれは行政組織の規模の大きさに比例して拡大すべく，かくては，もはや組織の内部規律のみによってはその弊害を防止することができない事態に立ち至るのである。したがって，このような弊害の発生を防止し，行政の中立的運営とこれに対する国民の信頼を確保するため，公務員の政治的中立性を損うおそれのある政治的行為を禁止することは，まさしく憲法の要請に応え，公務員を含む国民全体の共同利益を擁護するための措置にほかならないのであって，その目的は正当なものというべきである。また，右のような弊害の発生を防止するため，公務員の政治的中立性を損うおそれがあると認められる政治的行為を禁止することは，禁止目的との間に合理的な関連性があるものと認められるのであって，たとえその禁止が，公務員の職種・職務権限，勤務時間の内外，国の施設の利用の有無等を区別することなく，あるいは行政の中立的運営を直接，具体的に損う行為のみに限定されていないとしても，右の合理的な関連性が失われるものではない。」「次に，利益の均衡の点について考えてみると，……公務員の政治的中立性を損うおそれのある行動類型に属する政治的行為を，これに内包される意見表明そのものの制約をねらいとしてではなく，その行動のもたらす弊害の防止をねらいとして禁止するときは，同時にそれにより意見表明の自由が制約されることにはなるが，それは，単に行動の禁止に伴う限度での間接的，付随的な制約に過ぎず，かつ，国公法 102 条 1 項及び規則の定める行動類型以外の行為により意見を表明する自由までをも制約するものではなく，他面，禁止により得られる利益は，公務員の政治的中立性を維持し，行政の中立的運営とこれに対する国民の信頼を確保するという国民全体の共同利益なのであるから，得られる利益は，失われる利益に比してさらに重要なものというべきであり，この禁止は利益の均衡を失するものではない。」「本件で問題とされている規則 5 項 3 号，6 項 13 号の政治的行為をみると，その行為は，……政治的偏向の強い行動類型に属するものにほかならず，……国公法 102 条 1 項及び規則 5 項 3 号，6 項 13 号は，合理的で必要やむをえない限度を超えるものとは認められず，憲法 21 条に違反するものということはできない。」 **3制限規定の一律適用の可否の問題等**「本件行為のような政治的行為が公務員によってされる場合には，当該公務員の管理職・非管理職の別，現業・非現業の別，裁量権の範囲の広狭などは，公務員の政治的中立性を維持することにより行政の中立的運営とこれに対する国民の信頼を確保しようとする法の目的を阻害する点に，差異をもたらすものではない。」「政治的行為が労働組合活動の一環としてなされたとしても，そのことが組合員である個々の公務員の政治的行為を正当化する理由となるものではなく，また，個々の公務員に対して禁止されている政治的行為が組合活動として行われるときは，組合員に対して統制力をもつ労働組合の組織を通じて計画的に広汎に行われ，その弊害は一層増大することとなる」。**4禁止違反に対する罰則の法定の可否**「国公法の右の罰則を設けたことについて，政策的見地からする批判のあることはさておき，その保護法益の重要性にかんがみるときは，罰則制定の要否及び法定刑についての立法機関の決定がその裁量の範囲を著しく逸脱しているものであるとは認められない。特に，本件において問題とされる……政治的行為は，特定の政党を支持する政治的目的を有する文書の掲示又は配布であって，……政治的行為の中でも党派的偏向の強い行動類型に属するものであり，公務員の政治的中立性を損うおそれが大きく，このような違法性の強い行為に対して国公法の定める程度の刑罰を法定したとしても，決して不合理とはいえず，したがって，右の罰則が憲法 31 条に違反するものということはできない。」「また，公務員の政治的行為の禁止が国民全体の共同利益を擁護する見地からされたものであって，その違反行為が刑罰の対象となる違法性を帯びることが認められ，かつ，その禁止が，前述のとおり，憲法 21 条に違反するものではないと判断される以上，その違反行為を構成要件として罰則を法定しても，そのことが憲法 21 条に違反することとなる道理は，ありえない。」第 1 審判決および原判決は「たとえ公務員の政治的行為の禁止が憲法 21 条に違反しないとしても，その行為のもたらす弊害が軽微なものについてまで一律に罰則を適用することは，同条に違反するというのであるが，違反行為がもたらす弊害の大小は，とりもなおさず違法性の強弱の問題にほかならないのであるから，このような見解は，違法性の程度の問題と憲法違反の有為の問題とを混同するものであって，失当というほかはない。」「懲戒処分と刑罰とは，その目的，性質，効果を異にする別個の制裁なのであるから，前者と後者を同列に置いて比較し，司法判断によって前者をもってより制限的でない他の選びうる手段であると軽々に断定することは，相当ではないというべきである。」**5人事院規則への委任の許容性**「政治的行為の定めを人事院規則に委任する国公法 102 条 1 項が，公務員の政治的中立性を損うおそれのある行動類型に属する政治的行為を具体的に定めることを委任するものであることは，同条項の合理的な解釈により理解しうるところである。そして，そのような政治的行為が，公務員組織の内部秩序を維持する見地から課される懲戒処分を根拠づけるに足りるものであるとともに，国民全体の共同利益を擁護する見地から科される刑罰を根拠づける違法性を帯びるものであることは，すでに述べたとおりであるから，右条項は，それが同法 82 条による懲戒処分及び同法 110 条

1項19号による刑罰の対象となる政治的行為の定めを一様に委任するものであるからといって，そのことの故に，憲法の許容する委任の限度を超えることになるものではない。」

反対意見 **大隅健一郎・関根小郷・小川信雄・坂本吉勝裁判官**「国公法102条1項は，違反に対する制裁の関連からいえば，公務員につき禁止されるべき政治的行為に関し，懲戒処分を受けるべきものと，犯罪として刑罰を科せられるべきものとを区別することなく，一律一体としてその内容についての定めを人事院規則に委任している。このような立法の委任は，少なくとも後者，すなわち，犯罪の構成要件の規定を委任する部分に関するかぎり，憲法に違反するものと考える。」

(評釈) 芦部信喜・法時47巻2号99，阿部照哉・ジュリ579号14，尾吹善人・重判〈昭和49年度〉26，室井力・憲法の判例10，安念潤司・公務員百選68，大沢秀介・基本判例23，安念潤司・法教213号65，室井力・行政百選Ⅰ〈第4版〉22，野坂泰司・法教331号89，宍戸常寿・法時83巻5号20，阪口正二郎・論ジュリ1号18，青井未帆・憲百Ⅰ13。

(コメント) 本判決のその後の展開については，堀越事件判決（**Ⅲ-4-51**）および世田谷事件判決（本書267頁のコメント）を参照。裁判官分限裁判事件⇒**Ⅵ-13**。

Ⅲ-4-50　全逓プラカード事件

最三判昭55・12・23民集34巻7号959頁，判時991号31頁
（懲戒処分取消請求事件）

事　実 Xは，郵便外務（配達）をその職務とする一般職の国家公務員であり，行政過程に関与せず，機械的労務を提供するにすぎない非管理職の現業公務員であったが，1966（昭和41）年5月1日（日曜日）のメーデーの集会および集団示威行進に参加した際，「アメリカのベトナム侵略に加担する佐藤内閣打倒――首切り合理化絶対反対全逓本所支部」と記載された横断幕を掲げて行進した。この文言は全逓信労働組合本所支部の選定にかかるもので，Xは，同支部青年部副部長として横断幕の記載文言の選定に参加し，また自らその文言を書くなどして指導的役割を果たした。Y（東京郵政局長）は，Xのこの行為は人事院規則14-7第5項4号・6項13号に該当し，国公法102条1項に違反するから，同法82条1号・3号（現在では82条1項1号・3号）に該当するとして，懲戒処分（戒告）に付した。この処分に対し，Xは，その取消しを求めて出訴した。第1審（東京地判昭46・11・1判時646号26頁）では，Xの本件行為は憲法21条1項の保障する正当な行為であり，それが国公法102条1項，規則5項4号・6項13号に当たることを前提としてなされた懲戒処分は違憲無効と判断され，第

2審（東京高判昭48・9・19判時715号3頁）では，それらの規定は合理的制限解釈を施す余地のないものであるから，本件行為に適用される限度において憲法21条に違反すると判示し，それらの規定を適用してされた本件懲戒処分（戒告処分）は違法であるとされた。Yは，これを不服として上告した。

判　旨　**破棄自判**　**公務員のメーデー行進への参加と政治活動の禁止**
「法102条1項，規則5項4号，6項13号の規定の違背を理由として法82条の規定により懲戒処分を行うことが憲法21条に違反するものでないことは，当裁判所の判例（最大判昭49・11・6刑集28巻9号393頁）の趣旨に徴して明らかであるから，原判決は憲法21条の解釈適用を誤ったものというべきである。」「Xはメーデーにおける集団示威行進に際し約30分間にわたり『アメリカのベトナム侵略に加担する佐藤内閣打倒』と記載された横断幕を掲げて行進したというのであるから，Xの右行為は特定の内閣に反対する政治的目的を有する文書を掲示したものとして規則5項4号，6項13号に該当し法102条1項に違反するものと解するのが相当である。」「郵政職員が法102条1項に違反する政治的行為を行った場合には，それが労働組合活動の一環として行われたとしても，法82条の規定による懲戒処分の対象とされることを免れない。」

反対意見　**環昌一裁判官**　「合理的最小限度の原理は，関係実定法規の憲法21条への適合性の判断基準であると同時に，その解釈・適用の基本原則であり，かつ，その結果として当該公務員に対してされた具体的処分の正当性の有無を決定する原理でもなければならない。」

（評釈）　大久保史郎・重判〈昭和55年度〉12，浜川清・ジュリ738号61，戸波江二・公務員百選70，室井力・行政百選Ⅰ〈第3版〉22，木村草太・憲百Ⅰ A2。

（コメント）　裁判官分限裁判事件⇒*Ⅵ-13*。

Ⅲ-4-51　堀越事件

最二判平24・12・7刑集66巻12号1337頁，判時2174号21頁
（国家公務員法違反被告事件）

事　実　被告人（Y）は，社会保険庁東京社会保険事務局目黒社会保険事務所に年金審査官として勤務していた厚生労働事務官であるが，2003（平成15）年11月9日施行の第43回衆議院議員総選挙に際し，日本共産党を支持する目的をもって，①同年10月19日午後0時3分頃から同日午後0時33分頃までの間，東京都中央区所在のB不動産ほか12か所に同党の機関紙であるしんぶん赤旗2003年10月号外（「いよいよ総選挙」で始まるもの）及び同党を支持する政治的目的を有する無署名の文書である東京民報2003年10月号外を配布し，②同月25日午前10時11分頃から同日午前10時15分頃までの間，同区所在のC方ほ

か55か所に前記しんぶん赤旗2003年10月号外及び前記東京民報2003年10月号外を配布し，③同年11月3日午前10時6分頃から同日午前10時18分頃までの間，同区所在のＤ方ほか56か所に同党の機関紙であるしんぶん赤旗2003年10月号外（「憲法問題特集」で始まるもの）及びしんぶん赤旗2003年11月号外を配布した。

Ｙは，これら①から③の行為について，国家公務員法（以下「本法」という）110条1項19号（平成19年法108号による改正前のもの），102条1項，人事院規則14-7（政治的行為）（以下「本規則」という）6項7号，13号（5項3号）（以下，これらの規定を合わせて「本件罰則規定」という）に当たるとして起訴された。なお，Ｙは，本件当時，目黒社会保険事務所の国民年金の資格に関する事務等を取り扱う国民年金業務課で，相談室付係長として相談業務を担当していたが，その業務は，全く裁量の余地のないものであった。さらに，Ｙには，年金支給の可否を決定したり，支給される年金額等を変更したりする権限はなく，保険料の徴収等の手続に関与することもなく，社会保険の相談に関する業務を統括管理していた副長の指導の下で，専門職として，相談業務を担当していただけで，人事や監督に関する権限も与えられていなかった。

第1審判決（東京地判平18・6・29刑集66巻12号1627頁）は，Ｙを有罪と認め，罰金10万円，執行猶予2年に処した。これに対し，控訴審判決（東京高判平22・3・29判タ1340号105頁）おいては，本件配布行為は，裁量の余地のない職務を担当する，地方出先機関の管理職でもないＹが，休日に，勤務先やその職務と関わりなく，勤務先の所在地や管轄区域から離れた自己の居住地の周辺で，公務員であることを明らかにせず，無言で，他人の居宅や事務所等の郵便受けに政党の機関紙や政治的文書を配布したことにとどまるものであると認定した上で，本件配布行為が本件罰則規定の保護法益である国の行政の中立的運営及びこれに対する国民の信頼の確保を侵害すべき危険性は，抽象的なものを含めて，全く肯認できないから，本件配布行為に対して本件罰則規定を適用することは，国家公務員の政治活動の自由に対する必要やむを得ない限度を超えた制約を加え，これを処罰の対象とするものといわざるを得ず，憲法21条1項及び31条に違反するとして，第1審判決を破棄し，Ｙを無罪とした。そこで検察官が上告した。

判　旨　棄却

1国家公務員法102条1項の意味　「本法102条1項は，公務員の職務の遂行の政治的中立性を保持することによって行政の中立的運営を確保し，これに対する国民の信頼を維持することを目的とするものと解される。」「他方，国民は，憲法上，表現の自由（21条1項）としての政治活動の自由を保障されており，この精神的自由は立憲民主政の政治過程にとって不可欠の基本的人権であって，民主主義社会を基礎付ける重要な権利であることに鑑みると，上記の目的に基づく法令による公務員に対する政治的行為の禁止は，国民としての政治活動の自由に対する必要やむを得ない限度にその範囲が画されるべきものである。」「このような本法102条1項の文言，趣旨，目的や規制される政治活動の自由の重要性に加え，同項の規定が刑罰法規の構成要件となることを考慮すると，同項にいう『政治的行為』とは，公務員の職務の遂行の政治的中立性を損なうおそれが，観念的なものにとどまらず，現実的に起こり得るものとして実質的に認められるものを指し，同項はそのような行為の類型の具体的な定めを人事院規則に委任したものと解するのが相当である。そして，その委任に基づいて定められた本規則も，このような同項の委任の範囲内において，公務員の職務の遂行の政治的中立性を損なうおそれが実質的に認められる行為の類型を規定したものと解すべきである。上記のような本法の委任の趣旨及び本規則の性格に照らすと，本件罰則規定に係る本規則6項7号，13号（5項3号）については，それぞれが定める行為類型に文言上該当する行為であって，公務員の職務の遂行の政治的中立性を損なうおそれが実質的に認められるものを当該各号の禁止の対象となる政治的行為と規定したものと解するのが相当である。このような行為は，それが一公務員のものであっても，行政の組織的な運営の性質等に鑑みると，当該公務員の職務権限の行使ないし指揮命令や指導監督等を通じてその属する行政組織の職務の遂行や組織の運営に影響が及び，行政の中立的運営に影響を及ぼすものというべきであり，また，こうした影響は，勤務外の行為であっても，事情によってはその政治的傾向が職務内容に現れる蓋然性が高まることなどによって生じ得るものというべきである。」「そして，上記のような規制の目的やその対象となる政治的行為の内容等に鑑みると，公務員の職務の遂行の政治的中立性を損なうおそれが実質的に認められるかどうかは，当該公務員の地位，その職務の内容や権限等，当該公務員がした行為の性質，態様，目的，内容等の諸般の事情を総合して判断するのが相当である。具体的には，当該公務員につき，指揮命令や指導監督等を通じて他の職員の職務の遂行に一定の影響を及ぼし得る地位（管理職的地位）の有無，職務の内容や権限における裁量の有無，当該行為につき，勤務時間の内外，国ないし職場の施設の利用の有無，公務員の地位の利用の有無，公務員により組織される団体の活動としての性格の有無，公務員による行為と直接認識され得る態様の有無，行政の中立的運営と直接相反する目的や内容の有無等が考慮の対象となるものと解される。」 **②本件罰則規定が憲法21条1項，31条に違反するか** 「本件罰則規定が憲法21条1項，31条に違反するか……については，本件罰則規定による政治的行為に対する規制が必要かつ合理的なものとして是認されるかどうかによることになるが，これは，本件罰則規定の目的のために規制が必要とされる程度と，規制される自由の内容及び性質，具体的な規制の態様及び程度等を較量して決せられるべきものである（最大判昭58・6・22民集37巻5号793頁等)。そこで，まず，本件罰則規定の目的は，前記のとおり，公務員の職務の遂行の政治的中立性を保持することによって行政の中立的運営を確保し，これに対する国民の信頼を維持することにあるところ，これは，議会制民主主義に基づく統治機構の仕組みを定める憲法の要請にかなう国民全体の重要な利益というべきであり，公務員の職務の遂行の政治的中立性を損なうおそれが実質的に認められる政治的行為を禁止することは，国民全体の上記利益の保護のためであって，その規制の目的は合理的であり正当なものといえる。他方，本件罰則規定により禁止されるのは，民主主義社会において重要な意義を有する表現の自由としての政治活動の自由ではあるものの，前記……のとおり，禁止の対象とされるものは，公務員の職務の遂行の政治的中立性を損なうおそれが実質的に認められる政治的行為に限られ，このようなおそれが認められない政治的行為や本規則が規定する行為類型以外の政治的行為が禁止されるものではないから，その制限は必要やむを得ない限度にとどまり，前記の目的を達成するために必要かつ合理的な範囲のものというべきである。そして，上記の解釈の下における本件罰則規定は，不明確なものとも，過度に広汎な規制であるともいえないと解される。なお，このような禁止行為に対しては，服務規律違反を理由とする懲戒処分のみではなく，刑罰を科すことをも制度として予定されているが，これは，国民全体の上記利益を損なう影響の重大性等に鑑みて禁止行為の内容，態様等が懲戒処分等では対応しきれない場合も想定されるためであり，あり得べき対応というべきであって，刑罰を含む規制であることをもって直ちに必要かつ合理的なものであることが否定されるものではない。」「以上の諸点に鑑みれば，本件罰則規定は憲法 21 条 1 項，31 条に違反するものではないというべきであり，このように解することができることは，当裁判所の判例（最大判昭 49・11・6 刑集 28 巻 9 号 393 頁，最大判昭 58・6・22 民集 37 巻 5 号 793 頁，最大判昭 59・12・12 民集 38 巻 12 号 1308 頁，最大判昭 61・6・11 民集 40 巻 4 号 872 頁，最大判平 4・7・1 民集 46 巻 5 号 437 頁，最大決平 10・12・1 民集 52 巻 9 号 1761 頁）の趣旨に徴して明らかである。」 **③本件配布行為が本件罰則規定の構成要件に該当するか** 「Y は，社会保険事務所に年金審査官として勤務する事務官であり，管理職的地位にはなく，その職務の内容や権限も，来庁した利用者からの年金の受給の可否や年金の請求，年金の見込額等に関する相談を受け，これに対し，コンピューターに保管されている当該利用者の年金に関する記録を調査した上，その情報に基づいて回答し，必要な手続をとるよう促すという，裁量の余地のないものであった。そして，本件配布行為は，勤務時間外である休日に，国ないし職場の施設を利用せずに，公務員としての地位を利用することなく行われたものである上，公務員により組織される団体の活動としての性格もなく，公務員であることを明らかにすることなく，無言で郵便受けに文書を配布したにとどまるものであって，公務員による行為と認識し得る態様でもなかったものである。これらの事情によれば，本件配布行為は，管理職的地位になく，その職務の内容や権限に裁量の余地のない公務員によって，職務と全く無関係に，公務員により組織される団体の活動としての性格もなく行われたものであり，公務員による行為と認識し得る態様で行われたものでもないから，公務員の職務の遂行の政治的中立性を損なうおそれが実質的に認められるものとはいえない。そうすると，本件配布行為は本件罰則規定の構成要件に該当しないというべきである。」「なお，原判決は，本件罰則規定をＹに適用することが憲法21条1項，31条に違反するとしているが，そもそも本件配布行為は本件罰則規定の解釈上その構成要件に該当しないためその適用がないと解すべきであって，上記憲法の各規定によってその適用が制限されるものではないと解されるから，原判決中その旨を説示する部分は相当ではないが，それが判決に影響を及ぼすものでないことは明らかである。論旨は採用することができない。」 **④先例違反か** 「所論引用の判例（前掲最大判昭49・11・6）の事案は，特定の地区の労働組合協議会事務局長である郵便局職員が，同労働組合協議会の決定に従って選挙用ポスターの掲示や配布をしたというものであ〔り〕，……当該公務員が管理職的地位になく，その職務の内容や権限に裁量の余地がなく，当該行為が勤務時間外に，国ないし職場の施設を利用せず，公務員の地位を利用することなく行われたことなどの事情を考慮しても，公務員の職務の遂行の政治的中立性を損なうおそれが実質的に認められるものであったということができ，行政の中立的運営の確保とこれに対する国民の信頼に影響を及ぼすものであった。」「したがって，上記判例は，このような文書の掲示又は配布の事案についてのものであり，判例違反の主張は，事案を異にする判例を引用するものであって，本件に適切ではなく，所論は刑訴法405条の上告理由に当たらない。」

補足意見　千葉勝美裁判官　「本件多数意見の判断の枠組み・合憲性の審査基準と猿払事件大法廷判決のそれとは，やはり矛盾・抵触するものでないというべきである。」「多数意見が，まず，本件罰則規定について，憲法の趣旨を踏まえ，行政の中立的運営を確保し，これに対する国民の信頼を維持するという規定の目的を考慮した上で，慎重な解釈を行い，それが『公務員の職務遂行の政治的中立性を損なうおそれが実質的に認められる行為』を政治的行為として禁止していると解釈したのは，……基本法についての司法判断の基本的な姿勢ともいえる。」

意　見　**須藤正彦裁判官**「Ｙの本件配布行為は政治的傾向を有する行為ではあることは明らかであるが，勤務時間外である休日に，国ないし職場の施設を利用せず，かつ，公務員としての地位を利用することも，公務員であることを明らかにすることもなく，しかも，無言で郵便受けに文書を配布したにとどまるものであって，Ｙは，いわば，一私人，一市民として行動しているとみられるから，それは勤務外のものであると評価される。そうすると，Ｙの本件配布行為からうかがわれる政治的傾向がＹの職務の遂行に反映する機序あるいは蓋然性について合理的に説明できる結び付きは認めることができず，公務員の職務の遂行の政治的中立性を損なうおそれが実質的に認められるとはいえないというべきである。したがって，Ｙの管理職的地位の有無，その職務の内容や権限における裁量の有無等を検討するまでもなく，Ｙの本件配布行為は本件罰則規定の構成要件に該当しないというべきである。」

（評釈）木村草太・法時 85 巻 2 号 74，駒村圭吾・法セ 698 号 46，三宅裕一郎・法セ 698 号 130，松宮孝明・法セ 699 号 145，［特集］法時 85 巻 5 号，岩崎邦生・ジュリ 1458 号 72，同・曹時 66 巻 2 号 251，長谷部恭男・憲百Ⅰ 14，工藤達朗・セレクト〈'13〉Ⅰ 5，宍戸常寿・重判〈平成 25 年度〉23，薄井一成・重判〈平成 25 年度〉60，松原芳博・重判〈平成 25 年度〉161，大河内美紀・論ジュリ 13 号 48。

（コメント）最高裁判所は，本件とともにいわゆる世田谷事件の判決（最二判平 24・12・7 刑集 66 巻 12 号 1722 頁）も示した。その事件の被告人は，厚生労働省本省の総括課長補佐として勤務していた厚生労働事務官であり，日本共産党を支持する目的で，警視庁の職員住宅に同党の機関紙を配布したため，本件と同じ罰則規定に当たるとして起訴されたのであるが，最高裁判所は，下級審での有罪判決（東京地判平 20・9・19 刑集 66 巻 12 号 1926 頁，東京高判平 22・5・13 判タ 1351 号 123 頁）を維持している。

k）選挙運動

Ⅲ-4-52　事前運動の禁止違反事件

最大判昭 44・4・23 刑集 23 巻 4 号 235 頁，判時 553 号 24 頁
（公職選挙法違反被告事件）

事　実　1967（昭和 42）年 4 月 15 日施行の東京都新宿区議会議員選挙に向けて，Ｙは，4 月 5 日に立候補を届け出たが，それ以前の同年 2 月中旬から，投票を得る目的で戸別訪問して選挙人に選挙運動文書を手渡しあるいは投票を依頼するなどしたため，公選法 129 条・138 条・142 条違反で起訴された。Ｙは，それら公選法各条の憲法違反を主張したが，第 1 審（東京地判昭 43・4・12 刑集 23 巻 4 号 242 頁）で有罪の判決を受け，第 2 審（東京高判昭 43・10・1 刑集 23 巻 4 号 246 頁）も原審判決を支持したため，上告した。

判　旨　**棄却**　**事前運動の禁止の合憲性**　「公職の選挙につき，常時選挙運動を行なうことを許容するときは，その間，不当，無用な競争を招き，これが規制困難による不正行為の発生等により選挙の公正を害するにいたるおそれがあるのみならず，徒らに経費や労力がかさみ，経済力の差による不公平が生ずる結果となり，ひいては選挙の腐敗をも招来するおそれがある。このような弊害を防止して，選挙の公正を確保するためには，選挙運動の期間を長期に亘らない相当の期間に限定し，かつ，その始期を一定して，各候補者が能うかぎり同一の条件の下に選挙運動に従事し得ることとする必要がある。公職選挙法129条が，選挙運動は，立候補の届出のあった日から当該選挙の期日までの間でなければすることができないと定めたのは，まさに，右の要請に応えようとする趣旨に出たものであって，選挙が公正に行なわれることを保障することは，公共の福祉を維持する所以であるから，選挙運動をすることができる期間を規制し事前運動を禁止することは，憲法の保障する表現の自由に対し許された必要かつ合理的な制限であるということができるのであって，公職選挙法129条をもって憲法21条に違反するものということはできず，論旨は理由がない。」

(評釈)　千葉裕・曹時21巻7号192，松井幸夫・基本判例89，榎透・憲百Ⅱ〈第5版〉169。

(コメント)　**戸別訪問の禁止**　公職選挙法138条の禁止規定については，最大判昭25・9・27刑集4巻9号1799頁が合憲の判断を下し，本判決でもその先例を引用して合憲と判示されている。なお，後掲の***Ⅲ-4-54***，***Ⅲ-4-55***を参照せよ。**文書図画の頒布・掲示禁止**　公職選挙法142条以下の文書図画の頒布・掲示禁止規定については，最大判昭30・4・6刑集9巻4号819頁が合憲の判断を下し，本判決もそれを引用して合憲としている。

Ⅲ-4-53　新聞紙の頒布・掲示の制限違反事件

最大判昭30・2・16刑集9巻2号305頁
（公職選挙法違反被告事件）

事　実　Yは，小さな旬刊新聞の発行人であるが，1952（昭和27）年5月11日施行の長崎県下県郡鶏知町（当時）の町長選挙の際に，候補者Aを他の候補者と比較して称揚する記事をのせた新聞紙300部を，同町内で，3人の通行人にわたして頒布させた。この新聞は，ふだんは同町内の購読者には郵送されていた。そこで，Yは，選挙報道ないし評論を掲載した新聞紙を「通常の方法で」（公選148条2項）ではなく頒布した者（公選243条6号〔現在では243条1項6号〕）に当たるとして起訴され，第1審（厳原簡判昭28・10・12刑集9巻2号308頁）および第2審（福岡高判昭29・1・28刑集9巻2号309頁）で罰金刑に処せられた。これに対して，Ｙは，読者拡張のため路上で新聞紙を配布することも「通常の方法」であり，それと反対の解釈は憲法21条に違反すると主張して上告した。

判　旨 **棄却** **新聞の頒布方法の制限と憲法21条**　「原判決の是認する第１審判決は，Ｙの行為として，Ｙは昭和27年５月11日の施行の長崎県下県郡鶏知町長選挙に際し，候補者Ａについて判示のような個人の当選に有利な事項を掲載したＹの印刷にかかる同年同月10日附新聞中外新報300部を，翌11日午前８時頃鶏知町大字鶏知白江橋附近道路上において，氏名不詳の３名に手交し，同人等をして同町内に頒布せしめた旨の事実を認定し，原判決はこの事実に基き，同新聞紙のこのような頒布方法は公職選挙法148条２項にいう通常の方法で頒布したことにならないと判断したのであって，その判断は相当であり違法とは認められない。そして公職選挙法148条２項は，選挙の公正を期するに必要な限度において，新聞紙又は雑誌を選挙運動に使用する方法を規制するに過ぎないのであるから，原審が右判示のような場合を右法条にいう通常の頒布方法ではないという解釈をとったからといって，所論のように憲法21条にいう出版及び表現の自由の保障に違反するものとはいえない。従って論旨は採用できない。」

（評釈）　青柳文雄・曹時７巻４号97。

（コメント）　**関連判例**　公職選挙法148条３項１号イの規定中の「新聞紙にあっては毎月３回以上」の部分が憲法21条の保障する言論・報道の自由を侵害するとして争った事件に対して，その主張を斥けた判決（最一判昭54・12・20刑集33巻７号1074頁）がある。

Ⅲ-4-54　戸別訪問の禁止違反事件(1)

広島高松江支判昭55・４・28判時964号134頁，判タ413号75頁
（公職選挙法違反被告事件）

事　実　1976（昭和51）年12月５日施行の衆議院議員総選挙の際に，Ｙらは，島根県選挙区から立候補したＡに投票を得させる目的で選挙人宅を訪問し投票を依頼し，公選法138条１項違反で起訴された。第１審（松江地出雲支判昭54・１・24判時923号141頁）は，公選法138条１項・239条３号が憲法21条１項に違反し無効であるとの判断のもとに，Ｙらの無罪を言い渡した。これに対して，検察は，戸別訪問禁止が憲法上許された必要かつ合理的な規制であり，最高裁先例もその合憲性を判示していると主張して控訴した。

判　旨 **棄却** **[1]公選法138条１項と憲法21条**　「戸別訪問禁止規定の合憲性については，その具体的な根拠について今一度検討が加えられて然るべきであると考える。従って，……禁止されている行動類

型以外の行為により意見を表明する自由までも実質的に制約しているか否か，並びにこれを禁止した立法の目的，その目的と禁止された行為との関連性の有無ないしその制約による不利益と禁止することが立法の目的をどの程度すすめるかの考量について審査がなされるべきである。」「戸別訪問による投票依頼あるいは政策及び特定の候補者の宣伝のための表現行為は，……少なくとも多数の国民が行いうる方法の中では簡易かつ特段の経費を要さないものであるから，容易に他の方法により代替されうるものとは思われない。」「しかも，戸別訪問は，通常，それ自体何らの悪性を有するものではなく，……その規制が憲法上許されるとしても，それは合理的でかつ必要やむを得ない限度においてのみ許されると解するのが相当である。」 **2戸別訪問禁止の根拠としての弊害論** 「戸別訪問は大正 14 年の衆議院議員選挙法以来，昭和 25 年から昭和 27 年までの間一部例外規定が置かれたほかは，終始全面的に禁止されてきたのであるが，大正 14 年当時，その立法の理由として『戸別訪問の如く情実に基き感情に依って当選を左右せむとするが如きは之を議員候補者の側より見るも其の品位を傷つけ又選挙人の側より見るも公事を私情によって行ふの風を馴致すべく今にしてこれを矯正するに非ざれば選挙の公正は遂に失はるるに至るべし。加之戸別訪問に際し双方の交渉は公然行はるるものに非ずして隠密の間に行はるるが為往々にして投票買収等の不法不正なる行為を助成するの虞あり。之其の何人の為すものたるを問はず断然禁止したる所以なり。』と述べられ，また現在まで選挙制度審議会等において，戸別訪問のもたらす弊害として，右に述べられたほか，候補者に無限の競争を強い煩に耐えない，選挙人の生活の平穏を害し，選挙人が迷惑をこうむる，候補者が競って戸別訪問をするため多額の経費がかかる，次期立候補予定者が当選議員の議会活動中に地盤荒しをし，当選議員にとって不利益である，などの論議がなされていることが明らかである。」

3弊害論とその合理性 「しかしながら，……個人的感情によって投票が左右される弊害があるとの点については，……戸別訪問を自由化した場合，公開されていない場所での選挙人の感情に訴えての投票依頼の機会が多くなったとしても，この弊害を防止するため戸別訪問をした者に対して刑罰を科し，ひいては表現の自由を制約することはできないというほかはない。」「立候補者が多数の運動員を動員するため多額の経費を要する結果，財力により候補者間の較差を生じ，選挙の公正を害するおそれがあるとの点について考えるに，……候補者にとって戸別訪問には経費がかかるとしても選挙の公正を守ることができると解されるので，右の弊害の防止と戸別訪問の禁止との間には合理的な関連性を見出だすことはできない。」「一般公衆の目の届かない場所で，選挙人と直接対面して行われる投票依頼等の行為が，買収，利害誘導等選挙の自由公正を害する犯罪の温床となり易く，その機会を多からしめるという弊害を生じるとの点につき……品川区長候補者選定に関する条例に基づいて昭和 47 年に行われた右区長候補者を選定するための区民投票においては，選挙運動の経費が高額化しないように配慮し，買収，饗応及び他候補に対する誹謗，中傷をしないことを立候補者と投票管理委員会とで協定したほかは，戸別訪問の禁止等の規制を外して選挙運動が行われたところ，戸別訪問がかなりなされたと思われるにもかかわらず，買収，饗応等があったとの苦情や報告が投票管理委員会に申し出られたことはなく，右申出がなかったからといって直ちに買収，饗応等が全くなかったということはできないにせよ，少なくとも右区民投票は公職選挙法が適用される一般の選挙よりも公正，明朗で質素に実施されたことを認めることができる。そして右条例によれば，区民投票の結果最高の投票を得た者が直ちに区長候補者に選定されるものではなく，区民投票の結果は区議会が区長候補者を選定する際にその参考とされるに過ぎないので，最高得票者といえども買収，饗応等をした場合には公職選挙法上の刑罰を科せられることはないけれどもこれが斟酌されて区長候補者に選定されないこともあり得，このことが非違行為を抑制する効果をもたらしたであろうことは否定し得ないが，このような点を考慮に入れても，前記のように区民投票が公正，明朗で質素に行われたという事実は，戸別訪問が選挙の自由，公正を害する機会を多からしめる蓋然性が必ずしも高いものではないことを裏づける一つの事実であるということができる。なお，昭和 25 年 4 月公職選挙法の制定に伴い戸別訪問禁止の例外規定として『公職の候補者が親族，平素親交の間柄にある知己その他密接な間柄にある者を訪問することはこの限りではない。』との条項が設けられたところ，昭和 26 年 4 月施行の地方選挙において脱法行為の弊害が著しく，昭和 27 年 8 月の改正により右例外規定は削除されているのであるが，改正にあたり右例外規定に基づく戸別訪問のため買収事犯が多発するという弊害が生じた旨の論議がなされた形跡はなく，第 7 次選挙制度審議会議事速記録（下）983 頁，検察官提出の戸別訪問禁止規定改正（昭和 27 年 8 月 16 日法律第 307 号）経緯と題する書面，同最新公職選挙法解説（写）によれば，例外規定を置いたことによる弊害とは『平素親交の間柄にある知己その他密接な間柄にある者』の範囲が不明確であったため，その公平な取り締りをすることが困難となり，候補者にとっても戸別訪問すべき範囲に悩むという弊害が生じたにすぎないと窺う」「戸別訪問を禁止しなかった場合，不正行為の温床となり易く，その機会を多からしめるという弊害を生じる蓋然性が高いということはできず，右弊害を生じるおそれは極めて抽象的な可能性にとどまるというほかはないから，右弊害の防止と戸別訪問の禁止との間には関連性が全くないわけではないにしても，これが合理的な関連性を有すると考えることはできない。」「最後に戸別訪問が被訪問者の生活の平穏を害するか否かについて……国民一般にとっての戸別訪問の意義に照らしても，また，被訪問者の生活の平穏を害するような戸別訪問は，時間的な制限を置いたり，集団的な訪問を禁ずることなどによって容易にその弊害を除くことができると考えられることに照らしても，右の目的は戸別訪問を一律に禁止する理由とはなり得ず，戸別訪問を全面的に禁止することは，被訪問者の生活の平穏を守るための手段としては行きすぎていることが明らかである。」 **④憲法 21 条違反** 「結局，戸別訪問を禁止した法の目的を各別に検討してみても，あるいはその目的自体が表現の自由を制約すべき根拠となり得なかったり，あるいはその手段によりその目的を達成しうるか否かの点で合理的な関連性を欠いたり，あるいは選択された手段がその目的を達成するうえで行きすぎていたりしているというほかはなく，これらを併せて考えてみても，戸別訪問の禁止が憲法上許される合理的でかつ必要やむを得ない限度の規制であると考えることはできない。以上の次第で……戸別訪問を一律に禁止した公職選挙法 138 条 1 項の規定は憲法 21 条に違反するというべきである」。

Ⅲ-4-55　戸別訪問の禁止違反事件(2)

最二判昭 56・6・15 刑集 35 巻 4 号 205 頁，判時 1003 号 25 頁
（公職選挙法違反被告事件）

事　実　⇒Ⅲ-4-54 に対して検察官が上告した。

判　旨　**破棄差戻**　**公選法 138 条 1 項と憲法 21 条**　「公職選挙法 138 条 1 項の規定が憲法 21 条に違反するものでないことは，当裁判所の判例（最大判昭 44・4・23 刑集 23 巻 4 号 235 頁，なお，最大判昭 25・9・27 刑集 4 巻 9 号 1799 頁参照）とするところである。戸別訪問の禁止は，意見表明そのものの制約を目的とするものではなく，意見表明の手段方法のもたらす弊害，すなわち，戸別訪問が買収，利害誘導等の温床になり易く，選挙人の生活の平穏を害するほか，これが放任されれば，候補者側も訪問回数等を競う煩に耐えられなくなるうえに多額の出費を余儀なくされ，投票も情実に支配され易くなるなどの弊害を防止し，もって選挙の自由と公正を確保することを目的としているところ……右の目的は正当であり，それらの弊害を総体としてみるときには，戸別訪問を一律に禁止することと禁止目的との間に合理的な関連性があるということができる。そして，戸別訪問の禁止によって失われる利益は，それにより戸別訪問という手段方法による意見表明の自由が

制約されることではあるが，それは，もとより戸別訪問以外の手段方法による意見表明の自由を制約するものではなく，単に手段方法の禁止に伴う限度での間接的，付随的な制約にすぎない反面，禁止により得られる利益は，戸別訪問という手段方法のもたらす弊害を防止することによる選挙の自由と公正の確保であるから，得られる利益は失われる利益に比してはるかに大きいということができる。以上によれば，戸別訪問を一律に禁止している公職選挙法138条1項の規定は，合理的で必要やむをえない限度を超えるものとは認められず，憲法21条に違反するものではない。したがって，戸別訪問を一律に禁止するかどうかは，専ら選挙の自由と公正を確保する見地からする立法政策の問題であって，国会がその裁量の範囲内で決定した政策は尊重されなければならないのである。このように解することは，意見表明の手段方法を制限する立法について憲法21条との適合性に関する判断を示したその後の判例（最大判昭49・11・6刑集28巻9号393頁）の趣旨にそうところであり，前記昭和44年4月23日の大法廷判例は今日においてもなお維持されるべきである。」

（評釈）　野中俊彦・判評276号206，松井茂記・法セ324号122，佐藤文哉・曹時37巻2号195，戸松秀典・法教14号94，吉田善明・憲百Ⅱ〈第3版〉163。

（コメント）　同年の別の小法廷の判決（最三判昭56・7・21刑集35巻5号568頁）には，伊藤正己裁判官の補足意見が付されており，その中で同裁判官は，最高裁が従来の「確定した判例」において戸別訪問禁止を合憲としてきた理由づけは，「必ずしも広く納得させるに足る根拠を示しているとはいえない憾みがあ」り，それらの諸理由は「合憲の論拠として補足的，附随的なもの」であって，「むしろ他の点に重要な理由がある」とし，国会議員の選挙に関する事項は法律で定めることとしている憲法47条が「選挙運動のルールについて国会の立法の裁量の余地の広いという趣旨を含んでいる」ことを根拠として，「合理的とは考えられないような特段の事情のない限り，国会の定めるルールは各候補者の守るべきものとして尊重されなければなら」ず，「このルールの内容をどのようなものとするかについては立法政策に委ねられている範囲が広く，それに対しては必要最小限度の制約のみが許容されるという合憲のための厳格な基準は適用されない」として，戸別訪問禁止は「立法の裁量権の範囲を逸脱し憲法に違反すると判断すべきものとは考えられない」と結論づけている。

Ⅲ-4-56　公立図書館の図書廃棄事件

最一判平17・7・14民集59巻6号1569頁，判時1910号94頁
（損害賠償請求事件）

事　実　X_1は，1997（平成9）年1月設立の「新しい歴史教科書をつくる会」であり，X_2〜X_7は，X_1の役員または賛同者である。2001（平成13）年8月，当時Y市西図書館に勤務していた司書Aは，X_1やこれに賛同する者等およびその著書に対して否定的評価と反感から，その独断で，同図書館の蔵書のうちXらの執筆または編集に係る書籍を含む合計107冊（この中にはX_1の賛同者以外の著作も含まれている）を，Y市図書館資料除籍基準に該当しないにもかかわらず，コンピュータの蔵書リストから除籍する処理をして廃棄した（以下，これを「本件廃棄」という）。本件廃棄が発覚した後，司書Aは，懲戒処分を受け，本件廃棄の対象となった図書のうち103冊は，寄付によりY市西図書館に収蔵され，残り4冊については，入手困難であったため，同一著者の執筆した書籍を代替図書として寄付され，同図書館に収蔵された。Xらは，本件廃棄によって著作者としての人格的利益等が侵害され精神的苦痛を受けたと主張し，Yに対し，国家賠償法1条1項または民法715条に基づき，慰謝料の支払を求める訴えを起こした。第1審，第2審とも，Xらには法的に保護された権利や利益が認められないなどとして請求を棄却した（東京地判平15・9・9民集59巻6号1579頁，東京高判平16・3・3民集59巻6号1604頁）ので，Xらは上告した。

判　旨　**破棄差戻**　**1図書館の役割と機能**　「図書館は，『図書，記録その他必要な資料を収集し，整理し，保存して，一般公衆の利用に供し，その教養，調査研究，レクリエーション等に資することを目的とする施設』であり（図書館法2条1項），『社会教育のための機関』であって（社会教育法9条1項），国及び地方公共団体が国民の文化的教養を高め得るような環境を醸成するための施設として位置付けられている（同法3条1項，教育基本法7条2項参照）。公立図書館は，この目的を達成するために地方公共団体が設置した公の施設である（図書館法2条2項，地方自治法244条，地方教育行政の組織及び運営に関する法律30条）。そして，図書館は，図書館奉仕（図書館サービス）のため，①図書館資料を収集して一般公衆の利用に供すること，②図書館資料の分類排列を適切にし，その目録を整備することなどに努めなければならないものとされ（図書館法3条），特に，公立図書館については，その設置及び運営上の望ましい基準が文部科学大臣によって定められ，教育委員会に提示するとともに一般公衆に対して示すものとされており（同法18条），平成13年7月18日に文部科学大臣によって告示された『公立

図書館の設置及び運営上の望ましい基準』（文部科学省告示第132号）は，公立図書館の設置者に対し，同基準に基づき，図書館奉仕（図書館サービス）の実施に努めなければならないものとしている。同基準によれば，公立図書館は，図書館資料の収集，提供等につき，①住民の学習活動等を適切に援助するため，住民の高度化・多様化する要求に十分に配慮すること，②広く住民の利用に供するため，情報処理機能の向上を図り，有効かつ迅速なサービスを行うことができる体制を整えるよう努めること，③住民の要求に応えるため，新刊図書及び雑誌の迅速な確保並びに他の図書館との連携・協力により図書館の機能を十分発揮できる種類及び量の資料の整備に努めることなどとされている。」 **2図書館職員の職務上の義務** 「公立図書館の上記のような役割，機能等に照らせば，公立図書館は，住民に対して思想，意見その他の種々の情報を含む図書館資料を提供してその教養を高めること等を目的とする公的な場ということができる。そして，公立図書館の図書館職員は，公立図書館が上記のような役割を果たせるように，独断的な評価や個人的な好みにとらわれることなく，公正に図書館資料を取り扱うべき職務上の義務を負うものというべきであり，閲覧に供されている図書について，独断的な評価や個人的な好みによってこれを廃棄することは，図書館職員としての基本的な職務上の義務に反するものといわなければならない。」 **3閲覧図書の著作者の人格的利益** 「他方，公立図書館が，上記のとおり，住民に図書館資料を提供するための公的な場であるということは，そこで閲覧に供された図書の著作者にとって，その思想，意見等を公衆に伝達する公的な場でもあるということができる。したがって，公立図書館の図書館職員が閲覧に供されている図書を著作者の思想や信条を理由とするなど不公正な取扱いによって廃棄することは，当該著作者が著作物によってその思想，意見等を公衆に伝達する利益を不当に損なうものといわなければならない。そして，著作者の思想の自由，表現の自由が憲法により保障された基本的人権であることにもかんがみると，公立図書館において，その著作物が閲覧に供されている著作者が有する上記利益は，法的保護に値する人格的利益であると解するのが相当であり，公立図書館の図書館職員である公務員が，図書の廃棄について，基本的な職務上の義務に反し，著作者又は著作物に対する独断的な評価や個人的な好みによって不公正な取扱いをしたときは，当該図書の著作者の上記人格的利益を侵害するものとして国家賠償法上違法となるというべきである。」 **4本件廃棄の違法性** 「前記事実関係によれば，本件廃棄は，公立図書館であるＹ市西図書館の司書Ａが，X_1やその賛同者等及びその著書に対する否定的評価と反感から行ったものというのであるから，Ｘらは，本件廃棄により，上記人格的利益を違法に侵害されたものというべきである。」

（評釈）　松田浩・法セ612号124，今村哲也・判評572号178，斉藤博・民商135巻1号169，山崎友也・セレクト〈'05〉9，中林暁生・重判〈平成17年度〉17，同・憲百Ⅰ74。

（コメント）　**関連判例**　他に，市図書館が雑誌閲読を禁止した事件に対する東京地判平13・9・12（第一法規判例体系判例ID＝28062353）や，「太地町立くじらの博物館」への入館が拒否された事件に対する和歌山地判平28・3・25判時2322号95頁がある。また，コラージュ事件判決（⇒**Ⅰ-2**）も参照。

m）威力業務妨害の表現行為

Ⅲ-4-57　都立板橋高校事件

最一判平23・7・7刑集65巻5号619頁，判時2130号144頁
（威力業務妨害被告事件）

事　実　東京都立A高等学校の元教諭であったYは，2004（平成16）年3月11日に実施された同校卒業式（本件卒業式）に出席したいという希望がいれられて，本件卒業式に来賓として出席することとなり，当日朝，本件卒業式が実施される体育館に赴き，本件卒業式の開式前に，体育館の中央付近に配置された保護者席を歩いて回り，ビラを配り始めた。その旨の報告を受け体育館に到着した教頭は，保護者席内にいたYに近づきビラの配布をやめるよう求めたが，Yは，これに従わずにビラを配り終え，同席の最前列中央まで進んで保護者らの方を向いて，校長らに無断で，大声で，本件卒業式は異常な卒業式であり国歌斉唱のときに立って歌わなければ教職員は処分される，国歌斉唱のときにはできたら着席してほしいなどと保護者らに呼び掛け，その間，教頭から制止されても呼び掛けをやめず，Yをその場から移動させようとした教頭に対し，怒号するなどした。遅れて体育館に入場した校長もYに退場を促したところ，Yは，怒鳴り声を上げてこれに抵抗したものの，体育館から退場した。校長は，その後も体育館に隣接する格技棟廊下で抗議を続けるYに対し，校外に退出するよう求めたところ，Yはこれに応じる様子がなかったが，入場のために待機していた卒業生の担任教諭が校長及びYに対して卒業式の開式を促すなどしたことを契機に，Yは校外に向かった。本件卒業式は予定より約2分遅れて始まった。Yの行為は，刑法234条の威力業務妨害罪に当たるとして起訴され，第1審（東京地判平18・5・30刑集65巻5号811頁）も控訴審（東京高判平20・5・29判時2010号47頁）も有罪としたので，Yが上告。

判　旨　**上告棄却**　**威力業務妨害と表現の自由**　「Yが大声や怒号を発するなどして，同校が主催する卒業式の円滑な遂行を妨げたことは明らかであるから，Yの本件行為は，威力を用いて他人の業務を妨害したものというべきであり，威力業務妨害罪の構成要件に該当する。」「Yがした行為の具体的態様は，……卒業式の開式直前という時期に，式典会

場である体育館において，主催者に無断で，着席していた保護者らに対して大声で呼び掛けを行い，これを制止した教頭に対して怒号し，Ｙに退場を求めた校長に対しても怒鳴り声を上げるなどし，粗野な言動でその場を喧噪状態に陥れるなどしたというものである。表現の自由は，民主主義社会において特に重要な権利として尊重されなければならないが，憲法21条1項も，表現の自由を絶対無制限に保障したものではなく，公共の福祉のため必要かつ合理的な制限を是認するものであって，たとえ意見を外部に発表するための手段であっても，その手段が他人の権利を不当に害するようなものは許されない。Ｙの本件行為は，その場の状況にそぐわない不相当な態様で行われ，静穏な雰囲気の中で執り行われるべき卒業式の円滑な遂行に看過し得ない支障を生じさせたものであって，こうした行為が社会通念上許されず，違法性を欠くものでないことは明らかである。したがって，Ｙの本件行為をもって刑法234条の罪に問うことは，憲法21条1項に違反するものではない。このように解すべきことは，当裁判所の判例（最大判昭24・5・18刑集3巻6号839頁，最大判昭25・9・27刑集4巻9号1799頁，最大判昭45・6・17刑集24巻6号280頁）の趣旨に徴して明らかである（最三判昭59・12・18刑集38巻12号3026頁参照）。」

補足意見　宮川光治裁判官（略）

評釈　齊藤愛・セレクト〈'11〉Ⅰ 11，鎮目征樹・セレクト〈'11〉Ⅰ 31，早瀬勝明・重判〈平成23年度〉22，照沼亮介・重判〈平成23年度〉155，秋山栄一・判評656号175，小森田恵樹・曹時66巻8号267，同・ジュリ1471号96。

コメント　国歌（君が代）起立斉唱職務命令違反を理由とする懲戒処分や，過去の同命令違反を理由とする再雇用拒否等に関する一連の判決につき，***Ⅲ-4-4***およびそのコメントを参照。

n）　ヘイト・スピーチ

Ⅲ-4-58　ヘイトデモ禁止仮処分命令事件

横浜地川崎支決平28・6・2判時2296号14頁，判タ1428号86頁
（ヘイトデモ禁止仮処分命令申立事件）

事　実　本件での仮処分申立人である債権者は，川崎市内の在日韓国・朝鮮人が多数居住する地域において民族差別解消・撤廃に向けて取り組んできた社会福祉法人である。債務者は，「××運動」と称する運動体ないし団体（以下「本件運動体」という）に参画する活動家であり，2013（平成25）年5月12日から2016（平成28）年1月31日にかけて，計12回にわたり，JR川崎駅前

の繁華街を中心とする川崎市内において，在日韓国・朝鮮人の排斥を訴える内容のデモを主催し，又はその中心メンバーとして参加した。債権者は，債務者が本件運動体のホームページにて，2016（平成 28）年 6 月 5 日に実施予定のデモへの参加や運動への賛同を呼び掛けていたため，裁判所に，そのヘイトデモ禁止の仮処分を申し立てた。

決定要旨 **認容**

1本邦外出身者に対する法的保護の重要性 「本件に関係する在日韓国・朝鮮人など，本邦の域外にある国若しくは地域の出身である者又はその子孫であって適法に本邦に居住するもの（以下「本邦外出身者」という。）が，専ら本邦の域外にある国又は地域の出身であることを理由として差別され，本邦の地域社会から排除されることのない権利は，本邦の地域社会内の生活の基盤である住居において平穏に生活し，人格を形成しつつ，自由に活動し，名誉，信用を獲得し，これを保持するのに必要となる基礎を成すものであり，……〔憲法 13 条に由来する〕人格権を享有するための前提になるものとして，強く保護されるべきである。」「殊に，我が国が批准する人種差別撤廃条約の……各規定及び憲法 14 条が人種などによる差別を禁止していること，さらに近年の社会情勢の必要に応じて差別的言動解消法が制定され，施行を迎えることに鑑みると，その保護は極めて重要であるというべきである。」「また，本邦外出身者が抱く自らの民族や出身国・地域に係る感情，心情や信念は，それらの者の人格形成の礎を成し，個人の尊厳の最も根源的なものとなるのであって，本邦における他の者もこれを違法に侵害してはならず，相互にこれを尊重すべきものであると考える。」 **2差別的言動に対する事前の救済** 「その差別的言動をする侵害者において，当該権利者が住居において平穏に生活しているにもかかわらず，そのことを認識し，又は容易に認識し得るのに，その住居の近隣において，デモをし，あるいははいかいし，かつ，街宣車やスピーカーを使用し，あるいは大声を張り上げるという，上記の住居において平穏に生活する人格権を侵害する程度が顕著な場合には，当該権利者は，住居において平穏に生活する人格権に基づく妨害排除請求権として，その差別的言動の差止めを求める権利を有するものと解するのが相当である。」「もっとも，その人格権の侵害行為が，侵害者らによる集会や集団による示威行動などとしてされる場合には，憲法 21 条が定める集会の自由，表現の自由との調整を配慮する必要があることから，その侵害行為を事前に差し止めるためには，その被侵害権利の種類・性質と侵害行為の態様・侵害の程度との相関関係において，違法性の程度を検討するのが相当である。」「しかるところ，その被侵害権利である人格権は，憲法及び法律によって保障されて保護される強固な権利であり，他方，その侵害行為である差別的言動は，上記のとおり，故意又は重大な過失によって人格権を侵害するものであり，かつ，専ら本邦外出身者に対する差別的意識を助長し又は誘発する目的で，公然とその生命，身体，自由，名誉若しくは財産に危害を加える旨を告知し，又は本邦外出身者の名誉を毀損し，若しくは著しく侮辱するものであることに加え，街宣車やスピーカーの使用等の上記の行為の態様も併せて考慮すれば，その違法性は顕著であるといえるものであり，もはや憲法の定める集会や表現の自由の保障の範囲外であることは明らかであって，私法上も権利の濫用といえるものである。これらのことに加え，この人格権の侵害に対する事後的な権利の回復は著しく困難であることを考慮すると，その事前の差止めは許容されると解するのが相当であり，人格権に基づく妨害予防請求権も肯定される。」 **③人格権に基づく妨害予防請求権として差別的言動の事前差止請求を求める法人の権利** 「上記の人格権は，憲法によって保障される基本的人権に由来するものであり，自然人と同様に社会的実体をもって活動する本邦内の法人においても，同じく保有するものと解される（最大判昭45・6・24民集24巻6号625頁参照）。」「すなわち，法人においても，定款に事業の目的を定め，法人を構成する役員及び従業員・職員の人的結合によって，社会活動の基盤としての事業所（その運営する施設を含む。以下同じ。）において，平穏，かつ自由にその目的とする事業を行うことによって，その名声，信用等の人格的価値について社会から評価を獲得するのであり，これらの事業所において平穏に事業を行う権利，自由に事業の活動をする権利，名誉，信用を保有する権利は，憲法13条に由来する人格権として，強く保護されるものである。」「そして，法人の定款の定める目的及び事業内容・活動実績や，その役員及び従業員・職員並びにその事業の顧客ないし施設利用者の各構成において上記の本邦外出身者の占める割合などによって，当該法人が上記の違法な差別的言動の対象とされ，当該法人が事業所において平穏に事業を行っているにもかかわらず，そのことを認識し，又は容易に認識し得るのに，その事業所の近隣において，デモをしたり，あるいははいかいし，かつ，街宣車やスピーカーを使用したり，あるいは大声を張り上げて，専ら本邦外出身者に対する差別的意識を助長し又は誘発する目的で，公然とその生命，身体，自由，名誉若しくは財産に危害を加える旨を告知し，又は本邦外出身者の名誉を毀損し，若しくは著しく侮辱するなど，当該法人の事業所において平穏に事業を行う人格権を侵害する違法性が顕著な場合には，当該法人は，自然人の場合と同様に，人格権に基づく妨害予防請求権として，その差別的言動の事前の差止めを求める権利を有するものと解するのが相当である。」 **④債権者の被保全権利の存在及び保全の必要性について** 「平成28年6月5日に実施が予定されている債務者が主催するデモについて検討すると，同デモにおいて，債務者並びに同デモへの参加者及び賛同者らが，認定事実……で挙げる内容の言動を行う高い蓋然性があると認められるところ，このような差別的言動は，上記の債権者の目的や理念及びこれまでの活動内容を真っ向から否定するものであり，債権者が存立する基盤を揺るがすとすらいえるものである。」「債権者の代表者理事は韓国籍を有する者であり，その他の理事及び監事も同国籍を有する者がおり，かつ，債権者の職員や施設利用者の内訳としては在日韓国・朝鮮人が比較的高い割合を占めているところ，債権者の事業所や債権者が運営する各施設の近隣において，これらの者を対象として，差別的言動解消法が定める差別的言動に該当することが明らかな認定事実……で挙げる言動及びこれらに類する言動，すなわち，在日韓国・朝鮮人の生命，身体，名誉若しくは財産に危害を加える旨を告知したり，名誉を毀損し，著しく侮辱したりする差別的言動が，街宣車やスピーカーを使用したり，あるいは大声を張り上げるなどして行われれば，債権者の役員，職員及び施設利用者のうちの在日韓国・朝鮮人の個人の尊厳をないがしろにし，耐え難い苦痛を与え，ひいては，債権者の職員の業務に従事する士気の著しい低下や，債権者の施設利用者による利用の回避・躊躇を招くことを容易に推測することができる。」「また，債権者の上記認定の活動の実績及びその社会的評価，……在日コリアンが集住する桜本地区の特殊性の周知の状況，……これまでの債務者の活動内容並びに審尋の全趣旨によれば，債務者が債権者の事業活動やその人的構成並びに債権者の事務所及び施設の所在地を知っており，その近隣で上記の差別的言動をすれば，債権者の事業所において平穏に事業を行う人格権を侵害することを認識し，又は容易に認識し得ると認められる。」 **5結論** 「以上によれば，債務者の行うとみられる差別的言動により，債権者の社会福祉事業の基盤である事業所において平穏に事業を行う人格権が侵害されることによって著しい損害が生じる現実的な危険性があると認められ，また，債務者が行うとみられる差別的言動の内容の看過することのできない悪質性に鑑みれば，債務者に対し，債権者の事業所及び施設が所在する債権者の主たる事務所の入口から半径500m以内……において，別紙行為目録記載の差別的言動をすることを事前に差し止めるべき必要性は極めて高いということができるから，債権者の被保全権利の存在は優に認められる。」「また，債務者による差別的言動による債権者の人格権の侵害に対する事後的な権利の回復は極めて困難であると認められ，これを事前に差し止める緊急性は顕著であるといえるから，保全の必要性も認められる。」

(評釈)　上田健介・法教433号153，武田芳樹・法セ743号118，奈須祐治・重判〈平成28年度〉16。

(コメント)　ヘイト・スピーチに関しては，他に，京都の朝鮮人学校の事件に対する京都地判平 25・10・7 判時 2208 号 74 頁，大阪高判平 26・7・8 判時 2232 号 34 頁がある。また，本決定でいう差別的言動解消法は，2016（平成 28）年 6 月 3 日に施行されており，正式名を「本邦外出身者に対する不当な差別的言動の解消に向けた取組の推進に関する法律」というが，一般にはヘイト・スピーチ解消法とも呼ばれる。

(6)　事前抑制・検閲の禁止

Ⅲ-4-59　岐阜県青少年保護育成条例事件

最三判平元・9・19 刑集 43 巻 8 号 785 頁，判時 1327 号 9 頁
（岐阜県青少年保護育成条例違反被告事件）

事　実　三重県四日市市に所在し，自動販売機による図書販売を業とする Y_1 会社および同会社取締役 Y_2 は，1985（昭和 60）年に岐阜県内の 2 か所の自販機に，5 回にわたり，岐阜県知事があらかじめ指定した有害図書に該当するとされる雑誌 5 種類，合計 8 冊を収納したことについて，岐阜県青少年保護育成条例（その後改正あり）21 条 5 号，6 条の 6 第 1 項本文，24 条に該当するとして起訴され，第 1 審（岐阜簡判昭 62・6・5 刑集 43 巻 8 号 815 頁）で罰金 6 万円の有罪判決を受け，第 2 審（名古屋高判昭 62・11・25 刑集 43 巻 8 号 819 頁）で控訴棄却の判決を受けたので上告した。その上告理由は，(1)県による有害図書指定が憲法 21 条に違反する，(2)有害図書の定義が不明確であり，憲法 31 条に違反する，(3)有害図書の指定要件，罰則等に都道府県間で較差がみられ憲法 14 条に違反するというものである。

判　旨　**棄却**　**1本件条例の合憲性**　「岐阜県青少年保護育成条例（以下「本条例」という。）6 条 2 項，6 条の 6 第 1 項本文，21 条 5 号の規定による有害図書の自動販売機への収納禁止の規制が憲法 21 条 1 項に違反しないことは，当裁判所の各大法廷判例（最大判昭 32・3・13 刑集 11 巻 3 号 997 頁，最大判昭 44・10・15 刑集 23 巻 10 号 1239 頁，最大判昭 60・10・23 刑集 39 巻 6 号 413 頁）の趣旨に徴し明らかであるから，所論は理由がない。同上告趣意のうち，憲法 21 条 2 項前段違反をいう点は，本条例による有害図書の指定が同項前段の検閲に当たらないことは，当裁判所の各大法廷判例（最大判昭 59・12・12 民集 38 巻 12 号 1308 頁，最大判昭 61・6・11 民集 40 巻 4 号 872 頁）の趣旨に徴し明らかであるから，所論は理由がない。同上告趣意のうち，憲法 14 条違反をいう点が理由のないことは，前記昭和 60 年 10 月 23 日大法廷判決の趣旨に徴し明らかである。同上告趣意のうち，規定の不明確性を理由に憲法 21 条 1 項，31 条違反をいう点は，本条例の有害図書の定義が所論のように不明確であるということはできないから前提を欠き，その余の点は，すべて単なる法令違反，事実誤認の主張であって，適法な上告理

由に当たらない。」 **2有害図書規制の意義** 「所論にかんがみ，若干説明する。……本条例の定めるような有害図書が一般に思慮分別の未熟な青少年の性に関する価値観に悪い影響を及ぼし，性的な逸脱行為や残虐な行為を容認する風潮の助長につながるものであって，青少年の健全な育成に有害であることは，既に社会共通の認識になっているといってよい。さらに，自動販売機による有害図書の販売は，売手と対面しないため心理的に購入が容易であること，昼夜を問わず購入ができること，収納された有害図書が街頭にさらされているため購入意欲を刺激し易いことなどの点において，書店等における販売よりもその弊害が一段と大きいといわざるをえない。しかも，自動販売機業者において，前記審議会の意見聴取を経て有害図書としての指定がされるまでの間に当該図書の販売を済ませることが可能であり，このような脱法的行為に有効に対処するためには，本条例6条2項による指定方式も必要性があり，かつ，合理的であるというべきである。そうすると，有害図書の自動販売機への収納の禁止は，青少年に対する関係において，憲法21条1項に違反しないことはもとより，成人に対する関係においても，有害図書の流通を幾分制約することにはなるものの，青少年の健全な育成を阻害する有害環境を浄化するための規制に伴う必要やむをえない制約であるから，憲法21条1項に違反するものではない。」

補足意見 **伊藤正己裁判官　1本件条例と憲法21条** 「知る自由の保障は，提供される知識や情報を自ら選別してそのうちから自らの人格形成に資するものを取得していく能力が前提とされている。青少年は，一般的にみて，精神的に未熟であって，右の選別能力を十全には有しておらず，その受ける知識や情報の影響をうけることが大きいとみられるから，成人と同等の知る自由を保障される前提を欠くものであり，したがって青少年のもつ知る自由は一定の制約をうけ，その制約を通じて青少年の精神的未熟さに由来する害悪から保護される必要があるといわねばならない。……このようにして，ある表現が受け手として青少年にむけられる場合には，成人に対する表現の規制の場合のように，その制約の憲法適合性について厳格な基準が適用されないものと解するのが相当である。」「青少年保護のための有害図書の規制が合憲であるためには，青少年非行などの害悪を生ずる相当の蓋然性のあることをもって足りると解してよいと思われる。」「青少年の知る自由を制限する規制がかりに成人の知る自由を制約することがあっても，青少年の保護の目的からみて必要とされる規制に伴って当然に附随的に生ずる効果であって，成人にはこの規制を受ける図書等を入手する方法が認められている場合には，その限度での成人の知る自由の制約もやむをえないものと考えられる。」「本件条例の規制は，……『検閲』に当るということはできない。……本件条例による規制は，個別的指定であると包括指定であるとをとわず，指定された後は，受け手の入手する途をかなり制限するものであり，事前抑制的な性格をもっている。しかし，それが受け手の知る自由を全面的に閉ざすものではなく，指定をうけた有害図書であっても販売の方法は残されていること，のちにみるように指定の判断基準が明確にされていること，規制の目的が青少年の保護にあることを考慮にいれるならば，その事前抑制的性格にもかかわらず，なお合憲のための要件をみたしているものと解される。」「本件条例は，有害図書の規制方式として包括指定方式をも定めている。……このような包括指定のやり方は，個別的に図書を審査することなく，概括的に有害図書として規制の網をかぶせるものであるから，検閲の一面をそなえていることは否定できないところである。しかし，……包括指定による規制の必要性は高いといわなければならない。もとより必要度が高いことから直ちに表現の自由にとってきびしい規制を合理的なものとすることはできないし，表現の自由に内在する制限として当然に許容されると速断することはできないけれども，他に選びうる手段をもっては有害図書を青少年が入手することを有効に抑止することができないのであるから，これをやむをえないものとして認めるほかはないであろう。」 **②本件条例の明確性** 「本件条例に定める有害図書規制は，表現の自由とかかわりをもつものであるのみでなく，刑罰を伴う規制でもあるし，とくに包括指定の場合は，そこで有害図書とされるものが個別的に明らかにされないままに，その販売や自販機への収納は，直ちに罰則の適用をうけるのであるから，罪刑法定主義の要請も働き，いっそうその判断基準が明確でなければならないと解される。もっとも，すでにふれたように青少年保護を目的とした，青少年を受け手とする場合に限っての規制であることからみて，一般の表現の自由の規制と同じに考えることは適当でなく，明確性の要求についても，通常の表現の自由の制約に比して多少ゆるめられることも指摘しておくべきであろう。……本件条例は，その下位の諸規範とあいまって，具体的な基準を定め，表現の自由の保障にみあうだけの明確性をそなえ，それによって，本件条例に一つの限定解釈ともいえるものが示されているのであって，青少年の保護という社会的利益を考えあわせるとき基準の不明確性を理由に法令としてのそれが違憲であると判断することはできないと思われる。」 **③本件条例と憲法14条** 「私見によれば，青少年に対する性行為の規制は，それ自体地域的特色をもたず，この点での青少年の保護に関する社会通念にほとんど地域差は認められないのに反して，有害図書の規制については，国全体に共通する面よりも，むしろ地域社会の状況，住民の意識，そこでの出版活動の全国的な影響力など多くの事情を勘案した上での政策的判断に委ねられるところが大きく，淫行禁止規定に比して，むしろ地域差のあることが許容される範囲が広いと考えられる。この観点にたつときには，本件条例が他の地方公共団体の条例よりもきびしい規制を加えるものであるとしても，なお地域の事情の差異に基づくものとして是認できるものと思われる。」

(評釈) 森英樹・法セ 420 号 92，横田耕一・ジュリ 947 号 89，山口和秀・セレクト〈'89〉12，戸松秀典・判タ 717 号 40，芹澤斉・法教 114 号 84，手島孝・判評 376 号 211，小林節・重判〈平成元年度〉25，原田國男・曹時 42 巻 9 号 331，市川正人・法教 206 号 34，橋本基弘・メディア百選 63，松井茂記・憲百Ⅰ 55。

（コメント）無届で自動販売機を設置の上，これに有害図書類であるDVDを収納した行為を福島県青少年健全育成条例違反として有罪にした最二判平21・3・9刑集63巻3号27頁を参照せよ。

Ⅲ-4-60　写真集輸入税関検査事件

最三判昭54・12・25民集33巻7号753頁，判時951号3頁
（異議申出棄却決定取消請求事件）

事　実　輸入業者Xは，写真家アンドレ・ド・ディーンズの『サン・ワームド・ヌード』と題する写真集392冊につき輸入申告をしたところ，1969（昭和44）年5月31日，横浜税関長Yより，その写真集は関税定率法21条1項3号（現在では，関税法69条の11第1項7号にあたるが「公安又は風俗を害すべき書籍，図書，彫刻物その他の物品」の文言は同一）に定める輸入禁制品に該当する旨の通知（同条3項〔現在は関税法69条の11第3項〕）を受けた。Xは，これに対して，異議の申出（同条4項）をしたが，Yは同年8月25日，この申出を棄却する旨の決定をし（同条5項），これをXに通知した。Xは，Yのした関税定率法21条3項による通知および同条5項による決定・通知は不当なものであるとして，その取消しを求める訴えを提起した。第1審（横浜地判昭47・10・23判タ288号181頁）は，Yの通知は抗告訴訟の対象となる行政庁の処分に当たるとして本案につき判断し，その写真集は1項3号にいう輸入禁制品に当たるとしてXの請求は棄却した。しかし，第2審（東京高判昭48・4・26判時707号18頁）は，当該通知および異議申出棄却決定が抗告訴訟の対象たる処分に当たらないとの判断のもとに，第1審判決を取り消し，本訴を却下した。この判決に対して，Xは，それが法律の解釈を誤った不当なものだと主張して上告した。

判　旨　**破棄差戻**　**通知の処分性**　「輸入禁制品について税関長がその輸入を許可するものでないことは，関税法67条，70条，71条，73条，関税定率法21条等の規定に徴し明らかである。そして，税関長において，輸入申告者に対し，関税定率法21条3項の規定による通知をし，又は，更に，輸入申告者からの異議の申出にかかわらず先の通知に示された判断を変更することなく維持し，同条5項の規定による決定及びその通知をした場合においては，当該貨物につき輸入の許可の得られるべくもないことが明らかとなったものということができると同時に，関税定率法21条の規定の趣旨からみて，税関長において同条1項3号に該当すると認めるのに相当の理由がある貨物について，税関長が同条3項及び5項に定める措置をとる以外に当該輸入申告に対し何らかの応答的行政処分をすることは，およそ期待されえないところであり，他方，輸入申告者は輸入の許可を受けないで貨物を輸入することを法律上禁止されている（関税法111条参照）のであるから，輸入申

告者は，当該貨物を適法に輸入する道を閉ざされるに至ったものといわなければならない。そして，輸入申告者の被るこのような制約は，輸入申告に対する税関長の応答的行政処分が未了である場合に輸入申告者がその間申告にかかる貨物を適法に輸入することができないという，行政事務処理手続に伴う一般的・経過的な状態下におけるものとは異なり，関税定率法21条3項の規定による通知又は同条5項の規定による決定及びその通知（以下『関税定率法による通知等』という。）によって生ずるに至った法律上の効果である，とみるのが相当である」。「そうすると，Yの関税定率法による通知等は，その法律上の性質においてYの判断の結果の表明，すなわち観念の通知であるとはいうものの，もともと法律の規定に準拠してされたものであり，かつ，これによりXに対し申告にかかる本件貨物を適法に輸入することができなくなるという法律上の効果を及ぼすものというべきであるから，行政事件訴訟法3条2項にいう『行政庁の処分その他公権力の行使に当たる行為』に該当するもの，と解するのが相当である。」

補足意見　**高辻正己裁判官**「書籍，図画等の物品は，多くの場合，思想の表現を内容とするものであるから，これを思想の表明・伝達の行為に用いて一般の視聴に供することの自由が，その半面においては，一般の視聴に供されたそれを視聴することの自由が，憲法21条1項の規定によって保障されるものであることは，明らかである。しかし，書籍，図画等の物品が外国貨物であるとき，その物品は，輸入されて初めてわが国内で思想の表明・伝達の行為に用いる場面におかれることになるものであり，その輸入行為は，それ自体としては，言論，出版その他思想を表明し，伝達する行為であるわけではないから，輸入行為をすることの自由が，直ちに，憲法の右条項によって保障されるという筋合いではない。」

意　見　**環昌一裁判官**「該当する旨の判断が申告者に通知されたとき……当該貨物は輸入禁制品に当たるものであることが確定するのであって，それは，税関長が法律，直接には法21条により認められた権限に基づいてした行政行為として，申告者を拘束する法的効果をもつものというべきである。」「関係法律，特に法21条の解釈上該当する旨の判断の段階で速やかに申告者に対し司法救済の途を認めることができると考えるのであるが，これを別の側面，すなわち同条の規定が後述のように憲法上の見地から見て少なからず疑問点を包蔵する異例ともいうべき立法であると考えられることに徴しても，右の解釈を採ることには実質的にも合理的な理由があると思うのである。」

反対意見　**横井大三裁判官**「税関長の通知は，輸入申告に対する中間的措置であって，その段階では，すでにされている輸入申告に対しては，税関長の応答がまだない状態にあるものといわざるを得ない。」

（評釈）　原田尚彦・判評256号15，山村恒年・民商83巻1号128，槇重博・重判

〈昭和54年度〉51，宍戸達徳・曹時35巻3号83，川内劦・行政百選Ⅱ〈第5版〉165。

Ⅲ-4-61　札幌税関事件

最大判昭59・12・12民集38巻12号1308頁，判時1139号12頁
（輸入禁制品該当通知処分等取消請求事件）

事　実　Xは，1974（昭和49）年3月下旬，外国の商社に8ミリ映画・書籍等を注文し，郵便でこれを輸入しようとしたところ，税関支署長Y_1から，これらの物件が性交行為等を撮影ないし掲載したもので関税定率法21条1項3号（現在は，関税法69条の11第1項7号）所定の輸入禁制品に該当する旨の通知を受けたため，税関長Y_2に異議申出をしたが，棄却された。そこで，Xは，その通知および異議棄却決定の取消しを求めてY_1，Y_2を相手に提訴した。第1審（札幌地判昭55・3・25判時961号29頁）は本件通知・決定が憲法の禁止する検閲に相当するとしたうえ，これを行わなければ社会公共の福祉にとって明白かつ差し迫った危険が存在するときにのみ検閲が許されるが，本件はかかる場合に当たらないから，その通知・決定は違法・違憲であるとした。第2審（札幌高判昭57・7・19判時1051号57頁）は，税関検査が検閲に当たらないとし，第1審判決を取り消し，請求を棄却した。そこで，Xは上告した。

判　旨　**棄却**　**1検閲の意義**　「憲法21条2項前段は，『検閲は，これをしてはならない。』と規定する。憲法が，表現の自由につき，広くこれを保障する旨の一般的規定を同条1項に置きながら，別に検閲の禁止についてかような特別の規定を設けたのは，検閲がその性質上表現の自由に対する最も厳しい制約となるものであることにかんがみ，これについては，公共の福祉を理由とする例外の許容（憲法12条，13条参照）をも認めない趣旨を明らかにしたものと解すべきである。」「憲法21条2項にいう『検閲』とは，行政権が主体となって，思想内容等の表現物を対象とし，その全部又は一部の発表の禁止を目的として，対象とされる一定の表現物につき網羅的一般的に，発表前にその内容を審査した上，不適当と認めるものの発表を禁止することを，その特質として備えるものを指すと解すべきである。」 **2税関検査と検閲**　「これにより輸入が禁止される表現物は，一般に，国外においては既に発表済みのものであって，その輸入を禁止したからといって，それは，当該表現物につき，事前に発表そのものを一切禁止するというものではない。また，当該表現物は輸入が禁止されるだけであって，税関により没収，廃棄されるわけではないから，発表の機会が全面的に奪われてしまうというわけのものでもない。その意味において，税関検査は，事前規制そのものということはできな

い。」「税関検査は，関税徴収手続の一環として，これに付随して行われるもので，思想内容等の表現物に限らず，広く輸入される貨物及び輸入される郵便物中の信書以外の物の全般を対象とし，3号物件についても，上のような付随的手続の中で容易に判定し得る限りにおいて審査しようとするものにすぎず，思想内容等それ自体を網羅的に審査し規制することを目的とするものではない。」「税関検査は行政権によって行われるとはいえ，その主体となる税関は，関税の確定及び徴収を本来の職務内容とする機関であって，特に思想内容等を対象としてこれを規制することを独自の使命とするものではなく，また，前述のように，思想内容等の表現物につき税関長の通知がされたときは司法審査の機会が与えられているのであって，行政権の判断が最終的なものとされるわけではない。」 **3限定解釈による表現規制法規の明確化** 「思うに，表現の自由は，憲法の保障する基本的人権の中でも特に重要視されるべきものであるが，さりとて絶対無制限なものではなく，公共の福祉による制限の下にあることは，いうまでもない。また，性的秩序を守り，最小限度の性道徳を維持することは公共の福祉の内容をなすものであって，猥褻文書の頒布等は公共の福祉に反するものであり，これを処罰の対象とすることが表現の自由に関する憲法21条1項の規定に違反するものでないことも，明らかである。」「わが国内において猥褻文書等に関する行為が処罰の対象となるのは，その頒布，販売及び販売の目的をもつてする所持等であって（刑法175条），単なる所持自体は処罰の対象とされていないから，最小限度の制約としては，単なる所持を目的とする輸入は，これを規制の対象から除外すべき筋合いであるけれども，いかなる目的で輸入されるかはたやすく識別され難いばかりでなく，流入した猥褻表現物を頒布，販売の過程に置くことが容易であることは見易い道理であるから，猥褻表現物の流入，伝播によりわが国内における健全な性的風俗が害されることを実効的に防止するには，単なる所持目的かどうかを区別することなく，その流入を一般的に，いわば水際で阻止することもやむを得ないものといわなければならない。」「関税定率法21条1項3号にいう『風俗を害すべき書籍，図画』等との規定を合理的に解釈すれば，右にいう『風俗』とは専ら性的風俗を意味し，右規定により輸入禁止の対象とされるのは猥褻な書籍，図画等に限られるものということができ，このような限定的な解釈が可能である以上，右規定は，何ら明確性に欠けるものではなく，憲法21条1項の規定に反しない合憲的なものというべきである。」「表現の自由を規制する法律の規定について限定解釈をすることが許されるのは，その解釈により，規制の対象となるものとそうでないものとが明確に区別され，かつ，合憲的に規制し得るもののみが規制の対象となることが明らかにされる場合でなければならず，また，一般国民の理解において，具体的場合に当該表現物が規制の対象となるかどうかの判断を可能ならしめるような基準をその規定から読みとることができるものでなければならない（最大判昭50・9・10刑集29巻8号489頁参照）。けだし，かかる制約を付さないとすれば，規制の基準が不明確であるかあるいは広汎に失するため，表現の自由が不当に制限されることとなるばかりでなく，国民がその規定の適用を恐れて本来自由に行い得る表現行為までも差し控えるという効果を生むこととなるからである。」 **4税関検査と通信の秘密** 「憲法21条2項後段の規定は，郵便物については信書の秘密を保障するものであるが，関税法76条1項ただし書の規定によれば，郵便物に関する税関検査は，信書以外の物についてされるものであり，原審の適法に確定したところによると，本件のXあての郵便物は，いずれも信書には当たらないというのであるから，右郵便物についてした税関検査は，信書の秘密を侵すものではない。したがって，その余の所論に論及するまでもなく，憲法21条2項後段違反の主張は理由がない。」

意　見　**藤﨑萬里裁判官**（略）

反対意見　**伊藤正己・谷口正孝・安岡滿彦・島谷六郎裁判官**「同号の『風俗を害すべき書籍，図画』等という規定は，不明確であると同時に広汎に過ぎるものであり，かつ，それが本来規制の許されるべきでない場合にも適用される可能性を無視し得ないと考えられるから，憲法21条1項に違反し，無効であるといわなければならない。」「表現の自由が基本的人権の中でも最も重要なものであることからすると，これを規制する法律の規定についての限定解釈には他の場合よりも厳しい枠があるべきであり，規制の目的，文理及び他の条規との関係から合理的に導き出し得る限定解釈のみが許されるのである。『風俗を害すべき書籍，図画』等を猥褻表現物に限るとする解釈は，右の限界を超えるものというべきであるのみならず，右のような解釈が通常の判断能力を有する一般人に可能であるとは考えられない。」「なお，本件貨物が猥褻物に当たるとした原審の判断を前提としても，Xは前記規定が不明確であり，あるいは広汎に過ぎることを主張して，その効力を争うことができるものというべきである。」

（評釈）　石村善治・法教55号144，山内一夫＝奥平康弘＝中村睦男＝平川宗信・ジュリ830号，江橋崇・法セ362号20，阪本昌成・判時1139号3，横田耕一・法時57巻4号，阪本昌成・重判〈昭和59年度〉18，高橋和之・判評321号28，常本照樹・法セ375号41，新村正人・曹時41巻2号248，奥平康弘・租税百選〈第3版〉64，市川正人・法教206号34，浜田純一・基本判例107，井上典之・法セ614号74，大沢秀介・メディア百選61，阪本昌成・憲百Ⅰ73，髙木英行・行政百選Ⅱ159。

Ⅲ-4-62　メイプルソープ事件

最三判平20・2・19民集62巻2号445頁，判時2002号107頁
（輸入禁制品該当通知取消等請求事件）

事　実　Xが取締役を務める有限会社A（以下「A社」という）は，米国のB社との間の契約に基づき，同社が出版した写真集「MAPPLETHORPE」を日本語に翻訳した上で，1994（平成6）年11月1日，日本において出版した。A社の出版に係る上記写真集は，米国出身の写真家ロバート・メイプルソープ（以下「メイプルソープ」という）の初期から後期までの主要な作品を編集したもので，その写真芸術の全体像を概観するものであり，初期のポラロイド写真からポートレイト，花，静物，男性及び女性のヌード，晩年のセルフポートレイトに至るまでの写真を幅広く収録している。メイプルソープは，1970年代から，肉体，性，裸体という人間の存在の根元にかかわる事象をテーマとする作品を発表し，写真による現代美術の第一人者として，米国や日本の美術評論家から高い評価を得ている。A社は，上記写真集について全国紙の朝刊第1面に販売広告を掲載するなどの販売促進活動を行い，上記写真集に関する紹介文や書評が全国紙や写真専門雑誌に掲載されたこともあって，1995（平成7）年1月1日から2000（平成12）年3月31日までの間にこれを書店販売，通信販売等の方法により合計937冊販売した。Xは，1999（平成11）年9月21日，商用のため渡航していた米国から日本に帰国した際，新東京国際空港所在の東京税関成田税関支署旅具検査場において，検査官に対し，日本を出国した時から携行していた上記写真集1冊（以下「本件写真集」という）を呈示して，本件写真集は日本において出版されたものである旨説明した。税関支署長（Y）は，1999（平成11）年10月12日，Xに対し，関税定率法21条3項（現在は関税法69条の11第3項）に基づき，本件写真集は，風俗を害すべき物品と認められ，同条1項4号（現在は関税法69条の11第1項7号）に該当する旨の本件通知処分をした。これに対してXは，同号の規定は憲法21条等に違反して無効であること，上記写真集は風俗を害すべき物品に当たらないこと等から，本件通知処分は違法であるとして，Yに対しその取消しを求めるとともに，国に対し国家賠償法1条1項に基づき慰謝料等の支払を求めて出訴した。第1審判決（東京地判平14・1・29判時1797号16頁）は，本件通知処分の取消請求を認容し，国家賠償法に基づく賠償も一部認容した。これに対して，控訴審判決（東京高判平15・3・27訟月49巻10号2959頁）は，Xの請求をいずれも棄却する判断をした。

判　旨　**棄却**　**1日本で既に頒布・販売されている表現物を輸入規制の対象とすることと憲法21条**　「関税定率法21条1項4号に掲げる貨物に関する税関検査が憲法21条2項前段にいう『検閲』に当たらないこと，税関検査によるわいせつ表現物の輸入規制が同条1項の規定に違反しないこと，関税定率法21条1項4号にいう『風俗を害すべき書籍，図画』

等とは，わいせつな書籍，図画等を指すものと解すべきであり，上記規定が広はん又は不明確のゆえに違憲無効といえないことは，当裁判所の判例（最大判昭59・12・12民集38巻12号1308頁）とするところであり，我が国において既に頒布され，販売されているわいせつ表現物を税関検査による輸入規制の対象とすることが憲法21条1項の規定に違反するものではないことも，上記大法廷判決の趣旨に徴して明らかである。」 **2本件写真集の関税定率法21条1項4号該当性** 「本件各写真は，いずれも男性性器を直接的，具体的に写し，これを画面の中央に目立つように配置したものであるというのであり，当該描写の手法，当該描写が画面全体に占める比重，画面の構成などからして，いずれも性器そのものを強調し，その描写に重きを置くものとみざるを得ないというべきである。しかしながら，前記事実関係によれば，メイプルソープは，肉体，性，裸体という人間の存在の根元にかかわる事象をテーマとする作品を発表し，写真による現代美術の第一人者として美術評論家から高い評価を得ていたというのであり，本件写真集は，写真芸術ないし現代美術に高い関心を有する者による購読，鑑賞を想定して，上記のような写真芸術家の主要な作品を1冊の本に収録し，その写真芸術の全体像を概観するという芸術的観点から編集し，構成したものである点に意義を有するものと認められ，本件各写真もそのような観点からその主要な作品と位置付けられた上でこれに収録されたものとみることができる。また，前記事実関係によれば，本件写真集は，ポートレイト，花，静物，男性及び女性のヌード等の写真を幅広く収録するものであり，全体で384頁に及ぶ本件写真集のうち本件各写真（そのうち2点は他の写真の縮小版である。）が掲載されているのは19頁にすぎないというのであるから，本件写真集全体に対して本件各写真の占める比重は相当に低いものというべきであり，しかも，本件各写真は，白黒（モノクローム）の写真であり，性交等の状況を直接的に表現したものでもない。以上のような本件写真集における芸術性など性的刺激を緩和させる要素の存在，本件各写真の本件写真集全体に占める比重，その表現手法等の観点から写真集を全体としてみたときには，本件写真集が主として見る者の好色的興味に訴えるものと認めることは困難といわざるを得ない。」「これらの諸点を総合すれば，本件写真集は，本件通知処分当時における一般社会の健全な社会通念に照らして，関税定率法21条1項4号にいう『風俗を害すべき書籍，図画』等に該当するものとは認められないというべきである。」「なお，最三判平11・2・23集民191号313頁は，本件各写真のうち5点と同一の写真を掲載した写真集（メイプルソープの回顧展における展示作品を収録したカタログ）につき，平成6年法律第118号による改正前の関税定率法21条1項3号にいう『風俗を害すべき書籍，図画』等に該当するとしているが，上記の事案は，本件写真集とは構成等を異にするカタログを対象とするものであり，対象となる処分がされた時点も異なるのであって，本件写真集についての上記判断は，上記第三小法廷判決に抵触するものではないというべきである。」「したがって，上記と異なり，本件写真集が関税定率法21条1項4号所定の輸入禁制品に該当するとしてされた本件通知処分は，取消しを免れないというべきである。」 **③国家賠償法1条1項の違法といえるか**「もっとも，本件各写真の内容が前記認定のとおりであること，本件各写真の一部と同一の写真を掲載した写真集につき前記第三小法廷判決が上記のとおり判断していること等にかんがみれば，Yにおいて，本件写真集が本件通知処分当時の社会通念に照らして『風俗を害すべき書籍，図画』等に該当すると判断したことにも相応の理由がないとまではいい難く，本件通知処分をしたことが職務上通常尽くすべき注意義務を怠ったものということはできないから，本件通知処分をしたことは，国家賠償法1条1項の適用上，違法の評価を受けるものではないと解するのが相当である。」

反対意見　**堀籠幸男裁判官**「私は，本件写真集は関税定率法21条1項4号にいう『風俗を害すべき書籍』に当たると考えるので，本件上告は棄却すべきものと考える。私は，上告理由に対する判断部分については，全面的に賛成するものであるが，上告受理申立て理由に対する判断部分については，本件通知処分が国家賠償法1条1項の適用上，違法の評価を受けるものではないとの結論部分を除き，賛成することができない。」

(評釈)　豊田兼彦・法セ641号123，榎透・法セ643号118，南部篤・判評599号175，森英明・ジュリ1374号88，木村草太・セレクト〈'08〉7，市川正人・重判〈平成20年度〉18，森英明・曹時62巻9号189。

Ⅲ-4-63　政見放送削除事件

最三判平2・4・17民集44巻3号547頁，判時1357号62頁
（損害賠償請求事件）

事　実　X_1は，1983（昭和58）年6月実施の参議院比例代表選挙にX_2党から立候補した際，公職選挙法150条に基づく政見放送をNHK（Y）において録音・録画したが，Yは，その政見放送の中に身体障害者に対する差別発言があるとして，自治省行政局選挙部長に照会のうえ，その部分を削除して放送した。そこで，X_1，X_2は，公選法150条1項による，政見をそのまま放送される権利を侵害されたとして，Yに対して損害賠償を請求したところ，第1審（東京地判昭60・4・16判時1171号11頁）はそれを認容し，Yが控訴した第2審（東京高判昭61・3・25判時1184号46頁）はそれを破棄して，請求棄却の判決を下した。これに対し，X_1，X_2は上告した。

判　旨　棄却　**1本件政見放送の削除と不法行為**「以上の事実関係によれば，本件削除部分は，多くの視聴者が注目するテレビジョン放送において，その使用が社会的に許容されないことが広く認識されていた身体障害者に対する卑俗かつ侮蔑的表現であるいわゆる差別用語を使用した点で，他人の名誉を傷つけ善良な風俗を害する等政見放送としての品位を損なう言動を禁止した公職選挙法150条の2の規定に違反するものである。そして，右規定は，テレビジョン放送による政見放送が直接かつ即時に全国の視聴者に到達して強い影響力を有していることにかんがみ，そのような言動が放送されることによる弊害を防止する目的で政見放送の品位を損なう言動を禁止したものであるから，右規定に違反する言動がそのまま放送される利益は，法的に保護された利益とはいえず，したがって，右言動がそのまま放送されなかったとしても，不法行為法上，法的利益の侵害があったとはいえないと解すべきである。」「以上のとおりであるから，Yが右規定に違反する本件削除部分の音声を削除して放送した行為は，Xらの主張する不法行為に当たらないものというべきであり，不法行為の成立を否定した原審の判断は，結論において是認することができる。」　**2本件政見放送の削除と検閲**「憲法21条2項前段にいう検閲とは，行政権が主体となって，思想内容等の表現物を対象とし，その全部又は一部の発表の禁止を目的として，対象とされる一定の表現物につき網羅的一般的に，発表前にその内容を審査した上，不適当と認めるものの発表を禁止することを，その特質として備えるものを指すと解すべきところ（最大判昭59・12・12民集38巻12号1308頁），原審の適法に確定したところによれば，Yは，行政機関ではなく，自治省行政局選挙部長に対しその見解を照会したとはいえ，自らの判断で本件削除部分の音声を削除してテレビジョン放送をしたのであるから，右措置が憲法21条2項前段にいう検閲に当たらないことは明らかであり，右措置が検閲に当たらないとした原審の判断は，結論において是認することができる。」

補足意見　園部逸夫裁判官（略）

（評釈）　森英樹・法セ429号112，浜田純一・法教121号154，尾吹善人・重判〈平成2年度〉19，越路正巳・セレクト〈'90〉13，大竹たかし・ジュリ983号116，同・曹時43巻7号152，齊藤愛・メディア百選100，藤野美都子・憲百Ⅱ162。

（コメント）　候補者の学歴に虚偽の記載のある選挙公報の発行に関する最三判昭61・2・18判時1185号96頁，また教科書検定について⇒***Ⅲ-7-10〜13***，雑誌の発行差止めについて⇒***Ⅲ-4-31***。

(7)　通信の秘密

III-4-64　覚せい剤密売電話傍受事件

最三決平 11・12・16 刑集 53 巻 9 号 1327 頁，判時 1701 号 163 頁
（覚せい剤取締法違反，詐欺，同未遂被告事件）

事　実　Yは，暴力団組事務所の電話で客から覚せい剤購入の注文を受け，共犯者に電話連絡して客との待ち合わせ場所に赴かせ，客に覚せい剤を交付させるという方法で，覚せい罪を密売したとして起訴された。この犯行が発覚したのは，警察による電話傍受によるものであった。すなわち，警察は，その犯行の前月に，被疑者不詳による当該電話を利用した覚せい剤譲渡しの事実があったことに基づき，裁判所から電話傍受のための検証許可状を受け，1994（平成6）年7月22日および23日に電話傍受を実施したところ，本件の客とYとの間の覚せい剤売買に関する通話等を傍受し，その結果，客とY及び共犯者の検挙に至った。第1審（旭川地判平7・6・12判時1564号147頁）及び第2審（札幌高判平9・5・15判時1636号153頁）は，Yを有罪と判決したので，上告した。上告趣意においては，本件検証許可状による電話傍受は，法律上の根拠がない捜査手段であったから，憲法31条（適正手続の保障），35条（令状主義），13条（プライバシー保護）及び21条2項（通信の秘密）の各条項違反が主張された。

決定要旨　**棄却**　**1電話傍受についての憲法上の許容性**　「電話傍受は，通信の秘密を侵害し，ひいては，個人のプライバシーを侵害する強制処分であるが，一定の要件の下では，捜査の手段として憲法上全く許されないものではないと解すべきであって，このことは所論も認めるところである。そして，重大な犯罪に係る被疑事件について，被疑者が罪を犯したと疑うに足りる十分な理由があり，かつ，当該電話により被疑事実に関連する通話の行われる蓋然性があるとともに，電話傍受以外の方法によってはその罪に関する重要かつ必要な証拠を得ることが著しく困難であるなどの事情が存する場合において，電話傍受により侵害される利益の内容，程度を慎重に考慮した上で，なお電話傍受を行うことが犯罪の捜査上真にやむを得ないと認められるときには，法律の定める手続に従ってこれを行うことも憲法上許されると解するのが相当である。」　**2電話傍受と法律上の許容性**　「そこで，本件当時，電話傍受が法律に定められた強制処分の令状により可能であったか否かについて検討すると，電話傍受を直接の目的とした令状は存していなかったけれども，次のような点にかんがみると，前記の一定の要件を満たす場合に，対象の特定に資する適切な記載がある検証許可状により電話傍受を実施することは，本件当時においても法律上許されていたものと解するのが相当である。」「㈠電話傍受は，通話内容を聴覚により認識し，それを記録するという点で，五官の作用

によって対象の存否，性質，状態，内容等を認識，保全する検証としての性質をも有するということができる。」「㈡裁判官は，捜査機関から提出される資料により，当該電話傍受が前記の要件を満たすか否かを事前に審査することが可能である。」「㈢検証許可状の「検証すべき場所若しくは物」（刑訴法 219 条 1 項）の記載に当たり，傍受すべき通話，傍受の対象となる電話回線，傍受実施の方法及び場所，傍受ができる期間をできる限り限定することにより，傍受対象の特定という要請を相当程度満たすことができる。」「㈣身体検査令状に関する同法 218 条 5 項は，その規定する条件の付加が強制処分の範囲，程度を減縮させる方向に作用する点において，身体検査令状以外の検証許可状にもその準用を肯定し得ると解されるから，裁判官は，電話傍受の実施に関し適当と認める条件，例えば，捜査機関以外の第三者を立ち会わせて，対象外と思料される通話内容の傍受を速やかに遮断する措置を採らせなければならない旨を検証の条件として付することができる。」「㈤なお，捜査機関において，電話傍受の実施中，傍受すべき通話に該当するかどうかが明らかでない通話について，その判断に必要な限度で，当該通話の傍受をすることは，同法 129 条所定の「必要な処分」に含まれると解し得る。」「もっとも，検証許可状による場合，法律や規則上，通話当事者に対する事後通知の措置や通話当事者からの不服申立ては規定されておらず，その点に問題があることは否定し難いが，電話傍受は，これを行うことが犯罪の捜査上真にやむを得ないと認められる場合に限り，かつ，前述のような手続に従うことによって初めて実施され得ることなどを考慮すると，右の点を理由に検証許可状による電話傍受が許されなかったとまで解するのは相当でない。」 **3本件についての判断** 「本件電話傍受は，前記の一定の要件を満たす場合において，対象をできる限り限定し，かつ，適切な条件を付した検証許可状により行われたものと認めることができる。」「以上のとおり，電話傍受は本件当時捜査の手段として法律上認められていなかったということはできず，また，本件検証許可状による電話傍受は法律の定める手続に従って行われたものと認められる。所論は，右と異なる解釈の下に違憲をいうものであって，その前提を欠くものといわなければならない。」

反対意見　**元原利文裁判官　電話傍受と刑訴法上の検証**　「電話傍受は，憲法 21 条 2 項が保障する通信の秘密や，憲法 13 条に由来するプライバシーの権利に対する重大な制約となる行為であるから，よしんばこれを行うとしても，憲法 35 条が定める令状主義の規制に服するとともに，憲法 31 条が求める適正な手続が保障されなければならない。電話傍受は，多数意見のいうとおり，検証としての性質をも有することは否めないところであるが，傍受の対象に犯罪と無関係な通話が混入する可能性は，程度の差はあっても否定することができず，傍受の実施中，傍受すべき通話に該当するか否かを判断するために選別的な聴取を行うことは避けられないものである。多数意見は，そのような選別的な聴取は，刑訴法129条所定の『必要な処分』に含まれると解し得るというが，犯罪に関係のある通話についてのみ検証が許されるとしながら，前段階の付随的な処分にすぎない『必要な処分』に無関係通話の傍受を含めることは，不合理というべきである。電話傍受に不可避的に伴う選別的な聴取は，検証のための『必要な処分』の範囲を超えるものであり，この点で，電話傍受を刑訴法上の検証として行うことには無理があるといわなければならない。」「電話傍受にあっては，その性質上令状の事前呈示の要件（刑訴法222条1項，110条）を満たすことができないのはやむを得ないところであるが，適正手続の保障の見地から，少なくとも傍受終了後合理的な期間内に処分対象者に対し処分の内容について告知をすることが必要であるというべきである。また，電話傍受は，情報の押収という側面を有するから，違法な傍受が行われたときは，処分対象者に対し原状回復のための不服申立ての途が保障されていなければならない。ところが，検証については，郵便物等の押収に関する処分対象者への事後通知（同法100条3項）のような規定はなく，また，『押収に関する裁判又は処分』として準抗告の対象とすること（同法429条1項，430条1項，2項）も認められていない。このように事後の告知及び不服申立ての各規定を欠く点で，電話傍受を刑訴法上の検証として行うことは，許されないというべきである。」「以上の二点において，電話傍受を刑訴法上の検証として行うことはできないと解され，他に本件当時電話傍受を捜査の手段として許容する法律上の根拠が存したと認めることもできない。そうすると，電話傍受は本件当時捜査の手段として法律上認められていなかったものであり，検証許可状により行われた本件電話傍受は違法であるといわざるを得ない。」

（評釈）　水谷規男・法セ544号111，只野雅人・法セ546号114，小早川義則・重判〈平成11年度〉183，指宿信・メディア百選109，立山紘毅・憲百Ⅰ64。

（コメント）　2000（平成12）年8月に，通信傍受法（正式名は，「犯罪捜査のための通信傍受に関する法律」）が施行されているが，本判決は，それ以前に最高裁が捜査機関による電話傍受を肯定したものである。

(8)　学問の自由と大学の自治

Ⅲ-4-65　ポポロ事件

最大判昭38・5・22刑集17巻4号370頁，判時335号5頁
（暴力行為等処罰に関する法律違反被告事件）

事　実　1952（昭和27）年2月20日，東京大学学生Yは，東京大学の教室内で一般公開で上演されていた「ポポロ劇団」の演劇の観客中に私服警官を発見し，その身柄を拘束して，数名の学生とともにつるし上げ，その際暴行を加えたり，警察手帳を取り上げたりした。その後，暴力行為等処罰ニ関スル

法律1条違反として起訴されたが，証拠として提出された警察手帳その他の証拠によると，当日の3名の警官の潜入は，かねてから続けられていた警備情報収集活動の一環であることが認められた。第1審（東京地判昭29・5・11判時26号3頁）は，大学の自治という法益が警察官の個人的法益より重要な価値である場合には，後者への若干の侵害行為が正当な行為とされることがあり，本件学生の行動は大学の自治への侵害を実効的に防止する手段の一つとしてなされたものであるなどと判示して，無罪の判決を下し，第2審（東京高判昭31・5・8判時77号5頁）もほぼ同様の理由でこれを支持した。これに対して，検察側から上告がなされた。

判　旨　**破棄差戻**　**1学問の自由と教育・教授の自由**　「学問の自由は，学問的研究の自由とその研究結果の発表の自由とを含むものであって，同条が学問の自由はこれを保障すると規定したのは，一面において，広くすべての国民に対してそれらの自由を保障するとともに，他面において，大学が学術の中心として深く真理を探究することを本質とすることにかんがみて，特に大学におけるそれらの自由を保障することを趣旨としたものである。教育ないし教授の自由は，学問の自由と密接な関係を有するけれども，必ずしもこれに含まれるものではない。しかし，大学については，憲法の右の趣旨と，これに沿って学校教育法52条〔現行法では83条〕が『大学は，学術の中心として，広く知識を授けるとともに，深く専門の学芸を教授研究』することを目的とするとしていることに基づいて，大学において教授その他の研究者がその専門の研究の結果を教授する自由は，これを保障されると解するのを相当とする。」**2大学の自治の内容**　「大学における学問の自由を保障するために，伝統的に大学の自治が認められている。この自治は，とくに大学の教授その他の研究者の人事に関して認められ，大学の学長，教授その他の研究者が大学の自主的判断に基づいて選任される。また，大学の施設と学生の管理についてもある程度で認められ，これらについてある程度で大学に自主的な秩序維持の権能が認められている。」　**3大学における学生の自由の性格**　「大学の施設と学生は，これらの自由と自治の効果として，施設が大学当局によって自治的に管理され，学生も学問の自由と施設の利用を認められるのである。もとより，憲法23条の学問の自由は，学生も一般の国民と同じように享有する。しかし，大学の学生としてそれ以上に学問の自由を享有し，また大学当局の自治的管理による施設を利用できるのは，大学の本質に基づき，大学の教授その他の研究者の有する特別な学問の自由と自治の効果としてである。」　**4実社会の政治的活動に当たる行為の問題**　「学生の集会が真に学問的な研究またはその結果の発表のためのものでなく，実社会の政治的活動に当る行為をする場合には，大学の有する特別の学問の自由と自治は享有しないといわなければならない。また，その集会が学生のみのものでなく，とくに一般の公衆の入場を許す場合には，むしろ公開の集会と見なされるべきであり，すくなくともこれに準じるものというべきである。」 5本件集会の性質 「本件集会は，真に学問的な研究と発表のためのものでなく，実社会の政治的社会的活動であり，かつ公開の集会またはこれに準じるものであって，大学の学問の自由と自治は，これを享有しないといわなければならない。したがって，本件の集会に警察官が立ち入ったことは，大学の学問の自由と自治を犯すものではない。」

補足意見 入江俊郎・奥野健一・山田作之助・斎藤朔郎裁判官（略） 垂水克己裁判官（略） 石坂修一裁判官（略）

意　見 横田正俊裁判官（略）

(評釈) 高柳信一・憲法の判例 77，杉原泰雄・教育百選 2，森英樹・基本判例 112，竹中俊子・憲百Ｉ 91。

(コメント) 差戻し後第１審（東京地判昭 40・6・26 下刑 7 巻 6 号 1275 頁）は，警官の立入りを「集会の自由」の違法な侵害であるとしたが，Ｙの暴行は，他に侵害を排除する適当な方法がなかったとはいえないから違法性が阻却されないとして有罪の判決を言い渡した。第２審（東京高判昭 41・9・14 高刑 19 巻 6 号 656 頁）は，控訴を棄却し，その上告審（最一判昭 48・3・22 刑集 27 巻 2 号 167 頁）は，再上告を棄却した。他に，警察官が大学構内に立ち入った事件の判例として，愛知大学事件に対する名古屋高判昭 45・8・25 刑月 2 巻 8 号 789 頁がある。その上告審で，最高裁は憲法判断にふれずに棄却している（最一決昭 48・4・26 判時 703 号 107 頁）。

5　経済的自由

(1)　居住・移転の自由

Ⅲ-5-1　旅券発給拒否事件

最大判昭 33・9・10 民集 12 巻 13 号 1969 頁，判時 162 号 6 頁
（損害賠償並びに慰藉料請求事件）

事　実 Ｘ（帆足計）は，1952（昭和 27）年 3 月にモスコー（モスクワ）で開催の国際経済会議に出席するために，外務大臣に対してソ連行きの一般旅券を申請した。しかし，外務大臣は，旅券法 13 条 1 項 5 号〔現行法では 7 号〕により，「著しく且つ直接に日本国の利益又は公安を害する行為を行う虞があると認めるに足りる相当の理由がある者」と認定して，旅券の発給を拒否したので，Ｘはモスコーの国際会議に出席することができなかった。そこで，Ｘは，

海外渡航の権利に対する侵害を理由に，国に対する損害賠償の訴えを提起したが，第１審（東京地判昭28・７・15下民４巻７号1000頁），第２審（東京高判昭29・９・15下民５巻９号1517頁）で請求が棄却されたので上告し，旅券法13条１項５号の規定は，憲法22条２項の定める海外移住の自由を侵害し，かつ外務大臣の拒否処分は，「明白かつ現在の危険」が存在しないのにもかかわらず，旅券の発給を拒否したもので憲法の精神に適合しないと主張した。

判　旨　棄却　**1外国移住の自由と外国旅行の自由**　「憲法22条２項の『外国に移住する自由』には外国へ一時旅行する自由を含むものと解すべきであるが，外国旅行の自由といえども無制限のままに許されるものではなく，公共の福祉のために合理的な制限に服するものと解すべきである。」　**2旅券法（13条１項５号）の制限の合理性**　「そして旅券発給を拒否することができる場合として，旅券法13条１項５号が，『著しく且つ直接に日本国の利益又は公安を害する行為を行う虞があると認めるに足りる相当の理由がある者』と規定したのは，外国旅行の自由に対し，公共の福祉のために合理的な制限を定めたものとみることができ，所論のごとく右規定が漠然たる基準を示す無効のものであるということはできない。」　**3外務大臣の拒否処分の適法性**　「占領下我国の当面する国際情勢の下においては，X等がモスコー国際経済会議に参加することは，著しくかつ直接に日本国の利益又は公安を害する虞れがあるものと判断して，旅券の発給を拒否した外務大臣の処分は，これを違法ということはできない旨判示した原判決の判断は当裁判所においてもこれを肯認することができる。」

補足意見　田中耕太郎・下飯坂潤夫裁判官　「憲法22条は１項にしろ２項にしろ旅行の自由を保障しているものではない。しからばこれについて規定がないから保障はないかというとそうではない。憲法の人権と自由の保障リストは歴史的に認められた重要性のあるものだけを拾ったもので，網羅的ではない。従ってその以外に権利や自由が存せず，またそれらが保障されていないというわけではない。我々が日常生活において享有している権利や自由は数かぎりなく存在している。それはともかくに名称が附されていないだけである。それらは一般的な自由または幸福追求の権利の一部分をなしている。」

（評釈）　園部逸夫・行政百選〈増補版〉41，池田政章・憲法の判例90，山内敏弘・基本判例116，齊藤正彰・憲百Ⅰ 111。

（コメント）　最二判昭44・７・11民集23巻８号1470頁の色川幸太郎裁判官の補足意見は，海外旅行が憲法22条１項の「移転」の一種であるとする。

Ⅲ-5-2　外国人の不法入国事件

最大判昭 32・6・19 刑集 11 巻 6 号 1663 頁，判時 124 号 24 頁
（外国人登録令違反被告事件）

事　実　中国人Ｙは，1951（昭和 26）年 1 月初め香港から外国貨客船に乗船して，法定の除外者でないのに，同月 11 日佐世保港付近より九州に上陸して本邦に不法に入国したため，当時の外国人登録令〔1952（昭和 27）年 4 月に廃止〕，出入国管理令（現在では「出入国管理及び難民認定法」）等違反として起訴され，下級審において懲役刑および罰金刑を受けた（東京地判昭 29・3・10 刑集 11 巻 6 号 1671 頁，東京高判昭 29・10・8 刑集 11 巻 6 号 1672 頁）。そこで，Ｙは，外国人の入国を制限する外国人登録令 3 条および同 12 条の憲法 22 条違反を理由に上告した。すなわち，憲法 22 条 2 項は何人も外国に移住することの自由を認めているが，憲法前文は平和主義，国際主義を基調とするから，憲法 22 条は当然に外国人にもまた日本国内に入国することのできる自由を保障しているものであるというのである。なお，外国人登録令 3 条に関する違憲の主張は，控訴審ではなされずに，上告理由のなかではじめてなされたものである。

判　旨　**棄却**　**①憲法 22 条と外国人の入国の自由**　「憲法 22 条……の保障するところは，居住・移転及び外国移住の自由のみに関するものであって，それ以外に及ばず，しかもその居住・移転とは，外国移住と区別して規定されているところから見れば，日本国内におけるものを指す趣旨である……。これらの憲法上の自由を享ける者は法文上日本国民に局限されていないのであるから，外国人であっても日本国に在ってその主権に服している者に限り及ぶものであることも，また論をまたない。されば，憲法 22 条は外国人の日本国に入国することについてはなにら規定していないものというべき」る。　**②国際慣習と外国人の入国許可義務**　「このことは，国際慣習上，外国人の入国の許否は当該国家の自由裁量により決定し得るものであって，特別の条約が存しない限り，国家は外国人の入国を許可する義務を負わないものであることと，その考えを同じくするものと解し得られる。従って，所論の外国人登録令の規定の違憲を主張する論旨は，理由がないものといわなければならない。」

補足意見　**斎藤悠輔裁判官**　「所論は，原審で主張がなく，従って，原判決はそれにつき何等の判断も示していない。従って，所論は，原判決に刑訴 405 条 1 号後段にいわゆる憲法の解釈に誤があることを理由とするものということはできない。」

意　見　**真野毅裁判官**　「居住，移転という中には入国も当然含まれている趣旨であると解する……旅行その他で海外に滞在していた日本国民が

帰って来て入国する場合及び海外にあって日本の国籍を取得した日本国民が初めて入国する場合において，入国の自由は，本条によって憲法上当然保障されているとするのが相当であり，またそうしなければならぬ。……外国人の入国についても同様に本条の保障があるとしなければならぬ……。かように憲法は，近代的な国際交通自由の原則の立場を採ったことを示している。」 **小林俊三・入江俊郎裁判官**（略） **垂水克己裁判官**（略）

評釈　有倉遼吉・憲百〈初版〉32，日比野勤・法教 210 号 35。

コメント　別の事件であるが，最大判昭 32・12・25 刑集 11 巻 14 号 3377 頁は，出国手続のため外国移住の自由が制限されるとしても，出入国管理令 25 条は合憲と判示した。

Ⅲ-5-3　森川キャサリーン事件

東京地判昭 61・3・26 判時 1186 号 9 頁
（再入国不許可処分取消等請求事件）

事　実　X（森川キャサリーン・クノルド）は，アメリカ合衆国国民であるが，1973（昭和 48）年 9 月に，出入国管理及び難民認定法 4 条〔現行法では削除〕1 項 6 号（留学者）としての在留資格を付与され日本に上陸し，その後日本人と結婚したため同法 4 条 1 項 16 号の在留資格が与えられて，日本に在留していた。X は，入国時に外国人登録法による指紋押なつを行っていたが，1982（昭和 57）年 9 月には，それを拒否し，罰金 1 万円の判決を受けた。同年のクリスマス休暇を利用して，韓国に旅行する計画をたて，同年 11 月 9 日再入国許可申請をしたところ，法務大臣 Y は，同月 30 日に同申請を不許可とする旨の処分をした。そこで，X は，Y に対して，同処分が憲法 22 条に違反する等の主張をして，処分の取消し等を求める訴えを起こした。

判　旨　**棄却**　**1 在留外国人の再入国の自由と憲法 22 条**　「基本的人権を保障する憲法第 3 章の諸規定のなかに，在留外国人の再入国の自由を保障する規定があるかどうかについて検討すると，まず，憲法 22 条 1 項の規定は，……我が国に在留する外国人の海外旅行の自由を保障する根拠規定となり得ないものであることは明らかである。」「次に，同条 2 項の規定について検討すると，同項の規定する外国へ移住する自由のなかには，日本国民が一時的に海外渡航する自由すなわち海外旅行の自由を含むものと解されるが，日本国民の海外旅行と在留外国人のそれとを比較すると，両者はその性質を全く異にするものといわざるを得ず，したがって，同項の保障する自由のなかに在留外国人の海外旅行の自由が含まれると解することはできないものといわなければならない。すなわち，海外旅行の自由は，当然のことながら，出国の自由のみならず帰国の自由が保障されていることを前提とするものであるところ，日本国民の場合は，その帰国の自由は，国民が国の構成員である以上，憲法による保障以前ともいうべき絶対的な権利として認められるものであるのに対して，在留外国人の場合は，その我が国への帰国（再入国）は，国際慣習法上，国家は原則として外国人の入国を自由に規制することができるとされていることにかんがみ，当然に権利として保障されているということができないものであり，したがって，日本国民にとっては，帰国が絶対的な権利として保障されている一時的な海外旅行であっても，在留外国人にとっては，それは，あくまでも，当該外国人にとっての外国である日本からの出国と，権利として保障されずあるいは規制されることがあるかも知れない日本への再度の入国というべきものであって，日本を祖国とする日本国民の一時的海外旅行とは，その本質を全く異にするものであるといわなければならない。換言すれば，我が国への出入国に関する限り，我が国を祖国とする日本国民と外国を祖国とする外国人との間には，法律上，本質的でかつ決定的な差異があるものというべきであり，在留外国人の海外旅行の自由を日本国民のそれと同一に論ずることはできないものというべきである。このように，在留外国人の海外旅行の自由は，日本国民のそれと本質的に異なるものであり，憲法22条2項の規定が，このような両者の間の差異を超えて，特に在留外国人の海外旅行の自由まで保障したものと解する根拠はない（国際平和と国家間の協調を謳う憲法前文及び98条2項の規定並びに法の下の平等を規定する憲法14条の規定も，右のように解する根拠とすることはできない。）から，在留外国人の海外旅行の自由は，憲法上保障されていないものといわなければならない。」 **②新規入国と再入国の比較**　「我が国に在留する外国人に対してもその性質の許す限り憲法上の保障の及ぶことは，前記のとおりであるが，新規入国の許可が，本邦外にいる外国人に対して入国を認めるものであるのに対し，再入国許可は，在留する外国人に対して一旦我が国から出国した後再び入国することの許可を出国前にあらかじめ与えるものであって，この場合，右許可の申請時に当該外国人が我が国に在留していることは，その性質上当然であるが，それだからといって直ちに，我が国に在留する外国人に国民と全く同様の権利の保障が及ぶものということができないことは明らかであるから，新規入国と再入国との間にX主張のような差異のあることをもって，在留外国人に再入国の自由が憲法上保障されることの根拠とすることはできない。また，確かに，再入国の場合は，新規入国の場合と比べて，入管当局において在留者の経歴，人柄などを把握できることが多いと考えられるが，短期の在留者については必ずしもそのようにいうことはできないものであるうえに，在留外国人の我が国における滞在状況はさまざまであって，長期在留者で日本社会に深く根を下ろした者からごく短期間の在留者まで種々の在留者がいるわけであるのに，これらの在留外国人のすべてに一律に憲法上再入国の自由を認めるのは，かえって不合理であるというべきである。すなわち，憲法上再入国の自由が保障されるかどうかは，在留外国人一般について考えるべきものであって，在留外国人のうち長期在留者には憲法上再入国の自由が保障され，短期在留者にはこれが保障されないとすることは背理であるというべきであるから，長期在留者に再入国につき憲法上の保障を認めるとすると，必然的に短期の在留者にもこの憲法上の保障を認めなければならないこととなるが，それでは，日本国内に在留する外国人にはすべて再入国の自由を認めることに帰着し，国の安全及び国民の福祉に危害が及ばないように外国人に対して最低限度の規制を行う我が国の国家としての権利がほとんど危殆に瀕するという極めて不合理な結果となることは明らかである。したがって，Xの主張するような理由から在留外国人の再入国の自由に憲法上の保障が及んでいることを根拠づけることはできないものというべきである。」 **3外国人の一時的海外旅行の自由** 「我が国の憲法上，在留外国人に対し出国の権利と別に，一時的海外旅行の自由を保障した規定の存しないことは前記のとおりであり，国際慣習法上も外国人に再入国の自由を認めているものということはできない……。」

評釈 阪本昌成・法教72号136，横田耕一・判評333号11，江橋崇・セレクト〈'86〉14，岩沢雄司・重判〈昭和61年度〉257。（上告審判決のものとして）門田孝・憲百Ⅰ2。

コメント 本件の控訴審（東京高判昭63・9・29行集39巻9号948頁）は，請求を棄却し，上告審（最一判平4・11・16集民166号575頁）も，簡単な判示のもとに，棄却している。

(2) 職業活動の自由

Ⅲ-5-4 医業類似行為事件

最大判昭35・1・27刑集14巻1号33頁，判時212号4頁
（あん摩師はり師きゆう師及び柔道整復師法違反被告事件）

事　実 Yは，1951（昭和26）年9月初め，法定の除外事由がないのに，無資格で，HS式無熱高周波療法と称するものを，料金（1回100円）を徴収し業務として施療をし，当時のあん摩師，はり師，きゅう師及び柔道整復師法12条の医業類似行為禁止違反として，起訴された。これに対してYは，こうした療法を業とすることもまた憲法22条の定める職業選択の自由に含まれるもので，しかもこの療法は有効，無害のものであるから，公共の福祉に反しないものであり，処罰の対象にはならないと主張した。しかし第1審（平簡判昭28・4・

16 刑集 14 巻 1 号 41 頁）および控訴審（仙台高判昭 29・6・29 高刑特 36 号 85 頁）は，この主張を斥けて有罪としたので，Y はさらに，有効無害の本件療法を医業類似行為として禁止しているあん摩師等法 12 条は，憲法 22 条の定める職業選択の自由の保障に違反するものとして上告した。

判　旨 **破棄差戻** **医業類似行為禁止処罰の趣旨と憲法 22 条** 「憲法 22 条は，何人も，公共の福祉に反しない限り，職業選択の自由を有することを保障している。されば，あん摩師，はり師，きゆう師及び柔道整復師法 12 条が何人も同法 1 条に掲げるものを除く外，医業類似行為を業としてはならないと規定し，同条に違反した者を同 14 条が処罰するのは，これらの医業類似行為を業とすることが公共の福祉に反するものと認めたが故にほかならない。ところで，医業類似行為を業とすることが公共の福祉に反するのは，かかる業務行為が人の健康に害を及ぼす虞があるからである。それ故法律が医業類似行為を業とすることを禁止処罰するのも人の健康に害を及ぼす虞のある業務行為に限局する趣旨と解しなければならないのであって，このような禁止処罰は公共の福祉上必要であるから前記法律 12 条，14 条は憲法 22 条に反するものではない。……原判決は Y の業とした本件……療法が人の健康に害を及ぼす虞があるか否かの点についてなんら判示するところがなく，ただ Y が本件……療法を業として行った事実だけで前記法律 12 条に違反したものと即断したことは，右法律の解釈を誤った違法があるか理由不備の違法があり，右の違法は判決に影響を及ぼすものと認められるので，原判決を破棄しなければ著しく正義に反する。」

反対意見 **田中耕太郎・下飯坂潤夫裁判官** 「法律は医業類似行為が一般的に人の健康に害を及ぼす虞れのあるものという想定の下にこの種の行為を画一的に禁止したものである。個々の場合に無害な行為といえども取締の対象になることがあるのは，公共の福祉の要請からして，やむを得ない。」 **石坂修一裁判官** 「あん摩師，はり師，きゅう師及び柔道整復師法が，かかる医業類似行為を資格なくして業として行ふことを禁止して居る所以は，これを自由に放置することは，前述の如く，人の健康，公共衛生に有効無害であるとの保障もなく，正常なる医療を受ける機会を失はしめる虞があって，正常なる医療行為の普及徹底並に公共衛生の改善向上のため望ましくないので，わが国の保健衛生状態の改善向上をはかると共に，国民各々に正常なる医療を享受する機会を広く与へる目的に出たものと解する。」

（評釈） 木下智史・法教 205 号 65，木村光江・医事百選〈初版〉8，工藤達朗・憲百Ⅰ〈第 5 版〉99。

（コメント） あん摩師はり師きゅう師及び柔道整復師法は，現在，あん摩マッサージ指圧師，はり師，きゅう師等に関する法律となり，柔道整復業務については，柔道整復師法が制定されている。

Ⅲ-5-5　京都府風俗案内所規制条例事件

最一判平 28・12・15 判時 2328 号 24 頁，判タ 1435 号 86 頁
（風俗案内所営業権確認等請求事件）

事　実　「京都府風俗案内所の規制に関する条例」（平成 22 年京都府条例第 22 号。以下「本件条例」）は，学校等の敷地から 200 メートル以内の地域を営業禁止区域と定めている。風俗案内所を営んでいた X が，本件条例は憲法 22 条に違反するなどと主張して，Y（京都市）に対し，風俗案内所を営む法的地位を有することの確認等を求めて提訴した。第 1 審（京都地判平 26・2・25 判時 2275 号 27 頁）が，X の請求を一部認容したため，双方が控訴したが，控訴審（大阪高判平 27・2・20 判時 2275 号 18 頁）では，本件条例は，風俗案内所に対する規制の必要性と合理性についての立法機関の判断にその裁量の逸脱又は濫用があったと認めることはできないから，憲法 22 条 1 項に反するとはいえないとして，Y の敗訴部分を取り消し，X の請求を棄却したため，X が上告した。

判　旨　**棄却**　**①風俗案内所営業規制と憲法 22 条 1 項**　本件条例は，「風俗案内所に起因する府民に著しく不安を覚えさせ，又は不快の念を起こさせる行為，犯罪を助長する行為等に対し必要な規制を行うことにより，青少年の健全な育成を図るとともに，府民の安全で安心な生活環境を確保することを目的として（1 条），学校，児童福祉施設等の敷地から 200m 以内の区域（営業禁止区域）における風俗案内所の営業を禁止し（3 条 1 項），違反者に対して刑罰を科することを定める（16 条 1 項 1 号）とともに，表示物等に関する規制として，風俗案内所を営む者が，風俗案内所の外部に，又は外部から見通すことができる状態にしてその内部に，接待風俗営業（歓楽的雰囲気を醸し出す方法により客をもてなして飲食させる営業）に従事する者を表す図画等を表示すること等を禁止している（7 条 2 号）。」「風俗案内所の特質及び営業実態に起因する青少年の育成や周辺の生活環境に及ぼす影響の程度に鑑みると，本件条例が，青少年が多く利用する施設又は周辺の環境に特に配慮が必要とされる施設の敷地から一定の範囲内における風俗案内所の営業を禁止し，これを刑罰をもって担保することは，公共の福祉に適合する上記の目的達成のための手段として必要性，合理性があるということができ，風俗営業等の規制及び業務の適正化等に関する法律〔＝風営法〕に基づく風俗営業に対する規制の内容及び程度を踏まえても，京都府議会が上記の営業禁止区域における風俗案内所の営業を禁止する規制を定めたことがその合理的な裁量の範囲を超えるものとはいえないから，本件条例 3 条 1 項及び 16 条 1 項 1 号の各規定は，憲法 22 条 1 項に違反するものではないと解するのが相当である。」　**②本件条例と憲法 21 条 1 項**　「また，風俗案内所が青少年の育成や周辺の生活環

境に及ぼす影響の程度に鑑みれば，風俗案内所の表示物等に関する上記の規制も，公共の福祉に適合する上記の目的達成のための手段として必要性，合理性があるということができ，京都府議会が同規制を定めたことがその合理的な裁量の範囲を超えるものとはいえないから，本件条例7条2号の規定は，憲法21条1項に違反するものではないと解するのが相当である。」「以上は，当裁判所大法廷判決（最大判昭36・2・15刑集15巻2号347頁，最大判昭47・11・22刑集26巻9号586頁）の趣旨に徴して明らかというべきである。」

（評釈） 松本和彦・法教439号122，武田芳樹・法セ749号92。

（コメント） **関連判例** **①風営法違反事件** 風営法2条1項3号（現在の同条11項に相当）の定める「ナイトクラブその他設備を設けて客にダンスをさせ，かつ，客に飲食をさせる営業」（3号営業）を公安委員会の許可を得ずに行ったとして，同法49条1号に基づいて起訴された事件につき，第1審（大阪地判平26・4・25判例集未登載）は，風営法の規制自体は憲法22条1項，21条1項および31条に違反しないとしつつ，上記3号営業につき「その具体的な営業態様から，歓楽的，享楽的な雰囲気を過度に醸成し，わいせつな行為の発生を招くなどの性風俗秩序の乱れにつながるおそれが，単に抽象的なものにとどまらず，現実的に起こり得るものとして実質的に認められる営業を指すものと解するのが相当である」として限定的に解釈した上で，「このようなおそれが実質的に認められるかどうかは，客が行っているダンスの態様，演出の内容，客の密集度，照明の暗さ，音量を含む音楽等から生じる雰囲気などの営業所内の様子，ダンスをさせる場所の広さなどの営業所内の構造設備の状況，酒類提供の有無，その他性風俗秩序の乱れにつながるような状況の有無等の諸般の事情を総合して判断するのが相当である」とし，本件について，「歓楽的，享楽的な雰囲気を過度に醸成し，わいせつな行為の発生を招くなど，性風俗秩序の乱れにつながるおそれが実質的に認められる営業が行われていたとは，証拠上認めることができない」として無罪を言い渡し，控訴審（大阪高判平27・1・21判例集未登載）も，「立法事実が変遷していることを踏まえ……，設備を設けて客にダンスと飲食をさせる営業であれば，男女間の享楽的雰囲気を過度に醸成するおそれがあるか否かを問わず一律に3号営業として規制の対象とすることは，……3号営業に対する規制目的に照らして必要のない範囲にまで規制を広げることになり，妥当ではない」し，「遅くとも本件当時には，全ての種類，様式のダンスが3号営業の要件となるダンスに当たるとする解釈の合理性は失われていたというべきである」とし，「性風俗秩序の維持のためには規制の必要性が認め難い形態のものまで含めて一律にダンスをさせる営業全体を規制の対象とすることは，過度に広汎な規制を行うことになり，合理性が認められない」等として，第1審判決の結論を支持し，上告審（最三決平28・6・7判例集未登載）も検察側からの上告を棄却した。 **②その他の無許可営業事件** 古い判例であるが，無許可で古物営業を行ったとして古物営業法違反等で起訴され原審で有罪判決を受けた被告人が上告した事件につき，最大判昭28・3・18刑集7巻3

号 577 頁，また，無免許で自家用車による乗客運送をした（いわゆる白タク営業）として道路運送法違反で有罪判決を受けた被告人が上告した事件につき，最大判昭 38・12・4 刑集 17 巻 12 号 2434 頁があり，いずれの判決も，これらの法律がこれらの職業活動につき営業許可（免許）制を採用していることは，公共の福祉の維持・確保のために必要な制限であるとして，上告を棄却している。

Ⅲ-5-6　小売市場事件

最大判昭 47・11・22 刑集 26 巻 9 号 586 頁，判時 687 号 23 頁
（小売商業調整特別措置法違反被告事件）

事　実　Yは，小売商業調整特別措置法 3 条に基づく政令指定地域において，1965（昭和 40）年 11 月，大阪府知事の許可を受けないで，その所有する建物を本法所定の小売市場（一の建物であって 10 以上の小売商の店舗の用に供されるもの）とするため，48 名の小売商に貸しつけたとして起訴された。Yは，本法の小売市場開設に関する規制が，(1)自由競争を不当に制約し，消費者の利益を無視して既存業者の保護に偏することにより憲法 22 条 1 項に反し，(2)地域指定，業種，店舗数による規制により憲法 14 条に反し，(3)距離制限により国民の食生活の確保に支障を来し生存権を侵害し憲法 25 条に違反し，無効であると主張した。しかし，第 1 審（東大阪簡判昭 43・ 9 ・30 刑集 26 巻 9 号 603 頁）および第 2 審（大阪高判昭 44・11・28 刑集 26 巻 9 号 610 頁）は，この主張を斥け，有罪の判決を下したため，Yは上告した。

判　旨　**棄却**　**1社会経済政策のための経済活動規制**　「個人の経済活動に対する法的規制は，個人の自由な経済活動からもたらされる諸々の弊害が社会公共の安全と秩序の維持の見地から看過することができないような場合に，消極的に，かような弊害を除去ないし緩和するために必要かつ合理的な規制である限りにおいて許されるべきことはいうまでもない。のみならず，憲法の他の条項をあわせ考察すると，憲法は，全体として，福祉国家的理想のもとに，社会経済の均衡のとれた調和的発展を企図しており，その見地から，すべての国民にいわゆる生存権を保障し，その一環として，国民の勤労権を保障する等，経済的劣位に立つ者に対する適切な保護政策を要請していることは明らかである。このような点を総合的に考察すると，憲法は，国の責務として積極的な社会経済政策の実施を予定しているものということができ，個人の経済活動の自由に関する限り，個人の精神的自由等に関する場合と異なって，右社会経済政策の実施の一手段として，これに一定の合理的規制措置を講ずることは，もともと憲法が予定し，かつ，許容するところと解するのが相当であり，国は，積極的に，国民経済の健全な発達と国民生活の安定を期し，もって社会経済全体の均衡のとれた調和的発展を図るために，立法により，

個人の経済活動に対し，一定の規制措置を講ずることも，それが右目的達成のために必要かつ合理的な範囲にとどまる限り，許されるべきであって，決して憲法の禁ずるところではないと解すべきである。もっとも，個人の経済活動に対する法的規制は，決して無制限に許されるべきものではなく，その規制の対象，手段，態様等においても，自ら一定の限界が存するものと解するのが相当である。」 **2経済活動規制立法の合憲性審査と明白の原則** 「ところで，社会経済の分野において，法的規制措置を講ずる必要があるかどうか，その必要があるとしても，どのような対象について，どのような手段・態様の規制措置が適切妥当であるかは，主として立法政策の問題として，立法府の裁量的判断にまつほかない。……したがって，右に述べたような個人の経済活動に対する法的規制措置については，立法府の政策的技術的な裁量に委ねるほかなく，裁判所は，立法府の右裁量的判断を尊重するのを建前とし，ただ，立法府がその裁量権を逸脱し，当該法的規制措置が著しく不合理であることの明白である場合に限って，これを違憲として，その効力を否定することができるものと解するのが相当である。」 **3小売市場の許可規制と職業の選択の自由** 「これを本件についてみると，本法は，立法当時における中小企業保護政策の一環として成立したものであり，本法所定の小売市場を許可規制の対象としているのは，小売商が国民のなかに占める数と国民経済における役割とに鑑み，本法１条の立法目的が示すとおり，経済的基盤の弱い小売商の事業活動の機会を適正に確保し，かつ，小売商の正常な秩序を阻害する要因を除去する必要があるとの判断のもとに，その一方策として，小売市場の乱設に伴う小売商相互間の過当競争によって招来されるであろう小売商の共倒れから小売商を保護するためにとられた措置であると認められ，一般消費者の利益を犠牲にして，小売商に対し積極的に流通市場における独占的利益を付与するためのものではないことが明らかである。しかも，本法は，その所定形態の小売市場のみを規制の対象としているにすぎないのであって，小売市場内の店舗のなかに政令で指定する野菜，生鮮魚介類を販売する店舗が含まれない場合とか，所定の小売市場の形態をとらないで右政令指定物品を販売する店舗の貸与等をする場合には，これを本法の規制対象から除去するなど，過当競争による弊害が特に顕著と認められる場合についてのみ，これを規制する趣旨であることが窺われる。これらの諸点からみると，本法所定の小売市場の許可規制は，国が社会経済の調和的発展を企図するという観点から中小企業保護政策の一方策としてとった措置ということができ，その目的において，一応の合理性を認めることができないわけではなく，また，その規制の手段・態様においても，それが著しく不合理であることが明白であるとは認められない。そうすると，本法３条１項，同法施行令１条，

２条所定の小売市場の許可規制が憲法 22 条１項に違反するものとすることができないことは明らかである。」

(評釈) 田崎文夫・曹時 25 巻 6 号 104，中山勲・判評 176 号 7，常本照樹・憲百Ⅰ 96。

Ⅲ-5-7 公衆浴場事件(1)

最大判昭 30・１・26 刑集 9 巻 1 号 89 頁，判タ 47 号 52 頁
（公衆浴場法違反被告事件）

事 実 Yは，1952（昭和 27）年１～３月，福岡県知事の許可を受けないで公衆浴場を営業したため，公衆浴場法２条１項違反で起訴され第１審・第２審で罰金刑を受けた（福岡地吉井支判昭 28・６・１刑集 9 巻 1 号 104 頁，福岡高判昭 28・９・29 高刑特 26 号 36 頁）。そこで，Yは上告し，次のように違憲の主張をした。すなわち，公衆浴場の営業免許について，県条例が浴場の配置基準を既設の公衆浴場から市部にあっては 250 メートル以上，郡部にあっては 300 メートル以上の距離とするという距離制限を定めているが，こうした距離制限条項は，浴場営業が公共の福祉に反するものではないのに，職業選択の自由を制限しようとするもので憲法 22 条違反である。また，県条例が制限距離内では原則として，公衆浴場の新設を許可しないものであると定めているのは，公衆浴場法２条の限度を超えて制限を強めているものであり，法律の範囲内で条例制定権を認めた憲法 94 条の原則にも違反するものである。

判 旨 **棄却** **1距離制限の合憲性** 「公衆浴場は，多数の国民の日常生活に必要欠くべからざる，多分に公共性を伴う厚生施設である。そして，若しその設立を業者の自由に委せて，何等その偏在及び濫立を防止する等その配置の適正を保つために必要な措置が講ぜられないときは，その偏在により，多数の国民が日常容易に公衆浴場を利用しようとする場合に不便を来たすおそれなきを保し難く，また，その濫立により，浴場経営に無用の競争を生じその経営を経済的に不合理ならしめ，ひいて浴場の衛生設備の低下等好ましからざる影響を来たすおそれなきを保し難い。このようなことは，上記公衆浴場の性質に鑑み，国民保健及び環境衛生の上から，出来る限り防止することが望ましいことであり，従って，公衆浴場の設置場所が配置の適正を欠き，その偏在乃至濫立を来たすに至るがごときことは，公共の福祉に反するものであって，この理由により公衆浴場の経営の許可を与えないことができる旨の規定を設けることは，憲法 22 条に違反するものとは認められない。」 **2条例制定権の範囲** 「右条例は，法律が例外として不許可とする場合の細則を具体的に定めたもので，法律が許可を原則としている建前を，不許可を原則と

する建前に変更したものではなく，従って右条例には，所論のような法律の範囲を逸脱した違法は認められない。」

（評釈）覚道豊治・憲法の判例〈第2版〉80，木下智史・法教204号75，工藤達朗・憲百Ⅰ94。

Ⅲ-5-8　公衆浴場事件(2)

最三判平元・3・7判時1308号111頁
（営業不許可処分取消請求事件）

事　実　Xは，1983（昭和58）年8月3日，大阪市長Yに対して公衆浴場の営業許可申請をしたところ，Yは同月13日，公衆浴場法2条3項に基づき公衆浴場の設置場所の配置基準（「市の区域にあってはおおむね200メートル」）を定めた大阪府公衆浴場法施行条例2条〔現在では4条〕の要件に適合しないことを理由に不許可の処分を受けたため，不許可処分の取消しを求めて出訴した。第1審（大阪地判昭60・2・20判自19号34頁），第2審（大阪高判昭60・9・25）で請求棄却，控訴棄却の判決を受け，Xは上告した。

判　旨　**棄却**　**公衆浴場の適正配置規制の目的**　「公衆浴場法（以下「法」という。）2条2項の規定が憲法22条1項に違反するものでないことは，当裁判所の判例とするところである（最大判昭30・1・26刑集9巻1号89頁。なお，最三判昭32・6・25刑集11巻6号1732頁，最一判昭35・2・11刑集14巻2号119頁，最二判昭37・1・19民集16巻1号57頁，最一判昭41・6・16刑集20巻5号471頁，最二判昭47・5・19民集26巻4号698頁参照）。」「おもうに，法2条2項による適正配置規制の目的は，国民保健及び環境衛生の確保にあるとともに，公衆浴場が自家風呂を持たない国民にとって日常生活上必要不可欠な厚生施設であり，入浴料金が物価統制令により低額に統制されていること，利用者の範囲が地域的に限定されているため企業としての弾力性に乏しいこと，自家風呂の普及に伴い公衆浴場業の経営が困難になっていることなどにかんがみ，既存公衆浴場業者の経営の安定を図ることにより，自家風呂を持たない国民にとって必要不可欠な厚生施設である公衆浴場自体を確保しようとすることも，その目的としているものと解されるのであり，前記適正配置規制は右目的を達成するための必要かつ合理的な範囲内の手段と考えられるので，前記大法廷判例に従い法2条2項及び大阪府公衆浴場法施行条例2条の規定は憲法22条1項に違反しないと解すべきである。」

（評釈）藤原淳一郎・法セ418号122，木下智史・重判〈平成元年度〉31，戸波江二・法教106号74。

（コメント）　本件とは別に，Xほか1名が公衆浴場法違反に問われた刑事事件に対する最二判平元・1・20刑集43巻1号1頁があり，そこでは本件と同じく合憲とするものの，理由に異なりをみせている。

Ⅲ-5-9　薬事法違憲訴訟

最大判昭50・4・30民集29巻4号572頁，判時777号8頁
（行政処分取消請求事件）

事　実　Xは，F市で医薬品の一般販売業を営むため，1963（昭和38）年6月に営業許可の申請をしたところ，Y県知事は，旧薬事法6条2項および薬局等の配置の基準を定める条例3条に適合しないとの理由で不許可の処分をした。Xは，薬局開設の距離制限を規定する薬事法6条2項および県条例は憲法22条に違反すると主張して，右不許可処分の取消しを求めて出訴した。第1審（広島地判昭42・4・17行集18巻4号501頁）は，不許可処分を取り消したが，憲法判断は避けた。第2審（広島高判昭43・7・30判時531号17頁）は，薬局開設を業者の自由に委せるなら，その偏在により調剤の確保と医薬品の適正な供給は困難となり，またその濫立により濫売などの過当競争を生じて，経営の不安定，施設の不備，ひいては粗悪な医薬品の調剤供給等の好ましからざる影響を来すから，当該薬事法規定およびこれに基づく条例は憲法に反しないとの憲法判断を示した。そこでXは上告した。

判　旨　**破棄自判**　**1職業活動の自由**「職業は，人が自己の生計を維持するためにする継続的活動であるとともに，分業社会においては，これを通じて社会の存続と発展に寄与する社会的機能分担の活動たる性質を有し，各人が自己のもつ個性を全うすべき場として，個人の人格的価値とも不可分の関連を有するものである。右規定が職業選択の自由を基本的人権の一つとして保障したゆえんも，現代社会における職業のもつ右のような性格と意義にあるものということができる。そして，このような職業の性格と意義に照らすときは，職業は，ひとりその選択，すなわち職業の開始，継続，廃止において自由であるばかりでなく，選択した職業の遂行自体，すなわちその職業活動の内容，態様においても，原則として自由であることが要請されるのであり，したがって，右規定は，狭義における職業選択の自由のみならず，職業活動の自由の保障をも包含しているものと解すべきである。**2職業の自由の規制と規制措置の合憲性判断方法**「もっとも，職業は，……本質的に社会的な，しかも主として経済的な活動であって，その性質上，社会的相互関連性が大きいものであるから，職業の自由は，それ以外の憲法の保障する自由，殊にいわゆる精神的自由に比較して，公権力による規制の要請がつよく，憲法22条1項が「公共の福祉に反しない限り」という留保のもとに職業選択

の自由を認めたのも，特にこの点を強調する趣旨に出たものと考えられる。このように，職業は，それ自身のうちになんらかの制約の必要性が内在する社会的活動であるが，その種類，性質，内容，社会的意義及び影響がきわめて多種多様であるため，その規制を要求する社会的理由ないし目的も，国民経済の円満な発展や社会公共の便宜の促進，経済的弱者の保護等の社会政策及び経済政策上の積極的なものから，社会生活における安全の保障や秩序の維持等の消極的なものに至るまで千差万別で，その重要性も区々にわたるのである。そしてこれに対応して，現実に職業の自由に対して加えられる制限も，あるいは特定の職業につき私人による遂行を一切禁止してこれを国家又は公共団体の専業とし，あるいは一定の条件をみたした者にのみこれを認め，更に，場合によっては，進んでそれらの者に職業の継続，遂行の義務を課し，あるいは職業の開始，継続，廃止の自由を認めながらその遂行の方法又は態様について規制する等，それぞれの事情に応じて各種各様の形をとることとなるのである。それ故，これらの規制措置が憲法22条1項にいう公共の福祉のために要求されるものとして是認されるかどうかは，これを一律に論ずることができず，具体的な規制措置について，規制の目的，必要性，内容，これによって制限される職業の自由の性質，内容及び制限の程度を検討し，これらを比較考量したうえで慎重に決定されなければならない。この場合，右のような検討と考量をするのは，第一次的には立法府の権限と責務であり，裁判所としては，規制の目的が公共の福祉に合致するものと認められる以上，そのための規制措置の具体的内容及びその必要性と合理性については，立法府の判断がその合理的裁量の範囲にとどまるかぎり，立法政策上の問題としてその判断を尊重すべきものである。しかし，右の合理的裁量の範囲については，事の性質上おのずから広狭がありうるのであって，裁判所は，具体的な規制の目的，対象，方法等の性質と内容に照らして，これを決すべきものといわなければならない。」 **3許可制の合憲性判断** 「一般に許可制は，単なる職業活動の内容及び態様に対する規制を超えて，狭義における職業の選択の自由そのものに制約を課するもので，職業の自由に対する強力な制限であるから，その合憲性を肯定しうるためには，原則として，重要な公共の利益のために必要かつ合理的な措置であることを要し，また，それが社会政策ないしは経済政策上の積極的な目的のための措置ではなく，自由な職業活動が社会公共に対してもたらす弊害を防止するための消極的，警察的措置である場合には，許可制に比べて職業の自由に対するよりゆるやかな制限である職業活動の内容及び態様に対する規制によっては右の目的を十分に達成することができないと認められることを要する。」 **4薬局開設に対する許可制自体は合憲** 「医薬品は，国民の生命及び健康の保持上の必需品であるとともに，これと至大の関係を有するものであるから，不良医薬品の供給……から国民の健康と安全とをまもるために，業務の内容の規制のみならず，供給業者を一定の資格要件を具備する者に限定し，それ以外の者による開業を禁止する許可制を採用したことは，それ自体として公共の福祉に適合する目的のための必要かつ合理的措置として肯認することができる。」 **5薬事法の規制目的は，消極的・警察的目的** 「薬事法6条2項，4項の適正配置規制に関する規定……の提案の理由……によると，右の適正配置規制は，主として国民の生命及び健康に対する危険の防止という消極的，警察的目的のための規制措置であり，そこで考えられている薬局等の過当競争及びその経営の不安定化の防止も，それ自体が目的ではなく，あくまでも不良薬品の供給の防止のための手段であるにすぎないものと認められる。すなわち，小企業の多い薬局等の経営の保護というような社会政策的ないしは経済政策的目的は右の適正配置規制の意図するところではなく（この点において，最大判昭47・11・22刑集26巻9号586頁〔⇒*Ⅲ-5-6*〕で取り扱われた小売商業調整特別措置法における規制とは趣きを異にし，したがって，右判決において示された法理は，必ずしも本件の場合に適切ではない。），また，一般に，国民生活上不可欠な役務の提供の中には，当該役務のもつ高度の公共性にかんがみ，その適正な提供の確保のために，法令によって，提供すべき役務の内容及び対価等を厳格に規制するとともに，更に役務の提供自体を提供者に義務づける等のつよい規制を施す反面，これとの均衡上，役務提供者に対してある種の独占的地位を与え，その経営の安定をはかる措置がとられる場合があるけれども，薬事法その他の関係法令は，医薬品の供給の適正化措置として右のような強力な規制を施してはおらず，したがって，その反面において既存の薬局等にある程度の独占的地位を与える必要も理由もなく，本件適正配置規制にはこのような趣旨，目的はなんら含まれていないと考えられるのである。」 **6立法事実の不存在** 「ところで，薬局の開設等について地域的制限が存在しない場合，薬局等が偏在し，これに伴い一部地域において業者間に過当競争が生じる可能性があることは，さきに述べたとおりであり，このような過当競争の結果として一部業者の経営が不安定となるおそれがあることも，容易に想定されるところである。Yは，このような経営上の不安定は，ひいては当該薬局等における設備，器具等の欠陥，医薬品の貯蔵その他の管理上の不備をもたらし，良質な医薬品の供給をさまたげる危険を生じさせると論じている。確かに，観念上はそのような可能性を否定することができない。」「競争の激化―経営の不安定―法規違反という因果関係に立つ不良医薬品の供給の危険が，薬局の段階において，相当程度の規模で発生する可能性があるとすることは，単なる観念上の想定にすぎず，確実な根拠に基づく合理的な判断とは認めがたいといわなければならない。」「本件適正配置規制は，右の目的と……国民の保健上の危険防止の目的との，２つの目的のための手段としての措置であることを考慮に入れるとしても，全体としてその必要性と合理性を肯定しうるにはなお遠いものであり，この点に関する立法府の判断は，その合理的裁量の範囲を超えるものであるといわなければならない。」「以上のとおり，薬局の開設等の許可基準の一つとして地域的制限を定めた薬事法６条２項，４項（これらを準用する同法 26 条２項）は，不良医薬品の供給の防止等の目的のために必要かつ合理的な規制を定めたものということができないから，憲法 22 条１項に違反し，無効である。」

（評釈） 小嶋和司・判評 198 号 18，和田英夫・法セ 247 号４，宮崎良夫・重判〈昭和 50 年度〉６，富沢達・曹時 30 巻９号 145，覚道豊治・憲法の判例 84，覚道豊治・民商 74 巻２号 119，青柳幸一・基本判例 120，木下智史・法教 204 号 75，井上典之・法セ 620 号 50，野坂泰司・法教 312 号 54，阪本昌成・経済法判例・審決百選 140，石川健治・憲百Ⅰ 97，山本真敬＝小石川裕介・法セ 732 号 62，松本哲治・論ジュリ 17 号 48。

（コメント） **立法による対応**　国会は本判決後の同年６月に，違憲とされた薬事法６条２項以下を削除した（昭和 50 年法 37 号）。**関連判例**　たばこ事業法によるたばこ小売販売業の距離制限について，最二判平５・６・25 判時 1475 号 59 頁があるほか，最三判平 12・２・８刑集 54 巻２号１頁は，歯科医師法・歯科技工士法に関する最大判昭 34・７・８刑集 13 巻７号 1132 頁とともに本判決を引用して，司法書士法が司法書士の登録制を定めていることにつき，合憲としている。**薬事法の題名変更**　薬事法は，平成 25 年法 84 号により，「医薬品，医療機器等の品質，有効性及び安全性の確保等に関する法律」と変えられている。

Ⅲ-5-10　酒類販売業免許制違憲訴訟

最三判平４・12・15 民集 46 巻９号 2829 頁，判時 1464 号３頁
（酒類販売業免許拒否処分取消請求事件）

事　実　原告Ｘは，「酒類並びに原料酒精の販売」等を目的とする株式会社であり，1974（昭和 49）年７月 30 日に，Ｙ税務署長（被告）に対して酒税法９条１項の規定に基づき，酒類販売業免許の申請をした。Ｙは，1976（昭和 51）年 11 月 24 日付で，Ｘに対して同法 10 条 10 号後段に規定する申請者の「経営の基礎が薄弱であると認められる場合」に該当することを理由に，免許の拒否処分をした。そこで，Ｘは，その処分の取消しを求めて出訴したところ，Ｙは，拒否処分の根拠となる事由として次の点をあげて，その処分の正当性を主張した。すなわち，①Ｘの申請は，酒類販売業を営むに必要な営業権等をＡ商店から譲り受けることを条件としてなされたが，その営業権がＸ設立前にＢ会社に譲渡され

ていて，酒類販売業を営むのに必要な営業権等を譲り受ける見込みがなかった。②Xは，酒類販売業を営むために必要な営業資金を有していなかった。③Xは，固定資産税や法人都民税を滞納していた。④Xの振り出した手形が不渡りとなった。これに対し，Xは，これらの点すべてを否認した。第1審の東京地方裁判所は，Yの①～④の根拠をすべて否認し，拒否処分を取り消したので（東京地判昭54・4・12民集46巻9号2963頁），Yが控訴したところ，控訴裁判所は，Xが対抗して主張した憲法上の論点を否認した上で，Yの拒否処分の根拠を容認して，原判決を取り消す判決を下した（東京高判昭62・11・26判時1259号30頁）。そこで，Xは，酒税法9条1項および10条10号後段が憲法22条に違反すると主張して上告した。

判　旨　**棄却**　**1財政目的のための職業の許可制とその合憲性審査基準**「租税の適正かつ確実な賦課徴収を図るという国家の財政目的のための職業の許可制による規制については，その必要性と合理性についての立法府の判断が，右の政策的，技術的な裁量の範囲を逸脱するもので，著しく不合理なものでない限り，これを憲法22条1項の規定に違反するものということはできない。」　**2酒類の製造及び販売業について免許制の趣旨**「酒税法は，酒類には酒税を課するものとし（1条），酒類製造者を納税義務者と規定し（6条1項），酒類等の製造及び酒類の販売業について免許制を採用している（7条ないし10条）。これは，酒類の消費を担税力の表れであると認め，酒類についていわゆる間接消費税である酒税を課することとするとともに，その賦課徴収に関しては，いわゆる庫出税方式によって酒類製造者にその納税義務を課し，酒類販売業者を介しての代金の回収を通じてその税負担を最終的な担税者である消費者に転嫁するという仕組みによることとし，これに伴い，酒類の製造及び販売業について免許制を採用したものである。酒税法は，酒税の確実な徴収とその税負担の消費者への円滑な転嫁を確保する必要から，このような制度を採用したものと解される。」　**3酒類販売業免許制の存置の必要性と合理性**「酒税が，沿革的に見て，国税全体に占める割合が高く，これを確実に徴収する必要性が高い税目であるとともに，酒類の販売代金に占める割合も高率であったことにかんがみると，酒税法が昭和13年法律第48号による改正により，酒税の適正かつ確実な賦課徴収を図るという国家の財政目的のために，このような制度を採用したことは，当初は，その必要性と合理性があったというべきであり，酒税の納税義務者とされた酒類製造者のため，酒類の販売代金の回収を確実にさせることによって消費者への酒税の負担の円滑な転嫁を実現する目的で，これを阻害するおそれのある酒類販売業者を免許制によって酒類の流通過程から排除することとしたのも，酒税の適正かつ確実な賦課徴収を図るという重要な公共の利益のために採られた合理的な措置であったということができる。その後の社会状況の変化と租税法体系の変遷に伴い，酒税の国税全体に占める割合等が相対的に低下するに至った本件処分当時の時点においてもなお，酒類販売業について免許制度を存置しておくことの必要性及び合理性については，議論の余地があることは否定できないとしても，前記のような酒税の賦課徴収に関する仕組みがいまだ合理性を失うに至っているとはいえないと考えられることに加えて，酒税は，本来，消費者にその負担が転嫁されるべき性質の税目であること，酒類の販売業免許制度によって規制されるのが，そもそも，致酔性を有する嗜好品である性質上，販売秩序維持等の観点からもその販売について何らかの規制が行われてもやむを得ないと考えられる商品である酒類の販売の自由にとどまることをも考慮すると，当時においてなお酒類販売業免許制度を存置すべきものとした立法府の判断が，前記のような政策的，技術的な裁量の範囲を逸脱するもので，著しく不合理であるとまでは断定し難い。」 **④規制措置の必要性と合理性** 「もっとも，右のような職業選択の自由に対する規制措置については，当該免許制度の下における具体的な免許基準との関係においても，その必要性と合理性が認められるものでなければならないことはいうまでもないところである。」「本件処分の理由とされた酒税法10条10号の免許基準について検討するのに，同号は，免許の申請者が破産者で復権を得ていない場合その他その経営の基礎が薄弱であると認められる場合に，酒類販売業の免許を与えないことができる旨を定めるものであって，酒類製造者において酒類販売代金の回収に困難を来すおそれがあると考えられる最も典型的な場合を規定したものということができ，右基準は，酒類の販売免許制度を採用した前記のような立法目的からして合理的なものということができる。また，同号の規定が不明確で行政庁のし意的判断を許すようなものであるとも認め難い。そうすると，酒税法9条，10条10号の規定が，立法府の裁量の範囲を逸脱するもので，著しく不合理であるということはできず，右規定が憲法22条1項に違反するものということはできない。」「以上は，当裁判所大法廷判決（最大判昭37・2・28刑集16巻2号212頁，最大判昭47・11・22刑集26巻9号586頁，最大判昭50・4・30〔民集29巻4号572頁〕，最大判昭60・3・27〔民集39巻2号247頁〕）の趣旨に徴して明らかなところというべきである。」

補足意見 **園部逸夫裁判官** 「沿革的に見て，酒税の国税全体に占める割合が高く，これを確実に徴収する必要性が高い税目であったことは，多数意見の説示するとおりであるが，現在もなお，酒税が国税において右のような地位を占める税目であるかどうか，議論があることは否定できない。また，仮に酒税が国税として重要な税目であるとしても，酒類販売業を現行の免許制（許可制）

の下に置くことによってその徴収を確保しなければならないほどに緊要な税目であるかもまた，議論のあるところである。私は，酒類販売業の許可制について，大蔵省の管轄の下に財政目的の見地からこれを維持するには，酒税の国税としての重要性が極めて高いこと及び酒税の確実な徴収の方法として酒類販売業の許可制が必要かつ合理的な規制であることが前提とされなければならないと考える（私は，財政目的による規制は，いわゆる警察的・消極的規制ともその性格を異にする面があり，また，いわゆる社会政策・経済政策的な積極的規制とも異なると考える。一般論として，経済的規制に対する司法審査の範囲は，規制の目的よりもそれぞれの規制を支える立法事実の確実な把握の可能性によって左右されることが多いと思っている。）。そして，そのような酒税の重要性の判断及び合理的な規制の選択については，立法政策に関与する大蔵省及び立法府の良識ある専門技術的裁量が行使されるべきであると考える。」「酒税法上の酒類販売業の許可制は，専ら財政目的の見地から維持されるべきものであって，特定の業種の育成保護が消費者ひいては国民の利益の保護にかかわる場合に設けられる，経済上の積極的な公益目的による営業許可制とはその立法目的を異にする。したがって，酒類販売業の許可制に関する規定の運用の過程において，財政目的を右のような経済上の積極的な公益目的と同一視することにより，既存の酒類販売業者の権益の保護という機能をみだりに重視するような行政庁の裁量を容易に許す可能性があるとすれば，それは，酒類販売業の許可制を財政目的以外の目的のために利用するものにほかならず，酒税法の立法目的を明らかに逸脱し，ひいては，職業選択の自由の規制に関する適正な公益目的を欠き，かつ，最小限度の必要性の原則にも反することとなり，憲法22条1項に照らし，違憲のそしりを免れないことになるものといわなければならない。しかしながら，本件は，許可申請者の経済的要件に関する酒税法10条10号の規定の適用が争われている事件であるところ，原審の確定した事実関係から判断する限り，右のような見地に立った裁量権の行使によって本件免許拒否処分がされたと認めることはできないのである。」「もっとも，昭和13年法律第48号による酒税法の改正当初において酒類販売業の許可制を定めるに至った酒税の徴収確保の必要性という立法目的の正当性及び右立法目的を達成するための手段の合理性の双方を支えた立法事実が今日においてもそのまま存続しているかどうかが争われている状況の下で，X及びX代理人らの主張するところによれば，右許可制について本来の立法趣旨に沿わない運用がされているというのである。しかし，記録に現れた資料からは，X及びX代理人らの主張に係る酒税行政の現状が現行の許可制自体の欠陥に由来するものであるとして，右許可制に関する規定の全体を直ちに違憲と判断すべきものとするには足りないといわざるを得ないのである。」

反対意見　**坂上壽夫裁判官**　「酒類製造者に対して，いわゆる庫出税方式による納税義務を課するという酒税法の課税方式は，正に立法府の政策的，技術的な判断にゆだねるべき領域であるというべきであろうし，かかる課税方式の下においては，酒類製造者を免許制の下に置くことは，重要な公共の利益のために必要かつ合理的な措置ということができよう。しかし，酒税の確保を図るため，酒類製造者がその販売した商品の代金を円滑に回収し得るように，酒類販売業までを免許制にしなければならない理由は，それほど強くないように思われる。販売代金の回収は，本来酒類製造者が自己の責任において，取引先の選択や，取引条件，特に代金の決済条件を工夫することによって対処すべきものである。また，わが国においても，昭和13年にこの制度が導入されるまでは，免許制は酒類製造についてのみ採られていたものであり，揮発油税等の他の間接税の場合に，販売業について免許制を採った例を知らないのである。」「もっとも，この制度が導入された当時においては，酒税が国税全体に占める割合が高く，また酒類の販売代金に占める酒税の割合も大きかったことは，多数意見の説示するとおりであるし，当時の厳しい財政事情の下に，税収確保の見地からこのような制度を採用したことは，それなりの必要性と合理性があったということもできよう。しかし，その後40年近くを経過し，酒税の国税全体に占める割合が相対的に低下するに至ったという事情があり，社会経済状態にも大きな変動があった本件処分時において（今日においては，立法時との状況のかい離はより大きくなっている。），税収確保上は多少の効果があるとしても，このような制度をなお維持すべき必要性と合理性が存したといえるであろうか。むしろ，酒類販売業の免許制度の採用の前後において，酒税の滞納率に顕著な差異が認められないことからすれば，私には，憲法22条1項の職業選択の自由を制約してまで酒類販売業の免許（許可）制を維持することが必要であるとも，合理的であるとも思われない。そして，職業選択の自由を尊重して酒類販売業の免許（許可）制を廃することが，酒類製造者，酒類消費者のいずれに対しても，取引先選択の機会の拡大にみちを開くものであり，特に，意欲的な新規参入者が酒類販売に加わることによって，酒類消費者が享受し得る利便，経済的利益は甚だ大きいものであろうことに思いを致すと，酒類販売業を免許（許可）制にしていることの弊害は看過できないものであるといわねばならない。」「本件のような規制措置の合憲性の判断に際しては，立法府の政策的，技術的な裁量を尊重すべきであるのは裁判所の持すべき態度であるが，そのことを基本としつつも，酒類販売業を免許（許可）制にしている立法府の判断は合理的裁量の範囲を逸脱していると結論せざるを得ないのであり，私は，酒税法9条は，憲法22条1項に違背するものと考える。」

評釈　法時65巻12号124，永田秀樹・法セ459号112，米沢広一・ジュリ1023号29，藤井俊夫・法教153号110，野中俊彦・重判〈平成4年度〉28，綿引万里子・ジュリ1033号103，西山由美・ジュリ1039号143，占部裕典・判評421号179，三木義一・セレクト〈'93〉13，綿引万里子・曹時46巻5号81，鈴木深雪・ジュリ1108号96，中村芳昭・租税百選〈第5版〉87，宮原均・憲百Ⅰ 99。

コメント　他に同種の事件に対する判決として，最三判平10・3・24刑集52巻2号150頁，最一判平10・3・26判時1639号36頁，最二判平10・7・3判時1652号43頁，最一判平10・7・16判時1652号52頁，最三判平14・6・4判時1788号160頁などがある。なお，酒類販売業免許等取扱要領（国税庁長官の通達）

に定める需給調整要件について，距離制限は平成12年9月1日，人口基準は平成15年9月1日をもって全廃された（「酒類販売業免許等取扱要領等の一部改正について」平成10年3月31日付課酒3－3（例規）課法3－5）。

(3)　財 産 権

Ⅲ-5-11　西陣ネクタイ訴訟

最三判平2・2・6訟月36巻12号2242頁
（損害賠償請求事件）

事　実　1975（昭和50）年頃から，海外の安価な生糸が大量に輸入されるようになったため，国会は，国内の養蚕絹業者の保護を図る目的で，1976（昭和51）年4月に繭糸価格安定法を改正し，日本蚕糸事業団（2003〔平成15〕年10月以降「独立行政法人農畜産業振興機構」に改組）及び同事業団から委託を受けた者以外は外国産生糸の輸入をしてはならないこととなった。京都の西陣で生糸を原料として絹ネクタイ生地を生産する織物業者であったXらは，このいわゆる一元輸入措置の原則化によって，自由に外国産生糸を輸入したり，生糸を国際糸価と同水準の価格で購入する途が閉ざされ，国際糸価の約2倍の価格で購入せざるをえなくなって損害を被ったため，この立法がXら製造業者の営業活動の自由，財産権行使の自由，また自由権としての生存権を奪うものであって，憲法22条1項，25条1項，29条1項等に違反するとして，国に対して総額約3億7000万円の損害賠償請求訴訟（国賠1条1項）を提起した。第1審（京都地判昭59・6・29判タ530号265頁）が請求を棄却し，控訴審（大阪高判昭61・11・25判タ634号186頁）は在宅投票制廃止事件判決（⇒Ⅲ-8-4）を引用して控訴を棄却したため，Xらが上告した。

判　旨　**棄却**　**国会議員の立法行為の国家賠償責任**　「国会議員の立法行為は，立法の内容が憲法の一義的な文言に違反しているにもかかわらずあえて当該立法を行うというように，容易に想定し難いような例外的な場合でない限り，国家賠償法1条1項の適用上，違法の評価を受けるものでないことは，当裁判所の判例とするところであり（最一判昭60・11・21民集39巻7号1512頁），また，積極的な社会経済政策の実施の一手段として，個人の経済活動に対し一定の合理的規制措置を講ずることは，憲法が予定し，かつ，許容するところであるから，裁判所は，立法府がその裁量権を逸脱し，当該規制措置が著しく不合理であることの明白な場合に限って，これを違憲としてその効力を否定することができるというのが，当裁判所の判例とするところである（最大判昭47・11・22刑集26巻9号586頁）。そして，昭和51年法律第15号による改正後の繭糸価格安定法……は，原則として，当分の間，当時の日本蚕糸事業団等でなければ生糸を輸入することができないとするいわゆる生糸の一元輸入措置の実施，及び所定の輸入生糸を同事業団が売り渡す際の売渡方法，売渡価格等の規制について規定しており，営業の自由に対し制限を加えるものではあるが，以上の判例の趣旨に照らしてみれば，右各法条の立法行為が国家賠償法1条1項の適用上例外的に違法の評価を受けるものではないとした原審の判断は，正当として是認することができる。」

（評釈）松下満雄・ジュリ956号76，木下智史・法教205号65，柳赫秀・国際百選150，武永淳・憲百Ⅰ98。

Ⅲ-5-12　森林法共有林事件

最大判昭62・4・22民集41巻3号408頁，判時1227号21頁
（共有物分割請求事件）

事　実　1947（昭和22）年6月から10月までの間に3回にわたって父から山林を譲り受けた兄弟は，各自2分の1ずつ共有登記していたが，弟Xの反対を押し切って兄Yが山林の一部を伐採したことから争いとなり，Xは，持ち分に応じた山林の分割を求めてYを相手に提訴した。第1審（静岡地判昭53・10・31民集41巻3号444頁），第2審（東京高判昭59・4・25民集41巻3号469頁）のいずれも森林法186条が定めるところにより山林分割の請求を認めなかった。そこで，Xは，森林法186条が憲法29条に違反し無効であると主張して上告した。なお，森林法186条は，「森林の共有者は，民法……256条1項の規定にかかわらず，その共有に係る森林の分割を請求することができない。ただし，各共有者の持分の価額に従いその過半数をもつて分割の請求をすることを妨げない」と定めていた。

判　旨　**破棄差戻**　**1財産権保障とその制限**　「憲法29条は，1項において『財産権は，これを侵してはならない。』と規定し，2項において『財産権の内容は，公共の福祉に適合するやうに，法律でこれを定める。』と規定し，私有財産制度を保障しているのみでなく，社会的経済的活動の基礎をなす国民の個々の財産権につきこれを基本的人権として保障するとともに，社会全体の利益を考慮して財産権に対し制約を加える必要性が増大するに至つたため，立法府は公共の福祉に適合する限り財産権について規制を加えることができる，としているのである。」「財産権は，それ自体に内在する制約があるほか，右のとおり立法府が社会全体の利益を図るために加える規制により制約を受けるものであるが，この規制は，財産権の種類，性質等が多種多様であり，また，財産権に対し規制を要求する社会的理由ないし目的も，社会公共の便宜の促進，経済的弱者の保護等の社会政策及び経済政策上の積極的なものから，社会生活における安全の保障や秩序の維持等の消極的なも

のに至るまで多岐にわたるため，種々様々でありうるのである。したがって，財産権に対して加えられる規制が憲法 29 条 2 項にいう公共の福祉に適合するものとして是認されるべきものであるかどうかは，規制の目的，必要性，内容，その規制によって制限される財産権の種類，性質及び制限の程度等を比較考量して決すべきものであるが，裁判所としては，立法府がした右比較考量に基づく判断を尊重すべきものであるから，立法の規制目的が前示のような社会的理由ないし目的に出たとはいえないものとして公共の福祉に合致しないことが明らかであるか，又は規制目的が公共の福祉に合致するものであっても規制手段が右目的を達成するための手段として必要性若しくは合理性に欠けていることが明らかであって，そのため立法府の判断が合理的裁量の範囲を超えるものとなる場合に限り，当該規制立法が憲法 29 条 2 項に違背するものとして，その効力を否定することができるものと解するのが相当である（最大判昭 50・4・30 民集 29 巻 4 号 572 頁参照)。」 **2共有物分割制限と財産権制限** 「共有物がその性質上分割することのできないものでない限り，分割請求権を共有者に否定することは，憲法上，財産権の制限に該当し，かかる制限を設ける立法は，憲法 29 条 2 項にいう公共の福祉に適合することを要するものと解すべきところ，共有森林はその性質上分割することのできないものに該当しないから，共有森林につき持分価額 2 分の 1 以下の共有者に分割請求権を否定している森林法 186 条は，公共の福祉に適合するものといえないときは，違憲の規定として，その効力を有しないものというべきである。」 **3森林法 186 条の立法目的** 「〔森林法 186 条の立法目的は,〕森林法が 1 条として規定するに至った同法の目的をも考慮すると，結局，森林の細分化を防止することによって森林経営の安定を図り，ひいては森林の保続培養と森林の生産力の増進を図り，もって国民経済の発展に資することにあると解すべきである。同法 186 条の立法目的は，以上のように解される限り，公共の福祉に合致しないことが明らかであるとはいえない。」 **4共有林分割制限の合理性** 「森林法 186 条が共有森林につき持分価額 2 分の 1 以下の共有者に民法 256 条 1 項所定の分割請求権を否定しているのは，森林法 186 条の立法目的との関係において，合理性と必要性のいずれをも肯定することのできないことが明らかであって，この点に関する立法府の判断は，その合理的裁量の範囲を超えるものであるといわなければならない。したがって，同条は，憲法 29 条 2 項に違反し，無効というべきであるから，共有森林につき持分価額 2 分の 1 以下の共有者についても民法 256 条 1 項本文の適用があるものというべきである。」

補足意見　坂上壽夫裁判官（略）　林藤之輔裁判官（略）

意　見　**大内恒夫・髙島益郎裁判官**　森林法186条が分割請求を認めない共有者として規定する「持分価額が2分の1以下という中には，2分の1未満と2分の1との2つの場合があ」り，前者の分割請求を禁止する部分は違憲ではないが，「同条のうち2分の1持分権者の分割請求を禁止する部分は，前記立法目的を達成するための手段として著しく不合理で立法府の裁量権を逸脱したことが明白であるといわざるをえない。よって，同条の右部分は憲法29条2項に違反し，無効であるというべきである。」

反対意見　**香川保一裁判官**「森林法186条は，その立法目的において公共の福祉に適合するものであることは明らかであり，その規制内容において必要性を欠く甚だしく不合理な，立法府の裁量権を逸脱したものであることが明白なものとは到底解することができないから，憲法29条2項に違背するものとは断じ得ない。」

(評釈)　阿部照哉・法時59巻9号54，中井美雄・法時59巻9号56，今村成和・ジュリ890号70，中尾英俊・ジュリ890号73，米沢広一・法教83号26，藤井俊夫・判評346号35，常本照樹・セレクト〈'87〉11，小林孝輔・民商98巻2号129，棟居快行・重判〈昭和62年度〉27，新田敏・重判〈昭和62年度〉73，柴田保幸・曹時42巻5号123，荒川重勝・民法百選Ⅰ〈第4版〉77，安念潤司・基本判例129，木下智史・法教205号65，井上典之・法セ621号65，野坂泰司・法教313号77，松本哲治・論ジュリ1号59，巻美矢紀・憲百Ⅰ 101，山本龍彦＝出口雄一・法セ733号50。

(コメント)　本判決後，国会は，昭和62年6月2日に森林法を改正して，本判決で違憲とされた186条を削除した。

Ⅲ-5-13　農地交換分合計画事件

最大判昭35・12・21民集14巻14号3157頁
（農地交換分合計画取消請求事件）

事　実　Xは，1952（昭和27）年12月24日に農業委員会が土地改良法に基づき定めた農地交換分合計画に対し，その実施によって，かえって所有農地が分散される結果となったこと，また単に耕作権の交換のみで目的を達し得るにもかかわらず，農地所有権までも交換する必要がないこと，農地所有者の同意なくして計画を定めることは財産権の侵害であり，憲法29条に違反すること等を主張して訴えを提起した。第1審（福岡地判昭28・4・20行集6巻4号1101頁）および第2審（福岡高判昭31・9・26民集14巻14号3165頁）で，請求が棄却されたので，Xは，同農地交換分合計画が農地所有者の財産権を侵害していることのほかに，土地改良法それ自体が，その目的の必要以上の財産権侵害を定めているもので憲法29条3項に違反する立法であるということを理由として上告した。

判　旨　**棄却**　**1土地改良法の趣旨**　「土地改良法1条は，農地の集団化について規定しており，その目的として，農業経営の合理化，農業生産力の発展をかかげ，もって『食糧その他農産物の生産の維持増産に寄与することを目的とする。』と規定し，また同法109条1項は，『交換分合計画は，耕作者の農業経営の合理化に資するように定めなければならない。』と規定している。農業委員会が，同法97条2項により農地の交換分合計画を定める場合においても，現実の耕作者の農地の集団化をはかるべきは当然であって，ために自作していない農地が，所有者から見て分散されることがあっても止むを得ないものといわなければならない。」　**2農業経営合理化等のための農地所有権交換分合の合憲性**　「同法による権利の交換分合は，前述のように農業経営の合理化，農業生産力の発展を目的とし，公共の福祉のために行われるのであるから，そのためには，必要に応じ耕作権のみならず所有権の交換分合をも行い得るのであって，同法を右のように解したからといって，同法が憲法29条3項に反するものということはできない。」

（評釈）　田中真次・曹時13巻2号102，今村成和・民商45巻1号112，荒秀・憲百Ⅰ〈初版〉57，高橋和之・街づくり・国づくり判例百選94。

（コメント）　最大判昭32・12・25民集11巻14号2423頁は，換地予定地指定処分を合憲と判示した。

Ⅲ-5-14　奈良県ため池条例事件

最大判昭38・6・26刑集17巻5号521頁，判時340号5頁
（ため池の保全に関する条例違反被告事件）

事　実　ため池であるA池は，Yら在住の農民の総有に属していたが，1954（昭和29）年制定の奈良県「ため池の保全に関する条例」により，ため池の堤とう耕作が禁止されたのにもかかわらず，Yらはなお耕作を続けてきたために，第1審（葛城簡判昭35・10・4刑集17巻5号572頁）で罰金刑を受けた。しかし控訴審（大阪高判昭36・7・13判時276号33頁）は，条例をもって，ため池周囲の私有地である池堤地に対する私有財産権の内容を制限することは，法律によるべきことを定めた憲法29条2項に違反すること，また補償なしに財産権を制限することは同条3項にも違反することを理由として，Yらを無罪とした。これに対して検察官側は，同条2項の法律の観念には条例も含まれると解すべきこと，また本件条例の定める規制は，ため池保全のために当然に受忍すべき所有権に内在する合理的な制約を定めたものであるから，補償の必要がないということを理由として上告した。

判　旨　**破棄差戻**　**[1]本条例の趣旨**「本条例は，奈良県が地方公共団体の条例制定権に基づき，公共の福祉を保持するため，いわゆる行政事務条例として地方自治法2条2項，14条1項，2項，5項により制定したものであることが認められる。また，本条例3条によれば，国または地方公共団体が管理するため池には同5条ないし8条は適用しないが，しからざるため池には，ひろく本条例が適用されることとなっているから，本条例は，地方自治法2条3項1号，2号の事務に関するものと認められる。」「本件ため池は，国または地方公共団体が自ら管理するものでないことが明らかであるから，本条例は，本件に関する限り，地方自治法2条3項1号の事務に関するものであり，また，ため池の破損，決かい等による災害の防止を目的としているから，同法2条3項8号の事務に関するものである（原判決が，本件に関し，本条例を同法2条3項2号の事務に関するものとし，これを前提として本条例の違憲，違法をいう点は，前提において誤っている。）。」「〔本条例〕の制限の内容たるや，立法者が科学的根拠に基づき，ため池の破損，決かいを招く原因となるものと判断した，ため池の堤とうに竹木若しくは農作物を植え，または建物その他の工作物（ため池の保全上必要な工作物を除く）を設置する行為を禁止することであり，そして，このような禁止規定の設けられた所以のものは，本条例1条にも示されているとおり，ため池の破損，決かい等による災害を未然に防止するにあると認められることは，すでに説示したとおりであって，本条例4条2号の禁止規定は，堤とうを使用する財産上の権利を有する者であると否とを問わず，何人に対しても適用される。」 **[2]堤とうの農作使用と財産権の行使**「ため池の堤とうを使用する財産上の権利を有する者は，本条例1条の示す目的のため，その財産権の行使を殆んど全面的に禁止されることになるが，それは災害を未然に防止するという社会生活上の已むを得ない必要から来ることであって，ため池の堤とうを使用する財産上の権利を有する者は何人も，公共の福祉のため，当然これを受忍しなければならない責務を負うというべきである。すなわち，ため池の破損，決かいの原因となるため池の堤とうの使用行為は，憲法でも，民法でも適法な財産権の行使として保障されていないものであって，憲法，民法の保障する財産権の行使の埒外にあるものというべく，従って，これらの行為を条例をもって禁止，処罰しても憲法および法律に牴触またはこれを逸脱するものとはいえない。」 **[3]災害防止のための財産権使用制限と憲法29条3項の損失補償**「本条例は，災害を防止し公共の福祉を保持するためのものであり，その4条2号は，ため池の堤とうを使用する財産上の権利の行使を著しく制限するものではあるが，結局それは，災害を防止し，公共の福祉を保持する上に社会生活上已むを得ないものであり，そのような制約は，ため池の堤とうを使用し得る財産権を有する者が当然受忍しなければならない責務というべきものであって，憲法29条3項の損失補償はこれを必要としないと解するのが相当である。」

補足意見　**入江俊郎裁判官**「ここに財産権の内容とは，それぞれの財産権がいかなる性質のものであるか，権利者がいかなる範囲，程度においてその財産に対する支配権を有するか等，それぞれの財産権自体に内在する一般的内容をいうものであって，同条項は，財産権自体の内容をいかに定めるかを問題としているのである。それ故，財産権自体の内容をいかに定めるかということではなく，人の権利，自由の享有をいかに規制するかを定めた規定は，その規定の法的効果により，財産上の権利の行使が制限されるに至ることがあっても，それは，憲法29条2項の問題ではない。」　**垂水克己裁判官**「右にいわゆる法律とは国家の制定した法律を指し，憲法は財産権の内容は，原則として民法その他の国の法律によって，統一的に規制しようとする趣旨であると解せられる。」　**奥野健一裁判官**（略）

少数意見　**河村大助裁判官**（略）　**山田作之助裁判官**「新たに財産権の内容を定める場合は勿論既に認められている財産権の内容を制限または変更するには，必ず法律をもってなさるべく，かつ，それも公共の福祉に適合するようになされなくてはならぬ。……必ず法律の下においてのみ，しかも相当の補償を条件としてはじめてなしうるところである。」　**横田正俊裁判官**（略）

（評釈）　今村成和・土地収用判例百選92，成田頼明・憲法の判例103，室井力・街づくり・国づくり判例百選112，岩間昭道・基本判例133，北村和生・地自百選27，村山健太郎・憲百Ⅰ 103，大橋洋一・行政百選Ⅱ 251。

Ⅲ-5-15　事後法による財産権の内容変更事件

最大判昭53・7・12民集32巻5号946頁，判時895号29頁
（国有財産買受申込拒否処分取消請求事件）

事　実　Xは，自作農創設特別措置法によりその所有地を国に買収されたが，その後この土地は農地法80条1項の「自作農の創設……の目的に供しないことを相当」とするものとみなしうることになったとして，1968（昭和43）年1月22日に農林大臣にその売払いの申込をした。しかしその申込みが拒否されたので，Xは，その取消し等を求めて出訴した。第1審（名古屋地判昭46・1・29民集32巻5号974頁）は，処分性のないこと等を理由にこれを斥けた。控訴後，農地法80条2項の改正で，売払対価を買収対価相当額とする条項が削除され，新たに国有農地等の売払いに関する特別措置法，同施行令が制定されて，旧所有者への売払価格は時価の10分の7とされた。そこで，Xは，控訴審において，旧規定に基づく買収対価相当額での売払いの請求をした。これに対し控訴審（名古屋高判昭47・11・30高民25巻4号414頁）は，Xに対する国の売払義務は認めた

が，特別措置法以前に売払申込をしても，承諾がない限り売払いは未成立であり，Xへの売払対価は改正対価によるべきであるとして請求を棄却した。そこで，Xは，特別措置法，同施行令が憲法29条，14条に違反する等と主張して上告した。

判　旨　**棄却**　**1事後法による財産権の内容の変更**「法律でいったん定められた財産権の内容を事後の法律で変更しても，それが公共の福祉に適合するようにされたものである限り，これをもって違憲の立法ということはできない」。「右の変更が公共の福祉に適合するようにされたものであるかどうかは，いったん定められた法律に基づく財産権の性質，その内容を変更する程度，及びこれを変更することによって保護される公益の性質などを総合的に勘案し，その変更が当該財産権に対する合理的な制約として容認されるべきものであるかどうかによって，判断すべきである」。**2対価変更の合理性**「農地法施行後における社会的・経済的事情の変化は予想をはるかに超えるものがあり，特に地価の騰貴，なかんずく都市及びその周辺におけるそれが著しいことは公知の事実である。このような事態が生じたのちに，買収の対価相当額で売払いを求める旧所有者の権利をそのまま認めておくとすれば，一般の土地取引の場合に比較してあまりにも均衡を失し，社会経済秩序に好ましくない影響を及ぼすものであることは明らかであり，しかも国有財産は適正な対価で処分されるべきものである（財政法9条1項参照）から，現に地価が著しく騰貴したのちにおいて売払いの対価を買収の対価相当額のままとすることは極めて不合理であり適正を欠くといわざるをえないのである。のみならず，右のような事情の変化が生じたのちにおいてもなお，買収の対価相当額での売払いを認めておくことは，その騰貴による利益のすべてを旧所有者に収得させる結果をきたし，一般国民の納得を得がたい不合理なものとなったというべきである。他方，改正前の農地法80条による旧所有者の権利になんらの配慮を払わないことも，また，妥当とはいえない。特別措置法及び同法施行令が売払いの対価を時価そのものではなくその7割相当額に変更したことは，前記の社会経済秩序の保持及び国有財産の処分の適正という公益上の要請と旧所有者の前述の権利との調和を図ったものであり旧所有者の権利に対する合理的な制約として容認されるべき性質のものであって，公共の福祉に適合する」。

補足意見　岸上康夫裁判官（略）

意　見　高辻正己裁判官（略）　環昌一裁判官（略）　藤﨑萬里裁判官（略）

（評釈）　和田英夫・民商80巻4号62，戸波江二・重判〈昭和53年度〉24，手島孝・判評241号132，福井秀夫・行政百選Ⅱ〈第4版〉173，小泉良幸・憲百Ⅰ

104。

Ⅲ-5-16　証券取引法164条合憲判決

最大判平14・2・13民集56巻2号331頁，判時1777号36頁
（短期売買利益返還請求事件）

事　実　東京証券取引所第2部上場の株式会社Xの主要株主であるYは，1999（平成11）年中に数回にわたり，自己の計算において，X発行の株式の買付けをし，それぞれ6か月以内にその売付けをし，合計約2000万円の短期売買利益を得た。そこで，XはYに対し，証券取引法〔現在は「金融商品取引法」〕（以下「法」という）164条1項に基づき，上記利益をXに提供すべきことを請求したのに対し，Yは，同項は，上場会社等の役員又は主要株主がその職務又は地位により取得した秘密を不当に利用してインサイダー取引を行うことを規制し，もって一般投資家の利益を保護する趣旨の規定であるところ，上記株式の売付けの相手方とYとは代表者及び株主が同一であり，上記秘密の不当利用又は一般投資家の損害の発生という事実はなく，本件のように明らかに弊害のない事案についてまで，一律に，形式的画一的に，主要株主に対する短期売買利益の提供請求を認容することは，経済活動の自由を保障する憲法29条1項に違反すると主張した。第1審（東京地判平12・5・24民集56巻2号340頁）は，同項の規定は，「外形的に短期売買による利益が発生した場合に，現実に内部情報を利用したかどうかをとわず，会社に対し利益の返還を認めたものと解され，……このように解するとしても財産権に対する合理的な制限といえるから，憲法29条1項違反の問題は生じない」としてYに支払を命じ，第2審（東京高判平12・9・28民集56巻2号346頁）もYからの控訴を棄却したので，Yがさらに上告した。

判　旨　**棄却**　**[1]証券取引法164条の法意**　「法164条1項は，上場会社等の役員又は主要株主がその職務又は地位により取得した秘密を不当に利用することを防止するため，同項所定の特定有価証券等の短期売買取引による利益を当該上場会社等に提供すべき旨を規定し，同条8項は，役員又は主要株主の行う買付け等又は売付け等の態様その他の事情を勘案して内閣府令で定める場合には同条1項の規定を適用しないと定めている。上場会社等の役員又は主要株主は，一般に，当該上場会社等の内部情報を一般投資家より早く，よりよく知ることができる立場にあるところ，これらの者が一般投資家の知り得ない内部情報を不当に利用して当該上場会社等の特定有価証券等の売買取引をすることは，証券取引市場における公平性，公正性を著しく害し，一般投資家の利益と証券取引市場に対する信頼を著しく損なうものである。同項がこのような不当な行為を防止することを目的として設けられたものであることは，その文言から明らかである。なお，同条8項は，取引の態様等

を勘案してこのような秘密の不当利用の余地がないものと観念される取引の類型を定めることを内閣府令に委任したものであるが，上記の目的を達成するために同条１項の規定を適用する必要のない取引は内閣府令で定められた場合に尽きるものではなく，類型的にみて取引の態様自体から上記秘密を不当に利用することが認められない場合には，同項の規定は適用されないと解するのが相当である。」「そして，個々の具体的な取引について秘密を不当に利用したか否かという事実の立証や認定は実際上極めて困難であるから，上記事実の有無を同項適用の積極要件又は消極要件とすることは，迅速かつ確実に同項の定める請求権が行使されることを妨げ，結局同項の目的を損なう結果となり兼ねない。このようなことを考慮すると，同項は，客観的な適用要件を定めて上場会社等の役員又は主要株主による秘密の不当利用を一般的に予防しようとする規定であって，上場会社等の役員又は主要株主が同項所定の有価証券等の短期売買取引をして利益を得た場合には，前記の除外例に該当しない限り，当該取引においてその者が秘密を不当に利用したか否か，その取引によって一般投資家の利益が現実に損なわれたか否かを問うことなく，当該上場会社等はその利益を提供すべきことを当該役員又は主要株主に対して請求することができるものとした規定であると解するのが相当である。」 **②財産権の規制の判断基準** 「財産権は，それ自体に内在する制約がある外，その性質上社会全体の利益を図るために立法府によって加えられる規制により制約を受けるものである。財産権の種類，性質等は多種多様であり，また，財産権に対する規制を必要とする社会的理由ないし目的も，社会公共の便宜の促進，経済的弱者の保護等の社会政策及び経済政策に基づくものから，社会生活における安全の保障や秩序の維持等を図るものまで多岐にわたるため，財産権に対する規制は，種々の態様のものがあり得る。このことからすれば，財産権に対する規制が憲法 29 条２項にいう公共の福祉に適合するものとして是認されるべきものであるかどうかは，規制の目的，必要性，内容，その規制によって制限される財産権の種類，性質及び制限の程度等を比較考量して判断すべきものである。」 **③法 164 条１項による規制の目的とその合理性** 「上場会社等の役員又は主要株主が一般投資家の知り得ない内部情報を不当に利用して当該上場会社等の特定有価証券等の売買取引をすることは，証券取引市場における公平性，公正性を著しく害し，一般投資家の利益と証券取引市場に対する信頼を損なうものであるから，これを防止する必要があるものといわなければならない。同項は，上場会社等の役員又は主要株主がその職務又は地位により取得した秘密を不当に利用することを防止することによって，一般投資家が不利益を受けることのないようにし，国民経済上重要な役割を果たしている証券取引市場の公平性，公正性を維持するとともに，これに対する一般投資家の信頼を確保するという経済政策に基づく目的を達成するためのものと解することができるところ，このような目的が正当性を有し，公共の福祉に適合するものであることは明らかである。」「同項は，外形的にみて上記秘密の不当利用のおそれのある取引による利益につき，個々の具体的な取引における秘密の不当利用や一般投資家の損害発生という事実の有無を問うことなく，その提供請求ができることとして，秘密を不当に利用する取引への誘因を排除しようとするものである。上記事実の有無を同項適用の積極要件又は消極要件とするとすれば，その立証や認定が実際上極めて困難であることから，同項の定める請求権の迅速かつ確実な行使を妨げ，結局その目的を損なう結果となり兼ねない。また，同項は，同条8項に基づく内閣府令で定める場合又は類型的にみて取引の態様自体から秘密を不当に利用することが認められない場合には適用されないと解すべきことは前記のとおりであるし，上場会社等の役員又は主要株主が行う当該上場会社等の特定有価証券等の売買取引を禁止するものではなく，その役員又は主要株主に対し，一定期間内に行われた取引から得た利益の提供請求を認めることによって当該利益の保持を制限するにすぎず，それ以上の財産上の不利益を課するものではない。これらの事情を考慮すると，そのような規制手段を採ることは，前記のような立法目的達成のための手段として必要性又は合理性に欠けるものであるとはいえない。」

④法164条と憲法29条1項　「法164条1項は証券取引市場の公平性，公正性を維持するとともにこれに対する一般投資家の信頼を確保するという目的による規制を定めるものであるところ，その規制目的は正当であり，規制手段が必要性又は合理性に欠けることが明らかであるとはいえないのであるから，同項は，公共の福祉に適合する制限を定めたものであって，憲法29条に違反するものではない。」「したがって，原審が，上場会社等の役員又は主要株主がその職務又は地位により取得した秘密を不当に利用したこと又は一般投資家に損害が発生したことは法164条1項適用の要件ではないとし，同項は憲法29条に違反しないと判断したことは，正当として是認することができる。」

(評釈)　黒沼悦郎・ジュリ1228号6，並木和夫・法教265号146，鳥山恭一・法セ569号101，横田守弘・法セ573号103，杉原則彦・ジュリ1234号106，杉原則彦・曹時55巻1号251，野田博・判評529号193，川口恭弘・民商127巻6号76，松本哲治・セレクト〈'02〉9・森田章・重判〈平成14年度〉111，明田川昌幸・金融商品取引法判例百選55，松本哲治・憲百Ⅰ102。

(コメント)　他に，証券取引法42条の2第1項3号の憲法29条違反を争った訴訟に対する最二判平15・4・18民集57巻4号366頁がある。

Ⅲ-5-17　NHK受信料訴訟

最大判平 29・12・6 裁判所ウェブサイト
（受信契約締結承諾等請求事件）

事　実　X（日本放送協会＝NHK）は，YがNHKのテレビジョン放送を受信することのできる受信設備を設置したにもかかわらず日本放送協会放送受信規約を内容とする放送受信契約を締結せず放送受信料を支払わないので，放送法64条1項（平成22年法65号による改正前の放送法32条1項。以下では，同改正後の条文のみを挙げる）等に基づき，Yに対して，次の請求をした。①放送法64条1項により，Xによる受信契約の申込みがYに到達した時点で受信契約が成立したから，受信設備設置の月の翌月である2006（平成18）年4月分から2014（平成26）年1月分までの受信料合計21万5640円の支払を求める（主位的請求）。②Yは，同項に基づき受信契約の締結義務を負うのにその履行を遅滞しているから，債務不履行に基づく損害賠償として上記同額の支払を求める（予備的請求1）。③Yは，同項に基づきXからの受信契約の申込みを承諾する義務があるから，当該承諾の意思表示をするよう求めるとともに，これにより成立する受信契約に基づく受信料として上記同額の支払を求める（予備的請求2）。④Yは，受信契約を締結しないことにより，法律上の原因なくXの損失により受信料相当額を利得しているから，不当利得返還請求として上記同額の支払を求める（予備的請求3）。

これに対して，Yは，放送法64条1項が訓示規定であり，Xとの受信契約締結を強制する規定でない，仮に同項が受信設備設置者にXとの受信契約の締結を強制する規定であるとすれば，受信設備設置者の契約の自由，知る権利，財産権等を侵害し，憲法13条，21条，29条等に違反すると主張したほか，受信料債権の範囲を争うとともに，その一部につき時効消滅を主張して争った。

下級審裁判所は，Xの請求額21万5640円を認容したが，②から④の請求理由の認容については一致しなかった（東京地判平25･10･10判タ1419号340頁，東京高判平26･4･23判例集未登載）。そこで，両当事者は，上告および上告受理の申立てをし，最高裁判所は，大法廷による審理において，権限法（後掲の本件のコメント参照）に基づき法務大臣の意見の提出を求めたうえで，次の判決を下した。

判　旨　**棄却**　**1 放送法64条1項の意義**　「放送は，憲法21条が規定する表現の自由の保障の下で，国民の知る権利を実質的に充足し，健全な民主主義の発達に寄与するものとして，国民に広く普及されるべきものである。放送法が，『放送が国民に最大限に普及されて，その効用をもたらすことを保障すること』，『放送の不偏不党，真実及び自律を保障することによって，放送による表現の自由を確保すること』及び『放送に携わる者の職責を明らかにすることによって，放送が健全な民主主義の発達に資するようにすること』という原則に従って，放送を公共の福祉に適合するように規律し，その健全な発達を図ることを目的として（1条）制定されたのは，上記のような放送の意義を反映したものにほかならない。」「放送法が，……Xにつき，営利を目的として業務を行うこと及び他人の営業に関する広告の放送をすることを禁止し（20条4項，83条1項），事業運営の財源を受信設備設置者から支払われる受信料によって賄うこととしているのは，Xが公共的性格を有することをその財源の面から特徴付けるものである。すなわち，……財源についての仕組みは，特定の個人，団体又は国家機関等から財政面での支配や影響がXに及ぶことのないようにし，現実にXの放送を受信するか否かを問わず，受信設備を設置することによりXの放送を受信することのできる環境にある者に広く公平に負担を求めることによって，Xが上記の者ら全体により支えられる事業体であるべきことを示すものにほかならない。」「Xの存立の意義及びXの事業運営の財源を受信料によって賄うこととしている趣旨が，前記のとおり，国民の知る権利を実質的に充足し健全な民主主義の発達に寄与することを究極的な目的とし，そのために必要かつ合理的な仕組みを形作ろうとするものであることに加え，前記のとおり，放送法の制定・施行に際しては，旧法下において実質的に聴取契約の締結を強制するものであった受信設備設置の許可制度が廃止されるものとされていたことをも踏まえると，放送法64条1項は，Xの財政的基盤を確保するための法的に実効性のある手段として設けられたものと解されるのであり，法的強制力を持たない規定として定められたとみるのは困難である。」「放送法64条1項が，受信設備設置者はXと『その放送の受信についての契約をしなければならない』と規定していることからすると，放送法は，受信料の支払義務を，受信設備を設置することのみによって発生させたり，Xから受信設備設置者への一方的な申込みによって発生させたりするのではなく，受信契約の締結，すなわちXと受信設備設置者との間の合意によって発生させることとしたものであることは明らかといえる。……〔放送〕法自体に受信契約の締結の強制を実現する具体的な手続は規定されていないが，民法上，法律行為を目的とする債務については裁判をもって債務者の意思表示に代えることができる旨が規定されており（同法414条2項ただし書），放送法制定当時の民事訴訟法上，債務者に意思表示をすべきことを命ずる判決の確定をもって当該意思表示をしたものとみなす旨が規定されていたのであるから（同法736条。民事執行法174条1項本文と同旨），放送法64条1項の受信契約の締結の強制は，上記の民法及び民事訴訟法の各規定により実現されるものとして規定されたと解するのが相当である。」「受信契約の最も重要な要素である受信料額については，国会がXの毎事業年度の収支予算を承認することによって定めるものとされ（放送法70条4項），また，受信契約の条項はあらかじめ総務大臣（同法制定当時においては電波監理委員会）の認可を受けなければならないものとされ（同法64条3項。同法制定当時においては32条3項），総務大臣は，その認可について電波監理審議会に諮問しなければならないものとされているのであって（同法177条1項2号），同法は，このようにして定まる受信契約の内容が，同法に定められたXの目的にかなうものであることを予定していることは明らかである。同法には，受信契約の条項についての総務大臣の認可の基準を定めた規定がないとはいえ，……放送法施行規則23条が，受信契約の条項には，少なくとも，受信契約の締結方法，受信契約の単位，受信料の徴収方法等の事項を定めるものと規定しており，Xの策定した放送受信規約に，これらの事項に関する条項が明確に定められ，その内容が前記の受信契約の締結強制の趣旨に照らして適正なものであり，受信設備設置者間の公平が図られていることが求められる仕組みとなっている。また，上記以外の事項に関する条項は，適正・公平な受信料徴収のために必要なものに限られると解される。」「以上によると，放送法64条1項は，受信設備設置者に対し受信契約の締結を強制する旨を定めた規定であり，Xからの受信契約の申込みに対して受信設備設置者が承諾をしない場合には，Xがその者に対して承諾の意思表示を命ずる判決を求め，その判決の確定によって受信契約が成立すると解するのが相当である。」 **②放送法64条1項の憲法適合性** 「電波を用いて行われる放送は，電波が有限であって国際的に割り当てられた範囲内で公平かつ能率的にその利用を確保する必要などから，放送局も無線局の一つとしてその開設につき免許制とするなど（電波法4条参照），元来，国による一定の規律を要するものとされてきたといえる。……旧法下においては，我が国では，放送は，無線電信法中の無線電話の一種として規律されていたにすぎず，また，放送事業及び放送の受信は，行政権の広範な自由裁量によって監理統制されるものであったため，日本国憲法下において，このような状態を改めるべきこととなったが，具体的にいかなる制度を構築するのが適切であるかについては，憲法上一義的に定まるものではなく，憲法21条の趣旨を具体化する前記の放送法の目的を実現するのにふさわしい制度を，国会において検討して定めることとなり，そこには，その意味での立法裁量が認められてしかるべきであるといえる。」「そして，公共放送事業者と民間放送事業者との二本立て体制の下において，前者を担うものとしてXを存立させ，これを民主的かつ多元的な基盤に基づきつつ自律的に運営される事業体たらしめるためその財政的基盤を受信設備設置者に受信料を負担させることにより確保するものとした仕組みは，前記のとおり，憲法21条の保障する表現の自由の下で国民の知る権利を実質的に充足すべく採用され，その目的にかなう合理的なものであると解されるのであり，かつ，放送をめぐる環境の変化が生じつつあるとしても，なおその合理性が今日までに失われたとする事情も見いだせないのであるから，これが憲法上許容される立法裁量の範囲内にあることは，明らかというべきである。このような制度の枠を離れて被告が受信設備を用いて放送を視聴する自由が憲法上保障されていると解することはできない。」「放送法は，受信設備設置者に受信料を負担させる具体的な方法として，前記のとおり，受信料の支払義務は受信契約により発生するものとし，任意に受信契約を締結しない受信設備設置者については，最終的には，承諾の意思表示を命ずる判決の確定によって強制的に受信契約を成立させるものとしている。」「受信料の支払義務を受信契約により発生させることとするのは，前記のとおり，Xが，基本的には，受信設備設置者の理解を得て，その負担により支えられて存立することが期待される事業体であることに沿うものであり，現に，放送法施行後長期間にわたり，Xが，任意に締結された受信契約に基づいて受信料を収受することによって存立し，同法の目的の達成のための業務を遂行してきたことからも，相当な方法であるといえる。」「任意に受信契約を締結しない者に対してその締結を強制するに当たり，放送法には，締結を強制する契約の内容が定められておらず，一方当事者たるXが策定する放送受信規約によってその内容が定められることとなっている点については，前記のとおり，同法が予定している受信契約の内容は，同法に定められたXの目的にかなうものとして，受信契約の締結強制の趣旨に照らして適正なもので受信設備設置者間の公平が図られていることを要するものであり，放送法64条1項は，受信設備設置者に対し，上記のような内容の受信契約の締結を強制するにとどまると解されるから，前記の同法の目的を達成するのに必要かつ合理的な範囲内のものとして，憲法上許容されるというべきである。」「以上によると，放送法64条1項は，同法に定められたXの目的にかなう適正・公平な受信料徴収のために必要な内容の受信契約の締結を強制する旨を定めたものとして，憲法13条，21条，29条に違反するものではないというべきである。」 **③受信料債権の発生と消滅時効**　「〔受信契約を締結した者は受信設備の設置の月から定められた受信料を支払わなければならない旨の〕条項を含む受信契約の申込みに対する承諾の意思表示を命ずる判決の確定により同契約が成立した場合，同契約に基づき，受信設備の設置の月以降の分の受信料債権が発生するというべきである。」「受信契約に基づき発生する受信設備の設置の月以降の分の受信料債権（受信契約成立後に履行期が到来するものを除く。）の消滅時効は，受信契約成立時から進行するものと解するのが相当である。」

補足意見　**岡部喜代子裁判官**「受信設備を設置していれば，緊急時などの必要な時にはXの放送を視聴することのできる地位にはあるのであって，受信料の公平負担の趣旨からも，受信設備を設置した者に受信契約の締結を求めることは合理的といい得る。Xの独立した財政基盤を確保する重要性からすれば，上記のような経済的負担は合理的なものであって，放送法64条1項は，情報摂取の自由との関係で見ても，憲法に違反するとはいえない。」**鬼丸かおる裁判官**「放送法64条1項は，『協会の放送を受信することのできる受信設備を設置した者は，協会とその放送の受信についての契約をしなければならない。』と規定しているが，その契約の内容は，Xの策定する放送受信規約により定められている。受信契約の締結が強制されるべきであることは多数意見のとおりであるところ，このことが契約締結の自由という私法の大原則の例外であり，また，締結義務者に受信料の支払という経済的負担をもたらすものであることを勘案すると，本来は，受信契約の内容を含めて法定されるのが望ましいものであろう。」**小池裕・菅野博之裁判官**「多数意見が，民事執行法174条1項本文により承諾の意思表示を命ずる判決の確定時に受信契約が成立するとしつつ，受信設備の設置の月からの受信料を支払う義務が生ずるものとしていることについて，問題がある旨の指摘がされているが，この点については，岡部裁判官の補足意見で述べられているとおり，上記判決の確定により『受信設備を設置した月からの受信料を支払う義務を負うという内容の契約』が，上記判決の確定の時（意思表示の合致の時）に成立するのであって，受信設備の設置という過去の時点における承諾を命じたり，承諾の効力発生時期を遡及させたりするものではない。放送受信規約第4条第1項は，上記のような趣旨と解されるのであり，承諾の意思表示を命ずる判決の確定により受信契約を成立させることの障害になるものではない。」

反対意見　**木内道祥裁判官**「判決によって意思表示をすべきことを債務者に命ずるには，その意思表示の内容が特定されていることを要する。契約の承諾を命ずる判決が確定すると，承諾の意思表示がなされたものとみなされて契約が成立することになるが，1回の履行で終わらない継続的な契約においては，承諾を命じられた債務者は判決によってその契約関係に入っていくのであるから，承諾によって成立する契約の内容が特定していないまま，判決が債務者の意思表示の代行をなしうるものではない。」「判決が命じた意思表示の効力発生時期が判決の確定時であることは，民事執行法174条が定めており，これと異なる効力発生時期を意思表示を命ずる判決に求めることはできない。」

コメント　本件の上告審において，最高裁判所が2017（平成29）年1月18日に権限法（正式名は，「国の利害に関係のある訴訟についての法務大臣の権限等に関する法律」）4条に基づき，法務大臣に意見の陳述を求めたところ，法務大臣は同年4月12日に大法廷に意見書を提出した。本件判旨は，その意見書を参照している。本件と同様に権限法を適用した例としては，森林法共有林事件（*Ⅲ-5-12*）がある。なお，同種の訴訟に対する下級審判決として，東京高判平29・5・31判例集未登載，東京高判平28・9・21判時2330号15頁，さいたま地判平28・8・26

判時2309号48頁，東京地判平28・3・9判時2330号23頁（東京高判平28・9・21の原審），東京高判平25・12・18判時2210号50頁，東京高判平25・10・30判時2203号34頁，東京地判平21・7・28判時2053号57頁，などがある。

(4) 正当な補償

a）補償の意義

Ⅲ-5-18 無償撤去を条件とする建築許可事件

最大判昭33・4・9民集12巻5号717頁，判時151号17頁
（建築物建築許可に附記したる条件無効確認請求事件）

事　実　A地区は，東京都の都市計画により，駅前広場として指定がなされ，1947（昭和22）年11月26日に駅前広場設定事業施行年度が決定されたが，1949（昭和24）年5月10日付でその決定は廃止となった。Xらは，A地区内の土地につき建築許可の申請をしたところ，区長は，不許可とした。これに対してXらは，事業施行のときには新築建物を異議なく撤去する旨の念書を提出したので，区長は条件付で建築を許可した。ところがXらは，換地も補償もなさずに私有財産を収用，制限するこの条件は憲法の趣旨に反するとして，その無効確認を請求した。第1審（東京地判昭28・2・18行集4巻2号328頁）は，一部の条件を無効としながらも，3カ月以内の完全撤去，無補償，担保への不供与等の条件については，憲法29条に違反しないとして請求を棄却し，控訴審（東京高判昭29・5・11行集5巻5号1126頁）もまた第1審判決を支持したので，Xらは上告した。

判　旨　**棄却**　**1都市計画のための建築制限と公共の福祉**　「都市計画とは，『交通，衛生，保安，防空，経済ニ関シ永久ニ公共ノ安寧ヲ維持シ又ハ福利ヲ増進スル為ノ重要施設ノ計画ニシテ市若ハ主務大臣ノ指定スル町村ノ区域内ニ於テ又ハ其ノ区域外ニ亘リ施行スヘキモノ』をいうとせられ（都市計画法1条），それが公共の福祉の為に必要なものであることはいうまでもないところであるから，前記の建築物に関する制限が，他面において財産権に対する制限であっても，それが都市計画上必要なものである限りは公共の福祉のための制限と解すべくこれを違憲といえない。」 **2建築許可に附した無償撤去等の条件の合憲性**　「本件広場設定事業は，予算の関係上一時施行が延期されたが，予算の成立とともに施行されることになっていたものであって，その施行の際は，本件土地は都市計画法16条によって収用又は使用されうることが明かであり，かかる土地の上に新たに建築物を設置しても，右事業の実施に伴い除却を要するに至ることも明かであったばかりでなく，本件許可については，前記出願者らは，広場設定事業施行の場合は，いかなる条件でも異議をいわず，建物を撤去すべき旨の書面を差し入れ，又はその旨を承

諾していたのであって，このような事実関係の下においては，本件許可に際し，無償で撤去を命じうる等の所論条項をこれに附したことは，都市計画事業たる本件広場設定事業の実施上必要やむを得ない制限であったということができる。なお，所論は，右条項によって移転を命ずるについては都知事は換地予定地を指定すべきであるというが，本件の場合においてこれを指定せねばならぬと解すべき法令上の根拠は何ら認められない。」

評釈　覚道豊治・民商38巻5号65，倉持孝司・憲百Ⅰ〈第2版〉85，見上崇洋・街づくり・国づくり判例百選10，同・行政百選Ⅰ〈第6版〉96。

Ⅲ-5-19　河川附近地制限令違反事件

最大判昭43・11・27刑集22巻12号1402頁，判時538号12頁
（河川附近地制限令違反被告事件）

事　実　砂利採取販売業者のYは，仙台市内を流れる名取川の堤外民有地を賃借して砂利の採取を行っていた。ところが，その地域は，1959（昭和34）年12月11日，宮城県知事により「河川附近地」に指定されたため，河川附近地制限令4条2号の適用を受け，Yは，知事の許可を受けなければ事業を継続することができなくなった。しかし，Yは，砂利採取の許可申請が拒否され，無許可で事業を継続したため，河川附近地制限令10条違反に問われ，これに対して，同令4条による財産権の制限に損失補償のないことが違憲であることを主張したが，第1審（仙台簡判昭37・8・31刑集22巻12号1411頁），控訴審（仙台高判昭37・11・30刑集22巻12号1416頁）は，いずれもそれを斥けて有罪の判決を下した。そこで，Yは，さらに，類似の制限を定めた森林法35条，国立公園法9条（現在は，自然公園法52条）が損失補償を規定しているにもかかわらず，河川附近地制限令4条の制限に補償の規定がないのは違憲であるとして上告した。

判　旨　**棄却**　**1 河川附近地制限令4条2号の制限と補償規定**　「河川附近地制限令4条2号の定める制限は，河川管理上支障のある事態の発生を事前に防止するため，単に所定の行為をしようとする場合には知事の許可を受けることが必要である旨を定めているにすぎず，この種の制限は，公共の福祉のためにする一般的な制限であり，原則的には，何人もこれを受忍すべきものである。このように，同令4条2号の定め自体としては，特定の人に対し，特別に財産上の犠牲を強いるものとはいえないから，右の程度の制限を課するには損失補償を要件とするものではなく，したがって，補償に関する規定のない同令4条2号の規定が所論のように憲法29条3項に違反し無効であるとはいえない。」　**2 直接憲法に基づく補償請求**　「その財産上の犠牲は，公共のために必要な制限によるものとはいえ，単に一般的に当然に受

忍すべきものとされる制限の範囲をこえ，特別の犠牲を課したものとみる余地が全くないわけではなく，憲法29条3項の趣旨に照らし，さらに河川附近地制限令1条ないし3条および5条による規制について同令7条の定めるところにより損失補償をすべきものとしていることとの均衡からいって，本件Yの被った現実の損失については，その補償を請求することができるものと解する余地がある。……同令4条2号による制限について同条に損失補償に関する規定がないからといって，同条があらゆる場合について一切の損失補償を全く否定する趣旨とまでは解されず，本件Yも，その損失を具体的に主張立証して，別途，直接憲法29条3項を根拠にして，補償請求をする余地が全くないわけではない。」

（評釈） 今村成和・重判〈昭和43年度〉27，内野正幸・街づくり・国づくり判例百選109，井上典之・法セ622号72，田村理・憲百Ⅰ108，野村武司・行政百選Ⅱ252。

Ⅲ-5-20 農地改革事件

最大判昭28・12・23民集7巻13号1523頁，判時18号3頁
（農地買収に対する不服申立事件）

事　実　Xは，1947（昭和22）年に，農地改革で農地を買収されたが，自作農創設特別措置法（昭和27年に廃止。以下，自創法という）6条3項による買収対価の算定価格が，当時の経済事情からみて著しく低いために対価の増額を請求した。その理由として自創法6条3項は，農地買収の最高価格を，田については土地台帳法の賃貸価格の40倍，畑については48倍と定めているが，その価格では当時の経済事情のもとでは正当な補償とはいえないこと，また正当な補償とは当時の一般経済事情を考慮して公正妥当に決定すべきものであるが，公定の米価を計算の基礎としているので農地の価格が実際の経済価格よりも著しく低く，実質的には無償で取り上げられるのと異ならないこと等を主張した。第1審（山形地判昭24・5・6行月22号44頁），控訴審（仙台高判昭24・10・14行月22号70頁）ともに原告の主張を認めなかったので，Xは，憲法29条3項違反を理由に上告した。

判　旨　**棄却**　**[1]正当な補償と完全補償**　「憲法29条3項にいうところの財産権を公共の用に供する場合の正当な補償とは，その当時の経済状態において成立することを考えられる価格に基き，合理的に算出された相当な額をいうのであって，必しも常にかかる価格と完全に一致することを要するものでないと解するを相当とする。けだし財産権の内容は，公共の福祉に適合するように法律で定められるのを本質とするから（憲法29条2項），公共の福祉を増進し又は維持するため必要ある場合は，財産権の使用収

益又は処分の権利にある制限を受けることがあり，また財産権の価格についても特定の制限を受けることがあって，その自由な取引による価格の成立を認められないこともあるからである。」 **2公定米価に基づく農地買収対価算出**「〔自創法が〕対価の採算方法を地主採算価格によらず自作収益価格によったことは，農地を耕作地として維持し，耕作者の地位の安定と農業生産力の維持増進を図ろうとする，農地調整法（以下農調法という）よりいわゆる第2次農地改革において制定された自創法（昭和21年10月21日法律第43号）に及ぶ一貫した国策に基く法の目的からいって当然であるといわなければならない。……計算の基礎とされた前記米価は，いわゆる公定価格（食糧管理法3条2項4条2項）であるが，……農地の買収対価を算出するにあたり，まずこの米価によったことは正当であって，……その算出過程においてなんら不合理を認めることはできない。……以上のとおり田と畑とに通じて対価算出の項目と数字は，いずれも客観的標準に立つのであって，わが国の全土にわたり自作農を急速且つ広汎に創設する自創法の目的を達するため自創法3条の要件を具備する農地を買収し，これによって大多数の耕作者に自作農としての地位を確立しようとするのであるから，各農地のそれぞれについて，常に変化する経済事情の下に自由な取引によってのみ成立し得べき価格を標準とすることは許されないと解するのを相当とする。」 **3農地所有権の内容**「このように農地は自創法成立までに，すでに自由処分を制限され，耕作以外の目的に変更することを制限され，……農地所有権の変化は，自作農創設を目的とする一貫した国策に伴う法律上の措置であって，いいかえれば憲法29条2項にいう公共の福祉に適合するように法律によって定められた農地所有権の内容であると見なければならない。」 **4公定・統制価格と自由取引価格**「法律により定められた公定又は統制価格といえども，国民の経済状態に即しその諸条件に適合するように定められるのを相当とするけれども，……公定又は統制価格は，公共の福祉のために定められるのであるから，必しも常に当時の経済状態における収益に適合する価格と完全に一致するとはいえず，まして自由な市場取引において成立することを考えられる価格と一致することを要するものではない。」

補足意見 **栗山茂裁判官**「憲法29条3項にいう『公共のために用ひる』というのは，私有財産権を個人の私の利益のために取上げないという保障であるから，その反面において公共の利益の必要があれば権利者の意思に反して収用できる趣旨と解すべきである。……財産権は公共の福祉に適合するように社会的義務で裏付されているのである。……それぞれの財産権の内容が法律で定められる程度は，その財産権を持っている者の利益を尺度としてでなく，公共の福祉がその尺度となるというのである。」

意　見　**井上登・岩松三郎裁判官**　「本法の買収は被占領中の司令官の指令による農地改革であり，憲法外において為されたものである（1945年12月9日農地改革に関する覚書）。……それだからこそ当時地主達も誠に已むを得ない不可抗的のものと観念してこれに服従した……然るに講和成立後の今日においては，司令官の権力というものは無いから，内容が違憲の法規は裁判所はこれを適用することが出来ないのである。そして土地を地主から買収して小作人に与える様な場合，正当の補償を与えないというようなことが許されないことは憲法29条の規定の精神に徴し明白である。従って被買収者は正当価額に至る迄対価の訴求を為し得るものと見なければならない。」　**真野毅裁判官**　「ここに『正当な補償』というのは，当該財産が具体的・個別的に保有する客観的な価値に，対応する等価値対価を指すものである。政府が，自作農創設特別措置法（以下自創法という）3条によって農地を買収する場合に定められる6条所定の対価は，特定の平均的基準によって割出された抽象的な対価であるに過ぎない。だから，自創法6条による対価は，いくら多くの言葉を費やしてみたところで，所詮，買収される農地が個別的に保有する客観的な価値に対応する等価値対価ということはできない。したがって，これを憲法29条にいわゆる『正当な補償』とすることは，許されないところであると言わねばならぬ。」

反対意見　**斎藤悠輔裁判官**（略）

(評釈)　高原賢治・憲法の判例109，米沢広一・基本判例125，三宅雄彦・憲百Ⅰ106，永松正則・行政百選Ⅱ248。

(コメント)　**憲法29条3項の「公共のために用ひる」の意義**　自創法による農地の買収計画が憲法29条3項の「公共のために用ひる」に違反しているかどうかが争われた事件に対して，最高裁判所は，「自創法による農地改革は，同法1条に，この法律の目的として掲げたところによって明らかなごとく，耕作者の地位を安定し，その労働の成果を公正に享受させるため自作農を急速且つ広汎に創設し，又，土地の農業上の利用を増進し，以て農業生産力の発展と農村における民主的傾向の促進を図るという公共の福祉の為の必要に基いたものであるから，自創法により買収された農地，宅地，建物等が買収申請人である特定の者に売渡されるとしても，それは農地改革を目的とする公共の福祉の為の必要に基いて制定された自創法の運用による当然の結果に外ならないのであるから，この事象のみを捉えて本件買収の公共性を否定する論旨は自創法の目的を正解しないに出た独自の見解であって採用できない」と判示している（最二判昭29・1・22民集8巻1号225頁）。　**土地収用法における補償の価格**　最一判昭48・10・18民集27巻9号1210頁は，土地収用法による損失補償について，「土地収用法における損失の補償は，特定の公益上必要な事業のために土地が収用される場合，その収用によって当該土地の所有者等が被る特別な犠牲の回復をはかることを目的とするものであるから，完全な補償，すなわち，収用の前後を通じて被収用者の財産価値を等しくならしめるような補償をなすべきであり，金銭をもって補償する場合には，被収用者が近傍において被収用地と同等の代替地等を取得することをうるに足りる金額の補償を要するものというべく，土地収用法72条（昭和42年法律第74号による改正前のもの。……）は右のような趣旨を明らかにした規定と解すべきである。」と判示している。

b）補償と賠償

Ⅲ-5-21 市営と畜場廃止違憲訴訟

最三判平22・2・23判時2076号40頁，判時2076号40頁
（損害賠償請求事件）

事 実 八代市（A市）は，1914（大正3）年に旧B村が譲り受けた個人経営の食肉処理施設を，1955（昭和30）年に旧B村が市に編入合併されて以降，市営と畜場（本件と畜場）として運営してきたが，1997（平成9）年に，腸管出血性大腸菌O-157による食中毒の発生に対応するため，と畜場法施行令が改正され，2000（平成12）年4月から一般と畜場の構造設備の基準が厳格化されることとなった。A市は，この新基準に適合する施設の新築に多額の費用を要することから，利用業者との協議等の結果，本件と畜場の存続は困難であるとの結論に達し，同年3月31日本件と畜場を廃止した。これに伴い，A市議会は，利用業者の営業存続のための補償等について審議し，本件支援金の支出についての支援措置方針案をまとめ，一定期間内における本件と畜場の利用実績と基準時における市内在住者であることを要件として，現時点でも畜産業又は食肉流通業を営むもの十者（対象利用業者）と現時点におけると殺業務従事者ら4名（対象と殺業務従事者ら）に支援金を支出することとし，最終的に議会で可決されたので，被告Y（A市長）は同年7月31日，本件支援金の支払契約の締結を決裁したが，本件支援金の支払に関しては補助金の支出方法を定めた市費補助等取扱要綱所定の手続はとられなかった。A市の市民Xらは，本件支援金の支出は違法であるなどとして，地方自治法（平成14年法4号による改正前のもの）242条の2第1項4号に基づき，市に代位して，Yに対して損害賠償を求めた。Yは，本件支援金の支出は行政財産である本件と畜場の使用許可の取消しに伴う国有財産法19条，24条2項の類推適用又は憲法29条3項に基づく損失補償金の支出として適法なものであり，仮にそうでないとしても地方自治法232条の2所定の補助金の支出として適法なものであると主張したが，第1審判決（熊本地判平16・7・16判自279号103頁）はXらの損害賠償請求を認容した。これに対し，控訴審判決（福岡高判平17・11・30判自279号88頁）は，支援金の支出が違法であるとはいえないとして，第1審判決のY敗訴部分を取り消して，Xらの請求を棄却したので，Xらが上告した。

判 旨 **破棄差戻** **1国有財産法の類推適用可能性** 「国有財産法〔24条2項，19条〕は地方公共団体の行政財産の使用

許可の場合に類推適用されることがあるとしても（最三判昭49・2・5民集28巻1号1頁参照），……事実関係等によれば，行政財産である本件と畜場の利用資格に制限はなく，利用業者又はと殺業務従事者らと市との間に委託契約，雇用契約等の継続的契約関係はないというのであるから，単に利用業者等が本件と畜場を事実上，独占的に使用する状況が継続していたという事情をもって，その使用関係を国有財産法19条，24条2項を類推適用すべき継続的な使用関係と同視することはできない。」 **②憲法29条3項と特別の犠牲**　「財産上の犠牲が一般的に当然受忍すべきものとされる制限の範囲を超え，特別の犠牲を課したものである場合には，憲法29条3項を根拠にしてその補償請求をする余地がないではないが（最大判昭43・11・27刑集22巻12号1402頁参照），……利用業者等は，市と継続的契約関係になく，本件と畜場を事実上独占的に使用していたにとどまるのであるから，利用業者等がこれにより享受してきた利益は，基本的には本件と畜場が公共の用に供されたことの反射的利益にとどまるものと考えられる。……本件と畜場は，と畜場法施行令の改正等に伴い必要となる施設の新築が実現困難であるためにやむなく廃止されたのであり，そのことによる不利益は住民が等しく受忍すべきものであるから，利用業者等が本件と畜場を利用し得なくなったという不利益は，憲法29条3項による損失補償を要する特別の犠牲には当たらないというべきである。」「そうすると，本件支援金の支出は，国有財産法19条，24条2項の類推適用又は憲法29条3項に基づく損失補償金の支出としては，適法なものであるとはいえない。」「したがって，原審が本件支援金の法的性格を損失補償金と解していたとすれば，その支出が違法であるとはいえないとした原審の判断には，法令の違反がある。」 **③本件支援金支出の補助金支出としての適法性**　「他方，本件支援金の支出が実質的には補助金の支出としてされたものであり，その支出に公益上の必要があることがうかがわれるとしても，それが補助金の支出として適法なものであるというためには，『補償，補塡及び賠償金』の節に計上されていた本件支援金を補助金と解することにより，実質的に議会による予算統制の潜脱となるような違法な予算執行を許容するに等しい結果をもたらさないか否か等について審理，判断する必要があり，本件支援金が他に流用されるおそれがないとする点も，本件支援金の支出方法が市費補助等取扱要綱の趣旨を損なうものではないかという点を含めて説示されるべきである。したがって，原審が本件支援金の法的性格を補助金と解していたとすれば，その支出に合理性及び公益上の必要があることなど原審摘示の諸事情のみを理由に，本件支援金の支出が違法であるとはいえないとした原審の判断には，審理不尽の結果法令の解釈適用を誤った違法がある。」

(評釈)　友岡史仁・法セ666号119，榎透・法セ677号120，野呂充・民商143巻4＝5号60，藤井樹也・重判〈平成22年度〉25，山本龍彦・セレクト〈'10〉Ⅰ12，原田大樹・セレクト〈'10〉Ⅱ11，三好規正・地自百選48。

Ⅲ-5-22　占領中に受けた被害への補償請求事件

最二判昭44・7・4民集23巻8号1321頁，判時566号33頁
（損失補償請求事件）

事　実　Xらは，いずれも親その他の家族を，かつて占領中の1945～49（昭和20～24）年に連合国軍兵士の不法行為により失った者たちであるが，日本国が1952（昭和27）年4月28日発効の平和条約19条(a)項により，連合国および連合国国民に対するすべての請求権を放棄したことに伴って，その損害賠償請求権が失われることになった。これに対してXらは，条約締結に際して日本国全権団がほしいままに権利を放棄したことを理由に，国に対して損害賠償を請求し，または日本国の独立回復のためになされた犠牲負担として，その損失補償を求めた。第1審（広島地呉支判昭35・10・10訟月6巻11号2089頁）および控訴審（広島高判昭41・5・11判時461号37頁）は，ともに国の補償義務を認めなかったので，Xらは，さらに憲法29条3項はプログラム規定ではなく，連合国に対する請求権の放棄は，私有財産権を公共の用に供したもので，その補償をなすべきであるとして上告した。

判　旨　棄却　**平和条約に基づく請求権放棄と損失補償**　「論旨がその前提とする平和条約19条(a)項による所論請求権の放棄に対し，国は憲法29条3項によってその損失を補償すべきであるとの見解は，同条約14条(a)項2(I)による在外資産の喪失による損害が憲法29条3項の補償の対象とならないとする当裁判所の判例（最大判昭43・11・27民集22巻12号2808頁）の趣旨に照らして採りえないことが明らかである」。「平和条約14条(a)項2(I)により在外資産を賠償に充当することによる損害は，右条約が締結された当時わが国のおかれていた特殊異例な状況に照らし，また，同条約がイタリア平和条約等に見られるような補償に関する規定を欠くことに鑑み，敗戦という事実に基づいて生じた一種の戦争損害とみるほかはなく，これに対する補償は憲法29条3項の全く予想しないところであって，右損害に対しては同条項の適用の余地はない……。」「平和条約19条(a)項による所論請求権は，在外資産に対する権利とその対象を異にするものとはいえ，その請求権の発生した当時わが国のおかれていた状況，平和条約の締結にあたりこれが放棄されるに至った経緯および同条約の規定の体裁を考え合せれば，その放棄に対する補償が憲法の前示条項の予想外にあったものとする点においては，在外資産におけると差異あるものとは認め難く，所論請求権の放棄による損害に対しては，

憲法29条3項に基づいて国にその補償を求めることができないものというべきである。なお，前示平和条約締結の経緯に照らせば，所論の請求権が日本国全権団の故意過失による公権力の行使によって侵害されたものとはいえない……」。

（評釈）　今村成和・民商62巻5号95，千種秀夫・曹時22巻1号136，広部和也・重判〈昭和44年度〉195，なお在外財産の補償については宮原均・憲百Ⅰ〈第5版〉115。

（コメント）　原爆の被害について国を相手に損害賠償を求めた事件で，原告は，憲法17条と29条3項を援用したが，東京地判昭38・12・7判時355号17頁は請求を棄却した。なお，被爆者救済を目的とする原爆医療法の国家補償法的側面を認めた判決として，石田原爆訴訟判決（広島地判昭51・7・27判時823号17頁〔確定〕），被爆者健康手帳交付申請却下事件上告審判決（最一判昭53・3・30民集32巻2号435頁）。また，在外財産に対する請求権の放棄と国の補償義務について，さらに，最大判昭43・11・27民集22巻12号2808頁，最一判平9・3・13民集51巻3号1233頁，最一判平13・4・5判時1751号68頁，最一判平13・11・22判時1771号83頁，最一判平14・7・18判時1799号96頁，最二判平16・11・29判時1879号58頁などを参照。

III-5-23　予防接種禍事件

東京地判昭59・5・18判時1118号28頁，判タ527号165頁
（損害賠償請求事件）

事　実　Xらは，1952（昭和27）年から1974（昭和49）年にかけて，予防接種法に基づき，各地で実施され，あるいは国の行政指導に基づき地方公共団体が勧奨した予防接種を受けた結果，ワクチンの副作用により死亡した乳幼児26名の両親らならびに重篤な後遺障害を残すに至った被害児36名とその両親ら合計160名であり，1971（昭和46）年3月から6次にわたって国に対して国家賠償・損失補償を求めて，いわゆる予防接種ワクチン禍集団訴訟を起こした。

判　旨　**一部認容**　**生命・身体に対する特別の犠牲と補償請求**　「……いわゆる強制接種は，予防接種法第1条に規定するように，伝染の虞がある疾病の発生及びまん延を予防するために実施し，よって，公衆衛生の向上と増進を図るという公益目的の実現を企図しており，それは，集団防衛，社会防衛のためになされるものであり，いわゆる予防接種は，一般的には安全といえるが，極く稀にではあるが，不可避的に死亡その他重篤な副反応を生ずることがあることが統計的に明らかにされている。しかし，それにもかゝわらず公共の福祉を優先させ，たとえ個人の意思に反してでも一定の場合には，これを受けることを強制し，予防接種を義務づけているのである。

また，いわゆる勧奨接種についても，前示のとおり，被接種者としては，勧奨とはいゝながら，接種を受ける，受けないについての選択の自由はなく，国の方針で実施される予防接種として受けとめ，国民としては，国の施策に従うことが当然の義務であるとのいわば心理的社会的に強制された状況の下で，しかもその実施手続・実態には，いわゆる強制接種となんら変ることのない状況の下で接種を受けているのである。そうだとすると，右の状況下において，各被害児らは，被告国が，国全体の防疫行政の一環として予防接種を実行し，それを更に地方公共団体に実施させ，右公共団体の勧奨によって実行された予防接種により，接種を受けた者として，全く予測できない，しかしながら予防接種には不可避的に発生する副反応により，死亡その他重篤な身体障害を招来し，その結果，全く通常では考えられない特別の犠牲を強いられたのである。このようにして，一般社会を伝染病から集団的に防衛するためになされた予防接種により，その生命，身体について特別の犠牲を強いられた各被害児及びその両親に対し，右犠牲による損失を，これら個人の者のみの負担に帰せしめてしまうことは，生命・自由・幸福追求権を規定する憲法 13 条，法の下の平等と差別の禁止を規定する同 14 条 1 項，更には，国民の生存権を保障する旨を規定する同 25 条のそれらの法の精神に反するということができ，そのような事態を等閑視することは到底許されるものではなく，かゝる損失は，本件各被害児らの特別犠牲によって，一方では利益を受けている国民全体，即ちそれを代表する被告国が負担すべきものと解するのが相当である。そのことは，価値の根元を個人に見出し，個人の尊厳を価値の原点とし，国民すべての自由・生命・幸福追求を大切にしようとする憲法の基本原理に合致するというべきである。」「更に，憲法 29 条 3 項は『私有財産は，正当な補償の下に，これを公共のために用いることができる。』と規定しており，公共のためにする財産権の制限が社会生活上一般に受忍すべきものとされる限度を超え，特定の個人に対し，特別の財産上の犠牲を強いるものである場合には，これについて損失補償を認めた規定がなくても，直接憲法 29 条 3 項を根拠として補償請求をすることができないわけではないと解される（最大判昭 43・11・27 刑集 22 巻 12 号 1402 頁，最一判昭 50・3・13 集民 114 号 343 頁，最二判昭 50・4・11 集民 114 号 519 頁参照）。」「そして，右憲法 13 条後段，25 条 1 項の規定の趣旨に照らせば，財産上特別の犠牲が課せられた場合と生命，身体に対し特別の犠牲が課せられた場合とで，後者の方を不利に扱うことが許されるとする合理的理由は全くない。」「従って，生命，身体に対して特別の犠牲が課せられた場合においても，右憲法 29 条 3 項を類推適用し，かかる犠牲を強いられた者は，直接憲法 29 条 3 項に基づき，被告国に対し正当な補償を請求することができると解するのが相当である。」「そして，憲法29条3項の類推適用により，本件各事故により損失を蒙った各被害児及びその両親が，被告国に対し，損失の正当な補償を請求できると解する以上，救済制度が法制化されていても，かかる救済制度による補償額が正当な補償額に達しない限り，その差額についてなお補償請求をなしうるのは当然のことであると解される。」

(評釈) 渡辺賢・法セ363号127，原田尚彦・重判〈昭和59年度〉49，西埜章・判評318号2，中山茂樹・憲百Ⅰ109。なお控訴審判決につき，小幡純子・法教151号110，新山一雄・法セ463号68，滝沢正・判評415号174，宇賀克也・重判〈平成4年度〉54，西埜章・医療過誤判例百選〈第2版〉50。

(コメント) 同じく日本の各地で予防接種ワクチン禍集団訴訟が提起され，それらに対する高松地判昭59・4・10判時1118号163頁，名古屋地判昭60・10・31判時1175号3頁，大阪地判昭62・9・30判時1255号45頁の諸判決がある。なお，本件控訴審（東京高判平4・12・18判時1445号3頁）は，損失補償請求を認めた第1審判決を覆したが，厚生大臣には禁忌該当者に予防接種を実施させないための充分な措置をとることを怠った過失があったとして，国に対して国家賠償法1条上の責任を認めた。これは，最二判平3・4・19民集45巻4号367頁に従ったものである。

6　人身の自由・司法手続

(1)　適正手続の原則

Ⅲ-6-1　第三者所有物没収事件(1)

最大判昭32・11・27刑集11巻12号3132頁，判時134号34頁
（関税法違反被告事件）

事　実　Yは，1949（昭和24）年7月頃，税関の許可を得ずに，傭船した第三飛龍丸なる密貿易船を使用して，沖縄から本土へ進駐軍用品などを密輸入し，さらに，その帰途，本土製の衣類，雑貨などを密輸出しようと企てたため，旧関税法83条1項違反として起訴された。第1審（横浜地判昭25・1・29刑集11巻12号3144頁）はYに懲役10月と密輸に用いた船舶および貨物の没収を言い渡し，控訴審（東京高判昭26・4・11刑集11巻12号3147頁）もこれを支持したので，Yは，前記旧関税法は犯人以外の第三者の所有に係るものであっても，現に犯人の占有している物については，その所有者の善意・悪意に関係なく，無条件に没収することを認めており，憲法13条，29条に違反すると主張して上告した。

判　旨　**破棄差戻**　**善意の第三者の所有物の没収**　「本件犯行当時の関税法（昭和23年法律107号により改正された明治

32 年法律 61 号）83 条 1 項は，『第 74 条，第 75 条又ハ第 76 条ノ犯罪ニ係ル貨物又ハ其ノ犯罪行為ノ用ニ供シタル船舶ニシテ犯人ノ所有又ハ占有ニ係ルモノハ之ヲ没収ス』と規定していて，その文理のみからすれば，犯人以外の第三者の所有に属する同条所定の貨物又は船舶でも，それが犯人の占有に係るものであれば，右所有者たる第三者の善意・悪意に関係なく，すべて無条件に没収すべき旨を定めたもののごとく解せられないことはない。しかし所有者たる第三者が同条所定の犯罪の行われることにつき，あらかじめこれを知らなかった場合即ち善意であった場合においても，なお同条項の規定により第三者の所有に属する貨物又は船舶を没収するがごときは，犯人以外の第三者の所有物についてなされる没収の趣旨及び目的に照らし，その必要の限度を逸脱するものであり，ひいては憲法 29 条違反たるを免れないものといわなければならない。即ち上記関税法の条項は，同条所定の貨物又は船舶が犯人以外の所有に属し，犯人は単にこれを占有しているに過ぎない場合には，右所有者たる第三者において，貨物について同条所定の犯罪行為が行われること又は船舶が同条所定の犯罪行為の用に供せられることをあらかじめ知っており，その犯罪が行われた時から引きつづき右貨物又は船舶を所有していた場合に限り，右貨物又は船舶につき没収のなされることを規定したものと解すべきであって，このように解することが犯人以外の第三者の所有物についてなされる没収の趣旨及び目的に適合する所以であり，また，かく解すれば，右条項は何ら憲法 29 条に違反するところはない。」「本件記録に徴すれば，右船舶第三飛龍丸は，第三者Ｓの所有に属することがうかがわれるのであるが，原判決の是認した第 1 審判決は，右船舶の所有者Ｓにおいて，右船舶が本件犯罪行為の用に供せられることをあらかじめ知っていたか否かの知情の点については，何らこれを明確にしていないのである。してみれば……本件第 1 審判決及びこれを是認した原判決は，前記関税法 83 条 1 項の解釈を誤った違法があるか，又は右船舶没収の前提要件たる知情の事実を確定しない審理不尽の違法がある」。

反対意見　**斎藤悠輔裁判官**（略）

（コメント）　多数意見は，現行関税法（昭和 29 年法 61 号）118 条 1 項の趣旨を旧法下の事件に取り入れたものといえる（斎藤裁判官の反対意見も参照）。

Ⅲ-6-2 第三者所有物没収事件(2)

最大判昭 37・11・28 刑集 16 巻 11 号 1593 頁，判時 319 号 6 頁
（関税法違反未遂被告事件）

事　実　Yら2名は共謀して韓国向けに貨物を密輸出しようと企て，税関の輸出許可を得ずに，大阪港で貨物を機帆船に積み込み，1954（昭和29）年10月11日頃，下関港を出港したが，途中時化に遭って目的を遂げなかった。第1審（福岡地小倉支判昭30・4・25刑集16巻11号1629頁）も第2審（福岡高判昭30・9・21刑集16巻11号1630頁）も，Yらを関税法118条1項違反未遂で有罪とし，機帆船および貨物を没収した。これに対しYらは，これらの没収物の所有者が不明であり，そのため所有者が犯罪が行われることを予め知っていたか否かを確かめることなく，かつ所有者に財産権擁護の機会を与えないでこれらの没収をなしたことは，憲法31条および29条1項に違反すると主張して上告した。

判　旨　**破棄自判**　**1告知，弁解，防禦の機会を与えない第三者所有物の没収と憲法31条・29条**　「関税法118条1項の規定による没収は，同項所定の犯罪に関係ある船舶，貨物等で同項但書に該当しないものにつき，Yの所有に属すると否とを問わず，その所有権を剥奪して国庫に帰属せしめる処分であって，Y以外の第三者が所有者である場合においても，Yに対する附加刑としての没収の言渡により，当該第三者の所有権剥奪の効果を生ずる趣旨であると解するのが相当である。」「しかし，第三者の所有物を没収する場合において，その没収に関して当該所有者に対し，何ら告知，弁解，防禦の機会を与えることなく，その所有権を奪うことは，著しく不合理であって，憲法の容認しないところであるといわなければならない。けだし，憲法29条1項は，財産権は，これを侵してはならないと規定し，また同31条は，何人も，法律の定める手続によらなければ，その生命若しくは自由を奪われ，又はその他の刑罰を科せられないと規定しているが，前記第三者の所有物の没収は，Yに対する附加刑として言い渡され，その刑事処分の効果が第三者に及ぶものであるから，所有物を没収せられる第三者についても，告知，弁解，防禦の機会を与えることが必要であって，これなくして第三者の所有物を没収することは，適正な法律手続によらないで，財産権を侵害する制裁を科するに外ならないからである。そして，このことは，右第三者に，事後においていかなる権利救済の方法が認められるかということは，別個の問題である。然るに，関税法118条1項は，同項所定の犯罪に関係ある船舶，貨物等が被告人以外の第三者の所有に属する場合においてもこれを没収する旨規定しながら，その所有者たる第三者に対し，告知，弁解，防禦の機会を与えるべきことを定めてお

らず，また刑訴法その他の法令においても，何らかかる手続に関する規定を設けていないのである。従って，前記関税法118条1項によって第三者の所有物を没収することは，憲法31条，29条に違反するものと断ぜざるをえない。」

2違憲を主張する適格性 「かかる没収の言渡を受けたYは，たとえ第三者の所有物に関する場合であっても，被告人に対する附加刑である以上，没収の裁判の違憲を理由として上告をなしうることは，当然である。のみならず，Yとしても没収に係る物の占有権を剥奪され，またはこれが使用，収益をなしえない状態におかれ，更には所有権を剥奪された第三者から賠償請求権等を行使される危険に曝される等，利害関係を有することが明らかであるから，上告によりこれが救済を求めることができるものと解すべきである。これと矛盾する……昭和35年10月19日当裁判所大法廷言渡の判例は，これを変更するを相当と認める。」

補足意見 **入江俊郎裁判官**（略） **垂水克己裁判官**（略） **奥野健一裁判官**（略）

反対意見 **下飯坂潤夫裁判官** 「Y以外の第三者の所有に係る物件の没収が附加刑として言い渡された判決に対し，没収物の所有者でないYがその憲法上の効力を争っている本件のような場合は，該没収の裁判が没収物の所有者たる第三者に対し違憲か否かを判断する必要は毫末もないのであり，したがって，本判決は右に反し不必要な憲法判断をしている。」 石坂修一裁判官（略）

少数意見 **藤田八郎裁判官**（略） **高木常七裁判官**（略） **山田作之助裁判官**（略）

（評釈） 伊藤正己・法時35巻2号36，脇田忠・曹時15巻1号131，谷口正孝・ジュリ266号48，同・判評54号1，香川達夫・憲法の判例114，田宮裕・刑法百選Ⅰ〈第2版〉101，戸波江二・基本判例156，野坂泰司・法教297号65，笹田栄司・憲百Ⅱ112，矢口俊昭・憲百Ⅱ194。

（コメント） **関連判例** 第三者所有物の没収に関しては，さらに，本判決とは別件についての同日の判決（最大判昭37・11・28刑集16巻11号1577頁），さらに最大判昭37・12・12刑集16巻12号1672頁も参照。 立法による対応 この判決後，「刑事事件における第三者所有物の没収手続に関する応急措置法」（昭和38年法138号）が制定された。なお，収賄事件に関し原判決が第三者に告知・弁解・防禦の機会を与えずに追徴することが憲法31条，29条に反するとした最大判昭40・4・28刑集19巻3号203頁がある。

Ⅲ-6-3　福岡県青少年保護育成条例事件

最大判昭 60・10・23 刑集 39 巻 6 号 413 頁，判時 1170 号 3 頁
（福岡県青少年保護育成条例違反被告事件）

事　実　福岡県青少年保護育成条例（現状の条例名は「福岡県青少年健全育成条例」といい，以下引用の条文の条数および規定内容等は本件事件当時のもので，現行規定とは異なっている）は，小学校就学の始期から満 18 歳に達するまでの者を青少年と定義した（3 条 1 項）上で，「何人も，青少年に対し，淫行又はわいせつの行為をしてはならない。」（10 条 1 項）と規定し，その違反者に対して罰則（16 条 1 項）を定めていた。被告人Ｙは，1981（昭和 56）年 3 月下旬頃以降，高校 1 年に在学中の 16 歳の少女とホテルや車内で十数回にわたって性交したとして，第 1 審（小倉簡判昭 56・12・14 刑集 39 巻 6 号 461 頁）で罰金 5 万円に処せられ，第 2 審（福岡高判昭 57・3・29 刑集 39 巻 6 号 463 頁）もこれを支持したので，本件条例が憲法 11 条，13 条，19 条，21 条，31 条に違反するとして上告した。

判　旨　**棄却**　**「淫行」の意義**　「本条例 10 条 1 項，16 条 1 項の規定（以下，両者を併せて「本件各規定」という。）の趣旨は，一般に青少年が，その心身の未成熟や発育程度の不均衡から，精神的に未だ十分に安定していないため，性行為等によって精神的な痛手を受け易く，また，その痛手からの回復が困難となりがちである等の事情にかんがみ，青少年の健全な育成を図るため，青少年を対象としてなされる性行為等のうち，その育成を阻害するおそれのあるものとして社会通念上非難を受けるべき性質のものを禁止することとしたものであることが明らかであって，右のような本件各規定の趣旨及びその文理等に徴すると，本条例 10 条 1 項の規定にいう『淫行』とは，広く青少年に対する性行為一般をいうものと解すべきではなく，青少年を誘惑し，威迫し，欺罔し又は困惑させる等その心身の未成熟に乗じた不当な手段により行う性交又は性交類似行為のほか，青少年を単に自己の性的欲望を満足させるための対象として扱っているとしか認められないような性交又は性交類似行為をいうものと解するのが相当である。けだし，右の『淫行』を広く青少年に対する性行為一般を指すものと解するときは，『淫らな』性行為を指す『淫行』の用語自体の意義に添わないばかりでなく，例えば婚約中の青少年又はこれに準ずる真摯な交際関係にある青少年との間で行われる性行為等，社会通念上およそ処罰の対象として考え難いものをも含むこととなって，その解釈は広きに失することが明らかであり，また，前記『淫行』を目して単に反倫理的あるいは不純な性行為と解するのでは，犯罪の構成要件として不明確であるとの批判を免れないのであって，前記の規定の文理から合理的に導き出され得

る解釈の範囲内で，前叙のように限定して解するのを相当とする。このような解釈は通常の判断能力を有する一般人の理解にも適うものであり，『淫行』の意義を右のように解釈するときは，同規定につき処罰の範囲が不当に広過ぎるとも不明確であるともいえないから，本件各規定が憲法31条の規定に違反するものとはいえず，憲法11条，13条，19条，21条違反をいう所論も前提を欠くに帰し，すべて採用することができない。」

補足意見　**牧圭次裁判官**（略）　**長島敦裁判官**（略）

反対意見　**伊藤正己裁判官**「私の見解によれば，現在のわが国において，青少年に対する性行為であって社会的な非難を受け，国民の多数が処罰に値するものと考えるのは，青少年の無知，未熟，情緒不安定などにつけ込んで不当と思われる手段を用いてする性交又は性交類似行為であると考える。」「具体的にいえば，まさに多数意見のいう『青少年を誘惑し，威迫し，欺罔し又は困惑させる等……不当な手段により行う性交又は性交類似行為』ということになる。」「なお，多数意見は，右にあげたところに付加して，『青少年を単に自己の性的欲望を満足させるための対象として扱っているとしか認められないような性交又は性交類似行為』をも『淫行』に当たるとするが，これは……処罰範囲の限定として適切なものとはいえないであろう。」「多数意見の示すような限定解釈は一般人の理解として『淫行』という文言から読みとれるかどうかきわめて疑問であって，もはや解釈の限界を超えたものと思われるのである」。**谷口正孝裁判官**「私は，そもそも……愛情その他人格的結合の欠如を要件とし，あるいはまた，特定の動機，目的の存在を『淫行』の違法性を示すための必要な要件とするならば，条例の規定それ自体にそのことを明示すべきであり，そのことなくしてこれらの要件を……『淫行』概念の中に取り込んで理解するということは，やはり一般人の理解を超えるものと思う。」「身体の発育が向上し，性的知見においてもかなりの程度に達しているこれら現代の年長青少年に対する両者の自由意思に基づく性的行為の一切を罰則を以て一律に禁止するが如きは，まさに公権力を以てこれらの者の性的自由に対し不当な干渉を加えるものであり，とうてい適正な処罰規定というわけにはいかないであろう。」　島谷六郎裁判官「このように，はなはだ漠然として不明確な表現をもって犯罪を定め，処罰の対象とすることは，刑罰法規として，犯罪構成要件の明確性を欠くものであり，罪刑法定主義の要請に反するものであるといわざるを得ない。」

（評釈）阿部泰隆・法セ372号20，高橋省吾・ジュリ853号59，渡辺賢・法セ375号44，米沢広一・重判〈昭和60年度〉8，高橋省吾・曹時39巻5号124，井上典之・法セ626号66，宍戸常寿・地自百選29，駒村圭吾・憲百II 113，佐伯仁志・刑法百選I 2。

（コメント）犯罪構成要件の明確性⇒***III-6-4***。

Ⅲ-6-4　徳島市公安条例事件

最大判昭 50・9・10 刑集 29 巻 8 号 489 頁，判時 787 号 22 頁
（集団行進及び集団示威運動に関する徳島市条例違反，道路交通法違反被告事件）

事　実　⇒Ⅲ-4-21

判　旨　**破棄自判**　**1公安条例と道交法の関係**「道路交通法は道路交通秩序の維持を目的とするのに対し，本条例は道路交通秩序の維持にとどまらず，地方公共の安寧と秩序の維持という，より広はん，かつ，総合的な目的を有するのであるから，両者はその規制の目的を全く同じくするものとはいえないのである。」「普通地方公共団体の制定する条例が国の法令に違反する場合には効力を有しないことは明らかであるが，条例が国の法令に違反するかどうかは，両者の対象事項と規定文言を対比するのみでなく，それぞれの趣旨，目的，内容及び効果を比較し，両者の間に矛盾牴触があるかどうかによってこれを決しなければならない。例えば，ある事項について国の法令中にこれを規律する明文の規定がない場合でも，当該法令全体からみて，右規定の欠如が特に当該事項についていかなる規制をも施すことなく放置すべきものとする趣旨であると解されるときは，これについて規律を設ける条例の規定は国の法令に違反することとなりうるし，逆に，特定事項についてこれを規律する国の法令と条例とが併存する場合でも，後者が前者とは別の目的に基づく規律を意図するものであり，その適用によって前者の規定の意図する目的と効果をなんら阻害することがないときや，両者が同一の目的に出たものであっても，国の法令が必ずしもその規定によって全国的に一律に同一内容の規制を施す趣旨ではなく，それぞれの普通地方公共団体において，その地方の実情に応じて，別段の規制を施すことを容認する趣旨であると解されるときは，国の法令と条例との間にはなんらの矛盾牴触はなく，条例が国の法令に違反する問題は生じえないのである。」「道路における集団行進等に対する道路交通秩序維持のための具体的規制が，道路交通法 77 条及びこれに基づく公安委員会規則と条例の双方において重複して施されている場合においても，両者の内容に矛盾牴触するところがなく，条例における重複規制がそれ自体としての特別の意義と効果を有し，かつ，その合理性が肯定される場合には，道路交通法による規制は，このような条例による規制を否定，排除する趣旨ではなく，条例の規制の及ばない範囲においてのみ適用される趣旨のものと解するのが相当であり，したがって，右条例をもって道路交通法に違反するものとすることはできない。」　**2犯罪構成要件の明確性と憲法 31 条**「およそ，刑罰法規の定める

犯罪構成要件があいまい不明確のゆえに憲法31条に違反し無効であるとされるのは，その規定が通常の判断能力を有する一般人に対して，禁止される行為とそうでない行為とを識別するための基準を示すところがなく，そのため，その適用を受ける国民に対して刑罰の対象となる行為をあらかじめ告知する機能を果たさず，また，その運用がこれを適用する国又は地方公共団体の機関の主観的判断にゆだねられて恣意に流れる等，重大な弊害を生ずるからであると考えられる。……それゆえ，ある刑罰法規があいまい不明確のゆえに憲法31条に違反するものと認めるべきかどうかは，通常の判断能力を有する一般人の理解において，具体的場合に当該行為がその適用を受けるものかどうかの判断を可能ならしめるような基準が読みとれるかどうかによってこれを決定すべきである。」 **3本条例の合憲性** 「そもそも，道路における集団行進等は，多数人が集団となって継続的に道路の一部を占拠し歩行その他の形態においてこれを使用するものであるから，このような行動が行われない場合における交通秩序を必然的に何程か侵害する可能性を有することを免れないものである。本条例は，集団行動等が表現の一態様として憲法上保障されるべき要素を有することにかんがみ，届出制を採用し，集団行進等の形態が交通秩序に不可避的にもたらす障害が生じても，なおこれを忍ぶべきものとして許容しているのであるから，本条例3条3号の規定が禁止する交通秩序の侵害は，当該集団行進等に不可避的に随伴するものを指すものではないことは，極めて明らかである。ところが，思想表現行為としての集団行進等は，……これに参加する多数の者が，行進その他の一体的行動によってその共通の主張，要求，観念等を一般公衆等に強く印象づけるために行うものであり，専らこのような一体的行動によってこれを示すところにその本質的な意義と価値があるものであるから，これに対して，それが秩序正しく平穏に行われて不必要に地方公共の安寧と秩序を脅かすような行動にわたらないことを要求しても，それは右のような思想表現行為としての集団行進等の本質的な意義と価値を失わしめ憲法上保障されている表現の自由を不当に制限することにはならないのである。そうすると本条例3条が，集団行進等を行おうとする者が，集団行進等の秩序を保ち，公共の安寧を保持するために守らなければならない事項の一つとして，その3号に『交通秩序を維持すること』を掲げているのは，道路における集団行進等が一般的に秩序正しく平穏に行われる場合これに随伴する交通秩序阻害の程度を超えた，殊更な交通秩序の阻害をもたらすような行為を避止すべきことを命じているものと解されるのである。そして，通常の判断能力を有する一般人が，具体的場合において，自己がしようとする行為が右条項による禁止に触れるものであるかどうかを判断するにあたっては，その行為が秩序正しく平穏に行なわれる集団行為等に伴う交通秩序の阻害を生ずるにとどまるものか，あるいは殊更な交通秩序の阻害をもたらすようなものであるかを考えることにより，通常，その判断にさほどの困難を感じることはないはずであり，例えば……だ行進，うず巻行進，すわり込み，通路一杯を占拠するいわゆるフランスデモ等の行為が，秩序正しく平穏な集団行進等に随伴する交通秩序阻害の程度を超えて，殊更な交通秩序の阻害をもたらすような行為にあたるものと容易に想到することができるというべきである。」「このような殊更な交通秩序の阻害をもたらすような行為は，思想表現行為としての集団行進等に不可欠の要素ではなく，したがって，これを禁止しても国民の憲法上の権利の正当な行使を制限することにはならず，また，殊更な交通秩序の阻害をもたらすような行為であるかどうかは，通常さほどの困難なしに判断しうることであるから，本条例3条3号の規定により，国民の憲法上の権利の正当な行使が阻害されるおそれがあるとか，国又は地方公共団体の機関による恣意的な運用を許すおそれがあるとは，ほとんど考えられないのである」。「このように見てくると，本条例3条3号の規定は，確かにその文言が抽象的であるとのそしりを免れないとはいえ，集団行進等における道路交通の秩序遵守についての基準を読みとることが可能であり，犯罪構成要素の内容をなすものとして明確性を欠き憲法31条に違反するものとはいえないから，これと異なる見解に立つ原判決及びその維持する第1審判決は，憲法31条の解釈適用を誤ったものというべく，論旨は理由がある。」

補足意見　**小川信雄・坂本吉勝裁判官**（略）　**岸盛一裁判官**（略）　**団藤重光裁判官**（略）

意　見　**高辻正己裁判官**　「私は，本条例3条3号の規定が集団行進等における道路交通の秩序遵守についての基準を読みとることを可能とするものであり，犯罪構成要件の内容をなすものとして明確性を欠くものではないとする一般的見解には，多分に疑問があると考える。」「本件におけるだ行進が，交通秩序侵害行為の典型的のものとして，本条例3条3号の文言上，通常の判断能力を有する者の常識において，その避止すべきことを命じている行為に当たると理解しえられるものであることは，疑問の余地がない。それ故，本件事実に本条例3条3号，5条を適用しても，これによって被告人が，格別，憲法31条によって保障される権利を侵害されることにはならないのである。元来，裁判所による法令の合憲違憲の判断は，司法権の行使に附随してされるものであって，裁判における具体的事実に対する当該法令の適用に関して必要とされる範囲においてすれば足りるとともに，また，その限度にとどめるのが相当であると考えられ，本件において，殊更，その具体的事実に対する適用関係を超えて，他の事案についての適用関係一般にわたり，前記規定の罰則としての明確性の有無を論じて，その判断に及ぶべき理由はない。もっとも，刑罰法規の対象とされる行為が思想の表現又はこれと不可分な表現手段の利用自体に係るものであって，規制の存在すること自体が，本来自由であるべきそれらを思いとどまらせ，又はその自由の取返しのつかない喪失をもたらすようなものである場合には，憲法がその保障に寄せる関心の重大さにかんがみ，別異の配慮を加えるべき憲法上の合理性とそれに由来する要請があるというべきである。しかし，本件において規制の対象とされる行為は，表現手段としての集団行進等をすることそれ自体ではなく，集団行進等がされる場合のその態様に関するものであって，本件の場合は，右に述べたような特段の配慮を加えるべき場合には当たらないのである。」「要するに，私は，本条例3条3号の規定は犯罪構成要件の内容をなすものとして明確性を欠くものとはいえないとする多数意見には賛成することができないが，本条例3条3号，5条の定める犯罪構成要件に当たることの明らかな本件事実については，上述の理由によって，それらの規定の適用が排除されるべきではないと考えるのであって，この点において，結局，原判決は破棄を免れないのである。」

（評釈）　石村善治・重判〈昭和50年度〉9，竹内正・重判〈昭和50年度〉144，長谷川正安・憲法の判例70，浦田一郎・基本判例220，市川正人・法教206号34，野坂泰司・法教310号56，山本龍彦・法セ696号46，山下淳・地自百選31，木村草太・憲百Ⅰ88。

（コメント）　この判決の，憲法21条に関わる判示については⇒***Ⅲ-4-21***。

Ⅲ-6-5　余罪考慮違憲判決

最大判昭42・7・5刑集21巻6号748頁，判時485号15頁
（窃盗被告事件）

事　実　郵便局集配課に事務補助員・事務員として勤務していたYが，1964（昭和39）年11月21日，普通通常郵便物29通（これらの中には現金計7880円，切手684円分）を窃取した事実について，第1審判決（東京地判昭40・3・30刑集21巻6号756頁）は，本件公訴事実のほかに，起訴されていない犯罪事実をいわゆる余罪として認定し，Yに懲役1年2月を言い渡したが，控訴審（東京高判昭40・10・19刑集21巻6号762頁）はこれを破棄し，改めて懲役10月に処したため，Yが上告。

判　旨　**棄却**　**量刑上の余罪考慮の合憲性**　「刑事裁判において，起訴された犯罪事実のほかに，起訴されていない犯罪事実をいわゆる余罪として認定し，実質上これを処罰する趣旨で量刑の資料に考慮し，これがため被告人を重く処罰することが，不告不理の原則に反し，憲法31条に違反するのみならず，自白に補強証拠を必要とする憲法38条3項の制約を免れることとなるおそれがあって，許されないことは，すでに当裁判所の判例（最大判昭41・7・13刑集20巻6号609頁）とするところである。（もっとも，刑事裁判における量刑は，被告人の性格，経歴および犯罪の動機，目的，方法

等すべての事情を考慮して，裁判所が法定刑の範囲内において，適当に決定すべきものであるから，その量刑のための一情状として，いわゆる余罪をも考慮することは，必ずしも禁ぜられるところでないと解すべきことも，前記判例の示すところである。)」「本件について，これを見るに，第1審判決は，『Ｙが郵政監察官及び検察官に対し供述するところによれば，Ｙは本件と同様宿直勤務の機会を利用して既に昭和37年5月ごろから130回ぐらいに約3000通の郵便物を窃取し，そのうち現金の封入してあったものが約1400通でその金額は合計約66万円に，郵便切手の封入してあったものが約1000通でその金額は合計約23万円に達しているというのである。Ｙは，当公判廷においては，犯行の始期は昭和37年5月ごろではなくて昭和38年5月ごろからであり，窃取した現金は合計20万円ぐらい，郵便切手は合計4，5万円ぐらいのものであると弁解しているのであるが，』Ｙの前記弁解は措信し難く，むしろ，『郵政監察官及び検察官に対し供述したところが真実に略々近いものである』とし，『これによれば，Ｙの犯行は，その期間，回数，被害数額等のいずれの点よりしても，この種の犯行としては他に余り例を見ない程度のものであったことは否定できないことであり，事件の性質上量刑にあたって，この事実を考慮に入れない訳にはいかない。』と断定しているのであって，この判示は，本件公訴事実のほかに，起訴されていない犯罪事実をいわゆる余罪として認定し，これをも実質上処罰する趣旨のもとに，Ｙに重い刑を科したものと認めざるを得ない。したがって，第1審判決は，前示のとおり，憲法31条に違反するのみでなく，右余罪の事実中には，Ｙの郵政監察官および検察官に対する自供のみによって認定したものもあることは記録上明らかであるから，その実質において自己に不利益な唯一の証拠が本人の自白であるのにこれに刑罰を科したこととなり，同38条3項にも違反するものといわざるを得ない。」「そうすると，原判決は，この点を理由として第1審判決を破棄すべきであったにかかわらずこれを破棄することなく，右判示を目して，たんに本件起訴にかかる『Ｙの本件犯行が一回きりの偶発的なものかあるいは反覆性のある計画的なものかどうか等に関する本件犯行の罪質ないし性格を判別する資料として利用する』趣旨に出たにすぎないものと解すべきであるとして，『証拠の裏づけのないため訴追することができない不確実な事実を量刑上の資料とした違法がある』旨のＹ側の主張を斥けたことは，第1審判決の違憲を看過し，これを認容したもので，結局において，憲法38条3項に違反する判断をしたことに帰着する。」「しかしながら，原判決は，結論においては，第1審判決の量刑は重きに失するとして，これを破棄し，改めてＹを懲役10月に処しているのであって，その際，余罪を犯罪事実として認定しこれを処罰する趣旨をも含めて量刑したものでないことは，原判文上明らかであるから，右憲法違反は，刑訴法410条1項但書にいう判決に影響を及ぼさないことが明らかな場合にあたり，原判決を破棄する理由とはならない。」

（評釈） 光藤景皎・重判〈昭和42年度〉246頁，平田元・刑訴百選〈第6版〉81，久保健助・憲百Ⅱ114。

（コメント） **関連判例** なお，本判決中にも引用のある最大判昭41・7・13刑集20巻6号609頁は，郵便配達業務に従事する郵便局員による類似の窃盗事件について，この違憲判決の判断基準を初めて示しつつ，量刑上の余罪考慮を合憲とした事例。

Ⅲ-6-6 死刑執行方法合憲判決

最大判昭36・7・19刑集15巻7号1106頁，判時266号9頁
（強盗殺人被告事件）

事　実 Y_1，Y_2は，1956（昭和31）年2月29日に共謀して実行した強盗殺人の罪で起訴され，第1審（名古屋地判昭31・12・11刑集15巻7号1178頁）で，それぞれ無期および15年の有期懲役に処せられた。しかし控訴審（名古屋高判昭32・7・8刑集15巻7号1181頁）では，第1審判決は量刑不当として破棄され，あらためて両名に死刑の判決が言い渡された。そこで，Y_1とY_2は，死刑の執行方法については法律の定めがない（「絞罪器械図式」を定める明治6年太政官布告65号には，死刑の執行方法に関し，「凡絞刑ヲ行フニハ先ヅ両手ヲ背ニ縛シ紙ニテ面ヲ掩ヒ引テ絞架ニ登セ踏板上ニ立シメ次ニ両足ヲ縛シ次ニ絞縄ヲ首領ニ施シ……機車ノ柄ヲ挽ケハ踏板忽チ開落シテ囚身……空ニ懸ル……」との規定がある）にもかかわらず，その方法を特定することなく絞首刑たる死刑を宣告したことは，憲法31条および36条に違反すると主張して上告した。

判　旨 **棄却** **明治6年太政官布告65号の効力** 「死刑の執行方法に関する事項を定めた所論明治6年太政官布告65号は，同布告の制定後今日に至るまで廃止されまたは失効したと認むべき法的根拠は何ら存在しない。」「死刑のような重大な刑の執行方法に関する基本的事項は，旧憲法下においても法律事項に該当すると解するを相当とし（旧憲法23条），その限度においては同布告は旧憲法下において既に法律として遵由の効力を有していたものと解するを相当とする。そして……右布告は新憲法下において，法律と同一の効力を有するものとして有効に存続しているといわなければならない（憲法98条1項）。」「死刑に関する現行法制としては，刑法11条，監獄法71条1項，72条，刑訴法475条ないし478条等の法律の規定があるほか，憲法上法律と同一の効力を有すると認められる明治6年太政官布告65号の規定が有効に存在し，これらの諸規定に基づきなされた本件死刑の宣告は，憲法31

条にいう法律の定める手続によってなされたものであることは明らかである。また，現在の死刑の執行方法が所論のように右太政官布告の規定どおりに行われていない点があるとしても，それは右布告で規定した死刑の執行方法の基本的事項に反しているものとは認められず，この一事をもって憲法31条に違反するものとはいえない。それ故，右布告が既に失効したものであることを前提とする憲法31条，36条違反の主張は採るを得ない。」

補足意見 斎藤悠輔裁判官（略） 藤田八郎裁判官（略） 奥野健一裁判官（略）

意　見 島保裁判官（略） 河村又介裁判官（略） 池田克・石坂修一裁判官（略）

（評釈） 所一彦・刑法百選Ⅰ〈第2版〉97，西村裕一・憲百Ⅱ A9。

（コメント） 関連判例 ⇒Ⅲ-6-35。

(2) 行 政 手 続

Ⅲ-6-7 個人タクシー事件

最一判昭46・10・28民集25巻7号1037頁，判時647号22頁
（行政処分取消請求事件）

事　実 道路運送法3条の定める個人タクシー事業の免許に関する権限を有するY陸運局長は，1959（昭和34）年8月，当面の需要をみたすため，983輛の個人タクシーの増車を決定し申請希望者を募ったところ，6630件の申請があった。Xも同年8月6日免許を申請して受理された。Yは，同法122条の2（現行規定では89条）の定める聴聞による調査結果に基づいて免許の許否を決めるため，同法6条1項1号（現6条1号）の趣旨に沿って作られた17項目の基準事項を設定し，またこの基準事項に基づいて聴聞概要書調査書（聴聞書）が作られた。そして聴聞担当者約20人が各申請人について聴聞書の項目ごとに聴聞を行ってその結果を記入したが，この審査基準は公示されておらず，その存在については主だった聴聞官以外はほとんど知らなかった。Yは，この聴聞の結果，Xについては「本人が他業を自営している場合には転業が困難なものでないこと」および「運転歴7年以上のもの」に該当していないと判断し，道路運送法6条1項3～5号（現行法の6条2～3号にほぼ対応）の要件をみたさないものとして，申請を却下した。しかしXとしては，もし申請が認められたら洋品店を廃業してタクシー業に専念する意思を有していたことでもあり，また軍隊時代の分も合わせると，運転歴は7年を優に超えていたのであるが，聴聞担当官もXも上記の基準事項の存在すら知らなかったため，Xの申請の却下事由となったこれらの点（他業関係および運転歴）については思い至らず，何らの聴聞も行われなかった。そこでXは，(1)審査基準の内容が告知されなかったため，その事実について主張し立証する機会を与えられなかったこと，および(2)基準が公開されなかったため

に，Yの行った事実認定には独断を疑わせる面があり，かつ現実に重大な誤認と独断が存すると主張し，公正な手続を経ずになされたYの申請却下処分は違法であるから，取り消すよう請求した。第1審（東京地判昭38・9・18行集14巻9号1666頁）は，ほぼ全面的にXの主張を認めて申請却下処分を取り消し，第2審（東京高判昭40・9・16行集16巻9号1585頁）も，第1審判決の結論を支持して控訴を棄却したものの，その理由は第1審判決とは多少異なっており，Yは，審査基準をいちいち公表したり申請人に告知する必要はないが，その基準を適用する上で必要な事項については申請人に告知し，主張・立証の機会を与えなければならないところ，上記2項目についてそのような聴聞をしなかったことは違法であると判断した。これに対し，Yは，道路運送法による自動車運送事業は公益特許事業であって警察許可事業ではなく，したがって，同法の定める聴聞も，行政庁の裁量に属するものであり，公益判断の資料を得ることを主たる目的とした便宜・補充的な手段にすぎないから，聴聞の仕方については瑕疵が存在したとしても，違法の問題は生じないとして上告し，原判決の破棄を求めた。

判　旨 **棄却**　**免許申請許否手続における適正手続**「道路運送法においては，個人タクシー事業の免許申請の許否を決する手続について，同法122条の2の聴聞の規定のほか，とくに，審査，判定の手続，方法等に関する明文規定は存しない。しかし，同法による個人タクシー事業の免許の許否は個人の職業選択の自由にかかわりを有するものであり，このことと同法6条および前記122条の2の規定等とを併せ考えれば，本件におけるように，多数の者のうちから少数特定の者を，具体的個別的事実関係に基づき選択して免許の許否を決しようとする行政庁としては，事実の認定につき行政庁の独断を疑うことが客観的にもっともと認められるような不公正な手続をとってはならないものと解せられる。すなわち，右6条は抽象的な免許基準を定めているにすぎないのであるから，内部的にせよ，さらに，その趣旨を具体化した審査基準を設定し，これを公正かつ合理的に適用すべく，とくに，右基準の内容が微妙，高度の認定を要するようなものである等の場合には，右基準を適用するうえで必要とされる事項について，申請人に対し，その主張と証拠の提出の機会を与えなければならないというべきである。免許の申請人はこのような公正な手続によって免許の許否につき判定を受くべき法的利益を有するものと解すべく，これに反する審査手続によって免許の申請の却下処分がなされたときは，右利益を侵害するものとして，右処分の違法事由となるものというべきである。」

（評釈）中川哲男・曹時24巻10号199，保木本一郎・重判〈昭和46年度〉13，東平好史・民商67巻1号132，熊本信夫・憲百Ⅰ〈第2版〉94，恒川隆生・行政百選Ⅰ117。

Ⅲ-6-8　成田新法訴訟

最大判平4・7・1民集46巻5号437頁，判時1425号45頁
（工作物等使用禁止命令取消等請求事件）

事　実　⇒Ⅲ-4-16

判　旨　**一部破棄自判，一部棄却**

①成田新法3条と憲法29条　「本法3条1項に基づく工作物使用禁止命令は，当該工作物を，(1)多数の暴力主義的破壊活動者の集合の用に供すること，(2)暴力主義的破壊活動等に使用され，又は使用されるおそれがあると認められる爆発物，火炎びん等の物の製造又は保管の場所の用に供すること，又は(3)新空港又はその周辺における航空機の航行に対する暴力主義的破壊活動者による妨害の用に供することの三態様の使用を禁止するものである。そして，右三態様の使用のうち，多数の暴力主義的破壊活動者の集合の用に供することを禁止することが，新空港の設置，管理等の安全を確保するという国家的，社会経済的，公益的，人道的見地からの極めて強い要請に基づくものであり，高度かつ緊急の必要性を有するものであることは前記のとおりであり〔⇒Ⅲ-4-16〕，この点は他の二態様の使用禁止についても同様であるから，右三態様の使用禁止は財産の使用に対する公共の福祉による必要かつ合理的な制限であるといわなければならない。また，本法3条1項1号の規定する要件が不明確なものであるといえないことは，前記のとおりであり，同項2号の規定する要件も不明確なものであるとはいえない。」「したがって，本法3条1項1，2号は，憲法29条1，2項に違反するものではない。」　**②同法と憲法31条**　「憲法31条の定める法定手続の保障は，直接には刑事手続に関するものであるが，行政手続については，それが刑事手続ではないとの理由のみで，そのすべてが当然に同条による保障の枠外にあると判断することは相当ではない。」「しかしながら，同条による保障が及ぶと解すべき場合であっても，一般に，行政手続は，刑事手続とその性質においておのずから差異があり，また，行政目的に応じて多種多様であるから，行政処分の相手方に事前の告知，弁解，防御の機会を与えるかどうかは，行政処分により制限を受ける権利利益の内容，性質，制限の程度，行政処分により達成しようとする公益の内容，程度，緊急性等を総合較量して決定されるべきものであって，常に必ずそのような機会を与えることを必要とするものではないと解するのが相当である。」「本法3条1項に基づく工作物使用禁止命令により制限される権利利益の内容，性質は，前記のとおり当該工作物の三態様における使用であり，右命令により達成しようとする

公益の内容，程度，緊急性等は，前記のとおり，新空港の設置，管理等の安全という国家的，社会経済的，公益的，人道的見地からその確保が極めて強く要請されているものであって，高度かつ緊急の必要性を有するものであることなどを総合較量すれば，右命令をするに当たり，その相手方に対し事前に告知，弁解，防御の機会を与える旨の規定がなくても，本法3条1項が憲法31条の法意に反するものということはできない。また，本法3条1項1，2号の規定する要件が不明確なものであるといえないことは，前記のとおりである。」 3

同法と憲法35条　「憲法35条の規定は，本来，主として刑事手続における強制につき，それが司法権による事前の抑制の下に置かれるべきことを保障した趣旨のものであるが，当該手続が刑事責任追及を目的とするものではないとの理由のみで，その手続における一切の強制が当然に右規定による保障の枠外にあると判断することは相当ではない（最大判昭47・11・22刑集26巻9号554頁）。しかしながら，行政手続は，刑事手続とその性質においておのずから差異があり，また，行政目的に応じて多種多様であるから，行政手続における強制の一種である立入りにすべて裁判官の令状を要すると解するのは相当ではなく，当該立入りが，公共の福祉の維持という行政目的を達成するため欠くべからざるものであるかどうか，刑事責任追及のための資料収集に直接結び付くものであるかどうか，また，強制の程度，態様が直接的なものであるかどうかなどを総合判断して，裁判官の令状の要否を決めるべきである」「本法3条3項は，運輸大臣は，同条1項の禁止命令をした場合において必要があると認めるときは，その職員をして当該工作物に立ち入らせ，又は関係者に質問させることができる旨を規定し，その際に裁判官の令状を要する旨を規定していない。しかし，右立入り等は，同条1項に基づく使用禁止命令が既に発せられている工作物についてその命令の履行を確保するために必要な限度においてのみ認められるものであり，その立入りの必要性は高いこと，右立入りには職員の身分証明書の携帯及び提示が要求されていること（同条4項），右立入り等の権限は犯罪捜査のために認められたものと解釈してはならないと規定され（同条5項），刑事責任追及のための資料収集に直接結び付くものではないこと，強制の程度，態様が直接的物理的なものではないこと（9条2項）を総合判断すれば，本法3条1，3項は，憲法35条の法意に反するものとはいえない。」

意　見

園部逸夫裁判官　「行政庁の処分のうち，少なくとも，不利益処分……については，法律上，原則として，弁明，聴聞等何らかの適正な事前手続の規定を置くことが，必要であると考える。このように行政手続を法律上整備すること，すなわち，行政手続法ないし行政手続条項を定めることの憲法上の根拠について……，上告理由は，これを憲法31条に求めている〔が〕，……いわゆる法治主義の原理（手続的法治国の原理），法の適正な手続又は過程（デュー・プロセス・オヴ・ロー）の理念その他行政手続に関する法の一般原則に照らして，適正な行政手続の整備が行政法の重要な基盤であることは，もはや自明の理とされるに至っている。したがって，我が国でも，憲法上の個々の条文とはかかわりなく，既に多数の行政法令に行政手続に関する規定が置かれており，また，現在，行政手続に関する基本法の制定に向けて努力が重ねられているところである。もとより，個別の行政庁の処分の趣旨・目的に照らし，刑事上の処分に準じた手続によるべきものと解される場合において，適正な手続に関する規定の根拠を，憲法31条又はその精神に求めることができることはいうまでもない。」「一般に，行政庁の処分は，刑事上の処分と異なり，その目的，種類及び内容が多種多様であるから，不利益処分の場合でも，個別的な法令について，具体的にどのような事前手続が適正であるかを，裁判所が一義的に判断することは困難というべきであり，この点は，立法当局の合理的な立法政策上の判断にゆだねるほかはないといわざるを得ない。」「もっとも，不利益処分を定めた法令に事前手続に関する規定が全く置かれていないか，あるいは事前手続に関する何らかの規定が置かれていても，実質的には全く置かれていないのと同様な状態にある場合においても，当該法令の立法趣旨から見て，右の法令に事前手続を置いていないこと等が，右の一般原則に著しく反すると認められない場合は，立法政策上の合理的な判断によるものとしてこれを是認すべきものと考える。」本法3条1項の定める「工作物使用禁止命令は，処分の名宛人を確知できる限りにおいて，右名宛人に対し不作為義務を課する典型的な行政上の不利益処分に当たる。」しかし本法3条1項の定める工作物使用禁止命令自体の性質に着目すると，「緊急やむを得ない場合の除外規定を付した上で，事前手続の規定を置くことが望ましい場合ではあるけれども，本法は，法律そのものが，高度かつ緊急の必要性という本件規制における特別の事情を考慮して制定されたものであることにかんがみれば，事前手続の規定を置かないことが直ちに前記の一般原則に著しく反するとまでは認められないのであって，右のような立法政策上の判断は合理的なものとして是認することができる」。**可部恒雄裁判官**「憲法31条による適正手続の保障は，ひとり刑事手続に限らず，行政手続にも及ぶと解されるのであるが，行政手続がそれぞれの行政目的に応じて多種多様である実情に照らせば，同条の保障が行政処分全般につき一律に妥当し，当該処分につき告知・聴聞を含む事前手続を欠くことが直ちに違憲・無効の結論を招来する，と解するのは相当でない。多種多様な行政処分のいかなる範囲につき同条の保障を肯定すべきかは，それ自体解決困難な熟慮を要する課題であって，……本件の具体的案件を，行政処分による所有権に対する重大な制限として一般化した上で，本件処分を目して，事前の告知・聴聞を経ない限り，憲法31条に違反するものとするのは相当でない。」「本件工作物の構造の異様さから考えられるその使用目的とこれに対する本件処分の内容とを総合勘案すれば，前記にみるような態様の財産権行使の禁止が憲法29条によって保障される財産権に対する重大な制限に当たるか否か，疑問とせざるを得ないのみならず，これを強いて「重大な制限」に当たると観念するとしても，当該処分につき告知・聴聞を含む事前手続を経ない限り，31条を含む憲法の法条に反するものとはたやすく断じ難いところである。」「一般に，行政処分をもってする所有権の重大な制限には憲法31条の保障が及ぶと解されるのであり，また，かく解することが当裁判所の累次の先例の趣旨に副う所以であると考えられるが，本件工作物につき前記態様の使用の禁止を命じた本件処分につき，事前手続を欠く限り憲法31条に違反するものとすることはできない。」

(評釈)　野中俊彦・ジュリ1009号27，千葉勝美・ジュリ1009号33，永田秀樹・法セ455号122，渋谷秀樹・法教148号108，中谷実・セレクト〈'92〉16，千葉勝美・曹時45巻3号187，田村和之・判評411号164，渡辺久丸・民商108巻4＝5号235，熊本信夫・重判〈平成4年度〉51，市川正人・法教206号34，同・法教207号42，井上典之・法セ627号62，宮地基・憲百Ⅱ115，宇那木正寛・行政百選Ⅱ116。

(コメント)　この判決の集会・結社の自由の制限の合憲性にかかわる判示については⇒***Ⅲ-4-16***。**関連判例**　最二決平26・8・19判時2237号28頁は，本判決を引用して，逃亡犯罪人引渡法35条1項の規定が，同法14条1項に基づく逃亡犯罪人の引渡命令につき，行政手続法第3章の規定の適用を除外して，引渡命令の発令手続において改めて当該逃亡犯罪人に弁明の機会を与えるものとまではしていないことは，手続全体からみて逃亡犯罪人の手続保障に欠けるものとはいえず，憲法31条の法意に反するものということはできないとした。

(3)　令状主義――逮捕，勾留，捜索・押収など

Ⅲ-6-9　緊急逮捕合憲判決

最大判昭30・12・14刑集9巻13号2760頁，判時67号7頁
（森林法違反公務執行妨害傷害被告事件）

事　実　徳島県下の山村に居住して農業を営んでいたYは，1949（昭和24）年3月27日頃と同月29日頃に他人の山林内の棕梠皮約710枚（当時の時価約920円相当）を窃取したとして，旧森林法83条違反容疑で同年4月6日A，B両巡査により自宅で緊急逮捕された。両巡査は当初，密告を受けて私服でY方に赴き任意同行を求めたが，Yが病気と称して応じなかったため，Aが再度出頭を促したが，Yは再度拒否したため，証拠隠滅，逃亡のおそれありと判断して，Yを緊急逮捕したものであるが，その際B巡査は，逮捕を免れようとしたYの暴行により顔面などに2週間の傷害を受けた。なお上記の緊急逮捕については，同日裁判所から逮捕状が発付された。第1審（徳島地脇町支判昭24・6・23刑集9巻13号2768頁）でYは森林法違反，公務執行妨害および傷害の罪で懲役10月に処せられたので，弁護人から量刑不当の主張に加え，刑訴法210条の緊急逮捕は憲法33条違反であり，またYの行為は正当防衛であるとして控訴がなされ

たが，控訴審（高松高判昭26・7・30高刑4巻9号1104頁）も控訴を棄却したため，弁護人はさらに上告し，改めて刑訴法210条が憲法33条違反であること，とくに本件のように，純朴な農村に住居を有して農業を営んでいるYが逃亡するおそれもなく，かつ被害事実も軽微である場合においては，緊急逮捕は職権濫用であり許されないこと等を主張した。

判　旨　**棄却**　**刑訴法210条の合憲性**「刑訴210条は，死刑又は無期若しくは長期3年以上の懲役若しくは禁錮にあたる罪を犯したことを疑うに足る充分な理由がある場合で，且つ急速を要し，裁判官の逮捕状を求めることができないときは，その理由を告げて被疑者を逮捕することができるとし，そしてこの場合捜査官憲は直ちに裁判官の逮捕状を求める手続を為し，若し逮捕状が発せられないときは直ちに被疑者を釈放すべきことを定めている。かような厳格な制約の下に，罪状の重い一定の犯罪のみについて，緊急已むを得ない場合に限り，逮捕後直ちに裁判官の審査を受けて逮捕状の発行を求めることを条件とし，被疑者の逮捕を認めることは，憲法33条規定の趣旨に反するものではない。」

補足意見　**斎藤悠輔裁判官**（略）　**小谷勝重・池田克裁判官**（略）

（評釈）江家義雄・判評4号21，上田健介・憲百Ⅱ116，刑訴百選A3。

Ⅲ-6-10　狭山事件

最二決昭52・8・9刑集31巻5号821頁，判時864号22頁
（強盗強姦，強盗殺人，恐喝未遂，窃盗，森林窃盗，傷害，暴行，横領被告事件）

事　実　1963（昭和38）年5月1日，下校中の女子高校生Aが行方不明となり，身代金を要求する脅迫文が家族に送られてきた。間もなく，強姦の上殺害されたAの死体が発見され，警察は恐喝未遂，暴行，窃盗などの容疑でYを逮捕・勾留し，取調べを行ったが，Yは，恐喝未遂，強姦，殺人については全面的に否認した。このため，検察官は，いったん，Yを暴行，窃盗などで起訴したが，その後，Yが保釈されると直ちに，あらたに，強盗強姦殺人，死体遺棄で逮捕・勾留した。そして，この勾留中に得られた自白等に基づき，検察官は，あらためて強盗強姦，強盗殺人，死体遺棄，恐喝未遂等でYを起訴した。第1審でYは公訴事実を全面的に認めたが，弁護人は，別件逮捕，再逮捕，勾留による違法かつ不当な拘禁中に得られた自白には証拠能力がないと主張した。しかし，第1審（浦和地判昭39・3・11下刑6巻3＝4号206頁）はその主張を認めず，死刑判決を下した。第2審（東京高判昭49・10・31高刑27巻5号474頁）でYは，自白は取調官の誘導・強制によってなした虚偽のものであると主張したが，認められず，無期懲役の判決を受けた。そこでYは，別件逮捕・勾留，再逮捕・

勾留によって収集された証拠に証拠能力を認めた原審判決は，憲法31条，33条，34条，36条，37条1項，38条1項2項に違反するなどを理由として上告した。

決定要旨　棄却　**別件逮捕・勾留の合憲性**「第一次逮捕・勾留は，その基礎となった被疑事実について逮捕・勾留の理由と必要性があったことは明らかである。そして，『別件』中の恐喝未遂と『本件』とは社会的事実として一連の密接な関連があり，『別件』の捜査としての事件当時のYの行動状況についてYを取調べることは，他面においては『本件』の捜査ともなるのであるから，第一次逮捕・勾留中に『別件』のみならず『本件』についてもYを取調べているとしても，それは，専ら『本件』のためにする取調というべきではなく，『別件』について当然しなければならない取調をしたものにほかならない。」「更に，『別件』中の恐喝未遂と『本件』とは，社会的事実として一連の密接な関連があるとはいえ，両者は併合罪の関係にあり，各事件ごとに身柄拘束の理由と必要性について司法審査を受けるべきものであるから，一般に各別の事件として逮捕・勾留の請求が許されるのである。しかも，第一次逮捕・勾留当時『本件』について逮捕・勾留するだけの証拠が揃っておらず，その後に発見，収集した証拠を併せて事実を解明することによって，初めて『本件』について逮捕・勾留の理由と必要性を明らかにして，第二次逮捕・勾留を請求することができるに至ったものと認められるのであるから，『別件』と『本件』とについて同時に逮捕・勾留して捜査することができるのに，専ら，逮捕・勾留の期間の制限を免れるため罪名を小出しにして逮捕・勾留を繰り返す意図のもとに，各別に請求したものとすることはできない。」「それ故，『別件』についての第一次逮捕・勾留とこれに続く窃盗，森林窃盗，傷害，暴行，横領被告事件の起訴勾留及び『本件』についての第二次逮捕・勾留は，いずれも適法であり，右一連の身柄の拘束中のYに対する『本件』及び『別件』の取調について違法の点はないとした原判決の判断は，正当として是認することができる。」

(評釈)　上野裕久・憲百Ⅰ〈第2版〉96。

Ⅲ-6-11　都教組勤評闘争事件

最大決昭33・7・29刑集12巻12号2776頁，判時156号6頁
（準抗告申立棄却決定に対する特別抗告事件）

事　実　勤務評定（勤評）反対闘争の一環として東京都教組が行った一斉休暇闘争に関する地公法61条4号違反被疑事件について，1958（昭和33）年4月26日付で東京簡易裁判所裁判官による捜索差押許可の裁判がなされたが，その際の捜索差押許可状には，「罪名」として「地方公務員法違反被疑事件」，

「捜索すべき場所」として「東京都千代田区神田一ツ橋2丁目9番地，教育会館内，東京都教職員組合本部」，「差し押えるべき物」として「会議議事録，闘争日誌，指令，通達類，連絡文書，報告書，メモその他本件に関係ありと思料せられる一切の文書及び物件」とのみ記載されていた。そこで被疑者の弁護人Xは，これらの記載事項はいずれも不明確かつ特定性を欠くもので憲法35条に違反するとして，東京地裁に準抗告申立てをしたが，棄却された（東京地決昭33・5・8刑集12巻12号2781頁）ので，Xが最高裁に特別抗告をした。

決定要旨　**棄却**　**捜索差押許可状の記載要件**　「憲法35条は，捜索，押収については，その令状に，捜索する場所及び押収する物を明示することを要求しているにとどまり，その令状が正当な理由に基いて発せられたことを明示することまでは要求していないものと解すべきである。されば，捜索差押許可状に被疑事件の罪名を，適用法条を示して記載することは憲法の要求するところではなく，捜索する場所及び押収する物以外の記載事項はすべて刑訴法の規定するところに委ねられており，刑訴219条1項により右許可状に罪名を記載するに当っては，適用法条まで示す必要はないものと解する。」「本件許可状における捜索すべき場所の記載は，憲法35条の要求する捜索する場所の明示として欠くるところはないと認められ，また，本件許可状に記載された『本件に関係ありと思料せられる一切の文書及び物件』とは，『会議議事録，斗争日誌，指令，通達類，連絡文書，メモ』と記載された具体的な例示に附加されたものであって，同許可状に記載された地方公務員法違反被疑事件に関係があり，且つ右例示の物件に準じられるような闘争関係の文書，物件を指すことが明らかであるから，同許可状が物の明示に欠くるところがあるということもできない。」

（評釈）　平場安治・判評14号1，高田卓爾・憲百Ⅰ〈第2版〉101，刑訴百選A5。

Ⅲ-6-12　緊急逮捕前の捜索押収事件

最大判昭36・6・7刑集15巻6号915頁，判時261号5頁
（麻薬取締法違反被告事件）

事　実　1955（昭和30）年10月11日夜，麻薬取締官4名は，麻薬の不法所持でAを現行犯逮捕したが，Aが入手先としてYを自供したので，Yを緊急逮捕すべくAを連行してY宅に赴いた。Yは不在であったが，留守居をしていた高校2年のYの娘Bを問い詰めると，Bは，Yに頼まれて麻薬を水屋から取り出してAに渡したことを自供したので，取締官らは，Bを一応緊急逮捕したうえ，その承諾を得てBを立会人としてY宅を捜索したところ，タンスの下や水屋等から麻薬モルヒネ等が発見された。そこへYが帰宅したので，取締官らがそれらの証拠品を示してYを追及したところ，初めは否認していたが，ついに自

白したため，Yを緊急逮捕するとともに，麻薬等を押収した。そこでYとAは麻薬の不法譲渡・不法所持の罪で起訴され，第1審（大阪地判昭30・12・9刑集15巻6号951頁）で有罪とされたが，第2審（大阪高判昭31・6・19刑集15巻6号953頁）は破棄自判し，不法所持の点についてはYを無罪とした。その根拠とするところは，(1)緊急逮捕に着手せずに捜索差押えを先に行うことは刑訴法220条違反であること，(2)本件の捜索差押えは逮捕の基礎となっている罪とは別個の麻薬に関する余罪を発見しようとして行われたものであり違法であること，(3)娘のB（当時17歳）が本件捜索差押えの意味を十分理解していたとはいえないから，Bの承諾による捜索差押えは適法な任意捜索とは考えられないこと等であり，したがって，本件の捜索差押えは令状主義に反する違法違憲の行為であるというものである。検察側は，この判決を不服として上告した。

判　旨　**破棄差戻**　**緊急逮捕に時間的に接着する捜索・差押えの合憲性**

「憲法35条は，同33条の場合には令状によることなくして捜索，押収をすることができるものとしているところ，いわゆる緊急逮捕を認めた刑訴210条の規定が右憲法33条の趣旨に反しないことは，当裁判所の判例（最大判昭30・12・14刑集9巻13号2760頁）とするところである。同35条が右の如く捜索，押収につき令状主義の例外を認めているのは，この場合には，令状によることなくその逮捕に関連して必要な捜索，押収等の強制処分を行なうことを認めても，人権の保障上格別の弊害もなく，且つ，捜査上の便益にも適なうことが考慮された〔こと〕によるものと解されるのであって，刑訴220条が被疑者を緊急逮捕する場合において必要があるときは，逮捕の現場で捜索，差押等をすることができるものとし，且つ，これらの処分をするには令状を必要としない旨を規定するのは，緊急逮捕の場合について憲法35条の趣旨を具体的に明確化したものに外ならない。」「もっとも，右刑訴の規定について解明を要するのは，『逮捕する場合において』と『逮捕の現場で』の意義であるが，前者は，単なる時点よりも幅のある逮捕〔を〕する際をいうのであり，後者は，場所的同一性を意味するにとどまるものと解するを相当とし，なお，前者の場合は，逮捕との時間的接着を必要とするけれども，逮捕着手時の前後関係は，これを問わないものと解すべきであって，このことは，同条1項1号の規定の趣旨からも窺うことができるのである。従って，例えば，緊急逮捕のため被疑者方に赴いたところ，被疑者がたまたま他出不在であって，帰宅次第緊急逮捕する態勢の下に捜索，押収がなされ，且つ，これと時間的に接着して逮捕がなされる限り，その捜索，差押は，なお，緊急逮捕する場合その現場でなされたとするのを妨げるものではない。」「そして緊急逮捕の現場での捜索，差押は，当該逮捕の原由たる被疑事実に関する証拠物件を収集保全するためになされ，且つ，その目的の範囲内と認められるものである以上，同条

１項後段のいわゆる『被疑者を逮捕する場合において必要があるとき』の要件に適合するものと解すべきである。」「本件は緊急逮捕の場合であり，また，捜索，差押は，緊急逮捕に先行したとはいえ，時間的にはこれに接着し，場所的にも逮捕の現場と同一であるから，逮捕する際に逮捕の現場でなされたものというに妨げなく，右麻薬の捜索，差押は，緊急逮捕する場合の必要の限度内のものと認められるのであるから，右いずれの点からみても，違憲違法とする理由はないものといわなければならない。」

補足意見　池田克裁判官（略）　入江俊郎裁判官（略）　垂水克己裁判官（略）

意　見　**横田喜三郎裁判官**　「麻薬取締官は，被疑者を逮捕する場合とか，逮捕の現場とかいえないのに，捜索と差押の令状をもたないで，これらのことを行なったものである。したがって，それは刑事訴訟法第220条に違反し，さらに根本的には，憲法第35条に違反する。……正当な理由と手続によらなければ，何人も逮捕されず，捜索差押も受けないことは，重要な基本的人権であって，新憲法が強く保障することに照らしてみれば，本件のような捜索差押は，適法なものと認めることができない。」　藤田八郎・奥野健一裁判官（略）

少数意見　**小谷勝重・河村大助裁判官**　「憲法35条は，同33条の場合を除いては，捜索及び押収は司法官憲の発する令状によることを必要とし，司法的抑制によって住居及び財産の安全を保障している。そして刑訴220条1項後段は右令状主義の例外の場合として被疑者を緊急逮捕する場合において必要があるときは，逮捕の現場で令状によらない捜索，差押をすることができる旨定めているのであるが，かかる例外規定は捜索差押が人権侵害の危険を伴うことに鑑み極めて厳格に解釈されなければならないことはいうまでもない。本件麻薬の捜索差押は憲法の保障する令状主義に違反し，Ｙの住居及び財産の安全を侵害する重大な瑕疵を包蔵するものであるから，かかる違法な手続につき作成された捜索差押調書の証拠能力はこれを否定すべきである。」

(評釈)　阪村幸男・憲百Ⅰ〈初版〉77，刑訴百選A7。

Ⅲ-6-13　川崎民商事件

最大判昭47・11・22刑集26巻9号554頁，判時684号17頁
（所得税法違反被告事件）

事　実　旧所得税法（昭和40年の改正前のもの）は，収税官吏が所得税に関する調査について必要があるときは，納税義務者などに質問しまたは帳簿書類その他の物件の検査をすることができる旨を規定し（63条），それらを拒否・妨害・忌避した者に対しては1年以下の懲役または20万円以下の罰金を科すことを定めていた（70条）。川崎民主商工会（川崎民商）の会員であるＹは，1963（昭和38）年10月，川崎税務署収税官吏が税務調査のため帳簿書類等の質問

検査をしようとした際，このような検査は令状主義を定めた憲法 35 条 1 項の違反であり，さらに質問に対する回答の強制は黙秘権を保障した憲法 38 条 1 項に反するとの理由で検査を拒否したため，第 1 審（横浜地判昭 41・3・25 刑集 26 巻 9 号 571 頁），第 2 審（東京高判昭 43・8・23 刑集 26 巻 9 号 574 頁）でいずれも罰金刑に処せられた。そこでＹは，上記と同じ理由でさらに上告した。

判　旨

棄却

1所得検査の合理性「国家財政の基本となる徴税権の適正な運用を確保し，所得税の公平確実な賦課徴収を図るという公益上の目的を実現するために収税官吏による実効性のある検査制度が欠くべからざるものであることは，何人も否定しがたいものであるところ，その目的，必要性にかんがみれば，右の程度の強制は，実効性確保の手段として，あながち不均衡，不合理なものとはいえないのである。」 **2憲法 35 条 1 項と行政手続**「憲法 35 条 1 項の規定は，本来，主として刑事責任追及の手続における強制について，それが司法権による事前の抑制の下におかれるべきことを保障した趣旨であるが，当該手続が刑事責任追及を目的とするものでないとの理由のみで，その手続における一切の強制が当然に右規定による保障の枠外にあると判断することは相当ではない。しかしながら，前に述べた諸点を総合して判断すれば，旧所得税法 70 条 10 号，63 条に規定する検査は，あらかじめ裁判官の発する令状によることをその一般的要件としないからといって，これを憲法 35 条の法意に反するものとすることはできず，前記規定を違憲であるとする所論は，理由がない。」 **3憲法 38 条 1 項の保障と行政手続**「同法 70 条 12 号，63 条に規定する質問も同様であると解すべきである。そして，憲法 38 条 1 項の法意が，何人も自己の刑事上の責任を問われるおそれのある事項について供述を強要されないことを保障したものであると解すべきことは，当裁判所大法廷の判例（最大判昭 32・2・20 刑集 11 巻 2 号 802 頁）とするところであるが，右規定による保障は，純然たる刑事手続においてばかりではなく，それ以外の手続においても，実質上，刑事責任追及のための資料の取得収集に直接結びつく作用を一般的に有する手続には，ひとしく及ぶものと解するのを相当とする。しかし，旧所得税法 70 条 10 号，12 号，63 条の検査，質問の性質が上述のようなものである以上，右各規定そのものが憲法 38 条 1 項にいう『自己に不利益な供述』を強要するものとすることはできず，この点の所論も理由がない。」

（評釈） 板倉宏・ジュリ 526 号 52，柴田孝夫・曹時 25 巻 3 号 165，小高剛・重判〈昭和 47 年度〉6，松井茂記・基本判例 160，石川健治・租税百選〈第 4 版〉103，野坂泰司・法教 320 号 100，曽和俊文・論ジュリ 3 号 47，松井幸夫・憲百Ⅱ 119，辻雄一郎・行政百選Ⅰ 103。

（コメント）**現行法の規定**　現在では国税通則法74条の2，127条2号に上記旧所得税法と同趣旨の規定がある。**関連判例**　最三判昭59・3・27刑集38巻5号2037頁は，本判決を引用し，「国税犯則取締法上の質問調査の手続は，犯則嫌疑者については，自己の刑事上の責任を問われるおそれのある事項についても供述を求めることになるもので，『実質上刑事責任追及のための資料の取得収集に直接結びつく作用を一般的に有する』ものというべきであって，……憲法38条1項の規定による供述拒否権の保障が及ぶ」としながらも，収税官吏の質問顛末書に事前の供述拒否権が告知されていなかったからといって，憲法38条1項に違反しないとした（なお⇒***Ⅲ-6-18***）。**令状なしの税関検査**　また，最三判平28・12・9刑集70巻8号806頁は，税関職員が，郵便物の輸出入の簡易手続として，輸入禁制品の有無等を確認するため，郵便物を開披し，その内容物を目視するなどした上，内容物を特定するため，裁判官の発する令状を得ずに，郵便物の発送人又は名宛人の承諾を得ることなく行った検査が，関税法（平成24年法30号による改正前のもの）76条，同法（平成23年法7号による改正前のもの）105条1項1号，3号によって許容されていると解することが憲法35条の法意に反しないとして，本判決とともに***Ⅲ-4-16***を引用している。

Ⅲ-6-14　バッグ所持品検査事件

最三判昭53・6・20刑集32巻4号670頁，判時896号14頁
（爆発物取締罰則違反，殺人未遂，強盗被告事件）

事　実　1971（昭和46）年7月23日，米子市内で猟銃と登山用ナイフを所持した4人組による銀行強盗事件が発生し，犯人は600万円を強奪して逃走したとの無線連絡を受けて配備についた警察官が，それらしい2人の男をのせた車を停止させ，職務質問をした。その際，警察官は彼らにその所持するバッグとアタッシュケースを開披するよう求めたが，応じなかったので，警察署に連行し，所持人の承諾のないまま，まず，施錠されていないバッグを開けたところ，大量の紙幣が無造作に入っているのが見えた。そこで，さらにアタッシュケースの鍵をドライバーでこじ開けたところ，被害銀行の帯封のある札束が見えたので，警察官はY_1とY_2を緊急逮捕した。Y_1とY_2は，承諾を得ずにバッグを開披した警察官の行為は警職法2条1項，憲法35条1項，同31条に違反すると主張したが，第1審（東京地判昭50・1・23判時772号34頁）も第2審（東京高判昭52・6・30判時866号180頁）もこれを認めなかったので，両被告人側から上告した。

判　旨　**棄却**　**所持品検査の適法性**　「所持品検査は，任意手段である職務質問の附随行為として許容されるのであるから，所持人の承諾を得て，その限度においてこれを行うのが原則であることはいうまでもない。しかしながら，職務質問ないし所持品検査は，犯罪の予防，鎮圧等

を目的とする行政警察上の作用であって，流動する各般の警察事象に対応して迅速適正にこれを処理すべき行政警察の責務にかんがみるときは，所持人の承諾のない限り所持品検査は一切許容されないと解するのは相当でなく，捜索に至らない程度の行為は，強制にわたらない限り，所持品検査においても許容される場合があると解すべきである。もっとも，所持品検査には種々の態様のものがあるので，その許容限度を一般的に定めることは困難であるが，所持品について捜索及び押収を受けることのない権利は憲法35条の保障するところであり，捜索に至らない程度の行為であってもこれを受ける者の権利を害するものであるから，状況のいかんを問わず常にかかる行為が許容されるものと解すべきでないことはもちろんであって，かかる行為は，限定的な場合において，所持品検査の必要性，緊急性，これによって害される個人の法益と保護されるべき公共の利益との権衡などを考慮し，具体的状況のもとで相当と認められる限度においてのみ，許容されるものと解すべきである。」「……所持品検査の緊急性，必要性が強かった反面，所持品検査の態様は携行中の所持品であるバッグの施錠されていないチャックを開披し内部を一べつしたにすぎないものであるから，これによる法益の侵害はさほど大きいものではなく，上述の経過に照らせば相当と認めうる行為であるから，これを警職法2条1項の職務質問に附随する行為として許容されるとした原判決の判断は正当である。」

（評釈）広岡隆・重判〈昭和53年度〉38，平井孝・憲百Ⅰ〈第2版〉102，小木曽綾・法教364号6，長沼範良・刑訴百選4，同・行政百選Ⅰ 106。

Ⅲ-6-15　令状なしのGPS捜査

最大判平29・3・15刑集71巻3号13頁，判時2333号4頁
（窃盗，建造物侵入，傷害被告事件）

事　実　Yが複数の共犯者と共に犯したと疑われていた窃盗事件に関し，組織性の有無，程度や組織内におけるYの役割を含む犯行の全容を解明するための捜査の一環として，2013（平成25）年5月23日頃から同年12月4日頃までの約6か月半の間，Yとその共犯者のほか，Yの知人女性も使用する蓋然性があった自動車等合計19台に，同人らの承諾なく，かつ，令状を取得することなく，GPS端末を取り付けた上，その所在を検索して移動状況を把握するという方法によりGPS捜査が実施された（以下，この捜査を「本件GPS捜査」という）。

Yは，本件GPS捜査が違憲，違法であると争ったところ，第1審は，本件GPS捜査が検証の性質を有する強制の処分（刑訴法197条1項ただし書）に当たり，検証許可状を取得することなく行われた本件GPS捜査には重大な違法がある旨の

判断を示した上，本件GPS捜査により直接得られた証拠およびこれに密接に関連する証拠の証拠能力を否定したが，その余の証拠に基づきYを有罪と認定した（大阪地判平27・7・10判時2288号144頁）。

これに対し，控訴審は，本件GPS捜査により取得可能な情報はGPS端末を取り付けた車両の所在位置に限られるなどプライバシーの侵害の程度は必ずしも大きいものではなかったというべき事情があること，Yらの行動確認を行っていく上で，尾行や張り込みと併せて本件GPS捜査を実施する必要性が認められる状況にあったこと，本件GPS捜査が強制の処分に当たり，無令状でこれを行った点において違法と解する余地がないわけではないとしても，令状発付の実体的要件は満たしていたと考え得ること，本件GPS捜査が行われていた頃までに，これを強制の処分と解する司法判断が示されたり，定着したりしていたわけではなく，その実施に当たり，警察官らにおいて令状主義に関する諸規定を潜脱する意図があったとまでは認め難いこと，また，GPS捜査が強制処分法定主義に反し令状の有無を問わず適法に実施し得ないものと解することも到底できないことなどを理由に，本件GPS捜査に重大な違法があったとはいえないと説示して，Yの控訴を棄却した（大阪高判平28・3・2判タ1429号148頁）。そこで，Yが上告した。

判　旨

棄却　**1本件GPS捜査の性質**　「GPS捜査は，対象車両の時々刻々の位置情報を検索し，把握すべく行われるものであるが，その性質上，公道上のもののみならず，個人のプライバシーが強く保護されるべき場所や空間に関わるものも含めて，対象車両及びその使用者の所在と移動状況を逐一把握することを可能にする。このような捜査手法は，個人の行動を継続的，網羅的に把握することを必然的に伴うから，個人のプライバシーを侵害し得るものであり，また，そのような侵害を可能とする機器を個人の所持品に秘かに装着することによって行う点において，公道上の所在を肉眼で把握したりカメラで撮影したりするような手法とは異なり，公権力による私的領域への侵入を伴うものというべきである。」　**2憲法35条の意義**　「憲法35条は，『住居，書類及び所持品について，侵入，捜索及び押収を受けることのない権利』を規定しているところ，この規定の保障対象には，『住居，書類及び所持品』に限らずこれらに準ずる私的領域に『侵入』されることのない権利が含まれるものと解するのが相当である。そうすると，前記のとおり，個人のプライバシーの侵害を可能とする機器をその所持品に秘かに装着することによって，合理的に推認される個人の意思に反してその私的領域に侵入する捜査手法であるGPS捜査は，個人の意思を制圧して憲法の保障する重要な法的利益を侵害するものとして，刑訴法上，特別の根拠規定がなければ許容されない強制の処分に当たる（最三決昭51・3・16刑集30巻2号187頁参照）とともに，一般的には，現行犯人逮捕等の令状を要しないものとされている処分と同視すべき事情があると認めるのも困難であるから，令状がなければ行うことのできない処分と解すべきである。」 **③GPS 捜査の性質** 「GPS 捜査は，情報機器の画面表示を読み取って対象車両の所在と移動状況を把握する点では刑訴法上の『検証』と同様の性質を有するものの，対象車両に GPS 端末を取り付けることにより対象車両及びその使用者の所在の検索を行う点において，『検証』では捉えきれない性質を有することも否定し難い。仮に，検証許可状の発付を受け，あるいはそれと併せて捜索許可状の発付を受けて行うとしても，GPS 捜査は，GPS 端末を取り付けた対象車両の所在の検索を通じて対象車両の使用者の行動を継続的，網羅的に把握することを必然的に伴うものであって，GPS 端末を取り付けるべき車両及び罪名を特定しただけでは被疑事実と関係のない使用者の行動の過剰な把握を抑制することができず，裁判官による令状請求の審査を要することとされている趣旨を満たすことができないおそれがある。さらに，GPS 捜査は，被疑者らに知られず秘かに行うのでなければ意味がなく，事前の令状呈示を行うことは想定できない。刑訴法上の各種強制の処分については，手続の公正の担保の趣旨から原則として事前の令状呈示が求められており（同法 222 条 1 項，110 条），他の手段で同趣旨が図られ得るのであれば事前の令状呈示が絶対的な要請であるとは解されないとしても，これに代わる公正の担保の手段が仕組みとして確保されていないのでは，適正手続の保障という観点から問題が残る。」 **④立法的措置の必要** 「これらの問題を解消するための手段として，一般的には，実施可能期間の限定，第三者の立会い，事後の通知等様々なものが考えられるところ，捜査の実効性にも配慮しつつどのような手段を選択するかは，刑訴法 197 条 1 項ただし書の趣旨に照らし，第一次的には立法府に委ねられていると解される。仮に法解釈により刑訴法上の強制の処分として許容するのであれば，以上のような問題を解消するため，裁判官が発する令状に様々な条件を付す必要が生じるが，事案ごとに，令状請求の審査を担当する裁判官の判断により，多様な選択肢の中から的確な条件の選択が行われない限り是認できないような強制の処分を認めることは，『強制の処分は，この法律に特別の定のある場合でなければ，これをすることができない』と規定する同項ただし書の趣旨に沿うものとはいえない。」「以上のとおり，GPS 捜査について，刑訴法 197 条 1 項ただし書の『この法律に特別の定のある場合』に当たるとして同法が規定する令状を発付することには疑義がある。GPS 捜査が今後も広く用いられ得る有力な捜査手法であるとすれば，その特質に着目して憲法，刑訴法の諸原則に適合する立法的な措置が講じられることが望ましい。」 **⑤Y の有罪は正当** 「しかしながら，本件 GPS 捜査によって直接得られた証拠及びこれと密接な関連性を有する証拠の証拠能力を否定する一方で，その余の証拠につき，同捜査に密接に関連するとまでは認められないとして証拠能力を肯定し，これに基づきYを有罪と認定した第1審判決は正当であり，第1審判決を維持した原判決の結論に誤りはないから，原判決の前記法令の解釈適用の誤りは判決に影響を及ぼすものではないことが明らかである。」

補足意見　**岡部喜代子・大谷剛彦・池上政幸裁判官**「私たちは，GPS捜査の特質に着目した立法的な措置が講じられることがあるべき姿であるとの法廷意見に示された立場に賛同するものであるが，今後立法が具体的に検討されることになったとしても，法制化されるまでには一定の時間を要することもあると推察されるところ，それまでの間，裁判官の審査を受けてGPS捜査を実施することが全く否定されるべきものではないと考える。」

（評釈）宇藤崇・法教440号152，石田倫識・法セ749号98，堀口悟郎・法セ750号104，笹田栄司・法教442号123，伊藤雅人＝石田寿一・ジュリ1507号106，井上正仁・刑訴百選30，池田公博・法教444号72，堀江慎司・論ジュリ22号138，山本龍彦・論ジュリ22号148。

(4)　証拠の証拠能力

Ⅲ-6-16　ポケット所持品検査事件

最一判昭53・9・7刑集32巻6号1672頁，判時901号15頁
（覚せい剤取締法違反被告事件）

事　実　1974（昭和49）年10月30日の深夜，大阪市内をパトカーで警ら中の警察官A，Bらは，覚せい剤事犯や売春事犯の検挙例の多い地区で，パトカーを下車して遊び人風の男と一緒にいた挙動不審なYを職務質問し，さらに，覚せい剤中毒者ではないかとの疑いもあったので，上衣とズボンのポケットを外から触ったところ「刃物ではないが何か堅い物」が入っている感じでふくらんでいたので，その提示を求めたが，Yがそれに応じようとしなかったので，Aはそのポケットに手を入れ，ちり紙の包みなどの中の物を開披したところ，注射針と覚せい剤らしき粉末などが入っていた。そこでAらはYの面前でマスキース試薬を用いて検査した結果，覚せい剤であることが判明したので，Yを覚せい剤不法所持の容疑で現行犯逮捕した。第1審（大阪地判昭50・10・3刑集32巻6号1760頁），第2審（大阪高判昭51・4・27判時823号106頁）とも，AがYの承諾なしにそのポケットから品物を取り出した行為は職務質問の限界をこえており，違法な捜索・押収に当たるとして，その証拠物の証拠能力を否認した。これに対し検察官は，判例違反を理由に上告に及んだ。

判　旨　**破棄差戻**　**1 職務質問に附随して行う所持品検査の許容性**「警職法2条1項に基づく職務質問に附随して行う所持品検査は，任意手段として許容されるものであるから，所持人の承諾を得

てその限度でこれを行うのが原則であるが，職務質問ないし所持品検査の目的，性格及びその作用等にかんがみると，所持人の承諾のない限り所持品検査は一切許容されないと解するのは相当でなく，捜索に至らない程度の行為は，強制にわたらない限り，たとえ所持人の承諾がなくても，所持品検査の必要性，緊急性，これによって侵害される個人の法益と保護されるべき公共の利益との権衡などを考慮し，具体的状況のもとで相当と認められる限度において許容される場合がある。」「Yの承諾がないのに，その上衣左側内ポケットに手を差し入れて所持品を取り出したうえ検査した同巡査の行為は，一般にプライバシイ侵害の程度の高い行為であり，かつ，その態様において捜索に類するものであるから，上記のような本件の具体的な状況のもとにおいては，相当な行為とは認めがたい」。 **2違法収集証拠の証拠能力** 「証拠物の押収等の手続に，憲法35条及びこれを受けた刑訴法218条1項等の所期する令状主義の精神を没却するような重大な違法があり，これを証拠として許容することが，将来における違法な捜査の抑制の見地からして相当でないと認められる場合においては，その証拠能力は否定される。」「巡査の行為は，職務質問の要件が存在し，かつ所持品検査の必要性と緊急性が認められる状況のもとで，必ずしも諾否の態度が明白ではなかったYに対し，所持品検査として許容される限度をわずかに超えて行われたに過ぎないのであって，もとより同巡査において令状主義に関する諸規定を潜脱しようとの意図があったものではなく，また，他に所持品検査に際し強制等のされた事跡も認められないので，本件証拠物の押収手続の違法は必ずしも重大であるとはいいえないのであり，これをYの罪証に供することが，違法な捜査の抑制の見地に立ってみても相当でないとは認めがたいから，本件証拠物の証拠能力はこれを肯定すべきである。」

（評釈） 渥美東洋・重判〈昭和53年度〉200，岡次郎・曹時761号273，光藤景皎・判評251号177，三井誠・憲百Ⅰ〈第2版〉104，小木曽綾・法教364号6，同・刑訴百選94，曽和俊文・行政百選Ⅰ〈第6版〉112。

（コメント） 所持品検査の許容性については，最三判昭53・6・20（⇒*Ⅲ-6-14*）の立場が踏襲されている。

Ⅲ-6-17　盗聴事件

東京高決昭28・7・17判時9号3頁
（付審判請求棄却決定に対する抗告事件）

事　実　団体等規正令違反の容疑でその行方を追及されていた日本共産党8幹部に対する捜査に当たっていた国家地方警察十日町地区警察署警備係長は，同党員Aが間借りしていたB方2階の居室の隣室北側の襖近くに，B

の承諾を得て，マイクを置き，これを階下押入内に設置した増幅器にコードで接続し，1951（昭和 26）年 11 月上旬ころから中旬頃にかけて数日間にわたり，襖越しに，Aのところに出入する同党関係者の会話を密かに聴取した。これに気づいたAがマイクを取りはずして持ち去ったため，警察はAらを窃盗容疑で逮捕した。これに対しAらの所属する団体の責任者Xは，同警察署長および同警備係長を刑法 193 条の特別公務員職権濫用罪で告発した。ところが新潟地検は，先の窃盗事件とともに，この事件を不起訴処分にしたので，Xは新潟地裁に付審判の請求をしたが，棄却された（昭 27・9・1）。そこでXは，本件盗聴が国民の住居・言論・集会・結社の基本的自由権の行使を妨害するものであると主張して即時抗告した。

決定要旨　**棄却**　**1 犯罪捜査の対象**　「日本国において，主権は国民に存し，国民の住居，言論，集会，結社及び政治的活動等に関する基本的人権については最大の尊重を必要とすることは所論の通りであるが，同時に日本国民は何人も常に公共の福祉のために此等の基本権を利用すべき責任を負うから，此等基本権の行使は無制限なものでなく，公共の福祉の維持と調和するに必要な限度内にとどまるべき関係にある。而して凡そ犯罪の嫌疑がある場合には，その種類及び被害程度等の如何にかかわらず，その捜査に努むべきは当該司法警察職員の職権並に職務に属しその捜査の方法に関しては，特に強制的処分に渉らず，また法の規制するところに従う限り，その捜査目的の達成に必要な処分をなすを妨げない。従って此の処分の対象となる者は被疑者本人に限らず，当該事件の真相を探知して捜査目的を達成するに必要な関係に在る第三者も亦これに包含せられるものと解すべきである。」　**2 侵入を伴わない盗聴の合法性**　「本件聴取の目的は専ら右 8 幹部の前記被疑事件に関する捜査に在り，その聴取器の取付け及び使用のためB方に出入するについては，同家屋管理者たる同人の承諾を受けたのであるが，同器はAの居室の外側近くに取付けられたにすぎず，之によって同室内の外観，音響等の利用形態には何等の影響をも来さなかったことはいずれも記録上明白である。……右聴取器の取付け及び使用は聴取せられるA等に対しては穏密裡になされたものではあるが，却ってそのために前叙の様に，同人等の居室の内外に亘ってこれを附着せしめて使用したものでもなくまた右取付け及び使用については家屋管理者の承諾を得たものであるから，捜査当局は此の聴取を以て敢て強制的処分と謂うに当らないものと考えていたことは記録によって明白である。かくして右聴取は，右捜査目的を達成するに必要な範囲と限度とにおいて行われた限においては，たといその為に前記A等の所論基本権等の行使に軽度の悪影響が与えられたとしても，それは右聴取行為に必然的に伴う結果であってこれを目して職権を濫用するものであるとすることはできない。何となれば，右の範囲と限度内における聴取は合法的な捜査行為として公共の福祉を図る所以であるから右A等は所論基本権等を右の公共の福祉のために利用すべき責任を有するからである。」

（評釈） 尾吹善人・憲法の判例131，田中館照橘・憲百Ⅰ〈第2版〉105。

(5) 住居の不可侵

Ⅲ-6-18 国税犯則取締法事件

最大判昭30・4・27刑集9巻5号924頁，判時50号4頁
（酒造税法違反幇助被告事件）

事 実 Yは，1948（昭和23）年10月頃，訴外AがYの居宅にて法定の除外事由なしに政府の免許を受けずに焼酎等を製造するに際し，Aに場所を斡旋貸与し，またその留守番をしてこれを幇助したとして，第1審（和歌山地判昭23・12・21刑集9巻5号944頁），第2審（大阪高判昭24・2・16刑集9巻5号946頁）で，いずれも懲役3月とし，この製造に係る酒類や機械器具等を没収するとの判決を言い渡した。しかしYは，この事実が，国税犯則取締法3条1項に基づいて，収税官吏が裁判官の発する令状または裁判官の許可を得ずに，差し押さえた物件を証拠として認定されたものであったため，国税犯則取締法3条が憲法35条に違反し，したがって収税官吏作成の顛末書は違法証拠であるとして上告した。

判 旨 **棄却** **行政調査権と住居の不可侵** 「憲法35条は同法33条の場合を除外して住居，書類及び所持品につき侵入，捜索及び押収を受けることのない権利を保障している。この法意は同法33条による不逮捕の保障の存しない場合においては捜索押収等を受けることのない権利も亦保障されないことを明らかにしたものなのである。然るに右33条は現行犯の場合にあっては同条所定の令状なくして逮捕されてもいわゆる不逮捕の保障には係りなきことを規定しているのであるから，同35条の保障も亦現行犯の場合には及ばないものといわざるを得ない。それ故少なくとも現行犯の場合に関する限り，法律が司法官憲によらずまた司法官憲の発した令状によらずその犯行の現場において捜索，押収等をなし得べきことを規定したからとて，立法政策上の当否の問題に過ぎないのであり，憲法35条違反の問題を生ずる余地は存しないのである。」

補足意見 **斎藤悠輔・小林俊三裁判官** 「憲法35条並びに同条1項に引用されている同33条の規定は，刑事手続に関する規定であって，行政処分手続に関する規定ではない。」 **入江俊郎裁判官** 「行政作用の個々具体の内容及び手続は，それぞれの行政目的達成上最も適切なものであることが望ましいものである点に着眼し，行政手続に伴い必要とせられる身体，住居，書類，所持品等に関する基本的人権の制限については，直接憲法33条，35条等の規定を適用せず，

それらに関する適当な規定は，これを憲法12条，13条，31条の枠内における立法の作用に委したと解することが相当である。」「収税官吏の間接国税犯則事件の調査は，間接国税の徴収を確保するために必要とせられる財務行政上の手続であって，刑事手続でなく，右犯則処分の調査に伴う同法3条の手続も，亦財務行政上の手続であって刑事手続ではない。」「国税犯則取締法3条には，憲法35条の適用なく，従って，憲法35条違反の問題は生ずる余地がない。」「多数説は，現行犯についていえば，35条の保障から除外される33条の場合というのは，現行犯が存在する場合たることをもって足り，これを逮捕する場合たることを必要としないと解し，これを前提として国税犯則取締法3条と憲法35条との関係を説明するが，わたくしは，憲法35条のかかる解釈には反対であり，憲法35条で『第33条の場合』というのは，現行犯についてはこれを逮捕する場合，非現行犯についてはこれにつき33条所定の逮捕令状が発給されこれを執行して逮捕する場合をいうものと解するのである。」 **栗山茂裁判官** 「憲法35条にいう『第33条の場合』には，現行犯として逮捕される場合と，令状によって逮捕される場合とを含むばかりでなく，緊急逮捕の場合もまた内在していると解するのが相当だと考える。それ故憲法35条にいう『第33条の場合』とは逮捕に随伴して，その現場における犯罪の証拠の集取が許される場合をいうのである。しかし実質上逮捕できる場合であれば，現実に逮捕を伴わなくても，犯人の現在するその場所に於て犯罪の証拠の集取ができるものと解しても犯人にとっては逮捕に伴って証拠が集取される場合に比し不利益ではないから合理性を欠くことはないと思う。」「昭和22年税法罰則の改正を転機として，租税犯でも一般刑事犯と異る特色をもたなくなったのである。次に取締法2条，3条が犯則といって犯罪といわず，又刑訴法とはちがった用語に従っていても，犯罪者にとっては，訴追されれば犯則の事実は租税犯の事実に外ならないし，又その証拠は租税犯の証拠となるものである。……ことに取締法2条にいう裁判官の許可は許可といっても実質は憲法35条の令状である。されば特定の罪を犯したと疑うに足る合理的理由がないのに，右許可状によって漫然徴税上の調査のために捜査又は差押を認めることができないことは憲法35条の明定するところである。」

少数意見　**藤田八郎裁判官** 「同法2条3条所定の調査手続も，税務官吏がその権能にもとずき犯則事件の有無を決すべき証憑を集取することを旨とするものであって，その本質において，通常刑事手続における検察官，司法警察官の犯罪捜査の処分と異るところはないのである。さればこそ，同法はこの手続によって集取された証憑は，『犯則事件ヲ告発シタル場合』において，刑事事件における証拠物件として移行することを認めているのである（18条）。かりに同2条3条の調査手続をもって，純然たる刑事手続とまではいえないとしても，多分に刑事手続たる性格を有する処分であることは疑のないところである。」「『33条の場合』とは33条の規定する犯人逮捕の場合—令状による逮捕の場合および現行犯として令状なくして逮捕する場合の両方の場合—を指すのであって，たとえ現行犯に関する場合であっても，犯人逮捕に関連なくして，令状によらず，住居，書類，所持品の侵入，捜索，押収をすることは許されない。犯人逮捕に接着する極めて例外の場合にのみ，令状なくしてこれらの強制処分が許されるという趣旨である。」「たとえその犯則が現行犯の場合であっても，犯人の逮捕と関係なく，裁判所の令状なくして，収税官吏に，臨検，捜索，差押の処分をする権能を与えた同法3条の規定は，憲法35条に違反する無効の規定であると断ぜざるを得ない。」
（評釈）外間寛・憲法の判例120，中尾巧・租税百選〈第4版〉126，水野忠恒・行政百選Ⅰ〈第6版〉108，新井誠・憲百Ⅱ 118。

(6)　裁判所の裁判

Ⅲ-6-19　破産宣告事件

最大決昭45・6・24民集24巻6号610頁，判時597号83頁
（破産宣告決定に対する抗告棄却決定に対する特別抗告事件）

事　実　抗告人Xは，訴外Aの申立てに基づいて東京地裁が1966（昭和41）年6月21日にした破産宣告決定（民集24巻6号623頁）およびこれを不服とする即時抗告に対して東京高裁が同年9月14日にした抗告棄却決定（民集24巻6号624頁）に対し，本件各破産宣告が，いずれも口頭弁論すなわち公開の法定における対審を経ないでなされたものであるから，憲法82条に違反し，ひいては憲法32条および76条3項にも違反すると主張して最高裁に特別抗告した。

決定要旨　**棄却**　**1憲法82条にいう「裁判」の意味**　「憲法82条……にいう裁判とは，現行法が裁判所の権限に属せしめている一切の事件につき裁判所が裁判という形式をもってするすべての判断作用ないし法律行為を意味するものではなく，そのうち固有の司法権の作用に属するもの，すなわち，裁判所が当事者の意思いかんにかかわらず終局的に事実を確定し当事者の主張する実体的権利義務の存否を確定することを目的とする純然たる訴訟事件についての裁判のみを指す……（最大決昭35・7・6民集14巻9号1657頁，最大決昭40・6・30民集19巻4号1089頁，最大決昭40・6・30民集19巻4号1114頁，最大決昭41・3・2民集20巻3号360頁参照）。」
2破産宣告手続の法的性質　「ところで，破産裁判所がする破産宣告決定およびその抗告裁判所がする抗告棄却決定……は，いずれもそのような裁判には該当しない。……けだし，破産手続は，狭義の民事訴訟手続のように，裁判所が相対立する特定の債権者と債務者との間において当事者の主張する実体的権利義務の存否を確定することを目的とする手続ではなく，特定の債務者が経済的に破綻したためその全弁済能力をもってしても総債権者に対する債務を完済することができなくなった場合に，その債務者の有する全財産を強制的に管理，

換価して総債権者に公平な配分をすることを目的とする手続であるところ，破産裁判所がする破産宣告決定は右に述べたような目的を有する一連の破産手続の開始を宣告する裁判であるにとどまり，また，その抗告裁判所がする抗告棄却決定は右のような破産宣告決定に対する不服の申立を排斥する裁判であるにすぎないのであって，……裁判所が当事者の意思いかんにかかわらず終局的に事実を確定し当事者の主張する実体的権利義務の存否を確定することを目的とする純然たる訴訟事件についての裁判とはいえないからである。」

（評釈）　奥村長生・曹時 23 巻 1 号 162，小島武司・民商 64 巻 3 号 112，青山善充・倒産判例百選 1。

（コメント）　**関連判例**　夫婦同居審判に関する最大決昭 40・6・30 民集 19 巻 4 号 1089 頁（家事審判法 9 条 1 項乙類 1 号〔現在は家事事件手続法 39 条・別表第 2 第 1 項〕の審判）参照（⇒*Ⅲ-8-14*）。

(7)　公平・迅速・公開裁判

Ⅲ-6-20　準世帯米穀購入通帳虚偽記載事件

最大判昭 23・5・5 刑集 2 巻 5 号 447 頁
（公文書偽造，公文書偽造収賄各被告事件）

事　実　1946（昭和 21）年当時，米穀配給所の主任をしていたYは，かねてから顔見知りであったAからの依頼により，同年 2 月 28 日，藤沢市発行名義の準世帯米穀購入通帳 6 通に，配給の事実がないにもかかわらず，行使の目的をもって，虚偽の記載をなしたために，刑法 156 条の罪に問われ，第 1 審（横浜地裁），第 2 審（東京控訴院）で有罪とされた。Yは，刑法 156 条の犯罪の成立には，所論通帳が真正のものであることを要するとの考えをもっていたが，第 1 審，第 2 審が，その通帳が偽造されたものであるとの申立てに対し何らの判断も示さなかったのは，憲法 37 条 1 項の保障する「公平な裁判を受ける権利」の侵害である等として，東京高裁に上告したが，東京高裁も有罪判決を支持したので，最高裁に再上告した。

判　旨　**棄却**　**憲法 37 条にいう「公平な裁判所」**「論旨では本件裁判が憲法第 37 条違反の裁判だというけれども同条の『公平なる裁判所の裁判』というのは構成其他において偏頗の惧なき裁判所の裁判という意味である，かかる裁判所の裁判である以上個々の事件において法律の誤解又は事実の誤認等により偶被告人に不利益な裁判がなされてもそれが一々同条に触れる違憲の裁判になるというものではない，されば本件判決裁判所が構成其他において偏頗の惧ある裁判所であったことが主張（論旨においても此主張はない）立証せられない限り仮令原判決に所論の様な法律の誤解，事実の誤認又は記録調査の不充分（論旨第 2 点所論）等があったと仮定しても同条違反の裁判とはいえない，そして既に説示した様に原審が故意にＹに対し不公正不利益な裁判をしたものと認むべき資料は全然なく其他記録を精査しても違憲の措置は見当らない，従って再上告の理由はない。」

（コメント）　最大判昭 23・5・26 刑集 2 巻 5 号 511 頁も同旨。なお，最三判昭 28・10・6 刑集 7 巻 10 号 1888 頁も参照せよ。

Ⅲ-6-21　高田事件

最大判昭 47・12・20 刑集 26 巻 10 号 631 頁，判時 687 号 18 頁
（住居侵入，暴力行為等処罰に関する法律違反，爆発物取締罰則違反，放火，傷害，放火予備各被告事件）

事　実　被告人Ｙら（約 40 人）は 1952（昭和 27）年 6 月 26 日，名古屋市内で起きた一連の住居侵入，放火予備，傷害等を内容とする高田，大杉，民団，米軍宿舎および PX の事件を併合した事件である（これら一連の事件が高田事件と総称される）が，Ｙらのうち，上告審まで残った 28 名に対する実質的取調べは，1953 年ないし 1954 年の公判期日を最後として長らく中断されたままとなり，その後 15 年余を経た 1969（昭和 44）年に再開されることになった。この遅延の原因は，Ｙらのうち半数以上が別件の大須事件についても起訴されていて，弁護側がこれとの併合審理を希望し，大須事件の審理の終了をまって本事件の審理を進めてほしいとの要望があって，裁判所もこれを認めたためであった。ところが，大須事件の審理は予想外に長引き，ようやく 1969（昭和 44）年に結審した。この間，検察側・弁護側のいずれからも，高田事件の審理促進について積極的な申し出はなかったようである。1969 年の公判開始後，第 1 審（名古屋地判昭 44・9・18 判時 570 号 18 頁）はこのような長期の公判審理中断は異常な事態であるとするＹ側の申立てを認め，公訴時効の完成の場合に準じて免訴の言渡しをした。これに対して控訴審（名古屋高判昭 45・7・16 判時 602 号 45 頁）は，迅速な裁判を受ける憲法上の権利を現実に保障するには補充立法により裁判の遅延から被告人を救済する方法が具体的に定められていることが先決であり，かかる立法のない現行法制の下では裁判所として救済の仕様がないとして，第 1 審判決を破棄して差戻しの判決を下した。そこで，Ｙから，憲法違反と憲法解釈の誤りを主張して上告がなされた。

判　旨　**破棄自判**　**1憲法 37 条 1 項の裁判規範性**　「当裁判所は，憲法 37 条 1 項の保障する迅速な裁判をうける権利は，憲法の保障する基本的な人権の一つであり，右条項は，単に迅速な裁判を一般的に保障するために必要な立法上および司法行政上の措置をとるべきことを要請するにとどまらず，さらに個々の刑事事件について，現実に右の保障に明らかに反し，審理の著しい遅延の結果，迅速な裁判をうける被告人の権利が害せ

られたと認められる異常な事態が生じた場合には，これに対処すべき具体的規定がなくても，もはや当該被告人に対する手続の続行を許さず，その審理を打ち切るという非常救済手段がとられるべきことをも認めている趣旨の規定であると解する。」「刑事事件について審理が著しく遅延するときは，被告人としては長期間罪責の有無未定のまま放置されることにより，ひとり有形無形の社会的不利益を受けるばかりでなく，当該手続においても，被告人または証人の記憶の減退・喪失，関係人の死亡，証拠物の滅失などをきたし，ために被告人の防禦権の行使に種々の障害を生ずることをまぬがれず，ひいては，刑事司法の理念である，事実の真相を明らかにし，罪なき者を罰せず罪ある者を逸せず，刑罰法令を適正かつ迅速に適用実現するという目的を達することができないことともなるのである。上記憲法の迅速な裁判の保障条項は，かかる弊害発生の防止をその趣旨とするものにほかならない。」「もっとも，『迅速な裁判』とは，具体的な事件ごとに諸々の条件との関連において決定されるべき相対的な観念であるから，憲法の右保障条項の趣旨を十分に活かすためには，具体的な補充立法の措置を講じて問題の解決をはかることが望ましいのであるが，かかる立法措置を欠く場合においても，あらゆる点からみて明らかに右保障条項に反すると認められる異常な事態が生じたときに，単に，これに対処すべき補充立法の措置がないことを理由として，救済の途がないとするがごときは，右保障条項の趣旨を全うするゆえんではないのである。」「それであるから，審理の著しい遅延の結果，迅速な裁判の保障条項によって憲法がまもろうとしている被告人の諸利益が著しく害せられると認められる異常な事態が生ずるに至った場合には，さらに審理をすすめても真実の発見ははなはだしく困難で，もはや公正な裁判を期待することはできず，いたずらにＹらの個人的および社会的不利益を増大させる結果となるばかりであって，これ以上実体的審理を進めることは適当でないから，その手続をこの段階において打ち切るという非常の救済手段を用いることが憲法上要請されるものと解すべきである。」 **2遅延期間のみが基準ではない** 「そもそも，具体的刑事事件における審理の遅延が右の保障条項に反する事態に至っているか否かは，遅延の期間のみによって一律に判断されるべきではなく，遅延の原因と理由などを勘案して，その遅延がやむをえないものと認められないかどうか，これにより右の保障条項がまもろうとしている諸利益がどの程度実際に害せられているかなど諸般の情況を総合的に判断して決せられなければならないのであって，たとえば，事件の複雑なために，結果として審理に長年月を要した場合などはこれに該当しないこともちろんであり，さらに被告人の逃亡，出廷拒否または審理引延しなど遅延の主たる原因が被告人側にあった場合には，被告人が迅速な裁判をうける権利を自ら放棄したものと認めるべきであって，たとえその審理に長年月を要したとしても，迅速な裁判をうける被告人の権利が侵害されたということはできない。」「刑事事件が裁判所に係属している間に迅速な裁判の保障条項に反する事態が生じた場合において，その審理を打ち切る方法については現行法上よるべき具体的な明文の規定はないのであるが，前記のような審理経過をたどった本件においては，これ以上実体的審理を進めることは適当でないから，判決で免訴の言渡をするのが相当である。」

反対意見　**天野武一裁判官**　「刑訴法 337 条に列挙されている免訴事由の明文の規定を越えて審理打切りの裁判をすることは，裁判所が実体裁判を遂行する意思をみずから放棄することにほかならず，憲法上は，きわめて極限された状況のもとにおける非常手段としてのみ許される措置であるにとどまると解するがゆえに，多数意見が，記録上うかがわれる諸事実のみに立脚し，Y側に対し，本件審理の遅延原因を帰せしめることができないと推認したうえ，その遅延による不利益の実害が生じているとの推認を行ない，これに基づいて直ちに 1 審の免訴判決を支持すべきものとする判断には，早計に失するものがあり，さらにこれらの推認をくつがえすに足る事実の存否をも確認し，そのうえで慎重に事を決すべきであるといわざるをえない。」「私の意見は，原判決を破棄する点において多数意見と一致するが，さらに多数意見のいう推認をくつがえすに足る事実の存否を確認するに必要な取調を尽くさせるため，刑訴法 413 条本文前段により本件を原裁判所に差し戻すべきものとする点において，多数意見と結論を異にする。」

（評釈）　橋本公亘・重判〈昭和 47 年度〉18，庭山英雄・重判〈昭和 47 年度〉143，野中俊彦・憲法の判例 143，中村英・基本判例 168，大日方信春・憲百Ⅱ 121，刑訴百選 A31。

（コメント）　**旧判例**　旧判例として，最大判昭 23・12・22 刑集 2 巻 14 号 1853 頁および最二判昭 38・12・27 判時 359 号 62 頁を参照せよ。

Ⅲ-6-22　峯山事件

最一判昭 55・2・7 刑集 34 巻 2 号 15 頁，判時 956 号 19 頁
（私文書偽造，背任，恐喝被告事件）

事　実　行政書士及び司法書士の資格を有していたYは，1953（昭和 28）年 9 月 19 日から同年 10 月 29 日までの間に，有印私文書偽造，横領（のちに背任に訴因変更），詐欺，恐喝の罪で，順次起訴された。その後，第 1 審公判では，Yが病気（肺結核）で公判に出頭できなかったため一時公判手続が停止されたり，検察からの審理の延期要請があったりして遅延したのち有罪判決が言い渡され（京都地峯山支判昭 43・5・9 刑集 34 巻 2 号 31 頁），また，第 2 審（大阪高判昭 53・7・24 刑集 34 巻 2 号 37 頁）でも，Yまたは弁護人の病気を理

由とする公判期日の変更がくり返された末に控訴棄却の判決が言い渡された。こうした経過からすると，本件は「さして複雑とも思われない」4ないし3の訴因からなる事件の審理に，第1，2審あわせて合計約25年の長年月を費やしたほか，とくに第1審においては，検察官の申出によって，約5年間審理が中断されている。Yは，このように審理手続が著しく遅延した裁判は憲法37条1項の保障に違反するなどの理由で上告した。

判　旨　**棄却**　**長期間の審理と審理打ち切りの適切性**　「第1，2審の約25年の審理期間のうち，第1審における当初の約3年は，Yの病気を理由とするやむをえないものであり，控訴審における約10年も，おおむねこれと同様であったと認められる。つぎに，第1審における審理期間のうちYの病気が回復した後の約12年についてみると，右のうち，検察官の申出により審理が中断した約5年を除くその余の期間中には，さほど顕著な審理の中断もなく実質審理が継続されていたものであるうえ，右約5年の審理中断期間についても，検察官がその後，右中断中に示された共犯者の事件に関する上級審の判断に従って訴因の変更をしたり，上級審における証人尋問調書を書証として提出するなど，関連事件の審理の結果を本件の審理に反映させていることからみて，右の期間が本件の審理にとって全く無意味に経過したものとは断じ難い。以上の諸点のほか，Yの第1，2審における弁護人は，横領の共犯者の弁護人としてその上級審の公判においては，同事件の証人に対し反対尋問権を行使しており，しかも，右証人尋問調書は本件の公判にも顕出されているので，右審理中断によってYが防禦上重大な不利益を受けたとは認め難いこと，他方，本件第1，2審の全審理期間を通じ，Y側から訴訟の促進について格別の申出等もされた形跡がないことなどの事情を総合勘案すれば，本件の第1，2審とくに第1審における訴訟の進め方にはなお批判を免れない点が少なくないとはいえ，その審理の遅延の結果，前記大法廷判決〔⇒***Ⅲ-6-21***〕において示されたほど異常な事態を生じているとまではいえないから，本件につき，この段階で審理を打ち切るのは適当でなく，結局，所論違憲の主張は理由がないことに帰着する。」

反対意見　**団藤重光裁判官**　「さして複雑ともおもわれない事案の審理に1・2審において合計約25年もの長年月が費されているのであって，私見によれば，これは，まさしく，高田事件の大法廷判決（最大判昭47・12・20刑集26巻10号631頁）のいわゆる『異常な事態』である。」「裁判実務一般に対する警告の意味においても，手続の打ち切りは止むを得ない措置である。」「その打ち切りの方式としては，免訴の判決によるのではなく，公訴棄却の判決によるのが本来である。」　**戸田弘裁判官**（略）

(評釈)　上田勝美・重判〈昭和55年度〉21，時武英男・判評264号50。

Ⅲ-6-23　遮へい措置・ビデオリンク方式の合憲性

最一判平17・4・14刑集59巻3号259頁，判時1904号150頁
（傷害・強姦被告事件）

事　実　Yは，かつて自分と交際していた女性と駆け落ちをした友人への恨みを晴らそうとして，刑務所を満期出所してまもない2002（平成14）年5月28日，その友人宅を尋ねた際，初対面であるその妻に暴行を加えて傷害を負わせ，さらに強姦に及んだとする傷害及び強姦被告事件について，第1審（名古屋地一宮支判平16・2・25刑集59巻3号267頁）はYを懲役刑に処したので，Yから控訴がなされたが，その際Yは，第1審裁判所が被害者を証人尋問する際，「ビデオリンク方式」に加え，証人像が映し出されたモニターとY，同モニターと傍聴人との間に遮蔽措置を採ったことが，審判の公開（刑訴法377条3号）に関する規定に違反すると同時に，Yの反対尋問権を侵害する違法なものであるから，これによって得られた供述は証拠能力がないのに，そのような証拠から罪となるべき事実を認定した第1審判決は違法であると主張した。これに対して控訴審（名古屋高判平16・6・29刑集59巻3号278頁）は，証人は本件の被害者であり，Yや傍聴人の面前で供述することは心理的圧迫を受け，精神の平穏を著しく害されるおそれがあることから，原審の措置は正当であって，審判の公開規定に反することはない，等として，控訴を棄却したので，さらに上告がなされた。

判　旨　棄却　**刑訴法157条の3（遮へい措置）および同法157条の4（ビデオリンク方式）の合憲性**　「刑訴法157条の3は，証人尋問の際に，証人がYから見られていることによって圧迫を受け精神の平穏が著しく害される場合があることから，その負担を軽減するために，そのようなおそれがあって相当と認められるときには，裁判所が，Yと証人との間で，一方から又は相互に相手の状態を認識することができないようにするための措置を採り，同様に，傍聴人と証人との間でも，相互に相手の状態を認識することができないようにするための措置を採ることができる（以下，これらの措置を「遮へい措置」という。）とするものである。また，同法157条の4は，いわゆる性犯罪の被害者等の証人尋問について，裁判官及び訴訟関係人の在席する場所において証言を求められることによって証人が受ける精神的圧迫を回避するために，同一構内の別の場所に証人を在席させ，映像と音声の送受信により相手の状態を相互に認識しながら通話することができる方法によって尋問することができる（以下，このような方法を「ビデオリンク方式」という。）とするものである。」「証人尋問が公判期日において行われる場合，傍聴人と証人との間で遮へい措置が採られ，あるいはビデオリンク方式によることとされ，さらには，ビデオリンク方式によった上で傍聴人と証人との間で遮へい措置が

採られても，審理が公開されていることに変わりはないから，これらの規定は，憲法82条1項，37条1項に違反するものではない。」「また，証人尋問の際，Yから証人の状態を認識できなくする遮へい措置が採られた場合，Yは，証人の姿を見ることはできないけれども，供述を聞くことはでき，自ら尋問することもでき，さらに，この措置は，弁護人が出頭している場合に限り採ることができるのであって，弁護人による証人の供述態度等の観察は妨げられないのであるから，前記のとおりの制度の趣旨にかんがみ，Yの証人審問権は侵害されていないというべきである。ビデオリンク方式によることとされた場合には，Yは，映像と音声の送受信を通じてであれ，証人の姿を見ながら供述を聞き，自ら尋問することができるのであるから，Yの証人審問権は侵害されていないというべきである。さらには，ビデオリンク方式によった上でYから証人の状態を認識できなくする遮へい措置が採られても，映像と音声の送受信を通じてであれ，Yは，証人の供述を聞くことはでき，自ら尋問することもでき，弁護人による証人の供述態度等の観察は妨げられないのであるから，やはりYの証人審問権は侵害されていないというべきことは同様である。したがって，刑訴法157条の3，157条の4は，憲法37条2項前段に違反するものでもない。」「以上のように解すべきことは，当裁判所の判例（最大判昭25・3・15刑集4巻3号355頁，最大判昭25・3・15刑集4巻3号371頁，最大判昭30・4・6刑集9巻4号663頁，最大判昭31・12・26刑集10巻12号1746頁，最大決昭33・2・17刑集12巻2号253頁）の趣旨に徴して明らかである。」

（評釈）　徳永光・法セ611号122，西村枝美・セレクト〈'05〉12，宇都宮純一・重判〈平成17年度〉23，宇藤崇・重判〈平成17年度〉201，山口裕之・ジュリ1319号156，伊藤睦・法時79巻4号113，松原光宏・憲百Ⅱ192，渡辺修・刑訴百選67。

（コメント）　**関連判例**　最一決平20・3・5判タ1266号149頁は，殺人に係る被害者特定事項を公開の法廷で明らかにしない旨の決定が憲法32条，37条1項に違反しないとした。

(8)　証人訊問権

Ⅲ-6-24　被告人の証人訊問申請事件

最大判昭23・7・19刑集2巻8号952頁
（食糧管理法違反被告事件）

事　実　Y_1は，法定の除外事由がないのに供出完了前である1946（昭和21）年10月19日に自宅で精米20俵をY_2に売却したため，食糧管理法違反の罪で起訴された。第1審（仙台区判昭21・12・6），第2審（仙台地判昭

22・8・18）でいずれも有罪判決を受けたので，原審である仙台高裁に上告したが，原審は，Y_1および相被告人Y_2の公判廷における自白と，同Y_3の「始末書」と題する書面を証拠として採用し，それらを根拠にY_1を懲役6月に処した。Y_1は，相被告人の供述を被告人の自白の補強証拠とすることは憲法38条3項の違反であり，さらに同37条2項は第三者の供述を証拠とするには，その作成者を公判廷において証人として訊問しなければならないことを要求していると主張して再上告した。

判　旨　**棄却**　**1 補強証拠としての相被告人の供述**　「相被告人は，時に被告人と利害関係を異にし自己の利益を本位として供述する傾向があり，又相被告人は宣誓の上偽証の責任をもって供述する立場にいながら，被告人の自白がないのに相被告人の供述のみを唯一の証拠として断罪することは，大いに考えなければならない問題であるが，それはさておき被告人の自白が存する場合に補強証拠として相被告人の供述を用いることは，差支えないものと言わねばならぬ。ましてや本件においては，Y_3の始末書と題する書面中の記載という有力な補強証拠が他に存在しているのであるから，憲法第38条第3項違反の問題は生じない」。**2 第三者の供述に関する証人訊問権**「刑訴応急措置法12条は，証人その他の者の供述を録取した書類又はこれに代わるべき書類を証拠とするには，被告人の請求があったときは，その供述者又は作成者を公判期日において訊問する機会を被告人に与えることを必要とし，憲法第37条に基き被告人は，公費で自己のために強制手続によりかかる証人の訊問を請求することができるし，又証人に対して充分に審問する機会を与えられることができ不当に訊問権の行使を制限されることがない訳である。しかし裁判所は，被告人側からかかる証人の訊問請求がない場合においても，義務として現実に訊問の機会を被告人に与えなければ，これらの書類を証拠とすることができないものと解すべき理由はどこにも存在しない。憲法の諸規定は，将来の刑事訴訟の手続が一層直接主義に徹せんとする契機を充分に包蔵しているが，それがどの程度に具体的に現実化されてゆくかは，社会の実情に即して適当に規制せらるべき立法政策の問題である。今直ちに憲法第37条を根拠として，論旨のごとく第三者の供述を証拠とするにはその者を公判において証人として訊問すべきものであり，公判廷外における聴取書又は供述に代る書面をもって証人に代えることは絶対に許されないと断定し去るは，早計に過ぎるものであって到底賛同することができない。」

意　見　**栗山茂裁判官**（略）　**斎藤悠輔裁判官**（略）

(評釈)　光藤景皎・憲百Ⅰ〈第2版〉109。

（コメント）　**関連判例等**　食糧管理法については，***Ⅲ-7-1*** のコメント参照。なお，**2**の点については，本判決の前後に，同趣旨の判例がある（最大判昭 23・6・23 刑集 2 巻 7 号 734 頁。最大判昭 23・7・29 刑集 2 巻 9 号 1052 頁参照）。なお，少年保護事件における証人尋問権の保障問題については，流山中央高校事件に対する最一決昭 58・10・28 刑集 37 巻 8 号 1260 頁および同決定における団藤重光裁判官の補足意見を参照せよ。

(9)　弁護人依頼権

Ⅲ-6-25　国選弁護人不選任事件

最大判昭 28・4・1 刑集 7 巻 4 号 713 頁
（恐喝未遂，恐喝被告事件）

事　実　Yは 1950（昭和 25）年 2 月 4 日に犯した恐喝の罪で，第 1 審（大阪地判昭 25・4・20）で懲役 1 年 6 月の有罪判決を受けたので控訴申立てをした。同年 5 月 29 日に，控訴審の大阪高等裁判所から控訴趣意書を提出すべき最終日を同年 6 月 24 日と指定されたので，Yは 6 月 15 日自らそれを作成して同裁判所に提出した。ところがYは同年 6 月 22 日に至り，貧困を理由として国選弁護人選任の請求をしたので，同裁判所は，公判期日 3 日前の同月 29 日に国選弁護人を選任したが，同弁護人の控訴趣意書が提出されないまま，同年 7 月 1 日公判を開き結審し，7 月 8 日に控訴棄却の判決を下した。控訴審弁護人は，控訴審では弁護人の必要が第 1 審よりも高く，控訴趣意書が実質上審理の中心になることから，法律の専門家である弁護人が趣意書を作成しうる期間内に弁護人選任に関する照会手続をなし，弁護人を選任しないことは，憲法 37 条 3 項の規定による弁護人の選任権を正当に行使する機会を失わしめたこととなり，憲法 37 条 3 項に違反すると主張して上告した。

判　旨　**棄却**　**1憲法 37 条 3 項の法意**　「憲法 37 条 3 項前段所定の弁護人を依頼する権利は被告人が自ら行使すべきもので，裁判所は被告人にこの権利を行使する機会を与え，その行使を妨げなければ足るものであること，同条項後段の規定は被告人が貧困その他の事由で弁護人を依頼できないときは国に対して弁護人の選任を請求できるのであり，国はこれに対して弁護人を附すれば足るものであること及び同条項は被告人に対し弁護人の選任を請求し得る旨を告知すべき義務を裁判所に負わせているものでないことは，既に当裁判所の判例としているところであり，今これを変更する必要はない（最大判昭 24・11・30 刑集 3 巻 11 号 1859 頁，最大判昭 24・11・2 刑集 3 巻 11 号 1737 頁参照）」。**2国選弁護人の選任請求権**　「……従ってもし必要的弁護事件の控訴審においてYが控訴趣意書提出期間内に国選弁護人をして控訴趣意書を作成提出させることができるような適当な時期に弁護人の選任を請求したにかかわらず，裁判所が故なくその選任を遅滞し，控訴趣意書提出期間経過後にこれを選任し，為に弁護人をして控訴趣意書を提出せしめる機会を失わしめたような場合は，Yの憲法37条3項によって保障された権利の行使を妨げたものとして憲法違反の問題を生ずるのであるが，Yがその責に帰すべき事由により控訴趣意書提出期間内に控訴趣意書を提出できるような適当な時期に弁護人選任の請求をしなかったような場合は裁判所が控訴趣意書提出期間経過後に弁護人を選任しても，毫もYの憲法上の権利の行使を妨げたものではないから憲法違反ということはできないのであって，右のような場合に裁判所は控訴趣意書提出最終日の指定替をして，弁護人に改めて控訴趣意書提出の機会を与えなければならない憲法上の義務を負うものではない。」

補足意見　**小谷勝重裁判官**「苟くも弁護人のあることを必要とする制度である以上は，その弁護権の完全な行使のできる時期に弁護人を選任することを期しておる法の精神と解することは殆んど自明の理」**谷村唯一郎裁判官**（略）　**小林俊三裁判官**（略）

反対意見　**真野毅裁判官**「弁護人選任の請求により弁護人の弁護を受ける憲法上の権利は，控訴趣意書提出の最終日まで行使できるものと解するを相当とする。……本件において，適法に弁護人選任の請求がなされたにかかわらず，控訴趣意書提出の最終日経過後に弁護人の選任をしただけで，提出日の変更をなさず，該弁護人をして実質的・効果的に趣意書作成提出の機会を全然与えず憲法上の義務を尽くさなかった原審の手続は，憲法37条3項に違反するものといわなければならぬ。」

（評釈）渥美東洋・憲百Ⅰ〈第2版〉111。

Ⅲ-6-26　4.28 沖縄デー闘争事件

最三判昭54・7・24刑集33巻5号416頁，判時931号3頁
（兇器準備集合，威力業務妨害，公務執行妨害被告事件）

事　実　1969（昭和44）年のいわゆる「4・28沖縄デー闘争事件」に関連して起訴された約240名の被告人らのうち約150名は分離公判を希望し，比較的短期間に審理を受け終わったが，本件被告人Yらを含む被告人90名のうち，東京地裁は各10名につき，A・B両グループにわけ，同地裁刑事第6部（以下「第1審」という）に配点した。ところがあくまでいわゆる統一公判の実現を主張するYらが，国選弁護人の弁護活動を誹謗，罵倒する言辞や，弁護人に対し，激しい非難や暴行を加えるなどの非礼を行ったため，1971（昭和46）年5月26日の公判開廷前に突如6名の国選弁護人が辞意を表明した。第1審は，事実を取り調べたうえ，この辞任申出に正当理由を認めて同年6月4日全員を解任した。そこでYらは，再度の国選弁護人選任請求を行ったが，第1審は，Yらがこのよ

うな態度をとり続ける限り国に国選弁護人選任の義務はないとして，これを却下した（いわゆる「斎川決定」)。結局第1審（東京地判昭46・9・28判時651号111頁）は，国選弁護人を新たに選任しないままで審理を進め，有罪判決を下した。原審（東京高判昭51・2・27判タ337号295頁）は，国選弁護人解任と再選任拒否の措置は，解任権のゆ越ないし濫用に当たらないし，弁護人抜きで審理・判決した第1審の措置は，憲法37条3項と刑訴法36条に違反しないとして控訴を棄却した。上告趣意は多岐にわたるが，最高裁は，国選弁護人の選任・解任の問題に限って判断を示し，他は適法な上告理由に当たらないとしてすべて斥けた。

判　旨　**棄却**　**1国選弁護人再選任請求権**　「Yらは国選弁護人を通じて権利擁護のため正当な防禦活動を行う意思がないことを自らの行動によって表明したものと評価すべきであり，そのため裁判所は，国選弁護人を解任せざるを得なかったものであり，しかも，Yらは，その後も一体となって右のような状況を維持存続させたものであるというべきであるから，Yらの本件各国選弁護人の再選任請求は，誠実な権利の行使とはほど遠いものというべきであり，このような場合には，形式的な国選弁護人選任請求があっても，裁判所としてはこれに応ずる義務を負わないものと，解するのが相当である」。**2いわゆる弁護人抜き裁判の合憲性**　「訴訟法上の権利は誠実にこれを行使し濫用してはならないものであることは刑事訴訟規則1条2項の明定するところであり，被告人がその権利を濫用するときは，それが憲法に規定されている権利を行使する形をとるものであっても，その効力を認めないことができるものであることは，当裁判所の判例の趣旨とするところであるから……，第1審がYらの国選弁護人の再選任請求を却下したのは相当である。このように解釈しても，Yが改めて誠実に国選弁護人の選任を請求すれば裁判所はその選任をすることになるのであり，なんらYの国選弁護人選任請求権の正当な行使を実質的に制限するものではない。したがって，第1審の右措置が憲法37条3項に違反するものではないことは右判例の趣旨に照らして明らかである。」

（評釈）　椎橋隆幸・重判〈昭和54年度〉230，山野一美・憲百Ⅰ〈第2版〉112，刑訴百選A29。

Ⅲ-6-27　接見交通制限事件

最大判平11・3・24民集53巻3号514頁，判時1680号72頁
（損害賠償請求事件）

事　実　1987（昭和62）年12月4日に恐喝未遂の疑いで逮捕され勾留されたXの弁護人Aは，再三にわたってXの接見を申し入れたが，検察官

Mが接見指定書の受領と携行を要求したために折り合いがつかなかったので，Aは準抗告を申し立てて福島地裁郡山支部からこれを認められた。しかしその後もMは方針を変えなかったので，Aは12月12日夜に福島地検郡山支部に赴いて接見指定書を受領した上で，翌13日にXと接見した。その後は担当の検察官がMからNに交替したが，NとAおよびその後弁護人として加わった弁護士Bとの間でも同様のやり取りが続き，AとBは接見指定書を受領した上でその後3回接見した。こうした経過についてAとBは接見の妨害を主張して国および福島県に対して損害賠償を請求した。第1審（福島地郡山支判平2・10・4判時1370号108頁）は原告の請求を認容したが，控訴審（仙台高判平5・4・14判時1463号70頁）はこれを破棄したので，AとBは，被疑者と弁護人等との接見等を捜査機関が一方的に制限することを認める刑訴法39条3項本文の規定は憲法34条前段に違反するとして上告した（その後A死去）。

判　旨　**論旨理由なし**　**1憲法34条前段の規定の趣旨**「憲法34条前段の弁護人に依頼する権利は，身体の拘束を受けている被疑者が，拘束の原因となっている嫌疑を晴らしたり，人身の自由を回復するための手段を講じたりするなど自己の自由と権利を守るため弁護人から援助を受けられるようにすることを目的とするものである。したがって，右規定は，単に被疑者が弁護人を選任することを官憲が妨害してはならないというにとどまるものではなく，被疑者に対し，弁護人を選任した上で，弁護人に相談し，その助言を受けるなど弁護人から援助を受ける機会を持つことを実質的に保障しているものと解すべきである。」「刑訴法39条1項が……被疑者と弁護人等との接見交通権を規定しているのは，憲法34条の右の趣旨にのっとり，身体の拘束を受けている被疑者が弁護人等と相談し，その助言を受けるなど弁護人等から援助を受ける機会を確保する目的で設けられたものであり，その意味で，刑訴法の右規定は，憲法の保障に由来するものであるということができる」。**2接見交通権と捜査権の調整**「憲法は，刑罰権の発動ないし刑罰権発動のための捜査権の行使が国家の権能であることを当然の前提とするものであるから，被疑者と弁護人等との接見交通権が憲法の保障に由来するからといって，これが刑罰権ないし捜査権に絶対的に優先するような性質のものということはできない。そして，捜査権を行使するためには，身体を拘束して被疑者を取り調べる必要が生ずることもあるが，憲法はこのような取調べを否定するものではないから，接見交通権の行使と捜査権の行使との間に合理的な調整を図らなければならない。憲法34条は，身体の拘束を受けている被疑者に対して弁護人から援助を受ける機会を持つことを保障するという趣旨が実質的に損なわれない限りにおいて，法律に右の調整の規定を設けることを否定するものではないというべきである。」**3接見交通権の制限**「刑訴法39条は，……

接見交通権の行使につき捜査機関が制限を加えることを認めている。この規定は，……被疑者の取調べ等の捜査の必要と接見交通権の行使との調整を図る趣旨で置かれたものである。そして，刑訴法 39 条 3 項ただし書は，……捜査機関のする右の接見等の日時等の指定は飽くまで必要やむを得ない例外的措置であって，被疑者が防御の準備をする権利を不当に制限することは許されない旨を明らかにしている。……このような刑訴法 39 条の立法趣旨，内容に照らすと，捜査機関は，弁護人等から被疑者との接見等の申出があったときは，原則としていつでも接見等の機会を与えなければならないのであり，同条 3 項本文にいう『捜査のため必要があるとき』とは，右接見等を認めると取調べの中断等により捜査に顕著な支障が生ずる場合に限られ，右要件が具備され，接見等の日時等の指定をする場合には，捜査機関は，弁護人等と協議してできる限り速やかな接見等のための日時等を指定し，被疑者が弁護人等と防御の準備をすることができるような措置を採らなければならないものと解すべきである。そして，弁護人等から接見等の申出を受けた時に，捜査機関が現に被疑者を取調べ中である場合や実況見分，検証等に立ち会わせている場合，また，間近い時に右取調べ等をする確実な予定があって，弁護人等の申出に沿った接見等を認めたのでは，右取調べ等が予定どおり開始できなくなるおそれがある場合などは，原則として右にいう取調べの中断等により捜査に顕著な支障が生ずる場合に当たると解すべきである……」。 **④刑訴法 39 条 3 項本文の合憲性** 「刑訴法は，身体の拘束を受けている被疑者を取り調べることを認めているが，被疑者の身体の拘束を最大でも 23 日間（又は 28 日間）に制限しているのであり，被疑者の取調べ等の捜査の必要と接見交通権の行使との調整を図る必要があるところ，(1)刑訴法 39 条 3 項本文の予定している接見等の制限は，弁護人等からされた接見等の申出を全面的に拒むことを許すものではなく，単に接見等の日時を弁護人等の申出とは別の日時とするか，接見等の時間を申出より短縮させることができるものにすぎず，同項が接見交通権を制約する程度は低いというべきである。また，前記のとおり，(2)捜査機関において接見等の指定ができるのは，弁護人等から接見等の申出を受けた時に現に捜査機関において被疑者を取調べ中である場合などのように，接見等を認めると取調べの中断等により捜査に顕著な支障が生ずる場合に限られ，しかも，(3)右要件を具備する場合には，捜査機関は，弁護人等と協議してできる限り速やかな接見等のための日時等を指定し，被疑者が弁護人等と防御の準備をすることができるような措置を採らなければならないのである。このような点からみれば，刑訴法 39 条 3 項本文の規定は，憲法 34 条前段の弁護人依頼権の保障の趣旨を実質的に損なうものではない……。」「なお，……刑訴法 430 条 1 項及び 2 項が，……捜査機関のする接見等の制限に対し，簡易迅速な司法審査の道を開いていることを考慮すると，……39条3項本文が違憲であるということはできない。」 **5憲法37条3項の適用範囲** 「憲法37条3項は『刑事被告人』という言葉を用いていること，同条1項及び2項は公訴提起後の被告人の権利について定めていることが明らかであり，憲法37条は全体として公訴提起後の被告人の権利について規定していると解されることなどからみて，同条3項も公訴提起後の被告人に関する規定であって，これが公訴提起前の被疑者についても適用されるものと解する余地はない。」 **6憲法38条1項の保障** 「憲法38条1項の不利益供述の強要の禁止を実効的に保障するためどのような措置が採られるべきかは，基本的には捜査の実状等を踏まえた上での立法政策の問題に帰するものというべきであり，憲法38条1項の不利益供述の強要の禁止の定めから身体の拘束を受けている被疑者と弁護人等との接見交通権の保障が当然に導き出されるとはいえない。」

（評釈） 只野雅人・法セ540号104，井戸田侃・民商122巻6号49，大坪丘・曹時54巻4号129，松尾浩也・重判〈平成11年度〉185，高作正博・憲百Ⅱ125，佐藤隆之・刑訴百選33。

（コメント） **関連判例** 弁護士の接見交通権の制限に関するこれまでの判例としては，最二判昭28・7・10刑集7巻7号1474頁，最一判昭53・7・10民集32巻5号820頁，最二決平元・1・23判時1301号155頁，最三判平3・5・10民集45巻5号919頁，最二判平3・5・1集民163号47頁などがある。

(10) 黙秘権

Ⅲ-6-28 京成電鉄事件

最大判昭32・2・20刑集11巻2号802頁，判時103号9頁
（威力業務妨害，公務執行妨害，傷害被告事件）

事　実 1950（昭和25）年10月，K電鉄はその労働組合の決議承認を得て人員整理のための整理解雇通告を行ったが，これに反対する組合員Yらや，それを応援する者らが，新聞記者の取材活動を集団的暴力的威力を用いて妨害したり，警察官に暴行・傷害を加えて職務の執行を妨害するなどしたため逮捕され，威力業務妨害罪等で起訴された。第1審において，Yらは私選弁護人を選任する際，氏名を黙秘し，監房番号の自署，拇印等により自己を表示し弁護人が署名押印した弁護人選任届を提出したが，裁判所は不適法としてこれを却下し，Yらのための国選弁護人を選任して公判を開こうとしたため，Yらはやむなくそれぞれの氏名を開示して私選弁護人選任の届出をなすに至った。第1審（千葉地判昭26・6・13刑集11巻2号814頁）および原審（東京高判昭26・12・11高刑特25号87頁）はいずれも有罪判決を下したので，Yらは，弁護人選任につき

「弁護人と連署した書面」の提出を要求している刑訴規則17条，18条の規定も，憲法37条3項の保障する被告人の弁護人選任権を侵すように解釈してはならず，自己の氏名を裁判所に開示せしめるようにした第1審の措置およびこれを認容した原判決は，憲法38条1項の解釈を誤り，かつ同37条3項に違反する，と主張して上告した。

判　旨　棄却　**憲法38条1項の氏名黙秘権利**　「いわゆる黙秘権を規定した憲法38条1項の法文では，単に『何人も自己に不利益な供述を強要されない。』とあるに過ぎないけれど，その法意は，何人も自己が刑事上の責任を問われる虞ある事項について供述を強要されないことを保障したものと解すべきであることは，この制度発達の沿革に徴して明らかである。されば，氏名のごときは，原則としてここにいわゆる不利益な事項に該当するものではない。そして，本件では，論旨主張にかかる事実関係によってもただその氏名を黙秘してなされた弁護人選任届が却下せられたためその選任の必要上その氏名を開示するに至ったというに止まり，その開示が強要されたものであることを認むべき証跡は記録上存在しない。（最大判昭24・2・9刑集3巻2号146頁以下参照）。」

（評釈）　小田中聡樹・憲百Ⅰ〈第2版〉113，刑訴百選〈第8版〉A19。

（コメント）　行政取締法規の課す申告義務と黙秘権との関係については，最二判昭29・7・16刑集8巻7号1151頁参照。

Ⅲ-6-29　自動車事故報告義務事件

最大判昭37・5・2刑集16巻5号495頁，判時302号4頁
（重過失致死，道路交通取締法違反被告事件）

事　実　Yは1958（昭和33）年10月11日，無免許の上酒気を帯びて自動車を運転中，自転車に乗っていた被害者に追突して重傷を負わせ，約3時間後に死亡させるに至った。その際Yは，被害者を救護し事故を警察官に報告する等，法令で定められている措置をとらずに，現場から逃走した。第1審（東京地判昭34・3・24判時181号5頁）はこの事実を認めてYを禁錮10月に処断した。そこでYは，警察官への事故報告義務の規定は黙秘権を保障した憲法38条1項に違反すると主張して控訴したが，棄却された（東京高判昭35・2・10判時216号31頁）ので，Yは，道路交通取締法施行令67条2項掲記の「事故の内容」には刑事責任を問われる虞のある事項も含まれるから，その報告義務を定める部分は，自己に不利益な供述を強要するものであって，憲法38条1項に違反し，この理は上記の届出義務を行政手続上のものとする場合も変わりはない等と主張して上告した。

判　旨　**理由なし**　**1行政目的による報告義務と黙秘権**　「道路交通取締法（以下，法と略称する）は，道路における危険防止及びその他交通の安全を図ることを目的とするものであり，法24条1項は，その目的を達成するため，車馬又は軌道車の交通に因り人の殺傷等，事故の発生した場合において右交通機関の操縦者又は乗務員その他の従業者の講ずべき必要な措置に関する事項を命令の定めるところに委任し，その委任に基づき，同法施行令（以下令と略称する）67条は，……要するに，交通事故発生の場合において，右操縦者，乗務員その他の従業者の講ずべき応急措置を定めているに過ぎない。法の目的に鑑みるときは，令同条は，警察署をして，速に，交通事故の発生を知り，被害者の救護，交通秩序の回復につき適切な措置を執らしめ，以って道路における危険とこれによる被害の増大とを防止し，交通の安全を図る等のため必要かつ合理的な規定として是認せられねばならない。しかも，同条2項掲記の『事故内容』とは，その発生した日時，場所，死傷者の数及び負傷の程度並に物の損壊及びその程度等，交通事故の態様に関する事項を指すものと解すべきである。したがって，右操縦者，乗務員その他の従業者は，警察官が交通事故に対する前叙の処理をなすことにつき必要な限度においてのみ，右報告義務を負担するのであって，それ以上，所論の如くに，刑事責任を問われる虞のある事故の原因その他の事項までも右報告義務ある事項中に含まれるものとは，解せられない。」　**2憲法38条1項の法意**　「……いわゆる黙秘権を規定した憲法38条1項の法意は，何人も自己が刑事上の責任を問われる虞のある事項について供述を強要されないことを保障したものと解すべきことは，既に当裁判所の判例（最大判昭32・2・20刑集11巻2号802頁）とするところである。したがって，令67条2項により前叙の報告を命ずることは，憲法38条1項にいう自己に不利益な供述の強要に当らない。」

補足意見　**奥野健一裁判官**（略）　**山田作之助裁判官**（略）

（評釈）　田宮裕・憲法の判例137，大石眞・基本判例164，大津浩・憲百Ⅱ 122，刑訴百選A10。

（コメント）　**現行法**　本件引用の道路交通取締法，同法施行令は，いずれも1960（昭和35）年に現行の道路交通法，同法施行令となった。**関連判例**　本判決以後の裁判例で違憲論を採っているものとして，岐阜地判昭43・3・27判時514号89頁参照。また合憲論につき最三判昭45・7・28刑集24巻7号568頁，最一判昭48・3・15刑集27巻2号100頁，最三判昭50・1・21刑集29巻1号1頁参照。

⑾　自　　白

Ⅲ-6-30　起訴猶予処分期待事件

最二判昭41・7・1刑集20巻6号537頁，判時457号63頁
（収賄被告事件）

事　実　1961（昭和36）年8月に収賄容疑で逮捕されたYは，警察官の取調べに対して，金品受領の事実のみは認めたが，これを貰いうける意思がなかったことを供述していた。しかるに，Yに賄賂を贈ったAの弁護人が，Aの懇願もあって本件担当検察官に面談した際，Yのため陳弁したところ，同検事から，「Yが見えすいた虚構の弁解をやめて素直に金品収受の犯意を自供し改悛の情を示せば，検挙前金品を返還しているとのことであるから起訴猶予処分も十分考えられる案件である」旨内意を打ち明けられ，その上，Yに対し無益な否認をやめ率直に真相を自供するよう勧告したらどうかという趣旨の示唆を受けたので，Aは検事の企図を諒承し，さらにYの弁護人，並びにYの妻，実母，親戚等の同意をも得た上で，勾留中のYに面接勧告したところ，YもAの言を信じ起訴猶予になることを期待した結果，それ以後の取調べから，上記の犯意および金品の使途等につき自供するに至った。ところがYは，第1審（岡山地判昭37・12・20刑集20巻6号544頁）で有罪を宣告されたので，自供調書の任意性等を争って控訴したが，原判決（広島高岡山支判昭40・7・8刑集20巻6号545頁）は上記事実を認めつつも，捜査官の取調べそれ自体に違法が認められない本件においては，供述調書の任意性を否定することはできない旨判示した。そこでYの弁護人は，福岡高判昭29・3・10高刑特26号71頁を引用し，上記控訴審判決は「検察官の不起訴処分に附する旨の約束に基づく自白は任意になされたものでない疑いのある自白と解すべきでこれを任意になされたものと解することは到底是認し得ない。従って，かかる自白を採って以て罪証に供することは採証則に違反する」とする福岡高判の判例に相反すると主張して上告した。

判　旨　棄却　**約束による自白の証拠能力**　「原判決は，右福岡高等裁判所の判例と相反する判断をしたこととなり，刑訴法405条3号後段に規定する，最高裁判所の判例がない場合に控訴裁判所である高等裁判所の判例と相反する判断をしたことに当るものといわなければならない。そして，本件のように，被疑者が，起訴不起訴の決定権をもつ検察官の，自白をすれば起訴猶予にする旨のことばを信じ，起訴猶予になることを期待してした自白は，任意性に疑いがあるものとして，証拠能力を欠くものと解するのが相当である。」「しかしながら，Yの司法警察員および検察官に対する各供述調書を除外しても，第1審判決の挙示するその余の各証拠によって，同判決の判示する犯罪事実をゆうに認定することができるから，前記判例違反の事由は，同410条1項但書にいう判決に影響を及ぼさないことが明らかな場合に当

り，原判決を破棄する事由にはならない。」

(評釈) 谷口正孝・重判〈昭和 41 年度〉110，鈴木茂嗣・憲百〈第 3 版〉75，池田公博・刑訴百選 70。

Ⅲ-6-31　長期抑留後の自白事件

最大判昭 23・6・23 刑集 2 巻 7 号 715 頁
（強盗，住居侵入被告事件）

事　実　Yは 1946（昭和 21）年 9 月に東京都向島区内で犯した強盗・住居侵入罪の疑いで同年 11 月 20 日に勾留されて以来，控訴審第 2 回公判期日たる 1947（昭和 22）年 6 月 19 日まで，引き続き拘禁されていた。その間の同年 1 月 28 日に第 1 審第 2 回公判廷において犯罪事実を自白した。しかるに，控訴審の東京高裁はYの行為に対して，前記第 2 回公判廷においてYがなした，第 1 審の場合と同様の犯罪事実を内容とする自白を証拠として，住居侵入強盗罪を認定し，懲役 7 年を言い渡した。そこでYは，かかる自白は，8 カ月に及ぶ長期の勾留中の供述自白であるから，憲法 38 条 2 項にいう不当に長く拘禁された後の自白に当たると主張して上告した。

判　旨　**棄却**　**憲法 38 条 2 項の法意**　「憲法第 38 条第 2 項において『不当に長く抑留若しくは拘禁された後の自白はこれを証拠とすることができない』と規定している趣旨は，単に自白の時期が不当に長い抑留又は拘禁の後に行われた一切の場合を包含するというように形式的，機械的に解すべきものではなくして，自白と不当に長い抑留又は拘禁との間の因果関係を考慮に加えて妥当な解釈を下すべきものと考える。……しかしながら，……既に第 1 審公判廷においてした自白をそのまま第 2 審公判廷においても繰返している場合が往々存するのであるが，第 1 審公判廷における自白当時には未だ不当に長い抑留又は拘禁が存しなかったときはその自白は前記条項に包含されないことは勿論，引続きその自白を繰返している第 2 審公判廷における自白当時には仮に不当に長い抑留又は拘禁が実存していたとしてもこの自白は，特別の事情がない限りその原因が不当に長い抑留又は拘禁によらないことが明らかと認められるから，前記条項に包含されないものと解すべきである。言いかえれば，自白と不当に長い抑留又は拘禁との間に因果関係の存しないことが明らかに認め得られる前記場合においては，かかる自白を証拠とすることができると解釈するを相当と考える。」

(評釈) 大塚仁・憲百〈初版〉53，松尾浩也・判例百選〈第 2 版〉刑事訴訟法 2。

(コメント) **関連判例**　他事件の勾留中にされた供述にも証拠能力がある，とした判例（最大判昭 30・4・6 刑集 9 巻 4 号 663 頁）も参照。

Ⅲ-6-32　「公判廷での供述」による有罪認定違憲訴訟

最大判昭23・7・29刑集2巻9号1012頁
（食糧管理法違反被告事件）

事　実　Yは，法定の除外事由がないのに，営利目的で1946（昭和21）年9月末頃から翌年2月末ごろまでに犯した食糧管理法および物価統制令違反の罪で逮捕され，第1審（米沢区裁）で有罪とされ，第2審の山形地裁も，Yの公判廷における自白を唯一の証拠として，犯罪事実を認定し有罪とした。Yはこれに対し，この第2審判決は憲法38条3項に違反すると主張して仙台高裁に上告したが，上告審判決（刑集2巻9号1037頁）は，公判廷における本人の自白は，憲法38条3項及び「日本国憲法の施行に伴う刑事訴訟法の応急的措置に関する法律」10条3項にいわゆる「本人の自白」に該当しないという理由でこれを棄却した。そこでYは，憲法38条3項には何等の制限がないのみならず，公判廷においても被告人は被告人の身分として必ずしも自由に意見を述べ得るものではなく，その点は公判廷でもその他の場合でも変わりはなく，原判決は憲法の条項を誤解した違法の判決である，と主張して再上告に及んだ。

判　旨　**棄却**　**公判廷における本人の自白**　「自白の問題は，日々の裁判の現実において最も重要な憲法問題の一つである。憲法第38条第3項……の規定の趣旨は，一般に自白が往々にして，強制，拷問，脅迫その他不当な干渉による恐怖と不安の下に，本人の真実と自由意思に反してなされる場合のあることを考慮した結果，被告人に不利益な証拠が本人の自白である場合には，他に適当なこれを裏書する補強証拠を必要とするものとし，若し自白が被告人に不利益な唯一の証拠である場合には，有罪の認定を受けることはないとしたものである。……かくて真に罪なき者が処罰せられる危険を排除し，自白偏重と自白強要の弊を防止し，基本的人権の保護を期せんとしたものである。しかしながら，公判廷における被告人の自白は，身体の拘束をうけず，又強制，拷問，脅迫その他不当な干渉を受けることなく，自由の状態において供述されるものである。……それ故，公判廷において被告人は，自己の真意に反してまで軽々しく自白し，真実にあらざる自己に不利益な供述をするようなことはないと見るのが相当であろう。又新憲法の下においては，被告人はいつでも弁護士を附け得られる建前になっているから，若し被告人が虚偽の自白をしたと認められる場合には，その弁護士は直ちに再訊問の方法によってこれを訂正せしめることもできるであろう。なお，公判廷の自白は，裁判所の直接審理に基くものである。従って，裁判所の面前でなされる自白は，被告人の発言，挙動，顔色，態度並びにこれらの変化等からも，その真実に合するか，否か，又，自発的な任意のものであるか，否かは，多くの場合において裁判所が他の証拠を待つまでもなく，自ら判断し得るものと言わなければならない。……公判廷の自白は，裁判所の面前で親しくつぎつぎに供述が展開されて行くものであるから，現行法の下では裁判所はその心証が得られるまで種々の面と観点から被告人を根掘り葉掘り十分訊問することもできるのである。……従って，公判廷における被告人の自白が，裁判所の自由心証によって真実に合するものと認められる場合には，公判廷外における被告人の自白とは異り，更に他の補強証拠を要せずして犯罪事実の認定ができると解するのが相当である。すなわち前記法条のいわゆる『本人の自白』には，公判廷における被告人の自白を含まないと解釈するを相当とする」。

補足意見 **斎藤悠輔裁判官**（略）

少数意見 **塚崎直義裁判官**「被告人の自白はその公判廷に於けるものであっても，常に必ずしも真実に合するものとは限らない。捜査官に対する不実の自白が因となって，公判廷に於ても，従前の供述をその儘に繰返すことがある。……憲法第38条第3項の規定は，これを制限的に解すべきではない。」**澤田竹治郎裁判官**「被告人に不利益な証拠が唯一つしかない場合には，……この証拠に対する裁判官の価値判断の如何によって重大の結果をおこすことがないとは限らぬから，裁判官の自由心証に一任するよりも証拠として採用することを許さぬのが安全である。」**井上登裁判官**「憲法第38条第3項……には，何等の制限もなく単に『自白』とあって，公判廷の自白を除外するような趣旨を汲み取り得べき字句は全然ない。」**栗山茂裁判官**「憲法第38条3項は，証拠能力がある証拠の価値判断について……その価値の如何を問わず公の利益のために，一律に補強を必要としたものである……多数意見は自白の証拠能力と証拠価値との問題を混同している嫌いがある。」**小谷勝重裁判官**「自白の動機原因に至っては公判廷の内外を区別する確かな理由とは殆んどならないのである。従って亦自白の危険性は公判廷の内外の異なるによって少しも解決されないのである。」

(評釈) 木下昌彦・憲百Ⅱ A5，刑訴百選 A34。

(コメント) **関連判例** 窃盗事件で起訴された被告人の第1審公判廷における供述（自白），および被告人の司法警察官の尋問調書中の供述記載（自白），はいずれも「本人の自白」に含まれるから，控訴審が事実認定でこれら以外の補強証拠なしに有罪認定することは許されないとした最大判昭25・7・12刑集4巻7号1298頁も参照。

Ⅲ-6-33 練馬事件

最大判昭 33・5・28 刑集 12 巻 8 号 1718 頁，判時 150 号 6 頁
（傷害致死，暴行，暴力行為等処罰ニ関スル法律違反，窃盗被告事件）

事 実

Yほか数名は，1951（昭和 26）年 12 月 24 日，共謀の上，練馬警察署勤務の印藤巡査を路上に誘い出して殺害したとして，強盗致死罪等で起訴された。第 1 審（東京地判昭 28・4・14 刑集 12 巻 8 号 1797 頁）はYを共同謀議者として傷害致死の責任で懲役 5 年に処したが，その際，Yの有罪の主たる証拠には，共犯者で共同被告人でもあるY´の検察官調書（自白）が用いられた。Yは控訴したが棄却された（東京高判昭 28・12・26 刑集 12 巻 8 号 1809 頁）ので，Yはこの原判決が「唯一人の共犯たる共同被告人の自白を唯一の証拠として他の被告人を有罪とすることを認めたもの」であり，かつ，最大判昭 24・5・18 刑集 3 巻 6 号 734 頁にいう「共同審理を受けた共同被告人の供述は，それぞれ被告人の供述たる性質を有するものであってそれだけでは完全な独立の証拠能力を有しない」との判示に違反する，として上告した。

判 旨 **棄却**

本人の自白の証拠能力 「憲法 38 条 2 項は，強制，拷問若しくは脅迫による自白又は不当に長く抑留若しくは拘禁された後の自白……の証拠能力を否定しているが，然らざる自白の証拠能力を肯定しているのである。しかし，実体的真実でない架空な犯罪事実が時として被告人本人の自白のみによって認定される危険と弊害とを防止するため，特に，同条 3 項は，……被告人本人の自白だけを唯一の証拠として犯罪事実全部を肯認することができる場合であっても，それだけで有罪とされ又は刑罰を科せられないものとし，かかる自白の証明力（すなわち証拠価値）に対する自由心証を制限し，もって，被告人本人を処罰するには，さらに，その自白の証明力を補充し又は強化すべき他の証拠（いわゆる補強証拠）を要するものとしているのである。すなわち，憲法 38 条 3 項の規定は，被告人本人の自白の証拠能力を否定又は制限したものではなく，また，その証明力が犯罪事実全部を肯認できない場合の規定でもなく，かえって，証拠能力ある被告人本人の供述であって，しかも，本来犯罪事実全部を肯認することのできる証明力を有するもの，換言すれば，いわゆる完全な自白のあることを前提とする規定と解するを相当とし，従って，わが刑訴 318 条（旧刑訴 337 条）で採用している証拠の証明力に対する自由心証主義に対する例外規定としてこれを厳格に解釈すべきであって，共犯者の自白をいわゆる『本人の自白』と同一視し又はこれに準ずるものとすることはできない。けだし共同審理を受けていない単なる共犯者は勿論，共同審理を受けている共犯者（共同被告人）であっても，被告人本人との関係においては，被告人以外の者であって，被害者その他の純然たる証人とそ

の本質を異にするものではないからである。されば，かかる共犯者又は共同被告人の犯罪事実に関する供述は，憲法38条2項のごとき証拠能力を有しないものでない限り，自由心証に委かさるべき独立，完全な証明力を有するものといわざるを得ない。」「それ故，原判決の所論説示は正当である。そして，所論引用の判例……は，被告人本人が犯罪事実を自白した場合の補強証拠に関する判例であって，被告人本人が犯罪事実を否認している本件に適切でないばかりでなく，本判例と矛盾する限度においてこれを変更することを相当と認める。されば，所論は採ることができない。」

少数意見　**真野毅・小谷勝重・藤田八郎・小林俊三・河村大助・奥野健一裁判官**　「自白の内容が，被告人である自白者自身の犯罪事実であると同時に，共同審理を受けている他の共犯者（共同被告人）の犯罪事実である場合においては，当該自白のみで自白者を処罰できないとされる以上，その自白だけで犯罪事実を否認している他の共同被告人を処罰することは，もちろん許されないものと解するを相当とする。」

(評釈)　庭山英雄・憲百Ⅰ〈第2版〉118，高橋則夫・刑法百選Ⅰ 75，刑訴百選A43。

(コメント)　本判例を踏襲するものとして，最一判昭35・5・26刑集14巻7号898頁，最三判昭45・4・7刑集24巻4号126頁，および最一判昭51・2・19刑集30巻1号25頁等がある。

Ⅲ-6-34　偽計自白有罪認定違憲判決

最大判昭45・11・25刑集24巻12号1670頁，判時613号18頁
（銃砲刀剣類所持等取締法違反，火薬類取締法違反被告事件）

事　実　Y_1および妻Y_2は，1963（昭和38）年10月頃から1965（昭和40）年11月1日頃までの間，法定の除外事由がないのに，共謀して，拳銃及び拳銃実包を所持・隠匿していたとして，伏見警察署で取調べを受けた際には，Y_2が自分の一存で本件拳銃を買い受け隠匿所持していたものであると供述し，Y_1も本件拳銃はY_2が勝手に買ったものである等と述べて両名とも共謀を否認していたが，その後京都地検の取調べにおいて，検察官がまずY_1に対し，Y_2の自供がないにもかかわらず，Y_2がY_1との共謀を自供した旨告げてY_1を説得したところ，Y_1は共謀を認めるに至ったため，今度はY_2に対し，Y_1が共謀を認めた旨告げてY_2を説得するとY_2もまた共謀を認めたので直ちに調書を取り，再度Y_1にY_2も共謀を認めていることを確認の上，調書を取り，Y_1を勾留している警察署に調べ直しを指示し，Y_1を翌日取り調べた結果，Y_1の司法警察員に対する供述調書が作成された。第1審（京都地判昭41・8・12刑集24巻12号1692頁）で懲役6月の有罪判決を受けたので控訴したが，原審（大阪高判昭42・5・19刑集24巻12号1693頁）は，「偽計を用いた尋問方法は決して望ましいものではないにしても，

単に偽計を用いたという理由のみでこれを違法視することはできない」と判示して控訴を棄却した。そこでY_1は，第1審判決の事実認定に用いられた供述調書中，Y_1がY_2と共謀のうえ犯行を自供した部分は，刑訴法319条1項の「その他任意にされたものでない疑のある自白」に当たり，証拠としえないものであるにもかかわらず，この自白に任意性があるとした原判決の判断は，憲法38条1項2項の解釈を誤ったものである，と主張して上告に及んだ。

判 旨 破棄差戻 **偽計による自白の証拠採用の違憲性** 「思うに，捜査手続といえども，憲法の保障下にある刑事手続の一環である以上，刑訴法1条所定の精神に則り，公共の福祉の維持と個人の基本的人権の保障とを全うしつつ適正に行なわれるべきものであることにかんがみれば，捜査官が被疑者を取り調べるにあたり偽計を用いて被疑者を錯誤に陥れ自白を獲得するような尋問方法を厳に避けるべきであることはいうまでもないところであるが，もしも偽計によって被疑者が心理的強制を受け，その結果虚偽の自白が誘発されるおそれのある場合には，右の自白はその任意性に疑いがあるものとして，証拠能力を否定すべきであり，このような自白を証拠に採用することは，刑訴法319条1項の規定に違反し，ひいては憲法38条2項にも違反するものといわなければならない。」

(評釈) 鈴木茂嗣・憲百Ⅰ〈第2版〉116，緑大輔・刑訴百選71。

(12) 残虐な刑罰の禁止

Ⅲ-6-35 死刑合憲判決

最大判昭23・3・12刑集2巻3号191頁
（尊属殺，殺人，死体遺棄被告事件）

事 実 早くから父と死別していたYは，仕事を転々とした挙句に1946（昭和21）年2月頃，母と妹（以下「母ら」という）のいる実家へ戻ってきたが，仕事をせず盗みを働いたりしたこともあったため，かねがね母らから邪魔者扱いされていた。1946（昭和21）年9月15日，Yが友人宅から帰宅すると，母らはすでに夕食を済ませており，食物は何一つ残っておらず，立腹して再び外出したのち帰宅すると，平素と異なり，母らは寝床も敷いてくれていなかったため，空腹と立腹のため寝つかれず，日頃の母らの冷たい態度を思って鬱憤が昂じ，殺意を生じて，納屋にあった藁打槌で熟睡している母らの顔面を打って両人を即死させ，その死体を近くの古井戸内に遺棄した。この事実に対し，原審（広島高裁）で死刑を言い渡されたので，Yは上告し，「死刑こそ最も残虐な刑罰」であるから，憲法36条によって「刑法第199条同第200条等に於ける死刑に関する規定は当然廃除されたものと解すべきで」あり，したがって，これら両条を適用して死刑を言い渡した原判決は，法令の解釈を誤って適用した違法な判決である，と主張した。

判　旨　**棄却**

1死刑の合憲性「生命は尊貴である。一人の生命は，全地球よりも重い。死刑は，まさにあらゆる刑罰のうちで最も冷厳な刑罰であり，またまことにやむを得ざるに出ずる窮極の刑罰である。それは言うまでもなく，尊厳な人間存在の根元である生命そのものを永遠に奪い去るものだからである。……そこで新憲法は一般的概括的に死刑そのものの存否についていかなる態度をとっているのであるか。……まず，憲法第13条においては，すべて国民は個人として尊重せられ，生命に対する国民の権利については，立法その他の国政の上で最大の尊重を必要とする旨を規定している。しかし，同時に同条においては，公共の福祉に反しない限りという厳格な枠をはめているから，もし公共の福祉という基本的原則に反する場合には，生命に対する国民の権利といえども立法上制限乃至剥奪されることを当然予想しているものといわねばならぬ。そしてさらに，憲法第31条によれば，国民個人の生命の尊貴といえども，法律の定める適理の手続によって，これを奪う刑罰を科せられることが，明かに定められている。すなわち憲法は，現代多数の文化国家におけると同様に，刑罰としての死刑の存置を想定し，これを是認したものと解すべきである。言葉をかえれば，死刑の威嚇力によって一般予防をなし，死刑の執行によって特殊な社会悪の根元を絶ち，これをもって社会を防衛せんとしたものであり，また個体に対する人道観の上に全体に対する人道観を優位せしめ，結局社会公共の福祉のために死刑制度の存続の必要性を承認したものと解せられるのである。」**2死刑執行方法と残虐な刑罰**「刑罰としての死刑そのものが，一般に直ちに同条にいわゆる残虐な刑罰に該当するとは考えられない。ただ死刑といえども，他の刑罰の場合におけると同様に，その執行の方法等がその時代と環境とにおいて人道上の見地から一般に残虐性を有するものと認められる場合には，勿論これを残虐な刑罰といわなければならぬから，将来若し死刑について火あぶり，はりつけ，さらし首，釜ゆでの刑のごとき残虐な執行方法を定める法律が制定されたとするならば，その法律こそは，まさに憲法36条に違反するものというべきである。」

補充意見　**島保・藤田八郎・岩松三郎・河村又介裁判官**「……憲法は死刑をただちに残虐な刑罰として禁じたものとはいうことができない。しかし憲法は……死刑を永久に是認したものとは考えられない。ある刑罰が残虐であるかどうかの判断は国民感情によって定まる問題である……国民の文化が高度に発達して……平和的社会が実現し，公共の福祉のために死刑の威嚇による犯罪の防止を必要と感じない時代に達したならば，死刑もまた残虐な刑罰として国民感情により否定される……しかし，今日はまだこのような時期に達したものとはいうことができない。」

意　見　**井上登裁判官**（略）

(評釈)　荘子邦雄・刑法百選Ⅰ〈第2版〉96，中村英・憲百Ⅱ 120。

(コメント)　**関連判例**　刑法に定める無期懲役刑は憲法36条にいわゆる「残虐な刑罰」に当たらない（最大判昭24・12・21刑集3巻12号2048頁）。明治6年太政官布告65号は，現在，法律と同一の効力を有するものとして有効に存続しており，絞首刑たる死刑を宣告することは，憲法31条，36条に違反しない（⇒***Ⅲ-6-6***）。

Ⅲ-6-36　帝銀事件

最一決昭60・7・19判時1158号28頁，判タ560号91頁
（人身保護請求事件）

事　実　1948（昭和23）年1月26日に東京都豊島区の帝国銀行椎名町支店で起きた強盗殺人事件等の容疑者として，同年8月21日に画家のYが小樽市内で突然逮捕され（最初は別件の詐欺罪で起訴された後），10月には強盗殺人・同未遂等々で追起訴された。第1審（東京地判昭25・7・24刑集9巻4号718頁）でも第2審（東京高判昭26・9・29刑集9巻4号729頁）でもYに死刑が言い渡され，最高裁も上告を棄却した（最大判昭30・4・6刑集9巻4号663頁）ため，同年5月7日にYの死刑判決が確定したが，Yはその後17回に及ぶ再審請求と5回にわたる恩赦出願を繰り返したこともあり，死刑の執行がなされないまま死刑囚として東京拘置所その他に拘置されるという状態が30年経過した（昭和60年5月7日）。そこでYおよびその訴訟代理人が，死刑確定後30年間，死刑の執行を受けることなく経過したことによって刑法32条1号の定める死刑の時効が完成したとして，人身保護法2条3条に基づいてYの釈放を請求した。第1審（東京地決昭60・5・30判時1152号26頁）は，本件のように拘置を受けている者については死刑の時効は進行しないとして請求を棄却したので，Yらから特別抗告がなされ，憲法31条，34条および36条違反の主張がなされた。なおYは，本件決定後の1987（昭和62）年5月10日，八王子医療刑務所で死去した。

決定要旨　**一部棄却，一部却下**　**長期にわたる拘置の後の死刑執行の合憲性**　「死刑の確定判決を受けた者が刑法11条2項に基づき監獄に継続して拘置されている場合には死刑の時効は進行しないとした原審の判断は，正当として是認することができ，右判断に法令の解釈適用の誤りがあることを前提とする所論違憲の主張は，前提を欠く。」「刑法11条2項所定の拘置は，死刑の執行行為に必然的に付随する前置手続であって，死刑の執行に至るまで継続すべきものとして法定されている。したがって，所論のような拘置ののちに死刑の執行をすることは，当裁判所大法廷

の判例（最大判昭 23・3・12 刑集 2 巻 3 号 191 頁，最大判昭 30・4・6 刑集 9 巻 4 号 663 頁）の趣旨に徴すれば，憲法 36 条にいう残虐な刑罰に当たらないことが明らかであるというべきである。」

評釈　浅田和茂・法セ 375 号 60，初宿正典・重判〈昭和 60 年度〉25，宮澤浩一・重判〈昭和 60 年度〉156。

⒀　遡及処罰・事後立法の禁止

Ⅲ-6-37　刑訴法応急措置法違憲訴訟

最大判昭 25・4・26 刑集 4 巻 4 号 700 頁
（賭博開張図利被告事件）

事　実　賭博開張の罪で第 1 審（沼津区裁），第 2 審（静岡地裁）および上告審（東京高裁）で有罪判決を受けたＹは，その後，「日本国憲法の施行に伴う刑事訴訟法の応急的措置に関する法律（昭和 22 年法 76 号）の 13 条 2 項の規定により，旧刑訴 412 条から 414 条までの規定が適用されないこととなったため，同条項で定められた量刑不当，事実誤認，再審事由を理由とする上告は許されないことになった。そこでＹは，この応急措置法の施行前の犯罪については，行為以後の法律で不利益に扱われることになるから，同法 13 条 2 項は憲法 39 条の事後法の禁止に違反すると主張しして最高裁に再上告した。Ｙの上告趣意は，概ね次のとおりである。憲法 39 条前段は「事後立法」を禁止したものと解すべきである。この概念は「唯に実体法に付て行為当時可罰性のない行為を可罰性ありとすることを禁止するに止まらず，手続法に関しても行為当時におけるよりも犯人に対して不利益な取扱を為すことを許さぬものとする趣旨である。」ところが原審は「実体法たる刑法の規定は，犯罪行為時を標準とし，手続法たる訴訟法の規定は裁判時を標準とすべきことは刑事法上の原則である」と判示しているが，これは正に従来の大陸法系的な考え方における原則であって，新しい日本国憲法の下における原則ではない。

判　旨　**棄却**　**上告理由の制限立法と憲法 39 条**　「所論のごとく，単に上告理由の一部を制限したに過ぎない訴訟手続に関する前記措置法の規定を適用して，その制定前の行為を審判することは，たといそれが行為時の手続法よりも多少被告人に不利益であるとしても，憲法 39 条にいわゆる『何人も，実行の時に適法であった行為……については，刑事上の責任を問われない』との法則の趣旨を類推すべき場合と認むべきではない。従って所論憲法に違反するものと言うことはできぬ。論旨は，それ故に，採ることを得ない。」

補足意見　**澤田竹治郎・斎藤悠輔・藤田八郎裁判官**　「（事後立法の）禁止は，過去の適法行為に適用すべき行為規範たる刑事の実体法規に関するものであって，性質上将来の訴訟行為に適用さるべき手続規範たる刑事訴訟立法を制限するものでないことはいうまでもない。」 **真野毅裁判官** 「同法（刑訴応急措置法）自体は，固有の事後立法というべきものではなく，この意義においては違憲無効となるべき何等の理由がない。されば，同条項の無効を主張する論旨は，全く見当違いであるといわねばならぬ。」

(評釈) 田宮裕・憲百〈初版〉56，鈴木茂嗣・刑法百選Ⅰ〈初版〉10。

⒁　一事不再理・二重の危険

Ⅲ-6-38　投票勧誘事件

最大判昭 25・9・27 刑集 4 巻 9 号 1805 頁，判タ 6 号 41 頁
（昭和 22 年勅令第 1 号違反並びに衆議院議員選挙法違反被告事件）

事　実　Yは，衆議院議員総選挙の選挙運動期間中に棄権防止の運動に際してたまたま訪問した数人に対して，A候補に投票すべきことと勧誘したとして起訴され，第1審（富山地裁魚津支部）では罰金刑が言い渡されたが，原審（名古屋高裁金沢支部）は，検察官がこの量刑の不当を主張したのを認めて，より重い禁錮3カ月の刑を言い渡した。そこでYは，「憲法 39 条は英米法系の『二重の危険』の法則を採用し旧憲法時代の一事不再理の原則を更に強化し，即ち確定をまたずして，第1審判決があればそのことによって二重の危険ありとするものと謂ふべく，即ち検察官は量刑の失当を理由としてより重き処罰を要求するが如き上訴権はこれを認めないものと解すべき」であるし，原判決が不当に検察官の上訴権を認めたことは憲法 39 条に違反する等とし主張して上告した。

判　旨　**棄却**　**検察官の上訴と二重の危険**　「元来一事不再理の原則は，何人も同じ犯行について，二度以上罪の有無に関する裁判を受ける危険に曝さるべきものではないという，根本思想に基くことは言うをまたぬ。そして，その危険とは，同一の事件においては，訴訟手続の開始から終末に至るまでの一つの継続的状態と見るを相当とする。されば，1審の手続も控訴審の手続もまた，上告審のそれも同じ事件においては，継続せる一つの危険の各部分たるにすぎないのである。従って同じ事件においては，いかなる段階においても唯一の危険があるのみであって，そこには二重危険（ダブル，ジェバーディ）ないし二度危険（トワイス，ジェバーディ）というものは存在しない。それ故に，下級審における無罪又は有罪判決に対し，検察官が上訴をなし有罪又はより重き刑の判決を求めることは，被告人を二重の危険に曝すものでもなく，従ってまた憲法 39 条に違反して重ねて刑事上の責任を問うものでもないと言わなければならぬ。従って論旨は，採用することを得ない。」

補足意見　**長谷川太一郎裁判官** 「所論英訳を根拠として日本国憲法 39 条は所論二重危険の原則をそのまま採用したものであると断定することは

早計である。そして被告人の地位の安定の保障は，判決確定の時に与えれば充分であって，二重危険の原則が示すが如く，未だ判決が確定しない場合とか，訴訟のある段階に達した場合において，地位の安定を保障することは我国情にてらし行き過ぎと言わなければならない。従って，憲法制定に当っては，二重危険の原則をそのまま採用することをしなかったと認めることが相当である。」**澤田竹治郎・斎藤悠輔裁判官**「わが憲法39条は，……実体刑罰法上の責任……に関する規定であり，一事不再理のような訴訟手続に関する原則等を直接規定した規定ではない。」

意　見　**栗山茂裁判官**「憲法39条末段の何人も同一の犯罪について重ねて刑事上の責任を問われないという規定を，既に有罪とされた行為について二重に処罰されない趣旨と解するだけでは狭きに失する。……右末段の趣旨は同一の犯罪について二重に訴追（Second Prosecution）されないことに対する保障と解すべきものと思う。」

少数意見　**藤田八郎裁判官**「憲法39条は……一旦無罪とされた行為に対し後に有罪の裁判をすることを禁じ一旦有罪として処罰された行為に対しては重ねて処罰すること（二重処罰）を禁ずる趣旨を明らかにしているのであるが，その一旦無罪とされ，若しくは有罪として処罰されたことは，確定の裁判によってその有罪無罪なることが終局的に確定した場合をいうのであって，事件が訴訟手続進行の中途にあって，有罪無罪の裁判が宣告されてもその効力が未確定浮動の状態にある場合のごときはこれを含まないと解すべきである。」

（評釈）石崎学・憲百Ⅱ 126，刑訴百選 A46。

Ⅲ-6-39　再犯加重刑合憲判決

最大判昭24・12・21刑集3巻12号2062頁
（強盗，詐欺被告事件）

事　実　Yは強盗詐欺事件により，第1審（大阪地裁）および原審（大阪高裁）において，刑の量定適用について刑法56条の再犯加重による懲役4年の刑の言渡しを受けた。これに対してYは，憲法39条後段に「重ねて刑事上の責任を問われない」とは，再犯加重規定の適用を制限するものと解すべきであり，Yに前科があることを理由に再犯加重の刑を言い渡した原判決は違憲である等と主張して上告した。

判　旨　**棄却**　**再犯加重規定の合憲性**「刑法第56条第57条の再犯加重の規定は第56条所定の再犯者であるという事由に基いて，新に犯した罪に対する法定刑を加重し，重い刑罰を科し得べきことを是認したに過ぎないもので，前犯に対する確定判決を動かしたり，或は前犯に対し，重ねて刑罰を科する趣旨のものではないから所論憲法第39条の規定に反するものではない。従って右刑法の規定が違憲であることを前提とする論旨はいずれも理由がない。」

（コメント）　**関連判例**　同旨の判例として次のものがある。⑴盗犯等の防止及び処分に関する法律3条は，同条所定の常習累犯者であるという事由に基づいて新たに犯した罪の法定刑を重くしたにすぎず憲法39条に違反しない（最二判昭43・6・14刑集22巻6号477頁）。⑵ある前科の存在をもって常習的暴行等の罪の要件たる常習性を認定する一資料とした場合において，その前科と右常習的暴行等の罪とが刑法上の累犯の関係にあるときには，右常習的暴行等の罪につき累犯加重をしても憲法39条に違反しない（最二判昭44・9・26刑集23巻9号1154頁）。

Ⅲ-6-40　重加算税と刑罰の併科合憲判決

最二判昭45・9・11刑集24巻10号1333頁，判時608号169頁
（所得税法違反被告事件）

事　実　Yは1963（昭和38）・1964（昭和39）年度の各所得につきそれぞれ過小に記載した虚偽の確定申告書を提出して，両年度の各所得税を逋脱したとして，昭和40年法33号による改正前の所得税法69条を適用されて，第1審（名古屋地判昭42・10・31刑集24巻10号1341頁）において懲役1年（執行猶予3年）及び罰金600万円に処せられ，控訴したが棄却された（名古屋高判昭43・2・29刑集24巻10号1343頁）。そこでYは，本件発覚後に修正申告をし，更正決定による納税額も完納し，さらに相当高額の重加算税も完納している等の事情を述べ，国税通則法68条に規定する重加算税と刑罰とを併科することは憲法39条の一事不再理の原則に反する，憲法39条後段の「刑事上の責任」とは国家権力により科せられる懲罰的意味をもつ制裁をいうが，上記規定が，もし同一行為に対し再び国家権力の作用により違反者に苦痛を与えないことを目的とする規定であると解するならば，上記のごとく重加算税の外に罰金刑を科することは憲法39条に違反する，と主張して上告した。

判　旨　**棄却**　**重加算税と罰金との併科と一事不再理**　「……国税通則法68条に規定する重加算税は，同法65条ないし67条に規定する各種の加算税を課すべき納税義務違反が課税要件事実を隠ぺいし，または仮装する方法によって行なわれた場合に，行政機関の行政手続により違反者に課せられるもので，これによってかかる方法による納税義務違反の発生を防止し，もって徴税の実を挙げようとする趣旨に出た行政上の措置であり，違反者の不正行為の反社会性ないし反道徳性に着目してこれに対する制裁として科せられる刑罰とは趣旨，性質を異にするものと解すべきであって，それゆえ，同一の租税逋脱行為について重加算税のほかに刑罰を科しても憲法39条に違反するものでないことは，当裁判所大法廷判決の趣旨とするところである（最大判昭33・4・30民集12巻6号938頁参照。なお，最一判昭36・7・6

刑集15巻7号1054頁参照)。そして，現在これを変更すべきものとは認められないから，所論は，採ることができない。」

(評釈) 大久保太郎・曹時23巻1号203。

(コメント) 本判決が引用している最大判昭33・4・30民集12巻6号938頁は，法人税法（昭和22年法28号）43条の追徴税と罰金との併科が憲法39条に違反しないとした最初の判例である。

Ⅲ-6-41　弁護士懲戒事件

最二判昭29・7・2刑集8巻7号1009頁
（私文書偽造，同行使，詐欺未遂，横領被告事件）

事　実 YはS弁護士会の懲戒委員会において1950（昭和25）年11月6日，退会命令の処分を受け，同年11月30日に日弁連に異議申立てをしたところ，S弁護士会は1951（昭和26）年2月，上と同一事実に基づいてYを告発し，Yは同年4月7日に起訴された。第1審（佐賀地裁），第2審（福岡高裁）においていずれも有罪判決を受けた。そこでYは，弁護士法に規定する懲戒は刑罰ではないとしても，公の権力により個人の人格上の法益を剥奪する点において差異がなく，とくに国公法85条には，懲戒と刑罰との両罰が認められているが弁護士法にはそうした特例がないことから類推すると，弁護士会の懲戒処分も刑罰と同様に解されるから，原判決は憲法39条後段に違反する等と主張して上告した。

判　旨 **棄却** **刑罰と懲戒の関係** 「憲法39条後段の規定は何人も同じ犯行について二度以上罪の有無に関する裁判を受ける危険に曝さるべきものではないという根本思想に基く規定であることは当裁判所大法廷判決の判示するところである（最大判昭25・9・27刑集4巻9号1805頁)。そして弁護士法に規定する懲戒はもとより刑罰ではないのであるからYが弁護士法に規定する懲戒処分を受けた後更らに同一事実に基いて刑事訴追を受け有罪判決を言渡されたとしても二重の危険に曝されたものということのできないことは右大法廷判決の趣旨に徴して極めて明らかである。論旨は弁護士法には国家公務員法85条の如き懲戒と刑罰の両罰を許した規定がないから弁護士法の懲戒処分を刑罰と同様に解し一事不再理の原則を適用すべきであると主張する。しかし懲戒は刑罰ではないのであるから規定の有無にかかわらず懲戒と刑罰とが一事不再理の関係に立つものということはできないのである。されば右と同趣旨に出でた原判決は正当であって論旨は採用できない。」

(評釈) 高田義文・曹時6巻9号117。

(コメント) **関連判例** 入場税法（昭和22年法142号。昭和63年廃止）17条の3のいわゆる両罰規定が憲法39条に違反しないとする最大判昭32・11・27刑集11巻12号3113頁参照。

7 社 会 権

(1) 生 存 権

Ⅲ-7-1 食糧管理法違反事件

最大判昭 23・9・29 刑集 2 巻 10 号 1235 頁
（食糧管理法違反被告事件）

事　実　Yは自家用の不足食糧を補うため，食糧管理法所定の除外事由がないのに，1948（昭和 23）年 1 月 13 日，岡山県方面で白米 1 斗玄米 2 升を購入しこれを運搬して自宅に持ち帰る途中で検挙され，食糧管理法違反で起訴された。原審は，懲役 4 月と当該ヤミ米（換価金）没収の判決を言い渡した（岡山地津山支判昭 23・1・24 刑集 2 巻 10 号 1255 頁）。これに対しYは，憲法 25 条は生活権を保障しており，現在の配給食のみでは生活を保持し健康を維持しえないから，国民がこの不足食糧を購入・運搬することは生活権の行使であり，これを違法とする食糧管理法の規定は憲法違反であり，原判決は無効の法令を適用した裁判であると主張して跳躍上告した。

判　旨　**棄却**　**1憲法 25 条のプログラム性**　「憲法 25 条第 2 項は……社会生活の推移に伴う積極主義の政治である社会的施設の拡充増強に努力すべきことを国家の任務の一つとして宣言したものである。そして，同条第 1 項は，同様に積極主義の政治として，すべての国民が健康で文化的な最低限度の生活を営み得るよう国政を運営すべきことを国家の責務として宣言したものである。それは，主として社会的立法の制定及びその実施によるべきであるが，かかる生活水準の確保向上もまた国家の任務の一つとせられたのである。すなわち，国家は，国民一般に対して概括的にかかる責務を負担しこれを国政上の任務としたのであるけれども，個々の国民に対して具体的，現実的にかかる義務を有するのではない。言い換えれば，この規定により直接に個々の国民は，国家に対して具体的，現実的にかかる権利を有するものではない。社会的立法及び社会的施設の創造拡充に従って，始めて個々の国民の具体的，現実的の生活権は設定充実せられてゆくのである。されば，Yが，右憲法の規定から直接に現実的な生活権が保障せられ，不足食糧の購入運搬は生活権の行使であるから，これを違法なりとする食糧管理法の規定は憲法違反であると論ずるのは，同条の誤解に基く論旨であって採用することを得ない。」**2食糧管理法の合憲性**　「国家経済が，いかなる原因によるを問わず著しく主要食糧の不足を告げる事情にある場合において，若し何等の統制を行わずその獲得を自由取引と自由競争に放任するとすれば，買漁り，買占め，売惜み等によって漸次主食の偏在，雲隠れを来たし，従ってその価格の著しい高騰を招き，遂に大多数の国民は甚しい主要食糧の窮乏に陥るべきことは，識者を待たずして明らかであろう。食糧管理法は，……国民全搬の福祉のため，能う限りその生活条件を安定せしめるための法律であって，まさに憲法第25条の趣旨に適合する立法であると言わなければならない。」

意　見　**澤田竹治郎裁判官**（略）　**井上登裁判官**（略）　**栗山茂裁判官**（略）　**斎藤悠輔裁判官**「自己及び家族の生活を維持するため真に止むを得ざるに出た行為についてはこれを罰するか否かは具体的案件について慎重に考慮さるべき問題ではあるが，しかし，これは適法な刑罰法規の存在を前提として個々の具体的事件において該法規の適用を排除するいわゆる違法阻却の事由ありや否やの問題であって，一般的に或る刑罰法規自体が憲法に適合するしないかの問題ではない。」

（評釈）池田政章・憲百〈初版〉69，横川博・憲法の判例〈初版〉120，木下智史・法教217号56。

（コメント）**食糧管理法の改廃**　食糧管理法は平成7年に廃止され，現在では「主要食糧の需給及び価格の安定に関する法律」（平成6年法113号）に引き継がれている。

Ⅲ-7-2　朝日訴訟第1審

東京地判昭35・10・19行集11巻10号2921頁，訟月6巻10号1940頁
（生活保護法による保護に関する不服の申立に対する裁決取消請求事件）

事　実　Xは，十数年前から肺結核のため国立岡山療養所に入所し，単身・無収入のため生活保護法に基づいて厚生大臣の定めた生活扶助基準の最高額月600円の日用品費の生活扶助と現物による全部扶助の医療扶助を受けていたところ，1956（昭和31）年8月以降，Xと35年も離れていた実兄から毎月1500円の送金を受けることとなった。そこで津山市社会福祉事務所長は，同年7月18日付で，同年8月以降の600円の生活扶助を廃止し，兄からの上記送金額から日用品費600円を控除した残額900円を，医療費の一部としてXに負担させる保護変更決定をした。Xはこの決定を不服とし，同年8月，岡山県知事に対し仕送りから日用品費として少なくとも1000円を控除すべきであるとして不服申立てをしたが却下されたので，これを不服として同年12月，厚生大臣に不服申立てをしたが，厚生大臣は1967（昭和32）年2月15日付けで却下の裁決を下した。そこでXは厚生大臣を相手どり，生活扶助基準の600円は，憲法25条の理念に基づく生活保護法の定める健康で文化的な最低限度の生活水準を維持するに足りない違法のものであると主張して，同大臣の上記裁決の取消しを求める訴えを起こした。

判　旨　認容　**①生存権の権利性**　「憲法第25条1項は国に対しすべて国民が健康で文化的な最低限度の生活を営むことができるように積極的な施策を講ずべき責務を課して国民の生存権を保障し，同条第2項は同条第1項の責務を遂行するために国がとるべき施策を列記したものである。……もし国にしてこれらの条項の規定するところに従いとるべき施策をとらないときはもとより，その施策として定め又は行うすべての法律命令又は処分にしてこの憲法の条規の意味するところを正しく実現するものでないときは，ひとしく本条の要請をみたさないものとの批判を免れないのみならず，もし国がこの生存権の実現に努力すべき責務に違反して生存権の実現に障害となるような行為をするときはかかる行為は無効としなければならない。」「生活保護法……は国がまさにこの憲法第25条の明定する生存権保障の理念に基いて困窮者の生活保護制度を，同条第2項にいう社会保障の一環として，国の直接の責任において実現しようとするものであり，憲法の前記規定を現実化し，具体化したものに外ならない（同法第1条参照)。同法第2条は『すべて国民は，この法律の定める要件を満たす限り，この法律による保護を無差別平等に受けることができる。』と規定している。これは同法に定める保護を受ける資格をそなえる限り何人に対しても単に国の事実上の保護行為による反射的利益を享受させるにとどまらず，積極的に国に対して同法第3条の規定するような『健康で文化的な生活水準』を維持することができる最低限度の生活を保障する保護の実施を請求する権利，すなわち保護請求権を賦与することを規定したものと解すべきである。……したがって，保護実施機関が現に保護を受けている者あるいは保護の開始を申請した者の保護請求権を不当に侵害するような処分をした場合においては，右処分が違法とされるのはいうまでもない。」 **②「健康で文化的な最低限度の生活」水準の客観性**　生活保護法8条2項にいう「『最低限度の生活』とは，同法第3条によれば『健康で文化的な生活水準』を維持することができるものでなければならない。……これが憲法第25条第1項に由来することは多言をまたないところであり，『健康で文化的な』とは決してたんなる修飾ではなく，その概念にふさわしい内実を有するものでなければならないのである。それは生活保護法がその理想を具体化した憲法第25条の規定の前述のような沿革からいっても，国民が単に辛うじて生物としての生存を維持できるという程度のものであるはずはなく，必ずや国民に『人間に値する生存』あるいは『人間としての生活』といい得るものを可能ならしめるような程度のものでなければならないことはいうまでもない……その具体的な内容は決して固定的なものではなく通常は絶えず進展向上しつつあるものであると考えられるが，それが人間としての生活の最低限度という一線を有する以上理論的には特定の国における特定の時点においては一応客観的に決定すべきものであり，またしうるものである……。」 **③生活保護基準設定と羈束行為** 「もちろん，具体的にいかなる生活水準をもってここにいう『健康で文化的な生活水準』と解すべきかはそれが単なる数額算定の問題にとどまらず微妙な価値判断を伴う……しかしそれはあくまで前記憲法から由来する右法第３条，第８条第２項に規定せられるところを逸脱することを得ないものであり，その意味においてはいわゆる羈束行為というべきものである。……最低限度の生活水準を判定するについての注意すべきことの一は，現実の国内における最低所得層，たとえば低賃金の日雇労働者，零細農漁業者等いわゆるボーダー・ラインに位する人々が現実に維持している生活水準をもって直ちに生活保護法の保障する『健康で文化的な生活水準』に当ると解してはならないということである。蓋し……健全な社会通念をもってしてこれらの生活が果して健康で文化的な最低生活の水準に達しているかどうかは甚だ疑わしいといわねばならないからである。その二はその時々の国の予算の配分によって左右さるべきものではないということである。予算を潤沢にすることによって最低限度以上の水準を保障することは立法政策としては自由であるが，最低限度の水準は決して予算の有無によって決定されるものではなく，むしろこれを指導支配すべきものである。その意味では決して相対的ではない。」「もし被告の設定した一般的基準そのものがその適用の対象である大多数の要保護者に対し生活保護法第８条第２項にいう最低限度の生活の需要を満たすに十分な程度，すなわち『健康で文化的な生活水準』を維持することができる程度の保護の保障に欠くるようなものであるならば右基準は同項，同法第２条，第３条等の規定に違反しひいて憲法第25条の理念をみたさないものであって無効といわなければならない。」「本件保護基準は要保護患者につきさきに述べたような趣旨においての『健康で文化的な生活水準』を維持することができる程度のものとはいいがたいものとせざるを得ない。それがいくらでなければならないかはここで決定することは必要でなく，また相当でもない。しかし右のような生活水準を維持するに足りないという限度で，それは生活保護法第８条第２項，第３項に違反するものといわざるをえない。してみればこのような保護基準に基きＸに対し本来Ｘの所得に帰した金員中日用品費として月額600円のみを手元に残すことを認め，これだけを控除した仕送りの残額（月額金900円）によって医療費の一部負担を命じた本件保護変更決定はそれだけですでに違法ということができる。」

（評釈）菊池勇夫・判評34号１，西原道雄・判評67号１，68号３（第１審および第２審に関して），木下智史・法教217号56。

Ⅲ-7-3　朝日訴訟上告審

最大判昭 42・5・24 民集 21 巻 5 号 1043 頁，判時 481 号 9 頁
（生活保護法による保護に関する不服の申立に対する裁決取消請求事件）

事　実　第 1 審判決（⇒Ⅲ-7-2）の後，控訴審（東京高判昭 38・11・4 行集 14 巻 11 号 1963 頁）は，生活保護法 3 条・8 条に基づく司法審査の余地を認めつつも，厚生大臣の基準設定を全くの自由裁量に近いものとし，みずから日用品費を月額 670 円と算定した上で，「1 割程度の不足」をもってしては不当とは言えても本件保護基準を違法と断定できないとして第 1 審判決を取り消し，X の主張を斥けた。X は上告したが，最高裁判決を待たずに 1964（昭和 39）年 2 月 14 日に死亡したので，相続人（養子夫妻）が訴訟承継を主張した。

判　旨　**訴訟終了**　**1 保護受給権の一身専属性**　「生活保護法の規定に基づき要保護者または被保護者が国から生活保護を受けるのは，単なる国の恩恵ないし社会政策の実施に伴う反射的利益ではなく，法的権利であって，保護受給権とも称すべきものと解すべきである。しかし，この権利は，被保護者自身の最低限度の生活を維持するために当該個人に与えられた一身専属の権利であって，他にこれを譲渡し得ないし（59 条参照），相続の対象ともなり得ないというべきである。また，被保護者の生存中の扶助ですでに遅滞にあるものの給付を求める権利についても，医療扶助の場合はもちろんのこと，金銭給付を内容とする生活扶助の場合でも，それは当該被保護者の最低限度の生活の需要を満たすことを目的とするものであって，法の予定する目的以外に流用することを許さないものであるから，当該被保護者の死亡によって当然消滅し，相続の対象となり得ない，と解するのが相当である。また，所論不当利得返還請求権は，保護受給権を前提としてはじめて成立するものであり，その保護受給権が右に述べたように一身専属の権利である以上，相続の対象となり得ないと解するのが相当である。」「されば，本件訴訟は，X の死亡と同時に終了し，同人の相続人 A，同 B の両名においてこれを承継し得る余地はないもの，といわなければならない。」 **2 憲法 25 条の権利性**　「（なお，念のために，本件生活扶助基準の適否に関する当裁判所の意見を付加する。憲法 25 条 1 項……の規定は，すべての国民が健康で文化的な最低限度の生活を営み得るように国政を運営すべきことを国の責務として宣言したにとどまり，直接個々の国民に対して具体的権利を賦与したものではない……。具体的権利としては，憲法の規定の趣旨を実現するために制定された生活保護法によって，はじめて与えられているというべきである。生活保護法は，『この法律の定める要件』を満たす者は，『この法律による保護』を受けることができると規定

し（2条参照），その保護は，厚生大臣の設定する基準に基づいて行なうものとしているから（8条1項参照），右の権利は，厚生大臣が最低限度の生活水準を維持するにたりると認めて設定した保護基準による保護を受け得ることにあると解すべきである。……」 **3生活保護基準設定の裁量性** 「健康で文化的な最低限度の生活なるものは，抽象的な相対的概念であり，その具体的内容は，文化の発達，国民経済の進展に伴って向上するのはもとより，多数の不確定的要素を総合考量してはじめて決定できるものである。したがって，何が健康で文化的な最低限度の生活であるかの認定判断は，いちおう，厚生大臣の合目的的な裁量に委されており，その判断は，当不当の問題として政府の政治責任が問われることはあっても，直ちに違法の問題を生ずることはない。ただ，現実の生活条件を無視して著しく低い基準を設定する等憲法および生活保護法の趣旨・目的に反し，法律によって与えられた裁量権の限界をこえた場合または裁量権を濫用した場合には，違法な行為として司法審査の対象となることをまぬかれない。」「原判決が本件生活保護基準の適否を判断するにあたって考慮したいわゆる生活外的要素というのは，当時の国民所得ないしその反映である国の財政状態，国民の一般的生活水準，都市と農村における生活の格差，低所得者の生活程度とこの層に属する者の全人口において占める割合，生活保護を受けている者の生活が保護を受けていない多数貧困者の生活より優遇されているのは不当であるとの一部の国民感情および予算配分の事情である。以上のような諸要素を考慮することは，保護基準の設定について厚生大臣の裁量のうちに属することであって，その判断については，法の趣旨・目的を逸脱しないかぎり，当不当の問題を生ずるにすぎないのであって，違法の問題を生ずることはない。」「原判決の確定した事実関係の下においては，本件生活扶助基準が入院入所患者の最低限度の日用品費を支弁するにたりるとした厚生大臣の認定判断は，与えられた裁量権の限界をこえまたは裁量権を濫用した違法があるものとはとうてい断定することができない。)」

補足意見 奥野健一裁判官（略）

反対意見 **田中二郎裁判官，松田二郎・岩田誠・草鹿浅之介各裁判官**（要旨）
もし本件裁決が取り消されることになれば，国は本来義務として負担すべき医療扶助給付をしなかったため，Xに支払う必要のない負担金を支払わせたことになるから，国はこれによって法律上の原因なくして不当に利得したことになる。すなわちXは，本件裁決の取消しを条件とする不当利得返還請求権を国に対してもつこととなる。この条件付権利は，一身専属的な保護受給権とは別個のものであって，相続性を有する。

(評釈)　中川善之助・法セ136号49，［特集］ジュリ374号，［特集］法時39巻8号，渡部吉隆・曹時19巻8号181，奥平康弘・判評104号10，南博方・判評104号5，坂本重雄・民商68巻6号93，森順次・重判〈昭和42年度〉148，隅野隆徳・憲法の判例154，木下智史・法教217号56，民訴百選Ⅱ〈新法対応補正版〉A46，葛西まゆこ・憲百Ⅱ136，木下秀雄・社会保障百選1，前田雅子・行政百選Ⅰ16。

(コメント)　**関連判例**　厚生大臣の定める基準生活費が憲法25条1項および生活保護法の趣旨目的を逸脱せず違法でないとし，あわせて従来の憲法25条1項についてのプログラム論を再説した事例（東京高判昭46・12・21判時654号47頁）がある。また，生活保護受給者が子の高等学校修学費用に充てる目的で加入した学資保険の満期保険金について収入認定をし保護の減額をした保護変更決定処分が違法だとして取消しを請求した事件について，第1審（福岡地判平7・3・14判タ896号104頁）は***Ⅲ-7-3***判決を先例として同処分の取消請求を却下したが，控訴審（福岡高判平10・10・9判時1690号42頁）は，***Ⅲ-7-3***判決が生活保護法上の保護受給権は一身専属の権利であり被保護者の死亡により当然に消滅し相続の対象とはならないとした点に関連して，この権利が一身専属権であることを認めつつも，生活保護法10条が，世帯を単位として保護の要否及び程度を定めるものとするとしている点を重視し，保護変更決定処分等の効果は名宛人である世帯主のみならず世帯の構成員全員に及ぶものであり，世帯主以外の構成員（世帯主の子）もその取消しを訴求する原告適格を有し，それゆえ処分の取消請求をした世帯主が訴訟係属中に死亡しても，それによって直ちに訴訟は終了せず他の受給権者が承継することができるとして第1審判決を取り消して上記処分を違法とし，最高裁（最三判平16・3・16民集58巻3号647頁）もこれを前提として保護変更決定を違法とした。

Ⅲ-7-4　牧野訴訟

東京地判昭43・7・15行集19巻7号1196頁，判時523号21頁
（国民年金支給停止処分取消請求事件）

事　実　Xは，1965（昭和40）年1月に70歳に達したので国民年金法80条2項の規定（当時）により老齢福祉年金の支給を受ける権利を有することとなったが，Xには配偶者Aがあり，Aもすでに1963（昭和38）年3月以降，同様に老齢福祉年金を支給されていた。そこで北海道知事は，Xの年金受給権を裁定するとともに，同法79条の2第5項（後に廃止）の定める夫婦受給制限によって，支給額1万5600円（1967年以降は1万8000円）のうち金3000円に相当する部分の支給停止を決定し，Aについても同条項に基づいて同様の支給停止が決定された。そこでXは，こうした夫婦受給制限条項が，夫婦老齢者を単身老齢者と差別し，しかも個人として尊重せずに憲法13条，同14条に違反することを理由として，夫婦受給制限条項およびこれに基づく知事の支給停止決定処分の

無効を主張した。

判　旨　**認容**　**夫婦受給制限規定の違憲性**　「現行の老齢福祉年金は，……法1条が掲げる憲法25条2項の理念からみれば極めて不十分であるとはいえ，そのこと自体は，社会福祉の促進，公衆衛生，生活環境の改善等国民一般の生活の必須的な側面において施策すべきことの多いわが国の社会情勢と先進諸国に比し必ずしも潤沢とはいえない国家財政の事情とにかんがみ，やむをえないというべきであろうが，しかし，だからといって，国家予算の都合から，老齢福祉年金の受給対象者が夫婦者であるか単身者であるかによってその支給額を差別することまで許されるというべきではない。けだし，前示のとおり，憲法14条は，老齢福祉年金のような無拠出で国から支給される経済的利益についても平等であることを国民の基本的人権として保障し，差別すべき合理的な理由があると認められない限り，差別することを禁止していると解されるからである。」「老齢者の生活の実態にかんがみると，夫婦者の老齢者の場合に理論のうえで生活の共通部分について費用の節約が可能であるといいうるからといって，……前記老齢福祉年金制度の理想からすれば余りにも低額である現段階において，夫婦者の老齢者を単身の老齢者と差別し，夫婦者の老齢者に支給される老齢福祉年金のうち，さらに3,000円（月額250円）の支給を停止するがごときは，国家財政の都合から，あえて老齢者の生活実態に目を蔽うものであるとのそしりを免れないというべく，到底，差別すべき合理的理由があるものとは認められない。」

（評釈）　明山和夫・判評118号12，西原道雄・ジュリ416号72，和田鶴蔵・重判〈昭和43年度〉6，竹中康之・社会保障百選〈第2版〉44，久保田穣・憲百Ⅱ〈第4版〉138。

（コメント）　**夫婦受給制限規定の削除と関連判例**　本判決を契機として夫婦受給制限規定は1969（昭和44）年12月に削除された。なお，夫婦の生活費の共通部分は節約可能であるから，夫婦受給制限措置は夫婦老齢者と単身老齢者との間の実質的平等を確保するための合理的な差別的取扱いであるとして，本判決と全く対照的な判断を下しているものとして，松本訴訟第1審判決（神戸地判昭49・10・11行集25巻11号1395頁）および控訴審判決（大阪高判昭51・12・17行集27巻11＝12号1836頁）がある。

Ⅲ-7-5　堀木訴訟控訴審

大阪高判昭 50・11・10 行集 26 巻 10＝11 号 1268 頁，判時 795 号 3 頁
（行政処分取消請求事件）

事　実

国民年金法別表記載の 1 種 1 級に該当する視力障害者で，同法に基づく障害福祉年金を受給していたXは，内縁の夫と離別後，二人の間の子Aを養育していたため，1970（昭和 45）年 2 月，兵庫県知事に対し，児童扶養手当法（昭和 48 年法 93 号による改正前のもの）に基づく受給資格認定を請求したが，同知事は，Xが障害福祉年金を受給しているので児童扶養手当の受給資格を欠く（児童扶養手当法 4 条 3 項 3 号の併給禁止条項）として請求が却下されたのでさらに異議申立てをしたが，同一の理由で棄却された。そこでXは，当該条項は憲法 13 条，14 条 1 項，25 条 2 項に違反するとして，却下処分の取消しと手当受給資格の認定を求める義務付け訴訟を提起した。第 1 審判決は，上記受給資格認定の義務づけについては，行政庁の第一次的判断を侵害し三権分立の原則に反する不適法な訴えとして却下したが，本件却下処分については，障害福祉年金を受給している母子世帯と，父がそれを受給し健全な母が児童を養育する 3 人世帯との間に差別を設けるものであり，併給禁止規定は平等原則に違反し無効であるとして，却下処分の取消しを認めた（神戸地判昭 47・9・20 判時 678 号 19 頁）。第 1 審判決後の 1973（昭和 48）年に上記法改正がなされて併給禁止条項は削除されたが，同知事は，併給禁止は立法裁量に属し，裁判所はそれが著しく不合理である場合でなければ違憲となしえない等と主張して控訴した。

判　旨　**原判決取消**

1憲法 25 条の法意　「同条第 2 項により国の行う施策は，個々的に取りあげてみた場合には，国民の生活水準の相対的な向上に寄与するものであれば足り，特定の施策がそれのみによって健康で文化的な最低限度という絶対的な生活水準を確保するに足りるものである必要はなく，要は，すべての施策を一体としてみた場合に，健康で文化的な最低限度の生活が保障される仕組みになっていれば，憲法第 25 条の要請は満たされているというべきである。」「本条第 2 項の趣旨が以上のようなものであるとすると，同項に基づいて国が行う個々の社会保障施策については，各々どのような目的を付し，どのような役割機能を分担させるかは立法政策の問題として，立法府の裁量に委ねられている」。「本条第 2 項は国の事前の積極的防貧施策をなすべき努力義務のあることを，同第 1 項は第 2 項の防貧施策の実施にも拘らず，なお落ちこぼれた者に対し，国は事後的，補足的且つ個別的な救貧施策をなすべき責務のあることを各宣言したものであると解することができる。」　**2併給禁止は立法府の裁量**　「被保障者の生活実体がもし右併給を受けなければ，なお貧困の域を脱することができないというのであれば，

当該被保障者には生活保護法による生活保障の途が残されているのであって，本件併給禁止条項は憲法第25条第1項とかかわりがないといわねばならぬ。」「〔併給禁止が適切であるかの〕判断は，立法政策に属するところであるが，その判断をなすに際しては国の財政，社会保障制度全般，各制度の目的，役割，国民感情などを考慮して，これを総合してなされるべきであり，このようなことを考慮して結論を出すことは立法府の裁量の範囲に属する事項であるといわねばならない。……右のような点に立法府が考慮を払わず，恣意によるなどして裁量権の行使を著しく誤り，またはその濫用の結果に出たものとは認め難いから，右併給を禁止した本件併給禁止条項は憲法25条第2項に違反するものとはいえない。」

(評釈) 佐藤進・ジュリ607号78，角田豊・重判〈昭和50年度〉18，佐藤功・社会保障百選〈初版〉5，戸松秀典・憲百Ⅱ〈初版〉106，木下智史・法教218号83。

Ⅲ-7-6　堀木訴訟上告審

最大判昭57・7・7民集36巻7号1235頁，判時1051号29頁

（行政処分取消等請求事件）

事　実　⇒*Ⅲ-7-5*

判　旨　**棄却**　**立法府の広い裁量と憲法判断**　「憲法25条の規定は，国権の作用に対し，一定の目的を設定しその実現のための積極的な発動を期待するという性質のものである。しかも，右規定にいう『健康で文化的な最低限度の生活』なるものは，きわめて抽象的・相対的な概念であって，その具体的内容は，その時々における文化の発達の程度，経済的・社会的条件，一般的な国民生活の状況等との相関関係において判断決定されるべきものであるとともに，右規定を現実の立法として具体化するに当たっては，国の財政事情を無視することができず，また，多方面にわたる複雑多様な，しかも高度の専門技術的な考察とそれに基づいた政策的判断を必要とするものである。したがって，憲法25条の規定の趣旨にこたえて具体的にどのような立法措置を講ずるかの選択決定は，立法府の広い裁量にゆだねられており，それが著しく合理性を欠き明らかに裁量の逸脱・濫用と見ざるをえないような場合を除き，裁判所が審査判断するのに適しない事柄であるといわなければならない。そこで，本件において問題とされている併給調整条項の設定について考えるのに，Xがすでに受給している国民年金法上の障害福祉年金といい，また，Xがその受給資格について認定の請求をした児童扶養手当といい，いずれも憲

法25条の規定の趣旨を実現する目的をもって設定された社会保障法上の制度であり，それぞれ所定の事由に該当する者に対して年金又は手当という形で一定額の金員を支給することをその内容とするものである。ところで，児童扶養手当がいわゆる児童手当の制度を理念とし将来における右理念の実現の期待のもとに，いわばその萌芽として創設されたものであることは，立法の経過に照らし，一概に否定することのできないところではあるが，国民年金法1条，2条，56条，61条，児童扶養手当法1条，2条，4条の諸規定に示された障害福祉年金，母子福祉年金及び児童扶養手当の各制度の趣旨・目的及び支給要件の定めを通覧し，かつ，国民年金法62条，63条，66条3項，同法施行令5条の4第3項及び児童扶養手当法5条，9条，同法施行令2条の2各所定の支給金額及び支給方法を比較対照した結果等をも参酌して判断すると，児童扶養手当は，もともと国民年金法61条所定の母子福祉年金を補完する制度として設けられたものと見るのを相当とするのであり，児童の養育者に対する養育に伴う支出についての保障であることが明らかな児童手当法所定の児童手当とはその性格を異にし，受給者に対する所得保障である点において，前記母子福祉年金ひいては国民年金法所定の国民年金（公的年金）一般，したがってその一種である障害福祉年金と基本的に同一の性格を有するもの，と見るのがむしろ自然である。そして，一般に，社会保障法制上，同一人に同一の性格を有する2以上の公的年金が支給されることとなるべき，いわゆる複数事故において，そのそれぞれの事故それ自体としては支給原因である稼得能力の喪失又は低下をもたらすものであっても，事故が2以上重なったからといって稼得能力の喪失又は低下の程度が必ずしも事故の数に比例して増加するといえないことは明らかである。このような場合について，社会保障給付の全般的公平を図るため公的年金相互間における併給調整を行うかどうかは，さきに述べたところにより，立法府の裁量の範囲に属する事柄と見るべきである。また，この種の立法における給付額の決定も，立法政策上の裁量事項であり，それが低額であるからといって当然に憲法25条違反に結びつくものということはできない。」

（評釈）　園部逸夫・ジュリ780号100，阿部照哉・判評291号170，藤井俊夫・重判〈昭和57年度〉29，園部逸夫・曹時35巻6号95，森順次・民商88巻4号106，戸松秀典・基本判例137，木下智史・法教217号56，井上典之・法セ623号64，野坂泰司・法教318号52，尾形健・法教326号14，同・憲百Ⅱ137，棟居徳子・社会保障百選2。

（コメント）　**関連判例**　厚生労働大臣が平成18年度に行った老齢加算の廃止を内容とする保護基準の改定が，生活保護法および憲法25条に違反するとして，その取消しを求めた事案において，最三判平24・2・28民集66巻3号1240頁は，*Ⅲ*

-7-6 を参照させて，「厚生労働大臣の判断に，最低限度の生活の具体化に係る判断の過程及び手続における過誤，欠落の有無等の観点からみて裁量権の範囲の逸脱又はその濫用があると認められる場合，あるいは，……老齢加算の廃止に際し激変緩和等の措置を採るか否かについての方針及びこれを採る場合において現に選択した措置が相当であるとした同大臣の判断に，被保護者の期待的利益や生活への影響等の観点からみて裁量権の範囲の逸脱又はその濫用があると認められる場合に生活保護法3条，8条2項の規定に違反し，違法となる」としつつ，「憲法25条の趣旨を具体化した生活保護法3条又は8条2項の規定に違反するものではない以上，これと同様に憲法25条に違反するものでもないと解するのが相当であ」るとしている。なお，児童扶養手当法施行令（平成10年改正前のもの）1条の2第3号のうち，「母が婚姻（婚姻の届出をしていないが事実上婚姻関係と同様の事情にある場合を含む。）によらないで懐胎した児童」から「父から認知された児童」を除外している括弧書部分が，同法の委任の範囲を逸脱した違法な規定として無効であるとした最一判平14・1・31民集56巻1号246頁がある。

Ⅲ-7-7 宮訴訟

東京地判昭49・4・24行集25巻4号274頁，判時740号25頁
（老齢福祉年金受給資格確認等請求事件）

事　実　Xは，1964（昭和39）年1月に，国民年金法80条2項の規定（当時）により，法79条の2の老齢福祉年金の受給資格を取得したので，1969（昭和44）年4月に岡山県知事に対し，同年金の受給権の裁定を請求したところ，同知事は，同年5月，Xに対し，昭和39年2月分以降の受給権の裁定をするとともに，Xが恩給法による普通恩給を受給していることを理由として，同月分以降の老齢福祉年金の支給停止の処分をした。Xは，この処分は，生存権を必要な限度をこえて制限するものであり，また公的年金給付を受けることができる地位という社会的身分により不合理な差別をするものであるとして，憲法25条および14条違反を理由に提訴した。

判　旨　**棄却**　**1 憲法25条と併給制限**　「立法府は，憲法25条に基づく施策の一つである老齢福祉年金の支給を，一定の例外的な場合を除き，公的年金給付を受けることができる者以外の者に対してのみすべきである旨判断し，その限度で憲法第25条に規定する理念を具体化したものであり，……福祉年金の支給につき右のような制限を設けたのは，相当の理由があってのことであり，また，老齢福祉年金は，……老齢者の健康で文化的な最低限度の生活の保障を直接の目的とするものではないことに鑑みるならば，かかる制限を設けたからといって，恣意的に公的年金給付の受給者を老齢福祉年金制度の対象から除外したものということはできない。したがって，そ

の立法政策上の当否はしばらく措き，右制限を設けたことが直ちに憲法25条に違反して無効であるとはいえない。」 **2憲法14条と併給制限による差別** 「老齢福祉年金の受給権者のうち公的年金給付を受けることができる者は，その公的年金給付の額が老齢福祉年金の額に満たないときであっても，公的年金給付と老齢福祉年金とを合せて，少なくとも老齢福祉年金の額までを受給することができるのであって，年金の受給額の点に関する限り，公的年金給付を受けない者と比べて，相対的にも不利益な立場に置かれてはいないことが明らかである。」「戦争公務による公的年金給付には，一般公的年金給付とは異なった特殊性があり，これをある程度福祉年金の併給限度額に反映させることも合理性を失わないと解されるのであるから，一般公的年金給付の受給者に対する併給制限を定めた法の規定のうち，戦争公務による公的年金給付の受給者に対する併給制限と同等以上の制限を加えた部分を無効であると解すべきことが，立法府の裁量的判断を待つまでもなく一義的に明白であるとはとうてい認められない……いわんや，右併給制限よりも厳しい制限を加えている右規定のうち，どの範囲までが，戦争公務による公的年金給付の前示特殊性等に鑑み合理性を失わない限度であるかを，立法府の裁量的判断を待たないで確定することはとうていできないといわなければならない。そうであるとすれば，仮に，法が福祉年金の併給制限について，公的年金給付のうち戦争公務によるものとその他のものとを差別して取り扱っていることに合理性がないとしても，それを理由として，一般公的年金給付の受給者に対する福祉年金の併給を制限した法の規定が無効であると解することはできない。」「福祉年金の公的年金給付の受給による支給制限と一般所得による支給制限とは，その設けられた趣旨及びその果たす機能を全く異にしているのであるから，それぞれについて定められた限度額に差異があるからといって，直ちに不合理な差別があるということはできない。」

(評釈)　坂本重雄・重判〈昭和49年度〉15，角田豊・判評191号32，佐藤進・社会保障百選〈第2版〉46，木下智史・法教218号83。

(コメント)　**その後の経緯と関連判例**　本件の控訴審判決（東京高判昭56・4・22行集32巻4号593頁）は控訴を棄却し確定した。老齢福祉年金に関する他の事例として岡田訴訟事件控訴審（札幌高判昭54・4・27行集30巻4号800頁，原審札幌地判昭50・4・22行集26巻4号530頁）では，増加非公死扶助料と老齢福祉年金の併給制限は，立法裁量に属し一応の合理性をもつので憲法25条に違反しないし，また戦争公務扶助料受給者と併給限度額において，一般所得を有する者とその支給限度額において，増加非公死扶助料受給者を不合理に差別するものではないので，憲法14条1項にも違反しない，と判示された。また，東京地判平20・6・26判時2014号48頁は，老齢加算の廃止等を内容とする生活保護基準の改定及びこれに基づいて給付を減額すること等を内容とする保護変更決定が，生活保護法及び憲法25条等に違反しないとした。なお，旭川市介護保険条例が65歳以上の被保険者のうちの一定の低所得者について一律に保険料を賦課しないものとする旨の規定又は保険料を全額免除する旨の規定を設けていないこと，及び保険料についての特別徴収の制度が，憲法14条・25条に違反しないとした最三判平18・3・28判時1930号80頁も参照。

Ⅲ-7-8　第二塩見訴訟

大阪高判平8・7・26判自176号69頁
（行政処分取消請求控訴事件）

事　実　韓国籍を有していたXは，1970（昭和45）年12月16日に帰化した。Xは，幼少の頃から失明し，障害認定時である1959（昭和34）年11月1日時点で全盲であり，これは国民年金法（昭和56年法86号による改正前のもの＝旧法）の別表に定める1級に該当する程度の廃疾（障害）であったので，旧法81条1項の定める障害福祉年金の特別支給を請求したが，旧法が障害固定時に日本国籍を有することを要件としていたため却下された（1972年8月）。そこでXは，旧法が憲法25条，14条1項に違反するとして却下処分の取消しを求めて第一次訴訟を提起したが，最高裁は，自国民を外国人に優先させることも一定の時点で日本国籍をもつことを受給資格の要件とすることも立法府の裁量の範囲に属する事柄だとして，違憲の主張を認めなかった（最一判平元・3・2判時1363号68頁）。その後日本は，難民条約議定書に参加するに際し，同条約24条に定める社会保障に関する国籍要件を撤廃した（昭和56年法86号の難民条約整備法2条）が，同法附則（以下「本件附則」という）5項により，整備法による旧法による福祉年金の不支給事由であって改正法の施行日前に生じたものに基づく不支給等については従前どおりの取扱いとされていた。Xは同法改正後に大阪府知事に対し改めて障害福祉年金の裁定を求めたが却下されたので，その取消しを求めて提訴したのが本件訴訟である。第1審（大阪地判平6・3・24判タ855号181頁）では請求が棄却されたので，Xは本件附則5項に基づく不支給が憲法25条，14条に違反する等として控訴した。

判　旨　**棄却**　**1障害福祉年金受給資格認定の基準時点**　「Xの本件障害福祉年金……の支給に関しても当然に旧法56条1項ただし書の規定（国籍条項）の適用があるから，当該障害福祉年金は，廃疾の認定日である昭和34年11月1日において『日本国民』でない者に対しては支給されないものと解すべきであることは，……第一次塩見訴訟最高裁判決でも既に示されているところである。」「Xは，廃疾認定日である昭和34年11月1日において日本国籍を有しておらず，同日，旧法56条1項ただし書の『日本国民』に該当していなかったから，そもそも難民条約整備法による改正前から旧法81条1項の障害福祉年金の受給要件を満たしていないものであり，同年金の受給権を有するものでなかった……。」本件附則は，「国籍要件を撤廃した右改正後の法が遡及的な効力を有しないことを念のために確認した注意的規定にすぎないというべきであり，X主張のように，既得の権利，利益を侵害する効力を持った特異な規定であるとすることはできず，本件附則によってXの受給権が消滅させられたり侵害されたと解する余地はない。」「難民条約整備法は，我が国が難民条約等へ加入するに伴い国内法を整備するために制定された法律であり，その目的とするところは，難民条約等への加入という人道的見地からなされたものであって，国籍要件の存在が不合理であることを理由にこれを撤廃したものではないから，本件附則が難民条約整備法の立法趣旨に反するということはできない。」 **②改正法の遡及的効力** 「国籍要件を撤廃した改正法が，その施行以前の法律関係に遡って適用されるものでないことは，例外として遡及的効力を認める特別の定めが存しない以上，いわゆる法律の不遡及の原則に照らし，当然である。」「改正法によってXにその施行日以後の障害福祉年金の受給権が発生したとする点については，X主張のように解することはできない。何故ならば，改正法は，その施行日である昭和57年1月1日以後に保険事故が発生した者について，国籍要件を撤廃したにすぎず，同法が，廃疾認定日の昭和34年11月1日に国籍要件を具備しないため受給権を有していなかった者に，国籍要件を具備したことにして，その施行日以後の障害福祉年金の受給権を発生させる趣旨のものでないからである。」 **③憲法25条と立法裁量** 「堀木訴訟最高裁判決及び第一次塩見訴訟最高裁判決……から明らかなように，司法審査の対象となるのは憲法25条の規定に基づく立法措置が『著しく合理性を欠き明らかに裁量の逸脱・濫用と見ざるをえないような場合』に限定されるのであって，右両最高裁判決も，このような観点から各々検討を加えて，当該立法措置が著しく合理性を欠くことがなく，明らかに裁量の逸脱・濫用と見ざるをえない場合にも当たらないことから，立法府の裁量の範囲に属する事柄であると判断して，憲法25条に違反するものではないとしているのである。」 **④本件不支給と憲法14条1項** 「国籍要件の撤廃によって全ての外国人が障害福祉年金の支給を受けられるようになったわけではなく，Xと同様に難民条約整備法による法改正以前に障害が固定した外国人には障害福祉年金は支給されないのであるから，自国民よりも外国人を優遇しているものではない。のみならず，……自国民を在留外国人より優先的に扱うことは許されるべきと解され，障害福祉年金の支給につき日本国籍を有することを要件とすることに合理性が認められる上，拠出制を基本とする社会保険方式を採る国民年金制度の中で，経過的な障害福祉年金においては，その保険事故発生時点として，国民年金制度が発足した昭和34年11月1日を廃疾認定日として同日に日本国籍を有することを要件とすることにも合理性が認められることが明らかである。そして，難民条約整備法による法改正においても，かかる国籍要件の合理性が肯定されている以上，Xの主張するような違憲の状態は生じていないものであって，法改正後においても法改正前の状態がそのまま続いているにすぎない。……したがって，Xに本件障害福祉年金が支給されないことが，憲法14条に違反する合理的理由のない差別であるということはできない。」 **5結論** 「Xが障害福祉年金の支給を受けられないのは，廃疾認定日においてXが日本国籍を有していなかったからであり，国民年金制度の仕組み，法律不遡及の原則，年金法改正の趣旨などに照らせば，右の取扱いはその合理性を有するものというべきであり，これを憲法14条1項に違反するものということはできない。このことは，Xが後に帰化して日本国籍を取得したとしても変わりはないというべきである。」

（コメント） **外国人の生活保護受給権**　最二判平26・7・18判自386号78頁は，生活保護法1条・2条にいう「国民」とは，「日本国民を意味するものであって，外国人はこれに含まれないと解される」ことなどからして，永住者の在留資格を有する外国人は，事実上の保護の対象となり得るにとどまり，同法に基づく保護の対象となるものではなく，同法に基づく受給権を有しないとした。

Ⅲ-7-9　学生無年金障害者訴訟

最二判平19・9・28民集61巻6号2345頁
（障害基礎年金不支給決定取消等請求事件）

事　実　大学在学中の障害又は疾病によって身体障害等級1級に相当する障害を負ったXら4人は，1998（平成10）年10月，東京都知事または千葉県知事に対し障害基礎年金の支給裁定を申請したが，1989（平成元）年改正以前の国民年金法（以下では単に「法」という）の適用を受けるXらは，国民年金に任意加入していなかったため，被保険者資格がないなどとして年金不支給処分を受けた。そこでXらは，社会保険庁長官（Y_1）に対して，同処分が憲法14条1項・25条に違反する等を主張して同処分の取消しを求めるとともに，国（Y_2）に対し，国民年金に任意加入しなかったために障害基礎年金の支給を受けられない者が生ずることのないよう適切な立法措置を講ずるべきであったにもかかわらず，長年にわたって学生の被保険者資格に関する適切な立法措置を講ずることを怠った結果，Xらを障害基礎年金を受けられない状況に陥らせた上，無年金者となったXらに対し，適切な救済措置を講ずることも怠って多大な損害を被らせた等と主張して，2000万円の国家賠償を求めた。第1審（東京地判平16・3・24判時1852号3頁）は，1985（昭和60）年改正後の法（昭和60年法）は，20歳未満のうちの傷害又は疾病によって障害を負った者（20歳未満障害者）に対しては障害基礎年金を支給することとしながら，20歳になった後に障害を負った学生に対しては保険給付が容易に受けられるような救済措置を講じなかった点，及び同改正前に障害を負って障害福祉年金の支給を受けていた20歳未満障害者に対しても障害基礎年金を支給することとしながら，同改正前に障害を負いながら障害福祉年金の支給を受けられなかったいわゆる学生無年金者に対しては何らの救済措置も講じなかった点で憲法14条に違反するとともに，このような格差是正のために何らの是正措置も講じなかったことは，国家賠償法上違法な立法不作為に当たる等として，国家賠償請求の一部を認容した。これを不服として，XとY双方から控訴がなされたが，東京高判平17・3・25判時1899号46頁は，学生を法の強制適用の対象から除外したことには合理的な理由があり，憲法14条・25条に違反しないし，20歳未満の者と20歳以上の者との間の別異取扱いにも，それなりの合理性があり，また昭和60年法における20歳前に障害を負った者と20歳以後に障害を負った学生との取扱いの差異は，立法者による裁量の範囲内の制度選択の結果であって，昭和60年法制定時に立法不作為の違法が存在したと認めることもできない等と判示し，国家賠償についても請求を棄却してXらが全面敗訴したため，Xらが上告した。

判　旨　**棄却**　**1社会保障制度と憲法25条**「国民年金制度は，憲法25条の趣旨を実現するために設けられた社会保障上の制度であるところ，同条の趣旨にこたえて具体的にどのような立法措置を講じるかの選択決定は，立法府の広い裁量にゆだねられており，それが著しく合理性を欠き明らかに裁量の逸脱，濫用とみざるを得ないような場合を除き，裁判所が審査判断するのに適しない事柄であるといわなければならない。もっとも，同条の趣旨にこたえて制定された法令において受給権者の範囲，支給要件等につき何ら合理的理由のない不当な差別的取扱いをするときは別に憲法14条違反の問題を生じ得ることは否定し得ないところである（最大判昭57・7・7民集36巻7号1235頁参照）。」**2国民年金への強制加入被保険者の範囲**「国民年金制度は，老齢，障害又は死亡によって国民生活の安定が損なわれることを国民の共同連帯によって防止することを目的とし，被保険者の拠出した保険料を基として年金給付を行う保険方式を制度の基本とするものであり（法1条，87条），雇用関係等を前提とする厚生年金保険法等の被用者年金各法の適用対象となっていない者（農林漁業従事者，自営業者等）を対象とする年金制度として創設されたことから，強制加入被保険者の範囲を，就労し保険料負担能力があると一般に考えられる年齢によって定めることとし，他の公的年金制度との均衡等をも考慮して，原則として20歳以上60歳未満の者としたものである（昭和60年改正前の法7条1項）。そして，国民共通の基礎年金制度を導入し被用者年金各法の被保険者等をも国民年金の強制加入被保険者とすることとした昭和 60 年改正においても，第 1 号被保険者（平成元年改正前の法 7 条 1 項 1 号）の範囲を原則として上記の年齢によって定めることとしたものである。」

③20 歳以上の学生についての任意加入制度の合理性　「学生（高等学校等の生徒を含む。以下同じ。）は，夜間の学部等に在学し就労しながら教育を受ける者を除き，一般的には，20 歳に達した後も稼得活動に従事せず，収入がなく，保険料負担能力を有していない。また，20 歳以上の者が学生である期間は，多くの場合，数年間と短く，その間の傷病により重い障害の状態にあることとなる一般的な確率は低い上に，多くの者は卒業後は就労し，これに伴い，平成元年改正前の法の下においても，被用者年金各法等による公的年金の保障を受けることとなっていたものである。一方，国民年金の保険料は，老齢年金（昭和 60 年改正後は老齢基礎年金）に重きを置いて，その適正な給付と保険料負担を考慮して設定されており，被保険者が納付した保険料のうち障害年金（昭和 60 年改正後は障害基礎年金）の給付費用に充てられることとなる部分はわずかであるところ，20 歳以上の学生にとって学生のうちから老齢，死亡に備える必要性はそれほど高くはなく，専ら障害による稼得能力の減損の危険に備えるために国民年金の被保険者となることについては，保険料納付の負担に見合う程度の実益が常にあるとまではいい難い。さらに，保険料納付義務の免除の可否は連帯納付義務者である被保険者の属する世帯の世帯主等（法 88 条 2 項）による保険料の納付が著しく困難かどうかをも考慮して判断すべきものとされていること（平成 12 年改正前の法 90 条 1 項ただし書）などからすれば，平成元年改正前の法の下において，学生を強制加入被保険者として一律に保険料納付義務を負わせ他の強制加入被保険者と同様に免除の可否を判断することとした場合，親などの世帯主に相応の所得がある限り，学生は免除を受けることができず，世帯主が学生の学費，生活費等の負担に加えて保険料納付の負担を負うこととなる。」「他方，障害者については障害者基本法等による諸施策が講じられており，生活保護法に基づく生活保護制度も存在している。」「これらの事情からすれば，平成元年改正前の法が，20 歳以上の学生の保険料負担能力，国民年金に加入する必要性ないし実益の程度，加入に伴い学生及び学生の属する世帯の世帯主等が負うこととなる経済的な負担等を考慮し，保険方式を基本とする国民年金制度の趣旨を踏まえて，20 歳以上の学生を国民年金の強制加入被保険者として一律に保険料納付義務を課すのではなく，任意加入を認めて国民年金に加入するかどうかを 20 歳以上の学生の意思にゆだねることとした措置は，著しく合理性を欠くということはできず，加入等に関する区別が何ら合理的理由のない不当な差別的取扱いであるということもできない。」「確

かに，加入等に関する区別によって，前記のとおり，保険料負担能力のない20歳以上60歳未満の者のうち20歳以上の学生とそれ以外の者との間に障害基礎年金等の受給に関し差異が生じていたところではあるが，いわゆる拠出制の年金である障害基礎年金等の受給に関し保険料の拠出に関する要件を緩和するかどうか，どの程度緩和するかは，国民年金事業の財政及び国の財政事情にも密接に関連する事項であって，立法府は，これらの事項の決定について広範な裁量を有するというべきであるから，上記の点は上記判断を左右するものとはいえない。」「そうすると，平成元年改正前の法における強制加入例外規定を含む20歳以上の学生に関する上記の措置及び加入等に関する区別並びに立法府が平成元年改正前において20歳以上の学生について国民年金の強制加入被保険者とするなどの所論の措置を講じなかったことは，憲法25条，14条1項に違反しない。」「以上は，前記大法廷判決及び最大判昭39・5・27民集18巻4号676頁の趣旨に徴して明らかである。これと同旨の原審の判断は正当として是認することができる。」 **4 20歳以上の学生と20歳前障害者との間の別異取扱いと立法不作為** 「法30条の4（昭和60年改正前の法57条）は，傷病の初診日において20歳未満であった者が，障害認定日以後の20歳に達した日において所定の障害の状態にあるとき等には，その者（以下「20歳前障害者」という。）に対し，障害の状態の程度に応じて，いわゆる無拠出制の障害基礎年金（昭和60年改正前は障害福祉年金。以下，上記の障害基礎年金と障害福祉年金を「20歳前障害者に対する障害基礎年金等」という。）を支給する旨を定めている。」「国民年金の被保険者資格を取得する年齢である20歳に達する前に疾病にかかり又は負傷し，これによって重い障害の状態にあることとなった者については，その後の稼得能力の回復がほとんど期待できず，所得保障の必要性が高いが，保険原則の下では，このような者は，原則として，給付を受けることができない。20歳前障害者に対する障害基礎年金等は，このような者にも一定の範囲で国民年金制度の保障する利益を享受させるべく，同制度が基本とする拠出制の年金を補完する趣旨で設けられた無拠出制の年金給付である。」「無拠出制の年金給付の実現は，国民年金事業の財政及び国の財政事情に左右されるところが大きいこと等にかんがみると，立法府は，保険方式を基本とする国民年金制度において補完的に無拠出制の年金を設けるかどうか，その受給権者の範囲，支給要件等をどうするかの決定について，拠出制の年金の場合に比べて更に広範な裁量を有しているというべきである。また，20歳前障害者は，傷病により障害の状態にあることとなり稼得能力，保険料負担能力が失われ又は著しく低下する前は，20歳未満であったため任意加入も含めおよそ国民年金の被保険者となることのできない地位にあったのに対し，初診日において20歳以上の学生である者は，傷病により障害の状態にあることとなる前に任意加入によって国民年金の被保険者となる機会を付与されていたものである。これに加えて，前記のとおり，障害者基本法，生活保護法等による諸施策が講じられていること等をも勘案すると，平成元年改正前の法の下において，傷病により障害の状態にあることとなったが初診日において20歳以上の学生であり国民年金に任意加入していなかったために障害基礎年金等を受給することができない者に対し，無拠出制の年金を支給する旨の規定を設けるなどの所論の措置を講じるかどうかは，立法府の裁量の範囲に属する事柄というべきであって，そのような立法措置を講じなかったことが，著しく合理性を欠くということはできない。また，無拠出制の年金の受給に関し上記のような20歳以上の学生と20歳前障害者との間に差異が生じるとしても，両者の取扱いの区別が，何ら合理的理由のない不当な差別的取扱いであるということもできない。」「そうすると，上記の立法不作為が憲法25条，14条1項に違反するということはできない。」「以上は，前記各大法廷判決の趣旨に徴して明らかである。これと同旨の原審の判断は，正当として是認することができ，論旨は採用することができない。」

(評釈) 工藤達朗・セレクト〈'07〉4，君塚正臣・重判〈平成19年度〉22，多田一路・法セ638号121，新井章・法セ638号30，武田美和子・曹時62巻10号103，内野正幸・憲百Ⅱ139，廣田久美子・社会保障百選10。

(コメント) 本件の不支給処分当時の処分庁は都道府県知事であったが，その後の地方自治法等の改正により機関委任事務が廃止されたため，現在の処分庁は社会保険庁長官である。なお，本判決に先例として引用のある判例のうち，最大判昭39・5・27民集18巻4号676頁については，⇒*Ⅲ-3-8*。

(2) 教育を受ける権利

Ⅲ-7-10 第二次家永教科書訴訟第1審

東京地判昭45・7・17行集21巻7号別冊1頁，判時604号29頁
（検定処分取消訴訟事件）

事　実　X（東京教育大学家永三郎教授）の執筆した高校用教科書『新日本史』は，1952（昭和27）年以降，検定済教科書として使用されてきたが，1966（昭和41）年にその4分の1の部分について訂正したうえ検定申請したところ不合格とされ，Xが修正要求にも応じなかったため，1967（昭和42）年3月に正式に不合格処分の通知を受けた。そこでXは，文部大臣を被告として，教科書検定制度が教育を受ける権利・教育の自由，表現・出版の自由・学問の自由，適正手続ないし法治主義の原則を保障する憲法に違反すること，および教育

内容への国家の介入を禁じた旧教育基本法 10 条（現行の教育基本法〔平成 18 年法 120 号〕では 16 条に対応）に違反することを根拠に，検定不合格処分の取消しを求めて出訴した。

判　旨　認容　**①子どもの教育を受ける権利**「憲法 26 条は子どもの教育を受ける権利を生存権の文化的教育的側面から保障したものである。すなわち，同条は，子どもの教育を受ける権利に対応して国民（親）に子どもを教育する責務（国民の教育の自由ともいう。）があることを前提として，国に国民の右責務を助成するための公教育制度の設定等の責任がある旨を定めたものであって，いわゆる国家教育権を認めたものとは解されない。」 **②教科書執筆・出版の自由**「学問の自由（憲法 23 条）の内容の一つである学問研究の成果を発表する自由は憲法 21 条によって保障されていると解せられる。したがって学問研究者は，憲法 21 条によって学術ないし一般図書の出版の自由が保障されていることはいうまでもないが，同時に，国民の 1 人として子どもを教育する責務を負っており，また教育がそもそも真理を教える真理教育であるべきことにかんがみ，教科書執筆，出版の自由も同条によって保障されていると解するを相当とする。」 **③教科書検定と憲法 21 条**「教科書検定は，国が福祉国家として児童，生徒の心身の発達段階に応じ必要かつ適切な教育を施こし，教育の機会均等，教育水準の維持向上を図る責任を果すための諸施策の一つとしてなされるものであるから，この限度において教科書執筆，出版の自由が制約をうけても，それは公共の福祉の見地からする必要かつ合理的な制限というべきである。ただし憲法 21 条 2 項および教育基本法 10 条に違反するものであってはならないことはいうまでもない。」「教科書検定は，教科書執筆，出版に対する事前許可たる法的性格を有するが，憲法 21 条 2 項が検閲を禁止している趣旨にかんがみ，執筆者の思想（学問研究の成果である学説を含む。）の内容の審査にわたらない限り，検閲に該当するものとはいえない。」「現行の教科書検定制度は，それ自体違憲とまではいえないが，ことに検定基準などの運用を誤るときは表現の自由を侵す恐れが多分にあるものである。」 **④教育基本法 10 条**「教育基本法 10 条は，教科書検定についていえば，教科書検定における審理は教科書の誤記，誤植その他の客観的に明らかな誤り，教科書の造本その他教科書についての技術的な事項および教科書内容が教育課程の大綱的基準の枠内にあるか，の諸点にとどめらるべきで，右の限度を超えて教科書の記述内容の当否にまで及ぶべきではないとする趣旨である。」「以上の立場から検討すると，本件各検定不合格処分は憲法 21 条 2 項に違反し，同時に教育基本法 10 条に違反するといわざるを得ない。」

（評釈）山住正己・ジュリ 459 号 15，芦部信喜・重判〈昭和 45 年度〉15，堀尾輝久・教育百選〈第2版〉7，永井憲一・マスコミ百選6，成嶋隆・基本判例147，大島佳代子・憲百Ⅰ92。

（コメント）その他の家永教科書訴訟については⇒Ⅲ-7-11～13。

Ⅲ-7-11　第二次家永教科書訴訟控訴審

東京高判昭50・12・20行集26巻12号1446頁，判時800号19頁
（検定処分取消控訴事件）

事　実　第1審（⇒Ⅲ-7-10）を不服として被告から控訴がなされた。

判　旨　**棄却**　1 **本件検定処分について**　「本件各改訂検定不合格処分は，その理由として控訴人が主張する事由も正当なものとはいえず，検定基準等の定めにもよらず行政行為における裁量の範囲を超え，かつ，濫用に出た違法なものというべきであり，他に特段の事情の存在を認めうる資料のない本件においては，右処分は取消を免れない。このような結果を招くにいたったのは，控訴人において教科書制度と公教育としての初等中等教育とのかかわり合いについて，不断の検討と改善の措置をとるのに十分でなく，現行制度の慣行的運営になれ安んじていたことによるもの，とのそしりを免れがたいといえよう。」また，本件各改訂検定申請および不合格処分の取消を求める訴えの提起行為についていずれも信義則に反するとする控訴人の主張に対して，本判決は認定の経過と事情をみると信義則に違反するとはいえないとする。 2 **憲法判断の必要性**　「思うに，裁判所の機能はすぐれて現実的な国民の権利の伸張，防護にあるのであって，そのことに必要な限度内の審理にとどまるように努めるのが，当事者のためにも，同時に係属している他の多くの事件の当事者のためにも，さらには，裁判所に裁判を信託している国民のためにも果すべき責務である。そして，現に被控訴人自身もまた教科書検定制度を定める法律，命令等の枠内においても本件各改訂検定申請は検定合格処分を受けるのに相当し，同不合格処分は右制度の趣旨からしても違法であるとして同不合格処分の取消を訴求しているのであるから，一面的な論理にこだわり，学術的研究心にかられて，現実的な権利救済の訴求に関してもっとも直接的で，しかも近く短いすでに示した違法か否かの審理の過程を見すごし，その選択を誤るべきではない。このような立場からの選択による審議の結果，前記のとおり訴求する現実の権利救済が満たされることになる以上，もはや教科書検定制度の憲法違反の有無について審理判断する必要はない」。

（評釈）東條武治・ジュリ607号71，有倉遼吉・重判〈昭和50年度〉150。

（コメント）　**その後の経緯**　本件第二次家永教科書訴訟の上告審判決（最一判昭57・4・8民集36巻4号594頁）では第2審判決を破棄したうえ，不合格処分を取り消し，改めて合否の検定を受ける可能性があるかどうかを審理するよう審理のやり直しを命じた。差戻し後の東京高裁判決（平元・6・27判時1317号36頁〔確定〕）も訴えの利益なしとした。

Ⅲ-7-12　第一次家永教科書訴訟第1審

東京地判昭49・7・16判時751号47頁，判タ314号160頁
（損害賠償請求事件）

事　実　Xの執筆した高校用教科書『新日本史』は1952（昭和27）年以降使用されてきたが，1960（昭和35）年学習指導要領の全面改訂にともない，1962（昭和37）年8月に『新日本史 5訂版』の検定申請をしたところ，文部大臣は翌1963（昭和38）年4月，これを不合格とする処分を行った。そこでXはこの原稿に若干の修正を加えて同年9月に再び検定申請をしたところ，今度はいわゆる条件付合格の決定があった。Xは文部大臣の上記の検定不合格処分と検定条件付合格処分の条件指示および修正意見告知につき，その違憲・違法を主張し，これに基づく印税収入等の逸失利益の損害賠償と慰謝料の支払を求めて出訴した。

判　旨　**一部認容，一部棄却**　**①検定制度と憲法26条1項**「現代公教育においては教育の私事性はつとに捨象され，これを乗りこえ，国が国民の付託に基づき自からの立場と責任において公教育を実施する権限を有するものと解せざるをえない。また，かように考えることこそ，憲法前文が……宣明している議会制民主主義の原理にもそうゆえんであるというべきである。」「したがって，教科書検定制度そのものは，国が憲法第26条第1項に定める国民の教育を受ける権利の実現をめざして行なわれる学校教育制度の一環として学校教育法第21条第1項，第40条，第51条，第76条等に基づき実施されるものであって，その目的とするところは教育の機会均等，教育水準の維持向上ならびに教育の中立性確保などにあたるものと認められるから，これをもって憲法第26条第1項の子供の教育を受ける権利，同第2項の親の教育権を侵害するものとは解し難い。」　**②教師の教育の自由の限界**「公教育の場における教育方法や教育内容に対する国の教育行政が原則として排除され，ただ全国的な大綱的基準の設定や指導助言をなしうるにとどまるとするほど右教師の教育の自由ないし独立が排他的，絶対的でありうる筈はないのである。国は福祉国家として憲法第26条により教育の責務を遂行するため，法律に従い諸学校を設置運営する義務を負い（学校教育法第

2ないし第4条，第106条第1項），国民全般に対し教育の機会均等，教育水準の維持向上を図る責務を有するから，適法に制定された法令による行政権の行使は，それがかりに教育内容にわたることがあっても，その内容が教育基本法の教育目的（同法第2条）に反するなど教育の本質を侵害する不当なものでないかぎり，右にいわゆる不当な支配に該当せず，許されるものと解するを相当とする。」「学問の自由自体は国民一般に保障されたところであるとしても，学問の自由と教授の自由ないしは教育の自由とは必ずしも同一ではなく，大学など高等教育機関においては学問の自由の範ちゅうに教授の自由を含むものと解されうるとしても，それより下級の教育機関についてはその教育の本質上一定の制約を伴うことのあるのは当然であって，両者を別異に考えても学問の自由の本質に反するものではない。」「わが憲法の保障する学問の自由は本質的には以上のとおりであって，下級教育機関における教育の自由を含まないものと解されるについては，前記理由のほかに下級教育機関における教育の本質にも由来するのである。そこでは，教育の対象が心身の発達が十分でない児童・生徒であり，しかもその教育は普通教育であって教育の機会均等，教育水準の維持向上を図るため適当な範囲における教育内容，教材，教授方法等の画一化ならびに教育の中立性確保が必然的に要請されること，大学の学生と異なり児童・生徒は十分な批判力もないから，その発展段階に応じた慎重にして適切な教育的配慮が必要であって，あくまでも教室は教師が自からの学説，研究の結果を主張，発表する場でないことなどが教育の自由を制約する要素となっており，下級な教育機関ほどその制約も強まることが容認されるのである。」 **③検定制度と憲法21条1項2項** 「国民は既に一般市販図書として出版・発行している図書を教科書として検定申請することにつき現行法制上何らの制限も受けないのであり，また，検定申請図書が検定不合格となった場合でも，当該図書が教科書として出版・使用することが許されないだけであってこれを一般市販図書として出版・発行することはまったく自由である……。」「このようにみてくると，教科書検定は思想審査を本来の目的とするものでもなく，また，あらかじめ審理する制度でもないから，思想審査を主眼とし，出版物等の事前抑制を本質とする憲法第21条第2項のいわゆる検閲には当らないものというべきである。」「現行教科書検定制度をながめるならば，……その実施に当り申請図書の記載内容に立ち入って審査し，その結果によって合否を判定することにより，著作者の教科書執筆の自由，すなわち出版の自由を制限する結果を招来することがあっても，当該検定実施の具体的な運用が前記各法令の趣旨に即した合理的な範囲にあるかぎり，それは公共の福祉による制限として忍受すべきものといわざるをえない。」

(評釈) 永井憲一・重判〈昭和49年度〉29。

(コメント) **その後の経緯** 本件はその後，控訴審（東京高判昭61・3・19判時1188号1頁）でXが全面敗訴し，最高裁（最三判平5・3・16民集47巻5号3483頁）も控訴審判決を支持した。

Ⅲ-7-13 第三次家永教科書訴訟上告審

最三判平9・8・29民集51巻7号2921頁，判時1623号49頁
（損害賠償請求事件）

事　実 X（家永三郎）は，1978（昭和53）年に高等学校学習指導要領が改正されたのに伴い，1980（昭和55）9月，Xの執筆にかかる高校用教科書『新日本史』の原稿についてY（文部大臣）に対し新規に検定を申請したところ，①Yは多くの欠陥を指摘し，約420項目にもわたる修正意見・改善意見を付して条件付合格処分を行い，②また1982（昭和57）年12月には，27箇所について行った正誤訂正申請が文部省職員によって受理を拒否された。③さらに1983（昭和58）年9月には，①の検定で合格した教科書にさらに改訂を加えて検定申請をしたところ，ここでも多数の修正意見・改善意見を付して条件付合格処分がなされた。そこでXは，こうした事実を踏まえて，①③における個々の検定意見および②における正誤訂正申請不受理により精神的苦痛を被ったとして，国家賠償法に基づく損害賠償（200万円）を請求した。第1審（東京地判平元・10・3判タ709号63頁）は教科書検定制度が憲法21条2項，23条，31条等に違反しないとしつつ，「草莽隊に関する記述についてYが修正意見を付したことは，「事実の基礎を欠いた」か「社会通念上著しく妥当性を欠き」，「裁量権の範囲を超え又はこれを濫用したものであり，合理的根拠を欠く違法な処分であったとしてXの主張を一部認容し，控訴審（東京高判平5・10・20判時1473号3頁）は，上記の点のほかさらに「南京事件」や「日本軍の残虐行為」についてもYの裁量権逸脱の違法を認定した。Yはこれらの部分については上告せずその他の部分についてのみ上告したが，Xは原判決の合憲判断について全面的に争って上告した。

判　旨 **一部破棄自判，一部上告棄却**

1 国の教育内容決定権限 「一般に社会公共的な問題について国民全体の意思を組織的に決定，実現すべき立場にある国は，国政の一部として広く適切な教育政策を樹立，実施すべく，また，し得る者として，あるいは子供自身の利益の擁護のため，あるいは子供の成長に対する社会公共の利益と関心にこたえるため，必要かつ相当と認められる範囲において，教育内容についてもこれを決定する権能を有するというべきである。……教育基本法10条は，教育に対する行政権力の不当，不要の介入は排除されるべきことをいうものであるが，これは教育行政が許容される目的のために必要かつ合理的

と認められる規制を施すことを禁止する趣旨ではないと解すべきものである」。**2教科書検定と検閲の禁止**　「憲法21条2項にいう検閲とは，行政権が主体となって，思想内容等の表現物を対象とし，その全部又は一部の発表の禁止を目的として，対象とされる一定の表現物につき網羅的一般的に，発表前にその内容を審査した上，不適当と認めるものの発表を禁止することを，その特質として備えるものを指すと解すべきところ……本件検定は，……一般図書としての発行を何ら妨げるものではなく，発表禁止目的や発表前の審査などの特質がないから，検閲には当たらず，憲法21条2項前段の規定に違反するものではない。……」「また，憲法21条1項にいう表現の自由といえども無制限に保障されるものではなく，公共の福祉による合理的で必要やむを得ない限度の制限を受けることがあり，……普通教育の場においては，教育の中立・公正，一定水準の確保等の要請があり，これを実現するためには，これらの観点に照らして不適切と認められる図書の教科書としての発行，使用等を禁止する必要があること，その制限も，右の観点からして不適切と認められる内容を含む図書についてのみ，教科書という特殊な形態において発行することを禁ずるものにすぎないことなどを考慮すると，教科書の検定による表現の自由の制限は，合理的で必要やむを得ない限度のものというべきである。したがって，本件検定は，憲法21条1項の規定に違反するものではなく，このことは，当裁判所の判例……の趣旨に徴して明らかである……。」　**3検定と憲法23条**　「教科書は，教科課程の構成に応じて組織，配列された教科の主たる教材として，普通教育の場において使用される児童，生徒用の図書であって，学術研究の結果の発表を目的とするものではなく，本件検定は，申請図書に記述された研究結果が，たとい執筆者が正当と信ずるものであったとしても，いまだ学界において支持を得ていないとき，あるいは当該教科課程で取り上げるにふさわしい内容と認められないときなど旧検定基準の各条件に違反する場合に，教科書の形態における研究結果の発表を制限するにすぎない。このような本件検定が学問の自由を保障した憲法23条の規定に違反しないことは，当裁判所の判例……の趣旨に徴して明らかである……。」　**4検定と憲法31条**　「行政処分について，憲法31条による法定手続の保障が及ぶと解すべき場合があるにしても，行政手続は，行政目的に応じて多種多様であるから，行政処分の相手方に事前の告知，弁解，防御の機会を与えるかどうかは，行政処分により制限を受ける権利利益の内容，性質，制限の程度，行政処分により達成しようとする公益の内容，程度，緊急性等を総合較量して決定されるべきものであって，常に必ずそのような機会を与えることを必要とするものではない。本件検定による制約は，思想の自由市場への登場という表現の自由の本質的部分に及ぶものではなく，教育の中立・公正，一定水準の確保等の高度の公益目的のために行われるものである。……原審の確定した事実関係を総合勘案すると，……本件検定が憲法31条の法意に反するということはできない。……」 **5検定と国際人権規B規約** 「『市民的及び政治的権利に関する国際規約（昭和54年条約第7号）』……19条3項には，表現の自由についての権利の行使は，他の者の権利又は信用の尊重，国の安全，公の秩序又は公衆の健康若しくは道徳の保護を目的とした法律による制限に服すべきことが明記されている。そして，……表現の自由を保障した前記規約19条の規定も，公共の福祉による合理的でやむを得ない限度の制限を否定する趣旨ではないことは，同条の文言から明らかである……から，本件検定が前記規約19条の規定に違反するとの論旨は採用することができない。」 **6本件検定の適用違憲について** 「本件検定が憲法の諸規定に違反しないことは既述のとおりであり，本件検定が，制度の目的及び趣旨に従って行われる限り，それによって教科書の執筆等に一定の制約が生じるとしても，適用上違憲になるということはない。……なお，本件検定の個々の処分について，文部大臣に国家賠償法上の違法があれば，違憲を論じるまでもなく国に賠償責任が認められることはいうまでもない。」 **7裁量権濫用の判断基準** 「文部大臣が検定審議会の答申に基づいて行う合否の判定，合格の判定に付する条件の有無及び内容等の審査，判断は，申請図書について，内容が学問的に正確であるか，中立・公正であるか，教科の目標等を達成する上で適切であるか，児童，生徒の心身の発達段階に適応しているか，などの様々な観点から多角的に行われるもので，学術的，教育的な専門技術的判断であるから，事柄の性質上，文部大臣の合理的な裁量にゆだねられるものであるが，合否の判定，合格の判定に付する条件の有無及び内容等についての検定審議会の判断の過程に，原稿の記述内容又は欠陥の指摘の根拠となるべき検定当時の学説状況，教育状況についての認識や，旧検定基準に違反するとの評価等に看過し難い過誤があって，文部大臣の判断がこれに依拠してされたと認められる場合には，右判断は，裁量権の範囲を逸脱したものとして，国家賠償法上違法となると解するのが相当である。……そして，検定意見に看過し難い過誤があるか否かについては，……検定意見の根拠となる学説が通説，定説として学界に広く受け入れられており，原稿記述が誤りと評価し得るか……，学界においていまだ定説とされる学説がなく，原稿記述が一面的であると評価し得るかなどの観点から判断すべきである。また，内容の選択や内容の程度等に関する検定意見は，原稿記述の学問的な正確性ではなく，教育的な相当性を問題とするものであって，取り上げた内容が学習指導要領に規定する教科の目標等や児童，生徒の心身の発達段階等に照らして不適切であると評価し得るかなどの観点から判断すべきものである……。」 **8 検定の違法性の判断基準** 「修正意見を付することは，申請者がこれに応じて訂正，削除又は追加などの措置をしなければ教科書として不合格となるというものであるから，合格に条件を付するものであり，これが国家賠償法上違法となるかどうかについては前記のような判断を要する。これに対して，改善意見は，検定の合否に直接の影響を及ぼすものではなく，文部大臣の助言，指導の性質を有するものと考えられるから，教科書の執筆者又は出版社がその意に反してこれに服さざるを得なくなるなどの特段の事情がない限り，その意見の当不当にかかわらず，原則として，違法の問題が生ずることはないというべきである。以上と同旨の原審の判断は正当であり，原判決に所論の違法はない。」 **9「七三一部隊」の記述に対する修正意見について** 「本件検定当時において，……関東軍の中に細菌戦を行うことを目的とした『七三一部隊』と称する軍隊が存在し，生体実験をして多数の中国人等を殺害したとの大筋は，既に本件検定当時の学界において否定するものはないほどに定説化していたものというべきであり，これに本件検定時までには終戦から既に38年も経過していることをも併せ考えれば，文部大臣が，七三一部隊に関する事柄を教科書に記述することは時期尚早として，原稿記述を全部削除する必要がある旨の修正意見を付したことには，その判断の過程に，検定当時の学説状況の認識及び旧検定基準に違反するとの評価に看過し難い過誤があり，裁量権の範囲を逸脱した違法があるというべきである。これと異なる原審の判断には，教科書検定に関する法令の解釈適用を誤った違法があり，右違法は原判決の結論に影響を及ぼすことが明らかである。」

補足意見 **園部逸夫裁判官**（略）

反対意見 **大野正男裁判官**（要旨）「朝鮮人民の反日抵抗」と「日本軍の残虐行為」の点についての原稿記述に対して「文部大臣が修正意見を付した過程には看過し難い過誤があって国家賠償法上の違法があると考える」。**尾崎行信裁判官**（略） **千種秀夫裁判官**（要旨） 多数意見が「七三一部隊」の原稿記述について，「文部大臣のした修正意見を違法とし，この点に関する原判決を破棄すべきものとしたことについては賛同しかねる」。**山口繁裁判官**（要旨）多数意見と異なり，「七三一部隊」の原稿記述について文部大臣が修正意見を付したことは違法ではなく，右の点についてのXの上告は棄却すべきものと考える。

評釈 成嶋隆・法時69巻12号2，右崎正博・法教207号18，大橋弘・ジュリ1128号76，千葉卓・セレクト〈'97〉9，広沢明・法セ521号61，伊藤公一・重判〈平成9年度〉13，内野正幸・判評474号191，成嶋隆・民商118巻6号125，大橋弘・曹時52巻5号331，中川丈久・行政百選Ⅰ 79②，伊藤治彦・行政百選Ⅰ 97。第1審判決について，浪本勝年・教育百選30，千葉卓・セレクト〈'90〉15，竹内俊子・法教 113 号 80。

（コメント）　**関連判例**　教科書検定制度はその後，平成元年に改正され，審査過程の簡素化，検定意見への一本化，条件付合格制度の廃止，検定結果の公開等の変更がなされたが，改正後の検定制度の下で高等学校公民科現代社会の教科用図書の共同執筆者の一人（原告）が自己の執筆部分について検定意見の通知を受けたのに対し，検定制度の違憲・違法を主張して争った国家賠償訴訟において，最一判平 17・12・1 判時 1922 号 72 頁は従来の判例を基本的に踏襲した。

Ⅲ-7-14　旭川学力テスト事件

最大判昭 51・5・21 刑集 30 巻 5 号 615 頁，判時 814 号 33 頁
（建造物侵入，暴力行為等処罰に関する法律違反被告事件）

事　実　文部省は 1960（昭和 35）年秋ごろ，全国の中学校 2，3 年の全生徒を対象とする全国中学校一せい学力調査（学力テスト）を企画し，各都道府県教委に対し地方教育行政の組織及び運営に関する法律 54 条 2 項に基づき，この調査及びその結果に関する資料，報告の提出を求めた。北海道教委の要請を受けた旭川市教委は 1961（昭和 36）年 10 月 23 日，市立の各中学校長に対し，本件学力テストの実施を命じたところ，Y らは同月 26 日，同市立永山中学校において実施予定の学力テストを阻止する目的をもって校長の制止にもかかわらず同校校舎に侵入し，校長の要求を受けたにもかかわらず退去せず，校長が調査を実施するや市教委派遣の職員および校長に暴力・脅迫を加えたとして，建造物侵入・公務執行妨害・共同暴行の罪で起訴された。第 1 審（旭川地判昭 41・5・25 判時 453 号 16 頁）は，本件学力調査が違法であり，しかもその違法がはなはだ重大であるとして，公務執行妨害罪の成立を否定し，建造物侵入および暴力行為等処罰に関する法律違反（共同暴行罪）のみの成立を認め，第 2 審（札幌高判昭 43・6・26 判時 524 号 24 頁）もこの判断を維持したので，Y と検察官の双方から上告がなされた。最高裁は Y の上告を棄却し，検察官の上告については破棄自判した。

判　旨　**一部破棄自判，一部棄却**　**1 現代社会における子どもの教育**　「子どもの教育は，子どもが将来一人前の大人となり，共同社会の一員としてその中で生活し，自己の人格を完成，実現していく基礎となる能力を身につけるために必要不可欠な営みであり，それはまた，共同社会の存続と発展のためにも欠くことのできないものである。この子どもの教育は，その最も始源的かつ基本的な形態としては，親が子との自然関係に基づいて子に対して行う教育，監護の作用の一環としてあらわれるのであるが，……現代国家においては子どもの教育は，主として……公共施設としての国公立の学校を中心として営まれるという状態になっている。」 **2 教育権能の帰属**　「わが国の法制上子どもの教育の内容を決定する権能が帰属す

るとされているかについては，２つの極端に対立する見解があ……る。すなわち，一の見解は，子どもの教育は親を含む国民全体の共通関心事であり，公教育制度は，このような国民の期待と要求に応じて形成，実施されるものであって，そこにおいて支配し，実現されるべき……国民全体の教育意思は，憲法の採用する議会民主主義の下においては，国民全体の意思の決定の唯一のルートである国会の法律制定を通じて具体化されるべきものであるから，法律は，当然に，公教育における教育の内容及び方法についても包括的にこれを定めることができ，また，教育行政機関も，法律の授権に基づく限り，広くこれらの事項について決定権限を有する，と主張する。これに対し，他の見解は，子どもの教育は，憲法 26 条の保障する子どもの教育を受ける権利に対する責務として行われるべきもので，このような責務をになう者は，親を中心とする国民全体であり，公教育としての子どもの教育は，いわば親の教育義務の共同化ともいうべき性格をもつのであって，それ故にまた，教基法 10 条 1 項も，教育は，国民全体の信託の下に，これに対して直接責任を負うように行わなければならないとしている。したがって，権力主体としての国の子どもの教育に対するかかわり合いは，右のような国民の教育義務の遂行を側面から助成するための諸条件の整備に限られ，子どもの教育の内容及び方法については，国は原則として介入権能をもたず，教育は，その実施にあたる教師が，その教育専門家としての立場から，国民全体に対して教育的，文化的責任を負うような形で，その内容及び方法を決定，遂行すべきものであり，このことはまた，憲法 23 条における学問の自由の保障が，学問研究の自由ばかりでなく，教授の自由をも含み，教授の自由は，教育の本質上，高等教育のみならず，普通教育におけるそれにも及ぶと解すべきことによっても裏付けられる，と主張するのである。」「当裁判所は，右の２つの見解はいずれも極端かつ一方的であり，そのいずれをも全面的に採用することはできないと考える。」 **③憲法 26 条と子どもの学習権**　憲法 26 条の「規定の背後には，国民各自が，一個の人間として，また一市民として，成長，発達し，自分の人格を完成，実現するために必要な学習をする固有の権利を有すること，特に，みずから学習することのできない子どもは，その学習要求を充足するための教育を自己に施すことを大人一般に対して要求する権利を有するとの観念が存在していると考えられる。換言すれば，子どもの教育は，教育を施す者の支配的権能ではなく，何よりもまず，子どもの学習をする権利に対応し，その充足をはかりうる立場にある者の責務に属するものとしてとらえられているのである。」「しかしながら，このように，子どもの教育が，専ら子どもの利益のために，教育を与える者の責務として行われるべきものであるということからは，このような教育の内容及び方法を，誰がいかにして決定すべく，また，決定することができるかという問題に対する一定の結論は，当然には導き出されない。すなわち，同条が，子どもに与えるべき教育の内容は，国の一般的な政治的意思決定手続によって決定されるべきか，それともこのような政治的意思の支配，介入から全く自由な社会的，文化的領域内の問題として決定，処理されるべきかを直接一義的に決定していると解すべき根拠は，どこにもみあたらないのである。」 **④憲法 23 条の規範内容** 「学問の自由を保障した憲法 23 条により，学校において現実に子どもの教育の任にあたる教師は，教授の自由を有し，公権力による支配，介入を受けないで自由に子どもの教育内容を決定することができるとする見解も，採用することができない。確かに憲法の保障する学問の自由は，単に学問研究の自由ばかりでなく，その結果を教授する自由をも含むと解されるし，更にまた，……普通教育の場においても，例えば，教師が公権力によって特定の意見のみを教授することを強制されないという意味において，また，子どもの教育が教師と子どもとの間の直接の人格的接触を通じ，その個性に応じて行わなければならないという本質的な要請に照らし，教授の具体的内容及び方法につきある程度自由な裁量が認められなければならないという意味においては，一定の範囲における教授の自由が保障されるべきことを肯定できないではない。しかし，大学教育の場合に学生が一応教授内容を批判する能力を備えていると考えられるのに対し，普通教育においては，児童生徒にこのような能力がなく，教師が児童生徒に対して強い影響力，支配力を有することを考え，また，……子どもの側に学校や教師を選択する余地が乏しく，教育の機会均等をはかる上からも全国的に一定の水準を確保すべき強い要請があること等に思いをいたすときは，普通教育における教師に完全な教授の自由を認めることは，とうてい許されない……」。 **⑤親の教育の自由と国の教育内容の決定権** 「まず親は，子どもに対する自然的関係により，子どもの将来に対して最も深い関心をもち，かつ，配慮をすべき立場にある者として，子どもの教育に対する一定の支配権，すなわち子女の教育の自由を有すると認められるが，このような親の教育の自由は，主として家庭教育等学校外における教育や学校選択の自由にあらわれるものと考えられるし，また私学教育における自由や前述した教師の教授の自由も，それぞれ限られた一定の範囲においてこれを肯定するのが相当であるけれども，それ以外の領域においては，一般に社会公共的な問題について国民全体の意思を組織的に決定，実現すべき立場にある国は，国政の一部として広く適切な教育政策を樹立，実施すべく，また，しうる者として，憲法上は，あるいは子ども自身の利益の擁護のため，あるいは子どもの成長に対する社会公共の利益と関心にこたえるため，必要かつ相当と認められる範囲において，教育内容についてもこれを決定する権能を有するものと解せざるをえず，これを否定すべき理由ないし根拠は，どこにもみいだせないのである。もとより，政党政治の下で多数決原理によってされる国政上の意思決定は，さまざまな政治的要因によって左右されるものであるから，本来人間の内面的価値に関する文化的な営みとして，党派的な政治的観念や利害によって支配されるべきでない教育にそのような政治的影響が深く入り込む危険があることを考えるときは，教育内容に対する右のごとき国家的介入についてはできるだけ抑制的であることが要請されるし，殊に個人の基本的自由を認め，その人格の独立を国政上尊重すべきものとしている憲法の下においては，子どもが自由かつ独立の人格として成長することを妨げるような国家的介入，例えば，誤った知識や一方的な観念を子どもに植えつけるような内容の教育を施すことを強制するようなことは，憲法26条，13条の規定上からも許されないと解することができるけれども，これらのことは，前述のような子どもの教育内容に対する国の正当な理由に基づく合理的な決定権能を否定する理由となるものではないといわなければならない。」「教基法10条は，国の教育統制権能を前提としつつ，教育行政の目標を教育の目的の遂行に必要な諸条件の整備確立に置き，その整備確立のための措置を講ずるにあたっては，教育の自主性尊重の見地から，これに対する『不当な支配』となることのないようにすべき旨の限定を付したところにその意味があり，したがって，教育に対する行政権力の不当，不要の介入は排除されるべきものとしても，許容される目的のために必要かつ合理的と認められるそれは，たとえ教育の内容及び方法に関するものであっても，必ずしも同条の禁止するところではないと解する。」 **⑥教育における地方自治の原則** 「文部大臣が地教行法54条2項によって地教委に対し本件学力調査の実施を要求することができるとの見解を示して，地教委にその義務の履行を求めたとしても，地教委は必ずしも文部大臣の右見解に拘束されるものではなく，文部大臣の右要求に対し，これに従うべき法律上の義務があるかどうか，また，法律上の義務はないとしても，右要求を一種の協力要請と解し，これに応ずるものを妥当とするかどうかを，独自の立場で判断し，決定する自由を有するのである。それ故，地教委が文部大臣の要求に応じてその要求にかかる事項を実施した場合には，それは，地教委がその独自の判断に基づきこれに応ずべきものと決定して実行に踏み切ったことに帰着し，したがって，たとえ右要求が法律上の根拠をもたず，当該地教委においてこれに従う義務がない場合であったとしても，地教委が当該地方公共団体の内部において批判を受けることは格別，窮極的にはみずからの判断と意見に基づき，その有する権限の行使としてした実施行為がそのために実質上違法となるべき理はないというべきである。それ故，本件学力調査における調査の実施には，教育における地方自治の原則に反する違法があるとすることはできない。」

（評釈） 平原春好・重判〈昭和51年度〉23，森田明・憲法の判例167，兼子仁・教育百選4・17，市川須美子・地自百選2，米沢広一・憲百Ⅱ140，山本寛英・行政百選Ⅰ21。

（コメント） **伝習館高校事件上告審判決** 伝習館高校事件上告審判決（昭和59年（行ツ）第45号事件に関する最一判平2・1・18判時1337号3頁）は，高等学校学習指導要領が「法規としての性質を有するとした原審の判断は，正当として是認することができ，右学習指導要領の性質をそのように解することが憲法23条，26条に違反するものでないことは」，旭川学力テスト事件判決の「趣旨とするところである」として，本判決を引用しているが，本判決にはこのことを判示した箇所は見当たらない。

Ⅲ-7-15 麹町中学校内申書訴訟

東京地判昭54・3・28判時921号18頁，判タ382号56頁
（損害賠償請求事件）

事　実 もと東京都千代田区立麹町中学校の生徒で1971（昭和46）年3月に同校を卒業したXは，進学を希望して受験した都立26群および私立全日制の4校をいずれも不合格になった（結局，都立定時制高校に入学した）。高校受験のために同中学校長から各高校に提出されたXの本件調査書（いわゆる内申書）の「行動及び性格の記録」欄には，C（特に指導を要する）との評価がなされていた。その理由として，特記事項欄に，「この生徒は2年生のとき，麹町中全共闘を名乗り，機関誌『砦』を発行しはじめ，過激な学生運動に参加しはじめる。……9月13日，本校文化祭に他校の生徒10数名と共謀して裏門を乗り越え，ヘルメット，覆面を着用し，竹竿を持って乱入し，ビラをまいたが麹町署員に逮捕（補導）された。……」等の記載がなされていた。また同中学では，Xに対して分離卒業式を決定し，3月1日の卒業式に登校したXの身体の自由を卒業式終了まで拘束した。そこで，Xは，この内申書の作成・提出行為がXの思想・信条の自由の侵害（憲法19条違反）であり，教基法3条，憲法26条に違反した教育評価権の濫用による進学妨害であること，また，分離卒業式の挙行および卒業式当日の加害行為が違法（学校教育法11条違反）であり憲法26条の保障する原告の学習権を侵害するものであること等を主張し，東京都と千代田区を相手どって，国家賠償法1条，3条に基づく損害賠償請求の訴えを提起した。

判　旨 **一部認容，一部棄却** **[1]教育を受ける権利と教師の教育評価権** 「憲法26条1項によると，……この国民の教育を受ける権利は，各自が人間として成長発達し，自己の人格の完成を実現するために必要な学習をするものとして生まれながらに有する固有の

権利というべきである。そして，子どもは，自らの力のみによっては，その人格を完成せしめるに足りる学習をすることはできないから，子どもの教育は，子どもの学習する権利に対応し，子どもの人格完成の実現を目指し，専ら子供の利益のため教育を施す者の責務として行われるべきものである。」「調査書の行動及び性格の記録は，……生徒を性格及び行動について……A，B，Cの3段階に分類評定し，必要な場合にはその理由を付記するものであ〔り〕，この分類評定及び理由の付記は，生徒の右学習権を不当に侵害しないように，客観的に公正かつ平等にされるべきであることはいうまでもない。したがって，評定が具体的な事実に基づかないか，評定に影響を及ぼすべき前提事実の認定に誤りがあった場合，又は非合理的もしくは違法な理由もしくは基準に基づいて分類された場合等には，当該評定は，不公正，又は不平等な評定というべきであり，教師の教育評価権の裁量の範囲を逸脱したものとして違法というべきである。」 **2生徒の思想・信条の自由** 「公立中学校は教育の場であって，政治活動の場ではないから，当該中学校の生徒以外の者が，直接的にはもとより生徒を通ずるなどして間接的にであっても政治活動をすることは許されないが，教育の目的が生徒の人格の完成をめざし（教基法1条），思想，信条により差別されるべきでない（同法3条）とされていることにかんがみれば，公立中学校においても，生徒の思想，信条の自由は最大限に保障されるべきであって，生徒の思想，信条のいかんによって生徒を分類評価することは違法なものというべきである。また，生徒の言論，表現の自由もしくはこれにかかる行為も，教育の目的にかんがみ最大限に尊重されるべきであるから，右行為が生徒の精神的発達に伴う自発的な行為であるときには，当該学校の正常な運営もしくはその教育環境が破壊されるおそれがあるなど学校側の教育の場としての使命を保持するための利益が侵害されるおそれのある場合は格別そうでないかぎり，右行為を行動及び性格の点においてマイナスの理由とすること，もしくはかかる要因として評価することは，違法な理由もしくは基準に基づく評定として許されないものというべきである。」 **3卒業式への参加と学習権の侵害** 「卒業式……への参加は，生徒の教育を受ける権利すなわち学習権の内容をなすものというべきであり，生徒はこれに出席する権利を有するものというべきである〔が〕，……ある卒業生を他の卒業生全員の参集する卒業式に出席させた場合，その生徒の個人的行動により右卒業式が混乱に陥るおそれが十分に予見されるときには，右生徒を他の卒業生全員の参集する卒業式に出席させないで，分離して卒業式を行うことは，適法な教育上の規制措置といわなければならない〔から〕，……校長が，Xを本件卒業式に出席させれば卒業式が混乱を生じさせるおそれがあると判断し，これを避けるため，Xに対し本件卒業式に出席することを禁じ，Xに対する卒業式を他の生徒と分離して実施したことは適法であるというべきである。」「被告らは前記Xに対して加えられた行為は，Xに対する教育的見地からなされたもので，教育作用の一環として許される範囲内のものであった旨主張する〔が〕，前記認定のもとにおけるXの身体的自由の拘束にXに対する教育的効果が存するものとは到底解されず，教員らのXに対して加えた前記諸行為が，学校側の企図した分離による本来の卒業式を円滑に行うための手段としてなされたものとしても，右目的を達するためには，Xが校内もしくは卒業式場に入ることを阻止するなどをもって足り，そのような手段は容易にとることができたと認められるに拘らず，そのような措置に出ることなく，前認定のようにあえてXをその意に反して教室内に実力を用いて連れ込み，一定時間同所に拘束したことは，手段として許される相当な範囲を逸脱したものというべきである。」

(評釈)　佐藤司・重判〈昭和54年度〉25，森田明・教育百選〈第2版〉8，森田明・憲百Ⅱ〈初版〉110。

(コメント)　**本件のその後の経緯**　本件第1審判決が被告に200万円の損害賠償を認容したので被告側から控訴（Xも附帯控訴）がなされ，控訴審（東京高判昭57・5・19判時1041号24頁）は，控訴人（被告）側の主張をほぼ全面的に認容した上，ただ卒業式当日の身体の拘束行為についてのみ不法行為の成立を認めて控訴人側に10万円の損害賠償を命じたので，Xから上告がなされ，憲法19条，26条1項違反の他にさらに憲法21条1項（表現の自由）や13条違反（プライバシー権）の主張もなされたが，最高裁（最二判昭63・7・15判時1287号65頁）は，本件の「いずれの記載も，Xの思想，信条そのものを記載したものでないことは明らか」であるし，こうした「記載にかかる外部的行為によってはXの思想，信条を了知し得るものではない」し，「中学校における学習とは全く関係のない」Xの行為をしないよう指導説得したり，学校当局の「許可のない文書の配布を禁止することは，必要かつ合理的な範囲の制約であって，憲法21条に違反するもの」ではない，さらに本件の「記載による情報の開示は，入学者選抜に関係する特定小範囲の人に対するものであって，情報の開示には該当しない」等として，Xの上告理由をすべて排斥した。

Ⅲ-7-16　教科書代金負担請求訴訟

最大判昭39・2・26民集18巻2号343頁，判時363号9頁

（義務教育費負担請求事件）

事　実　公立小学校2年に在学していた児童の親権者Xは，憲法26条を根拠に，児童の義務教育期間中に支払うべき教科書代金総額5836円の徴収行為の取消しと同金額のXへの支払を求めて出訴した。第1審（東京地判昭

36・11・22 行集 12 巻 11 号 2318 頁）は徴収行為の取消しについては却下し，支払請求については，憲法 26 条 2 項後段は「右責務を具体的に実現すべき国政上の任務を規定したにとどまり，個々の保護者はこの規定により義務教育に伴う出費の補償を国に求める具体的権利を有するものではない」として棄却した。そこでXは小学校 2 年までに要した教科書代金 865 円の償還と義務教育終了までに予想される代金 5836 円の徴収の不作為を求めて控訴したが，控訴審（東京高判昭 37・12・19 判時 331 号 19 頁）は，憲法 26 条 2 項後段にいう義務教育の無償とは「教育を受けさせることの報償」すなわち授業料を徴収しないことだけを意味し，「その他の費用は立法をまってその負担を定むべく」，憲法は直接これを定めたものではないと解すべきだとして棄却した。これに対し，Xは，同項後段は「児童，生徒が義務教育に修学した事によって必要な経費すべてを無償とする」趣旨と解すべきだとして上告した。

判　旨 **棄却** **1義務教育の無償制度** 「憲法 26 条は，すべての国民に対して教育を受ける機会均等の権利を保障すると共に子女の保護者に対し子女をして最少限度の普通教育を受けさせる義務教育の制度と義務教育の無償制度を定めている。しかし，普通教育の義務制ということが，必然的にそのための子女就学に要する一切の費用を無償としなければならないものと速断することは許されない。けだし，憲法がかように保護者に子女を就学せしむべき義務を課しているのは，単に普通教育が民主国家の存立，繁栄のため必要であるという国家的要請だけによるものではなくして，それがまた子女の人格の完成に必要欠くべからざるものであるということから，親の本来有している子女を教育すべき責務を完うせしめんとする趣旨に出たものであるから，義務教育に要する一切の費用は，当然国がこれを負担しなければならないものとはいえないからである。」 **2義務教育無償の意義** 「憲法 26 条 2 項後段の『義務教育は，これを無償とする。』という意義は，国が義務教育を提供するにつき有償としないこと，換言すれば，子女の保護者に対しその子女に普通教育を受けさせるにつき，その対価を徴収しないことを定めたものであり，教育提供に対する対価とは授業料を意味するものと認められるから，同条項の無償とは授業料不徴収の意味と解するのが相当である。そして，かく解することは，従来一般に国または公共団体の設置にかかる学校における義務教育には月謝を無料として来た沿革にも合致するものである。また，教育基本法 4 条 2 項および学校教育法 6 条但書において，義務教育については授業料はこれを徴収しない旨規定している所以も，右の憲法の趣旨を確認したものであると解することができる。それ故，憲法の義務教育は無償とするとの規定は，授業料のほかに，教科書，学用品その他教育に必要な一切の費用まで無償としなければならないことを定めたものと解することはできない。」「もとより，憲法はすべての国民に対しその保護する子女をして普通教育を受けさせることを義務として強制しているのであるから，国が保護者の教科書等の費用の負担についても，これをできるだけ軽減するよう配慮，努力することは望ましいところであるが，それは，国の財政等の事情を考慮して立法政策の問題として解決すべき事柄であって，憲法の前記法条の規定するところではないというべきである。」

（評釈）覚道豊治・民商51巻5号135，渡部吉隆・曹時16巻4号109，中村睦男・教育百選3，西村裕一・憲百Ⅱ A6。

（コメント）**その後の経緯**　本件で争われた義務教育用教科書代金については，1963（昭和38）年に，「義務教育諸学校の教科用図書の無償措置に関する法律」が制定されて，当面は無償で配布されることになった。

(3)　団結権・団体交渉権

Ⅲ-7-17　三井美唄労組事件

最大判昭43・12・4刑集22巻13号1425頁，判時537号18頁
（公職選挙法違反被告事件）

事　実　1959（昭和34）年4月30日施行の北海道美び唄ばい市議会議員選挙において，三井美唄炭鉱労働組合の役員であるYらは，組合として統一候補を選出し，これを支持することを決定したが，前回の選挙で統一候補として当選していた組合員Aは，議員任期中に定年退職となる者は推薦しないとの基準により，統一候補の選から洩れたため，独自の立場で立候補しようとした。YらはAの立候補を断念させようとして数次にわたって説得したがAがこれに応じなかったため，組合の統制を乱した者として，1年間の組合員としての権利停止をするなどを通告し，併せて7カ所に公文書を掲示したため，Yらが公選法225条3号違反に問われて起訴された。第1審（札幌地岩見沢支判昭36・9・25刑集22巻13号1453頁）では有罪（罰金）となったが，逆に第2審（札幌高判昭38・3・26高刑16巻4号299頁）は違法性を欠くとして無罪としたため，検察側が上告した。

判　旨　**破棄差戻**　**①労働組合の統制権**　「およそ，組織的団体においては，一般に，その構成員に対し，その目的に即して合理的な範囲内での統制権を有するのが通例であるが，……一般の組織的団体のそれと異なり，……憲法28条による労働者の団結権保障の効果として，労働組合は，その目的を達成するために必要であり，かつ，合理的な範囲内において，その組合員に対する統制権を有するものと解すべきである。」「本件のような地方議会議員の選挙にあたり，労働組合が，その組合員の居住地域の生活環境の改善その他生活向上を図るうえに役立たしめるため，その利益代表を議会に送り込むための選挙活動をすること，そして，その一方策として，いわ

ゆる統一候補を決定し，組合を挙げてその選挙運動を推進することは，組合の活動として許されないわけではなく，また，統一候補以外の組合員であえて立候補しようとするものに対し，組合の所期の目的を達成するため，立候補を思いとどまるよう勧告または説得することも，それが単に勧告または説得にとどまるかぎり，組合の組合員に対する妥当な範囲の統制権の行使にほかならず，別段，法の禁ずるところとはいえない。」 **2立候補の自由** 「立候補の自由は，選挙権の自由な行使と表裏の関係にあり，自由かつ公正な選挙を維持するうえで，きわめて重要である。このような見地からいえば，憲法15条1項には，被選挙権者，特にその立候補の自由について，直接には規定していないが，これもまた，同条同項の保障する重要な基本的人権の一つと解すべきである。さればこそ，公職選挙法に，選挙人に対すると同様，公職の候補者または候補者となろうとする者に対する選挙に関する自由を妨害する行為を処罰することにしているのである（同法225条1号3号参照）。」 **3組合の統制権と立候補の自由の比較衡量** 「公職選挙における立候補の自由は，憲法15条1項の趣旨に照らし，基本的人権の一つとして，憲法の保障する重要な権利であるから，これに対する制約は，特に慎重でなければならず，組合の団結を維持するための統制権の行使に基づく制約であっても，その必要性と立候補の自由の重要性とを比較衡量して，その許否を決すべきであり，その際，政治活動に対する組合の統制権のもつ……性格と立候補の自由の重要性とを十分考慮する必要がある。」「統一候補以外の組合員で立候補しようとする者に対し，組合が所期の目的を達成するために，立候補を思いとどまるよう，勧告または説得をすることは，組合としても，当然なし得るところである。しかし，当該組合員に対し，勧告または説得の域を超え，立候補を取りやめることを要求し，これに従わないことを理由に当該組合員を統制違反者として処分するがごときは，組合の統制権の限界を超えるものとして，違法といわなければならない。」

（評釈） 海老原震一・曹時21巻5号141，鬼塚賢太郎・続刑法判例百選44，近藤京一・判評125号134，横井芳弘・労働百選〈第3版〉71，木村俊夫・憲百Ⅱ149。

（コメント） **関連判例** 労働組合の組合員が自己の意思により組合員としての地位を離れる自由（脱退の自由）を有するとした最三判平19・2・2民集61巻1号86頁がある。

(4) 争 議 権

III-7-18 山田鋼業事件

最大判昭25・11・15刑集4巻11号2257頁，判タ9号53頁
（窃盗被告事件）

事　実　Yらは，1946（昭和21）年11月7日にA会社（山田鋼業合名会社吹田工場）の従業員らで結成された組合の組合長Y_1・副組合長Y_2・常任委員長Y_3およびその上部団体の書記長Y_4であったが，A会社が同月10日事業縮小による人員整理を理由に，Y_2ほか1名の解雇を通告した。これを契機に組合側は，解雇取消し・待遇改善・労働協約を要求して13日に争議（罷業）に入った。交渉の結果，解雇の取消しと待遇改善については妥結をみたので19日には争議態勢が一応解かれたが，協約問題で交渉が決裂したため，同日以降再び争議に入り，26日以降には生産管理に入った。組合員らはY_1～Y_3の指揮とY_4の指導援助のもとで経営を遂行し，ハンマー等を製作販売して組合員の賃金支払等の費用に充てていたが，その間，会社内の鉄板を2回にわたって売却したことが業務上横領に当たるとして，Yら組合幹部が起訴された。第1審（大阪地判昭22・11・22刑資10号108頁）は，企業および所有権の社会性を考慮し，労働者が争議解決のため企業の物的設備を一時自己の手に収めても直ちに使用者の占有権・所有権と経営権を侵害するものではないとして無罪を言い渡したが，第2審（大阪高判昭23・5・29刑資10号115頁）は窃盗罪が成立するとしたので，Xらは争議行為の方法としての生産管理の憲法適合性を主張して上告した。

判　旨　**棄却**　**1争議権の限界**　「論旨は，憲法が労働者の争議権を認めたことを論拠として，従来の市民法的個人法的観点を揚棄すべきことを説き，かような立場から労働者が争議によって使用者たる資本家の意思を抑圧してその要求を貫徹することは不当でもなく違法でもないと主張する。しかし憲法は勤労者に対して団結権，団体交渉権その他の団体行動権を保障すると共に，すべての国民に対して平等権，自由権，財産権等の基本的人権を保障しているのであって，是等諸々の基本的人権が労働者の争議権の無制限な行使の前に悉く排除されることを認めているのでもなく，後者が前者に対して絶対的優位を有することを認めているのでもない。寧ろこれ等諸々の一般的基本的人権と労働者の権利との調和をこそ期待しているのであって，この調和を破らないことが，即ち争議権の正当性の限界である。その調和点を何処に求めるべきかは，法律制度の精神を全般的に考察して決すべきである。固より使用者側の自由権や財産権と雖も絶対無制限ではなく，労働者の団体行動権等のためある程度の制限を受けるのは当然であるが，原判決の判示する程度に，使用者側の自由意思を抑圧し，財産に対する支配を阻止することを許さる

べきでないと認められる。それは労働者側の争議権を偏重して，使用者側の権利を不当に侵害し，法が求める調和を破るものだからである。」 **②生産管理の違法性** 「論旨は，生産管理が同盟罷業と性質を異にするものでないということを理由として，生産管理も同盟罷業と同様に違法性を阻却される争議行為であると主張する。しかしわが国現行の法律秩序は私有財産制度を基幹として成り立っており，企業の利益と損失とは資本家に帰する。従って企業の経営，生産行程の指揮命令は，資本家又はその代理人たる経営担当者の権限に属する。労働者が所論のように企業者と並んで企業の担当者であるとしても，その故に当然に労働者が企業の使用収益権を有するのでもなく，経営権に対する権限を有するのでもない。従って労働者側が企業者側の私有財産の基幹を揺がすような争議手段は許されない。なるほど同盟罷業も財産権の侵害を生ずるけれども，それは労働力の給付が債務不履行となるに過ぎない。然るに本件のようないわゆる生産管理に於ては，企業経営の権能を権利者の意思を排除して非権利者が行うのである。それ故に同盟罷業も生産管理も財産権の侵害である点において同様であるからとて，その相違点を無視するわけにはゆかない。前者において違法性が阻却されるからとて，後者においてそうだという理由はない。」

（評釈） 香川達夫・刑訴百選〈初版〉92，桑原昌宏・労働百選〈第5版〉104，二本柳高信・憲百Ⅱ 143。

（コメント） 生産管理は，敗戦直後の異常な政治・経済・社会的条件の下では，戦術としてある意味で必然的であった。本件の第1審判決（大阪地判昭22・11・22刑資10号108頁）をはじめ，下級審判決の多数が，生産管理の合法性を何らかの意味で容認した。これに対し，生産管理を無条件に違法としたのが東京地判昭23・6・8刑資10号25頁であり，本件判決は，下級審の多数に抗して最高裁が示した最初の判決である。

Ⅲ-7-19 七十七銀行事件

仙台地判昭45・5・29労民21巻3号689頁，判時616号37頁

（雇用関係存在確認等請求事件）

事　実 Y銀行の従業員組合（＝従組）は，1961（昭和36）年10月下旬，政治的暴力行為防止法反対のため，組合大会の決定に従って，署名活動・時間外休日勤務協定締結拒否・宿日直勤務拒否・リボン着用・一せいランチ・指名スト等の諸闘争を行った。そこでY銀行は，これがいわゆる政治ストで憲法28条の保障を受けない違法なストであるとし，その他，組織分裂が会社の支配介入によることを暴露するビラ等を企業外に配布したこと，会社の制限に反し企業施設内で集会を開いたこと，一連の争議行為が協約上の平和条項違反であること，大企業優先融資を暴露し預金をさせない運動を訴える声明を配布したこと等々の

理由と併せて，1962（昭和 37）年 9 月 18 日，X ら従組幹部を懲戒解雇その他の懲戒処分にした。これに対し，X らは，懲戒事由に該当する行為を行っておらず，適法な争議行為であるとして，雇用関係の存在確認等を求めて出訴した。

判 旨 **一部認容** **政治ストと憲法 28 条の保障** 「憲法第 28 条は『勤労者の団結する権利及び団体交渉その他団体行動をする権利は，これを保障する』と規定し，使用者との団体交渉により解決に親しむ事項のみについて団体交渉その他団体行動をする権利を保障するといっていないのであるから，労働組合の行った行動の目的が労使間の交渉事項に該当しない事項であるからといってただちに憲法 28 条の保障を受けないものと考えるべきでない。……労働者の人たるに値する生活の確保は，単に労働条件の維持改善のみでなく，労働者の社会的一般的地位の向上にまたねばならないので，労働条件以外の一般的経済的条件，たとえば労働法上もしくは社会政策上の現在または将来の労働者の利益の擁護等およそ労働者の社会的経済的な生活上の地位を向上せしめるために必要な行為は，たとえそれが政治的領域に属するものであっても，すべて団結ないし団体行為の目的となりうるものと解さねばならない。そして労働組合法第 2 条も『労働条件の維持改善その他経済的地位の向上を図ること』をもって労働組合の目的とすることを規定し，このことを認めているものと解しうるのである。」「政暴法は，特に濫用をいましめる旨の規定を設けてはいるが，濫用防止の点について手続上必らずしも充分な配慮がなされておらず，関係機関の運用如何によっては，労働者の正当な団結ないし団体活動が不当に制限される結果を生ずる虞れがないとはいえない。そこで労働者がこのようにその成立によって自己の団結ないし団体行動権を不当に制限される結果が生じないともかぎらない法案に反対することは労働者としての利益擁護の目的内の行為といわねばならず，したがって，本件政暴法反対闘争がその目的において違法ということはできないのである。」「もっとも目的において正当な争議行為も，その態様において社会的に許される相当性の限度を越えればもはや正当な争議行為として労働法上の保護を受けられないのである。しかしながら，従組の行なった政暴法反対の争議行為はその態様において……表現の自由の問題としてさえ許される程度のいわゆるデモストの域を出ないものであって，到底不当な争議行為とはいえないのである。」

（評釈） 籾井常喜・重判〈昭和 45 年度〉179。

（コメント） **関連判例** 別の事件（国労宮原操車場日韓条約反対闘争事件）について，大阪地判昭 47・4・11 判時 665 号 40 頁は，いわゆる政治的抗議ストを正当な争議行為として可罰的違法性を欠くと判示した。

(5)　公務員の争議権

Ⅲ-7-20　政令 201 号事件

最大判昭 28・4・8 刑集 7 巻 4 号 775 頁
（昭和 23 年政令第 201 号違反被告事件）

事　実　国鉄労働組合員であったYらは，1948（昭和 23）年 7 月 31 日政令第 201 号（「昭和 23 年 7 月 22 日附内閣総理大臣宛連合国最高司令官書簡に基く臨時措置に関する政令」）の撤回などを要求し，その目的貫徹のための争議手段として，同年 8 月下旬，無届で職場を欠勤したため，公務員の同盟罷業・怠業的行為その他の争議行為を禁止する同政令 2 条 1 項および 3 条違反で起訴された。第 1 審（青森地裁弘前支部），第 2 審（仙台高判昭 24・1・29 刑集 7 巻 4 号 831 頁）の有罪（懲役 6 月）判決に対し，Yらは，政令 201 号が憲法 28 条に違反する等を主張して上告した。

判　旨　**棄却**　**政令 201 号の合憲性**　「国民の権利はすべて公共の福祉に反しない限りにおいて立法その他の国政の上で最大の尊重をすることを必要とするものであるから，憲法 28 条が保障する勤労者の団結する権利及び団体交渉その他の団体行動をする権利も公共の福祉のために制限を受けるのは已を得ないところである。殊に国家公務員は，国民全体の奉仕者として（憲法 15 条）公共の利益のために勤務し，且つ職務の遂行に当っては全力を挙げてこれに専念しなければならない（国家公務員法 96 条 1 項）性質のものであるから，団結権団体交渉権等についても，一般に勤労者とは違って特別の取扱を受けることがあるのは当然である。従来の労働組合法又は労働関係調整法において非現業官吏が争議行為を禁止され，又警察官等が労働組合結成権を認められなかったのはこの故である。同じ理由により，本件政令第 201 号が公務員の争議を禁止したからとて，これを以て憲法 28 条に違反するものということはできない。」「また憲法 25 条 1 項は，すべての国民が健康で文化的な最低限度の生活を営み得るよう国政を運営すべきことを国家の責務として宣言したものである（最大判昭 23・9・29 刑集 2 巻 10 号 1235 頁）。公務員がその争議行為を禁止されたからとてその当然の結果として健康で文化的な最低限度の生活を営むことができなくなるというわけのものではないから，本件政令が憲法 25 条に違反するという主張も採用し難い。」

意　見　栗山茂裁判官（略）

反対意見　真野毅裁判官（略）

（評釈）　峯村光郎・労働百選〈初版〉5，杉村敏正・憲法の判例〈初版〉125，室井力・憲百〈新版〉73，佐藤達夫・行政百選Ⅰ〈初版〉51。

Ⅲ-7-21　全逓東京中郵事件

最大判昭 41・10・26 刑集 20 巻 8 号 901 頁，判時 460 号 10 頁
（郵便法違反教唆被告事件）

事　実　全逓信労働組合の役員であったYら8名は，1958（昭和 33）年1月以降実施していた春闘において，同年3月10日頃以降，東京中央郵便局の従業員に対し，勤務時間内喰い込み職場大会に参加するよう説得した上，同月 20 日未明には 38 名の者に数時間職場を離脱させた。この行為が，郵便法 79 条1項の郵便物不取扱いの罪に当たるとして起訴された。第1審（東京地判昭 37・5・30 判時 303 号 14 頁）は，正当な争議行為は労組法1条2項の適用があるとし，本件の郵便物不取扱いは正当な争議行為に当たり刑事免責を受けるので，Yらについて教唆の罪も成立しないとしてYらを無罪とした。これに対し第2審（東京高判昭 38・11・27 判時 363 号 48 頁）は，公労法（この法律のその後の改正経緯については，***Ⅲ-7-26*** のコメントを参照）17 条で争議行為が禁止されている以上，その争議行為については正当性如何を論ずる余地はなく刑事免責の適用はないとして，第1審判決を破棄して差し戻した。そこでYらは，公労法 17 条1項が憲法 28 条に違反すること，公労法 17 条1項違反の争議行為に労組法1条2項の適用があること等を主張して上告した。

判　旨　**破棄差戻**　**1公務員の労働基本権の限界**　「労働基本権は，たんに私企業の労働者だけについて保障されるのではなく，公共企業体の職員はもとよりのこと，国家公務員や地方公務員も，憲法 28 条にいう勤労者にほかならない以上，原則的には，その保障を受けるべきものと解される。『公務員は，全体の奉仕者であつて，一部の奉仕者ではない』とする憲法 15 条を根拠として，公務員に対して右の労働基本権をすべて否定するようなことは許されない。ただ，公務員またはこれに準ずる者については，後に述べるように，その担当する職務の内容に応じて，私企業における労働者と異なる制約を内包しているにとどまると解すべきである。」「(1)労働基本権の制限は，労働基本権を尊重確保する必要と国民生活全体の利益を維持増進する必要とを比較衡量して，両者が適正な均衡を保つことを目途として決定すべきであるが，労働基本権が勤労者の生存権に直結し，それを保障するための重要な手段である点を考慮すれば，その制限は，合理性の認められる必要最小限度のものにとどめなければならない。(2)労働基本権の制限は，勤労者の提供する職務または業務の性質が公共性の強いものであり，したがってその職務または業務の停廃が国民生活全体の利益を害し，国民生活に重大な障害をもたらすおそれのあるものについて，これを避けるために必要やむを得ない場合について

考慮されるべきである。⑶労働基本権の制限違反に伴う法律効果，すなわち，違反者に対し課せられる不利益については，必要な限度をこえないように，十分な配慮がなされなければならない。とくに，勤労者の争議行為等に対して刑事制裁を科することは，必要やむを得ない場合に限られるべきであり，同盟罷業，怠業のような単純な不作為を刑罰の対象とするについては，特別に慎重でなければならない。けだし，現行法上，契約上の債務の単なる不履行は，債務不履行の問題として，これに契約の解除，損害賠償責任等の民事的法律効果が伴うにとどまり，刑事上の問題としてこれに刑罰が科せられないのが原則である。このことは，人権尊重の近代的思想からも，刑事制裁は反社会性の強いもののみを対象とすべきであるとの刑事政策の理想からも，当然のことにほかならない。それは債務が雇傭契約ないし労働契約上のものである場合でも異なるところがなく，労務者がたんに労務を供給せず（罷業）もしくは不完全にしか供給しない（怠業）ことがあっても，それだけでは，一般的にいって，刑事制裁をもってこれに臨むべき筋合ではない。⑷職務または業務の性質上からして，労働基本権を制限することがやむを得ない場合には，これに見合う代償措置が講ぜられなければならない。」「以上に述べたところは，労働基本権の制限を目的とする法律を制定する際に留意されなければならないばかりでなく，すでに制定されている法律を解釈適用するに際しても，十分に考慮されなければならない。」「本件の郵便業務についていえば，その業務が独占的なものであり，かつ，国民生活全体との関連性がきわめて強いから，業務の停廃は国民生活に重大な障害をもたらすおそれがあるなど，社会公共に及ぼす影響がきわめて大きいことは多言を要しない。それ故に，その業務に従事する郵政職員に対してその争議行為を禁止する規定を設け，その禁止に違反した者に対して不利益を課することにしても，その不利益が前に述べた基準に照らして必要な限度をこえない合理的なものであるかぎり，これを違憲無効ということはできない。」 2

公労法 17 条 1 項（争議行為禁止）違反と刑事罰の限界　「公労法 17 条 1 項に違反した者に対して，右のような民事責任を伴う争議行為の禁止をすることは，憲法 28 条，18 条に違反するものでないこと疑いをいれない。」「公労法 17 条 1 項に違反して争議行為をした者に対する刑事制裁について見るに，さきに法制の沿革について述べたとおり，争議行為禁止の違反に対する制裁はしだいに緩和される方向をとり，現行の公労法は特別の罰則を設けていない。このことは，公労法そのものとしては，争議行為禁止の違反について，刑事制裁はこれを科さない趣旨であると解するのが相当である。公労法 3 条で，刑事免責に関する労組法 1 条 2 項の適用を排除することなく，これを争議行為にも適用することとしているのは，この趣旨を裏づけるものということができる。そのことは，憲法28条の保障する労働基本権尊重の根本精神にのっとり，争議行為の禁止違反に対する効果または制裁は必要最小限度にとどめるべきであるとの見地から，違法な争議行為に関しては，民事責任を負わせるだけで足り，刑事制裁をもって臨むべきではないとの基本的態度を示したものと解することができる。」「公労法3条が労組法1条2項の適用があるものとしているのは，争議行為が労組法1条1項の目的を達成するためのものであり，かつ，たんなる罷業または怠業等の不作為が存在するにとどまり，暴力の行使その他の不当性を伴わない場合には，刑事制裁の対象とはならないと解するのが相当である。それと同時に，争議行為が刑事制裁の対象とならないのは，右の限度においてであって，もし争議行為が労組法1条1項の目的のためでなくして政治的目的のために行なわれたような場合であるとか，暴力を伴う場合であるとか，社会の通念に照らして不当に長期に及ぶときのように国民生活に重大な障害をもたらす場合には，憲法28条に保障された争議行為としての正当性の限界をこえるもので，刑事制裁を免れないといわなければならない。」「Yらは，本件の行為を争議行為としてしたものであることは，第1審判決の認定しているとおりであるから，Yらの行為については，さきに述べた憲法28条および公労法17条1項の合理的解釈に従い，労組法1条2項を適用して，はたして同条項にいう正当なものであるかいなかを具体的事実的関係に照らして認定判断し，郵便法79条1項の罪責の有無を判断しなければならないところである。したがって，原判決の右判断は，法令の解釈適用を誤ったもので，その違法は判決に影響を及ぼすこと明らかであり，これを破棄しなければいちじるしく正義に反する……。」

反対意見　**奥野健一・草鹿浅之介・石田和外裁判官，五鬼上堅磐裁判官**（要旨）公労法17条1項で公共企業体職員の争議行為が禁止され，違法とされている以上，労組法1条2項の適用はない。

（評釈）　伊藤正己・重判〈昭和41・42年度〉9，井戸田侃・続刑法判例百選7，蓼沼謙一・労働法の判例16，伊藤正己・労働百選〈第3版〉2，安念潤司・法教214号52，吉田栄二・憲百Ⅱ144。

（コメント）　**関連判例**　最大判昭45・9・16刑集24巻10号1345頁（公務執行妨害）は，上記判決と同じ論旨で，全逓横浜郵便局支部のピケティングを公労法17条1項違反という理由だけでただちに違法とした原判決を破棄し差し戻した。また，全逓名古屋中郵事件（⇒Ⅲ-7-26）では労組法1条2項の適用はないとして，この判決を変更している。

Ⅲ-7-22 全司法仙台事件

最大判昭44・4・2刑集23巻5号685頁，判時550号29頁
（国家公務員法違反，住居侵入被告事件）

事　実　1960（昭和35）年5月のいわゆる新安保闘争において，全司法労組仙台支部は，仙台高裁構内で始業時57分にわたって職場大会を開いた。この行為が国家公務員である裁判所職員の同盟罷業に当たるとされ，Yら8名（組合役員，派遣オルグ，応援労組役員，学生ら）が，国公法110条1項17号の規定する争議行為の「あおり」および住居侵入の罪で起訴された。第1審（福島地判昭38・3・27下刑5巻3＝4号309頁）では5名のみが有罪となったので，有罪となったYら5名と検察官の双方が控訴した。控訴審（仙台高判昭41・3・29判タ190号175頁）は，本件あおり行為は，裁判所職員からみると，第三者が外部から入ってきて圧力をかけ争議行為に容かいしてその遂行をあおるもので違法性が強度であり，これと共謀した組合員も同じ評価を受けるとして有罪にしたので，Yらは，国公法98条5項〔現行法では同条2項〕，同法110条1項17号が憲法28条等に違反すると主張して上告した。

判　旨　**棄却**　**1政治目的のために行う争議行為**　「あおり行為等を処罰するには，争議行為そのものが，職員団体の本来の目的を逸脱してなされるとか，暴力その他これに類する不当な圧力を伴うとか，社会通念に反して不当に長期に及ぶなど国民生活に重大な支障を及ぼすとか等違法性の強いものであることのほか，あおり行為等が争議行為に通常随伴するものと認められるものでないことを要するものと解すべきである。」「ところで，裁判所職員の争議行為の制限について考えてみるに，すべて司法権は裁判所に属するものとされ，裁判所は，この国家に固有の権能に基づき，国民の権利と自由を擁護するとともに，国家社会の秩序を維持することをその使命とするものであることにかんがみると，このような裁判所の行なう裁判事務に従事する職員の職務は，一般的に，公共性の強いものであり，その職務の停廃は，その使命の達成を妨げ，ひいては，国民生活に重大な障害をもたらすおそれがあるものといわなければならない。」「そこで，本件職場大会についてみるに，当時，新安保条約に対する反対運動が憲法擁護のための国民運動として広く行なわれ，労働組合その他諸種の団体によってもその運動が活潑に行なわれており，本件職場大会も右運動の一環として行なわれたものであること所論のとおりであるとしても，裁判所の職員団体の本来の目的にかんがみれば，使用者たる国に対する経済的地位の維持・改善に直接関係があるとはいえない，このような政治的目的のために争議を行なうがごときは，争議行為の正当な範囲を逸脱するものとして許されるべきではなく，かつ，それが短時間のものであり，また，か

りに暴力等を伴わないものとしても，裁判事務に従事する裁判所職員の職務の停廃をきたし，国民生活に重大な障害をもたらすおそれのあるものであって，かような争議行為は，違法性の強いものといわなければならない。」 **2争議行為に通常随伴する行為** 「そこでＹらの右行為が，裁判所職員の行なう争議行為に通常随伴するものと認められるかどうかについて考えてみるに，Ｙらのうち，裁判所職員でなく，かつまた，裁判所職員の団体に関係もない第三者であるY_1，Y_2，Y_3の行なった行為は，裁判所職員の行なう争議行為に通常随伴するものと認めることができないことは明らかである。また，Y_4は裁判所職員であり，その団体である全司法労組仙台支部執行委員長の職にあったものであるから，そのあおり行為等がその態様において異常なものでないかぎり，争議行為に通常随伴するものと認めることができるが，本件の場合，Y_4は，第三者である前示Y_1らと共謀して前示……の行為を行なったものであるというのであるから，右事実関係のもとにおいては，Y_4の行為も争議行為に通常随伴する行為と認めることはできないものといわなければならない。」「してみれば，原審がＹらの前示行為につき国公法110条1項17号を適用したことは，……結局，正当であるに帰し，以上と異なる見解のもとに原判決に法令違反の違法があるとする所論は，採用することができない。」

意　見 入江俊郎裁判官（略） 岩田誠裁判官（略） 奥野健一・草鹿浅之介・石田和外・下村三郎・松本正雄裁判官（略）

反対意見 色川幸太郎裁判官（略）

（評釈） 村上健・続刑法判例百選34。

Ⅲ-7-23 都教組事件

最大判昭44・4・2刑集23巻5号305頁，判時550号21頁
（地方公務員法違反被告事件）

事　実 1958（昭和33）年3月23日，東京都教組は，教員に対する勤務評定に反対するため，加盟組合員に一斉年次有給休暇を請求させ，組合の集会に参加させた。この集会が地公法37条1項前段の禁止する同盟罷業に当たるとされ，組合役員Ｙらは，それをあおったとして地公法61条4号の罪で起訴された。Ｙらは第1審（東京地判昭37・4・18判時550号21頁）では無罪であったが，控訴審（東京高判昭40・11・16判時437号6頁）で有罪となったので，争議行為を禁止する地公法37条およびその違反に対する罰則を定める同法61条4号が憲法28条に違反する等を主張してＹらが上告した。

判　旨　**破棄自判**　**①地方公務員の争議行為と刑事罰**　「地公法 37 条，61 条 4 号の各規定が……文字どおりに，すべての地方公務員の一切の争議行為を禁止し，これらの争議行為の遂行を共謀し，そそのかし，あおる等の行為（以下，あおり行為等という。）をすべて処罰する趣旨と解すべきものとすれば，それは……公務員の労働基本権を保障した憲法の趣旨に反し，必要やむをえない限度をこえて争議行為を禁止し，かつ，必要最小限度にとどめなければならないとの要請を無視し，その限度をこえて刑罰の対象としているものとして，これらの規定は，いずれも，違憲の疑を免れない」。「地方公務員の争議行為についてみるに，地公法 37 条 1 項は，すべての地方公務員の一切の争議行為を禁止しているから，これに違反してした争議行為は，右条項の法文にそくして解釈するかぎり，違法といわざるをえないであろう。しかし，右条項の元来の趣旨は，地方公務員の職務の公共性にかんがみ，地方公務員の争議行為が公共性の強い公務の停廃をきたし，ひいては国民生活全体の利益を害し，国民生活にも重大な支障をもたらすおそれがあるので，これを避けるためのやむをえない措置として，地方公務員の争議行為を禁止したものにほかならない。ところが，地方公務員の職務は，一般的にいえば，多かれ少なかれ，公共性を有するとはいえ，さきに説示したとおり，公共性の程度は強弱さまざまで，その争議行為が常に直ちに公務の停廃をきたし，ひいて国民生活全体の利益を害するとはいえないのみならず，ひとしく争議行為といっても，種々の態様のものがあり，きわめて短時間の同盟罷業または怠業のような単純な不作為ごときは，直ちに国民全体の利益を害し，国民生活に重大な支障をもたらすおそれがあるとは必ずしもいえない。地方公務員の具体的な行為が禁止の対象たる争議行為に該当するかどうかは，争議行為を禁止することによって保護しようとする法益と，労働基本権を尊重し保障することによって実現しようとする法益との比較較量により，両者の要請を適切に調整する見地から判断することが必要である。」「地方公務員の行為が地公法 37 条 1 項の禁止する争議行為に該当する違法な行為と解される場合であっても，それが直ちに刑事罰をもってのぞむ違法性につながるものでないことは，同法 61 条 4 号が地方公務員の争議行為そのものを処罰の対象とすることなく，もっぱら争議行為のあおり行為等，特定の行為のみを処罰の対象としていることからいって，きわめて明瞭である。……したがって，地方公務員のする争議行為については，それが違法な行為である場合に，公務員としての義務違反を理由として，当該職員を懲戒処分の対象者とし，またはその職員に民事上の責任を負わせることは，もとよりありうべきところであるが，争議行為をしたことそのことを理由として刑事制裁を科することは，同法の認めないところといわなければならない。」 **2あおり行為等の対象となる違法な争議行為の不存在と地公法61条4号の適用** 「地公法61条4号は，争議行為をした地方公務員自体を処罰の対象とすることなく，違法な争議行為のあおり行為等をした者にかぎって，これを処罰することにしているのであるが，このような処罰規定の定め方も，立法政策としての当否は別として，一般的に許されないとは決していえない。ただ，それは，争議行為自体が違法性の強いものであることを前提とし，そのような違法な争議行為等のあおり行為等であってはじめて，刑事罰をもってのぞむ違法性を認めようとする趣旨と解すべきであって，前叙のように，あおり行為等の対象となるべき違法な争議行為が存しない以上，地公法61条4号が適用される余地はないと解すべきである。」「本件の一せい休暇闘争は，同盟罷業または怠業にあたり，その職務の停廃が次代の国民の教育上に障害をもたらすものとして，その違法性を否定することができないとしても，Yらは，いずれも都教組の執行委員長その他幹部たる組合員の地位において右指令の配布または趣旨伝達等の行為をしたというのであって，これらの行為は，本件争議行為の一環として行なわれたものであるから，前示の組合員のする争議行為に通常随伴する行為にあたるものと解すべきであり，Yらに対し，懲戒処分をし，また民事上の責任を追及するのはともかくとして，さきに説示した労働基本権尊重の憲法の精神に照らし，さらに，争議行為自体を処罰の対象としていない地公法61条4号の趣旨に徴し，Yらのした行為は，刑事罰をもってのぞむ違法性を欠くものといわざるをえない。」

補足意見　松田二郎裁判官（略）

意　見　入江俊郎裁判官（略）　岩田誠裁判官（略）

反対意見　奥野健一・草鹿浅之介・石田和外・下村三郎・松本正雄裁判官（略）

評釈　中山和久・重判〈昭和44年度〉148，出射義夫・続刑法判例百選6，青木宗也・教育百選〈初版〉10，安念潤司・法教214号52，倉田原志・憲百Ⅱ145，畑尻剛・憲百Ⅱ199。

Ⅲ-7-24　全農林警職法事件

最大判昭48・4・25刑集27巻4号547頁，判時699号22頁
（国家公務員法違反被告事件）

事　実　Yら5人が幹部をしていた全農林労組は，1958（昭和33）年の警察官職務執行法の改正に反対する統一行動の一環として，同年10月30

日から11月2日にかけて，同組合の各県本部等に宛てて同月5日の正午出勤を指令し，当日午前に開催される職場集会への参加を慫慂した。同日には農林省玄関前にピケがはられ，組合員約3000人が参加して勤務時間内集会が開かれた。Yらは，この行為が国公法98条5項（昭和40年改正前のもの〔現行法では同条2項〕）の禁止する違法な争議のあおり行為に該当するとして，同法110条1項17号違反で起訴された。第1審（東京地判昭38・4・19判時338号8頁）では無罪とされたが，控訴審（東京高判昭43・9・30判時547号12頁）では逆に有罪となったので，Yらが上告した。

判　旨　**棄却**　**1公務員の労働基本権制限の合理性**　「公務員は，私企業の労働者と異なり，国民の信託に基づいて国政を担当する政府により任命されるものであるが，憲法15条の示すとおり，実質的には，その使用者は国民全体であり，公務員の労務提供義務は国民全体に対して負うものである。もとよりこのことだけの理由から公務員に対して団結権をはじめその他一切の労働基本権を否定することは許されないのであるが，公務員の地位の特殊性と職務の公共性にかんがみるときは，これを根拠として公務員の労働基本権に対し必要やむをえない限度の制限を加えることは，十分合理的な理由があるというべきである。」「公務員の場合は，その給与の財源は国の財政とも関連して主として税収によって賄われ，私企業における労働者の利潤の分配要求のごときものとは全く異なり，その勤務条件はすべて政治的，財政的，社会的その他諸般の合理的な配慮により適当に決定されなければならず，しかもその決定は民主国家のルールに従い，立法府において論議のうえなされるべきもので，同盟罷業等争議行為の圧力による強制を容認する余地は全く存しないのである。……公務員の勤務条件の決定に関し，政府が国会から適法な委任を受けていない事項について，公務員が政府に対し争議行為を行なうことは，的はずれであって正常なものとはいいがたく，もしこのような制度上の制約にもかかわらず公務員による争議行為が行なわれるならば，使用者としての政府によっては解決できない立法問題に逢着せざるをえないこととなり，ひいては民主的に行なわれるべき公務員の勤務条件決定の手続過程を歪曲することともなって，憲法の基本原則である議会制民主主義（憲法41条，83条等参照）に背馳し，国会の議決権を侵す虞れすらなしとしないのである。」「その争議行為等が，勤労者をも含めた国民全体の共同利益の保障という見地から制約を受ける公務員に対しても，その生存権保障の趣旨から，法は，これらの制約に見合う代償措置として身分，任免，服務，給与その他に関する勤務条件についての周到詳密な規定を設け，さらに中央人事行政機関として準司法機関的性格をもつ人事院を設けている。」　**2違法な争議行為のあおりと罰則**　「公務員の争議行為の禁止は，憲法に違反することはないのであるから，何人であっても，この禁止を侵す違法な争議行為をあおる等の行為をする者は，違法な争議行為に対する原動力を与える者として，単なる争議参加者にくらべて社会的責任が重いのであり，また争議行為の開始ないしはその遂行の原因を作るものであるから，かかるあおり等の行為者の責任を問い，かつ，違法な争議行為の防遏を図るため，その者に対しとくに処罰の必要性を認めて罰則を設けることは，十分に合理性があるものということができる。」「禁止された公務員の違法な争議行為をあおる等の行為をあえてすることは，それ自体がたとえ思想の表現たるの一面をもつとしても，公共の利益のために勤務する公務員の重大な義務の懈怠を慫慂するにほかならないのであって，結局，国民全体の共同利益に重大な障害をもたらす虞れがあるものであり，憲法の保障する言論の自由の限界を逸脱するものというべきである。したがって，あおり等の行為を処罰すべきものとしている国公法110条1項17号は，憲法21条に違反するものということができない。」　**③不明確な限定解釈と憲法31条**　「公務員の行なう争議行為のうち，同法によって違法とされるものとそうでないものとの区別を認め，さらに違法とされる争議行為にも違法性の強いものと弱いものとの区別を立て，あおり行為等の罪として刑事制裁を科されるのはそのうち違法性の強い争議行為に対するものに限るとし，あるいはまた，あおり行為等につき，争議行為の企画，共謀，説得，慫慂，指令等を争議行為にいわゆる通常随伴するものとして，国公法上不処罰とされる争議行為自体と同一視し，かかるあおり等の行為自体の違法性の強弱または社会的許容性の有無を論ずることは，いずれも，とうてい是認することができない。けだし，いま，もし，国公法110条1項17号が，違法性の強い争議行為を違法性の強いまたは社会的許容性のない行為によりあおる等した場合に限ってこれに刑事制裁を科すべき趣旨であると解するときは，いうところの違法性の強弱の区別が元来はなはだ曖昧であるから刑事制裁を科しうる場合と科しえない場合との限界がすこぶる明確性を欠くこととなり，また同条項が争議行為に『通常随伴』し，これと同一視できる一体不可分のあおり等の行為を処罰の対象としていない趣旨と解することは，一般に争議行為が争議指導者の指令により開始され，打ち切られる現実を無視するばかりでなく，何ら労働基本権の保障を受けない第三者がした，このようなあおり等の行為までが処罰の対象から除外される結果となり，さらに，もしかかる第三者のしたあおり等の行為は，争議行為に『通常随伴』するものでないとしてその態様のいかんを問わずこれを処罰の対象とするものと解するときは，同一形態のあおり等をしながら公務員のしたものと第三者のしたものとの間に処罰上の差別を認めることとなって，ただに法文の『何人たるを問わず』と規定するところに反するばかりでなく，衡平を失するものといわざるをえないからである。いずれにしても，このように不明確な限定解釈は，かえって犯罪構成要件の保障的機能を失わせることとなり，その明確性を要請する憲法 31 条に違反する疑いすら存するものといわなければならない。」

補足意見 **石田和外・村上朝一・藤林益三・岡原昌男・下田武三・岸盛一・天野武一裁判官**（略）

追加補足意見 **岸盛一・天野武一裁判官**（略）

意　見 **岩田誠裁判官**「公務員の行なう争議行為の違法性の強弱，あおり行為等の違法性の強弱により国公法 110 条 1 項 17 号の適用の有無を決すべきでない」が「同法条の規定は，これになんら限定解釈を加えなくても，憲法 28 条に違反しないとする意見には賛同することができない。」 **田中二郎・大隅健一郎・関根小郷・小川信雄・坂本吉勝裁判官**「およそ，ある法律における行為の制限，禁止規定がその文言上制限，禁止の内容において広範に過ぎ，それ自体憲法上保障された個人の基本的人権を不当に侵害する要素を含んでいる場合には，右基本的人権の保障は憲法の次元において処理すべきものであって，刑法の次元における違法性阻却の理論によって処理することは相当でなく，また，右基本的人権を侵害するような広範に過ぎる制限，禁止の法律といっても，常にその規定を全面的に憲法違反として無効としなければならないわけではなく，公務員の争議行為の禁止のように，右の基本的人権の侵害にあたる場合がむしろ例外で，原則としては，その大部分が合憲的な制限，禁止の範囲に属するようなものである場合には，当該規定自体を全面的に無効とすることなく，できるかぎり解釈によって規定内容を合憲の範囲にとどめる方法（合憲的制限解釈），またはこれが困難な場合には，具体的な場合における当該法規の適用を憲法に違反するものとして拒否する方法（適用違憲）によってことを処理するのが妥当な処置というべきであり，この場合，立法による修正がされないかぎり，当該規定の適用が排除される範囲は判例の累積にまつこととなるわけであり，ことに後者の方法を採った場合には，これに期待せざるをえない場合も少なくないと考えられるのである。」

反対意見 **色川幸太郎裁判官**「憲法 28 条の保障を受けないからといって，それだけの理由で，……〔政治ストが〕ただちに違法になるものではない。……労働組合には政治行動をなすについて労働組合なるが故の特別の保障がないだけであって，一般に組合に対し政治行動が禁止されていると解すべき何らの理由もない。」

（評釈） 中村睦男・憲法の判例 174，浜田冨士郎・公務員百選 81・86，中村睦男・基本判例 28，安念潤司・法教 214 号 52，井上典之・法セ 625 号 60，野坂泰司・法教 325 号 120，渡辺賢・法時 84 巻 2 号 9，大河内美紀・憲百Ⅱ 146，浜村彰・労働百選 5。

（コメント） **関連判例** 最高裁は本判決と同日の判決で，全農林長崎事件および国鉄久留米駅事件について，いずれも無罪となっていた原判決を破棄し，福岡高裁に差し戻した（刑集 27 巻 3 号 418 頁）。地方公務員についても，岩手県教組学力テスト事件判決（⇒*Ⅲ-7-25*）は，本判決を引用して，地公法 37 条 1 項，61 条 4 号の規定は限定解釈を施さなくとも合憲であるとした。

Ⅲ-7-25　岩手県教組学力テスト事件

最大判昭 51・5・21 刑集 30 巻 5 号 1178 頁，判時 814 号 73 頁
（地方公務員法違反，道路交通法違反被告事件）

事　実　岩手県教員組合の執行委員であったＹら 7 名は，各市町村立中学校第 2，3 学年生徒を対象として 1961（昭和 36）年度全国中学校一斉学力調査の実施に反対し，同組合傘下の組合員にこの実施を阻止する争議行為を行わせるため，① 10 月 26 日の学力調査のテスト責任者・補助員の任命を返上し，平常授業を行うなど，同調査の実施に関する職務の遂行を拒否し，その調査の実施を阻止すべき旨を記載した指令書・指示書を発し，その趣旨の実行方を慫慂し，②前記組合員である小・中学校の校長に対しても同指令の趣旨の実行方を慫慂するなどして地方公務員である教職員に対し争議行為の遂行をあおった。また，③Ｙは当日Ｏ中学校に赴くテスト立会人らの来校を阻止するために，組合員約 50 名と共謀のうえ，人垣を作って道路上に立ち塞がり交通の妨害となるような方法で立ちどまっていた。以上の事実からＹらは地公法 61 条 4 号，37 条 1 項，道路交通法 120 条 1 項 9 号，76 条 4 項 2 号，刑法 60 条に該当するとして起訴された。第 1 審（盛岡地判昭 41・7・22 判時 462 号 4 頁）はＹら全員を有罪としたが，第 2 審（仙台高判昭 44・2・19 判時 548 号 39 頁）は，第 1 審判決を破棄し，全員に無罪を言い渡したので，検察官から上告がなされた。

判　旨　**破棄自判**　**①地公法 37 条 1 項，61 条 4 号の合憲性**　「当裁判所は，さきに，最大判昭 48・4・25 刑集 27 巻 4 号 547 頁において，国家公務員法（昭和 40 年改正前のもの。以下「国公法」という。）98 条 5 項，110 条 1 項 17 号の合憲性について判断をし，その際，非現業国家公務員の労働基本権，特に争議権の制限に関する憲法解釈についての基本的見解を示したが，右の見解は，今日においても変更の要を認めない。そして，右の見解における法理は，非現業地方公務員の労働基本権，特に争議権の制限についても妥当するものであり，これによるときは，地公法 37 条 1 項，61 条 4 号の各規定は，あえて原判決のいうような限定解釈を施さなくてもその合憲性を肯定することができるものと考える。」 **②地公法 37 条 1 項の争議行為等禁止の合憲性**　「地方公務員も憲法 28 条の勤労者として同条による労働基本権の保障を受けるが，地方公共団体の住民全体の奉仕者として，実質的にはこれに対して労務提供義務を負うという特殊な地位を有し，かつ，その労務

の内容は，公務の遂行すなわち直接公共の利益のための活動の一環をなすという公共的性質を有するものであ……る。それ故，地方公務員の労働基本権は，地方公務員を含む地方住民全体ないしは国民全体の共同利益のために，これと調和するように制限されることも，やむをえないところといわなければならない。」「地公法上，地方公務員にもまた国家公務員の場合とほぼ同様な勤務条件に関する利益を保障する定めがされて〔おり〕，……制度上，地方公務員の労働基本権の制約に見合う代償措置としての一般的要件を満たしているものと認めることができるのである……から，地公法 37 条 1 項前段において地方公務員の争議行為等を禁止し，かつ，同項後段が何人を問わずそれらの行為の遂行を共謀し，そそのかし，あおる等の行為をすることを禁止したとしても，地方住民全体ないしは国民全体の共同利益のためのやむをえない措置として，それ自体としては憲法 28 条に違反するものではないといわなければならない。」 **3地公法 61 条 4 号の罰則の合憲性** 「地公法 61 条 4 号の規定の解釈につき，争議行為に違法性の強いものと弱いものとを区別して，前者のみが同条同号にいう争議行為にあたるものとし，更にまた，右争議行為の遂行を共謀し，そそのかし，又はあおる等の行為についても，いわゆる争議行為に通常随伴する行為は単なる争議参加行為と同じく可罰性を有しないものとして右規定の適用外に置かれるべきであると解しなければならない理由はなく，このような解釈を是認することはできないのである。いわゆる都教組事件についての当裁判所の判決（最大判昭 44・4・2 刑集 23 巻 5 号 305 頁）は，上記判示と抵触する限度において，変更すべきものである。そうすると，原判決の上記見解は，憲法 18 条，28 条及び地公法 61 条 4 号の解釈を誤ったものといわなければならない。」 **4道交法違反について** 「Ｙらの前記行為は，それが行われた時機，場所，態様等諸般の状況に照らし，……憲法 28 条の争議権の正当な行使として違法性が阻却される理由はない。……また，右所為を団体行動権の行使の観点からでなく，憲法 21 条の意見の表明の観点からみても……〔そこで行われた〕手段，態様に照らすときは，同条の保障する意見表明活動として正当化される限度を超えているといわざるをえないのである。」

補足意見　岸盛一・天野武一裁判官（略）　団藤重光裁判官（略）

意　見　坂本吉勝裁判官（略）

反対意見　団藤重光裁判官（要旨）　本件学力調査については合法性を肯定するのが相当であるとはいえ，表現の自由の中には戸外における平和的な説得行為が含まれることは，いうまでもなく，したがって，その行為が「道路において，交通の妨害となるような方法で立ちどまってい」たことになり，形式的には道交法違反の構成要件に該当することになったとしても，それだけで当然に違法性を認められるものではなく，むしろ原則的には，憲法21条によって保障される表現の自由の行使として刑法35条によって違法性が阻却されるものといわなければならない。

(評釈) 中村睦男・重判〈昭和51年度〉26，金子征史・教育百選10，國分典子・憲百Ⅱ 148。

Ⅲ-7-26 全逓名古屋中郵事件

最大判昭52・5・4刑集31巻3号182頁，判時848号21頁
（郵便法違反幇助，建造物侵入，公務執行妨害被告事件）

事　実 1958（昭和33）年3月20日，全逓中央闘争本部の指令に基づいて，名古屋中央郵便局支部は，名古屋市鶴舞公園内愛知労働会館において勤務時間内に喰い込み2時間の職場大会による闘争を行った。その際，①Yら4名は，他の4名と共謀のうえ，同郵便局集配課M氏ら9名に対し，職場大会に参加させることを決意させて教唆し，②Yら2名は，他の20名と共謀のうえ，同郵便局作業課棟小包郵便課作業室において，不在中における勤務状態を上司に報告中のT氏に暴行を加えて職務の執行を妨害し，また，③Yらは同郵便局地下第一食堂に故なく侵入し，その後約40名のピケ員を指揮し，同郵便局普通郵便課などの施設内に故なく侵入した。これらの事実からYらが郵便法79条1項の教唆，刑法の公務執行妨害および建築物侵入の罪に該当するとして起訴された。第1審（名古屋地判昭39・2・20刑集31巻3号517頁）はこれらの成立を認めたが，第2審（名古屋高判昭44・10・29刑集31巻3号528頁）は最高裁の東京中郵事件判決（⇒*Ⅲ-7-21*）にしたがって，Yらの行為は正当な争議行為であるから，郵便法79条1項の罪の幇助および建造物侵入の罪とはならないとし，公務執行妨害の点については，第1審判決中の有罪部分を破棄してYらを全員無罪とした。そこで検察官から上告がなされた。

判　旨 **一部棄却，一部破棄自判**

1公労法17条1項の合憲性 「全農林事件判決が，非現業公務員につき，これを憲法28条の勤労者にあたるとしつつも，その憲法上の地位の特殊性から労働基本権の保障が重大な制約を受けている旨を説示していることに，留意しなければならないであろう。すなわち，……非現業の国家公務員の場合，その勤務条件は，憲法上，国民全体の意思を代表する国会において法律，予算の形で決定すべきものとされており，労使間の自由な団体交渉に基づく合意によって決定すべきものとはされていないので，私企業の労働者の場合のような労使による勤務条件の共同決定を内容とする団体交渉権の保障はなく，右の共

同決定のための団体交渉過程の一環として予定されている争議権もまた，憲法上，当然に保障されているものとはいえないのである。」「右の理は，公労法の適用を受ける五現業及び三公社の職員についても，直ちに又は基本的に妥当するものということができる。それは，五現業の職員は，現業の職務に従事している国家公務員なのであるから，勤務条件の決定に関するその憲法上の地位は……非現業の国家公務員のそれと異なるところはなく，また，三公社の職員も，国の全額出資によって設立，運営される公法人のために勤務する者であり，勤務条件の決定に関するその憲法上の地位の点では右の非現業の国家公務員のそれと基本的に同一であるからである」。また，全農林事件判決は，非現業の国家公務員の社会的，経済的関係における地位の特殊性について私企業の場合と対比し，使用者側がロックアウトをなしえないこと，さらには市場の機能する余地がない旨をのべているが，「右判示の主旨は，五現業及び三公社の職員についても，基本的にはあてはまるものといわなければならない」。したがって，「このような事情を考慮するならば……これらの職員の争議行為を全面的に禁止したからといって，これを不当な措置であるということはできない」。また，全農林判決は，非現業の国家公務員に関し，「『公務員についても憲法によってその労働基本権が保障されている以上……その労働基本権を制限するにあたっては，これに代わる相応の措置が講じられなければならない。』と判示している。右の判示が，五現業及び三公社に関しても妥当することは，いうまでもない。」「以上の理由により，公労法17条1項による争議行為の禁止は，憲法28条に違反するものではない。」 **2公労法17条1項違反の争議行為と刑事法上の違法性**　公労法17条1項違反の争議行為の「刑事法上の効果についてみると，……民事法上の効果と区別して，刑事法上に限り公労法17条1項違反の争議行為を正当なものと評価して当然に労組法1条2項の適用を認めるべき特段の憲法上の根拠は，見出しがたい。かりに，争議行為が憲法28条によって保障される権利の行使又は正当な行為であることの故に，これに対し刑罰を科することが許されず，労組法1条2項による違法性阻却を認めるほかないものとすれば，これに対し民事責任を問うことも原則として許されないはずであって，そのような争議行為の理解は，公労法17条1項が憲法28条に違反しないとしたところにそぐわないものというべきである。」さらに，公労法3条1項が労組法1条2項の適用を除外していないのは争議行為以外の行動についての刑事免責を認める必要があるからであってそれ以上の意味はない。沿革的にみても，官公労働者に対し当初設けられていた「刑事制裁の規定が欠けているが，その故をもって，その争議行為についても原則として刑事法上の違法性阻却を認めるのが同法の趣旨であると解することは，合理的でない。」「本件で問題とされる郵便法79条1項……の罰則に該当する争議行為に対しても刑事法上の違法性阻却を認める趣旨であると解することは，合理性を欠き，他に特段の事情のない限り，許されないのである。」「以上の理由により，公労法17条1項違反の争議行為についても労組法1条2項の適用があり，原則としてその刑事法上の違法性が阻却されるとした点において，東京中郵事件判決は，変更を免れないこととなるのである」。

補足意見　高辻正己裁判官（略）

意　見　下田武三裁判官（略）

反対意見　団藤重光裁判官（略）　環昌一裁判官（略）

（評釈）　森英樹・重判〈昭和52年度〉12，吉川経夫・重判〈昭和52年度〉151，松田保彦・公務員百選82，野田進・公務員百選88，花見忠・労働百選〈第5版〉2，安念潤司・法教214号52，田中利幸・刑法百選〈第5版〉Ⅰ 16，渡辺賢・法時84巻2号9，中島徹・論ジュリ1号25，渡邊賢・憲百Ⅱ 147。

（コメント）　**公労法のその後の推移**　本件で問題となった公労法＝公共企業体労働関係法（昭和23年法257号＝昭和24年6月1日施行）は，昭和27年法288号によって一部改正されて題名が「公共企業体等労働関係法」となった後，「公共企業体」が存在しなくなったのに伴い，昭和61年法93号による改正で「国営企業労働関係法」と改称され，さらに独立行政法人通則法の施行に伴う関係法律の整備に関する法律（平成11年法104号）による改正で「国営企業及び特定独立行政法人の労働関係に関する法律」となり，また平成14年法98号による改正で，「特定独立行政法人等の労働関係に関する法律」に，この後さらに平成24年法42号により「特定独立行政法人の労働関係に関する法律」に，また平成26年法67号により「行政執行法人の労働関係に関する法律」（平成27年4月1日施行）に名称が変わっている。

8　選挙権・国務請求権

(1)　選 挙 権

Ⅲ-8-1　公民権停止事件

最大判昭30・2・9刑集9巻2号217頁，判時45号20頁
（公職選挙法違反被告事件）

事　実　1952（昭和27）年10月1日施行の衆議院議員総選挙候補者の運動員であったYらは，公選法221条1項1号，同4号の規定する買収の

罪で，第1審（長野地判昭28・6・1刑集9巻2号232頁）において懲役または罰金の刑を受けると同時に，同法252条1項，同3項〔現行法では同条4項〕により選挙権および被選挙権を各3年間停止された。Yらは控訴したが第2審（東京高判昭28・11・28刑集9巻2号236頁）でも棄却されたので，罰金刑に処せられた者の権利までも停止することは，一般犯罪による受刑者の場合罰金刑に処せられた者には停止がないのに比較して，選挙犯罪による受刑者を差別することになり不合理な差別であって，この選挙権および被選挙権の停止条項は憲法14条・44条の趣旨に反するとして上告した。

判　旨　**棄却**　**選挙の公正の保持**「同法252条所定の選挙犯罪は，いずれも選挙の公正を害する犯罪であって，かかる犯罪の処刑者は，すなわち現に選挙の公正を害したものとして，選挙に関与せしめるに不適当なものとみとめるべきであるから，これを一定の期間，公職の選挙に関与することから排除するのは相当であって，他の一般犯罪の処刑者が選挙権被選挙権を停止されるとは，おのずから別個の事由にもとづくものである。されば選挙犯罪の処刑者について，一般犯罪の処刑者に比し，特に，厳に選挙権被選挙権停止の処遇を規定しても，これをもって所論のように条理に反する差別待遇というべきではないのである。」「国民主権を宣言する憲法の下において，公職の選挙権が国民の最も重要な基本的権利の一つであることは所論のとおりであるが，それだけに選挙の公正はあくまでも厳粛に保持されなければならないのであって，一旦この公正を阻害し，選挙に関与せしめることが不適当とみられるものは，しばらく，被選挙権，選挙権の行使から遠ざけて選挙の公正を確保すると共に，本人の反省を促すことは相当であるからこれを以て不当に国民の参政権を奪うものというべきではない。」

意　見　**斎藤悠輔・入江俊郎裁判官**「被選挙権は，権利ではなく，権利能力であり，国民全体の奉仕者である公務員となり得べき資格である。そして，同法44条本文は，両議院の議員及びその選挙人の資格は，法律でこれを定めると規定し，両議員の選挙権，被選挙権については，わが憲法上他の諸外国と異り，すべて法律の規定するところに委ねている。されば，両権は，わが憲法上法律を以てしても侵されない普遍，永久且つ固有の人権であるとすることはできない。」　**井上登・真野毅・岩松三郎裁判官**「公職選挙法252条1項の規定はその明文上明らかなように同条項所定の公職選挙法違反の罪を犯した者が同条所定の刑に処せられたということを法律事実として，その者が同条項所定の期間公職選挙法に規定する選挙権及び被選挙権を有しないという法律効果の発生することを定めているに過ぎない。」

(評釈)　円藤真一・憲法の判例181，辻村みよ子・基本判例172，後藤光男・憲百Ⅱ151。

(コメント)　**関連判例**　成年被後見人は選挙権（および被選挙権）を有しないと規

定する公選法11条1項1号の違憲性を争った事件について⇒Ⅲ-8-6。また，2010（平成22）年7月11日実施の参議院選挙当時，傷害罪，威力業務妨害罪等で懲役刑に服していたために投票できなかった原告が，受刑者の選挙権（および被選挙権）を認めていない公職選挙法11条1項2号が違憲であることの確認と，次回の衆議院選挙において投票をすることができる地位にあることの確認とともに，選挙権を違法に否定されたことにより受けた精神的苦痛に対する国家賠償を請求した事案において，第1審（大阪地判平25・2・6判時2234号35頁）は上記確認請求について不適法却下とし，それ以外の請求について棄却したが，控訴審（大阪高判平25・9・27判時2234号29頁）は，結論的には第1審判決を維持しつつも，最大判平17・9・14民集59巻7号2087頁（Ⅲ-8-5）が選挙権制限の例外を選挙犯罪の場合に限定した趣旨に照らしても，受刑者であることそれ自体により一律に公民権を剥奪する合理的根拠はなく選挙権の一律制限はやむを得ない事由はなく違憲だとした。さらに同様に，2013（平成25）年7月21日実施の参議院比例代表選出選挙の無効を求めた事案において，無効原因の一つとして公職選挙法同項同号の違憲を主張したのに対して，東京高判平25・12・9判例集未登載は，上記選挙権制限は国会の裁量の逸脱・濫用ではないとして棄却し，上告審（最二決平26・7・9判時2241号20頁）も棄却（一部上告不受理）した。

Ⅲ-8-2 渡里村基本選挙人名簿訴訟

最大判昭29・10・20民集8巻10号1907頁，判時37号3頁
（基本選挙人名簿異議決定取消請求事件）

事　実　東茨城郡渡里村選挙管理委員会は，公選法20条（昭41年法77号改正前のもの）に基づき，1953（昭和28）年9月15日現在により管轄区域の選挙人につき基本選挙人名簿を調製し，所定の手続に従って縦覧に供した。Xらは，この名簿にXらの脱漏を発見したので，同委員会に異議の申立てをしたところ，同委員会は，Xらはいずれも渡里村所在の茨城大学星嶺寮に居住しているとはいうものの，学費その他の経費の大半を父母の仕送りにまち，両親から独立して生計を営むものではないから，Xらの住所はそれぞれ両親の住家の所在地にあって渡里村には存するものとは認められないとして，同年12月4日，Xらの異議申立てを棄却した。これに対しXらは，在寮学生の住所は寮所在地にあると主張し，同委員会の決定の取消しを求めたところ，第1審（水戸地判昭29・3・18行集5巻3号492号）がこの請求を認容したので，同委員会がこれを不服として上告した。

判　旨　**棄却**　**選挙権と学生の選挙法上の住所**　「およそ法令において人の住所につき法律上の効果を規定している場合，反対の解釈をなすべき特段の事由のない限り，その住所とは各人の生活の本拠を指すものと解するを相当とする。」「原判決が確定した事実によれば，X等は茨城

大学の学生であって，渡里村内にある同大学付属星嶺寮に起臥し，いずれも実家等からの距離が遠く通学が不可能ないし困難なため，多数の応募学生のうちから厳選のうえ入寮を許され，最も長期の者は4年間最も短期の者でも1年間在寮の予定の下に右寮に居住し本件名簿調製期日までに最も長期の者は約3年，最も短期の者でも5ケ月を経過しており，休暇に際してはその全期間またはその一部を郷里またはそれ以外の親戚の許に帰省するけれども，配偶者があるわけでもなく，又管理すべき財産を持っているわけでもないので，従って休暇以外は，しばしば実家に帰る必要もなく又その事実もなく，主食の配給も特別の場合を除いては渡里村で受けており，住民登録法による登録も，本件名簿調製期日にはX外5名を除いては同村においてなされていたものであり，右6名も原判決判示のような事情〔故意に登録手続をとらなかったわけではない〕で登録されていなかったに過ぎないものというのである。以上のような原判決の認定事実に基けば，X等の生活の本拠は，いずれも，本件名簿調製期日まで3カ月間は渡里村内星嶺寮にあったものと解すべく，一時的に同所に滞在または現在していた者ということはできない。」

（評釈）　池田政章・憲百Ⅱ〈第3版〉152，大村敦志・民法百選Ⅰ〈第4版〉7。

（コメント）　**関連判例**　最高裁は選挙法上の住所がないことを理由にその当選が争われた事件に対して，「選挙権の要件としての住所は，その人の生活にもっとも関係の深い一般的生活，全生活の中心をもってその者の住所と解す」と判示している（最三判昭35・3・22民集14巻4号551頁）。

Ⅲ-8-3　在宅投票制度廃止違憲訴訟控訴審

札幌高判昭53・5・24高民31巻2号231頁，判時888号26頁
（損害賠償請求事件）

事　実　1951（昭和26）年4月の統一地方選挙において，いわゆる在宅投票制度の悪用が続出したため，国会は1952（昭和27）年の改正立法により同制度を廃止し，その後も，同制度を復活するための立法も行わなかった。このため，歩行はもちろん車椅子に乗ることも困難なXは，1968年から1972年までの間に施行された合計8回の国会議員等の選挙に際して投票をすることができず，精神的損害を受けたとして，国賠法1条1項の規定に基づき，国と法務大臣に対して損害賠償を請求した。第1審（札幌地小樽支判昭49・12・9判時762号8頁）はXの請求を一部認容したので，国が控訴した。

判　旨　**原判決取消，棄却**　**1国会議員による立法行為・立法不作為への国賠法の適用**　「国会議員が憲法上一定の立法をなすべき義務があるに拘らず当該立法をしないときは，当該立法不作

為については，国会議員の『その職務を行うについて』に当たる。」「国会の立法行為又は立法不作為における公務員としての国会議員の『故意又は過失』も，各個の国会議員の個別的，主観的な意思を前提とする必要はなく，結論的には国会の意思即各国会議員の意思と前提して，これを判断すれば足りる」。「現行の国家賠償制度において，憲法 51 条の有する意味は，国会議員は，議院において演説，討論又は表決をなすにあたり故意又は重大な過失によって違法に他人に損害を加えたとしても，国から国賠法 1 条 2 項によって求償を受けることのないことが憲法上保障されているというだけである。……憲法 51 条の規定を根拠として，国会議員の立法行為又は立法不作為によって国が国賠法による賠償責任を負うことはないとする控訴人の前記主張は失当である」。 **2立法の不作為に対する合憲性判断の可否** 「国会の制定する投票の方法についての法律は，合理的と認められる已むを得ない事由のない限りは，すべての選挙人に対して投票の機会を確保するようなものでなければならず，若し投票の方法についての法律が，選挙権を有する国民の一部の者につき，合理的と認められる已むを得ない事由がないに拘らず投票の機会を確保し得ないようなものであるときは，国会は投票の方法についての法律を改正して当該選挙権を有する国民が投票の機会を確保されるようにすべき憲法上の立法義務を負うものといわなければならない。」「投票の方法をどのように決めるか，或る一定の投票方法を採用するかどうかは，原則としては，一般の場合と同様，国会の裁量に委ねている。しかしながら，……国会の立法ないし国会議員の国会に対する法律の発案権，議決権は，全くの無制約な自由裁量に委ねられたものと解することはできず，あくまで憲法を頂点とする現行法秩序の許容する範囲内においてのみ自由裁量たりうるものといわなければならない。……従って，国会が或る一定の立法をなすべきことが憲法上明文をもって規定されているか若しくはそれが憲法解釈上明白な場合には，国会は憲法によって義務付けられた立法をしなければならないものというべきであり，若し国会が憲法によって義務付けられた立法をしないときは，その不作為は違憲であり，違法であるといわなければならない。」「しかし，国会が憲法によって義務付けられた立法を唯単にしないというだけでは，裁判所は国会の当該立法不作為の合憲性判断をすべきではない。……問題は，国会が憲法によって義務付けられた立法をするのを故意に放置する場合であるが，国会が憲法によって義務付けられた立法をしないことにしたとき若しくは憲法によって義務付けられた立法を少くとも当分の間はしないことにし且つその後合理的と認められる相当の期間内に当該立法をしなかったときは，国会は憲法によって義務付けられた立法を故意に放置するに至ったものということができる。……例えば，衆，参両議院に対して一定の立法をなすべきことを求める請願がなされ……右請願にかかる立法をなすことが憲法によって義務付けられている場合に，各議院の然るべき委員会が右請願について審査をし……本会議に付するのを留保すると決定したとすれば，これにより当該議院がそれぞれ右請願にかかる立法を少くとも当分の間はしないことに決定したことになり，衆，参両議院がそれぞれ右のように決定したことになる以上，結局，国会が右のように決定したことになるといわざるを得ないから，その後合理的と認められる相当の期間内に国会が当該立法をしないときは，国会は憲法によって義務付けられた立法をすることを故意に放置するに至るものということができる。……この場合の立法不作為は，それによって立法府が既に特定の消極的な立法判断を表明しているものということができるから，裁判所が，国家賠償請求事件の審判に当たり，当該立法不作為につき，それが憲法に適合するか否かを判断したとしても，それは，立法府の特定の消極的な立法判断に対して爾後的な審査をしたという性格をもつものであって，裁判所が立法府に対して当該不作為にかかる立法をなすべきことを指示するものではないから，裁判所が憲法 81 条によって既に制定された法律の憲法適合性を判断することと本質的に径庭のあるものではない。」「叙上説示したとおりとすると，現に行われている投票の方法についての法律が選挙権を有する国民の一部の者につき投票の機会を確保し得ないようなものであるに拘らず，国会がこれを故意に放置し，当該選挙権を有する国民に投票の機会を確保するような立法をしないでいる場合は，裁判所が具体的事件において，右立法不作為の憲法適合性を判断しうる場合に当たるものといわなければならない。」 **3立法の不作為の違法性と故意・過失** 「国会が，原則的な投票方法として投票所投票自書主義を採る公職選挙法のもとにおいて，被控訴人のような『疾病等のため投票所に行くことができない在宅者』のために実際に投票の機会を与えるための在宅投票制度を設ける立法措置を講ずることを故意に放置していた昭和 44 年以降の本件立法不作為は，被控訴人のような『疾病のため投票所に行くことができない在宅者』に対する関係において，そのうちの国会議員選挙についてのものは憲法 13 条，14 条 1 項，15 条 1，3 項，44 条但し書，47 条に，そのうちの地方選挙についてのものは憲法 13 条，14 条 1 項，15 条 1，3 項，93 条 2 項にそれぞれ違反するものといわなければならない。従って……被控訴人に対してその選挙権を侵害したものとして違法なものであったといわざるを得ない。」

(評釈)　中村睦男・重判〈昭和 53 年度〉 9，長尾一紘・憲百Ⅱ〈初版〉157。

(コメント)　この控訴審判決は，国会議員が 1969（昭和 44）年以降 1972（昭和 47）年 12 月 10 日までの間の「どの時点をとってみても当該時点における全部若しくは殆んど大部分の国会議員」が，X のような選挙人に対する関係で，本件立法不作為によって違憲，違法にXの選挙権を侵害したことについて故意又は過失がなかったとして，結論としてはXの請求を棄却した。

Ⅲ-8-4　在宅投票制度廃止違憲訴訟上告審

最一判昭60・11・21民集39巻7号1512頁，判時1177号3頁
（損害賠償請求事件）

事　実　⇒*Ⅲ-8-3*

判　旨　**棄却**　**国会議員の立法行為と国家賠償**「国会議員は，立法に関しては，原則として，国民全体に対する関係で政治的責任を負うにとどまり，個別の国民の権利に対応した関係での法的義務を負うものではないというべきであって，国会議員の立法行為は，立法の内容が憲法の一義的な文言に違反しているにもかかわらず国会があえて当該立法を行うというごとき，容易に想定し難いような例外的な場合でない限り，国家賠償法1条1項の規定の適用上，違法の評価を受けないものといわなければならない。」「Xは，在宅投票制度の設置は憲法の命ずるところであるとの前提に立って，本件立法行為の違法を主張するのであるが，憲法には在宅投票制度の設置を積極的に命ずる明文の規定が存しないばかりでなく，かえって，その47条は『選挙区，投票の方法その他両議院の議員の選挙に関する事項は，法律でこれを定める。』と規定しているのであって，これが投票の方法その他選挙に関する事項の具体的決定を原則として立法府である国会の裁量的権限に任せる趣旨であることは，当裁判所の判例とするところである（最大判昭39・2・5民集18巻2号270頁，最大判昭51・4・14民集30巻3号223頁参照）。」「そうすると，在宅投票制度を廃止しその後前記8回の選挙までにこれを復活しなかった本件立法行為につき，これが前示の例外的場合に当たると解すべき余地はなく，結局，本件立法行為は国家賠償法1条1項の適用上違法の評価を受けるものではないといわざるを得ない。」

（評釈）野中俊彦・法時58巻2号88，釜田泰介・法教66号82，中村睦男・ジュリ855号84，泉徳治・ジュリ855号90，中村睦男・法セ375号40，泉徳治・曹時38巻4号201，藤井俊夫・重判〈昭和60年度〉17，棟居快行・判評330号40，長尾一紘・民商95巻2号96，戸波江二・セレクト〈'86〉7，土井真一・法教388号91，長谷部恭男・行政百選Ⅱ〈第6版〉233，大石和彦・憲百Ⅱ197。

（コメント）この判決を引用する判決として，西陣ネクタイ訴訟判決（⇒*Ⅲ-5-11*）参照。なお，法人の政治的権利については⇒*Ⅲ-1-3*，労働組合の統制権と政治活動の自由については⇒*Ⅲ-7-17*，外国人の選挙権については⇒*Ⅲ-3-2*・

3。

Ⅲ-8-5　在外日本人選挙権制限規定違憲判決

最大判平 17・9・14 民集 59 巻 7 号 2087 頁，判時 1908 号 36 頁
（在外日本人選挙権剥奪違法確認等請求事件）

事　実　平成 10 年法 47 号による公職選挙法改正（本件改正）によって，在外国民（国外に居住していて国内の市町村の区域内に住所を有していない日本国民）に国政選挙における選挙権の行使を認める制度（在外選挙制度）が創設され，同法 42 条 1 項本文は「選挙人名簿又は在外選挙人名簿に登録されていない者は，投票をすることができない」と改められたが，その対象となる選挙について，当分の間は，衆議院比例代表選出議員の選挙と参議院比例代表選出議員の選挙に限ることとされた。在外国民である X_1らは，被上告人Ｙ（国）に対し，在外国民であることを理由として選挙権の行使の機会を保障しないことは，憲法 14 条 1 項，15 条 1 項・3 項，43 条，44 条および市民的及び政治的権利に関する国際規約 25 条に違反すると主張して提訴し，主位的には，本件改正前および改正後の公職選挙法が違法（上記の憲法の規定及び条約違反）であることの確認を求めるとともに，予備的に，X_1らが衆議院小選挙区選出議員の選挙及び参議院選挙区選出議員の選挙において選挙権を行使する権利を有することの確認を請求した。また，X_1らと，1996（平成 8）年 10 月 20 日当時は在外国民であったがその後帰国した X_2らは，Ｙに対し，立法府である国会が在外国民が国政選挙において選挙権を行使することができるように公職選挙法を改正することを怠ったために，同日実施の衆議院議員総選挙（本件選挙）において投票をすることができず損害を被ったと主張して，1 人当たり 5 万円の損害賠償及びこれに対する遅延損害金の支払を請求した（国家賠償法 1 条）。第 1 審（東京地判平 11・10・28 判時 1705 号 50 頁）および原審（東京高判平 12・11・8 判タ 1088 号 133 頁）は，本件の各確認請求に係る訴えを裁判所法 3 条にいう「法律上の争訟」に当たらず不適法として却下し，また，国家賠償請求を棄却した。そこでＸらは，在外国民の国政選挙における選挙権の行使を制限する公職選挙法の規定は，憲法 14 条，15 条 1 項・3 項，22 条 2 項，43 条，44 条等に違反すると主張して上告した。

判　旨　**破棄自判**　**1 選挙権制限の合憲性判断基準**　「国民の代表者である議員を選挙によって選定する国民の権利は，国民の国政への参加の機会を保障する基本的権利として，議会制民主主義の根幹を成すものであり，民主国家においては，一定の年齢に達した国民のすべてに平等に与えられるべきものである。」「憲法〔前文，1 条，43 条 1 項，15 条 1 項・3 項，44 条ただし書〕は，国民主権の原理に基づき，両議院の議員の選挙において投票をすることによって国の政治に参加することができる権利を国民に対して固有の権利として保障しており，その趣旨を確たるものとするため，

国民に対して投票をする機会を平等に保障しているものと解するのが相当である。」「憲法の以上の趣旨にかんがみれば，自ら選挙の公正を害する行為をした者等の選挙権について一定の制限をすることは別として，国民の選挙権又はその行使を制限することは原則として許されず，国民の選挙権又はその行使を制限するためには，そのような制限をすることがやむを得ないと認められる事由がなければならないというべきであ〔り〕，そのような制限をすることなしには選挙の公正を確保しつつ選挙権の行使を認めることが事実上不能ないし著しく困難であると認められる場合でない限り，上記のやむを得ない事由があるとはいえず，このような事由なしに国民の選挙権の行使を制限することは，憲法15条1項及び3項，43条1項並びに44条ただし書に違反するといわざるを得ない。また，このことは，国が国民の選挙権の行使を可能にするための所要の措置を執らないという不作為によって国民が選挙権を行使することができない場合についても，同様である。」「在外国民は，選挙人名簿の登録について国内に居住する国民と同様の被登録資格を有しないために，そのままでは選挙権を行使することができないが，憲法によって選挙権を保障されていることに変わりはなく，国には，選挙の公正の確保に留意しつつ，その行使を現実的に可能にするために所要の措置を執るべき責務があるのであって，選挙の公正を確保しつつそのような措置を執ることが事実上不能ないし著しく困難であると認められる場合に限り，当該措置を執らないことについて上記のやむを得ない事由があるというべきである。」 **②本件改正前および改正後の公職選挙法の憲法適合性** 「本件改正前の公職選挙法の下においては，在外国民は，選挙人名簿に登録されず，その結果，投票をすることができないものとされていた。これは，在外国民が実際に投票をすることを可能にするためには，我が国の在外公館の人的，物的態勢を整えるなどの所要の措置を執る必要があったが，その実現には克服しなければならない障害が少なくなかったためであると考えられる。」「内閣は，昭和59〔1984〕年4月27日，『我が国の国際関係の緊密化に伴い，国外に居住する国民が増加しつつあることにかんがみ，これらの者について選挙権行使の機会を保障する必要がある』として，衆議院議員の選挙及び参議院議員の選挙全般についての在外選挙制度の創設を内容とする『公職選挙法の一部を改正する法律案』を第101回国会に提出したが，同法律案は，その後第105回国会まで継続審査とされていたものの実質的な審議は行われず，同61年6月2日に衆議院が解散されたことにより廃案となったこと，その後，本件選挙が実施された平成8年10月20日までに，在外国民の選挙権の行使を可能にするための法律改正はされなかった……。世界各地に散在する多数の在外国民に選挙権の行使を認めるに当たり，公正な選挙の実施や候補者に関する情報の適正な伝達等に関して解決されるべき問題があったとしても，既に昭和59年の時点で，選挙の執行について責任を負う内閣がその解決が可能であることを前提に上記の法律案を国会に提出していることを考慮すると，同法律案が廃案となった後，国会が，10年以上の長きにわたって在外選挙制度を何ら創設しないまま放置し，本件選挙において在外国民が投票をすることを認めなかったことについては，やむを得ない事由があったとは到底いうことができない。そうすると，本件改正前の公職選挙法が，本件選挙当時，在外国民であったX_1らの投票を全く認めていなかったことは，憲法15条1項及び3項，43条1項並びに44条ただし書に違反するものであったというべきである。」「本件改正は，在外国民に国政選挙で投票をすることを認める在外選挙制度を設けたものの，当分の間，衆議院比例代表選出議員の選挙及び参議院比例代表選出議員の選挙についてだけ投票をすることを認め，衆議院小選挙区選出議員の選挙及び参議院選挙区選出議員の選挙については投票をすることを認めないというものである。この点に関しては，投票日前に選挙公報を在外国民に届けるのは実際上困難であり，在外国民に候補者個人に関する情報を適正に伝達するのが困難であるという状況の下で，候補者の氏名を自書させて投票をさせる必要のある衆議院小選挙区選出議員の選挙又は参議院選挙区選出議員の選挙について在外国民に投票をすることを認めることには検討を要する問題があるという見解もないではなかったことなどを考慮すると，初めて在外選挙制度を設けるに当たり，まず問題の比較的少ない比例代表選出議員の選挙についてだけ在外国民の投票を認めることとしたことが，全く理由のないものであったとまでいうことはできない。しかしながら，本件改正後に在外選挙が繰り返し実施されてきていること，通信手段が地球規模で目覚ましい発達を遂げていることなどによれば，在外国民に候補者個人に関する情報を適正に伝達することが著しく困難であるとはいえなくなったものというべきである。また，参議院比例代表選出議員の選挙制度を非拘束名簿式に改めることなどを内容とする公職選挙法の一部を改正する法律（平成12年法律第118号）が平成12年11月1日に公布され，同月21日に施行されているが，この改正後は，参議院比例代表選出議員の選挙の投票については，公職選挙法86条の3第1項の参議院名簿登載者の氏名を自書することが原則とされ，既に平成13年及び同16年に，在外国民についてもこの制度に基づく選挙権の行使がされていることなども併せて考えると，遅くとも，本判決言渡し後に初めて行われる衆議院議員の総選挙又は参議院議員の通常選挙の時点においては，衆議院小選挙区選出議員の選挙及び参議院選挙区選出議員の選挙について在外国民に投票をすることを認めないことについて，やむを得ない事由があるということはできず，公職選挙法附則8項の規定のうち，在外選挙制度の対象となる選挙を当分の間両議院の比例代表選出議員の選挙に限定する部分は，憲法15条1項及び3項，43条1項並びに44条ただし書に違反するものといわざるを得ない。」 **3本件確認の訴え** 「本件改正前の公職選挙法が……違法であることの確認を求める訴えは，過去の法律関係の確認を求めるものであり，この確認を求めることが現に存する法律上の紛争の直接かつ抜本的な解決のために適切かつ必要な場合であるとはいえないから，確認の利益が認められず，不適法であ〔り〕，……本件改正後の公職選挙法が……違法であることの確認を求める訴えについては，他により適切な訴えによってその目的を達成することができる場合には，確認の利益を欠き不適法であるというべきところ，本件においては，……予備的確認請求に係る訴えの方がより適切な訴えであるということができるから，上記の主位的確認請求に係る訴えは不適法であるといわざるを得ない。」「本件の予備的確認請求に係る訴えは，公法上の当事者訴訟のうち公法上の法律関係に関する確認の訴えと解することができるところ，その内容をみると，公職選挙法附則8項につき所要の改正がされないと，在外国民であるX_1らが，今後直近に実施されることになる衆議院議員の総選挙における小選挙区選出議員の選挙及び参議院議員の通常選挙における選挙区選出議員の選挙において投票をすることができず，選挙権を行使する権利を侵害されることになるので，そのような事態になることを防止するために，X_1らが，同項が違憲無効であるとして，当該各選挙につき選挙権を行使する権利を有することの確認をあらかじめ求める訴えであると解することができる。」「選挙権は，これを行使することができなければ意味がないものといわざるを得ず，侵害を受けた後に争うことによっては権利行使の実質を回復することができない性質のものであるから，その権利の重要性にかんがみると，具体的な選挙につき選挙権を行使する権利の有無につき争いがある場合にこれを有することの確認を求める訴えについては，それが有効適切な手段であると認められる限り，確認の利益を肯定すべきものである。そして，本件の予備的確認請求に係る訴えは，公法上の法律関係に関する確認の訴えとして，上記の内容に照らし，確認の利益を肯定することができるものに当たるというべきである。なお，この訴えが法律上の争訟に当たることは論をまたない。」「そうすると，本件の予備的確認請求に係る訴えについては，引き続き在外国民であるX_1らが，次回の衆議院議員の総選挙における小選挙区選出議員の選挙及び参議院議員の通常選挙における選挙区選出議員の選挙において，在外選挙人名簿に登録されていることに基づいて投票をすることができる地位にあることの確認を請求する趣旨のものとして適法な訴えということができる。」「公職選挙法附則8項の規定のうち，在外選挙制度の対象となる選挙を当分の間両議院の比例代表選出議員の選挙に限定する部分は，憲法 15 条 1 項及び 3 項，43 条 1 項並びに 44 条ただし書に違反するもので無効であって，X_1らは，次回の衆議院議員の総選挙における小選挙区選出議員の選挙及び参議院議員の通常選挙における選挙区選出議員の選挙において，在外選挙人名簿に登録されていることに基づいて投票をすることができる地位にあるというべきであるから，本件の予備的確認請求は理由があり，更に弁論をするまでもなく，これを認容すべきものである。」 **4国家賠償請求について** 「国家賠償法 1 条 1 項は，国又は公共団体の公権力の行使に当たる公務員が個別の国民に対して負担する職務上の法的義務に違背して当該国民に損害を加えたときに，国又は公共団体がこれを賠償する責任を負うことを規定するものである。したがって，国会議員の立法行為又は立法不作為が同項の適用上違法となるかどうかは，国会議員の立法過程における行動が個別の国民に対して負う職務上の法的義務に違背したかどうかの問題であって，当該立法の内容又は立法不作為の違憲性の問題とは区別されるべきであり，仮に当該立法の内容又は立法不作為が憲法の規定に違反するものであるとしても，そのゆえに国会議員の立法行為又は立法不作為が直ちに違法の評価を受けるものではない。しかしながら，立法の内容又は立法不作為が国民に憲法上保障されている権利を違法に侵害するものであることが明白な場合や，国民に憲法上保障されている権利行使の機会を確保するために所要の立法措置を執ることが必要不可欠であり，それが明白であるにもかかわらず，国会が正当な理由なく長期にわたってこれを怠る場合などには，例外的に，国会議員の立法行為又は立法不作為は，国家賠償法 1 条 1 項の規定の適用上，違法の評価を受けるものというべきである。最一判昭 60・11・21 民集 39 巻 7 号 1512 頁は，以上と異なる趣旨をいうものではない。」「在外国民であった X 1 らも国政選挙において投票をする機会を与えられることを憲法上保障されていたのであり，この権利行使の機会を確保するためには，在外選挙制度を設けるなどの立法措置を執ることが必要不可欠であったにもかかわらず，……昭和 59 年に在外国民の投票を可能にするための法律案が閣議決定されて国会に提出されたものの，同法律案が廃案となった後本件選挙の実施に至るまで 10 年以上の長きにわたって何らの立法措置も執られなかったのであるから，このような著しい不作為は上記の例外的な場合に当たり，このような場合においては，過失の存在を否定することはできない。このような立法不作為の結果，X らは本件選挙において投票をすることができず，これによる精神的苦痛を被ったものというべきである。したがって，本件においては，上記の違法な立法不作為を理由とする国家賠償請求はこれを認容すべきである。」「X らの被った精神的損害の程度について検討すると，本件訴訟において在外国民の選挙権の行使を制限することが違憲であると判断され，それによって，本件選挙において投票をすることができなかったことによってXらが被った精神的損害は相当程度回復されるものと考えられることなどの事情を総合勘案すると，損害賠償として各人に対し慰謝料5000円の支払を命ずるのが相当である。そうであるとすれば，本件を原審に差し戻して改めて個々の上告人の損害額について審理させる必要はなく，当審において上記金額の賠償を命ずることができるものというべきである。そこで，Xらの本件請求中，損害賠償を求める部分は，Xらに対し各5000円及びこれに対する平成8年10月21日から支払済みまで民法所定の年5分の割合による遅延損害金の支払を求める限度で認容し，その余は棄却することとする。」

補足意見　**福田博裁判官**（略）

反対意見　**横尾和子・上田豊三裁判官**　「選挙人の自由な意思が公明かつ適正に選挙に反映され，混乱のない公正，公平な選挙が実現されるよう〔な〕……選挙制度の仕組みとの関連において，また，様々な社会的，技術的な制約が伴う中にあって，……在外国民に対し，どのような投票制度を用意すれば選挙の公正さ，公平さを確保し，混乱のない選挙を実現することができるのかということも，国会において判断し，選択し，決定すべき事柄であり，国会の裁量判断にゆだねられた事項である。」「公職選挙法附則8項の規定のうち在外選挙制度の対象となる選挙を当分の間両議院の比例代表選出議員の選挙に限定している部分も違憲とはいえない……ので，本件の予備的確認請求は理由がなく，これを棄却すべきものと考える。」「また，在外選挙制度を設けなかったことなどの立法上の不作為が違憲であることを理由とする国家賠償請求については，そのような不作為は違憲ではないと解する……。」　**泉徳治裁判官**　「私は，Xらの上記精神的苦痛は国家賠償法による金銭賠償になじまないので，本件選挙当時の公職選挙法の合憲・違憲について判断するまでもなく，Xらの国家賠償請求は理由がないものとして棄却すべきであると考える。」「本件国家賠償請求は，金銭賠償を得ることを本来の目的とするものではなく，公職選挙法が在外国民の選挙権の行使を妨げていることの違憲性を，判決理由の中で認定することを求めることにより，間接的に立法措置を促し，行使を妨げられている選挙権の回復を目指しているものである。Xらは，国家賠償請求訴訟以外の方法では訴えの適法性を否定されるおそれがあるとの思惑から，選挙権回復の方法としては迂遠な国家賠償請求を，あえて付加したものと考えられる。」「一般論としては，憲法で保障された基本的権利の行使が立法作用によって妨げられている場合に，国家賠償請求訴訟によって，間接的に立法作用の適憲的な是正を図るという途も，より適切な権利回復のための方法が他にない場合に備えて残しておくべきであると考える。また，当該権利の性質及び当該権利侵害の態様により，特定の範囲の国民に特別の損害が生じているというような場合には，国家賠償請求訴訟が権利回復の方法としてより適切であるといえよう〔が〕，……選挙権が基本的人権の一つである参政権の行使という意味において個人的権利であることは疑いないものの，両議院の議員という国家の機関を選定する公務に集団的に参加するという公務的性格も有しており，純粋な個人的権利とは異なった側面を持っている。しかも，立法の不備により本件選挙で投票をすることができなかったXらの精神的苦痛は，数十万人に及ぶ在外国民に共通のものであり，個別性の薄いものである。したがって，Xらの精神的苦痛は，金銭で評価することが困難であり，……そもそも金銭賠償になじまず，国家賠償法が賠償の対象として想定するところではないといわざるを得ない。金銭賠償による救済は，国民に違和感を与え，その支持を得ることができないであろう。」「当裁判所は，投票価値の不平等是正については，つとに，公職選挙法204条の選挙の効力に関する訴訟で救済するという途を開き，本件で求められている在外国民に対する選挙権行使の保障についても，今回，Xらの提起した予備的確認請求訴訟で取り上げることになった。このような裁判による救済の途が開かれている限り，あえて金銭賠償を認容する必要もない。」「選挙権の行使に関しての立法の不備による差別的取扱いの是正について，裁判所は積極的に取り組むべきであるが，その是正について金銭賠償をもって臨むとすれば，賠償対象の広範さ故に納税者の負担が過大となるおそれが生じ，そのことが裁判所の自由な判断に影響を与えるおそれもないとはいえない。裁判所としては，このような財政問題に関する懸念から解放されて，選挙権行使の不平等是正に対し果敢に取り組む方が賢明であると考える。」

(評釈)　［特集］ジュリ1303号，米沢広一・重判〈平成17年度〉7，木村琢麿・重判〈平成17年度〉50，只野雅人・セレクト〈'05〉6，近藤敦・法セ613号118，内野正幸・法時78巻2号78，浜川清・法時78巻2号84，下山憲治・法セ614号121，杉原則彦・曹時58巻2号279，古田啓昌・法セ615号30，山本隆司・法教308号25，赤坂正浩・判評572号171，野坂泰司・法教315号77，井上典之・法セ631号77，宍戸常寿・法時81巻1号76，毛利透・論ジュリ1号81，山田洋・論ジュリ3号109，土井真一・法教388号91，野坂泰司・憲百Ⅱ152，喜田村洋一・論ジュリ17号86，越智敏裕・行政百選Ⅱ208，朝田とも子・行政百選Ⅱ226。

(コメント)　**本判決後の立法の対応等**　平成18年6月14日法律62号で公選法が改正され，本判決で違憲とされた附則8項が削除されて在外日本人の選挙権行使の制限は解除された。なお精神的原因による投票困難者の選挙権行使の機会を確保するための立法措置を執らなかったことが国家賠償法1条1項の適用上違法でないとした最一判平18・7・13判時1946号41頁がある。**在外日本国民の最高裁判所裁判官国民審査**　最高裁判所裁判官国民審査法8条等の規定が，在外選挙人名簿に登録されている在外国民に審査の投票を認めていない点で憲法15条等に違反する等と主張して，国外在住の原告らが，次回の国民審査において在外選挙人名簿に登録されていることに基づいて投票することができる地位にあることの確認及び国家賠償法に基づき慰謝料等の支払いを求めた事案において，東京地判平23・4・26判時2136号13頁は，2009（平成21）年8月30日に行われた国民審査の投票日までに国会が在外国民に最高裁判所の裁判官の審査権の行使を認める制度の創設に係る立法措置を執らなかったことにより在外国民が審査権を行使することができない事態を生じさせていたことについて，憲法上要請される合理的期間内に是正がされなかったものとまでは断定することができず，違憲とまではいえないとした（確定）。

Ⅲ-8-6　成年被後見人選挙権確認訴訟

東京地判平25・3・14判時2178号3頁，判タ1388号62頁
（選挙権確認請求事件）

事　実　成人の日本国民であるX（原告）は，後見開始の審判（民法7条）を受けて成年被後見人となったところ，公職選挙法11条1項1号が成年被後見人は選挙権（および被選挙権）を有しないと規定していることから，選挙権を付与しないこととされたため，同号の規定は，憲法15条3項，14条1項等の規定に違反し無効であると主張し，行政事件訴訟法4条の当事者訴訟として，Y（被告・国）を相手に，Xが次回の衆議院議員及び参議院議員の選挙において投票をすることができる地位にあることの確認を求めて出訴した。

判　旨　**認容**　**1法律上の争訟性**　「Yは，……本件の訴えについては，そもそも裁判所が法令の適用によって終局的に解決できるものではないことになり，裁判所法3条1項……にいう『法律上の争訟』に該当しないこととなるから，裁判所の権限外の訴えであるとして却下されるべきであると主張する。」「しかしながら，……違憲立法審査権行使の結果として立法府の意思に反する事態が生じることは憲法が当然のこととして予定するところである上，立法府がその裁量権を用いて憲法に適合する範囲で法律の改正をすることは何ら否定されないのであるし，裁判所は，違憲と判断された規定以外の有効に存続する法令の規定を解釈適用することによって法的な争訟について裁判をすることが国法上の権限であり義務とされているのであるから，この点についてのYの主張に与することはできない。なお，このことは，平成17年大法廷判決〔最大判平17・9・14民集59巻7号2087頁〕が，選挙権行使の制限条項である公職選挙法附則8条を違憲と判断した上で，立法府の新たな立法等を待つことなく，有効に存続する法令を適用することによって本案判決をしており，『法律上の争訟』に該当しないとして却下判決をしていないことからも明らかである。」　**2公職選挙法11条1項1号の合憲性判断基準**　「国民の代表者である議員を選挙によって選定する国民の権利は，国民の国政への参加の機会を保障する基本的権利として，議会制民主主義の根幹を成すもので

あり，民主国家においては，一定の年齢に達した国民のすべてに平等に与えられるべきものである。」「憲法の趣旨にかんがみれば，自ら選挙の公正を害する行為をした者等の選挙権について一定の制限をすることは別として，国民の選挙権又はその行使を制限することは原則として許されず，国民の選挙権又はその行使を制限するためには，そのような制限をすることが『やむを得ない』と認められる事由がなければならないというべきである。そして，そのような制限をすることなしには選挙の公正を確保しつつ選挙権の行使を認めることが事実上不能ないし著しく困難であると認められる場合でない限り，上記の『やむを得ない事由』があるとはいえず，このような事由なしに国民の選挙権の行使を制限することは，憲法15条1項及び3項，43条1項並びに44条ただし書に違反するというべきである。（以上につき，平成17年大法廷判決参照）。」

③選挙権またはその行使を制限する「やむを得ない」事由について　「ア……選挙権が単なる権利ではなく，公務員を選定するという一種の公務としての性格をも併せ持つものであることからすれば，選挙権を行使する者は，選挙権を行使するに足る能力を具備していることが必要であるとし，そのような能力を具備していないと考えられる，事理を弁識する能力を欠く者に選挙権を付与しないとすることは，立法目的として合理性を欠くものとはいえない。」「イ　しかしながら，〔民〕法は，成年被後見人を，事理を弁識する能力を欠く者として位置付けてはおらず，むしろ，事理を弁識する能力が一時的にせよ回復することがある者として制度を設けている。……そうすると，事理を弁識する能力が一時的にせよ回復することが想定される存在である成年被後見人について，そのような能力が回復した場合にも選挙権の行使を認めないとすることは，憲法の意図するところではないというべきである。」「ウ　また，成年後見制度は，精神上の障害により法律行為における意思決定が困難な者についてその能力を補うことによりその者の財産等の権利を擁護するための制度である……。……成年被後見人とされた者が総じて選挙権を行使するに足る能力を欠くわけではないことは明らかであり，Yが，後見開始に際して判断される能力と選挙権を行使するに足る能力が同じであるという前提に立つのであれば，そのような前提に基づくYの主張は失当というほかない。」「エ　そして，翻って考えるに，そもそも後見開始の審判を受け，成年被後見人になった者であっても，我が国の『国民』であることは当然のことである。憲法が，我が国民の選挙権を，国民主権の原理に基づく議会制民主主義の根幹として位置付け，国民の政治への参加の機会を保障する基本的権利として国民の固有の権利として保障しているのは，自らが自らを統治するという民主主義の根本理念を実現するために，様々な境遇にある国民が，高邁な政治理念に基づくことはなくとも，自らを統

治する主権者として，この国がどんなふうになったらいいか，あるいはどんな施策がされたら自分たちは幸せかなどについての意見を持ち，それを選挙権行使を通じて国政に届けることこそが，議会制民主主義の根幹であり生命線であるからにほかならない。」「オ　……成年被後見人に選挙権を付与することによって，選挙の公正を確保することが事実上不能ないし著しく困難である事態が生じると認めるべき証拠はない上，選挙権を行使するに足る能力を欠く者を選挙から排除するという目的達成のためには，制度趣旨が異なる他の制度を借用せずに端的にそのような規定を設けて運用することも可能であると解されるから，選挙権を行使するに足る能力を欠く者を選挙から排除するために成年後見制度を借用し，主権者たる国民である成年被後見人から選挙権を一律に剥奪する規定を設けることをおよそ『やむを得ない』として許容することはできないといわざるを得ない。」「カ　……平成11年の民法の一部改正によって設けられた成年後見制度は，禁治産制度が設けられた明治時代とは異なる新しい理念に基づいて制度化されたものであるから，成年被後見人の選挙権の制限についても成年後見制度の趣旨に則って考えられるべきであり，選挙権を行使するに足る能力を有する成年被後見人からも選挙権を奪うことは，自己決定の尊重，残存能力の活用及びノーマライゼーションという理念に基づいて設けられた成年後見制度の趣旨に反するものであると言わざるを得ない。」「キ　さらに，海外の法制度をみると，……諸外国においては，精神疾患等により能力が低下している者の選挙権の制限を見直す動向が存するといえる。」「ク　……我が国においても，障害者権利条約への署名以降，前記のような国際的な動向に応じて，成年被後見人から選挙権が一律に奪われている我が国の現状を見直す動きが生じている。」「ケ　以上を総合するならば，憲法は，選挙権が，国民主権の原理に基づく議会制民主主義の根幹と位置付けられるものであることから，両議院の議員の選挙において投票をすることを国民の固有の権利として保障しており，『やむを得ない』場合すなわち『そのような制限をすることなしには選挙の公正を確保しつつ選挙を行うことが事実上不能ないし著しく困難である』と認められる場合以外に選挙権を制限することは，憲法15条1項及び3項，43条1項並びに44条ただし書に違反するというべきところ，成年後見制度と選挙制度はその趣旨目的が全く異なるものであり，後見開始の審判がされたからといって，選挙権を行使するに足る能力が欠けると判断されたことにならないばかりか，成年被後見人は，その能力を一時回復することによって一定の法律行為を有効に行う能力が回復することを制度として予定しているのであるから，成年被後見人とされた者の中にも，選挙権を行使するに必要な判断能力を有する者が少なからず含まれていると解される。そして，成年被後見人も，我が国の主権者たる『国民』であることは明らかであり，自己統治を行う主体として本来選挙権を行使すべき存在であるところ，成年被後見人に選挙権を付与するならば選挙の公正を害する結果が生じるなど，成年被後見人から選挙権を剥奪することなしには，選挙の公正を確保しつつ選挙を行うことが事実上不能ないし著しく困難であると解すべき事実は認めがたい上，選挙権を行使するに足る能力を欠く者を選挙から排除するという目的のために，制度趣旨が異なる成年後見制度を借用せずに端的にそのような規定を設けて運用することも可能であると解されるから，そのような目的のために成年被後見人から選挙権を一律に剥奪する規定を設けることをおよそ『やむを得ない』として許容することはできないといわざるを得ない。そして，そもそも成年後見制度は，国際的潮流となっている高齢者，知的障害者及び精神障害者等の自己決定の尊重，残存能力の活用及びノーマライゼーションという新しい理念に基づいて制度化されたものであるから，成年被後見人の選挙権の制限についても同制度の趣旨に則って考えられるべきところ，選挙権を行使するに足る判断能力を有する成年被後見人から選挙権を奪うことは，成年後見制度が設けられた上記の趣旨に反するものであり，また上記の新しい理念に基づいて各種改正を進めている内外の動向にも反するものである。」「したがって，成年被後見人は選挙権を有しないと定めた公職選挙法11条1項1号は，選挙権に対する『やむを得ない』制限であるということはできず，憲法15条1項及び3項，43条1項並びに44条ただし書に違反するというべきである。」

(評釈)　三宅裕一郎・法セ671号114，榎透・判評659号148，小島慎司・セレクト〈'13〉Ⅰ11，中山茂樹・重判〈平成25年度〉28。

(コメント)　**その後の経緯**　本件で違憲となった公職選挙法11条1項1号は，同年5月の国会で削除の改正がなされ，その後の参議院選挙から成年被後見人の選挙権行使が可能となった。また，本件は，この判決後，Y（国）が控訴したが，他の同種の訴訟とともに，2013（平成25）7月17日に東京高裁で和解となり，他の裁判所に係属中の同種訴訟も和解が成立している。**関連判例**　受刑者の選挙権制限規定について⇒*Ⅲ-8-1* のコメント。

Ⅲ-8-7　投票用紙差押処分違憲訴訟

大阪地堺支決昭61・10・20判時1213号59頁
（投票用紙差押準抗告申立事件）

事　実　警察は，被疑者Xが他の被疑者37名と共謀して，1986（昭和61）年5月18日施行の泉佐野市議会議員一般選挙に際し，虚偽の住民異動届を提出し，当該選挙人名簿に登録させて詐偽投票をしたという被疑事実により，

Xらの投票の事実を裏付けるため，同年6月2日，佐野簡易裁判所裁判官による投票用紙差押許可を得て，Xらの支持するB候補に対する投票済投票用紙を差し押さえた。その投票用紙のうち226枚から対照可能な指紋が検出され，被疑者らのうち5名の者と指紋が一致した。Xは，本件差押処分は投票の秘密を保障した憲法15条4項に違反するなどとして差押処分の取消し等を求めて準抗告を申し立てた。

決定要旨　認容　**投票用紙の押収と投票の秘密**　「秘密投票は，民主政治の根幹をなすものであって，秘密投票なくして民主政治はあり得ないのである。さればこそ，憲法は，同法15条4項において投票の秘密を定め，同法99条において，公務員にその尊重擁護を義務づけ，公職選挙法も同法52条において，秘密保持を定め，同法226条2項において，公務員等が投票者に対し被選挙人の氏名の表示を求めることを刑罰をもって禁止し，同法228条1項において，投票所又は開票所において被選挙人の氏名を認知する方法を行なうことを刑罰をもって禁止するなどして投票の秘密を強く保障しているのである。本件で行なった司法警察員の本件投票済投票用紙の差押を含む一連の所為は，詐偽投票における投票の事実の立証を目的とするものではあるけれども，客観的には被疑者X外26名がB候補に投票したか否かを強制捜査により探知しようとし，その一部の者についてはこれを探知したものであるから，まさに，右の投票の秘密を侵そうとし，これを侵したものといわなければならない。そもそも，本件公正証書原本不実記載，同行使，公職選挙法違反（詐偽登録）の被疑事実立証のためにはかような所為に出る必要はなく，公職選挙法違反（詐偽投票）の被疑事実立証のためにもその必要はすくない反面，秘密投票の有する意義，重大性及び本件の如き意図による投票済投票用紙の捜索差押を容認するとこれがつぎつぎ拡大されて結局は，約5万票の投票用紙全部について警察の保有する指紋との対照による被投票者の探知がなされるおそれなしとしないというその弊害のあまりにも重大であることから考えると，本件の如き投票済投票用紙の差押は，憲法15条4項に違反する違法なものというのほかなく，とうてい容認することはできない。」

（評釈）　中谷実・ジュリ879号54，内野正幸・法教78号82，高見勝利・重判〈昭和61年度〉23，阿部純二・判評351号229。

Ⅲ-8-8　連座制違憲訴訟

最大判昭 37・3・14 民集 16 巻 3 号 537 頁，判時 291 号 6 頁
（当選無効事件）

事　実　1959（昭和 34）年 4 月 23 日施行の広島県議会議員選挙において，当選者Ｙの選挙運動総括主宰者が公選法 221 条 3 項違反の罪に問われ，懲役 1 年執行猶予 3 年の刑が確定した（最二判昭 35・12・23 刑集 14 巻 14 号 2221 頁）。選挙人Ｘらは公選法 251 条の 2 によりＹの当選は無効であるとして提訴したところ，Ｙの当選無効の判決があった（広島高判昭 36・7・29 民集 16 巻 3 号 543 頁）。これに対してＹは，公選法 251 条の 2，同 211 条が憲法 13 条・15 条・31 条に違反すると主張して上告した。

判　旨　**棄却**　**連座制の合憲性**　「昭和 29 年 12 月法律 207 号による公職選挙法の改正により『当選人が選挙運動を総括主宰した者の選任及び監督につき相当の注意をしたとき』等を免責事由から削除して，いわゆる連座制の規定を強化した……が，右連座制の強化は，ひっきょう，公職選挙が選挙人の自由に表明せる意思によって公明且つ適正に行われることを確保し，その当選を公明適正なる選挙の結果となすべき法意に出でたるものと解するを相当とする。ところで，選挙運動の総括主宰者は，特定候補者のために，選挙運動の中心となって，その運動の行われる全地域に亘り，その運動全般を支配する実権をもつものであるから，その者が公職選挙法 251 条の 2 掲記のような犯罪を行う場合においては，その犯罪行為は候補者の当選に相当な影響を与えるものと推測され，またその得票も必ずしも選挙人の自由な意思にあるものとはいい難い。従ってその当選は，公正な選挙の結果によるものとはいえないから，当選人が総括主宰者の選任及び監督につき注意を怠ったかどうかにかかわりなく，その当選を無効とすることが，選挙制度の本旨にもかなう所以であるといわなければならない。」

（評釈）　小島和夫・ジュリ 254 号 44，渡部吉隆・曹時 14 巻 5 号 88，矢野勝久・民商 47 巻 5 号 49，小針司・憲百Ⅱ〈第 3 版〉165。関連判決について，田中真次・憲百〈ジュリ臨増〔1963 年 6 月号〕〉77。

（コメント）　**関連判例**　連座制を定める上記規定が憲法 43 条・93 条 2 項に違反するとして争った事件についての最大判昭 37・3・14 民集 16 巻 3 号 530 頁において，最高裁は，「公職選挙法 251 条の 2，同 211 条……は，選挙が選挙人の自由に表明せる意思によって公明且つ適正に行われることを確保せんとするものである。……そして選挙運動を総括主宰した者又は出納責任者の如き選挙運動において重要な地位を占めた者が買収，利害誘導等の犯罪により刑に処せられた場合は，当該当選人の得票中には，かかる犯罪行為によって得られたものも相当数あること

が推測され，当該当選人の当選は選挙人の真意の正当な表現の結果と断定できないのみならず，上述のように選挙人の自由な意思に基づく選挙の公明，適正を期する上からも，かかる当選人の当選を無効とすることは所論憲法の各条項に違反するものということはできない」と判示した。なお，1962（昭和37）年の公選法改正により，連座制はさらに強化され，また1994（平成6）年の改正によって連座対象に「秘書」が加えられ（251条の2第1項5号），これに関する判例として最三判平10・11・17判時1662号74頁がある。

Ⅲ-8-9　重複立候補制・比例代表制・小選挙区制違憲訴訟

最大判平11・11・10民集53巻8号1577頁，判時1696号58頁
（選挙無効請求事件）〔Ⅰ判決〕
最大判平11・11・10民集53巻8号1704頁，判時1696号62頁
（選挙無効請求事件）〔Ⅱ判決〕

事　実　衆議院議員の選挙制度は，1994（平成6）年の公選法の改正により，従来の中選挙区制がいわゆる小選挙区比例代表並立制に改められ，これに伴い，立候補の要件，手続，選挙運動の主体，手段等についても改正がなされたが，これに依拠して行われた1996（平成8）年10月20日施行の衆議院議員総選挙について，東京高裁管内の選挙区の選挙人Xらにより，この改正公選法の衆議院議員選挙の仕組みに関する規定が憲法に違反するとして，選挙の無効を請求する一連の訴訟が提起された。以下は，重複立候補制・比例代表制の合憲性を主たる争点とするⅠ判決と，小選挙区制の合憲性を主たる争点とするⅡ判決である。なお，小選挙区における投票の価値の平等の問題についても，Ⅱ判決で触れられているが，この点の判示については，同日に下された別の判決（⇒Ⅲ-3-20）を参照せよ。

判　旨　**棄却**　**1選挙制度と国会の裁量**　「代表民主制の下における選挙制度は，選挙された代表者を通じて，国民の利害や意見が公正かつ効果的に国政の運営に反映されることを目標とし，他方，政治における安定の要請をも考慮しながら，それぞれの国において，その国の実情に即して具体的に決定されるべきものであり，そこに論理的に要請される一定不変の形態が存在するわけではない。我が憲法もまた，右の理由から，国会の両議院の議員の選挙について，およそ議員は全国民を代表するものでなければならないという制約の下で，議員の定数，選挙区，投票の方法その他選挙に関する事項は法律で定めるべきものとし（43条，47条），両議院の議員の各選挙制度の仕組みの具体的決定を原則として国会の広い裁量にゆだねている……。」「国会が新たな選挙制度の仕組みを採用した場合には，その具体的に定めたところが，右の制約や法の下の平等などの憲法上の要請に反するため国会の右の

ような広い裁量権を考慮してもなおその限界を超えており，これを是認することができない場合に，初めてこれが憲法に違反することになるものと解すべきである……。」〔Ⅰ・Ⅱ判決同文〕 **2重複立候補制と立候補の自由** 「重複立候補者は，小選挙区選挙において当選人とされた場合には，比例代表選挙における当選人となることはできないが，小選挙区選挙において当選人とされなかった場合には，名簿の順位に従って比例代表選挙の当選人となることができ，後者の場合に，名簿において同一の順位とされた者の間における当選人となるべき順位は，小選挙区選挙における得票数の当該選挙区における有効投票の最多数を得た者に係る得票数に対する割合の最も大きい者から順次に定めるものとされている……。」「重複立候補制を採用し，小選挙区選挙において落選した者であっても比例代表選挙の名簿順位によっては同選挙において当選人となることができるものとしたことについては，小選挙区選挙において示された民意に照らせば，議論があり得るところと思われる〔が〕……選挙制度の仕組みを具体的に決定することは国会の広い裁量にゆだねられているところ，同時に行われる二つの選挙に同一の候補者が重複して立候補することを認めるか否かは，右の仕組みの一つとして，国会が裁量により決定することができる事項であるといわざるを得ない。……重複して立候補することを認める制度においては，一の選挙において当選人とされなかった者が他の選挙において当選人とされることがあることは，当然の帰結である。したがって，重複立候補制を採用したこと自体が憲法前文，43条1項，14条1項，15条3項，44条に違反するとはいえない。」「被選挙権又は立候補の自由が選挙権の自由な行使と表裏の関係にある重要な基本的人権であることにかんがみれば，合理的な理由なく立候補の自由を制限することは，憲法の要請に反するといわなければならない。しかしながら，……政党の果たしている国政上の重要な役割にかんがみれば，選挙制度を政策本位，政党本位のものとすることは，国会の裁量の範囲に属することが明らかであるといわなければならない。したがって，同じく政策本位，政党本位の選挙制度というべき比例代表選挙と小選挙区選挙とに重複して立候補することができる者が候補者届出政党の要件と衆議院名簿届出政党等の要件の両方を充足する政党等に所属する者に限定されていることには，相応の合理性が認められるのであって，不当に立候補の自由や選挙権の行使を制限するとはいえず，これが国会の裁量権の限界を超えるものとは解されない。」〔Ⅰ判決〕 **3比例代表選挙と直接選挙制** 「政党等にあらかじめ候補者の氏名及び当選人となるべき順位を定めた名簿を届け出させた上，選挙人が政党等を選択して投票し，各政党等の得票数の多寡に応じて当該名簿の順位に従って当選人を決定する方式は，投票の結果すなわち選挙人の総意により当選人が決定される点において，選挙人が候補者個人を直接選択して投票する方式と異なるところはない。複数の重複立候補者の比例代表選挙における当選人となるべき順位が名簿において同一のものとされた場合には，その者の間では当選人となるべき順位が小選挙区選挙の結果を待たないと確定しないことになるが，結局のところ当選人となるべき順位は投票の結果によって決定されるのであるから，このことをもって比例代表選挙が直接選挙に当たらないということはできず，憲法43条1項，15条1項，3項に違反するとはいえない。」〔Ⅰ判決〕 **4小選挙区制の合憲性** 「小選挙区制は，全国的にみて国民の高い支持を集めた政党等に所属する者が得票率以上の割合で議席を獲得する可能性があって，民意を集約し政権の安定につながる特質を有する反面，このような支持を集めることができれば，野党や少数派政党等であっても多数の議席を獲得することができる可能性があり，政権の交代を促す特質をも有するということができ，また，個々の選挙区においては，このような全国的な支持を得ていない政党等に所属する者でも，当該選挙区において高い支持を集めることができれば当選することができるという特質をも有するものであって，特定の政党等にとってのみ有利な制度とはいえない。小選挙区制の下においては死票を多く生む可能性があることは否定し難いが，死票はいかなる制度でも生ずるものであり，当選人は原則として相対多数を得ることをもって足りる点及び当選人の得票数の和よりその余の票数（死票数）の方が多いことがあり得る点において中選挙区制と異なるところはなく，各選挙区における最高得票者をもって当選人とすることが選挙人の総意を示したものではないとはいえないから，この点をもって憲法の要請に反するということはできない。このように，小選挙区制は，選挙を通じて国民の総意を議席に反映させる一つの合理的方法ということができ，これによって選出された議員が全国民の代表であるという性格と矛盾抵触するものではないと考えられるから，小選挙区制を採用したことが国会の裁量の限界を超えるということはできず，所論の憲法の要請や各規定に違反するとは認められない。」〔Ⅱ判決〕 **5小選挙区選挙における選挙運動** 「小選挙区選挙においては，候補者のほかに候補者届出政党にも選挙運動を認めることとされている……が，政党その他の政治団体にも選挙運動を認めること自体は，選挙制度を政策本位，政党本位のものとするという国会が正当に考慮し得る政策的目的ないし理由によるものであると解されるのであって，十分合理性を是認し得るのである。……そして，候補者と並んで候補者届出政党にも選挙運動を認めることが是認される以上，候補者届出政党に所属する候補者とこれに所属しない候補者との間に選挙運動の上で差異を生ずることは避け難いところである〔が,〕候補者届出政党に所属しない候補者も，自ら自動車，拡声機，文書図画等を用いた選挙運動や新聞広告，演説会等を行うことができるのであって，それ自体が選挙人に政見等を訴えるのに不十分であるとは認められないことにかんがみれば，右のような選挙運動上の差異を生ずることをもって，国会の裁量の範囲を超え，憲法に違反するとは認め難い。」「小選挙区選挙については候補者届出政党にのみ政見放送を認め候補者を含むそれ以外の者には政見放送を認めないものとしたことは，政見放送という手段に限ってみれば，候補者届出政党に所属する候補者とこれに所属しない候補者との間に単なる程度の違いを超える差異を設ける結果となるものである。……このような差異が設けられた理由は，小選挙区制の導入により選挙区が狭くなったこと，従前よりも多数の立候補が予測され，これら多数の候補者に政見放送の機会を均等に提供することが困難になったこと，候補者届出政党は選挙運動の対象区域が広くラジオ放送，テレビジョン放送の利用が不可欠であることなどにあるとされているが，ラジオ放送又はテレビジョン放送による政見放送の影響の大きさを考慮すると，これらの理由をもってはいまだ右のような大きな差異を設けるに十分な合理的理由といい得るかに疑問を差し挟む余地があるといわざるを得ない。しかしながら，右の理由にも全く根拠がないものではないし，政見放送は選挙運動の一部を成すにすぎず，その余の選挙運動については候補者届出政党に所属しない候補者も十分に行うことができるのであって，その政見等を選挙人に訴えるのに不十分とはいえないことに照らせば，政見放送が認められないことの一事をもって，選挙運動に関する規定における候補者間の差異が合理性を有するとは到底考えられない程度に達しているとまでは断定し難いところであって，これをもって国会の合理的裁量の限界を超えているということはできないというほかはない。したがって，改正公選法の選挙運動に関する規定が憲法14条1項に違反するとはいえない。」〔Ⅱ判決〕

反対意見　〔Ⅱ判決〕④の点について，**河合伸一・遠藤光男・元原利文・梶谷玄裁判官，福田博裁判官**（略）（⇒*Ⅲ-3-20*）

⑤の点について，**河合伸一・遠藤光男・福田博・元原利文・梶谷玄裁判官**　「小選挙区選挙の候補者のうち，候補者届出政党に所属しない者と，これに所属する者との間に存在する選挙運動上の差別は，憲法に違反するものであり，本件選挙は違法であると考える。」

（評釈）　辻村みよ子・ジュリ1176号58，毛利透・セレクト〈'99〉4，石田榮仁郎・重判〈平成11年度〉18，大橋寛明・ジュリ1192号213，同・曹時54巻1号242，只野雅人・憲百Ⅱ157。

（コメント）　**関連判例**　重複立候補制及び比例代表制に関しては，最三判平13・12・18民集55巻7号1712頁，また小選挙区制に関しては，最大判平19・6・13民集61巻4号1617頁も参照。

Ⅲ-8-10　参議院非拘束名簿式比例代表制違憲訴訟

最大判平16・1・14民集58巻1号1頁，判時1849号3頁
（選挙無効請求事件）

事　実　2001（平成13）年7月29日施行の参議院議員選挙（以下，本件選挙）について，東京都選挙区の選挙人であるXらが，公職選挙法改正法（平成12年法118号）による改正（以下，本件改正）によって参議院（比例代表選出）議員選挙につき採用された非拘束名簿式比例代表制が憲法15条、43条1項に違反し無効であるとして，東京都選挙管理委員会Yを相手として訴えを提起した。原審（東京高判平14・10・30判時1810号47頁）は，違憲の主張を斥けたので，Xらが上告した。

判　旨　**棄却**　**1選挙制度と立法裁量**「国会は，その裁量により，衆議院議員及び参議院議員それぞれについて公正かつ効果的な代表を選出するという目標を実現するために適切な選挙制度の仕組みを決定することができるものであるから，国会が新たな選挙制度の仕組みを採用した場合には，その具体的に定めたところが，国会の上記のような裁量権を考慮しても，上記制約や法の下の平等などの憲法上の要請に反するためその限界を超えており，これを是認することができない場合に，初めてこれが憲法に違反することになるものと解すべきである……。」　**2非拘束名簿式比例代表制の下での選挙は国民の投票意思の侵害となるか**「名簿式比例代表制は，各名簿届出政党等の得票数に応じて議席が配分される政党本位の選挙制度であり，本件非拘束名簿式比例代表制も，各参議院名簿届出政党等の得票数に基づきその当選人数を決定する選挙制度であるから，本件改正前の拘束名簿式比例代表制と同様に，政党本位の名簿式比例代表制であることに変わりはない。憲法は，政党について規定するところがないが，政党の存在を当然に予定しているものであり，政党は，議会制民主主義を支える不可欠の要素であって，国民の政治意思を形成する最も有力な媒体である。したがって，国会が，参議院議員の選挙制度の仕組みを決定するに当たり，政党の上記のような国政上の重要な役割にかんがみて，政党を媒体として国民の政治意思を国政に反映させる名簿式比例代表制を採用することは，その裁量の範囲に属することが明らかであるといわなければならない。そして，名簿式比例代表制は，政党の選択という意味を持たない投票を認めない制度であるから，本件非拘束名簿式比例代表制の下において，参議院名簿登載者個人には投票したいが，その者の所属する参議院名簿届出政党等には投票したくないという投票意思が認められないことをもって，国民の選挙権を侵害し，憲法15条に違反するものとまでいうことはできない。

また，名簿式比例代表制の下においては，名簿登載者は，各政党に所属する者という立場で候補者となっているのであるから，改正公選法が参議院名簿登載者の氏名の記載のある投票を当該参議院名簿登載者の所属する参議院名簿届出政党等に対する投票としてその得票数を計算するものとしていることには，合理性が認められるのであって，これが国会の裁量権の限界を超えるものとは解されない。」 **③非拘束名簿式比例代表制による比例代表選挙は直接選挙に当たらないか**「政党等にあらかじめ候補者の氏名を記載した参議院名簿を届け出させた上，選挙人が参議院名簿登載者の氏名又は参議院名簿届出政党等の名称等を記載して投票し，各参議院名簿届出政党等の得票数（当該参議院名簿届出政党等に係る参議院名簿登載者の得票数を含む。）の多寡に応じて各参議院名簿届出政党等の当選人数を定めた後，参議院名簿登載者の得票数の多寡に応じて各参議院名簿届出政党等の届出に係る参議院名簿登載者の間における当選人となるべき順位を定め，この順位に従って当選人を決定する方式は，投票の結果すなわち選挙人の総意により当選人が決定される点において，選挙人が候補者個人を直接選択して投票する方式と異なるところはない。同一参議院名簿届出政党等内において得票数の同じ参議院名簿登載者が2人以上いる場合には，それらの者の間における当選人となるべき順位は選挙長のくじで定められることになるが，この場合も，当選人の決定に選挙人以外の者の意思が介在するものではないから，上記の点をもって本件非拘束名簿式比例代表制による比例代表選挙が直接選挙に当たらないということはできず，憲法43条1項に違反するとはいえない。」

（評釈） 新井誠・法セ594号68，今関源成・ジュリ1272号88，野中俊彦・法教286号4，福井章代・ジュリ1280号119，小林武・民商131巻1号97，福井章代・曹時58巻11号99，寺島壽一・重判〈平成16年度〉13，藤井樹也・セレクト〈'04〉4，林知更・憲百Ⅱ159①。

(2) 裁判を受ける権利

Ⅲ-8-11　控訴審管轄違法訴訟

最大判昭24・3・23刑集3巻3号352頁
（町村長選挙罰則違反被告事件）

事　実　福知山区裁検事局検事から同区裁にあてた1947（昭和22）年5月2日付公判請求書には，同区裁の同月5日受付印が押捺された後，これを2日と訂正されていた。ところで，同月3日の憲法施行と同時に裁判所法が施行されたが，同法施行法2条に基づく同法施行令3条によれば，旧区裁受理の事件ないし区裁あてに訴状が発せられて施行時に未受理の事件は，当該区裁を管轄する新地裁の受理したものないし新地裁にあてたものとみなされ，かつこれら旧区裁事件は新地裁の１人の裁判官が扱い，これに対する控訴は地裁の合議体が審判するものとされていた。そうなれば，本件請求書が上記のような旧区裁事件であれば，審級は第１審が福知山支部，控訴審が京都地裁，上告審が大阪高裁となるし，新法施行後の事件だとすれば，地裁，高裁，最高裁という審級順序になる。本件は訂正後の日付（５月２日）によって前者の審級で審理されたが，高裁においてＹは，公判請求は５日に発せられ受理されたのであるから，控訴審は高裁であり，地裁の控訴審としての審判は違法だと主張した。上告審の大阪高裁は，受理は５日としても公判請求書が発せられたのは２日だとしてこの主張を斥けたので，Ｙは，２日は作成日付であり，同日発送との妄断によって高裁で第２審の裁判を受ける権利を奪ったのは憲法32条の正当な裁判所の裁判を受ける権利の侵害であるとして最高裁に再上告した。

判　旨　棄却　**管轄違いの裁判所の裁判と憲法32条**「憲法32条は，……憲法又は法律に定められた裁判所においてのみ裁判を受ける権利を有し，裁判所以外の機関によって裁判をされることはないことを保障したものであって，訴訟法で定める管轄権を有する具体的裁判所において裁判を受ける権利を保障したものではない。従って仮りに……，本件公判請求書は昭和22年５月２日に福知山区裁判所において受理したものではなくて，同月５日京都地方裁判所福知山支部が受理したものであるとしても，その違法はただ管轄違の裁判所のなした第２審判決を原審が是認したという刑事訴訟法上の違背があるということに帰着するだけであって，そのために原判決を目して憲法違反のものであるとはいい得ない。」

反対意見　**長谷川太一郎裁判官**「もし多数説どうりのものであるとすれば，法律上権限のある裁判所に対し訴を提起することができる場合，又は権限ある裁判所に対し，上訴をなすことのできる場合等において，故なく訴又は上訴を拒否されたに拘らず訴訟法の規定によっては救済の道がない場合において憲法上の保護を求めることができないとすれば，国民は所謂泣き寝入りの止むなきに至るわけであるが，それでは人権尊重について周到な注意を払った憲法の精神を没却するものといわなければならないし，文理解釈上から見ても，裁判所の裁判といえば正式の裁判所即ち憲法又は法律の定めにより権限の有る裁判所の裁判を意味するものと解すべきは当然である。」　**澤田竹治郎裁判官**「凡そ法律が管轄裁判所と定めている裁判所でない裁判所で裁判をするという場合には，法律の定める管轄裁判所が地方裁判所又は合議裁判所であるのに，実際に裁判した裁判所は簡易裁判所又は単独裁判所である場合も含まれる。この場合は，同一種類の事件でありながら，甲は地方裁判所又は合議裁判所で裁判を受けるのに，乙は簡易裁判所又は単独裁判所で裁判を受ける。即ち甲と乙とは，いわれなくして法の前で平等の取扱をうけないことの結果を生ずる。これは明らかに憲法第14条の精神に正面から衝突して許容されないところである。又これが刑事の裁判で有罪を言渡したという場合であると，法律の定める手続によらなくては何人も刑罰を科せられないという憲法31条の精神にも違反する……。高等裁判所又は最高裁判所と法律に定めている事件を実際は地方裁判所又は高等裁判所で裁判をした場合にも亦同様に憲法第14条同第31条の精神に違背して容認されない……。〔多数意見のように解するのは〕憲法第14条や第32条の規定が，裁判を受くる権利に関する限り空文に帰せしめられることを看過し，容認するものといわなくてはならぬ。」 **栗山茂裁判官** 「具体的案件を審判する権限がない裁判所の裁判で刑罰を科したのでは，適法な裁判ではないから，かかる裁判所の裁判は憲法第31条にいわゆる『法律の定める手続』に該当しないものであり，そして同条の『法律に定める手続』に該当しないとすれば，憲法第32条の保障している裁判上の救済ともならないことは明である。」

(評釈) 常本照樹・法教200号87，竹下守夫・憲百Ⅱ〈第4版〉131。

Ⅲ-8-12　碧南市議会議員除名処分取消訴訟

最大判昭35・12・7民集14巻13号2964頁，判時246号25頁
（碧南市議会議員除名取消請求事件）

事　実　碧南市議会議員Xは，1953（昭和28）年8月16日の碧南市緊急臨時市議会の議場におけるXの暴言および議会の権威毀損等を理由に，同月29日，市議会の懲罰決議により除名されたので，この取消しを求めて出訴した。第1審（名古屋地裁）はXの請求を容れて除名議決を取り消したので，碧南市議会が控訴したが，第2審に係属中，除名議決当時の市議会議員の任期が満了となったので，第2審（名古屋高判昭31・12・27民集14巻13号2971頁）は，訴えの利益が失われたとしてXの請求を棄却し，原判決を取り消した。そこでXは，議員の任期が満了しても，除名を受けた者の名誉の回復や報酬の請求等の訴えを求める利益があり，原判決は憲法13条，14条，32条違反であるとして上告した。

判　旨　**棄却**　**訴えの利益と「裁判を受ける権利」**「地方議会の議員の除名処分の取消を求める訴訟は，議員の任期が満了することにより訴訟の利益を欠くに至るものと解すべきことは，当裁判所の判例とするところである（最大判昭35・3・9）。そして憲法32条は，訴訟の当事者が訴訟の目的たる権利関係につき裁判所の判断を求める法律上の利益を有することを前提として，かかる訴訟につき本案の裁判を受ける権利を保障したものであって，右利益の有無にかかわらず常に本案につき裁判を受ける権利を保障したものではない。また，法律上の利益のない訴訟につき，裁判所が本案の審判を拒否したからといって，これがため，訴訟の当事者たる個人の人格を蔑

視したこととなるものではなく，また右個人をいわれなく差別待遇したこととなるものでもない。」

補足意見　田中耕太郎・斎藤悠輔・下飯坂潤夫裁判官（略）

少数意見　小谷勝重・島保・入江俊郎・池田克・河村大助・高木常七・石坂修一裁判官　「議員の懲罰として行われた除名処分に対し，その処分の違法を理由として取消を求める訴は，判決を以てその除名処分の効力を排除することを目的とするものであるが，その訴における原告の権利保護の利益は，原告の議員たる資格を回復し，かつ議員たる地位に伴う報酬請求権その他の権利，利益の回復を図るに外ならないものというべきである。そしてXの本来の任期が既に満了し，現在においては，その資格を回復する利益が存在しなくなった場合においても，叙上のような報酬請求権等が害されたままの不利益状態が存在しXにおいても報酬請求権等を追求する意思がありと認められる限り，Xはなおかつ取消訴訟を追行するの利益を有するものと解すべきである。」

（評釈）　白石健三・曹時13巻2号81，斎藤秀夫・判評35号1。

Ⅲ-8-13　強制調停違憲決定

最大決昭35・7・6民集14巻9号1657頁，判時228号5頁
（調停に代わる裁判に対する抗告申立棄却決定に対する特別抗告事件）

事　実　Xらは1946（昭和21）年10月7日にYに対して家屋明渡請求を，またYはXらに対して同年11月12日に占有回収の訴えを提起していたが，裁判所は1947（昭和22）年6月，職権で両事件を借地借家調停法および戦時民事特別法による調停に付した。これが不調となったので，同裁判所は1948（昭和23）年4月28日，戦時民事特別法19条により借調法に準用される金銭債務臨時調停法（金調法）7条1項，8条により両事件を併合して，Yは8カ月の猶予期間後に本件家屋を明け渡すという内容の「調停に代わる裁判」をした。これに対し，Yは即時抗告したところ同裁判所（東京地決昭25・9・6民集14巻9号1704頁）は上記決定を一部変更しつつも抗告を棄却したので，Yはさらに高裁へ再抗告したが，これも棄却された（東京高決昭26・6・5民集14巻9号1717頁）。そこでYは，金調法7条，8条により非訟事件手続法を適用して，非公開かつ決定の形式により本件を裁断するのは，憲法32条，82条に反すると主張して，最高裁に特別抗告した。

決定要旨　**取消差戻**　**1 訴訟事件の非公開審理は憲法32・82条違反**　「憲法は一方において，基本的人権として裁判請求権を認め，何人も裁判所に対し裁判を請求して司法権による権利，利益の救済を求めることができることとすると共に，他方において，純然たる訴訟事件の裁判については，前記のごとき公開の原則の下における対審及び判決によるべき旨

を定めたのであって，これにより，近代民主社会における人権の保障が全うされるのである。従って，若し性質上純然たる訴訟事件につき，当事者の意思いかんに拘わらず終局的に，事実を確定し当事者の主張する権利義務の存否を確定するような裁判が，憲法所定の例外の場合を除き，公開の法廷における対審及び判決によってなされないとするならば，それは憲法82条に違反すると共に，同32条が基本的人権として裁判請求権を認めた趣旨をも没却するものといわねばならない。」 **2調停に代わる裁判** 「金銭債務臨時調停法7条1項は，同条所定の場合に，裁判所が一切の事情を斟酌して，調停に代え，利息，期限その他債務関係の変更を命ずる裁判をすることができ，また，その裁判においては，債務の履行その他財産上の給付を命ずることができる旨を定め，同8条は，その裁判の手続は，非訟事件手続法による旨を定めており，そしてこれらの規定は戦時民事特別法19条2項により借地借家調停法による調停に準用されていた。しかし，……金銭債務臨時調停法7条の調停に代わる裁判は，これに対し即時抗告の途が認められていたにせよ，その裁判が確定した上は，確定判決と同一の効力をもつこととなるのであって，結局当事者の意思いかんに拘わらず終局的になされる裁判といわざるを得ず，そしてその裁判は，公開の法廷における対審及び判決によってなされるものではない。」「よって，前述した憲法82条，32条の法意に照らし，右金銭債務臨時調停法7条の法意を考えてみるに，同条の調停に代わる裁判は，単に既存の債務関係について，利息，期限等を形成的に変更することに関するもの，即ち性質上非訟事件に関するものに限られ，純然たる訴訟事件につき，事実を確定し当事者の主張する権利義務の存否を確定する裁判のごときは，これに包含されていないものと解するを相当とするのであって，同法8条が，右の裁判は『非訟事件手続法ニ依リ之ヲ為ス』と規定したのも，その趣旨にほかならない。」「本件訴は，その請求の趣旨及び原因が第1審決定の摘示するとおりで，家屋明渡及び占有回収に関する純然たる訴訟事件であることは明瞭である。しかるに，このような本件訴に対し，東京地方裁判所及び東京高等裁判所は，いずれも金銭債務臨時調停法7条による調停に代わる裁判をすることを正当としているのであって，右各裁判所の判断は，同法に違反するものであるばかりでなく，同時に憲法82条，32条に照らし，違憲たるを免れない」。

補足意見　藤田八郎・入江俊郎・高木常七裁判官（略）　下飯坂潤夫裁判官（略）　奥野健一裁判官（略）

意　見　小谷勝重裁判官（略）　池田克裁判官（略）　河村大助裁判官（略）

反対意見 **島保・石坂修一裁判官**（略） **垂水克己裁判官**（略）
斎藤悠輔・田中耕太郎・高橋潔裁判官（要旨）憲法32条，82条の趣旨について，憲法は身分保障を受けた裁判官で構成される裁判所の裁判を保障しているにすぎず，争訟は常に対審・公開の手続でなければならないという手続上の制約を含むものではない。

（評釈） 三淵乾太郎・曹時12巻9号74，中村宗雄・判評30号6，新堂幸司・ジュリ209号44，斎藤秀夫・民商44巻2号96，佐々木吉男・憲法の判例148，新正幸・基本判例152，宮井清暢・憲百Ⅱ129。

（コメント） 本決定は8対7の僅少差による同種の事案に対する合憲決定（最大決昭31・10・31民集10巻10号1355頁）を変更したものである。

Ⅲ-8-14 夫婦同居審判違憲訴訟

最大決昭40・6・30民集19巻4号1089頁，判時413号3頁
（夫婦同居審判に対する抗告棄却決定に対する特別抗告事件）

事　実 X女は1960（昭和35）年4月6日にY男と婚姻し同居したが，Y男及びその母親から些細なことで叱責されたりしていたたまれなくなり，翌1961年2月9日に実家に帰った。その後Xは反省してYの許に戻って同居したい旨申し出たが，Yはこれを拒絶し離婚を申し立てた。この事案について第1審（福岡家審昭36・9・5民集19巻4号1111頁）は，同居を命ずる審判をしたので，Yが即時抗告したが却下された（福岡高決昭36・9・30民集19巻4号1113頁）。そこでYは，家事審判法（現在は家事事件手続法）に基づく原審判は，憲法上の対審の原則や公開の原則に違反するとして，その取消しを求めて最高裁に特別抗告した。

決定要旨 **棄却** **公開・対審によらない家事審判と憲法32・82条** 「法律上の実体的権利義務自体を確定することが固有の司法権の主たる作用であり，かかる争訟を非訟事件手続または審判事件手続により，決定の形式を以て裁判することは，前記憲法の規定〔82条〕を回避することになり，立法を以てしても許されざるところである。」「家事審判法9条1項乙類は，夫婦の同居その他夫婦間の協力扶助に関する事件を婚姻費用の分担，財産分与，扶養，遺産分割等の事件と共に，審判事項として審判手続により審判の形式を以て裁判すべき旨規定している。……しかし，前記同居義務等は多分に倫理的，道義的な要素を含むとはいえ，法律上の実体的権利義務であることは否定できないところであるから，かかる権利義務自体を終局的に確定するには公開の法廷における対審及び判決によって為すべきものと解せられる……従って前記の審判は夫婦同居の義務等の実体的権利義務自体を確定する趣旨のものではなく，これら実体的権利義務の存することを前提として，例えば夫婦

の同居についていえば，その同居の時期，場所，態様等について具体的内容を〈形成的に〉定める処分であり，また必要に応じてこれに基づき給付を命ずる処分である……審判確定後は，審判の形成的効力については争いえないところであるが，その前提たる同居義務自体については公開の法廷における対審及び判決を求める途が閉ざされているわけではない。従って，同法の審判に関する規定は何ら憲法82条，32条に牴触するものとはいい難く，また，これに従って為した原決定にも違憲の廉はない。」

補足意見　横田喜三郎・入江俊郎・奥野健一裁判官（略）

意　見　山田作之助裁判官（略）　田中二郎・横田正俊・柏原語六裁判官（略）　松田二郎・草鹿浅之介裁判官（略）　岩田誠裁判官（略）

（評釈）　宮田信夫・曹時17巻8号110，小山昇・判評84号3，谷口知平・民商54巻2号72，宇都宮純一・憲百Ⅱ 130，本間靖規・民訴百選2，菱田雄郷・民法百選Ⅲ 7。

Ⅲ-8-15　過料決定違憲訴訟

最大決昭41・12・27民集20巻10号2279頁，判時469号14頁
（過料決定に対する抗告棄却決定に対する特別抗告事件）

事　実　抗告人Xらは財団法人白楽天山保存会の理事であったが，1960（昭和35）年7月に新理事が就任した際，法定期間内にその登記をしなければならなかったのにその手続を怠ったので，民法46条2項，84条1号（現在では，一般法人法342条1号）および非訟事件手続法207条（現行法では162条）により，それぞれ200円の過料を科された（京都地決昭36・4・19民集20巻10号2318頁）。これに対してXは，公開，対審手続を認めない非訟事件手続法は違憲であり，それに基づいて財産権を強制的に侵害する処罰である過料を裁判することは憲法31条に違反すると主張して抗告した。原審は，非訟事件手続による裁判は憲法82条にいう裁判に当たらないから，過料の裁判は同条所定の公開の法廷で対審及び判決によって行うことを要せず，法律で定められた妥当な手続によって行われれば足りるとして抗告を棄却した（大阪高決昭37・1・23民集20巻10号2319頁）。そこでXがこれを不服として最高裁に特別抗告を行った。

決定要旨　**棄却**　**公開・対審によらない過料の裁判と憲法32・82条**　「民事上の秩序罰としての過料を科する作用は，国家のいわゆる後見的民事監督の作用であり，その実質においては，一種の行政処分としての性質を有するものであるから，必ずしも裁判所がこれを科することを憲法上の要件とするものではなく，行政庁がこれを科する（地方自治法149条3号，255条の2参照）ことにしても，なんら違憲とすべき理由はない。従って，裁

判所がこれを科することにしている場合でも，過料を科する作用は，もともと純然たる訴訟事件としての性質の認められる刑事制裁を科する作用とは異なるのであるから，憲法82条，32条の定めるところにより，公開の法廷における対審及び判決によって行なわれなければならないものではない。」「ただ，現行法は，過料を科する作用がこれを科せられるべき者の意思に反して財産上の不利益を課するものであることにかんがみ，公正中立の立場で，慎重にこれを決せしめるため，別段の規定のないかぎり，過料は非訟事件手続法の定めるところにより裁判所がこれを科することとし……その手続についていえば……違法・不当に過料に処せられることがないよう十分配慮しているのであるから，非訟事件手続法による過料の裁判は，もとより法律の定める適正な手続による裁判ということができ，それが憲法31条に違反するものでないことは明らかである。」「同法の定める手続により過料を科せられた者の不服申立の手続について，これを同法の定める即時抗告の手続によらしめることにしているのは，これまた，きわめて当然であり，殊に，非訟事件の裁判については，非訟事件手続法の定めるところにより，公正な不服申立の手続が保障されていることにかんがみ，公開・対審の原則を認めなかったからといって，憲法82条，32条に違反するものとすべき理由はない」。

補足意見　**田中二郎・岩田誠裁判官**（略）

反対意見　**入江俊郎裁判官**「過料を科せられた者が，これを違法として，その決定に対し不服を申し立てる場合には，そのような争訟は，結局において法律上の争訟であり，最終的には純然たる訴訟事件として処理すべきものであると考える。従って，憲法32条，82条は当然右不服申立の手続に適用せらるべきであり，……右非訟事件手続法の規定は，憲法の前記法条に違反する。」

（評釈）　石川明・判評101号15，同・民訴百選Ⅰ〈新法対応補正版〉5，時本義昭・憲百Ⅱ131，重本達哉・行政百選Ⅰ110。

Ⅲ-8-16　出訴期間短縮違憲訴訟

最大判昭24・5・18民集3巻6号199頁
（農地委員会の裁決取消請求事件）

事　実　Xは訴外Aから農地を買い受け，その所有権移転登記をしていなかったところ，江田島村農地委員会は，1947（昭和22）年8月，自作農創設特別措置法（自創法）3条1項に基づき，Aが不在地主であるとして，その土地の買収計画をたてた。これに対してXはこの土地の所有権を主張して異議の申立てをなしたが却下され，さらに広島県農地委員会に訴願をしたがこれも却下され，その訴願裁決書謄本は，同年12月3日頃Xに送達された。当時，一般に，行政処分に対する出訴期間は，民訴応急措置法により6カ月であったが，同年12月26日施行の自創法改正により，農地法関係処分に対する出訴期間が1カ月に短縮され，経過規定により，改正法施行前の処分については法施行の日から1カ月（本件では1948年1月26日まで）とされた。しかし，Xが出訴したのは1948（昭和23）年5月7日であったので，第1審（広島地裁〔判決年月日不明〕民集3巻6号205頁）は訴えを却下し，第2審（広島高裁〔判決年月日不明〕民集3巻6号206頁）も控訴を棄却した。そこでXは，本件裁決を受けた日から6カ月以内に出訴しうべき権利は，既得権であり，かつそれは憲法32条に基づく権利であるから，自創法改正によって奪うことはできないとして上告した。

判　旨　**棄却**　**出訴期間の短縮と憲法32条**「刑罰法規については憲法第39条によって事後法の制定は禁止されているけれども，民事法規については憲法がその効果を遡及せしめることを禁じてはいないのである。従て民事訴訟上の救済方法の如き公共の福祉が要請する限り従前の例によらず遡及して之を変更することができると解すべきである。出訴期間も民事訴訟上の救済方法に関するものであるから，新法を以て遡及して短縮しうるものと解すべきであって，改正前の法律による出訴期間が既得権として当事者の権利となるものではない。そして新法を以て遡及して出訴期間を短縮することができる以上は，その期間が著しく不合理で実質上裁判の拒否と認められるような場合でない限り憲法第32条に違反するということはできない。」「農地買収の如き問題はなるべく早く解決せしめることが公共の福祉に適合するものであるから，昭和22年12月26日前記特別措置法の改正施行と共に，新に第47条の2が加えられて出訴期間を1ケ月に短縮したのである。しかし同改正法施行前に行なわれた処分について同条をそのまま適用すると出訴する機会を与えられない者もありうるので，（即ち実質上裁判を拒否されることになる。）経過的規定として付則第7条によって同改正法施行前にその処分のあったことを知った者にあっては，同法施行の日から1ケ月以内に出訴しうることとしたのである。これ等の立法の経過と規定の内容とを前段説明したところと併せ考えると，前記改正法第47条の2及び同法付則第7条は何れも憲法第32条に違反したということはできない。」

(評釈)　坂本茂樹・憲百Ⅱ〈第3版〉130，神長勲・行政百選Ⅱ〈第4版〉205。

Ⅲ-8-17　物品税法違反事件

最大決昭44・12・3刑集23巻12号1525頁，判時575号3頁
（捜索差押許可の裁判の取消並びに差押処分の取消を求める準抗告棄却決定に対する特別抗告事件）

事　実　1967（昭和42）年9月23日，貴金属宝石株式会社Xは，物品税法〔平成元年に廃止〕36条違反の容疑で，国税犯則取締法2条に基づき，台東簡裁裁判官の発した捜索差押許可状により税務署収税官吏による帳簿・伝票等の捜索・差押えを受けた。Xは，これを不服として，国税犯則取締法2条に基づく差押許可の裁判とこれによる収税官吏の差押処分については，それぞれ，刑訴法429条，430条が準用されると考え，それぞれの取消しを求めて東京地裁に準抗告した。第1審（東京地決昭42・12・5判タ214号204頁）は，準抗告による不服申立制度の趣旨は厳密な意味の刑事手続に限られるものではないとして，本件準抗告を適法としたが，申立ての内容については理由なしとして棄却した。そこでXは，この棄却決定が憲法35条に違反するなどを理由として最高裁に特別抗告した。

決定要旨　**棄却**　**1差押等の許可に対する準抗告は不適法**　「国税犯則取締法2条は，収税官吏は，犯則事件を調査するため必要があるときは，その所属官署の所在地を管轄する地方裁判所または簡易裁判所の裁判官の許可を得て臨検，捜索または差押をすることができるものと定めている。この裁判官の許可は……裁判所または裁判官が訴訟の当事者に宛てて行なう訴訟法上の通常の意義における裁判ではなく，職務上の独立を有する裁判官が，公正な立場において，収税官吏の請求に基づき，収税官吏が右の強制処分を実施することが適法であるかどうか等を事前に審査したうえ，これを肯認するときは，許可状を交付することによってその強制処分を適法に行なうことを得しめるものにほかならない。すなわち，それは，収税官吏に対して強制処分の実施を命ずるものではなく，また，一連の徴税手続の一環としてなされる国家機関相互間の内部的行為にすぎないのであって，強制処分を受けるべき者に対して直接に効力を及ぼすものではないのである。このような行為については，不服申立に関する明文の規定がないかぎり，独立の不服申立を認めない趣旨と解すべきであり，したがって，刑訴法429条の規定の準用を認めるのは相当でなく，その許可の取消を求める準抗告は不適法というべきである。そして，このように解しても，右の許可に関して法律上の不服の理由を有する者は，……その許可により実施された強制処分の結果自己の権利が違法に侵害されたことを主張して，行政訴訟により右許可自体の違法を理由としても当該強制処分の取消を求めることができるのであるから，裁判を受ける権利を保障する憲

法32条の規定に違反することはないものといわなければならない。」 **2国税犯則事件の調査は行政手続** 「国税犯則取締法による国税犯則事件の調査手続は，その内容として収税官吏の質問，検査，領置，臨検，捜索，差押等の行為が認められている点において刑訴法上の被疑事件の捜査手続と類似するところがあり，また，犯則事件は，告発によって被疑事件に移行し，さらに告発前に得られた資料は，被疑事件の捜査において利用されるものである等の点において，犯則事件の調査手続と被疑事件の捜査手続とはたがいに関連するところがある。しかし，現行法制上，国税犯則事件調査手続の性質は，一種の行政手続であって，刑事手続（司法手続）ではないと解すべきである。けだし，国税犯則取締法によれば，国税犯則事件の調査手続は刑訴法上の被疑事件の捜査でないことが明らかであり，ことに間接国税犯則事件については通告処分という行政措置によって終局することがあり，また，国税犯則事件に関する法令に基づき収税官吏等のする処分に対する不服申立については，それが行政庁の処分であることを前提として，行政事件訴訟法により訴訟を提起すべきものであるからである。国税犯則取締法2条による収税官吏の差押処分に対する不服申立もまたその例外ではなく，行政事件訴訟法に定める行政事件訴訟の方法によるべきであって（なお，最二判昭28・6・26民集7巻6号769頁参照。），これにつき刑訴法430条の規定の準用を認めるべき理由はなく，かかる差押処分の取消を求める準抗告は不適法といわなければならない。」

（評釈） 原田尚彦・ジュリ448号128，大久保太郎・曹時22巻3号230，新井隆一・重判〈昭和44年度〉36，村上順・行政百選II〈初版〉166，芝原邦爾・刑訴百選〈第4版〉106，上田勝美・憲百II〈第2版〉126，大野重國・租税百選〈第4版〉129。

（コメント） なお，最高裁判所への上告理由の制限が憲法32条の裁判を受ける権利を侵害しないかどうかの点に関連して，最二判平12・3・17判時1708号119頁は，少額訴訟の判決に対する異議後の訴訟の判決に対して控訴をすることができないとする民事訴訟法380条1項について，「審級制度をどのように定めるかは専ら立法政策の問題であ」るから，「憲法32条に違反するものでない」とし，また，最三判平13・2・13判時1745号94頁は，「判決に影響を及ぼすことが明らかな法令の違反があることを理由として最高裁判所に上告をすることを許容しない民訴法312条及び318条が憲法32条に違反する」との主張に対し，「いかなる事由を理由に上告をすることを許容するかは審級制度の問題であって，憲法が81条の規定するところを除いてはこれをすべて立法の適宜に定めるところにゆだねていると解すべき」だとして，過去の判例（最大判昭23・3・10刑集2巻3号175頁，最大決昭24・7・22集民2号467頁および最大判昭29・10・13民集8巻10号1846頁）を引用している。

(3) 国家賠償請求権

Ⅲ-8-18　郵便法違憲訴訟

最大判平 14・9・11 民集 56 巻 7 号 1439 頁，判時 1801 号 28 頁
（損害賠償請求事件）

事　実　不動産会社Xは，勝訴判決に基づき，訴外Aに対して有する債権の一部（内金）について弁済を得るため，神戸地裁尼崎支部に対して，Aを債務者，訴外B銀行およびCを第三債務者とする債権差押命令を申し立てたところ，同裁判所は 1998（平成 10）年 4 月 10 日に同命令を行い，その命令正本が特別送達の方法でB，Cに宛てて出されたが，郵便業務従事者が郵便局内に設置されたB，Cの私書箱に投函したために送達が一日遅滞し（Bへの送達は同月 15 日），その結果，差押えを察知したAが同月 14 日，B銀行に有する預金を引き出して差押債権を回収したので，債権差押えの目的を達することができなかったと主張して，送達事務を行う国に対し，約 787 万余円の損害賠償を求めた。第 1 審（神戸地尼崎支判平 11・3・11 民集 56 巻 7 号 1472 頁），第 2 審（大阪高判平 11・9・3 民集 56 巻 7 号 1478 頁）はいずれも，郵便法（以下単に「法」と略記）68 条，73 条を根拠にXの請求を棄却した。そこでXは①法 68 条，73 条が，憲法 17 条に違反する，又は②法 68 条，73 条のうち，郵便業務従事者の故意又は重大な過失によって損害が生じた場合にも国の損害賠償責任を否定している部分は，憲法 17 条に違反すると主張して上告した。

判　旨　**破棄差戻**　**1憲法 17 条の法意**　「憲法 17 条……の保障する国又は公共団体に対し損害賠償を求める権利については，法律による具体化を予定している。これは，公務員の行為が権力的な作用に属するものから非権力的な作用に属するものにまで及び，公務員の行為の国民へのかかわり方には種々多様なものがあり得ることから，国又は公共団体が公務員の行為による不法行為責任を負うことを原則とした上，公務員のどのような行為によりいかなる要件で損害賠償責任を負うかを立法府の政策判断にゆだねたものであって，立法府に無制限の裁量権を付与するといった法律に対する白紙委任を認めているものではない。そして，公務員の不法行為による国又は公共団体の損害賠償責任を免除し，又は制限する法律の規定が同条に適合するものとして是認されるものであるかどうかは，当該行為の態様，これによって侵害される法的利益の種類及び侵害の程度，免責又は責任制限の範囲及び程度等に応じ，当該規定の目的の正当性並びにその目的達成の手段として免責又は責任制限を認めることの合理性及び必要性を総合的に考慮して判断すべきである。」　**2郵便法 68 条，73 条の目的**　「法 68 条は，法又は法に基づく総務省令……に従って差し出された郵便物に関して，①書留とした郵便物の全部又は

一部を亡失し，又はき損したとき，②引換金を取り立てないで代金引換とした郵便物を交付したとき，③小包郵便物（書留としたもの及び総務省令で定めるものを除く。）の全部又は一部を亡失し，又はき損したときに限って，一定の金額の範囲内で損害を賠償することとし，法73条は，損害賠償の請求をすることができる者を当該郵便物の差出人又はその承諾を得た受取人に限定している。」「法68条，73条は，その規定の文言に照らすと，郵便事業を運営する国は，法68条1項各号に列記されている場合に生じた損害を，同条2項に規定する金額の範囲内で，差出人又はその承諾を得た受取人に対して賠償するが，それ以外の場合には，債務不履行責任であると不法行為責任であるとを問わず，一切損害賠償をしないことを規定したものと解することができる。」「法は，『郵便の役務をなるべく安い料金で，あまねく，公平に提供することによって，公共の福祉を増進すること』を目的として制定されたものであり（法1条），法68条，73条が規定する免責又は責任制限もこの目的を達成するために設けられたものであると解される。すなわち，郵便官署は，限られた人員と費用の制約の中で，日々大量に取り扱う郵便物を，送達距離の長短，交通手段の地域差にかかわらず，円滑迅速に，しかも，なるべく安い料金で，あまねく，公平に処理することが要請されているのである。仮に，その処理の過程で郵便物に生じ得る事故について，すべて民法や国家賠償法の定める原則に従って損害賠償をしなければならないとすれば，それによる金銭負担が多額となる可能性があるだけでなく，千差万別の事故態様，損害について，損害が生じたと主張する者らに個々に対応し，債務不履行又は不法行為に該当する事実や損害額を確定するために，多くの労力と費用を要することにもなるから，その結果，料金の値上げにつながり，上記目的の達成が害されるおそれがある。」「したがって，上記目的の下に運営される郵便制度が極めて重要な社会基盤の一つであることを考慮すると，法68条，73条が郵便物に関する損害賠償の対象及び範囲に限定を加えた目的は，正当なものであるということができる。」 **③郵便法68条，73条の合憲性** 「特別送達は，民訴法103条から106条まで及び109条に掲げる方法により送達すべき書類を内容とする通常郵便物について実施する郵便物の特殊取扱いであり，郵政事業庁……において，当該郵便物を民訴法の上記規定に従って送達し，その事実を証明するものである……。そして，特別送達の取扱いは，書留とする郵便物についてするものとされている……。したがって，本件の郵便物については，まず書留郵便物として法68条，73条が適用されることとなるが，上記各条によれば，書留郵便物については，その亡失又はき損につき，差出人又はその承諾を得た受取人が法68条2項に規定する限度での賠償を請求し得るにすぎず，Xが主張する前記事実関係は，上記各条により国が損害賠償責任を負う場合には当たらない。」「書留は，……郵便物が適正な手順に従い確実に配達されるようにした特殊取扱いであり，差出人がこれに対し特別の料金を負担するものである。そして，書留郵便物が適正かつ確実に配達されることに対する信頼は，書留の取扱いを選択した差出人はもとより，書留郵便物の利用に関係を有する者にとっても法的に保護されるべき利益であるということができる。」「書留郵便物については，通常の職務規範に従って業務執行がされている限り，書留郵便物の亡失，配達遅延等の事故発生の多くは，防止できるであろう。しかし，書留郵便物も大量であり，限られた人員と費用の制約の中で処理されなければならないものであるから，郵便業務従事者の軽過失による不法行為に基づく損害の発生は避けることのできない事柄である。限られた人員と費用の制約の中で日々大量の郵便物をなるべく安い料金で，あまねく，公平に処理しなければならないという郵便事業の特質は，書留郵便物についても異なるものではないから，法 1 条に定める目的を達成するため，郵便業務従事者の軽過失による不法行為に基づき損害が生じたにとどまる場合には，法 68 条，73 条に基づき国の損害賠償責任を免除し，又は制限することは，やむを得ないものであり，憲法 17 条に違反するものではないということができる。」「しかしながら，上記のような記録をすることが定められている書留郵便物について，郵便業務従事者の故意又は重大な過失による不法行為に基づき損害が生ずるようなことは，通常の職務規範に従って業務執行がされている限り，ごく例外的な場合にとどまるはずであって，このような事態は，書留の制度に対する信頼を著しく損なうものといわなければならない。そうすると，このような例外的な場合にまで国の損害賠償責任を免除し，又は制限しなければ法 1 条に定める目的を達成することができないとは到底考えられず，郵便業務従事者の故意又は重大な過失による不法行為についてまで免責又は責任制限を認める規定に合理性があるとは認め難い。」「なお，運送事業等の遂行に関連して，一定の政策目的を達成するために，事業者の損害賠償責任を軽減している法令は，商法，国際海上物品運送法，鉄道営業法，船舶の所有者等の責任の制限に関する法律，油濁損害賠償保障法など相当数存在する。これらの法令は，いずれも，事業者側に故意又は重大な過失ないしこれに準ずる主観的要件が存在する場合には，責任制限の規定が適用されないとしているが，このような法令の定めによって事業の遂行に支障が生じているという事実が指摘されているわけではない。このことからみても，書留郵便物について，郵便業務従事者の故意又は重大な過失によって損害が生じた場合に，被害者の犠牲において事業者を保護し，その責任を免除し，又は制限しなければ法 1 条の目的を達成できないとする理由は，見いだし難いといわなければならない。」「以上によれば，法

68条，73条の規定のうち，書留郵便物について，郵便業務従事者の故意又は重大な過失によって損害が生じた場合に，不法行為に基づく国の損害賠償責任を免除し，又は制限している部分は，憲法17条が立法府に付与した裁量の範囲を逸脱したものであるといわざるを得ず，同条に違反し，無効であるというべきである。」「特別送達は，……訴訟法上の送達の実施方法であり……，国民の権利を実現する手続の進行に不可欠なものであるから，特別送達郵便物については，適正な手順に従い確実に受送達者に送達されることが特に強く要請される。そして，特別送達郵便物は，書留郵便物全体のうちのごく一部にとどまることがうかがわれる上に，書留料金に加えた特別の料金が必要とされている。また，裁判関係の書類についていえば，特別送達郵便物の差出人は送達事務取扱者である裁判所書記官であり……，その適正かつ確実な送達に直接の利害関係を有する訴訟当事者等は自らかかわることのできる他の送付の手段を全く有していないという特殊性がある。さらに，特別送達の対象となる書類については，裁判所書記官……，執行官……，廷吏……等が送達を実施することもあるが，その際に過誤が生じ，関係者に損害が生じた場合，それが送達を実施した公務員の軽過失によって生じたものであっても，被害者は，国に対し，国家賠償法1条1項に基づく損害賠償を請求し得ることになる。」「これら特別送達郵便物の特殊性に照らすと，法68条，73条に規定する免責又は責任制限を設けることの根拠である法1条に定める目的自体は前記のとおり正当であるが，特別送達郵便物については，郵便業務従事者の軽過失による不法行為から生じた損害の賠償責任を肯定したからといって，直ちに，その目的の達成が害されるということはできず，上記各条に規定する免責又は責任制限に合理性，必要性があるということは困難であり，そのような免責又は責任制限の規定を設けたことは，憲法17条が立法府に付与した裁量の範囲を逸脱したものであるといわなければならない。」「そうすると，……法68条，73条の規定のうち，特別送達郵便物について，郵便業務従事者の軽過失による不法行為に基づき損害が生じた場合に，国家賠償法に基づく国の損害賠償責任を免除し，又は制限している部分は，憲法17条に違反し，無効であるというべきである。」「上記各条の規定のうち，特別送達郵便物について，郵便業務従事者の故意又は過失による不法行為に基づき損害が生じた場合に，国の損害賠償責任を免除し，又は制限している部分は違憲無効であるから，上記各条の存在を理由にXの請求を棄却すべきものとした原審の判断は，憲法17条の解釈を誤ったものである。論旨はその趣旨をいうものとして理由があり，原判決は破棄を免れない。」

補足意見　滝井繁男裁判官（略）

意　見　**福田博・深澤武久裁判官**　「郵便法……の目的自体は正当であり，具体的事案について国の損害賠償責任の制限規定の存在することが正当か否かを検討するに当たっては，そのような制限規定が上記の目的に照らして『役務の内容とその提供に見合って，客観的に見てバランスのとれたもの』，あるいは『釣り合っているもの』であれば，憲法 17 条の法意に合致し，違憲の問題は生じないというべきである。このような判断に当たっては，立法府の『裁量権』の広狭などを考慮する必要はない。」「多数意見の論理構成は，将来にわたって憲法 17 条についての司法の憲法判断姿勢を消極的なものとして維持する理由になりかね……ない。」　**横尾和子裁判官**　「多数意見が特別送達郵便物以外の書留郵便物についての郵便業務従事者の故意又は重大な過失による不法行為に基づく損害に関し，国の損害賠償責任を免除し，又は制限している部分を同 17 条に違反するとする部分には，賛成することができない。……郵便物について郵便業務従事者の故意又は過失による不法行為に基づく損害に関しどの程度の賠償を行うかという点も，郵便事業の体系全体の中に位置付けられるべきものである。……書留の取扱いについても，法 68 条，73 条によって国の賠償責任を免除し，又は制限していることは，郵便法の目的達成の観点から合理性及び必要性があり，憲法 17 条が立法府に付与した裁量の範囲を逸脱するものではないと解するのが相当である。……ただし，特別送達には，書留の取扱いとしての役務に加え，裁判書類等を送達し，送達の事実を公証する公権力の行使であるという側面があり，一般の郵便物におけるのとは異なる利益の実現が予定されている。この特別送達の有する公権力の行使としての性格にかんがみると，特別送達郵便物が書留郵便物全体のうちのごく一部にとどまるかどうかを問うまでもなく，軽過失による不法行為に基づく場合を含め，国の賠償責任が肯定されるべきである。」　**上田豊三裁判官**　「特別送達郵便物について，郵便業務従事者の……過失による不法行為に基づき損害が生じた場合に，国の損害賠償責任を免除し，又は制限している部分は違憲無効である」とする部分には賛成することができない。」「特別送達郵便物も書留郵便物の一種として郵便制度を利用して配達されるものであ……る以上，……郵便制度の目的……を達成するために，郵便業務従事者の軽過失による不法行為に基づき損害が生じたにとどまる場合には，法 68 条，73 条に定める範囲，限度において国は損害賠償責任を負い，それ以外には損害賠償責任を負わないとすることも，憲法 17 条が立法府に付与した裁量の範囲を逸脱するものではないと解するのが相当である。したがって，特別送達郵便物についても，郵便業務従事者の故意又は重大な過失により損害が生じた場合に不法行為に基づく国の損害賠償責任を免除し，又は制限している部分が，憲法 17 条に違反し，無効であると解すべきである。」

(評釈)　高佐智美・法セ 576 号 115，市川正人・法教 269 号 53，角田美穂子・法セ 581 号 116，尾島明・ジュリ 1245 号 188，宇賀克也・判評 537 号 170，安西文雄・セレクト〈'02〉 3，井上典之・重判〈平成 14 年度〉19，野坂泰司・法教 295 号 127，尾島明・曹時 57 巻 4 号 223，井上典之・法セ 632 号 82，宍戸常寿・法時 81

巻1号76，安西文雄・論ジュリ1号73，宍戸常寿・憲百Ⅱ 133，小島慎司・行政百選Ⅱ 245。

（コメント）　**立法による対応**　本判決後の2002（平成14）年12月4日に，国会は郵便法を改正して，本判決で違憲とされた同法68条に新たに第3項を加えるなどの修正で対応した（平成14年法121号）。

(4)　刑事補償請求権

Ⅲ-8-19　刑事補償請求訴訟

最大決昭31・12・24刑集10巻12号1692頁，判時99号25頁
（刑事補償請求棄却の決定に対する抗告棄却決定に対する特別抗告事件）

事　実　Xは，1953（昭和28）年2月5日に覚せい剤取締法違反容疑の甲事実で逮捕・勾留されたが，不起訴となり釈放された。その後，甲事実の取調べ中に発覚した覚せい剤取締法違反の乙事実と丙事実について起訴されたが，丙事実についてのみ有罪判決を受け，乙事実は無罪となった。そこでXは，無罪となった乙事実の取調べは甲事実による勾留中に不法に行われたものだとして，この勾留期間の刑事補償を請求した。第1審（金沢簡決昭29・12・27刑集10巻12号1697頁）は，刑事補償法3条2号により，「一個の裁判によって併合罪の一部について無罪の裁判を受けても，他の部分について有罪の判決を受けた場合」には「裁判所の健全な裁量により」補償をしないことができるとしてXの請求を棄却した。この判決の法令違反を主張して抗告したが原審（名古屋高金沢支決昭30・3・7刑集10巻12号1698頁）は，未決の抑留・拘禁を受けても後に不起訴となった場合は補償の対象とならないとして，Xの抗告を棄却した。そこでXは，逮捕状・勾留状に記載された事実について無罪の裁判があった場合にのみ刑事補償法1条の適用があるとする原審決定の解釈が憲法40条に反すると主張して特別抗告した。

決定要旨　**破棄差戻**　**勾留の基礎になっていない罪の無罪と刑事補償**

「憲法40条は，『……抑留又は拘禁された後，無罪の裁判を受けたとき……』と規定しているから，抑留または拘禁された被疑事実が不起訴となった場合は同条の補償の問題を生じないことは明らかである。しかし，或る被疑事実により逮捕または勾留中，その逮捕状または勾留状に記載されていない他の被疑事実につき取り調べ，前者の事実は不起訴となったが，後者の事実につき公訴が提起され後無罪の裁判を受けた場合において，その無罪となった事実についての取調が，右不起訴となった事実に対する逮捕勾留を利用してなされたものと認められる場合においては，これを実質的に考察するときは，各事実につき各別に逮捕勾留して取り調べた場合と何ら区別すべき理由がないものといわなければならない。」「そうだとすると，憲法40条にいう

『抑留又は拘禁』中には，無罪となった公訴事実に基く抑留または拘禁はもとより，たとえ不起訴となった事実に基く抑留または拘禁であっても，そのうちに実質上は，無罪となった事実についての抑留または拘禁であると認められるものがあるときは，その部分の抑留及び拘禁もまたこれを包含するものと解するを相当とする。そして刑事補償法は右憲法の規定に基き，補償に関する細則並びに手続を定めた法律であって，その第1条の『未決の抑留又は拘禁』とは，右憲法40条の『抑留又は拘禁』と全く同一意義のものと解すべきものである。」

(評釈)　常岡（乗本）せつ子・憲百II 134。

(コメント)　**関連判例**　少年審判手続において非行事実なしとして不処分決定（少年法23条2項）を受けた少年が，7日間の身体の拘束を受け審判による費用出費を余儀なくされたとして刑事補償法・刑訴法による補償を求めた特別抗告事件について，最三決平3・3・29刑集45巻3号158頁は，少年審判手続による不処分決定は刑事補償法1項1項にいう「無罪の裁判」には当たらないとして抗告を棄却した。この決定が契機となり，「少年の保護事件に係る補償に関する法律」（平成4年法84号）が制定された。

第Ⅳ章　国　会

(1)　立法・立法の委任

Ⅳ-1　立法の委任の範囲

最一判平14・1・31民集56巻1号246頁，判時1776号49頁
（児童扶養手当資格喪失処分取消請求事件）

事　実　Xは，婚姻によらないで子を懐胎・出産・監護し，児童扶養手当法施行令1条の2第3号に該当する児童を監護する母として1991（平成3）年2月分から児童扶養手当の支給を受けていたが，1993（平成5）年5月になって子がその父から認知されたことにより，Y（奈良県知事）から児童扶養手当受給資格喪失通知書の交付を受けたため，Xはこの処分（本件処分）を不服としてYに対して異議申立てをしたが棄却されたので，本件処分の取消しを求めて訴えを提起した。第1審（奈良地判平6・9・28判時1559号31頁）は，児童扶養手当施行令1条の2第3号末尾の括弧書部分（本件括弧書＝判旨参照）は，婚姻外の児童をその社会的地位又は身分により不合理に差別するものであって憲法14条に違反し無効であるとして請求を認容したが，控訴審（大阪高判平7・11・21判時1559号26頁）は逆に，父の不存在という指標によって児童扶養手当の支給対象を画することは不合理といえず，本件括弧書を設けたことは立法府の裁量の範囲内に属するなどとして原判決を取り消し，Xの請求を棄却したので，Xから上告した。

判　旨　**破棄差戻**　**1児童扶養手当法・同法施行令の各規定**　児童扶養手当法（以下「法」という。）4条1項は，児童扶養手当の支給要件として，都道府県知事は次の各号のいずれかに該当する児童の母がその児童を監護するとき，又は母がないか若しくは母が監護をしない場合において，当該児童の母以外の者がその児童を養育するときは，その母又は養育者に対し，児童扶養手当を支給するとし，支給対象となる児童として，「父母が婚姻を解消した児童」（1号），「父が死亡した児童」（2号），「父が政令で定める程度の障害の状態にある児童」（3号），「父の生死が明らかでない児童」（4号），「その他前各号に準ずる状態にある児童で政令で定めるもの」（5号）を規定している（ここに規定する場合を含め，法にいう「婚姻」には，婚姻の届出をしていないが事実上婚姻関係と同様の事情にある場合を含むものとされている（法3条3項）。以下，本判決においても同じ。）。そして，児童

扶養手当法施行令（平成10年政令第224号による改正前のもの。以下「施行令」という。）1条の2は，法4条1項5号に規定する政令で定める児童として，「父（母が児童を懐胎した当時婚姻の届出をしていないが，その母と事実上婚姻関係と同様の事情にあった者を含む。以下次号において同じ。）が引き続き1年以上遺棄している児童」（1号），「父が法令により引き続き1年以上拘禁されている児童」（2号），「母が婚姻（婚姻の届出をしていないが事実上婚姻関係と同様の事情にある場合を含む。）によらないで懐胎した児童（父から認知された児童を除く。）」（3号）……を規定している。」 **②法4条1項5号および施行令1条の2第3号の法意** 「施行令1条の2第3号の規定は，婚姻外懐胎児童を児童扶養手当の支給対象児童として取り上げた上，認知された児童をそこから除外するとの明確な立法的判断を示していると解することができる。そして，このうち認知された児童を児童扶養手当の支給対象から除外するという判断が違憲，違法なものと評価される場合に，同号の規定全体を不可分一体のものとして無効とすることなく，その除外部分のみを無効とすることとしても，いまだ何らの立法的判断がされていない部分につき裁判所が新たに立法を行うことと同視されるものとはいえない。したがって，本件括弧書を無効として本件処分を取り消すことが，裁判所が立法作用を行うものとして許されないということはできない。」「法は，父と生計を同じくしていない児童が育成される家庭の生活の安定と自立の促進に寄与するため，当該児童について児童扶養手当を支給し，もって児童の福祉の増進を図ることを目的としている（法1条）が，父と生計を同じくしていない児童すべてを児童扶養手当の支給対象児童とする旨を規定することなく，その4条1項1号ないし4号において一定の類型の児童を掲げて支給対象児童とし，同項5号で『その他前各号に準ずる状態にある児童で政令で定めるもの』を支給対象児童としている。同号による委任の範囲については，その文言はもとより，法の趣旨や目的，さらには，同項が一定の類型の児童を支給対象児童として掲げた趣旨や支給対象児童とされた者との均衡等をも考慮して解釈すべきである。」 **③施行令1条の2第3号の適法性** 「法は，いわゆる死別母子世帯を対象として国民年金法による母子福祉年金が支給されていたこととの均衡上，いわゆる生別母子世帯に対しても同様の施策を講ずべきであるとの議論を契機として制定されたものであるが，法が4条1項各号で規定する類型の児童は，生別母子世帯の児童に限定されておらず，1条の目的規定等に照らして，世帯の生計維持者としての父による現実の扶養を期待することができないと考えられる児童，すなわち，児童の母と婚姻関係にあるような父が存在しない状態，あるいは児童の扶養の観点からこれと同視することができる状態にある児童を支給対象児童として類型化しているものと解することができる。母が婚姻によらずに懐胎，出産した婚姻外懐胎児童は，世帯の生計維持者としての父がいない児童であり，父による現実の扶養を期待することができない類型の児童に当たり，施行令1条の2第3号が本件括弧書を除いた本文において婚姻外懐胎児童を法4条1項1号ないし4号に準ずる児童としていることは，法の委任の趣旨に合致するところである。一方で，施行令1条の2第3号は，本件括弧書を設けて，父から認知された婚姻外懐胎児童を支給対象児童から除外することとしている。確かに，婚姻外懐胎児童が父から認知されることによって，法律上の父が存在する状態になるのであるが，法4条1項1号ないし4号が法律上の父の存否のみによって支給対象児童の類型化をする趣旨でないことは明らかであるし，認知によって当然に母との婚姻関係が形成されるなどして世帯の生計維持者としての父が存在する状態になるわけでもない。また，父から認知されれば通常父による現実の扶養を期待することができるともいえない。したがって，婚姻外懐胎児童が認知により法律上の父がいる状態になったとしても，依然として法4条1項1号ないし4号に準ずる状態が続いているものというべきである。そうすると，施行令1条の2第3号が本件括弧書を除いた本文において，法4条1項1号ないし4号に準ずる状態にある婚姻外懐胎児童を支給対象児童としながら，本件括弧書により父から認知された婚姻外懐胎児童を除外することは，法の趣旨，目的に照らし両者の間の均衡を欠き，法の委任の趣旨に反するものといわざるを得ない。」「上記各号〔法4条1項2号，4号〕に定める父の死亡や父の生死不明も，単なる法律上の父の不存在ではなく，世帯の生計維持者としての父の不存在の場合を類型化したものということができるのであり，上記各号の場合に養父の出現や父の生存の確認によって世帯の生計維持者としての父の不存在の状態が解消されたとしてその受給資格を喪失させることと，認知により法律上の父が存在するに至ったとの一事をもって受給資格を喪失させることとを同一視することはできないというべきである。」「そして，このように解することは，事実上の婚姻関係にある父母の間に出生した児童が，事実上の婚姻関係の解消によって法4条1項1号の支給対象児童となった場合において，その後に父の認知があったとしても，その受給資格に消長を来さないと解されていることとも整合する。」「以上のとおりであるから，施行令1条の2第3号が父から認知された婚姻外懐胎児童を本件括弧書により児童扶養手当の支給対象となる児童の範囲から除外したことは法の委任の趣旨に反し，本件括弧書は法の委任の範囲を逸脱した違法な規定として無効と解すべきである。そうすると，その余の点について判断するまでもなく，本件括弧書を根拠としてされた本件処分は違法といわざるを得ない。」

反対意見　**町田顯裁判官**　「法が世帯の生計維持者としての父のいない児童すべてを支給対象児童とするものではないことは，その文言上からも明らかであり，……父と生計を同じくしていない児童のすべてではなく，父母の離婚等その児童の経済状態が悪化する特別の事情のある児童に限って児童扶養手当を支給する社会保障立法が，憲法に反するものでないことは，最大判昭 57・7・7 民集 36 巻 7 号 1235 頁〔堀木訴訟判決〕に照らし明らかである。」「このように解すべきものとすれば，内閣は，法 4 条 1 項 5 号の委任に基づき，政令を定める場合に，婚姻外懐胎児童を支給対象児童とすることを義務付けられているものではない。同号が……包括的，抽象的に定める趣旨は，どのような状態にある児童を同項 1 号から 4 号までに準ずる状態にあるとして政令に定めるかを，政令の制定権者である内閣の裁量にゆだねているものというべきである。……同じ婚姻外懐胎児童であっても，父から認知されたものは父に対し扶養請求権を持つのに，認知されていないものにはそのような権利はないから，社会福祉制度の一つである本件児童扶養手当の支給について，認知されていないもののみを支給対象児童とすることも合理的な理由があり，施行令 1 条の 2 第 3 号の括弧書部分が法の委任の趣旨に反するものとは解されない。……事実上の婚姻関係にある父母の間で出生した児童については，法は，父の認知の有無にかかわらず，父があるものとして法を適用するものとしているのであるから，認知によって法の適用上新たに父が出現するものではないのに対し，婚姻外懐胎児童の場合は，父の認知によって初めて父があることになるのであるから，受給資格に関し，認知の取扱いが異なっても，整合性に欠けることとなるものではない。」

（評釈）　横田守弘・法セ 569 号 98，原田一明・セレクト〈'02〉12，清野幾久子・法教 265 号 134，中野妙子・ジュリ 1230 号 125，竹田光広・ジュリ 1232 号 176，竹田光広・曹時 56 巻 11 号 122，豊島明子・重判〈平成 14 年度〉37，田中祥貴・憲百Ⅱ 213，高田清恵・社会保障百選 99。

（コメント）　**立法による対応**　本件括弧書部分はすでに平成 10 年政令第 224 号により削除されている。**関連判例**　なお，立法の委任に関しては，「14 歳未満ノ者ニハ在監者ト接見ヲ為スコトヲ許サス」と規定していた監獄法施行規則 120 条の適法性が争われた事件について，同条が監獄法 50 条（現在では，刑事収容施設及び被収容者等の処遇に関する法律 114 条 1 項など）の委任の範囲を超えており無効だとした最三判平 3・7・9 民集 45 巻 6 号 1049 頁がある。

Ⅳ-2　医薬品ネット販売権訴訟

最二判平 25・1・11 民集 67 巻 1 号 1 頁，判時 2177 号 35 頁
（医薬品ネット販売の権利確認等請求事件）

事　実　平成 18 年法 69 号 1 条の規定による改正後の薬事法（以下「新薬事法」という）の施行に伴って平成 21 年厚生労働省令第 10 号により改正された薬事法施行規則（以下「新施行規則」という）において，店舗以外の

場所にいる者に対する郵便その他の方法による医薬品の販売又は授与（以下「郵便等販売」という）は一定の医薬品に限って行うことができる旨の規定及びそれ以外の医薬品の販売若しくは授与又は情報提供はいずれも店舗において薬剤師等の専門家との対面により行わなければならない旨の規定が設けられた。これについて，インターネットを通じた郵便等販売を行う事業者であるX（被上告人）らは，新施行規則の上記各規定は郵便等販売を広範に禁止するものであり，新薬事法の委任の範囲外の規制を定める違法なものであって無効であるなどと主張して，Y（上告人）を相手に，新施行規則の規定にかかわらず郵便等販売をすることができる権利ないし地位を有することの確認等を求める訴えを提起した。

第1審判決（東京地判平22・3・30判時2096号9頁）は，Xらの請求を全部棄却ないし却下した。控訴審判決（東京高判平24・4・26判タ1381号105頁）は，1審判決を取り消し，郵便等販売を制限する新施行規則について新薬事法の委任の範囲を超えて違法無効であるとした。その根拠として，新施行規則による規制は，郵便等販売を行う事業者の営業の自由を制限するものであるから，その授権規定には明確性が求められるところ，新薬事法には郵便等販売を禁止又は制限する趣旨を明確にした規定はないなどと判示した。

判　旨　棄却

①薬事法による医薬品の製造，販売委等についての規制根拠　「薬事法が医薬品の製造，販売等について各種の規制を設けているのは，医薬品が国民の生命及び健康を保持する上での必需品であることから，医薬品の安全性を確保し，不良医薬品による国民の生命，健康に対する侵害を防止するためである（最二判平7・6・23民集49巻6号1600頁参照）。このような規制の具体化に当たっては，医薬品の安全性や有用性に関する厚生労働大臣の医学的ないし薬学的知見に相当程度依拠する必要があるところである。なお，上記事実関係等からは，新薬事法の立案に当たった厚生労働省内では，医薬品の販売及び授与を対面によって行うべきであり，郵便等販売については慎重な対応が必要であるとの意見で一致していたことがうかがわれる。」　**②職業活動の自由の保障と新薬事法の委任の範囲**　「〔原審の確定した〕事実関係等によれば，新薬事法成立の前後を通じてインターネットを通じた郵便等販売に対する需要は現実に相当程度存在していた上，郵便等販売を広範に制限することに反対する意見は一般の消費者のみならず専門家・有識者等の間にも少なからず見られ，また，政府部内においてすら，一般用医薬品の販売又は授与の方法として安全面で郵便等販売が対面販売より劣るとの知見は確立されておらず，薬剤師が配置されていない事実に直接起因する一般用医薬品の副作用等による事故も報告されていないとの認識を前提に，消費者の利便性の見地からも，一般用医薬品の販売又は授与の方法を店舗における対面によるものに限定すべき理由には乏しいとの趣旨の見解が根強く存在していたも

のといえる。しかも，憲法 22 条 1 項による保障は，狭義における職業選択の自由のみならず職業活動の自由の保障をも包含しているものと解されるところ（最大判昭 50・4・30 民集 29 巻 4 号 572 頁参照），旧薬事法の下では違法とされていなかった郵便等販売に対する新たな規制は，郵便等販売をその事業の柱としてきた者の職業活動の自由を相当程度制約するものであることが明らかである。これらの事情の下で，厚生労働大臣が制定した郵便等販売を規制する新施行規則の規定が，これを定める根拠となる新薬事法の趣旨に適合するもの（行政手続法 38 条 1 項）であり，その委任の範囲を逸脱したものではないというためには，立法過程における議論をもしんしゃくした上で，新薬事法 36 条の 5 及び 36 条の 6 を始めとする新薬事法中の諸規定を見て，そこから，郵便等販売を規制する内容の省令の制定を委任する授権の趣旨が，上記規制の範囲や程度等に応じて明確に読み取れることを要するものというべきである。」 3

新薬事法の授権の趣旨と新施行規則　「しかるところ，新施行規則による規制は，……一般用医薬品の過半を占める第一類医薬品及び第二類医薬品に係る郵便等販売を一律に禁止する内容のものである。これに対し，新薬事法 36 条の 5 及び 36 条の 6 は，いずれもその文理上は郵便等販売の規制並びに店舗における販売，授与及び情報提供を対面で行うことを義務付けていないことはもとより，その必要性等について明示的に触れているわけでもなく，医薬品に係る販売又は授与の方法等の制限について定める新薬事法 37 条 1 項も，郵便等販売が違法とされていなかったことの明らかな旧薬事法当時から実質的に改正されていない。また，新薬事法の他の規定中にも，店舗販売業者による一般用医薬品の販売又は授与やその際の情報提供の方法を原則として店舗における対面によるものに限るべきであるとか，郵便等販売を規制すべきであるとの趣旨を明確に示すものは存在しない。なお，検討部会における議論及びその成果である検討部会報告書並びにこれらを踏まえた新薬事法に係る法案の国会審議等において，郵便等販売の安全性に懐疑的な意見が多く出されたのは〔原審の確定した〕事実関係等のとおりであるが，それにもかかわらず郵便等販売に対する新薬事法の立場は上記のように不分明であり，その理由が立法過程での議論を含む〔原審の確定した〕事実関係等からも全くうかがわれないことからすれば，そもそも国会が新薬事法を可決するに際して第一類医薬品及び第二類医薬品に係る郵便等販売を禁止すべきであるとの意思を有していたとはいい難い。そうすると，新薬事法の授権の趣旨が，第一類医薬品及び第二類医薬品に係る郵便等販売を一律に禁止する旨の省令の制定までをも委任するものとして，上記規制の範囲や程度等に応じて明確であると解するのは困難であるというべきである。」「したがって，新施行規則のうち，店舗販売業者に対し，一般用医薬品のうち第一類医薬品及び第二類医薬品について，①　当該店舗において対面で販売させ又は授与させなければならない（159条の14第1項，2項本文）ものとし，②　当該店舗内の情報提供を行う場所において情報の提供を対面により行わせなければならない（159条の15第1項1号，159条の17第1号，2号）ものとし，③　郵便等販売をしてはならない（142条，15条の4第1項1号）ものとした各規定は，いずれも上記各医薬品に係る郵便等販売を一律に禁止することとなる限度において，新薬事法の趣旨に適合するものではなく，新薬事法の委任の範囲を逸脱した違法なものとして無効というべきである。」「以上によれば，新施行規則の上記各規定にかかわらず第一類医薬品及び第二類医薬品に係る郵便等販売をすることができる権利ないし地位を有することの確認を求めるXらの請求を認容した原審の判断は，結論において是認することができる。論旨は採用することができない。」

評釈　安念潤司・重判〈平成24年度〉24，下山憲治・重判〈平成24年度〉36，斎藤一久・法セ700号128，山下竜一・法セ700号129，岡田幸人・ジュリ1462号90，山下竜一・判評665号137，髙木光・民商149巻3号31，髙井裕之・医事百選19，田中祥貴・セレクト〈'13〉Ⅰ 12，筑紫圭一・セレクト〈'13〉Ⅱ 3，木下昌彦・憲百Ⅱ A11，岡田幸人・曹時67巻11号311，野口貴公美・行政百選Ⅰ 50。

IV-3　委任立法の限界

最一判平27・12・14民集69巻8号2348頁，判時2294号29頁
（退職一時金返還請求事件）

事　実　Yは，1963（昭和38）年4月以来勤務していた日本電信電話公社（以下「電電公社」）を1974（昭和49）年1月に退職し，同年2月末頃に，同公社共済組合（以下「旧共済組合」）から，公共企業体職員等共済組合法（以下「公企体共済法」）に基づき退職一時金として14万1367円を受給した（当時は組合員期間が1年以上20年未満のときは，退職年金は支給されず，組合員期間に応じて算定される退職一時金を支給するものとされていた）。1983（昭和58）年に公企体共済法が廃止され（法82号），翌年4月以降は，公共企業体の職員に係る共済組合制度は国家公務員共済組合法（以下「国公共済法」）に統合された。さらに1986（昭和61）年4月には国家公務員等の公的年金制度の抜本的改正（昭和60年法105号）により，公企体共済の組合員期間が20年に満たない者も退職共済年金等を受給できることとなった。さらに1997（平成9）年4月には厚生年金保険法等の一部を改正する法律（平成8年法82号＝以下「厚年法改正法」）により，民営化後も国家公務員の共済組合制度に残っていた旧三公社の共済組合の年金制度は，厚生年金保険法に基づく厚生年金制度に統合された。

2003（平成15）年7月に満60歳となったYは，旧共済組合の組合員であった期間を計算の基礎とする老齢厚生年金および退職共済年金の受給権を有するようになった（重複受給）が，国公共済法（平成24年法63号による削除前のもの）附則12条の12の規定により，支給を受けた退職一時金の額に利子相当額を加えた額（以下「退職一時金利子加算額」）を，退職共済年金の受給権を得た日の属する月の翌月から1年以内に，一時にまたは分割して返還しなければならないとされ，その複利計算の方法による利子の定めは，経過措置を定める厚年法改正法附則30条1項の委任に基づく政令（平成9年政令第86号。以下「本件政令」）によるものとされた。

旧共済組合の権利義務を承継した原告X（エヌ・ティ・ティ企業年金基金）が，本件政令4条1項の規定に基づき，Yに対し，上記退職一時金の額に利子に相当額を加えた金額66万460円およびこれに対する遅延損害金の支払を求めた。第1審（東京地判平24・12・26民集69巻8号2384頁）はXの請求を認容したが，控訴審（東京高判平25・9・26判時2211号47頁）は，上記国公共済法附則12条の12および厚年法改正法附則30条1項は，不当利得返還請求に係る民法の規定の特別規定たる性質を有するところ，「利率の決定に際して考慮すべき要素やその上限等について明確な基準となるもの」を示すなどの何ら特段の限定もせずに，民法と異なる利率の定めを「白地で包括的に政令に委任したものであって，委任の範囲を逸脱する」として，Xの請求のうち退職一時金利子加算額の利子相当額に係る部分を棄却した。そこでXが上告および上告受理申立てに及んだ。

判　旨　破棄自判　**国公共済法附則12条の12第4項および厚年法改正法附則30条1項の合憲性**　「国公共済法附則12条の12が定める退職一時金利子加算額の返還制度は，……過去に共済組合から退職一時金の支給を受けた者が，その後当該共済組合の組合員期間を計算の基礎とする退職共済年金等の受給権を有することとなった場合に，年金額からの控除という従来の調整方法では退職一時金の額に比べて年金額から控除される金額が多額となる場合が多かったことから，これに代わるものとして，同一の組合員期間に対する退職一時金と退職共済年金等との重複支給を避けるための調整措置として定められたものである。そして，上記返還制度が設けられた当時の国公共済法99条1項2号は，長期給付に要する費用については，その費用の予想額と長期給付に係る組合員の掛金及び国等の負担金の額並びにその予定運用収入の額の合計額とが，将来にわたって財政の均衡を保つことができるようにする旨を定めていたものであり，このことに照らすと，同法に基づく退職共済年金等の長期給付は，上記の掛金等の額にその予定運用収入の額を加えたものを原資として支払われることが予定されていたものといえる。」「また，国公共済法は，昭和54年法律第76号により廃止された退職一時金制度に代わるものとして脱退一時金制度を設けていたところ……，この脱退一時金の金額は，組合員期間が1年以上20年未満の者が退職した後に60歳に達した場合については，俸給日額に組合員期間に応じて定められた日数を乗じて得た金額に，所定の期間に応ずる『利子に相当する金額』を合算したものとされ（昭和60年法律第105号による改正前の国公共済法80条2項），その利子は，同改正後の国公共済法附則12条の12第4項と同じく，『複利計算の方法によるものとし，その利率は，政令で定める。』ものとされ（上記改正前の国公共済法80条3項），当該利率は，政令により，当時の予定運用収入に係る利率と同じ年5.5％と定められていたものである。」「以上に鑑みると，国公共済法附則12条の12は，同一の組合員期間に対する退職一時金と退職共済年金等との重複支給を避けるための調整措置として，従来の年金額からの控除という方法を改め，財政の均衡を保つ見地から，脱退一時金の金額の算定方法に準じ，退職一時金にその予定運用収入に相当する額を付加して返還させる方法を採用したものと解される。このような同条の趣旨等に照らすと，同条4項は，退職一時金に付加して返還すべき利子の利率について，予定運用収入に係る利率との均衡を考慮して定められる利率とする趣旨でこれを政令に委任したものと理解することができる。」「そして，国公共済法附則12条の12の経過措置を定める厚年法改正法附則30条1項についても，これと同様の趣旨で退職一時金利子加算額の返還方法についての定めを政令に委任したものと理解することができる。」「したがって，国公共済法附則12条の12第4項及び厚年法改正法附則30条1項は，退職一時金に付加して返還すべき利子の利率の定めを白地で包括的に政令に委任するものということはできず，憲法41条及び73条6号に違反するものではないと解するのが相当である。このように解すべきことは，当裁判所大法廷判決（最大判昭33・7・9刑集12巻11号2407頁，最大判昭49・11・6刑集28巻9号393頁等）の趣旨に徴して明らかというべきである。」原審は，「国公共済法附則12条の12は，過去の退職一時金の支給を事後的に無効としてその返還を求めるものであり，不当利得返還に係る民法の規定の特別規定たる性質を有すると解した上で，同条4項はその利率の定めを包括的に政令に委任したものであって無効であるなどと判示する。しかし，上記のとおり，同条は，同一の組合員期間に対する退職一時金と退職共済年金等との重複支給を避けるための調整措置を定めた規定であって，過去の退職一時金の支給を事後的に無効としその返還を求めるものではないというべきである。また，同条の趣旨等に照らせば，同項の委任の趣旨は上記のとおり理解することができ，同項の規定が利率の定めを包括的に政令に委任したものともいえない。」「原審の判断は，憲法41条及び73条6号並びに国公共済法附則12条の12の解釈を誤ったものといわざるを得ない。」

（評釈）　徳地淳・ジュリ1498号115，村西良太・重判〈平成28年度〉10，笹田栄司・法教430号129，野口貴公美・法教430号130，横大道聡・判評697号72，田中祥貴・行政百選Ⅰ46。

(2)　国会議員の特権

Ⅳ-4　無期限逮捕許諾違憲訴訟

東京地決昭29・3・6判時22号3頁
（勾留裁判に対する準抗告申立事件）

事　実　訴外検察官Aは，1954（昭和29）年2月当時，衆議院議員であったXにつき，いわゆる造船疑獄をめぐるXへの贈賄の被疑事実があるとして，同月16日，東京簡裁に逮捕状を請求した。当時は国会開会中であったため，同裁判所は内閣に逮捕許諾の要求書を提出した（憲法50条，国会法33～34条参照）。内閣がこれを衆議院に付議したところ，同院はXを同年3月3日まで逮捕することを許諾するとの議決をしたので，内閣はこれに従い，同日までの期限付の逮捕許諾を同裁判所に通知した。同裁判所が2月24日に発した逮捕状は即日執行された。その後2月26日，検察官B（訴外）の請求により，東京地裁はXに対する勾留状を発し，同勾留状は即日執行され，Xは勾留された。これに対しXは，国会には憲法上無条件の逮捕許諾権が与えられている（50条）のであるから，許諾に当たってその期限を定めることも可能であり，本件においても，国会は許諾の期間を定めており，また憲法は国の最高法規であって刑訴法の規定に優越する以上，裁判所も国会の期限付許諾に基づいて期限付の勾留状を発すべきであって，何らの期限も付さない勾留裁判は違法であるとして，その取消しを求めて準抗告した。

決定要旨　**棄却**〔確定〕　**逮捕許諾権の本質**　「憲法第50条……は，国の立法機関である国会の使命の重大である点を考慮して，現に国会の審議に当っている議員の職務を尊重し，議員に犯罪の嫌疑がある場合においても苟も犯罪捜査権或は司法権の行使を誤り又はこれを濫用して国会議員の職務の遂行を不当に阻止妨害することのないよう，院外における現行犯罪等逮捕の適法性及び必要性の明確な場合を除いて各議院自らに所属議員に対する逮捕の適法性及び必要性を判断する権能を与えたものと解しなければならない。」「かくの如く……議員に対しては一般の犯罪被疑者を逮捕する場合よりも特に国政審議の重要性の考慮からより高度の〔逮捕の〕必要性を要求することもあり得るから，このような場合には尚これを不必要な逮捕として許諾を拒否することも肯認し得るけれども，苟も右の観点において適法にして且必要な逮捕と認める限り無条件にこれを許諾しなければならない。随って議員の逮捕を許諾する限り右逮捕の正当性を承認するものであって逮捕を許諾しながらその期間を制限するが如きは逮捕許諾権の本質を無視した不法な措置と謂はなければならない。」「議院の逮捕許諾権は憲法及び法律に定める手続によって逮捕することを許諾するか否かを決定する権能であって憲法及び法律に定める逮捕以外の方法により逮捕を許諾し又はこれを要求する権能ではない。……従って何等制限を附せず刑事訴訟法の規定に準拠してなした本件勾留の裁判は正当であ」る。

（評釈）　赤坂幸一・憲百Ⅱ 174。

（コメント）　この決定の直後に東京地検が東京地裁裁判官に対して勾留の延長を請求したが，逃亡や証拠隠滅のおそれなしとの理由で却下されている。

IV-5　第一次国会乱闘事件第1審

東京地判昭 37・1・22 判時 297 号 7 頁
（公務執行妨害被告事件）

事　実　1955（昭和 30）年 7 月当時参議院議員であった Y_1，Y_2は，同月 30 日の国会審議過程（いわゆる憲法調査会法案および国防会議構成法案等の重要法案をめぐる審議）において，同院議院運営委員長A，同院衛視B～Gの公務の執行を妨害し（刑法 95 条），同人等に傷害を負わせた（同 204 条）として起訴された。Y_1，Y_2は，同人らの行為は，国会会期中における院内での職務執行行為であって，その刑事責任を追及することは参議院固有の自律権を侵すものであり（憲法 41 条・58 条 1 項），このことは議員の不逮捕特権（同 50 条）からもいうことができるのみならず，院の懲罰権が発動されないのに刑罰権を行使することは，院の懲罰権を奪うものである。また同人らの行為は免責特権（同 51 条）の対象たる行為に該当するから，これについて裁判所は裁判する権限を有さず，仮に裁判権があるとしても議院の告発が必要であり，さらに Y_1，Y_2の行為は高度に政治的性格を帯びたものであり，一つの政治問題（統治行為）として考えられなければならないとして，無罪を主張した。

判　旨　**無罪**〔確定〕　**1議院の懲罰権と国家の刑罰権**　「立法府たる国会の両議院がその組織，議事手続および秩序維持など内部の事柄について行政権および司法権から独立して或る程度の自律権を持つことは三権分立の原理からして当然のことといわなければならない。かくて国会は憲法上他の国家機関については見られない諸種の特権を保障され，その存立，活動が自主的に行なわれるために必要不可欠な諸条件についてみずから決定しうることとされている。」「議院の懲罰権は……国会の自律権を保障するものである。国会の各議院は院内の秩序を維持する目的のためこれを乱した議員に対し自律的にこれを処罰する権能を憲法上与えられているのである。憲法第 58 条第 2 項にいう『議員の懲罰』とは，議員という特殊な身分関係の秩序を維持するためにその身分を有するものに科される制裁であ〔って〕……，一般国民としての違法行為に対して科される刑罰ではない」。「司法の存在理由は市民法的な権利，自由の保障にあるから，議員の行動が院内の秩序をみだす反面これによって私人の権利を侵し，これが刑法の保護法益の侵害となればその行動はもはや内部規律の範囲を超えており，司法権がこれに及ぶと解すべきである。ただ当該行為が憲法第51条の免責特権によって無答責となる場合にのみ訴訟障碍として刑罰を科することができないだけである。すなわち当該行為にして免責特権の範囲外に出るときは院の懲罰権と国家刑罰権とは競合するのであって，懲罰権あるの故をもって刑罰権が排斥されることはないものと解するのを相当と考える。……刑罰の対象たる行為については国家が無関心であり得ない保護法益の侵害がそこにあり，院自身の内部の秩序或は院の体面維持というようなものと侵害の対象が全然異なり，従って行為に対する評価の基準，処罰態様，方法等すべての点において懲罰と刑罰とは本質的に異なり両立し得ないものではないのである。」「不逮捕特権中には不起訴特権を包含しない……わが憲法の規定は，起訴からの自由をも規定している多数の国の憲法と異なっているのであって，この点について明文を欠く以上，これを積極に解することはできないと考える。」 **2免責特権の対象行為** 「国会では行政，司法等に対する徹底的な批判が行なわれなければならず，そのため往々にして個人の名誉，社会の治安を害することがありうるのであり，通常の場合には尊重さるべき個人，社会等の反対利益も譲歩を余儀なくされざるを得ないのであって，もしこれにかからずらっているときは言論を萎縮させ，また場合によってはこれを抑圧することになりかねないのである。本条〔憲法51条〕において議員の院内の言論について院外における責任免除の特権を認めたのはこのような政策的考慮から処分を免除し，発言の自由を保障し，もって国会の機能を遺憾なく発揮せしめんことを企図したものである。」憲法第51条にいう「議院で行った」とは「議院の活動として議員が職務上行なった，すなわち議院の職務執行において議員が議員としての職務を行なうに際し行なった（発言），という意味である。」本条の免責特権の対象たる行為は「同条に列挙された演説，討論または表決等の本来の行為そのものに限定せらるべきものではなく，議員の国会における意見の表明とみられる行為にまで拡大され……議員の職務執行に付随した行為にもこれが及ぶという考えも一概にこれを排斥することはできない。」「各種の随伴行為が……法定の適式な議事手続中の行為である場合は問題はない」が，「法律上認容されていない行為については種々の問題が存する。……正当な職務行為に付随して行なわれた行為は……その多少の行き過ぎは咎められるべきものではない。」「議員の院内活動について議院の告発を起訴条件とするときは職務行為に無関係な犯罪行為についても検察庁はこれを起訴し得ないこととなり，場合によっては多数派の考え方次第で普通の犯罪が隠蔽されるおそれを生ずる。次に議員の議事活動に付随して発生した犯罪について職務行為の範囲内外を審理決定する権限は現行法上国会に与えられていない。刑事裁判における事実認定に相当するような審議権は成文法上国会に与えられていないことは極めて明瞭であるが，もし右の審理決定権が国会に在りとすると解するということになると，その与えられていない審議権を事実上国会に認めると同様の結果となるという矛盾を来たすこととなろう。」「起訴状自体の記述が明らかに免責特権に当たる場合を除き，その事実審理の可能性は勿論認められるべきである。そうしてまた起訴状の記載自体からは当該行為が免責特権に当たるか否か明らかでない場合に公訴棄却の裁判を為しうるか否かを決するために本案に立ち入って審理をすることが当然許さるべきもの，否むしろ同時に本案の審理を為すほかないものと解する。」 **3司法審査からの除外行為**　統治行為（政治問題）とは「或る国家行為について法律上の争いがあり法律的判断が可能であるにもかかわらずその行為が高度の政治性を有するためにその性質上司法裁判所による審査の対象から除外されるものをいう。」「Y_2の職務執行行為〔議院運営委員会の傍聴〕は広義では同人の所属する国会を構成する一院たる参議院の審議行為と言われるものに包含はされるが厳密な意味では院の審議行為それ自体とは異なるばかりでなく，院の審議行為の一部を成す行為とすらいうこともできないのである。なぜなら参議院としての統一した意思はこれを構成する多数議員の意思の集積によって構成されるものであるところ，Y_2の右行為はその参議院の意思を作り上げるために為されたものではあっても，参議院自体の意思の表明或は参議院自体の行為の構成部分を成しているものと言うことはできないからである。……起訴状に犯罪行為として記載されたものはY_1Y_2の『議運委』における前記職務行為の機会に為されたものであるに止まり，それはいかなる意味においても公の職務行為そのものとして為されたということのできないことであることは明らかである。公の機関によって公の職務行為として為される行為が犯罪と目されうることは通常はあり得ないのみならず，たとえ外形的に犯罪行為と目されるものが存在していても，それが公の機関によって公の職務行為そのものとして為されているところのものであるうえに同時にいわゆる統治行為の概念に包摂される場合にのみ，それは犯罪行為として司法審査の対象たり得ないのみである」。

(評釈)　清田雄治・憲百Ⅱ 175。

IV-6　第二次国会乱闘事件控訴審

東京高判昭 44・12・17 高刑 22 巻 6 号 924 頁，判時 582 号 18 頁
（公務執行妨害被告事件）

事　実　1956（昭和 31）年当時参議院議員であった Y_1，Y_2は，同年 5 月 31 日から 6 月 3 日の間の国会審議過程（いわゆる教育 2 法案の審議）において，同院事務次長A，同院衛視B，Cの公務執行を妨害した（刑法 95 条）として起訴された。Y_1，Y_2は，同人らの行為は議員の免責特権（憲法 51 条）の対象たる行為に該当する，また，これらの行為は統治行為であるから裁判所は介入すべきでない，さらに，国会議場内における国会議員の行為を訴追するには，議院の告訴または告発が必要であるのに，本件の場合にはこれが欠けている，などとして無罪を主張した。第 1 審（東京地判昭 41・1・21 判時 444 号 19 頁）で無罪となったので，検察側が控訴した。

判　旨　**棄却**〔確定〕　**公訴棄却論は認められない**　「憲法第 51 条所定の国会議員の免責特権の対象たる行為とは，同法条の設けられた精神にかんがみるときは，必ずしも同規定に明文のある演説，討論又は表決だけに限定すべきではないが，少なくとも議員がその職務上行なった言論活動に付随して一体不可分的に行なわれた行為の範囲内のものでなければならないと解すべきところ，Y_1Y_2らの本件各行為〔議院事務次長，衛視らの公務を有形力をもってさまたげたこと〕はそれに該当しない」。「Y_1Y_2らの本件各行為のような国会議員個人の行為に刑事責任があるか否かの問題は，たとえそれが国会議員としての職務遂行に関連してなされたものであっても，国会の行為で国家統治の基本に関する高度の政治性をもつものとは解せられず，従って，これに対する裁判権がないとはいえない」。「日本国憲法および現行法令のもとにおいては，国会議場内における国会議員の行為を刑事訴追するにあたり，議院の告訴又は告発がその訴訟条件ではないと解するのを相当とする」。

（評釈）　小林孝輔・重判〈昭和 44 年度〉21。

IV-7　病院長自殺国賠訴訟

最三判平 9・9・9 民集 51 巻 8 号 3850 頁，判時 1631 号 57 頁
（損害賠償請求事件）

事　実　1985（昭和 60）年 11 月 21 日に開かれた衆議院社会労働委員会において，当時衆議院議員であり同委員会の委員であったY_1は，同日の議題であった医療法の一部を改正する法律案の審議に際し，地域医療計画における国の責任，医療圏・医療施設に関する都道府県の裁量権，地域医療計画策定に

ついての医療審議会への諮問等に関する同法律案の問題点を指摘するとともに，札幌市のＢ病院の問題を取り上げて質疑した。その質疑の中でY_1は，「Ｂ病院の院長Ｂが５名の女性患者に対して破廉恥な行為をした，同院長は薬物を常用するなど通常の精神状態ではないのではないか，現行の行政の中でこのような医師はチェックできないのではないか」などとして，患者の人権を擁護する見地から問題のある病院に対する所管行政庁の十分な監督を求める趣旨の本件発言をした。これに対してＢの妻Ｘは，Y_1の本件発言により，Ｂの名誉が毀損され，同人が自殺に追い込まれたとして，Y_1に対しては民法709条等に基づき，Y_2（国）に対しては国家賠償法１条に基づき，総額１億円の損害賠償を求めた。第１審（札幌地判平５・７・16判時1484号115頁）および控訴審（札幌高判平６・３・15判例集未登載）でいずれも請求を棄却されたので，Ｘが上告した。

判　旨　**棄却**　**1公務員の不法行為と公務員個人の賠償責任**　「本件発言は，国会議員であるY_1によって，国会議員としての職務を行うにつきされたものであることが明らかである。そうすると，仮に本件発言がY_1の故意又は過失による違法な行為であるとしても，Y_2が賠償責任を負うことがあるのは格別，公務員であるY_1個人は，Ｘに対してその責任を負わないと解すべきである（最三判昭30・４・19民集９巻５号534頁，最二判昭53・10・20民集32巻７号1367頁参照）。したがって，本件発言が憲法51条に規定する「演説，討論又は表決」に該当するかどうかを論ずるまでもなく，ＸのY_1に対する本訴請求は理由がない。」　**2国家賠償法１条１項の趣旨**　「国家賠償法１条１項は，国又は公共団体の公権力の行使に当たる公務員が個別の国民に対して負担する職務上の法的義務に違背して当該国民に損害を加えたときに，国又は公共団体がこれを賠償する責めに任ずることを規定するものである。そして，国会でした国会議員の発言が同項の適用上違法となるかどうかは，その発言が国会議員として個別の国民に対して負う職務上の法的義務に違背してされたかどうかの問題である。」　**3国会の権能と国会議員の責任**「国会は，国権の最高機関であり，憲法改正の発議・提案，立法，条約締結の承認，内閣総理大臣の指名，弾劾裁判所の設置，財政の監督など，国政の根幹にかかわる広範な権能を有しているのであるが，憲法の採用する議会制民主主義の下においては，国会は，国民の間に存する多元的な意見及び諸々の利益を，その構成員である国会議員の自由な討論を通して調整し，究極的には多数決原理によって統一的な国家意思を形成すべき役割を担うものであり，国会がこれらの権能を有効，適切に行使するために，国会議員は，多様な国民の意向をくみつつ，国民全体の福祉の実現を目指して行動することが要請されているのである。」「そして，国会議員は，立法に関しては，原則として，国民全体に対する関係で政治的責任を負うにとどまり，個別の国民の権利に対応した関係での法的義務を負うものではなく，国会議員の立法行為そのものは，立法の内容が憲法の一義的な文言に違反しているにもかかわらず国会があえて当該立法行為を行うというごとき，容易に想定し難いような例外的な場合でない限り，国家賠償法上の違法の評価は受けないというべきであるが（最一判昭 60・11・21 民集 39 巻 7 号 1512 頁），この理は，独り立法行為のみならず，条約締結の承認，財政の監督に関する議決など，多数決原理により統一的な国家意思を形成する行為一般に妥当するものである。」「これに対して，国会議員が，立法，条約締結の承認，財政の監督等の審議や国政に関する調査の過程で行う質疑，演説，討論等（以下「質疑等」という。）は，多数決原理により国家意思を形成する行為そのものではなく，国家意思の形成に向けられた行為である。もとより，国家意思の形成の過程には国民の間に存する多元的な意見及び諸々の利益が反映されるべきであるから，右のような質疑等においても，現実社会に生起する広範な問題が取り上げられることになり，中には具体的事例に関する，あるいは，具体的事例を交えた質疑等であるがゆえに，質疑等の内容が個別の国民の権利等に直接かかわることも起こり得る。したがって，質疑等の場面においては，国会議員が個別の国民の権利に対応した関係での法的義務を負うこともあり得ないではない。」「しかしながら，質疑等は，多数決原理による統一的な国家意思の形成に密接に関連し，これに影響を及ぼすべきものであり，国民の間に存する多元的な意見及び諸々の利益を反映させるべく，あらゆる面から質疑等を尽くすことも国会議員の職務ないし使命に属するものであるから，質疑等においてどのような問題を取り上げ，どのような形でこれを行うかは，国会議員の政治的判断を含む広範な裁量にゆだねられている事柄とみるべきであって，たとえ質疑等によって結果的に個別の国民の権利等が侵害されることになったとしても，直ちに当該国会議員がその職務上の法的義務に違背したとはいえないと解すべきである。憲法 51 条は，……国会議員の発言，表決につきその法的責任を免除しているが，このことも，一面では国会議員の職務行為についての広い裁量の必要性を裏付けているということができる。もっとも，国会議員に右のような広範な裁量が認められるのは，その職権の行使を十全ならしめるという要請に基づくものであるから，職務とは無関係に個別の国民の権利を侵害することを目的とするような行為が許されないことはもちろんであり，また，あえて虚偽の事実を摘示して個別の国民の名誉を毀損するような行為は，国会議員の裁量に属する正当な職務行為とはいえないというべきである。」「以上によれば，国会議員が国会で行った質疑等において，個別の国民の名誉や信用を低下させる発言があったとしても，これによって当然に国家賠償法 1 条 1 項の規定にいう違法な行為があったものとして国の損害賠償責任が生ずるものではなく，右責任が肯定されるためには，当該国会議員が，その職務とはかかわりなく違法又は不当な目的をもって事実を摘示し，あるいは，虚偽であることを知りながらあえてその事実を摘示するなど，国会議員がその付与された権限の趣旨に明らかに背いてこれを行使したものと認め得るような特別の事情があることを必要とすると解するのが相当である。」「本件発言が法律案の審議という国会議員の職務に関係するものであったことは明らかであり，また，Y_1が本件発言をするについてXに違法又は不当な目的があったとは認められず，本件発言の内容が虚偽であるとも認められないとした原審の認定判断は，原判決挙示の証拠関係に照らして首肯することができる。したがって，Y_2の国家賠償法上の責任を否定した原審の判断は，正当として是認することができる。」

（評釈）川岸令和・セレクト〈'97〉11，大橋弘・ジュリ 1133 号 180，安藤高行・重判〈平成 9 年度〉24，秋山義昭・判評 476 号 214，阿部泰隆・民商 121 巻 1 号 86，大橋弘・曹時 52 巻 2 号 290，原田一明・憲百Ⅱ 176。

(3)　議院自律権

Ⅳ-8　警察法改正無効訴訟

最大判昭 37・3・7 民集 16 巻 3 号 445 頁
（地方自治法に基く警察予算支出禁止事件）

事　実　大阪府の住民であったXらは，Y（大阪府知事）が提出し，大阪府議会が 1954（昭和 29）年 6 月 30 日に可決した予算中に計上されている警察費は，衆議院における無効の会期延長議決の後に参議院で議決され，しかも，憲法上地方公共団体に保障された警察権を奪う無効な警察法（昭和 29 年法 162 号）に基づくもので，その支出は違法であるとして，大阪府監査委員に対し監査を請求したが，認められなかったので，地方自治法 243 条の 2 第 4 項（昭和 38 年法 99 号改正前の規定〔現行法では同法 242 条の 2 第 1 項〕）に基づき，同知事に対する警察費の支出禁止を求めて出訴した。これに対し同知事は，国会の内部事項は，三権分立の原則により国会の自主的な判断に任されており，また，国会の会期延長の議決の効力の問題は政治問題（統治行為）であって，裁判所の裁判権の外にある等と主張した。第 1 審（大阪地判昭 30・2・15 判時 47 号 9 頁），第 2 審（大阪高判昭 30・8・9 民集 16 巻 3 号 472 頁）はいずれも，府議会の議決に基づく支出をこの訴訟で争うことはできないとの理由でXの請求を棄却したので，Xが上告した。

判　旨　**棄却**　**立法手続に関する議院の自律性**　「訴訟においては，（府議会の）議決に基づくものでも執行の禁止，制限等を求めることができるものとしなければならない。……昭和 29 年法律 162 号警察法……は両院において議決を経たものとされ適法な手続によって公布されている以上，裁判所は両院の自主性を尊重すべく同法制定の議事手続に関する所論のような事実を審理してその有効無効を判断すべきではない。……同法が市町村警察を廃し，その事務を都道府県警察に移したからといって，そのことが地方自治の本旨に反するものと解されないから，同法はその内容が憲法 92 条に反するものとして無効な法律といいえない。」

補足意見　奥野健一裁判官（略）

反対意見　斎藤悠輔裁判官（略）　藤田八郎・横田喜三郎裁判官（略）　垂水克己裁判官（略）　下飯坂潤夫裁判官（略）　山田作之助裁判官（略）

評釈　大西芳雄・民商 47 巻 4 号 135，大石眞・行政百選Ⅱ〈第 5 版〉153，今本啓介・地自百選 107，奥村公輔・憲百Ⅱ 186。

(4)　国政調査権

Ⅳ-9　二重煙突事件

東京地判昭 31・7・23 判時 86 号 3 頁，判タ 60 号 107 頁
（公文書変造行使・詐偽等被告事件）

事　実　A工業株式会社の専務取締役であったYは，1948（昭和 23）年 12 月上旬，かねて特別調達庁から注文を受けて製造に当たっていた二重煙突（円筒状の二重亜鉛鉄板の中間に石綿をつめた耐熱耐火用煙突）の代金請求書の作成に際して，物品税の納税証明書を変造したりしたため，会計検査院の決算報告の中で問題とされ，その後 1950（昭和 25）年 12 月末には，第 9 回国会の参議院決算委員会の審査に付され，前記会社の顧問弁護士をしているOらの証人喚問がなされた。参議院での調査は 1952（昭和 27）年 5 月 30 日にその終結を見たが，その間，1951（昭和 26）年 3 月頃から検察庁も捜査を開始し，結局Yは起訴されるに至った。その後も委員会による調査は続行され，しかも担当検事らが委員会に報告書を提出したり証言したりして，その内容が委員会会議録・議事録により公表された。そこでYの弁護士は，裁判官が事件について予断をもつ虞れがあり，憲法 34 条の公平な裁判の要請に反するから公訴棄却の判決をすべきだと主張した。

判　旨　**有罪**　**平行調査と公平な裁判の保障**　「決算委員会が本件公訴提起後においてもなお引続きその調査を継続し弁護人主張のような経過を辿るに至ったことは事実であって，かような事例は議院の国政調査制度の歴史の浅いわが国において，議院の国政調査権の範囲限界，とくにそれと捜査権裁判権との関係についての問題点を提示するものとして注目に値するところであり，本件のように議院側の捜査要請もあって検察官から公訴

提起のあった事案に対し無罪の判決をすべき事例をみるときは益々その感を深くするものである。」「しかしながら本件について弁護人の所論のような捜査機関の見解を表明した報告書ないし証言が委員会議事録等に公表されたからといって，直ちに裁判官に予断を抱かせる性質のものとすることのできないことは，日常の新聞紙上に報道される犯罪記事や捜査当局の発表の場合と同様であって，これをもって裁判の公平を害するとする所論の当らないことは明らかである。」

(評釈) 清田雄治・憲百Ⅱ〈第3版〉176。

Ⅳ-10　不当財産取引調査贈収賄事件

東京高判昭25・4・27刑集5巻2号341頁
（経済関係罰則の整備に関する法律違反，公職に関する就職禁止退官退職等に関する勅令違反，贈賄，収賄被告事件）

事　実　1947（昭和22）年12月，昭和電工株式会社（＝「昭電」）に対してなされた復興金融公庫の融資を契機として生じたいわゆる昭電事件は，同公庫その他金融機関の昭電への不正融資，政界首脳への昭電の不正政治献金問題を内容とするものであった。国会においても，このような世評に応えるため，不当財産取引調査特別委員会（以下「不当財委」という）においてその調査を行い，政治問題として糾明しようとする情勢にあった。かねてより昭電幹部Aと親交のあったY_1は，これまたAと親交のあった某党顧問で衆議院議員のY_2に対し，20万円の金員を交付して，国会におけるこの問題の審議調査に穏便な措置をとるよう依頼し，Y_2の職務に関し賄賂を供与したものとして，ともに起訴された。

判　旨　**無罪**　**委員以外の議員の職務権限**　「終戦後の不当財産取引を調査してその責任の所在を明らかにすることは，特に公正且つ迅速にする必要があり，それには本会議に於てこれをすることは不適当であるので，その構成並に性格の点に於て超党派的であり調査事項の点に於て概括であり権限の点に於て衆議院自体の有する証人喚問書類提出要求の権限が与えられている特別な委員会を設けてこれに当らせることを相当とするので本会議の決議に依りこの特別委員会として不当財委が設置されたものであって，不当財産取引の調査に関する限り，衆議院の国政調査権は包括的にこれを委議されたものである。……従って不当財産取引の調査の結果を不当財委の委員長が本会議に報告しても，不当財委の委員以外の議員はその報告を聴くのみであって……報告は議題となるものでないし，これに対し討論し表決することがな」い。「本会議に於てその結論について更に，如何なる趣旨の決議をしても，不当財委に対し既に不当財産取引の調査権を包括的に委譲しているためその決議は不当財委を拘束することがないのである。換言すれば，不当財委は他の特別委員会と異なり，本会議の準備機関としての性質を有するものではない」。「かようにして一旦不当財委の調査に付せられた事件については，委員外の議員は何等議員としての権限を有しないのであるから，Y_2は不当財委の調査に付せられていた，いわゆる昭和電工事件について何等衆議院議員としての権限を有しなかったものであり従ってY_1の本件贈賄の公訴事実は既にこの点に於て罪とならない」。

（評釈）　本件の上告審判決につき，清水望・憲百Ⅱ〈第2版〉167。

（コメント）　検察側は，原審の不当財委の法的性格に関する見解等に反駁して上告したが，最大判昭26・1・10刑集5巻2号149頁は，その法的性格について確定的な判断を示すことなく，Y_2について上告を棄却し，Y_1について破棄差戻の判決を下した。

Ⅳ-11　日商岩井事件

東京地判昭55・7・24刑月12巻7号538頁，判時982号3頁
（外国為替及び外国貿易管理法違反，有印私文書偽造，同行使，業務上横領，議院における証人の宣誓及び証言等に関する法律違反事件）

事　実　航空機購入疑惑にからむ不正事件の捜査の過程において，民間航空機（ボーイング社のB-747SR型機等）および自衛隊の次期主力戦闘機として採用されたマクダネル・ダグラス社製のF4E型ファントム戦闘機等の売り込みのために，日本側代理店であった日商岩井が元防衛庁長官Aに5億円を贈ったこと等が明らかになった。政治家Aについては起訴には至らなかったものの，元日商岩井副社長Yらが外国為替法違反，私文書偽造・同行使の罪，業務上横領，議院証言法違反（偽証罪）で起訴された。これらの罪のうち，参議院予算委員会におけるYらの陳述の偽証罪の成否の判断に際して，国政調査権の性質，範囲ならびに検察との並行調査の問題について，次のように判示した（確定）。

判　旨　**1国政調査権の性質と範囲**　「国政調査権は議院等に与えられた補助的権能と解するのが一般であって，予算委における国政調査の範囲は，他に特別の議案の付託を受けない限り，本来の所管事項である予算審議に限定さるべきことは，所論指摘のとおりである。」「一般に，一会計年度における国の財政行為の準則たる予算の性質上，その審議は実質的に国政の全般に亘ることは避けられず，これに資する目的で行われる国政調査権行使の範囲も同様の広がりをもつものと言い得るが，ここでは，特に『外国航空機購入予算問題につき』という限定が付されているので，その範囲内でことを論ずれば足りる。」「当然のことながら，……外国航空機購入予算問題の調査であ

るからと言って，調査権行使の対象が昭和54年度中の事項や購入予定の当該航空機に関する事項にのみ限定されるべきいわれはない。昭和54年度の外国航空機購入予算問題の審議に必要又は有益と認められる事項である限り，過年度に発生した事項であろうと，当該航空機以外の事物（たとえば，外国政府が建造中の潜水艦）に関する事項であろうと，調査権行使の範囲外であるとは，一概に言い得ない。そして，如何なる事項が当該議案の審議上必要，有益であるかについては，議案の審議を付託されている議院等の自主的判断にまつのが相当であり，議案の審議に責を負わない司法機関としては，議院等の判断に重大かつ明白な過誤を発見しない限り，独自の価値判断に基づく異論をさしはさむことは慎しむのが相当である。」 **2検察権との並行調査**「しかしながら，国政調査権の行使が，三権分立の見地から司法権独立の原則を侵害するおそれがあるものとして特別の配慮を要請されている裁判所の審理との並行調査の場合とは異り，行政作用に属する検察権の行使との並行調査は，原則的に許容されているものと解するのが一般であり，例外的に国政調査権行使の自制が要請されているのは，それがひいては司法権の独立ないし刑事司法の公正に触れる危険性があると認められる場合（たとえば，所論引用の如く，(イ)起訴，不起訴についての検察権の行使に政治的圧力を加えることが目的と考えられるような調査，(ロ)起訴事件に直接関連ある捜査及び公訴追行の内容を対象とする調査，(ハ)捜査の続行に重大な支障を来たすような方法をもって行われる調査等がこれに該ると説く見解が有力である。）に限定される。本件調査が，右括弧内に例示した(イ)，(ロ)の場合に該当しないのはもとよりのこと，……検察当局から予算委に対し捜査への支障を訴えた事跡も何ら窺われないのであるから，本件調査の方法が右(ハ)の場合に該るものとも言い得ない。本件国政調査権の行使は，適法な目的，方法をもって行われたものと認むべきであって，検察権の行使と並行したからと言って，これが違法となるべき筋合のものではない。 **3議院証言法4条の趣旨**「およそ公開の場において個人の犯罪容疑を摘発，追究することを唯一の目的として国政調査権を行使することが行過ぎであることは異論のないところであろうが，他の適法な目的で行われる国政調査がたまたま証人等の訴追，処罰を招来するような事項に及び得ることは，国政調査の性質上むしろ当然のこととして予定され，それ故にこそ議院証言法第4条の規定が置かれているのである。所論の如く，およそ証人の訴追，処罰を招くおそれのある事項に関しては，議院等において証言を求めることは一切許されない……と言うのでは，同条の存在理由を説明できないこととなる。」

（評釈） 大林啓吾・憲百Ⅱ177。

（コメント） **国勢調査目的の住居侵入事件**　衆議院議員Aと共謀して，故なく夕張市所在の某会社用地内の建造物に侵入したとして住居侵入罪に問われ第１審裁判所で有罪判決を受けた被告人が，この住居侵入はＡの道案内又は従者の形で侵入したものであり，Ａの本件建造物への立入りは国政調査権に基づく労働者の実情調査のためであるから，自己の行為は刑法35条により免責されるべきものであると主張して控訴した事案において，札幌高判昭30・8・23高刑8巻6号845頁は，憲法62条の国政調査権は，「刑事司法活動ではなく国政の調査を目的とするものであって」，その調査のために「証人尋問，記録の提出要求を行うことのできることは憲法第62条により明らかであるが，これ以上の強制力を有する住居侵入，捜索，押収，逮捕のごとき」「これを逸脱するような強力な手段は到底これを許容することができない」から，Ａの「本件所為は，明らかに憲法の保障する住居権の侵害となり，又かりに同人に調査のための権能があったとしても」，住居侵入のように「その行使のために強力な手段を用いるが如きは，不当な調査方法であって，到底正当な職務行為とはいい得ない」とした。

第V章　内　閣

(1)　行政機関

V-1　人事院違憲訴訟

福井地判昭27・9・6行集3巻9号1823頁
（解職意思表示無効確認請求事件）

事　実　建設省近畿地方建設局敦賀工事事務所に属する非常勤職員であったXは，1949（昭和24）年11月に開かれた全建設省労働組合第1回臨時大会に同組合中央副執行委員長として参加して内閣打倒の発言をし，また組合機関誌に内閣の施策を攻撃する文章を発表したため，国公法102条1項，人事院規則14-7，6項10号，13号違反に問われて免職処分を受けた。そこでXは，内閣から独立な人事院は憲法65条違反の制度であるから，人事院規則は無効であり，本件処分は無効であるなどと主張して出訴した。

判　旨　**一部却下，一部棄却**　**憲法原則や国家目的に適合する独立行政機関と憲法65条**　「憲法第65条は，……同法第41条，第76条の規定と相まって憲法が所謂三権分立の原則を採用したことを明示しているものであることは疑を容れないところである。しかしながらこの原則に対しては憲法自体が既に数個の例外を設けているのみならず，同法第41条が，国会は国の唯一の立法機関である旨規定し，同法第76条が，すべて司法権は裁判所に属する旨規定するに対し，同法第65条が単に行政権は，内閣に属すると規定して，立法権や司法権の場合のように限定的な定め方をしていないことに徴すれば，行政権については憲法自身の規定によらなくても法律の定めるところにより内閣以外の機関にこれを行わせることを憲法が認容しているものと解せられ，今日のような国家行政の複雑さに鑑みるときは，斯く解することが正当である。しかしながら内閣以外の独立の行政機関の存在を，憲法が認容しているとはいいながら，それは飽く迄例外的なもので，或行政を内閣以外の国家機関に委ねることが憲法の根本原則に反せず，且つ国家目的から考えて必要とする場合にのみ許されることはいう迄もない。而して公務員法が人事院を設置し，之に国家公務員に対する行政を委ねた所以のものは，国家公務員が全体の奉仕者であって一部の奉仕者でなく，国家公務員が国民の一部に対し奉仕するようになった場合，国家がその存立を危くすることは各国歴史上明かなことであること，吾が国においては議院内閣制を採用している結果，内閣は，当然政党の影響を受けること，これ等のことから，国家公務員が政党の影響を受けて一部の奉仕者となることを極力避ける為には，内閣と国家公務員との間に独立の国家機関である人事院を設け国家公務員に対する或種の行政を担当させるべきであるところに存在すると考える。人事院設置の所以が右に在ることは明白であるから，その設置はよく憲法の根本原則である民主主義に適合し又国家目的から考えて必要であると謂うべく，従って人事院を目して憲法第65条に違反した国家機関であると解することはできない。」

(評釈)　加藤幸嗣・公務員百選11，木村草太・憲百Ⅱ A7。

(2)　衆議院の解散

V-2　苫米地訴訟第1審

東京地判昭28・10・19行集4巻10号2540頁，判タ34号33頁
（衆議院議員資格確認並びに歳費請求事件）

事　実　吉田内閣が1952（昭和27）年8月28日に行ったいわゆる「抜き打ち解散」に関し，当時衆議院議員であったX（苫米地義三）は，本件解散によって議員としての地位を失い，その結果，議員として歳費を受けられなくなった。そこでXは，次のように主張して，国を被告として東京地裁に訴えを提起した。すなわち，衆議院の上記解散は憲法7条に基づいてなされたものであるが，衆議院の解散は憲法自体に根拠がある場合にのみ許されるものであり，憲法上は69条の規定により内閣が解散の意思を決定した後，その助言と承認のもとに7条により天皇による解散が行われなければならず，憲法69条に定める事態が発生していないのに7条により解散を行うことは違憲である。また，解散が適法に行われるためには，内閣の助言と承認という2つの行為が必要であり，この内閣の助言と承認には閣議の全会一致による決定が必要であるが，本件解散の場合には，この閣議決定はなされていないから，本件解散には内閣の助言と承認がなく，解散は違憲である。したがって，Xの衆議院議員としての資格は失われておらず，Xの任期満了に至るまでの歳費（昭和27年9月分から同28年1月分までの合計28万5千円）がXに支払われなければならない。これに対し，被告国（代表者法務大臣犬養健）は，衆議院の解散その他特に強度の政治性を有する一連の行為についての争訟は，裁判所の審理の対象から除外されるべきものであり，本件の衆議院解散の適法性についても，裁判所は判断する権限がないとするいわゆる統治行為論を主張した。また，憲法7条に基づく本件解散についても，内閣が解散を助言する旨の決定をしており，またかりに助言が認められなくとも，内閣の助言と承認の趣旨は，天皇の行為が内閣の意思に基づいてなされなければならないという点にあり，内閣の承認があれば同条の要請を満たしており，違憲で

はないと主張した。

判　旨 認容　**1統治行為は認められない**　「司法権による法の適用即ち何が法なりやの判断は，便宜的な裁量の余地を残さない全く覊束された判断であるから，その判断の結果生ずることあるべき混乱を避けることを理由として法の適用を二三にすることは元来許されないところであって，衆議院の解散が無効と判断されることによってY主張の如き混乱が生ずると仮定してもそのことを理由として裁判所において衆議院解散の無効判断を為すことができないものと論断することはできない。」「現在の憲法下における司法権とは……一切の法律上の争訟において憲法上特別の定めのない限り，すべての行為が法規に適合するや否やの判断を為す権限（憲法第81条によれば国会による立法についてまでそれが憲法に適合するや否やの判断を為す権限をも含むものとされて居る）を附与されて居るものである。従って当該行為が法律的な判断の可能なものであり，それによって個人的権利義務についての具体的紛争が解決されるものである限り，裁判所は一切の行為についてそれが法規に適合するや否やの判断を為す権限を有し，又義務を負ふものである。……衆議院解散とは衆議院の全議員に対し任期満了に先立ち，その資格（それは各議員の議員として有する権利義務の総体である）を剥奪する処分であって，その解散が憲法所定の手続を遵守してなされたかどうかの判断によって衆議院議員であったXの議員としてもっている権利義務の存否が明確にされることは明らかであり，前述の如く衆議院解散行為について，その法律的判断が可能なものである以上，その有効，無効についての争が司法的審査の対象から排除されるべき合理的理由はないものと言ふべきである。……我国の法治主義の下において，なほ裁判の対象から除外されるべき統治行為なるものを認むべき法理上の根拠も，又統治行為なる概念についての積極的具体的な内容規定も明らかにされては居ないのであって，……単に政治性が強いと言ふ一事だけで衆議院解散の合憲性を裁判所の判断対象から除外することはできない」。　**2解散権の所在とその行使の要件**　「Xは衆議院解散は憲法第69条の要件の具備した場合にのみ行はれ得るものであって憲法第7条のみによる解散はなし得ないと主張する。この点は2つの問題を含んで居ると考えられる。……第1の解散権の所在について考える。国会が国権の最高機関であり，衆議院が国会の中においても参議院に優越する地位にあるものであることを思へば，純理論的にはかかる衆議院を解散し得るものは，主権を有する総体としての国民の外にはあり得ない筈である。憲法第7条は天皇が内閣の助言と承認とによって『国民の為に』為す国事に関する行為の中に『衆議院を解散すること』を挙げて居るが，その趣旨は憲法第1条によって国民の総意に基き日本国の象徴であり，日本国民統合の象徴であるとされて居る天皇に右の如く純理論的には総体としての国民のみが有し得る筈の衆議院解散の権限を形式上帰属せしめ，天皇をして後述の如く政治上の責任を負ふ内閣の助言と承認の下にこれを行使せしめむとするにあると解するのが相当である。……第2の解散権行使の要件（如何なる場合に解散ができるか）の問題について検討する。Xが解散可能の唯一の根拠とする憲法第69条は，素直にこれを読めば，同条所定の決議があった場合，10日以内に解散が行はれなければ内閣は総辞職をしなければならないことを定めて居るにすぎないものであり，解散権の所在とその行使の仕方を定めて居るものである憲法第7条と対立する規定でもなければ，第69条所定の場合に限り解散ができるとする趣旨の規定でもない……。従って解散は変遷する事態を政治的に判断してなさるべきもので……その解散権の行使は法規により一義的に拘束するには不適当な事柄である……処からすれば現行憲法が如何なる場合に解散を為し得るかの要件について何等の規定も設けていないのは如何なる事態の下に解散を為すべきやの判断を全く政治的裁量に委ねたもので……その解散が妥当であったか否かの如きは固より裁判所の判断の対象となるものではない。従って衆議院で内閣の不信任決議案の可決も信任決議案の否決もないのに本件解散が行はれたからと言って本件解散が憲法に違反するものとは言へない」。 **③天皇の国事行為と内閣の助言と承認**　「憲法第4条第1項においては天皇は国政に関する権能を有しないものと定められて居り，又憲法第3条は天皇の為した国事に関する行為についての責任は内閣がこれを負ひ天皇がこれを負ふものでないことを明らかにして居る。……天皇が自らの行為について責任を負はないと言ふのは，天皇がその行為を為すについて何等の自由な意思決定もなし得ず，その行ふべき具体的行為の決定も他の国家機関の意思に拘束されるものであることによると言はなければならない。……天皇が助言なくして発議をした場合でも内閣の承認さへあればよいと言ふ考へ方は，天皇に発議権を認める結果となり延いては天皇において内閣の助言の趣旨と異る発議を為し，内閣の助言を拒否することもできるといふ考へ方を惹起することともなり，他方内閣の事後承認があっても発議の点については天皇においてその責任を免れる根拠がないことにもなるのであって，現行憲法の基礎が踏みにじられる……点からすれば天皇はその行ふべき国事に関する行為について自らの意思決定に基き発議する権限はこれを有し得ないことは明白である。上叙の処を綜合すれば天皇は内閣よりの申出（助言）があった場合に限りその申出の趣旨に合致した行為を為すべく，然も天皇が助言に従って行ふ具体的行為は内閣がその為した助言の趣旨に合致するものと認めた（承認）行為でなければならないことになるわけである。憲法第7条において内閣の助言と承認により天皇が国事に関する行為を行ふ旨が定められて居るのは右の趣旨を明らかにしたものと解すべきである。」

4閣議決定の要件　「内閣法第4条によれば内閣がその職権を行ふのは閣議によるものとされて居り，その決定方法については何等の規定もないのであるから，閣議決定は内閣を構成する全閣僚の一致を要する……。内閣の助言があると言ひ得る為には当該行為を天皇に助言する旨の全閣僚一致の閣儀決定が為され，これに基く天皇に対する助言行為が為されねばならないわけである。……一部閣僚の賛成のみでは適法な閣儀決定があったものと言ふことができず……本件解散については内閣の助言があったものとは言へないので本件解散は内閣の承認の有無について判断する迄もなく憲法第7条に違反する」。

（評釈）　作間忠雄・憲百〈初版〉84。

（コメント）　**関連判例**　本件より前にXは，最高裁が憲法81条によって憲法裁判所としての権限を有するとの独自の解釈に基づき，この解散の無効を主張して，直接，最高裁にその無効確認を求めて提訴したが，最高裁は警察予備隊違憲訴訟判決（⇒*VI-17*）を引用してこれを却下した（最大判昭28・4・15民集7巻4号305頁）ため，改めて東京地裁に提訴したものである。なお，本件に対する第2審（東京高判昭29・9・22行集5巻9号2181頁）は原判決を取り消して請求を棄却した。また上告審判決⇒*VI-21*。

(3)　内閣総理大臣の職務権限

V-3　ロッキード事件（丸紅ルート）

最大判平7・2・22刑集49巻2号1頁，判時1527号3頁
（外国為替及び外国貿易管理法違反，贈賄，議院における証人の宣誓及び証言等に関する法律違反被告事件）

事　実　米国の航空会社ロッキード社（ロ社）の製品の販売代理店である丸紅の社長Y_1らは1972（昭和47）年8月23日，当時の内閣総理大臣Y_2（田中角栄）邸を訪問し，丸紅およびロ社の利益のために全日空がロ社のトライスター機（L1011型）を選定購入するよう全日空に対し，当時の運輸大臣Y_3らを介して間接的に，あるいは自ら直接に働きかける等の協力を依頼した。Y_2はこれを承諾して，全日空に対する同機の売込みが成功した場合にはその報酬の趣旨で現金5億円の供与を受けることをY_1との間で約束し，この約束に基づいてY_2は，1973（昭和48）年8月から翌年3月にかけて，Y_1との共謀者の1人Y_5から，情を知らないY_4（＝Y_2の秘書官）を介し，4回にわたりロ社の資金合計5億円を受領したとの被疑事実に対して，第1審（東京地判昭58・10・12判時1103号3頁）は被告人全員に有罪判決（Y_2には受託収賄罪等で懲役4年の実刑及び追徴金5億円，Y_1は贈賄罪等で懲役2年6月の実刑）を下したので，控訴がなされた。控訴審（東京高判昭62・7・29高刑40巻2号77頁）も，理由付けに若干の修正・補

強を行った上で基本的には第１審判決を支持したので，さらに被告人らから上告がなされた。なお最高裁での審理の途中でY_2が死去した（平成５年12月16日）のに伴い，刑訴法339条１項４号等の規定に従ってY_2に対する公訴棄却の決定がなされた（最大決平５・12・24集刑262号1611頁）ため，Y_2に関しては未確定のまま決着した。したがって以下は直接にはY_1らの贈賄罪に関するものであるが，実質的にはY_2の収賄罪に関する判断も含まれている。

判　旨

上告棄却

１刑事免責制度と嘱託証人尋問調書の証拠能力

「『事実の認定は，証拠による』（刑訴法317条）とされているところ，その証拠は，刑訴法の証拠能力に関する諸規定のほか，『刑事事件につき，公共の福祉の維持と個人の基本的人権の保障とを全うしつつ，事案の真相を明らかにし，刑罰法令を適正且つ迅速に適用実現することを目的とする』（同法１条）刑訴法全体の精神に照らし，事実認定の証拠とすることが許容されるものでなければならない。本件嘱託証人尋問調書についても，右の観点から検討する必要がある。」「刑事免責の制度は，自己負罪拒否特権に基づく証言拒否権の行使により犯罪事実の立証に必要な供述を獲得することができないという事態に対処するため，共犯等の関係にある者のうちの一部の者に対して刑事免責を付与することによって自己負罪拒否特権を失わせて供述を強制し，その供述を他の者の有罪を立証する証拠としようとする制度であって，本件証人尋問が嘱託されたアメリカ合衆国においては，一定の許容範囲，手続要件の下に採用され，制定法上確立した制度として機能しているものである。」「我が国の憲法が，その刑事手続等に関する諸規定に照らし，このような制度の導入を否定しているものとまでは解されないが，刑訴法は，この制度に関する規定を置いていない。この制度は，前記のような合目的的な制度として機能する反面，犯罪に関係のある者の利害に直接関係し，刑事手続上重要な事項に影響を及ぼす制度であるところからすれば，これを採用するかどうかは，これを必要とする事情の有無，公正な刑事手続の観点からの当否，国民の法感情からみて公正感に合致するかどうかなどの事情を慎重に考慮して決定されるべきものであり，これを採用するのであれば，その対象範囲，手続要件，効果等を明文をもって規定すべきものと解される。しかし，我が国の刑訴法は，この制度に関する規定を置いていないのであるから，結局，この制度を採用していないものというべきであり，刑事免責を付与して得られた供述を事実認定の証拠とすることは，許容されないものといわざるを得ない。」「このことは，本件のように国際司法共助の過程で右制度を利用して獲得された証拠についても，全く同様であって，これを別異に解すべき理由はない。けだし，国際司法共助によって獲得された証拠であっても，それが我が国の刑事裁判上事実認定の証拠とすることができるかどうかは，我が国の刑訴法等の関係法令にのっとって決せられるべきものであって，我が国の刑訴法が刑事免責制度を採用していない前示のような趣旨にかんがみると，国際司法共助によって獲得された証拠であるからといって，これを事実認定の証拠とすることは許容されないものといわざるを得ないからである。」「以上を要するに，我が国の刑訴法は，刑事免責の制度を採用しておらず，刑事免責を付与して獲得された供述を事実認定の証拠とすることを許容していないものと解すべきである以上，本件嘱託証人尋問調書については，その証拠能力を否定すべきものと解するのが相当である。」 2 **賄賂罪の保護法益** 「賄賂罪は，公務員の職務の公正とこれに対する社会一般の信頼を保護法益とするものであるから，賄賂と対価関係に立つ行為は，法令上公務員の一般的職務権限に属する行為であれば足り，公務員が具体的事情の下においてその行為を適法に行うことができたかどうかは，問うところではない。けだし，公務員が右のような行為の対価として金品を収受することは，それ自体，職務の公正に対する社会一般の信頼を害するからである。」「Y_2が内閣総理大臣として運輸大臣に対し全日空にL1011型機の選定購入を勧奨するよう働き掛ける行為が，Y_2の内閣総理大臣としての職務権限に属する行為であるというためには，右行為が，Y_2が運輸大臣を介して全日空に働き掛けるという間接的なものであることからすると，(1)運輸大臣が全日空にL1011型機の選定購入を勧奨する行為が運輸大臣の職務権限に属し，かつ，(2)内閣総理大臣が運輸大臣に対し右勧奨をするよう働き掛けることが内閣総理大臣の職務権限に属することが必要であると解される。」 3 **運輸大臣の職務権限** 「民間航空会社が運航する航空路線に就航させるべき航空機の機種の選定は，本来民間航空会社がその責任と判断において行うべき事柄であり，運輸大臣が民間航空会社に対し特定機種の選定購入を勧奨することができるとする明文の根拠規定は存在しない。しかし，一般に，行政機関は，その任務ないし所掌事務の範囲内において，一定の行政目的を実現するため，特定の者に一定の作為又は不作為を求める指導，勧告，助言等をすることができ，このような行政指導は公務員の職務権限に基づく職務行為であるというべきである。」「運輸大臣がその長である運輸省の任務ないし所掌事務についてみると，運輸省設置法……は，運輸省の任務の一つとして『航空』に関する国の行政事務を一体的に遂行することを規定し（3条11号），航空局の所掌事務として，『航空運送事業，利用航空運送事業及び航空機使用事業に関する免許，許可又は認可に関すること』（28条の2第1項13号）などを，運輸省の権限として，『航空運送事業，利用航空運送事業及び航空機使用事業を免許し，又は許可し，並びにこれらの事業の業務に関し，許可し，認可し，又は必要な命令をすること』（4条1項44号の9）などを定めている。」「また，航空法……は，運輸大臣に対し，定期航空運送事業を経営しようとする者に対する免許権限（100条1項）のほか，定期航空運送事業者の事業計画変更の認可権限（109条，101条）を付与しているところ，定期航空運送事業者である民間航空会社が新機種の航空機を選定購入して路線に就航させようとするときは，使用航空機の総数，型式，登録記号，運航回数，整備の施設等の変更を伴うため事業計画の変更が必要となり（航空法施行規則……220条，210条1項参照），運輸大臣の認可を受けなければならないこととなる。そして，運輸大臣は，事業計画変更申請に際し，『公衆の利用に適応するものであること，当該路線における航空輸送力が航空輸送需要に対し，著しく供給過剰にならないこと，事業計画が経営上及び航空保安上適切なものであること，申請者が当該事業を適確に遂行するに足る能力を有するものであること』などの認可基準（航空法109条2項，101条）に適合するかどうかを審査し，新機種の路線への就航の可否を決定しなければならないものとされている。」「このような運輸大臣の職務権限からすれば，航空会社が新機種の航空機を就航させようとする場合，運輸大臣に右認可権限を付与した航空法の趣旨にかんがみ，特定機種を就航させることが前記認可基準に照らし適当であると認められるなど，必要な行政目的があるときには，運輸大臣は，行政指導として民間航空会社に対し特定機種の選定購入を勧奨することも許されるものと解される。したがって，特定機種の選定購入の勧奨は，一般的には，運輸大臣の航空運輸行政に関する行政指導として，その職務権限に属するものというべきである。そうすると，本件において，運輸大臣が全日空に対しL1011型機の選定購入を勧奨する行政指導をするについて必要な行政目的があったかどうか，それを適法に行うことができたかどうかにかかわりなく，右のような勧奨は，運輸大臣の職務権限に属するものということができる。」 **4内閣総理大臣の職務権限** 「内閣総理大臣は，憲法上，行政権を行使する内閣の首長として（66条），国務大臣の任免権（68条），内閣を代表して行政各部を指揮監督する職務権限（72条）を有するなど，内閣を統率し，行政各部を統轄調整する地位にあるものである。そして，内閣法は，閣議は内閣総理大臣が主宰するものと定め（4条），内閣総理大臣は，閣議にかけて決定した方針に基づいて行政各部を指揮監督し（6条），行政各部の処分又は命令を中止させることができるものとしている（8条）。このように，内閣総理大臣が行政各部に対し指揮監督権を行使するためには，閣議にかけて決定した方針が存在することを要するが，閣議にかけて決定した方針が存在しない場合においても，内閣総理大臣の右のような地位及び権限に照らすと，流動的で多様な行政需要に遅滞なく対応するため，内閣総理大臣は，少なくとも，内閣の明示の意思に反しない限り，行政各部に対し，随時，その所掌事務について一定の方向で処理するよう指導，助言等の指示を与える権限を有するものと解するのが相当である。したがって，内閣総理大臣の運輸大臣に対する前記働き掛けは，一般的には，内閣総理大臣の指示として，その職務権限に属することは否定できない。」「以上検討したところによれば，運輸大臣が全日空に対しL1011型機の選定購入を勧奨する行為は，運輸大臣の職務権限に属する行為であり，内閣総理大臣が運輸大臣に対し右勧奨行為をするように働き掛ける行為は，内閣総理大臣の運輸大臣に対する指示という職務権限に属する行為ということができるから，Y_2が内閣総理大臣として運輸大臣に前記働き掛けをすることが，賄賂罪における職務行為に当たるとした原判決は，結論において正当として是認することができるというべきである。」

補足意見 **大野正男裁判官**（略） **園部逸夫・大野正男・千種秀夫・河合伸一裁判官** 「本件における内閣総理大臣の職務に関する議論は，刑法の解釈と適用に必要な範囲で行われるべきものであって，行政法の解釈と適用という観点からの議論とは区別すべきものと考える。……賄賂罪における職務の範囲に関する刑法上の判断は，行政法上の観点からの職務権限の理論に直接影響を及ぼすものではない……から，既になされた具体的行為が適法といえるか，すなわち，実定行政法のいかなる規定によって法令上許容された範囲にあると解されるかという行政法上の問題とは区別しなければならない。」内閣総理大臣の憲法72条に基づく「権限の行使方法は，内閣法6条の定めるところに限定されるものではない。」「内閣総理大臣の右指揮監督権限は，行政権の主体たる内閣を代表して，内閣の統一を保持するため，行使されるものであり，その権限の範囲は行政の全般に及ぶのである。そして，……右指揮監督権限は，内閣総理大臣の自由な裁量により臨機に行使することができるものとされなければならない。したがって，その一般的な行使の態様は，主任の国務大臣に対する助言，依頼，指導，説得等，事案に即応した各種の働き掛けによって，臨機に行われるのが通常と考えられ，多数意見が『指示を与える権限』というのは，右指揮監督権限がこのような態様によって行使される場合を総称するものと理解することができる。」「内閣総理大臣が，内閣法6条の定めるところにより，閣議にかけて決定した方針に基づいて行政各部の長たる主任大臣を指揮監督する場合には，主任大臣はその指揮監督に従う法的義務を負い，もしこれに従わない場合には，閣議決定に違反するものとして，行政上の責任を生ずることとなる。このように内閣法6条は，内閣総理大臣が憲法72条に基づく指揮監督権限の行使について右のような法的効果を伴わせる場合の方法を定めるものであって，……憲法上の指揮監督権限を制限するものではなく，もとより制限できるものでもない。」「そもそも，内閣法6条の規定は，基本的には，内閣の行政各部に対する統制権を内閣の首長……としての内閣総理大臣と他の国務大臣（主任の大臣）との関係に着目して定めたものであって，組織法としての意義が大きいものと考えられる。すなわち，憲法上，国の行政権は内閣に属するものとされているが，内閣が一体となって行政権を行使するために，内閣法は，内閣の職権行使は閣議によるとし……，内閣総理大臣が閣議を主宰するものとし……，行政各部は，行政について統合調整の責任を有する内閣総理大臣の指揮監督の下に置かれる……としている。これは，国家行政組織法2条の規定とあいまって，内閣の統轄の下に，国の行政機関がすべて一体として行政機能を発揮すべきことを保障しているものである。……しかしながら，内閣法6条には作用法としての側面があり，内閣総理大臣が行政各部を指揮監督する場合の要件として，閣議にかけて決定した方針の存在が必要であることを定めているのである。右規定の目的は，内閣と行政各部の一体性を保持するため，行政各部が閣議の決定した方針に従って行政を執行するよう，これを監視する権限を内閣総理大臣に付与したものと解することができる。閣議にかけて決定した方針は，本来，内閣総理大臣の個々の指揮監督権限の行使をまつまでもなく，当然に行政各部によって実施されるのであるから，右規定の実際的意義は，行政の統轄調整を図るため特に必要が生じたときに，内閣総理大臣が，右規定に基づき，内閣の首長として，行政各部の主任の大臣に対し強制的な法的効果を伴う指揮監督権限の行使をすることができる点にあるといえる。」「以上を要するに，内閣総理大臣の指揮監督権限は，本来憲法72条に基づくものであって，閣議決定によって発生するものではない。右指揮監督権限の行使に強制的な法的効果を伴わせるためには，内閣法6条により，閣議にかけて決定した方針の存在を必要とするが，右方針決定を欠く場合であっても，それは，内閣法6条による指揮監督権限の行使ができないというにとどまり，そのことによって内閣総理大臣の憲法上の指揮監督権限のすべてが失われるものではなく，多数意見のいわゆる『指示を与える権限』は，何らの影響を受けずに存続するものといえる。……閣議にかけて決定した方針が存在するとはいえない場合であっても，内閣総理大臣に対し，主任大臣の権限に属する事項について，主任大臣に一定の働き掛けをするよう請託して金銭を供与すれば，そのような働き掛けをすることができる具体的条件の有無にかかわらず，内閣総理大臣の職務の公正とこれに対する社会の信頼を害することが明らかであるから，贈賄罪が成立すると解するのが相当である。」「本件においては，内閣法6条にいう閣議にかけて決定した方針があったか否かにかかわらず，内閣総理大臣たる Y_2 は，憲法72条に基づく指揮監督権限の行使方法として，L1011型機の選定購入を全日空に勧奨するよう運輸大臣に対し働き掛けをすることはできるのであって，その働き掛けが，賄賂罪の適用において，内閣総理大臣たる Y_2 の一般的職務権限に属する〔の〕であるから，……閣議にかけて決定した方針が，右の機種選定購入に関し，内閣法6条による指揮監督権限行使のための根拠となるか否かは，本件における内閣総理大臣の職務権限を論ずるに当たっては，考慮する必要がない……。」「運輸大臣がこのような勧奨を実行した場合に，それが適法な行政指導に当たると認められるかどうかは，具体的な事実関係の下において別個に判断すべき行政法上の問題である。本件で問題となっている勧奨は，前示贈賄罪成立の時点では，将来行われる可能性があるというにすぎず，その内容，方法及び関連する緒条件等は明らかでないのであるから，行政法上の観点からその適法性の判断をすることはできず，また判断すべきものでもない。刑法上の観点からは，右のような行為は，具体的場合において行政法上それを適法に行うことができるかどうかにかかわりなく，運輸大臣の一般的職務権限に属する行為とみるのが相当なのである。」 **可部恒雄・大西勝也・小野幹雄裁判官** 「我々は，……賄賂罪の成否に関する限り，憲法72条，内閣法6条に基づく指揮監督権限を根拠として内閣総理大臣の職務権限を肯定すべきものとした原判決の立論も是認し得るものと考える。……内閣総理大臣の行政各部に対する指揮監督権限の行使は，『閣議にかけて決定した方針に基づいて』しなければならないが，その場合に必要とされる閣議決定は，指揮監督権限の行使の対象となる事項につき，逐一，個別的，具体的に決定されていることを要せず，一般的，基本的な大枠が決定されていれば足り，内閣総理大臣は，その大枠の方針を逸脱しない限り，右権限を行使することができるものと解するのが相当である。けだし，内閣総理大臣の指揮監督権限は，行政の統轄調整を図る手段として，内閣の首長である内閣総理大臣にのみ付与された憲法上の権限であって，それが機能するためには，内閣の意思として閣議決定された方針を逸脱しない限り，いかなる場合に，どのような事項について右権限を行使するかは，内閣総理大臣の自由裁量に委ねられていると解すべきであるからである。そして，このことは，「閣議決定に基づいて」と規定することなく，『閣議にかけて決定した方針に基づいて』と規定する内閣法6条の文理にも合致する。」「したがって，内閣総理大臣は，閣議決定が一般的，基本的大枠を定めるものであるときは，それを具体的施策として策定し，実現する過程で生じる様々な方策，方途の選択等に関しても，閣議決定の方針を逸脱しない限り，適宜，所管の大臣に対し，指揮監督権限を行使することができるというべきであり，行使の対象となる具体的事項が閣議決定の内容として明示されているか否かは問うところではない。」「全日空がアメリカ合衆国からL1011型機ほか2機種のうち，いずれかの航空機を選定購入することは，……閣議了解及び閣議決定によって決定された基本的政策が，具体的施策として策定，実現される過程で生じた問題ということができるから，右機種選定についての行政指導が運輸大臣の職務権限に属するものである限り，内閣総理大臣は，右閣議了解及び閣議決定の方針に基づくものとして，運輸大臣に対し，右行政指導をするよう指揮監督権限を行使することができるものというべきである。」「そして，運輸大臣の職務権限については，前記多数意見の説示するとおりであって，要するに，運輸大臣の民間航空会社に対する機種選定についての行政指導は，いやしくも運輸大臣において適法に行い得る場合がある以上，運輸大臣の職務権限に属するというに尽きる。」「以上の次第であるから，本件においては，前記の閣議了解及び閣議決定は相まって，内閣総理大臣の指揮監督権限行使のために必要な閣議にかけて決定した方針に当たるというべきであり，これと同旨をいう原判決及び第一審判決の判断は是認することができる。」 **尾崎行信裁判官**（略）

意　見　**草場良八・中島敏次郎・三好達・高橋久子裁判官**　「内閣総理大臣は，内閣の方針を決定し，閣内の意思の統一を図り，流動的で多様な行政需要に対応して，具体的な施策を遅滞なく実施に移すため，内閣の明示の意思に反しない限り，主任大臣に対し，その所掌事務につき指導，勧告，助言等の働き掛けをする，すなわち指示を与える権能を有するというべきである。……そうであるとすると，本件において，内閣総理大臣が運輸大臣に対し，全日空にL1011 型機の選定購入を勧奨する行政指導をするよう指揮をすることについて，その根拠となる閣議にかけて決定した方針があったとすることはできない。……してみれば，内閣総理大臣が運輸大臣に対し全日空に L1011 型機の選定購入を勧奨するよう働き掛けることは，内閣総理大臣の指揮監督権限という職務権限に属する行為であるということはできない。」「内閣総理大臣は，内閣の明示の意思に反しない限り，主任大臣に必要な指示を与える権能を有する。しかし，内閣総理大臣の主任大臣に対する指示が内閣総理大臣の職務権限に属するというためには，指示の対象となった事項が主任大臣の職務権限に属することが肯定される必要がある。……民間航空会社が運航する航空路線に就航させるべき航空機の機種の選定は，本来民間航空会社がその責任と判断において行うべき事柄であり，運輸大臣が民間航空会社に対し特定機種の航空機の選定購入を勧奨することができる根拠となる明文の規定は存在しない。しかし，一般に行政機関は，その任務ないし所掌事務の範囲内において，一定の行政目的を実現するため，特定の者に一定の作為又は不作為を求める指導，勧告，助言等をすることができ，このような行政指導は公務員の職務権限に基づく職務行為であるというべきであるから，運輸大臣が民間航空会社に対し特定機種の選定購入を勧奨することが，運輸大臣の行政指導という職務権限に属するものかどうかを検討する必要がある。……仮に民間航空会社が選定購入の対象として検討している複数の新機種のうち，例えば，他の機種については騒音量等に問題があるため特定空港の周辺では就航を許容できない事情があるなど，前記事業計画変更の認可基準を満たす機種が特定機種に限定されるというような事情が認められる場合には，運輸大臣は，右認可に係る行政事務の円滑な運営を図るため，行政指導として，民間航空会社に対し右認可基準を満たす特定機種の選定購入を勧奨することができるものと解される。また，民間航空会社が選定購入の対象として検討している複数の新機種のうち，右認可基準に照らして格段に優れた特定機種があるというような事情が認められる場合にも，同じく右認可に係る行政事務の円滑な運営を図るため，運輸大臣は，行政指導として，民間航空会社に対し右特定機種の選定購入を勧奨することができるものと解される。……しかし，運輸大臣が民間航空会社に対し特定機種の選定購入を勧奨する行政指導は，右のような特殊例外的な場合に限って許容されるのであるから，このような特殊例外的な事情の存在が肯定されない限り，運輸大臣の職務権限には属しないものと解すべきである。……これを本件についてみると，L1011 型機の選定購入を勧奨する行政指導が許容されるような例外的事情……の存在を裏付ける証拠を発見することはできない。そうだとすると，運輸大臣が全日空に対しL1011型機の選定購入を勧奨することはその職務権限外の行為というほかはない。……本件において，内閣総理大臣が運輸大臣に対し全日空にL1011型機の選定購入を勧奨するよう指示を与えることも，内閣総理大臣の職務権限外の行為というべきである。」「内閣総理大臣が主任大臣に指示を与えることができるのは，当該主任大臣の職務権限内の行為についてのみに限られるが，その指示に係る主任大臣の行為が当該主任大臣の職務と密接な関係にある行為である場合には，前述のような内閣総理大臣の地位に照らせば，その指示は，当該主任大臣に対し内閣総理大臣がその職務権限の範囲内で行う指示と大きく異なるところはなく，それと同等の事実上の影響力を与えることは見やすいところであるから，これを内閣総理大臣の職務と密接な関係にある行為と評価することができる。したがって，そのような指示を与えることを請託して金員を供与すれば，贈賄罪が成立する。……前述のように，特殊例外的な事情の存在が肯定されない限り，民間航空会社に対し特定機種の選定購入を勧奨するよう行政指導を行うことは，運輸大臣の職務権限に属するものではない。しかしながら，運輸大臣は，定期航空運送事業を営もうとする者に対する免許権限を有し，かつ，右事業者の事業計画変更の認可権限を有すること前述のとおりであることからすると，運輸大臣が民間航空会社に対し特定機種の選定購入を勧奨した場合には，右のような特殊例外的な事情が存在しないときであっても，運輸大臣の右勧奨行為は，同大臣が職務権限の範囲内で行う行政指導と大きく異なるところはなく，民間航空会社に対しその職務権限の範囲内でされる行政指導と同等の事実上の影響力を与えることは見やすいところであるから，右勧奨行為は，運輸大臣の職務と密接な関係にある行為といわなければならない。したがって，本件のような場合，運輸大臣が全日空に対しL1011型機の選定購入を勧奨するとするならば，それは運輸大臣の職務と密接な関係にある行為ということができる。……そうしてみると，内閣総理大臣が運輸大臣に対し全日空にL1011型機の選定購入を勧奨するよう指示を与える行為は，内閣総理大臣がその指示権能に基づき本来有する職務と密接な関係にある行為であるということができる。そして本件におけるY_1の請託の内容は，前述のとおりであるから，Y_1は，Y_2に対し内閣総理大臣の職務と密接な関係にある行為の対価として金員を供与したものというべきであって，Y_2に対し内閣総理大臣としての職務に関して賄賂を供与したものとして，贈賄罪が成立する。」「多数意見は，必要な行政目的が肯定される場合を緩やかに解し，行政指導として民間航空会社に特定機種の選定購入を勧奨することを広く認めるものであって，法令に定める当該行政機関の任務及び所掌事務の範囲を逸脱するものといわざるを得ない。また，……特定機種の選定購入を勧奨することにつき必要な行政目的が肯定される特段の事情の認められる場合は，極めて特殊例外的な場合に限られるのであり，そのような特殊例外的な場合があることを根拠にして，それ以外の場合になされる……勧奨行為まで一般的に運輸大臣の職務権限に属するものとすることはできない。」「原判決が，本件において，内閣総理大臣が運輸大臣に対し，全日空にL1011型機の選定購入を勧奨する行政指導をするよう指揮をすることについて，その根拠となる閣議にかけて決定した方針があったとする点は誤りであるといわざるを得ない。」「また，……前示のような特殊例外的な事情が認められないのに，特定機種の選定購入までを勧奨することは，法令に定める当該行政機関の任務及び所掌事務の範囲を逸脱するものといわざるを得ないのであって，原判決の述べるところも，特定機種の選定購入の勧奨が運輸大臣の職務権限に属することの理由にはなり得ない。」「以上のとおりであり，原判決は，本件において，内閣総理大臣が運輸大臣に対し，全日空にL1011型機の選定購入を勧奨する行政指導をするよう指揮をすることについて，その根拠となる閣議にかけて決定した方針があったとし，かつ，右勧奨行為が運輸大臣の職務権限に属するものとして，Y_1の本件請託がY_2の内閣総理大臣の指揮監督権限という職務に関するものとした点において，Y_2の内閣総理大臣としての職務の内容に関する法令解釈の誤りがあるが，本件贈賄罪の成立を肯定した結論においては，これを正当として是認することができる。」

評釈　大山弘＝松宮孝明・法セ485号79，河上和雄・判評437号164，橋本公亘・法教177号8，西田典之・ジュリ1069号4，龍岡資晃＝小川正持＝青柳勤・ジュリ1071号106，吉田栄司・セレクト〈'95〉16，斎藤信治・セレクト〈'95〉39，小谷宏三・重判〈平成7年度〉28，斎藤信治・重判〈平成7年度〉143，高田昭正・重判〈平成7年度〉168，松尾浩也・ジュリ1101号113，龍岡資晃＝小川正持＝青柳勤・曹時50巻4号168，稲葉馨・論ジュリ3号4，石川健治・憲百Ⅱ180，京藤哲久・刑法百選Ⅱ107，高橋明男・行政百選Ⅰ19，井上和治・刑訴百選66など。

(4)　法令の公布

V-4　国労旭川支部事件

最大判昭32・12・28刑集11巻14号3461頁，判時137号4頁
（昭和23年政令第201号違反等被告事件）

事　実　1948（昭和23）年7月31日，国鉄労組旭川支部闘争委員長Y_1および同支部闘争委員であったY_2らは，所属分会の国鉄職員に争議行為の指令を発して同日以後にそれを実行させたため，公務員の争議行為を禁止・処罰する昭和23年政令201号に違反するとして起訴された。同日付の官報号外に掲載された同政令201号はその附則で，同政令は公布の日から施行する旨が定められていたが，同官報号外の印刷の完了は8月2日午前9時30分で，発送手続が終わったのは同日午後1時30分頃であった。この事件は，第1審（旭川地判昭24・1・7刑資26号595頁），控訴審（札幌高判昭25・1・14刑集7巻13号2683頁）の後，上告審（最大判昭28・12・25刑集7巻13号2671頁）で高裁に差し戻された。差戻し後の控訴審（札幌高判昭29・10・19刑集11巻14号3473頁）は，ラジオ放送で7月31日午後9時45分に告知がなされたとする検察側の主張を排

斥し，公式令の廃止（昭和 23 年 5 月 3 日）以後も「法令の公布は官報によるとの不文律が存在し」ており，「新聞社またはラジオの報道を以て公布の方式」とすべきでなく，本件政令は 8 月 2 日に公布され即日施行されたものとすべきであるから，Y らの争議行為実行指令は本件政令公布前の行為であるとして，当該部分につき無罪とした。そこで検察側は，公式令の廃止後は，官報による方法とラジオのニュース報道の両者の方法が相補って「事実上国民に法令の内容を知り得る機会が与えられたときに，法令の公布があったものとすべきである」として上告した。

判　旨　棄却　**法令公布の方法**「公式令の廃止後は，法令公布の方法については，一般的な法令の規定を欠くに至ったのであって，実際の取扱としては，公式令廃止後も，法令の公布を官報をもってする従前の方法が行われて来たことは顕著な事実ではあるが，これをもって直ちに，公式令廃止後も法令の公布は官報によるとの不文律が存在しているとまでは言いえないことは所論のとおりであり，今日においては法令の公布が，官報による以外の方法でなされることを絶対に認め得ないとまで言うことはできないであろう。しかしながら，……特に国家がこれに代わる他の適当な方法をもって法令の公布を行うものであることが明らかな場合でない限りは，法令の公布は従前通り，官報をもってせられるものと解するのが相当であって，たとえ事実上法令の内容が一般国民の知りうる状態に置かれえたとしても，いまだ法令の公布があったとすることはできない。」「日本放送協会が昭和 23 年 7 月 31 日午後 9 時 30 分の全国向けニュース放送でした本件政令の報道が，……日本放送協会が自ら取材し，自主的にしたものと認められる本件においては，所論のように，右放送によって本件政令の公布があったものとは到底認めることはできない」。

反対意見　斎藤悠輔裁判官（略）　池田克裁判官（略）　真野毅裁判官（略）

（評釈）吉川和宏・憲百Ⅱ〈第 5 版〉226，本多滝夫・行政百選Ⅰ 45。

V-5　覚せい剤取締法事件

最大判昭 33・10・15 刑集 12 巻 14 号 3313 頁，判時 164 号 3 頁
（覚せい剤取締法違反被告事件）

事　実　Y は 1954（昭和 29）年 6 月 12 日午前 9 時ごろ，広島市内において 2 cc アンプル入りの覚せい剤数千本を所持していたのを発見され，覚せい剤取締法違反として起訴された。同法改正法は同日付の官報で公布され，「公布の日から施行する」（附則）ことになっており，従来の罰則（「3 年以下の懲

役又は5万円以下の罰金」）が改正法では「5年以下の懲役又は10万円以下の罰金」に引き上げることなどが定められていた。第1審（広島地判昭29・10・5刑集12巻14号3330頁）は，Yの行為に改正法を適用して懲役1年を言い渡したので，Yが控訴して，改正法がYとの関係で公布の効力を生ずるのは，問題の官報が広島県の官報販売所に到達した時であり，6月12日にはまだこの販売所に到達していなかったから改正法は施行をみていないと主張した。しかし広島高裁は，公布の効力を生ずる時期は「一般に発売頒布のため大蔵省印刷局より官報販売所等外部に向け発送せられた最初の時点である」とし，発送手続は同日午前7時50分にとられたから，Yの犯行時には改正法は施行されていたとした（広島高判昭30・2・18高刑8巻2号122頁）。そこでYは控訴趣旨と同じ理由でさらに上告した。

判　旨　**棄却**　**法令公布の時期**　「右官報が全国の各官報販売所に到達する時点，販売所から直接に又は取次店を経て間接に購読予約者に配送される時点及び官報販売所又は印刷局官報課で，一般の希望者に官報を閲覧せしめ又は一部販売する時点はそれぞれ異っていたが，当時一般の希望者が右官報を閲覧し又は購入しようとすればそれをなし得た最初の場所は，印刷局官報課又は東京都官報販売所であり，その最初の時点は，右2ケ所とも同日午前8時30分であったことが明らかである。してみれば，……本件改正法律は，おそくとも，同日午前8時30分までには，……『一般国民の知り得べき状態に置かれ』たもの，すなわち公布されたものと解すべきである。そして『この法律は，公布の日より施行する』との付則の置かれた本件改正法律は，右公布と同時に施行されるに至ったものと解さなければならない。しかるに原審の確定したところによれば，本件犯行は，同日午前9時頃になされたものであるというのであるから，本件改正法律が公布せられ，施行せられるに至った後の犯行であることは明瞭であって，これに本件改正法律が適用せられることは当然のことといわねばならない。」

補足意見　**藤田八郎裁判官**（略）　**入江俊郎裁判官**（略）　**奥野健一裁判官**（略）

少数意見　**池田克・河村大助裁判官**　「『公布の日から施行する』旨定められた法令は，官報配布の慣行と照し合せ，各地末端の官報販売所又は取次所（具体的配布機関についてその地域を判定するの外はない）にその官報が到達して配布を開始した時，当該地方人民はこれを知り得る状態に置かれたものとして同時に法の拘束力も発生するものと解するを妥当とする。本件は……右法律を掲載した官報が広島市所在の官報販売所に到達しその配布を開始した時に広島市民に対し公布の効力を生じたものと見るべく，即ちその時からYも該法律に拘束されるものと解する」。

評釈　栗城壽夫・憲法の判例236，鈴木茂嗣・刑法百選Ⅰ〈第2版〉6，浅野善治・憲百Ⅱ 209。

（コメント） **関連判例**　臨時物資需給調整法の失効時期の到来直前に，失効時期を延長する旨を定めた改正法が国会で可決されたが，官報による公布が旧法の失効時期後に行われた場合に延長の効力いかんが争われた事件において，法律成立の時期は両議院の可決の日であるから失効時期の延長は有効であるとした最高裁の判例がある（最一判昭 26・3・1 刑集 5 巻 4 号 478 頁）。

(5) 行政権による立法

V-6　銃砲火薬類取締法施行規則無効訴訟

最大判昭 27・12・24 刑集 6 巻 11 号 1346 頁，判タ 28 号 50 頁
（銃砲火薬類取締法施行規則違反被告事件）

事　実　被告人Ｙは，1947（昭和 22）年 1 月中頃，銃砲火薬類取締法（明治 43 年法 53 号）14 条 2 項に基づく同法施行規則（明治 44 年勅 16 号）22 条に違反して，無資格で火薬類（爆薬及び導火線）を所持していたため，同規則 45 条に該当するとして起訴され，懲役 1 年の有罪判決を受けた（福岡高判昭 23・7・27 刑集 6 巻 11 号 1362 頁）。これに対しＹは，同施行規則は「日本国憲法施行の際現に効力を有する命令の規定の効力等に関する法律」（昭和 22 年法 72 号）第 1 条によって 1948（昭和 23）年 1 月 1 日以降効力を失っているから，免訴の言渡しをなすべきだとして上告した。

判　旨　**破棄免訴**　**1新憲法施行前の法令の効力**　「日本国憲法施行前の命令の新憲法施行後における効力については，昭和 22 年法律 72 号……が制定され，……その 1 条においては「日本国憲法施行の際現に効力を有する命令の規定で，法律を以て規定すべき事項を規定するものは，昭和 22 年 12 月 31 日まで，法律と同一の効力を有するものとする」と定めている。右規定にいわゆる『法律を以て規定すべき事項』とは，旧憲法下におけるものではなく，新憲法下において法律を以て規定すべき事項を意味するものと解するを相当とする。」　**2概括的な罰則の委任の合憲性**　「憲法 73 条 6 号によれば……罰則を設けることは，特にその法律に具体的な委任がある場合を除き……法律を以て規定すべき事項であって，従って，また法律 72 号 1 条にいわゆる『法律を以て規定すべき事項』に該当するのである。」ところが「前記施行規則 22 条に違反した者に対し命令を以て罰則を設けることができる旨を特に委任した規定は，基本法である法律の中のどこにもこれを発見することができない（なお，前記施行規則 45 条の罰則は，明治 23 年法律 84 号命令の条項違反に関する罰則の件の委任によって設けられたものと認められる。しかし，右法律 84 号は広範な概括的な委任の規定であって新憲法下においては，

違憲無効の法律として新憲法施行と同時に失効したものと言うことができるし，また現実に明文をもって法律72号3条で新憲法と同時に廃止されている。……)。よって，前記施行規則……で……罰則を設けている規定は，……昭和23年1月1日以降は国法として効力を失うものと言わなければならぬ。」

補足意見　河村又介・入江俊郎裁判官（略）

反対意見　斎藤悠輔裁判官（略）

評釈　早坂禧子・行政百選Ⅰ〈第4版〉59，山崎友也・憲百Ⅱ210。

V-7　酒税法施行規則違憲訴訟

最大判昭33・7・9刑集12巻11号2407頁
（酒税法違反被告事件）

事　実　1948（昭和23）年当時の酒税法54条は，命令の定める酒類の製造・貯蔵・販売に関する事実の帳簿記載義務を定め，同法施行規則61条9号で，同法によって委任された製造・貯蔵・販売に関する一定の事項のほか税務署長の指定する事項についての帳簿記載義務を規定していた。同年当時，被告人Yは，税務署長の指定事項である「酒類容器の移動」の事実を帳簿に記載しなかったため，同法65条1号の罪に当たるとして起訴された。第1審（玉島簡判昭24・11・15刑集12巻11号2419頁）は罰金刑を言い渡したため，Yと検察官の双方が控訴した。Yの主張は，帳簿記載事項を税務署長の指定に委ねた同法施行規則61条9号は，処罰法規の実質的内容を税務署長の決定に委任したもので罪刑法定主義に反するというものであったが，広島高裁岡山支部はYの控訴を棄却した（広島高岡山支判昭27・4・10刑集12巻11号2423頁）ので，Yはさらに上告して同様の主張をした。

判　旨　**棄却**　**犯罪構成要件の再委任の合憲性**　「酒税法（昭和23年法律107号による改正前のもの）54条は，『酒類，酒母，醪若ハ麹ノ製造者又ハ酒類若ハ麹ノ販売業者ハ命令ノ定ムル所ニ依リ製造，貯蔵又ハ販売ニ関スル事実ヲ帳簿ニ記載スヘシ』と規定し，……その帳簿の記載等の義務の主体およびその義務の内容たる製造，貯蔵又は販売に関する事実を帳簿に記載すべきこと等を規定し，ただ，その義務の内容の一部たる記載事項の詳細を命令の定めるところに一任しているに過ぎないのであって，立法権がかような権限を行政機関に賦与するがごときは憲法上差支ないことは，憲法73条6号本文および但書の規定に徴し明白である。そして，前記酒税法施行規則61条は，その1号ないし8号において，帳簿に記載すべき事項を具体的且つ詳細に規定しており，同条9号は，これらの規定に洩れた事項で，各地方の実状に即し記載事項とするを必要とするものを税務署長の指定に委せたものであって，前記酒税法施行規則においてこのような規定を置いたとしても，前記酒税法54条の委任の趣旨に反しないものであり，違憲であるということはできない。」

（評釈） 栗田正・曹時10巻10号91，田中祥貴・行政百選Ⅰ〈第6版〉50，木村草太・憲百Ⅱ A10。

（コメント） **関連判例** 食糧管理法31条，9条，10条が犯罪構成要件の決定を命令に委任しているのは，憲法73条6号但書の趣旨からみて違憲ではないとした初期の頃の最高裁判例がある。⇒***VI-16***。

第Ⅵ章　司　　法

⑴ 司 法 権

Ⅵ-1　米内山事件

最大決昭 28・1・16 民集 7 巻 1 号 12 頁，行集 4 巻 1 号 146 頁
（県議会議員除名処分執行停止決定に対する特別抗告事件）

事　実　1952（昭和 27）年 3 月当時，青森県議会議員であったＸに対して，青森県議会は同月 15 日，Ｘを除名するとの議決をした。Ｘは，この除名手続に瑕疵があること，本人の発言取消訂正後に懲罰に当たる行為は存在しない等を理由として，同除名処分の執行停止を求めたところ，第 1 審（青森地決昭 27・4・28 民集 7 巻 1 号 43 頁）は，Ｘが本訴として提訴している除名処分取消請求事件の判決が確定するまでその処分の効力の発生を停止するとの決定を下した。ところが，同年 5 月 14 日，内閣総理大臣は，行政事件訴訟特例法〔昭和 37 年に廃止され，新たに行政事件訴訟法が制定された〕10 条 2 項但書に基づいて，議員に対する懲罰の議決は，議会内部の紀律を維持するための自律作用であるから，その議決の執行が裁判所の最終判決によらずに決定をもって停止されると，地方議会の自主的な運営は著しくかつ不当に阻害される結果となり，地方自治の本旨を害するおそれがあるとして，上記決定に異議を唱えた。これに対し，青森地裁は，内閣総理大臣の異議が法の要求する理由を明示しているかどうかについて，裁判所は当然判断すべき職責を有するものであり，本件異議は論旨が抽象的で執行停止を不可とする具体的説明がなく，不適法な異議であるとして原決定を取り消さない旨決定した（青森地決昭 27・5・27 民集 7 巻 1 号 50 頁）。そこで同県議会は，この決定を不服とし，内閣総理大臣の異議理由は法律の要求を満たしており，また議会の自律権は尊重されなければならない等と主張した。

決定要旨　**棄却**　**裁判所の執行停止と内閣総理大臣の異議**　「行政事件訴訟特例法 10 条 2 項但書の内閣総理大臣の異議は，同項本文の裁判所の執行停止決定のなされる以前であることを要するものと解するを相当とする。けだし右 10 条 2 項は『……裁判所は申立に困り又は職権で，決定を以て，処分の執行を停止すべきことを命ずることができる。但し……内閣総理大臣が異議を述べたときはこの限りでない。』と規定するところであって，右は内閣総理大臣の異議が述べられたときは，裁判所は執行停止の決定をすべきでないという趣旨の規定であって，停止決定後に異議が述べられた場合

をも含んだ規定とは解せられないからである。さて記録によれば，原審が執行停止の決定をしたのは昭和27年3月15日であり，内閣総理大臣の異議が述べられたのは右の後である同年5月16日であることが明らかであるから，本件異議は不適法なものであり，したがってこの異議を前提とする本件抗告も亦不適法なものといわなければならない。そして本件抗告の対象である原審決定のうち，執行停止の決定は何等違法のかどはなく，また執行停止の決定を取り消さない旨の決定は結局原審は本件異議を排斥し（もって先にした停止決定を維持し）たものであるから，以上当裁判所の判断の結果と同一に帰するものである。」

補足意見 **斎藤悠輔裁判官**（略） **小林俊三裁判官**（略）

少数意見 **田中耕太郎裁判官** 「この除名処分執行停止申立事件にはもっと根本的なところに問題が伏在する……。それは地方議会議員の除名に対し裁判所が執行停止を命ずる決定をすることができるかどうかということに外ならない。……私も亦本件の除名処分が，議会の内部規律の問題として，議会自体の決定に委ぬべきものであり，司法権の介入の範囲外にあるものと考えるものである。この点において判決による介入を認める立場をとっている総理大臣の異議はむしろ不徹底だといわなければならない。」「勿論議会の内部関係の問題に司法権が全然関係しないのではない。この関係のある方面は地方自治法によって定められている。又憲法に規定する法の下における平等の原則のごとき議会の内部関係にも関係をもつ。ただ同法132条133条その他同法及び会議規則に違反し懲罰を科すべきものなりや否や又如何なる種類又は程度の懲罰（戒告，陳謝，出席停止又は除名，出席停止の日数）を科すべきやは，議会が終局的に定むるところによるものである。」「以上の結論の理論的基礎としては，これを法秩序の多元性に求めなければならない。凡そ法的現象は人類の社会に普遍的のものであり，必ずしも国家という社会のみに限られないものである。国際社会は自らの法を有し又国家なる社会の中にも種々の社会，例えば公益法人，会社，学校，社交団体，スポーツ団体等が存在し，それぞれの法秩序をもっている。法秩序は社会の多元性に応じて多元的である。それ等の特殊的法秩序は国家法秩序即ち一般的法秩序と或る程度の関連があるものもあればないものもある。その関連をどの程度のものにするかは，国家が公共の福祉の立場から決定すべき立法政策上の問題である。従って例えば国会，地方議会，国立や公立学校の内部の法律関係について，一般法秩序がどれだけの程度に浸透し，従って司法権がどれだけの程度に介入するかは個々の場合に同一でない。要するに国会や議会に関しても，司法権の介入が認められない純然たる自治的に決定さるべき領域が存在することを認めるのは決して理論に反するものではない。そうして本件の問題である懲罰の事案のごときは正にかかる領域に属するものと認めなければならない。」「勿論団体の種類によっては，法が多数決による除名を団体に委ねない場合がある。」「地方議会の懲罰に関しては，議会自体が最終の決定者であること国会の場合と同様である。仮りに多数者が横暴に振舞い，事実として懲罰の事由の存否が疑わしい場合に懲罰に附し又は情状が軽いのに比較的重い制裁を課したような事情があったとしても，それは結局事実認定裁量の問題に帰し，従ってその当不当は政治問題たるに止まり，違法の問題ではないのである。」「この点に関し，懲罰の種類が戒告，陳謝，一定期間の出席停止の場合と除名とを区別し，前の種類のもののみを内部規律とする説があるが，この説は，全然理論的基礎を欠くものである。そこには議員の地位自体を奪うことが議員にとって極刑であるとか，議員が選挙によってその地位にあるとかいう考慮が伏在するであろうが，そのいずれも根拠とすることができない。……又もし大学の学生に対する退学処分を譴責，停学等の制裁と同様に学校の内部規律と認める立場をとるにおいては，議員の場合の除名を他の種の制裁と区別する理由は全然存在しないのである。」「要するに裁判所は国家やその他の社会の中に『法の支配』を実現する任務を負担するものであるが，それが関係し得る事項には一定の限界がある。それは社会の性質によって一様ではない。第一に国家は行政庁の裁量処分の当不当には介入し得ないこと勿論である。第二に単に当不当の問題に委ねられないで法規の制約が存する場合においても，法規の要件を充足するや否やが当該社会の自主的決定に一任されている場合には，それに介入することができない。そうして本件の場合はこの第二の場合に属するのである。裁判所が関係する法秩序は一般的のもののみに限られ，特殊的のものには及ばないのである。もし裁判所が一々特殊的な法秩序に関する問題にまで介入することになれば，社会に存するあらゆる種類の紛争が裁判所に持ち込まれることになり，一方裁判所万能の弊に陥るとともに，他方裁判所の事務処理能力の破綻を招来する危険なきを保し得ない……。裁判所は自己の権限の正しい限界線を引かなければならない。」「本件は司法と行政との限界に関する問題として現われて来ているが実はそれよりも一層根本的な法秩序相互の関係の問題に関連しているのである。この極めて重要な事案に関する多数意見は，その当否はしばらく論外として，除名問題について裁判権が存在することを当然の前提として，行政事件訴訟特例法の手続的な一局部に関する解釈を下しているにすぎない。ところがこの前提自体に誤りが存し，裁判所はこの種の事項について裁判権を有しないものと認めなければならない。」

反対意見　**栗山茂裁判官**　「懲罰を科する議会の議決は任命権者が行う懲戒処分（国家公務員法３条，55条参照）即ち行政機関のする処分とはその性質を異にしていわゆる行政事件訴訟特例法１条にいう『行政庁の処分』ではないのであって，立法機関の議事処理のためにする内部紀律に関する固有の機能の行使であるから……裁判所が審判するのは地方公共団体の運営に不当に干渉するものであると断ぜざるをえないのである。もっとも（行特法）10条２項但書による内閣総理大臣の異議も不適法たるを免れない」。

意　見　**真野毅裁判官**　「行政事件訴訟特例法……10条2項……但書において内閣総理大臣が異議を述べたときには，処分の執行停止を命ずる司法的処置を採ることを禁止しているのは，内閣総理大臣という行政機関が司法権の領域を侵犯して処分の執行停止を命ずるか否かという司法的処置に干渉するものであるから，三権分立の原則に違反する」。「国内各種の団体は，苟くもそれが独立の団体である限り，その団体を支配するそれぞれの法秩序に従って，一応自主的・自律的に団体内の規律を保持することを得る……そして，その法秩序は，契約，特約，規約，定款，規則，条例等の名をもって，それぞれの目的，組織，運営方法等を定め，その定められた規準に従って社会活動を営むのである。しかし，その団体と構成員間又は構成員相互間に法律上の紛争を生じた暁には，その団体相応の自主性に従って一応の処置を講ずるにしても，なお法律上の争訟が解決しない限り，終局的にはすべて裁判所に出訴して裁判を受けることを得るものと言わなければならぬ（憲法76条1項，32条）。法秩序は多元性であっても，一国内の法秩序である限り憲法に特別の規定がない場合には，法律上の争訟はすべて最後には裁判所の裁定に服すべきものである。」

(評釈)　雄川一郎・憲百Ⅱ〈初版〉141，鵜澤剛・行政百選Ⅱ 201。

Ⅵ-2　「板まんだら」訴訟

最三判昭56・4・7民集35巻3号443頁，判時1001号9頁
（寄附金返還請求事件）

事　実　創価学会（Y）の元会員であるXら17人は，1965（昭和40）年10月，御本尊「板まんだら」を安置する正本堂の建立のためのYの募金に応じてそれぞれ金員を寄付したが，その後この贈与は要素の錯誤に基づいてなされた無効のものであるとして，寄付金の返還を請求して出訴した。要素の錯誤というのは，上記「板まんだら」が偽物であることを知らなかった点，および，Yが，正本堂建立は広宣流布達成の時期であるとして募金したのに，その完工の時に広宣流布は未だ達成されていないと言明した点にあると主張された。第1審（東京地判昭50・10・6判時802号92頁）は，Xらの主張する錯誤の内容は日蓮正宗の信仰の本質に関するため裁判所が法令を適用することによって解決できる「法律上の争訟」に当たらないとするYの主張を認めて訴えを却下したが，控訴審（東京高判昭51・3・30判時809号27頁）はこれを取り消して事件を差し戻したので，Yが上告した。

判　旨　**破棄自判**　**宗教上の教義に関する紛争と司法判断**　「錯誤による贈与の無効を原因とする本件不当利得返還請求訴訟においてXらが主張する錯誤の内容は，(1)　Yは，戒壇の本尊を安置するための正本堂建立の建設費用に充てると称して本件寄付金を募金したのであるが，Yが正本堂に安置した本尊のいわゆる『板まんだら』は，日蓮正宗において

『日蓮が弘安2年10月12日に建立した本尊』と定められた本尊ではないことが本件寄付の後に判明した，(2)　Yは，募金時には，正本堂完成時が広宣流布の時にあたり正本堂は事の戒壇になると称していたが，正本堂が完成すると，正本堂はまだ三大秘法抄，一期弘法抄の戒壇の完結ではなく広宣流布はまだ達成されていないと言明した，というのである。要素の錯誤があったか否かについての判断に際しては，右(1)の点については信仰の対象についての宗教上の価値に関する判断が，また，右(2)の点についても『戒壇の完結』，『広宣流布の達成』等宗教上の教義に関する判断が，それぞれ必要であり，いずれもことがらの性質上，法令を適用することによっては解決することのできない問題である。本件訴訟は，具体的な権利義務ないし法律関係に関する紛争の形式をとっており，その結果信仰の対象の価値又は宗教上の教義に関する判断は請求の当否を決するについての前提問題であるにとどまるものとされてはいるが，本件訴訟の帰すうを左右する必要不可欠のものと認められ，また，記録にあらわれた本件訴訟の経過に徴すると，本件訴訟の争点及び当事者の主張立証も右の判断に関するものがその核心となっていると認められることからすれば，結局本件訴訟は，その実質において法令の適用による終局的な解決の不可能なものであって，裁判所法3条にいう法律上の争訟にあたらないものといわなければならない。」

意　見　**寺田治郎裁判官**　「本訴請求は……不当利得返還の請求であって，前記宗教上の問題は，その前提問題にすぎず，宗教上の論争そのものを訴訟の目的とするものではないから，本件訴訟は……法律上の争訟にあたらないものであるということはでき〔ない〕。……請求の当否を決する前提問題について宗教上の判断を必要とするため裁判所の審判権が及ばない場合には，裁判所は，当該宗教上の問題に関するXらの錯誤の主張を肯認して本件金銭の給付が無効であるとの判断をすることはできないから，……本訴請求を理由がないものとして請求棄却の判決をすべきものである。」

（評釈）　中野貞一郎・民訴百選〈第2版〉1，藤井俊夫・重判〈昭和56年度〉26，住吉博・重判〈昭和56年度〉128，野坂泰司・宗教百選30，宍戸常寿・憲百Ⅱ190。

（コメント）　**日蓮正宗管長等地位不存在確認請求訴訟**　宗教法人（日蓮正宗）に包括される末寺の住職・主管らが，同法人の管長・代表役員Aを相手取って，Aが管長等の地位を有しないことの確認を求めた裁判で，最三判平5・9・7民集47巻7号4667頁は，一般論として「特定の者の宗教活動上の地位の存否を審理，判断するにつき，当該宗教団体の教義ないし信仰の内容に立ち入って審理，判断することが必要不可欠である場合には，裁判所は，その者が宗教活動上の地位にあるか否かを審理，判断することができず，その結果，宗教法人の代表役員の地位の存否についても審理，判断することができないことになるが，この場合には，特定の者の宗教法人の代表役員の地位の存否の確認を求める訴えは，裁判所が法令の適用によって終局的な解決を図ることができない訴訟として，裁判所法３条にいう『法律上の争訟』に当たらないというほかない。」とし，本件については，日蓮正宗では，代表役員（宗教法人を代表する地位）は，管長の職にある者をもって充て，管長は，法主（日蓮正宗の宗教上の最高権威者の呼称であり宗教活動上の地位）の職にある者をもって充てるものとされているところ，Ａが代表役員及び管長の地位にあるかを審理，判断するには，Ａが法主の地位にあるか否かを審理，判断する必要があるが，日蓮正宗では，「法主は，宗祖以来の唯授一人の血脈を相承する者であるとされている」から，Ａが法主の地位にあるか否かを審理，判断するには，「血脈相承の意義を明らかにした上で，同人が血脈を相承したものということができるかどうかを審理しなければならない。そのためには，日蓮正宗の教義ないし信仰の内容に立ち入って審理，判断することが避けられないことは，明らかである。そうであるとすると，本件訴えは，結局，いずれも法律上の争訟性を欠き，不適法として却下を免れない」とした（大野正男裁判官の反対意見がある）。

Ⅵ-3　村会議員出席停止事件

最大判昭 35・10・19 民集 14 巻 12 号 2633 頁，判時 239 号 20 頁
（懲罰決議等取消請求事件）

事　実　新潟県岩船郡山北村の合併に伴う村役場の位置をめぐる対立の中で，この議案に対する賛否の勢力配分は賛成 16 反対 9 で，成立要件たる出席議員の３分の２以上の同意が得られる見込みがなかった。そこで，その可決通過を図る多数派は，1957（昭和 32）年 12 月 13 日の村議会開会の劈頭に，これに反対する村議会議員 X_1，X_2に対し，議事を混乱に陥れているとの理由により３日間の出席停止という懲罰動議を提出し，両名を退席させた上，採決の結果，賛成 14，反対 8 でこれを可決し，その後これら２名を除いて村役場位置条例改正案を３分の２以上の賛成で可決した。しかし，村議会の会議規則によると，懲罰事由は動議提出当日の事犯でなければならない旨が規定されており，出席停止処分を受けた X_1，X_2が，この決議および該位置条例改正決議等の無効を争った。裁判所は第１審（新潟地裁〔年月日不明〕），第２審（東京高判昭 33・10・16 民集 14 巻 12 号 2650 頁）ともに，３日間の出席停止処分はすでに経過してしまっているから，Ｘらに訴えの利益がないとする村議会の主張を認容して訴えを却下した。そこでＸらは，たとえ懲罰の議決の内容である出席停止期間経過後であっても，その期間中議員としての権利行使を奪われ，その名誉，信用などの人格的利益も侵されるのであり，その侵害を排除し，出席停止期間中の費用弁償請求権を回復するためにも，処分の無効確認ないし取消しを求める訴えの利益があるとして上告した。

判　旨　**棄却**　**議員の懲罰の司法審査**　「司法裁判所が，憲法又は他の法律によってその権限に属するものとされているものの外，一切の法律上の争訟に及ぶことは，裁判所法３条の明定するところであるが，ここに一切の法律上の争訟とはあらゆる法律上の係争という意味ではない。一口に法律上の係争といっても，その範囲は広汎であり，その中には事柄の特質上司法裁判権の対象の外におくを相当とするものがある。けだし，自律的な法規範をもつ社会ないしは団体に在っては，当該規範の実現を内部規律の問題として自治的措置に任せ，必ずしも，裁判にまつを適当としないものがあるからである。本件における出席停止の如き懲罰はまさにそれに該当する。（尤も最大判昭35・３・９民集14巻３号355頁以下は議員の除名処分を司法裁判の権限内の事項としているが，右は議員の除名処分の如きは，議員の身分の喪失に関する重大事項で，単なる内部規律の問題に止らないからであって，本件における議員の出席停止の如く議員の権利行使の一時的制限に過ぎないものとは自ら趣を異にしているのである。従って，前者を司法裁判権に服させても，後者については別途に考慮し，これを司法裁判権の対象から除き，当該自治団体の自治的措置に委ねるを適当とするのである。）」

意　見　**河村大助裁判官**　「地方議会議員の懲罰決議はＸらの主張する如く議員としての報酬，手当，費用弁償の請求権等に直接影響するものである以上，その懲罰処分の適否及び右請求権等の争いは単なる議会の内部規律の問題に過ぎないものと見るべきではなく，裁判所法３条の『法律上の争訟』として司法審査の対象になり得る……また……その懲罰処分が除名処分であると出席停止の処分であるとにより区別される理由はない。けだし残存任期一ぱいの出席停止ということもないとはいえず，実質的には除名処分と異らない場合もあり得るのみならず，停止の期間が短いからといって訴訟の対象にならないと解すべきではない」（**奥野健一裁判官**の意見もほぼ同旨）。

（評釈）　大橋真由美・地自百選74，田近肇・憲百Ⅱ 187，中嶋直木・行政百選Ⅱ 144。

（コメント）　**関連判例**　①最三判昭52・３・15民集31巻２号234頁（富山大学単位不認定等違法確認請求事件判決）は，*VI-3*を引用して，「一般市民社会の中にあってこれとは別個に自律的な法規範を有する特殊な部分社会における法律上の係争のごときは，それが一般市民法秩序と直接の関係を有しない内部的な問題にとどまる限り，その自主的，自律的な解決に委ねるのを適当とし，裁判所の司法審査の対象にはならないものと解するのが，相当である」とし，本件単位不認定処分につき司法審査の対象にはならないとした。②また，東京高判平19・３・29判時1979号70頁は，国立大学法人の設置する大学（群馬大学）の入学試験における不合格の判定には本来的には司法審査権が及ばないが，合否判定にあたり合理的な理由なく差別が行われたことが明白である場合には，原則として国立大学に与えられた裁量権を逸脱，濫用したものと判断するのが相当であり，その限りでは裁判所の審査権が及ぶとしつつ，年齢を理由とした不合格判定が合否判定権の濫用であるとして入学許可を求めた原告の請求は棄却した。

VI-4　共産党袴田事件

最三判昭63・12・20判時1307号113頁，判タ694号92頁
（家屋明渡等請求事件）

事　実　戦前からX党の幹部であったYは，1977（昭和52）年になって，反党的表現活動等の理由で除名処分を受けた。そこでXは，Yが1963（昭和38）年から居住していたX所有の家屋の明渡しを求めたが，Yがこれを拒否したので，Xはその明渡しを請求して訴えを提起した。これに対しYは，この除名処分が党規約に反し手続的にも実体的にも無効であると反論し，本件除名処分のようにYにとって著しく不利益かつ重大な事項は，政党の内部的処分といえども司法審査の対象となると主張したが，この点についてもXは争った。第1審はXの請求を認容し（東京地八王子支判昭58・5・30判時1085号77頁），控訴審（東京高判昭59・9・25判時1134号87頁）でもXが勝訴したので，Yからさらに上告した。

判　旨　**棄却**　**1政党の自律性と政党内部の問題の審判権**　「政党は，政治上の信条，意見等を共通にする者が任意に結成する政治結社であって，内部的には，通常，自律的規範を有し，その……党員に対して政治的忠誠を要求したり，一定の統制を施すなどの自治権能を有するものであり，国民がその政治的意思を国政に反映させ実現させるための最も有効な媒体であって，議会制民主主義を支える上においてきわめて重要な存在であるということができる。したがって，各人に対して，政党を結成し，又は政党に加入し，若しくはそれから脱退する自由を保障するとともに，政党に対しては，高度の自主性と自律性を与えて自主的に組織運営をなしうる自由を保障しなければならない。他方，右のような政党の性質，目的からすると，自由な意思によって政党を結成し，あるいはそれに加入した以上，党員が政党の存立及び組織の秩序維持のために，自己の権利や自由に一定の制約を受けることがあることもまた当然である。右のような政党の結社としての自主性にかんがみると，政党の内部的自律権に属する行為は，法律に特別の定めのない限り尊重すべきであるから，政党が組織内の自律的運営として党員に対してした除名その他の処分の当否については，原則として自律的な解決に委ねるのを相当とし，……政党が党員に対してした処分が一般市民法秩序と直接の関係を有しない内部的な問題にとどまる限り，裁判所の審判権は及ばないというべきであり，他方，

右処分が一般市民としての権利利益を侵害する場合であっても，右処分の当否は，当該政党の自律的に定めた規範が公序良俗に反するなどの特段の事情のない限り右規範に照らし，右規範を有しないときは条理に基づき，適正な手続に則ってされたか否かによって決すべきであり，その審理も右の点に限られるものといわなければならない。」 **2除名処分の有効性** 「本訴請求は，要するに，……ＹがＸから除名されたことを理由として，本件建物の明渡及び賃料相当損害金の支払を求めるものであるところ，右請求が司法審査の対象となることはいうまでもないが，……除名処分は，本来，政党の内部規律の問題としてその自治的措置に委ねられるべきものであるから，その当否については，適正な手続を履践したか否かの観点から審理判断されなければならない。そして，所論の点に関する……事実関係によれば，Ｘは，自律的規範として党規約を有し，本件除名処分は右規約に則ってされたものということができ，右規約が公序良俗に反するなどの特段の事情のあることについて主張立証もない本件においては，その手続には何らの違法もないというべきであるから，右除名処分は有効であるといわなければならない。」

（評釈） 中谷実・重判〈平成元年度〉8，佐藤幸治・民商100巻5号189，大沢秀介・法教105号88，片山智彦・憲百Ⅱ189。

VI-5　日本新党繰上当選無効訴訟

最一判平7・5・25民集49巻5号1279頁，判時1531号3頁
（選挙無効請求事件）

事　実　Ａ党は，1992（平成4）年7月26日に行われた参議院（比例代表選出）議員選挙に際し，当選人となるべき順にA_1〜A_4，Ｘ，A_6〜A_{16}の氏名を登載した名簿を選挙長に届け出た。選挙の結果，A_4までが当選し，Ｘは次点となった。ところが，1993（平成5）年6月23日，Ａ党はＸが除名により党員でなくなったことを選挙長に届け出た。この届出書には，公選法（平6法2号による改正前のもの）に従い，当該除名の手続を記載した文書および当該除名が適正に行われたことをＡ党の代表者A_1が誓う旨の宣誓書が添えられていた。その直後の7月5日，衆議院議員総選挙が公示され，A_1およびA_2が立候補の届出をしたので，選挙会はA_6，A_7を当選人と定め，Ｙ（中央選挙管理会）はその告示を行った。そこでＸはA_7についての当選人決定を不満とし，当選無効の訴訟を提起した。第1審（東京高判平6・11・29判時1513号60頁）は，選挙会の決定自体には過誤はないが，民主的かつ公正な適正手続に従ってなされたものでない本件除名は公序良俗に反し無効であり，したがってその有効性を前提になされた本件当選人決定も無効に帰するほかないとしたので，Ｙが上告した。

判　旨 破棄自判

1党員除名についての選挙会による審査の範囲 「法は，選挙会が名簿届出政党等による除名を理由として名簿登載者を当選人となり得るものから除外するための要件として，前記の除名届出書，除名手続書及び宣誓書が提出されることだけを要求しており，それ以外には何らの要件をも設けていない。したがって，選挙会が当選人を定めるに当たって当該除名の存否ないし効力を審査することは予定されておらず，法は，たとい客観的には当該除名が不存在又は無効であったとしても，名簿届出政党等による除名届に従って当選人を定めるべきこととしているのである。」 **2政党の自律権** 「参議院（比例代表選出）議員の選挙について政党本位の選挙制度である拘束名簿式比例代表制を採用したのは，議会制民主主義の下における政党の役割を重視したことによるものである。そして，政党等の政治結社は，政治上の信条，意見等を共通にする者が任意に結成するものであって，その成員である党員等に対して政治的忠誠を要求したり，一定の統制を施すなどの自治権能を有するものであるから，各人に対して，政党等を結成し，又は政党等に加入し，若しくはそれから脱退する自由を保障するとともに，政党等に対しては，高度の自主性と自律性を与えて自主的に組織運営をすることのできる自由を保障しなければならないのであって，このような政党等の結社としての自主性にかんがみると，政党等が組織内の自律的運営として党員等に対してした除名その他の処分の当否については，原則として政党等による自律的な解決にゆだねられているものと解される（最三判昭 63・12・20 集民 155 号 405 頁〔判時 1307 号 113 頁〕参照）。そうであるのに，政党等から名簿登載者の除名届が提出されているにもかかわらず，選挙長ないし選挙会が当該除名が有効に存在しているかどうかを審査すべきものとするならば，必然的に，政党等による組織内の自律的運営に属する事項について，その政党等の意思に反して行政権が介入することにならざるを得ないのであって，政党等に対し高度の自主性と自律性を与えて自主的に組織運営をすることのできる自由を保障しなければならないという前記の要請に反する事態を招来することになり，相当ではない」。 **3当選訴訟における無効原因** 「いわゆる当選訴訟（法 208 条）は，選挙会等による当選人決定の適否を審理し，これが違法である場合に当該当選人決定を無効とするものであるから，当選人に当選人となる資格がなかったとしてその当選が無効とされるのは，選挙会等の当選人決定の判断に法の諸規定に照らして誤りがあった場合に限られる。選挙会等の判断に誤りがないにもかかわらず，当選訴訟において裁判所がその他の事由を原因として当選を無効とすることは，実定法上の根拠がないのに裁判所が独自の当選無効事由を設定することにほかならず，法の予定するところではないといわなければならない。このことは，名簿届出政党等から名簿登載者の除名届が提出されている場合における繰上補充による当選人の決定についても，別異に解すべき理由はない。」「したがって，名簿届出政党等による名簿登載者の除名が不存在又は無効であることは，除名届が適法にされている限り，当選訴訟における当選無効の原因とはならないというべきである。」

（評釈） 近藤崇晴・ジュリ 1074 号 131，中谷実・法教 182 号 82，植村勝慶・重判〈平成 7 年度〉18，高橋和之・ジュリ 1092 号 52，高田篤・憲百Ⅱ 160。

VI-6　沖縄代理署名訴訟

最大判平 8・8・28 民集 50 巻 7 号 1952 頁，判時 1577 号 26 頁
（地方自治法 151 条の 2 第 3 項の規定に基づく職務執行命令裁判請求事件）

事　実　国は，沖縄県内の米軍用地としての使用期間満了（1997〔平成 9〕年 5 月 14 日）が迫りつつあった民有地のうち，合意による使用権原取得が見込めなかった面積約 37 万 1000㎡の土地につき，駐留軍用地特別措置法（特措法）に基づく強制使用手続を行うこととし，X（内閣総理大臣）は 1995（平成 7）年 5 月 9 日に使用認定を行った。しかし上記土地の所有者らは，起業者の使用裁決申請に添付せねばならない土地調書等の成立に必要な立会いおよび同調書等への署名押印を拒否し，さらに，土地所在地の市町村長もそれらの代行（土地収用法 36 条 4 項）を拒否したため，那覇防衛施設局長は Y（沖縄県知事）に対し署名等代行（同条 5 項）を求めたが，Y も同年 10 月 2 日，これを拒否した。そこで X は同年 11 月 23 日，同事務を執行するよう機関委任事務の主務大臣として Y に勧告し，次いで同月 30 日に職務執行命令を行ったが，Y はこれにも従わなかった。そこで X は，地方自治法 151 条の 2 第 3 項〔現行法では削除〕に基づいて提訴した。第 1 審（福岡高那覇支判平 8・3・25 判時 1563 号 26 頁）が X の請求を認容したため，Y は特措法および同法の沖縄県に対する適用の違憲等を主張して上告した。

判　旨　**上告棄却**　**1 職務執行命令訴訟における司法審査の範囲**　「地方自治法 151 条の 2 は，都道府県知事本来の地位の自主独立性の尊重と国の委任事務を処理する地位に対する国の指揮監督権の実効性の確保との間の調和を図るために職務執行命令訴訟の制度を採用しているのである。そして，同条が裁判所を関与させることとしたのは，主務大臣が都道府県知事に対して発した職務執行命令の適法性を裁判所に判断させ，裁判所がその適法性を認めた場合に初めて主務大臣において代執行権を行使し得るものとすることが，右の調和を図るゆえんであるとの趣旨に出たものと解される。」「この趣旨から考えると，職務執行命令訴訟においては，下命者である主務大臣の判断の優越性を前提に都道府県知事が職務執行命令に拘束されるか否

かを判断すべきものと解するのは相当でなく，主務大臣が発した職務執行命令がその適法要件を充足しているか否かを客観的に審理判断すべきものと解するのが相当である。」 **2駐留軍用地特措法の合憲性** 「〔合意による土地取得〕ができない場合に，当該土地等を駐留軍の用に供することが適正かつ合理的であることを要件として（駐留軍用地特措法３条），これを強制的に使用し，又は収用することは，条約上の義務を履行するために必要であり，かつ，その合理性も認められるのであって，私有財産を公共のために用いることにほかならないものというべきである。」「日米安全保障条約及び日米地位協定が違憲無効であることが一見極めて明白でない以上，裁判所としては，これが合憲であることを前提として駐留軍用地特措法の憲法適合性についての審査をすべきであるし（最大判昭34・12・16刑集13巻13号3225頁参照），所論も，日米安全保障条約及び日米地位協定の違憲を主張するものではないことを明示している。そうであれば，駐留軍用地特措法は，憲法前文，９条，13条，29条３項に違反するものということはできない。」 **3沖縄県における特措法の適用の許否** 「特措法による土地等の使用又は収用の認定……に当たっては，我が国の安全と極東における国際の平和と安全の維持にかかわる国際情勢，駐留軍による当該土地等の必要性の有無，程度，当該土地等を駐留軍の用に供することによってその所有者や周辺地域の住民などにもたらされる負担や被害の程度，代替すべき土地等の提供の可能性等諸般の事情を総合考慮してなされるべき政治的，外交的判断を要するだけでなく，駐留軍基地にかかわる専門技術的な判断を要することも明らかであるから，その判断はXの政策的，技術的な裁量にゆだねられているものというべきである。」「沖縄県における駐留軍基地の実情及びそれによって生じているとされる種々の問題を考慮しても，同県内の土地を駐留軍の用に供することがすべて不適切で不合理であることが明白であって，Xの適法な裁量判断の下に同県内の土地に駐留軍用地特措法を適用することがすべて許されないとまでいうことはできないから，同法の同県内での適用が憲法前文，９条，13条，14条，29条３項，92条に違反するというに帰する論旨は採用することができない。」

補足意見　園部逸夫裁判官（略）　大野正男・高橋久子・尾崎行信・河合伸一・遠藤光男・藤井正雄裁判官（略）

（評釈）　阪本昌成・重判〈平成８年度〉６，市橋克哉・重判〈平成８年度〉37，斎藤誠・法教193号76，山田洋・ジュリ1103号66，綿引万里子・ジュリ1103号124，交告尚史・地自百選122，水島朝穂・憲百Ⅱ173。

VI-7　物価統制令事件

最大判昭 23・7・19 刑集 2 巻 8 号 922 頁
（物価統制令違反被告事件）

事　実　物価統制令違反として起訴されたYが，第1審（中村区裁），第2審（高知地裁）とも有罪判決を受けたので，旧憲法時代の1947（昭和22）年に大審院に上告していたが，その後，現行憲法の施行に伴い大審院が廃止され（裁判所法附則2項），大審院係属中の事件は東京高裁によって審理判決されることになった（裁判所法施行令1条）。東京高裁で上告が棄却されたので，Yは，旧大審院に相当する地位にある裁判所は最高裁であり，また上記裁判所法施行令1条は，最高裁に上告審の裁判権を与えた裁判所法7条等に違反するとして再上告した。

判　旨　**棄却**　**1最高裁は大審院の後身ではない**「大審院は，明治憲法と裁判所構成法とに基く組織と構成と権限を有する裁判所であり，最高裁判所は，厳粛な歴史的背景の下に，日本国憲法と裁判所法とに基く組織と構成と権限を有する裁判所である。共に司法権を行使する機関であり又わが国における最上級の裁判所であるという関係において，相互の間にもとより幾多の類似点がないのではないが，両者の組織，構成，権限，職務，使命及び性格が著しく相違する。……従って，最高裁判所は……大審院の後身でもなく，その承継者でもなく，又両者の間に同一性を認めることもできない。されば，……大審院に繋属した事件は，最高裁判所において当然継承しなければならぬという道理もなく，かかる憲法の法意が存在するとも考えられない。」
2審級制度は立法政策の問題「最高裁判所の裁判権については，違憲審査を必要とする……事件が終審としてその事物管轄に属すべきことは，憲法上要請されているところであるが（第81条），その他の……事件の裁判権及び審級制度については，憲法は法律の適当に定めるところに一任したものと解すべきである。そして，最高裁判所は必ずしも常に訴訟の終審たる上告審のみを担任すべきものとは限らない。……他の下級裁判所が同時に上告審の一部を掌ることも差支えない。わが国の過去においても下級裁判所たる控訴院が上告の一部を取扱った事例もあり，又現在においても下級裁判所たる高等裁判所が地方裁判所の第2審判決及び簡易裁判所の第1審判決に対する上告について，裁判権を有している（裁判所法第16条）。……されば，裁判所法施行令第1条が，『大審院においてした事件の受理その他の手続は，これを東京高等裁判所においてした事件の受理その他の手続とみなす』旨を規定したのは，毫も憲法の法意又は裁判所法第7条の規定に牴触する違法ありとは考えられない。……日本国憲法及び裁判所法……の施行の際廃止となった大審院において従来受理していた一群の訴訟事件をいかに処理するかは問題ではあるが，……最高裁判所の開設と共に『事物当然の順序として』当裁判所において審理さるべきものと論定し去ることはできない。かかる一群の特殊な事件については特例を設け，法律（裁判所法施行法第2条）をもって『政令の定めるところによりこれを最高裁判所又は下級裁判所においてした事件の受理その他の手続とみなす』と規定し，この委任に基き政令（裁判所法施行令第1条）をもって『大審院においてした事件の受理その他の手続は，これを東京高等裁判所においてした事件の受理その他の手続とみなし』，同裁判所はかかる事件につき大審院と同一の裁判権を有する旨を規定したことは，もとより適法であって憲法の精神又は裁判所法第7条に違反するところはない。」

意　見　澤田竹治郎裁判官（略）　斎藤悠輔裁判官（略）　栗山茂裁判官（略）

(3)　特別裁判所の禁止

VI-8　児童福祉法違反事件

最大判昭31・5・30刑集10巻5号756頁，判タ60号57頁
（児童福祉法違反被告事件）

事　実　Yは，1951（昭和26）年8月下旬ごろ，家出中の児童A（満15歳），B（満14歳）を自己の経営する軽飲食店に住まわせて，A，B両人の淫行行為によって稼ぎ高の一部を自己に支払わせたとして，児童福祉法34条1項6号，60条1項違反で起訴された。第1審（名古屋家判昭27・5・1刑集10巻5号760頁）および第2審（名古屋高裁）で懲役3月の有罪判決を受けたので，Yは，第1審判決をした家庭裁判所は，「特別の身分を有する者又は特別な種類の事件だけに対して裁判権を行う裁判所」であり，憲法76条2項の禁止する特別裁判所に該当するから，児童福祉法60条の罪について家庭裁判所の専属管轄を定める少年法37条1項4号は，憲法76条2項後段に違反するとし，無効な規定に基づく裁判所のした第1審判決とこれを維持した第2審判決の破棄を求めて上告した。

判　旨　**棄却**　**家庭裁判所は特別裁判所でない**　「すべて司法権は最高裁判所及び法律の定めるところにより設置する下級裁判所に属するところであり，家庭裁判所はこの一般的に司法権を行う通常裁判所の系列に属する下級裁判所として裁判所法により設置されたものに外ならない。尤も裁判所法31条の3によれば，家庭裁判所は，家庭に関する事件の審理及び調停並びに保護事件の審判の外，少年法37条1項に掲げる罪に係る訴訟の

第１審の裁判を所管する旨明記するに止まり，そしてその少年法37条１項では同条項所定の成人の刑事事件についての公訴は家庭裁判所にこれを提起しなければならない旨規定されているけれど，それはただ単に第１審の通常裁判所相互間においてその事物管轄として所管事務の分配を定めたに過ぎないものであることは，裁判所法における下級裁判所に関する規定……に徴して明らかである。現に家庭裁判所は同裁判所で成立した調停等に対する請求異議の訴訟についても，家事審判法〔現在は家事事件手続法〕21条，15条，民訴560条，545条に基づき第１審の受訴裁判所として専属の管轄権あるものと解されているのであって，この事は家庭裁判所がもともと司法裁判権を行うべき第１審の通常裁判所として設置されたものであることに由来するのである。」

（評釈）　西村裕一・憲百Ⅱ A8。

(4)　裁 判 官

VI-9　メチルアルコール不法所持事件

最大判昭23・11・17刑集2巻12号1565頁
（有毒飲食物等取締令違反被告事件）

事　実　Ｙは，1946（昭和21）年6月15日に香川県三本松港碇泊中の機帆船内でメチルアルコールを所持していたため有毒飲食物取締令違反として起訴され，第１審（高松区裁），第２審（高松地判昭21・12・24刑集2巻12号1585頁）および上告審（東京高判〔判決年月日不明〕刑集2巻12号1587頁）で懲役4年の有罪判決を受け，大審院に上告していたところ，現行憲法の施行に伴って大審院が廃止され，裁判所法施行令１条により，東京高裁で審理され上告棄却の判決を受けた。これに対し，Ｙは，同法施行令１条は憲法に違反し無効であること，上告審においてＹがその犯意を否定するに足る事実を公判廷で供述したにもかかわらず第２審がこれを採用しなかったことを強調したのに，上告審判決でこれを無視したのは，憲法37条にいう公正な裁判所の要請に反すること，また同76条3項にいう良心に従って裁判したことにならないこと等を主張して最高裁に再上告した。

判　旨　**棄却**　**裁判官の良心の法意**「論者は，Ｙがその犯意を否定するに足る事実を公判廷で供述したのを第２審が採用しなかったことを原上告審に対して強調したのにもかかわらず，原上告審が右主張を無視したのは第２審の肩を持ちすぎたものであって，憲法第37条第１項の公平な裁判所ということができないし又憲法第76条第3項にいう良心に従って裁判をしたということができぬと言うのである。しかし憲法第37条第１項の公平な裁判所の裁判というのは，構成その他において偏頗の惧のない裁判所の裁判という意味であり，又憲法第76条第3項の裁判官が良心に従うというのは，裁判官が有形無形の外部の圧迫乃至誘惑に屈しないで自己内心の良識と道徳感に従うの意味である。されば原上告審が，証拠の取捨選択は事実審の専権に属するものとして第2審の事実認定を是認したのは当然であって強いて公平を欠き且良心に従はないで裁判をしたと論難することはできない。」

意　見　栗山茂裁判官（略）　斎藤悠輔・澤田竹治郎裁判官（略）

（評釈）　南野森・憲百Ⅱ 182。

（コメント）　裁判所法施行令1条の合憲性については，⇒*VI-7*。

VI-10　参与判事補制度違憲訴訟

最二決昭54・6・13刑集33巻4号348頁，判時929号134頁（傷害被告事件）

事　実　Yは1974（昭和49）年3月10日にスナックの客同士の喧嘩の制止に入った際に客の一方に暴行し傷害を負わせた等の行為で起訴され，第1審（東京地判昭49・12・10刑集33巻4号359頁）で懲役刑を宣告されたので，控訴して，裁判所法26条1項により1人の裁判官で取り扱われるべき地方裁判所の裁判に，最高裁判所規則に基づいて判事補が参与したのは，これを認めていない法律に違反し，憲法32条，37条1項，76条3項にも違反すると主張したが，第2審（東京高判昭50・7・7高刑28巻3号268頁）はこれを排斥した。そこでYはさらに，上記の最高裁判所規則が憲法77条にも違反するという違憲主張をも付加して上告した。

決定要旨　**棄却**　**参与規則と2人合議制**　「地方裁判所における審理に判事補の参与を認める規則（以下単に「参与規則」という。）は，裁判所法26条1項の規定により1人の裁判官で事件を取り扱う場合において，当該事件を取り扱う裁判官が判事（特例判事補を含む。以下同じ。）であるときに，判事補（特例判事補を除く。以下同じ。）を参与させ，その判事補（以下「参与判事補」という。）をして当該事件の審理に立ち会わせたり，事件について意見を述べさせるなどして，将来よき裁判の担い手となるように判事補を指導養成することを目的とするものであるところ，参与判事補は，評決権をもつものでないことはもちろん，訴訟指揮権や発問権を有するものでもなく，その意見は判事に対し法律上も事実上もなんら拘束力を有するものでもないし，また，参与判事補には除斥，忌避及び回避の規定の適用もないうえ，参与判事補の交替は弁論・公判手続の更新とつながるものではないから，参与判事補は，形式的にも実質的にも裁判体の構成員となるものではなく，したがって，参与規則はいかなる意味においても２人合議制（所論のいう制限された２人合議制を含む。以下同じ。）を採用したものではない。そうすると，参与規則が２人合議制を採用したものであることを前提とする憲法 32 条違反の主張はその前提を欠く。また，参与規則が２人合議制を採用したものでなく，参与判事補の意見は，前示のように判事補養成の一方法として述べさせるものである以上，そのことによって偏頗・不公平のおそれのある組織や構成をもつ裁判所による裁判がなされるものでないことは明らかであるから，憲法 37 条，76 条違反の主張もその前提を欠く。さらに，参与規則は，２人合議制を採用したものでなく，なんら被告人の重要な利害や刑事訴訟の基本構造に関する事項を規定しているものでないことが明らかであるから，憲法 77 条，31 条違反の主張もその前提を欠く。」

評釈　刑訴百選〈第５版〉A15，井口文男・憲百Ⅱ〈第５版〉194。

VI-11　国民審査投票方法違憲訴訟

最大判昭 27・２・20 民集６巻２号 122 頁，判タ 19 号 58 頁
（最高裁判所裁判官国民審査の効力に関する異議事件）

事　実　Xは，最高裁判所裁判官国民審査法 36 条に基づき，1949（昭和 24）年１月 23 日施行の最高裁判所裁判官国民審査は無効であるとの判決を求める訴えを東京高等裁判所に提起したが，棄却された（東京高判昭 24・12・５高民２巻３号 325 頁）ので，以下のような理由を主張して最高裁に上告した。すなわち，①国民審査は裁判官の任命の可否を主権者たる国民に問う制度と解する。②最高裁判所裁判官国民審査法（13 条，14 条２項，15 条１項，16 条１項，22 条）は，(イ)罷免の可否についてわからない審査人に対し，黙秘の投票方式を定めていないこと，(ロ)衆議院議員選挙に臨んで全選挙人に対し，投票を強制していること，(ハ)投票用紙は連記であるため，１人または数人の裁判官についてのみ投票をしようとする審査人に対して，その他の裁判官に対しても投票することを余儀なくしていること，(ニ)何の記入もせず投票したものに対し，罷免を可としない法律上の効果を付していることから，憲法 19 条，21 条１項に違反する。③審査公報に各裁判官が関与した主要な裁判名だけを挙げて，その意見を記していないのは著しく不備である。

判　旨　棄却　**1 国民審査は解職制度**　「最高裁判所裁判官任命に関する国民審査の制度はその実質において所謂解職の制度と見ることが出来る。……このことは憲法第 79 条３項の規定にあらわれている。同条第２項の字句だけを見ると一見そうでない様にも見えるけれども，これを第３項の字句と照し合わせて見ると，国民が罷免すべきか否かを決定する趣旨であって，所論の様に任命そのものを完成させるか否かを審査するものでない

こと明瞭である。この趣旨は１回審査投票をした後更に10年を経て再び審査することに見ても明らかであろう。１回の投票によって完成された任命を再び完成させるなどということは考えられない。論旨では期限満了の後の再任であるというけれども，期限がきれた後の再任ならば再び天皇又は内閣の任命行為がなければならない。国民の投票だけで任命することは出来ない。」 **2現行国民審査の投票方法と憲法19条** 「かくの如く解職の制度であるから，積極的に罷免を可とするものと，そうでないものとの２つに分かれるのであって，前者が後者より多数であるか否かを知らんとするものである。論旨にいうような罷免する方がいいか悪いかわからない者は，積極的に『罷免を可とするもの』に属しないこと勿論だから，そういう者の投票は，前記後者の方に入るのが当然である。それ故法が連記投票にして，特に罷免すべきものと思う裁判官にだけ×印をつけ，それ以外の裁判官については何も記さずに投票させ，×印のないものを『罷免を可としない投票』（この用語は正確でない，前記の様に『積極的に罷免する意思を有する者でない』という消極的なものであって，『罷免しないことを可とする』という積極的の意味を持つものではない，――以下仮りに白票と名づける）の数に算えたのは前記の趣旨に従ったものであり，憲法の規定する国民審査制度の趣旨に合するものである。罷免する方がいいか悪いかわからない者は，積極的に『罷免を可とする』という意思を持たないこと勿論だから，かかる者の投票に対し『罷免を可とするものではない』との効果を発生せしめることは，何等意思に反する効果を発生せしめるものではない。解職制度の精神からいえば寧ろ意思に合する効果を生ぜしめるものといって差支ないのである。それ故論旨のいう様に思想の自由や良心の自由を制限するものでないこと勿論である。」「最高裁判所の長たる裁判官は内閣の指名により天皇が，他の裁判官は内閣が任命するのであって，その任命行為によって任命は完了するのである。……それ故裁判官は内閣が全責任を以って適当の人物を選任して，指名又は任命すべきものであるが，若し内閣が不当な人物を選任した場合には，国民がその審査権によって罷免をするのである。この場合においても，飽く迄罷免であって選任行為自体に関係するものではない。……それ故何等かの理由で罷免をしようと思う者が罷免の投票をするので，特に右のような理由を持たない者は総て（罷免した方がいいか悪いかわからない者でも）内閣が全責任を以ってする選定に信頼して前記白票を投ずればいいのであり，又そうすべきものなのである。（若しそうでなく，わからない者が総て棄権する様なことになると，極く少数の者の偏見或は個人的憎悪等による罷免投票によって適当な裁判官が罷免されるに至る虞があり，国家最高機関の一である最高裁判所が極めて少数者の意思によって容易に破壊される危険が多分に存するのである），これが国民審査制度の本質である。それ故所論の様に法が連記の制度を採ったため，2，3名の裁判官だけに×印の投票をしようと思う者が，他の裁判官については当然白票を投ずるのを止むなきに至ったとしても，それは寧ろ……国民審査の制度の精神に合し，憲法の趣旨に適するものである。」「裁判官の取扱った事件に関する裁判上の意見を具体的に表示せず，ただ事件名のみを記載しても，毫も国民審査法施行令第26条の条件に反するものではない。」

（評釈）丸山健・憲法の判例211，高見勝利・基本判例190，中谷実・憲百Ⅱ184。

Ⅵ-12　帯広簡裁判事罷免訴追事件

裁判官弾劾裁判所昭31・4・6判時74号3頁
（裁判官罷免訴追事件）

事　実　帯広簡易裁判所判事Yは，前任地の川口簡易裁判所裁判官であった1952（昭和27）年9月以降において，裁判官としての職務権限の行使にかかわる下記のような種々の事実（詳細は下記の判旨参照）によって，裁判官訴追委員会の訴追を受け弾劾裁判に付された。

判　旨　罷免　**裁判官の職務上の義務違反・怠慢・非行**　「Yが略式命令の請求があったのに略式命令を発することを怠り，4箇月の時間を徒過して右期間内に被告人に略式命令を告知することができず，そのため，395件に及ぶ多数の略式事件を失効させ，公訴棄却の決定をするのやむなきに至らしめたことは，刑事裁判の威信を甚だしく失墜させたものといわなければならない。なおこのような結果を惹き起した原因は，不測の事態の発生によるものでなく，日常における部下職員の指揮監督に欠けるところがあったこと及びY自身事件の迅速処理に進んで積極的努力を尽さなかったためである。即ち上級庁に提出する統計表等の記載に正確を期することなく，職員の作成した虚偽内容の報告を看過し，かつまた，事件処理上重要な略式事件始末簿に担当職員が数箇月にわたってその受理，処分，結果等の記載を怠り，また記録を既済と未済とを混同して保管しているのに監督上必要な措置を講ずることなく，遂に判示事実の如き結果を招来したものである。」「Yは，請求の都度作成することの煩を避けるため或は時間の節約等のために判示のような白紙令状を作成しておき，しかも保管の責任及びその方法を明確に指示しないで一雇に預け，その使用状況を確認することもなく，令状係職員が独自の判断で作成交付できる状態におき，その結果，事案が簡単で疎明が充分な事件であってもY不知の間に令状が発付せられ，また白紙令状が庁外に持出されるに至ったことは，司法の権威を著しく失墜し，人権擁護を要請せられる裁判官としてその職務上の義務に違反すると共に，職務を怠ったものといわなければならない。」「Yが勾引状発付の要件等につき，充分な検討をしないで，法律の解釈を誤り，略式命令告知の便宜的措置である郵便はがきによる呼出しに応じない被告人に対し，勾引状を発付し更に刑事訴訟法第70条にいわゆる急速を要する場合に該当するものとして自らその執行を指揮したことは，裁判官の職責を尽さず，令状の重要性，人権尊重の観念に徹しないことに基因するというべく，裁判官としてその職務上の義務に違反したものである。」「商品代金に関する紛争について，いまだ裁判所に何等事件として係属していないのに，知人の依頼に応じ，公私を混同し，濫りにその地位を用いてその紛争に介入し，判示のような所為に出，自己が個人的に関与している事件の一方当事者に対する逮捕状請求に対し，これを回避することなく，逮捕状を発付した事実は，利益の提供約束等の不純な動機や行為がなかったことは認められるのではあるが，判示の如きYの行為は，裁判所の公正を疑わしめる結果を招くものであって，……裁判官としての威信を著しく失うべき非行といわなければならない。」

(評釈) 日野田浩行・憲百Ⅱ 185。

(コメント) **本件以降の類似判決** 本件は罷免判決のあった最初の事件であるが，その後も現在までに6件の罷免判決（厚木簡裁判事事件＝昭32・9・30，京都地裁判事補兼京都簡裁判事事件＝昭52・3・23，東京地裁判事補兼東京簡裁判事事件＝昭56・11・6，東京地裁判事兼東京簡裁判事事件＝平13・11・28，宇都宮地裁判事兼宇都宮簡裁判事事件＝平20・12・24，大阪地裁判事補事件＝平25・4・10）が出されているほか，2件の不罷免判決も出されている。ジュリ1123号66頁参照。

VI-13 寺西判事補分限裁判

最大決平10・12・1民集52巻9号1761頁，判時1663号66頁
（裁判官分限事件の決定に対する即時抗告）

事　実 1998（平成10）年4月1日以降，仙台地裁・家裁判事補，仙台簡裁判事の職にあった抗告人Xは，法制審議会が1997（平成9）年9月10日に組織的犯罪対策法要綱骨子を法務大臣に答申したことに関連して，裁判官であることを明らかにして，朝日新聞に同骨子について投書し，裁判官がほとんど検察官等の言いなりに令状を発付している実状からすると，同要綱が裁判官による令状審査を盗聴捜査の要件としていても，それによって人権侵害が防げているとは思えない旨の不安を表明したところ，これが「信頼できない盗聴令状審査」という標題で同年10月2日付の同新聞朝刊に掲載された。本件法案提出前から同要綱の制定に反対するための諸活動を行っていた3つの団体は，1998（平成10）4月18日にこの反対運動の一環として企画していた集会のパネリストとしてX等

に参加を要請したところ，Xはこれを承諾し，この旨を知らせるビラが一般に配布された。このことを知った仙台地裁所長は，同年4月9日，Xに対し，共同行動のビラを示して事実を確認したところ，Xはこの集会の趣旨に共鳴して参加するつもりであることを認め，これが裁判所法52条1号の禁止する「積極的に政治運動をすること」には当たらないと考えると述べたが，同所長は同号に当たると考え懲戒処分もあり得ると警告したため，Xはシンポジウムでパネリストとして発言することを辞退した。ところがXは本件集会に参加し，パネルディスカッション開始の直前に，フロアから，身分を明らかにした上で，「当初，この集会に……パネリストとして参加する予定であったが，事前に所長から……警告を受けたことから，パネリストとしての参加は取りやめた。自分としては，仮に法案に反対の立場で発言しても，裁判所法に定める積極的な政治運動に当たるとは考えないが，パネリストとしての発言は辞退する」旨の発言（本件言動）をした。そこで仙台高裁にXの分限裁判が申し立てられ（裁判官分限法3条1項），戒告処分がなされた（仙台高決平10・7・24民集52巻9号1810頁）ので，Xが最高裁に即時抗告した。

決定要旨　**抗告棄却**　**1本件行動の評価**　「本件集会は，……明確に本件法案を悪法と決め付けた上で，これを廃案に追い込むことを目的とする運動の一環として開催されたものである。」「Xは，本件集会が……単なる討論集会ではなく本件法案を廃案に追い込むことを目的とする運動の一環として開かれるものであることを認識して本件集会に参加し，本件言動に及んだものである。」「本件集会の参加者の多くは，事前にビラ，インターネット通信等によって集会の名称や趣旨を知らされていたと認められるから，その中で行われるシンポジウムも……本件法案ないしはそのうちの犯罪捜査のための通信傍受に関する法律案の不当性を訴えるためのものであると予想しており，したがって，現職裁判官であるXも本件法案に反対する立場から……発言する予定であることを認識の上，集まってきていたと認められる。」「以上のような状況の下においてされたXの本件言動は，……本件集会の参加者に対し，本件法案が裁判官の立場からみて令状主義に照らして問題のあるものであり，その廃案を求めることは正当であるというXの意見を伝える効果を有するものであったということができる。」　**2「積極的に政治運動をすること」の意義と政治運動禁止の合憲性**　「裁判官は，独立して中立・公正な立場に立ってその職務を行わなければならないのであるが，外見上も中立・公正を害さないように自律，自制すべきことが要請される。……したがって，裁判官は，いかなる勢力からも影響を受けることがあってはならず，とりわけ政治的な勢力との間には一線を画さなければならない。……これらのことからすると，裁判所法52条1号が裁判官に対し『積極的に政治運動をすること』を禁止しているのは，裁判官の独立及び中立・公正を確保し，裁判に対する国民の信頼を維持するとともに，三権分立主義の下における司法と立法，行政とのあるべき関係を規律することにその目的があるものと解される。」「裁判所法 52 条 1 号……の意味は，国家公務員法の『政治的行為』の意味に近いと解されるが，これと必ずしも同一ではないというのが相当である。」「以上のような見地に立って考えると，『積極的に政治運動をすること』とは，組織的，計画的又は継続的な政治上の活動を能動的に行う行為であって，裁判官の独立及び中立・公正を害するおそれがあるものが，これに該当すると解され，具体的行為の該当性を判断するに当たっては，その行為の内容，その行為の行われるに至った経緯，行われた場所等の客観的な事情のほか，その行為をした裁判官の意図等の主観的な事情をも総合的に考慮して決するのが相当である。」 **3裁判官の表現の自由の制限** 「憲法 21 条 1 項の表現の自由は基本的人権のうちでもとりわけ重要なものであり，その保障は裁判官にも及び，裁判官も一市民として右自由を有することは当然である。しかし，右自由も，もとより絶対的なものではなく，憲法上の他の要請により制約を受けることがあるのであって，……憲法上の特別な地位である裁判官の職にある者の言動については，おのずから一定の制約を免れないというべきである。裁判官に対し『積極的に政治運動をすること』を禁止することは，必然的に裁判官の表現の自由を一定範囲で制約することにはなるが，右制約が合理的で必要やむを得ない限度にとどまるものである限り，憲法の許容するところであるといわなければならず，右の禁止の目的が正当であって，その目的と禁止との間に合理的関連性があり，禁止により得られる利益と失われる利益との均衡を失するものでないなら，憲法 21 条 1 項に違反しないというべきである。」「裁判官が積極的に政治運動をすることは前記のように裁判官の独立及び中立・公正を害し，裁判に対する国民の信頼を損なうおそれが大きいから，積極的に政治運動をすることを禁止することと右の禁止目的との間に合理的な関連性があることは明らかである。」「裁判官が積極的に政治運動をすることを，これに内包される意見表明そのものの制約をねらいとしてではなく，その行動のもたらす弊害の防止をねらいとして禁止するときは，同時にそれにより意見表明の自由が制約されることにはなるが，それは単に行動の禁止に伴う限度での間接的，付随的な制約にすぎず，かつ，積極的に政治運動をすること以外の行為により意見を表明する自由までをも制約するものではない。他面，禁止により得られる利益は，裁判官の独立及び中立・公正を確保し，裁判に対する国民の信頼を維持するなどというものであるから，得られる利益は失われる利益に比して更に重要なものというべきであり，その禁止は利益の均衡を失するものではない。……したがって，裁判官が『積極的政治運動をすること』を禁止することは，もとより憲法21条1項に違反するものではない。」 **4本件言動の裁判所法52条1号該当性** 「本件言動は，本件法案を廃案に追い込むことを目的として共同して行動している諸団体の組織的，計画的，継続的な反対運動を拡大，発展させ，右目的を達成させることを積極的に支援しこれを推進するものであり，裁判官の職にある者として厳に避けなければならない行為というべきであって，裁判所法52条1号が禁止している『積極的に政治運動をすること』に該当するものといわざるを得ない。」 **5懲戒事由該当性** 「裁判所法49条にいう『職務上の義務』は，裁判官が職務を遂行するに当たって遵守すべき義務に限られるものではなく，純然たる私的行為においても裁判官の職にあることに伴って負っている義務をも含むものと解され，積極的に政治運動をしてはならないという義務は，職務遂行中と否とを問わず裁判官の職にある限り遵守すべき義務であるから，右の『職務上の義務』に当たる。したがって，Xには同条所定の懲戒事由である職務上の義務違反があったということができる。」 **6抗告審で審問期日を開くことの要否** 「裁判官の分限事件……においては，……第1審においては必ず一度は審問期日を開かなければならないものと解すべきである〔が〕，……第1審において審問期日を開いている場合に，抗告審において重ねて審問期日を必ず開かなければならないものと解することはできない。したがって，抗告審……において……審問期日を開く必要はないものということができる。」「なお，裁判官分限法（以下「法」という。）8条2項の規定から，抗告審が必ず審問期日を開かなければならないということが導かれるものではない。」 **7抗告人の陳述なき懲戒裁判の適否** 「法7条2項，8条2項が裁判所は懲戒の裁判をする前に当該裁判官の陳述を聴かなければならないとしているのは，陳述の機会を与えなければならないという趣旨であって，その機会を与えたにもかかわらず当該裁判官が陳述をしなかった場合に，陳述のないまま懲戒の裁判をすることを禁ずるものでないことは，明らかである。……したがって，Xは，当審においても陳述の機会が与えられたにもかかわらず陳述をしなかったことが明らかであるから，Xの陳述がないことは本件懲戒の裁判をすることの妨げとなるものではない。」 **8分限裁判と裁判の公開原則** 「裁判官に対する懲戒は，裁判所が裁判という形式をもってすることとされているが，一般の公務員に対する懲戒と同様，その実質においては裁判官に対する行政処分の性質を有するものである。したがって，裁判官に懲戒を課する作用は，固有の意味における司法権の作用ではなく，懲戒の裁判は，純然たる訴訟事件についての裁判には当たらないことが明らかである。また，その手続の構造をみても，……分限事件は，訴訟とは全く構造を異にするというほかはない。したがって，分限事件については憲法82条1項の適用はないものというべきである（最大決昭41・12・27民集20巻10号2279頁参照）。」「なお，憲法82条2項ただし書の規定は，同条1項の適用がある裁判の対審に関する規定であるから，同項の適用がない分限事件に適用される余地がないことは，いうまでもない。」「以上に述べたところからすれば，分限事件の審問を公開しないことは，憲法31条，32条や市民的及び政治的権利に関する国際規約14条1項に違反するということもできないし，非訟事件手続法13条の規定を分限事件に準用することがその性質に反するものともいえない。」

反対意見　**園部逸夫裁判官**　「裁判所法52条1号……により禁止されている裁判官の積極的な政治運動に該当する行為（懲戒事実）と同法49条所定の懲戒事由及び裁判官分限法2条所定の懲戒処分の種類（戒告又は1万円以下の過料）との間には，明確な対応関係がないので，積極的に政治運動をしたことのみを理由として在任中の裁判官を懲戒処分に付するということは，法の建前ではないと考える。したがって，在任中に積極的に政治運動をしたことが直ちに職務上の義務違反に該当すると判断するのは妥当でない。」「裁判官が在任中に積極的に政治運動をしたことが認定される場合でも，裁判所法49条所定の第1の懲戒事由である職務上の義務に違反することに該当するとして当該裁判官を戒告又は1万円以下の過料のいずれかの懲戒処分に付することはできない」。**尾崎行信裁判官**　「本件の実体面については，元原裁判官の反対意見に同調するほか，Xの行為は『積極的に政治運動をすること』に当たらないとする点において遠藤裁判官とも考えを同じくし，たとえ多数意見のいうとおりXの本件言動をもって右懲戒事由に当たると解し得るとしても，懲戒処分をすることは差し控えるのが相当であるとする点において河合裁判官と考えを同じくするものであるが，当審における審理手続についても，多数意見と立場を異にする。」　**河合伸一裁判官**　「当審における審理を公開法廷で，直接，口頭により行うべきであるとする点において尾崎裁判官と考えを同じくし，Xの本件言動が裁判所法49条及び52条1号後段所定の懲戒事由……に該当しないとする点において遠藤裁判官及び元原裁判官と考えを同じくするものであるが，さらに，たとえ多数意見のいうとおりXの本件言動をもって右懲戒事由に当たると解し得るとしても，懲戒処分をすることは差し控えるのが相当であると考える」。　**遠藤光男裁判官**（略）　**元原利文裁判官**　「裁判官尾崎行信の反対意見に同調するほか，Xの本件言動は，裁判所法52条1号に定める『積極的に政治運動をすること』には該当せず，同法49条所定の職務上の義務に違反したことにはならないと考える。」「原決定には，裁判所法52条1号の解釈適用を誤った違法があるというべきである。よって原決定を取り消し，Xを懲戒に付さない旨を決定するべきである。」

（評釈）　本秀紀・憲百Ⅱ183。

（コメント）　なお，高裁判事の分限裁判にかかる最大決平13・3・30判時1760号68頁も参照。

(5)　国民の司法参加

VI-14　裁判員制度違憲訴訟

最大判平23・11・16刑集65巻8号1285頁，判時2136号3頁
（覚せい剤取締法違反，関税法違反被告事件）

事　実　日本在住の外国人Yが覚せい剤約2kgを航空機に搭載して成田国際空港に持ち込もうとして税関職員に発見されたという覚せい剤取締法違反・関税法違反の事案について，第1審では裁判員の参加する刑事裁判に関する法律（以下「裁判員法」）に基づいて，裁判員の参加する合議体で審理されたが，裁判員制度の合憲性については争点にならず，第1審は有罪判決を下した（千葉地判平22・1・18刑集65巻8号1351頁）ので被告人Yが控訴し，控訴審において，裁判員裁判は憲法80条1項・76条2項に違反すると主張したが，控訴審（東京高判平22・6・21判タ1345号133頁）がこれらの主張を排斥したため，Yはさらに裁判員制度は憲法80条1項，32条，37条1項，76条1項～3項，31条，18条後段に違反するとして上告した。

判　旨　**棄却**　**1国民の司法参加**　「(1)　憲法に国民の司法参加を認める旨の規定が置かれていないことは，所論が指摘するとおりである。しかしながら，明文の規定が置かれていないことが，直ちに国民の司法参加の禁止を意味するものではない。憲法上，刑事裁判に国民の司法参加が許容されているか否かという刑事司法の基本に関わる問題は，憲法が採用する統治の基本原理や刑事裁判の諸原則，憲法制定当時の歴史的状況を含めた憲法制定の経緯及び憲法の関連規定の文理を総合的に検討して判断されるべき事柄である。」「(2)　裁判は，証拠に基づいて事実を明らかにし，これに法を適用することによって，人の権利義務を最終的に確定する国の作用であり，取り分け，刑事裁判は，人の生命すら奪うことのある強大な国権の行使である。そのため，多くの近代民主主義国家において，それぞれの歴史を通じて，刑事裁判権の行使が適切に行われるよう種々の原則が確立されてきた。基本的人権の保障を重視した憲法では，特に31条から39条において，適正手続の保障，裁判を受ける権利，令状主義，公平な裁判所の迅速な公開裁判を受ける権利，証人審問権及び証人喚問権，弁護人依頼権，自己負罪拒否の特権，強制による自白の排除，刑罰不遡及の原則，一事不再理など，適正な刑事裁判を実現するための諸原則を定めており，そのほとんどは，各国の刑事裁判の歴史を通じて確立されてきた普遍的な原理ともいうべきものである。刑事裁判を行うに当たっては，これらの諸原則が厳格に遵守されなければならず，それには高度の法的専門性が要求される。憲法は，これらの諸原則を規定し，かつ，三権分立の原則の下に……裁判官の職権行使の独立と身分保障について周到な規定を設けて

いる。こうした点を総合考慮すると，憲法は，刑事裁判の基本的な担い手として裁判官を想定していると考えられる。」「(3)　他方，歴史的，国際的な視点から見ると，欧米諸国においては，上記のような手続の保障とともに，18世紀から20世紀前半にかけて，民主主義の発展に伴い，国民が直接司法に参加することにより裁判の国民的基盤を強化し，その正統性を確保しようとする流れが広がり，憲法制定当時の20世紀半ばには，欧米の民主主義国家の多くにおいて陪審制か参審制が採用されていた。我が国でも，大日本帝国憲法（以下「旧憲法」という。）の下，大正12年に陪審法が制定され，昭和3年から480件余りの刑事事件について陪審裁判が実施され，戦時下の昭和18年に停止された状況にあった。」「上記のような時代背景とこの〔国民主権という〕基本原理の下で，司法権の内容を具体的に定めるに当たっては，国民の司法参加が許容されるか否かについても関心が払われていた。すなわち，旧憲法では，24条において『日本臣民ハ法律ニ定メタル裁判官ノ裁判ヲ受クルノ権ヲ奪ハルヽコトナシ』と規定されていたが，憲法では，32条において『何人も，裁判所において裁判を受ける権利を奪はれない。』と規定され，憲法37条1項においては『すべて刑事事件においては，被告人は，公平な裁判所の迅速な公開裁判を受ける権利を有する。』と規定されており，『裁判官による裁判』から『裁判所における裁判』へと表現が改められた。また，憲法は，……最高裁判所と異なり，下級裁判所については，裁判官のみで構成される旨を明示した規定を置いていない。憲法制定過程についての関係資料によれば，憲法のこうした文理面から，憲法制定当時の政府部内では，陪審制や参審制を採用することも可能であると解されていたことが認められる。こうした理解は，枢密院の審査委員会において提示され，さらに，憲法制定議会においても，米国型の陪審制導入について問われた憲法改正担当の国務大臣から，『陪審問題の点については，憲法に特別の規定はないが，民主政治の趣旨に則り，必要な規定は法律で定められ，現在の制度を完備することは憲法の毫も嫌っているところではない。』旨の見解が示され，この点について特に異論が示されることなく，憲法が可決成立するに至っている。憲法と同時に施行された裁判所法が，3条3項において『この法律の規定は，刑事について，別に法律で陪審の制度を設けることを妨げない。』と規定しているのも，こうした経緯に符合するものである。憲法の制定に際しては，我が国において停止中とはいえ現に陪審制が存在していたことや，刑事裁判に関する諸規定が主に米国の刑事司法を念頭において検討されたこと等から，議論が陪審制を中心として行われているが，以上のような憲法制定過程を見ても，ヨーロッパの国々で行われていた参審制を排除する趣旨は認められない。」「刑事裁判に国民が参加して民主的基盤の強化を図ることと，憲法の定める人権の保障を全うしつつ，証拠に基づいて事実を明らかにし，個人の権利と社会の秩序を確保するという刑事裁判の使命を果たすこととは，決して相容れないものではなく，このことは，陪審制又は参審制を有する欧米諸国の経験に照らしても，基本的に了解し得るところである。」「(4)　そうすると，国民の司法参加と適正な刑事裁判を実現するための諸原則とは，十分調和させることが可能であり，憲法上国民の司法参加がおよそ禁じられていると解すべき理由はなく，国民の司法参加に係る制度の合憲性は，具体的に設けられた制度が，適正な刑事裁判を実現するための諸原則に抵触するか否かによって決せられるべきものである。換言すれば，憲法は，一般的には国民の司法参加を許容しており，これを採用する場合には，上記の諸原則が確保されている限り，陪審制とするか参審制とするかを含め，その内容を立法政策に委ねていると解されるのである。」　**2裁判員制度の具体的内容と憲法の諸規定**　(1)「憲法80条1項が，裁判所は裁判官のみによって構成されることを要求しているか否かは，結局のところ，憲法が国民の司法参加を許容しているか否かに帰着する問題である。既に述べたとおり，憲法は，最高裁判所と異なり，下級裁判所については，国民の司法参加を禁じているとは解されない。したがって，裁判官と国民とで構成する裁判体が，それゆえ直ちに憲法上の『裁判所』に当たらないということはできない。」「問題は，裁判員制度の下で裁判官と国民とにより構成される裁判体が，刑事裁判に関する様々な憲法上の要請に適合した『裁判所』といい得るものであるか否かにある。」「裁判員法……によれば，裁判員裁判対象事件を取り扱う裁判体は，身分保障の下，独立して職権を行使することが保障された裁判官と，公平性，中立性を確保できるよう配慮された手続の下に選任された裁判員とによって構成されるものとされている。また，裁判員の権限は，裁判官と共に公判廷で審理に臨み，評議において事実認定，法令の適用及び有罪の場合の刑の量定について意見を述べ，評決を行うことにある。これら裁判員の関与する判断は，いずれも司法作用の内容をなすものであるが，必ずしもあらかじめ法律的な知識，経験を有することが不可欠な事項であるとはいえない。さらに，裁判長は，裁判員がその職責を十分に果たすことができるように配慮しなければならないとされていることも考慮すると，上記のような権限を付与された裁判員が，様々な視点や感覚を反映させつつ，裁判官との協議を通じて良識ある結論に達することは，十分期待することができる。他方，憲法が定める刑事裁判の諸原則の保障は，裁判官の判断に委ねられている。」「このような裁判員制度の仕組みを考慮すれば，公平な『裁判所』における法と証拠に基づく適正な裁判が行われること（憲法31条，32条，37条1項）は制度的に十分保障されている上，裁判官は刑事裁判の基本的な担い手とされているものと認められ，憲法が定める刑事裁判の諸原則を確保する上での支障はないということができる。」「したがって，憲法31条，32条，37条1項，76条1項，80条1項違反をいう所論は理由がない。」 (2)「憲法76条3項によれば，裁判官は憲法及び法律に拘束される。そうすると，既に述べたとおり，憲法が一般的に国民の司法参加を許容しており，裁判員法が憲法に適合するようにこれを法制化したものである以上，裁判員法が規定する評決制度の下で，裁判官が時に自らの意見と異なる結論に従わざるを得ない場合があるとしても，それは憲法に適合する法律に拘束される結果であるから，同項違反との評価を受ける余地はない。元来，憲法76条3項は，裁判官の職権行使の独立性を保障することにより，他からの干渉や圧力を受けることなく，裁判が法に基づき公正中立に行われることを保障しようとするものであるが，裁判員制度の下においても，法令の解釈に係る判断や訴訟手続に関する判断を裁判官の権限にするなど，裁判官を裁判の基本的な担い手として，法に基づく公正中立な裁判の実現が図られており，こうした点からも，裁判員制度は，同項の趣旨に反するものではない。」「憲法76条3項違反をいう見解からは，裁判官の2倍の数の国民が加わって裁判体を構成し，多数決で結論を出す制度の下では，裁判が国民の感覚的な判断に支配され，裁判官のみで判断する場合と結論が異なってしまう場合があり，裁判所が果たすべき被告人の人権保障の役割を全うできないことになりかねないから，そのような構成は憲法上許容されないという主張もされている。しかし，そもそも，国民が参加した場合であっても，裁判官の多数意見と同じ結論が常に確保されなければならないということであれば，国民の司法参加を認める意義の重要な部分が没却されることにもなりかねず，憲法が国民の司法参加を許容している以上，裁判体の構成員である裁判官の多数意見が常に裁判の結論でなければならないとは解されない。先に述べたとおり，評決の対象が限定されている上，評議に当たって裁判長が十分な説明を行う旨が定められ，評決については，単なる多数決でなく，多数意見の中に少なくとも1人の裁判官が加わっていることが必要とされていることなどを考えると，被告人の権利保護という観点からの配慮もされているところであり，裁判官のみによる裁判の場合と結論を異にするおそれがあることをもって，憲法上許容されない構成であるとはいえない。」 (3)「裁判員制度による裁判体は，地方裁判所に属するものであり，その第1審判決に対しては，高等裁判所への控訴及び最高裁判所への上告が認められており，裁判官と裁判員によって構成された裁判体が〔憲法76条2項にいう〕特別裁判所に当たらないことは明らかである。」 (4)「裁判員としての職務に従事し，又は裁判員候補者として裁判所に出頭すること（以下，併せて「裁判員の職務等」という。）により，国民に一定の負担が生ずることは否定できない。しかし，裁判員法１条は，制度導入の趣旨について，国民の中から選任された裁判員が裁判官と共に刑事訴訟手続に関与することが司法に対する国民の理解の増進とその信頼の向上に資することを挙げており，これは，この制度が国民主権の理念に沿って司法の国民的基盤の強化を図るものであることを示していると解される。このように，裁判員の職務等は，司法権の行使に対する国民の参加という点で参政権と同様の権限を国民に付与するものであり，これを『苦役』ということは必ずしも適切ではない。また，裁判員法16条は，国民の負担を過重にしないという観点から，裁判員となることを辞退できる者を類型的に規定し，さらに同条８号及び同号に基づく政令においては，個々人の事情を踏まえて，裁判員の職務等を行うことにより自己又は第三者に身体上，精神上又は経済上の重大な不利益が生ずると認めるに足りる相当な理由がある場合には辞退を認めるなど，辞退に関し柔軟な制度を設けている。加えて，出頭した裁判員又は裁判員候補者に対する旅費，日当等の支給により負担を軽減するための経済的措置が講じられている……。」「これらの事情を考慮すれば，裁判員の職務等は，憲法18条後段が禁ずる『苦役』に当たらないことは明らかであり，また，裁判員又は裁判員候補者のその他の基本的人権を侵害するところも見当たらないというべきである。 **③裁判員制度の意義と司法の国民的基盤の強化**　「裁判員が個別の事件ごとに国民の中から無作為に選任され，裁判官のような身分を有しないという点においては，陪審制に類似するが，他方，裁判官と共に事実認定，法令の適用及び量刑判断を行うという点においては，参審制とも共通するところが少なくなく，我が国独特の国民の司法参加の制度であるということができる。それだけに，この制度が陪審制や参審制の利点を生かし，優れた制度として社会に定着するためには，その運営に関与する全ての者による不断の努力が求められるものといえよう。裁判員制度が導入されるまで，我が国の刑事裁判は，裁判官を始めとする法曹のみによって担われ，詳細な事実認定などを特徴とする高度に専門化した運用が行われてきた。司法の役割を実現するために，法に関する専門性が必須であることは既に述べたとおりであるが，法曹のみによって実現される高度の専門性は，時に国民の理解を困難にし，その感覚から乖離したものにもなりかねない側面を持つ。刑事裁判のように，国民の日常生活と密接に関連し，国民の理解と支持が不可欠とされる領域においては，この点に対する配慮は特に重要である。裁判員制度は，司法の国民的基盤の強化を目的とするものであるが，それは，国民の視点や感覚と法曹の専門性とが常に交流することによって，相互の理解を深め，それぞれの長所が生かされるような刑事裁判の実現を目指すものということができる。その目的を十全に達成するには相当の期間を必要とすることはいうまでもないが，その過程もまた，国民に根ざした司法を実現する上で，大きな意義を有するものと思われる。このような長期的な視点に立った努力の積み重ねによって，我が国の実情に最も適した国民の司法参加の制度を実現していくことができるものと考えられる。」

（評釈） 榎透・法セ 685 号 116，西野吾一・ジュリ 1442 号 83，新屋達之・法時 84 巻 10 号 126，笹田栄司・重判〈平成 24 年度〉10，土井真一・憲百Ⅱ 181，酒巻匡・刑訴百選 49。

（コメント） **関連判例**　最三判平 27・3・10 刑集 69 巻 2 号 219 頁は，裁判員法 71 条以下が定める区分審理決定がされた場合の審理および裁判（いわゆる区分審理制度）は，「裁判員裁判における審理及び裁判の特例」であるが，「区分事件審判及び併合事件審判の全体として公平な裁判所による法と証拠に基づく適正な裁判が行われることが制度的に十分保障されているといえる」とし，憲法 37 条 1 項に違反しないとした。また，最二決平 28・8・1 刑集 70 巻 6 号 581 頁は，米軍属で強姦致死，殺人，死体遺棄の罪で那覇地裁に起訴された被告人が，同事件については沖縄県内で大々的に報道され広範な抗議活動が行われたことから，那覇地裁において沖縄県民の中から選ばれる裁判員による公平な裁判が行われることを期待し難いとして，刑訴法 17 条に基づいて東京地裁への管轄移転を請求した事件で，最高裁は裁判員制度の仕組みの下において，「公平な裁判所における法と証拠に基づく適正な裁判が行われることが制度的に十分保障されている」として本判決を引用し，被告人の主張するような事情とはいえず，「刑訴法 17 条 1 項 2 号にいう『裁判の公平を維持することができない虞があるとき』に当たらない」とした。

(6)　規則制定権

VI-15　刑訴規則施行規則無効訴訟

最大判昭 25・10・25 刑集 4 巻 10 号 2151 頁
（窃盗被告事件）

事　実　Yは窃盗罪で起訴され，第 2 審（水戸地裁）において，第 3 回公判が 1948（昭和 23）年 12 月 22 日，第 4 回公判が翌年 1 月 21 日に行われた。この間 15 日以上を経過していた。Yは，本件は刑訴法施行法 2 条により旧刑訴法によって審理される事件であるのに，公判手続で旧刑訴法 353 条所定の審理更新の手続がされていなかったのであるから，旧刑訴法 410 条 16 号に該当する絶対的上告理由があるとして，東京高裁に上告した。上告審は，刑訴規則施行規則（昭和 23 年 12 月 23 日最高裁規則 34 号）3 条 3 項を引用して，更新手続が必要かどうかは裁判所の判定するところであって，第 2 審ではその必要を認めなかったためであるとして，その主張を斥けた（東京高判昭 24・6・18 刑集 4 巻 10 号 2165 頁）ので，Yは，上記施行規則は法律の規定を改めたもので裁判所規則制定権の範囲を逸脱し無効であるとの理由で再上告した。

判　旨　**棄却**　**最高裁判所規則の規定事項**　「新刑訴法施行前に公判の請求があった事件については，一般には刑訴施行法2条により旧刑訴法及び刑訴応急措置法を適用して審判すべきものであるけれども，刑訴施行法13条においては『この法律に定めるものを除く外，新法施行の際現に裁判所に係属してゐる事件の処理に関し必要な事項は，裁判所の規則の定めるところによる。』と定められ，規則施行規則3条3号においては『開廷後引き続き15日以上開廷しなかった場合においても，必要と認める場合に限り，公判手続を更新すれば足りる。』と規定せられているから，裁判所は開廷後引き続き15日以上開廷しなかった場合においても，必ずしも公判手続を更新するの必要なく……，〔本件の手続は〕何等違法と認むべきものでない……。」「刑訴施行法13条にいわゆる『事件の処理』……が公判審理の手続を含むことは，法文上からしても立法の趣旨からも明白である。……憲法77条は『最高裁判所は，訴訟に関する手続……について規則を定める権限を有する。』とあって，規則施行規則3条3号は右権限の範囲内に属するものと認められるのみならず，右条項は前記のとおり直接には刑訴施行法13条に基くものであり，すなわち法律によって委任されたものであるから，所論のごとく『国民の関与なしに裁判所のみによって制定され』たものでなく，従って『法律と規則とが競合する場合』でない。」

少数意見　**澤田竹治郎裁判官**　「憲法77条は国会が訴訟に関する手続について定めた法律とその内容において矛盾する規則を制定することを最高裁判所に許さないし，最高裁判所が訴訟に関する手続について定めた規則とその内容において矛盾する法律を制定することを国会に禁止するものではないと結論しなければならぬ。」「されば旧刑訴353条に矛盾牴触することの明らかな刑訴規則施行規則3条3号は憲法77条に違反し無効のものであるといわなければならぬ。」

（コメント）　**関連判例**　この施行規則3条3号の違憲性を争った事件は他にもある（最二判昭26・2・23刑集5巻3号450頁）。また，これらとは逆に，訴訟に関する手続はすべて最高裁規則で定めるべきで法律で定めるべきではないから刑訴法は違憲ではないかが争われた事件において，最高裁は，前記判例を引用して，これらの判例が「法律により刑事手続を定めることができることを前提としていることはいうまでもない」から「刑事訴訟法が適憲であることも亦おのづから明らか」だとしている（最二判昭30・4・22刑集9巻5号911頁）。

(7) 違憲審査権

VI-16　ヤミ米販売事件

最大判昭25・2・1刑集4巻2号73頁
（食糧管理法違反被告事件）

事　実　白米ブローカーのYは，食糧管理法所定の除外理由がないのに，1946（昭和21）年2月から7月にかけて白米を販売したとして同法違反で起訴され，第1審（八王子区裁），第2審（東京地裁）とも有罪判決を受けた。これに対し，Yは，食糧管理法は旧憲法時代の戦時立法であって実質的な有効性を欠くのみならず，旧憲法下において制定された法令については新憲法下においては新法令を制定し，あるいは何らかの経過規定を設けるべきであるにかかわらず，これがなされないまま存続せしめられているものであって，形式的にも無効である等と主張して東京高裁に上告したが棄却された（東京高判昭22・12・22刑集4巻2号85頁）。そこでYは，違憲審査権は法の普遍性，法解釈の統一という観点からみて，最高裁にのみ与えられていると解すべきであって，法令が憲法に違反するか否かの疑いがある場合に最高裁に移送せずに自ら判断した上記の上告審判決は憲法解釈を誤解している等として，最高裁に再上告した。

判　旨　**棄却**　**下級裁判所の違憲審査権**　「憲法は国の最高法規であってその条規に反する法律命令等はその効力を有せず，裁判官は憲法及び法律に拘束せられ，また憲法を尊重し擁護する義務を負うことは憲法の明定するところである。従って，裁判官が，具体的訴訟事件に法令を適用して裁判するに当り，その法令が憲法に適合するか否かを判断することは，憲法によって裁判官に課せられた職務と職権であって，このことは最高裁判所の裁判官であると下級裁判所の裁判官であるとを問わない。憲法81条は，最高裁判所が違憲審査権を有する終審裁判所であることを明らかにした規定であって，下級裁判所が違憲審査権を有することを否定する趣旨をもっているものではない。」

意　見　**栗山茂裁判官**（略）　**澤田竹治郎・斎藤悠輔裁判官**（略）

(評釈)　小嶋和司・憲法の判例241，阿部泰隆・憲百II〈第4版〉200。

Ⅵ-17 警察予備隊違憲訴訟

最大判昭27・10・8民集6巻9号783頁，行集3巻10号2061頁
（日本国憲法に違反する行政処分取消請求事件）

事実 X（左派社会党書記長鈴木茂三郎）は，国が1951（昭和26）年4月1日以降に行った警察予備隊の設置ならびに維持に関する一切の行為は憲法9条に違反して無効なものであることの確認を求める訴えを直接に最高裁に求めた。その際Xは，手続上の問題として，憲法81条は最高裁にいわゆる違憲審査権を賦与し，「一般の司法裁判所としての性格と憲法裁判所としての性格を併せ有する」がゆえに，具体的な訴訟においてでなくとも，違憲法令処分の効力を直接争いうるのは理の当然である等の解釈を述べた。これに対し国側は，憲法81条は，最高裁に憲法裁判所としての性格を与えたものではなく，したがって，抽象的一般的行為について違憲判決を求める訴訟は不適法であると主張した。

判旨 **却下** **裁判所の抽象的法令審査権** 「原告は，最高裁判所が一方司法裁判所の性格を有するとともに，他方具体的な争訟事件に関する判断を離れて抽象的に又一審にして終審として法律，命令，規則又は処分が憲法に適合するや否やを判断する権限を有する点において，司法権以外のそして立法権及び行政権のいずれの範疇にも属しない特殊の権限を行う性格を兼有するものと主張する。」「この点に関する諸外国の制度を見るに，司法裁判所に違憲審査権を行使せしめるもの以外に，司法裁判所にこの権限を行使せしめないでそのために特別の機関を設け，具体的争訟事件と関係なく法律命令等の合憲性に関しての一般的抽象的な宣言をなし，それ等を破棄し以てその効力を失はしめる権限を行わしめるものがないではない。しかしながらわが裁判所が現行の制度上与えられているのは司法権を行う権限であり，そして司法権が発動するためには具体的な争訟事件が提起されることを必要とする。我が裁判所は具体的な争訟事件が提起されないのに将来を予想して憲法及びその他の法律命令等の解釈に対し存在する疑義論争に関し抽象的な判断を下すごとき権限を行い得るものではない。けだし最高裁判所は法律命令等に関し違憲審査権を有するが，この権限は司法権の範囲内において行使されるものであり，この点においては最高裁判所と下級裁判所との間に異るところはない」。「要するにわが現行の制度の下においては，特定の者の具体的な法律関係につき紛争の存する場合においてのみ裁判所にその判断を求めることができるのであり，裁判所がかような具体的事件を離れて抽象的に法律命令等の合憲性を判断する権限を有するとの見解には，憲法上及び法令上何等の根拠も存しない。」

（評釈） 種谷春洋・憲法の判例217，長谷部恭男・基本判例194，佐々木雅寿・憲百Ⅱ193，斎藤千加子・行政百選Ⅱ141。

(コメント) **関連判例** 同旨の判決として，最二判昭27・10・31民集6巻9号926頁（政令201号取消），最大判昭28・4・15民集7巻4号305頁（衆議院解散無効確認），最二判昭31・2・17民集10巻2号86頁（特別区長選任無効確認），最三判昭55・5・6判時968号52頁（憲法の無効確認）などがある。

VI-18 裁判所法施行令等違憲訴訟

最大判昭23・7・7刑集2巻8号801頁
（窃盗被告事件）

事 実 Yは，刑法235条（窃盗）の罪により第2審（広島地裁昭21・12・24）で懲役1年の有罪判決を受け，大審院に上告していたが，現行憲法の施行に伴って大審院が廃止され，裁判所法施行令（昭和22年政令24号）1条により，東京高裁において審理されることとなり，同裁判所はYの上告を棄却した。これに対し，Yは，原審は刑訴法の定める正常の手続に従っておらず，憲法31条に違反する等として再上告した。

判 旨 **棄却** **1裁判所法施行令等の合憲性** 「大審院は旧憲法と裁判所構成法とに基く構成と組織と性格を有する裁判所であり，最高裁判所は厳粛な歴史的背景の下に日本国憲法と裁判所法とに基く構成と組織と性格を有する裁判所である。共に司法権を行使する機関であり，又わが国における最上級の裁判所であるという関係において，相互の間に幾多の類似点はあるが，両者の生立，構成，組織，権限，職務，使命及び性格が著しく異ることは，敢て多言を要しないところである。従って，憲法及び司法制度の一大変革期にあたり，明治憲法及び裁判所構成法は廃止せられ，代って日本国憲法及び裁判所法は実施せられ，その施行の際廃止となった大審院において従来受理していた一群の訴訟事件をいかに処理するかは問題であるが，……かかる一群の特殊な事件については，東京高等裁判所において受理したものとみなし，同裁判所は大審院と同一の裁判権を有する旨を規定したからと言って，裁判所法施行令第1条及びその根拠とせられた裁判所法施行法第2条は，所論のように憲法第13条，第14条に違反するということはあり得ない。」「裁判所の裁判権，審級その他の構成は，憲法上原則として法律において定められることとなっており，……国民はこれらの規定の定めるところに従って，裁判所において裁判を受ける権利が保障されている。従って，前記規定は所論のごとく憲法第32条に違反するということを得ない。又……東京高等裁判所に5人構成の合議体を置いたが，これは純然たる司法裁判所であって，司法裁判所の外に特別裁判所を設けたものではないから，所論のように憲法第76条第2項の趣旨に違背するものと言うことはできない。」 **2裁判は憲法81条にいう処分**

「〔原審が刑訴法に定める手続によらず憲法31条に反するとの〕論旨が，再上告の理由として適法であるか否か……これは，刑訴応急措置法第17条に，『高等裁判所が上告審としてした判決に対しては，その判決において法律，命令，規則又は処分が憲法に適合するかしないかについてした判断が不当であることを理由とするときに限り，最高裁判所に更に上告することができる』とある規定のいわゆる『処分』の中に裁判を含むか否かの問題を中心とする。……憲法第81条の規定は，第98条第1項……〔の〕規定と密接な表裏の関係が存することも明白である。……現今通常一般には，最高裁判所の違憲審査権は，憲法第81条によって定められていると説かれるが，一層根本的な考方からすれば，よしやかかる規定がなくとも，第98条の最高法規の規定又は第76条若しくは第99条の裁判官の憲法遵守義務の規定から，違憲審査権は十分に抽出され得るのである。米国憲法においては，前記第81条に該当すべき規定は全然存在しないのであるが，最高法規の規定と裁判官の憲法遵守義務から，1803年のマーベリー対マディソン事件の判決以来幾多の判例をもって違憲審査権は解釈上確立された。日本国憲法第81条は，米国憲法の解釈として樹立せられた違憲審査権を，明文をもって規定したという点において特徴を有するのである。そして……憲法第81条によれば，最高裁判所は，一切の法律，一切の命令，一切の規則又は一切の処分について違憲審査権を有する。裁判は一般的抽象的規範を制定するものではなく，個々の事件について具体的処置をつけるものであるから，その本質は一種の処分であることは言うをまたぬところである。法律，命令，規則又は行政処分の憲法適否性が裁判の過程において終審として最高裁判所において審判されるにかかわらず，裁判の憲法適否性が裁判の過程において終審として最高裁判所において審判されない筈はない。否，一切の抽象的規範は，法律たると命令たると規則たるとを問わず，終審として最高裁判所の違憲審査権に服すると共に，一切の処分は，行政処分たると裁判たるとを問わず，終審として最高裁判所の違憲審査権に服する。すなわち，立法行為も行政行為も司法行為（裁判）も，皆共に裁判の過程においてはピラミッド型において終審として最高裁判所の違憲審査権に服するのである。かく解してこそ，最高裁判所は，初めて憲法裁判所としての性格を完全に発揮することができる。」「同条の『処分』は，英訳憲法として発表されているものにおいてはオフィシアル・アクトと表現されている。オフィシアル・アクトとは統治機関の行為の意味であって行政機関の行政処分も司法機関の裁判行為も共に含まれている。また同条と密接な表裏の関係にある第98条第1項においては，『国務に関するその他の行為』と言っており，行政処分も裁判も共に国務に関する行為であることは，疑を容れる余地もないところであらう。その英訳憲法として発表されているものにおいては，アザー・アクト・オブ・ガヴァメントという言葉が用いられている……けれども，米国憲法並にその流を汲むところでは，ガヴァメントすなわち政府とは国家の統治機関の意味であって国会も内閣も裁判所もその中に包含されていることを特に注視せねばならぬ。憲法前文中における『政府の行為』という用語も，この意義に解すべきものである。されば，アクト・オブ・ガヴァメントの中には，行政府の行政処分も裁判所の裁判も共に含まれている。」 **3終審としての最高裁判所の性格** 「憲法制定の際の第 81 条原案によれば，第 1 項においては『最高裁判所は，終審裁判所である』と規定し，第 2 項においては『最高裁判所は，一切の法律，命令，規則又は処分が憲法に適合するかしないかを決定する権限を有する』と規定してあったのを，衆議院において修正し第 2 項の末尾に第 1 項を合体せしめ，現行第 81 条が制定せられた。かくて，最高裁判所は，違憲審査については，常に最終審として関与する趣旨が一層明確に認められたのである。すなわち，最高裁判所の憲法上における事物の管轄権が宣明せられ，憲法裁判所である性格が確立せられたのである。これは，憲法上における不動の原理であると言わなければならない。」「刑訴応急措置法第 17 条第 1 項……〔の規定〕は，前記憲法第 81 条の原理に従って再上告の道を確認したに過ぎないのである。すなわち，高等裁判所が上告審としてした判決に対しては単なる審級制からすれば，最早再上告を許す必要はないのであるが，違憲審査制からすれば，憲法適否を理由とする限り，最高裁判所に再上告を許す必要があるのでこれを確認して明定したまでのことである。言いかえれば，措置法の規定によって初めて再上告が許されたものではなく，憲法適否の審査は憲法第 81 条によって終審として最高裁判所の権限に属するという原理を再確認して再上告を定めたものである。されば，前記措置法第 17 条にいわゆる処分の中に裁判を含むことは，憲法第 81 条の場合と同様である。」

意　見　斎藤悠輔裁判官（略）

(評釈)　武田芳樹・憲百Ⅱ 195。

VI-19　郵便貯金目減り訴訟

最一判昭 57・7・15 判時 1053 号 93 頁，判タ 478 号 163 頁
（庶民貯金減価損害賠償請求事件）

事　実　大阪市又はその周辺に居住するXらは，1972（昭和 47）年 6 月から 1974（昭和 49）年 1 月末にかけて大阪市における消費者物価が 26%

も上昇した結果，Xらの郵便貯金の実質価値（購買力）が物価上昇分だけ減少し，かつ右貯金の減価相当額の損害を受けたとし，本件損害の発生の原因は国（田中内閣およびその閣僚，公正取引委員会等）のとった経済政策（財政金融政策，地価政策，石油需給見通し，不況カルテルへの対応）の過誤ないし経済見通しの誤りにあるとして，国Yに対して国家賠償法1条1項に基づいて損害の賠償を求めた。第1審（大阪地判昭50・10・1判時790号17頁）はYの主張をほぼ全面的に認めてXらの請求を棄却し，控訴審（大阪高判昭54・2・26判時924号34頁）もこれを支持したので，Xらから最高裁に上告した。

判　旨　棄却　**経済政策と違憲審査**　「Xらは，本訴において，政府が経済政策を立案施行するにあたっては，物価の安定，完全雇用の維持，国際的収支の均衡及び適度な経済成長の維持の4つがその担当者において対応すべき政策目標をなすところ，内閣及び公正取引委員会は右基準特に物価の安定という政策目標の達成への対応を誤りインフレーションを促進したものであって，右はこれら機関の違法行為にあたり，Yはこれによる損害の賠償責任を免れない旨主張するが，右Xらのいう各目標を調和的に実現するために政府においてその時々における内外の情勢のもとで具体的にいかなる措置をとるべきかは，事の性質上専ら政府の裁量的な政策判断に委ねられている事柄とみるべきものであって，仮に政府においてその判断を誤り，ないしはその措置に適切を欠いたため右目標を達成することができず，又はこれに反する結果を招いたとしても，これについて政府の政治的責任が問われることがあるのは格別，法律上の義務違反ないし違法行為として国家賠償法上の損害賠償責任の問題を生ずるものとすることはできない。」

（評釈）　村上義弘・重判〈昭和57年度〉46。控訴審判決につき，藤谷正博・重判〈昭和50年度〉21。

(8)　裁判公開の原則

VI-20　情報公開訴訟におけるインカメラ審理の許否

最一決平21・1・15民集63巻1号46頁，判時2034号24頁
（検証物提示命令申立て一部提示決定に対する許可抗告事件）

事　実　Xは，情報公開法に基づいて，2004（平成16）年8月に沖縄県宜野湾市において米軍海兵隊のヘリコプターが墜落した事故をめぐる日米両政府の協議等に関して外務省が保有する行政文書の開示を請求したが，外務大臣から不開示の決定を受けたため，Y（国）を被告としてその取消しを求めた。第1審はXの請求を棄却したため，Xは控訴し，検証の立会権の放棄等をした上で，本件不開示文書の検証の申出をするとともに，これを目的物とする検証物提示命令の申立て（以下，「本件検証等の申立て」という）をしたところ，控訴審（福岡高決

平20・5・12判時2017号28頁）は，情報公開法は明文の規定を設けていないが，いわゆるインカメラ審理（裁判所だけが文書等を直接見分する方法により行われる非公開審理）等を全く許容しない趣旨ではなく，行政文書の開示・不開示に関する両当事者の主張を公正かつ中立的な立場で検討し，不開示に関する最終的な判断権者である裁判所が，その職責を全うするために，当該不開示文書を直接見分しなければ当該不開示決定の当否を適正に判断することができず，他にこれに代わり得る有効適切な手段も見当たらないなどの事情が存し，当該文書を直接見分することが不可欠であると考えた場合にまで，実質的インカメラ審理を否定するいわれはなく，かかる場合には，裁判所は，検証の目的である同文書の所持者に対し，その提示を命ずることができるとして，本件検証物提示命令の申立てのうち情報公開法5条3号又は5号に該当することを理由に不開示とされた文書に係る部分を認容してYに対し検証物の提示を命じたため，Yが上告した。

決定要旨　**破棄自判**

情報公開訴訟におけるインカメラ審理の許否　「情報公開法に基づく行政文書の開示請求に対する不開示決定の取消しを求める訴訟（以下「情報公開訴訟」という。）において，不開示とされた文書を対象とする検証を被告に受忍させることは，それにより当該文書の不開示決定を取り消して当該文書が開示されたのと実質的に同じ事態を生じさせ，訴訟の目的を達成させてしまうこととなるところ，このような結果は，情報公開法による情報公開制度の趣旨に照らして不合理といわざるを得ない。したがって，被告に当該文書の検証を受忍すべき義務を負わせて検証を行うことは許されず，上記のような検証を行うために被告に当該文書の提示を命ずることも許されないものというべきである。」「立会権の放棄等を前提とした本件検証の申出等は，上記のような結果が生ずることを回避するため，事実上のインカメラ審理を行うことを求めるものにほかならない。」「しかしながら，訴訟で用いられる証拠は当事者の吟味，弾劾の機会を経たものに限られるということは，民事訴訟の基本原則であるところ，情報公開訴訟において裁判所が不開示事由該当性を判断するために証拠調べとしてのインカメラ審理を行った場合，裁判所は不開示とされた文書を直接見分して本案の判断をするにもかかわらず，原告は，当該文書の内容を確認した上で弁論を行うことができず，被告も，当該文書の具体的内容を援用しながら弁論を行うことができない。また，裁判所がインカメラ審理の結果に基づき判決をした場合，当事者が上訴理由を的確に主張することが困難となる上，上級審も原審の判断の根拠を直接確認することができないまま原判決の審査をしなければならないことになる。」「このように，情報公開訴訟において証拠調べとしてのインカメラ審理を行うことは，民事訴訟の基本原則に反するから，明文の規定がない限り，許されないものといわざるを得ない。」「平成8年に制定された民訴法には，証拠調べとしてのインカメラ審理を行い得る旨の明文の規定は設けられなかった。なお，同法には，文書提出義務又は検証物提示義務の存否を判断するためのインカメラ手続に関する規定が設けられ（平成 13 年法律第 96 号による改正前の民訴法 223 条 3 項，232 条 1 項），その後，特許法，著作権法等にも同様の規定が設けられたが（特許法 105 条 2 項，著作権法 114 条の 3 第 2 項等），これらの規定は，いずれも証拠申出の採否を判断するためのインカメラ手続を認めたものにすぎず，証拠調べそのものを非公開で行い得る旨を定めたものではない。」「そして，平成 11 年に制定された情報公開法には，情報公開審査会が不開示とされた文書を直接見分して調査審議をすることができる旨の規定が設けられたが（平成 13 年法律第 140 号による改正前の情報公開法 27 条 1 項），裁判所がインカメラ審理を行い得る旨の明文の規定は設けられなかった。これは，インカメラ審理については，裁判の公開の原則との関係をめぐって様々な考え方が存する上，相手方当事者に吟味，弾劾の機会を与えない証拠により裁判をする手続を認めることは，訴訟制度の基本にかかわるところでもあることから，その採用が見送られたものである。その後，同 13 年に民訴法が改正され，公務員がその職務に関し保管し又は所持する文書についても文書提出義務又は検証物提示義務の存否を判断するためのインカメラ手続を行うことができることとされたが（民訴法 223 条 6 項，232 条 1 項），上記改正の際にも，情報公開法にインカメラ審理に関する規定は設けられなかった。」「以上に述べたことからすると，現行法は，民訴法の証拠調べ等に関する一般的な規定の下ではインカメラ審理を行うことができないという前提に立った上で，書証及び検証に係る証拠申出の採否を判断するためのインカメラ手続に限って個別に明文の規定を設けて特にこれを認める一方，情報公開訴訟において裁判所が不開示事由該当性を判断するために証拠調べとして行うインカメラ審理については，あえてこれを採用していないものと解される。」「以上によれば，本件不開示文書について裁判所がインカメラ審理を行うことは許されず，Xが立会権の放棄等をしたとしても，Yに本件不開示文書の検証を受忍すべき義務を負わせてその検証を行うことは許されないものというべきであるから，そのためにYに本件不開示文書の提示を命ずることも許されないと解するのが相当である。」

補足意見　**泉徳治裁判官**「民事（行政）訴訟においては，当事者は，証拠調べに立ち会って，自ら取調べに当たり，証拠に関する見解を述べ，更には証拠に基づいた主張を展開する権利を有する。当事者に弁論の機会を与えなかった証拠調べの結果は，判決における証拠資料とすることができない。インカメラ審理においては，行政文書の開示請求者は，当該行政文書を見分することができず，その具体的内容について弁論を行うことができないのであるから，裁判所がそのような行政文書を判決の証拠資料とすることは，上記のような民事訴訟の基本原則に抵触するといわざるを得ない。」「開示請求者が証拠調べにおいて当該行政文書を見分する権利を放棄した場合であっても，インカメラ審理が民事訴訟の基本原則に抵触することに変わりはない。不開示決定をした行政機関の長の側においても，裁判所がインカメラ審理による証拠調べの結果に基づき本案の判断をするにもかかわらず，自らは，当該行政文書の具体的内容を援用しながら当該証拠調べの結果につき弁論を行ったり，あるいは訴訟上の主張を展開することができない。そして，インカメラ審理により裁判所が見分した行政文書の具体的内容は調書に記録されないから，上級審裁判所も，当該行政文書を見分しないまま原審判決の審査をしなければならないことになる。このようなことは，民事訴訟の基本原則に抵触するから，独り開示請求者が見分の権利を放棄すれば済むということにはならない。」したがって，「民事訴訟の基本原則に例外を設ける明文の規定を欠いたままで，インカメラ審理を行うことは許されない」が，「新たな立法によって情報公開訴訟にインカメラ審理を導入すること」は，「裁判の公開を保障する憲法 82 条に違反するものではなく，訴訟制度構築に係る立法裁量の範囲に属すると考える。」「情報公開訴訟は，開示請求に係る行政文書を開示しない旨の行政機関の長の決定が違法であるか否かを判断するためのものであって，その訴訟手続の途中で当該行政文書の内容を法廷で公開するということは，もともと予定されていないことである。ただ，現在の情報公開訴訟においては，裁判所は，当該行政文書を見分することなく，周辺資料から当該行政文書に不開示情報が記録されているか否かを間接的に推認するほかないため，裁判所が請求を棄却した場合に，開示請求者の納得を得にくい面があることは否定できない。」「インカメラ審理は，裁判所が当該行政文書を直接見分し，自ら内容を確認して実体判断をするための手続であるから，国民の知る権利の具体化として認められた行政文書開示請求権の司法上の保護を強化し，裁判の信頼性を高め，憲法 32 条の裁判を受ける権利をより充実させるものということができる。」「裁判を受ける権利をより充実させるものである以上，情報公開訴訟におけるインカメラ審理は，憲法 82 条に違反するものではないと解すべきである。」 **宮川光治裁判官** 「原決定は，法解釈の枠を超えた判断を行ったものであり，破棄を免れないが，原決定が……述べているところは理解できる。本件は，情報公開訴訟にインカメラ審理を導入することを考えさせる事例とみることができる。」「情報公開訴訟においては，裁判所が当該文書を見ないで不開示事由の該当性について適正な判断をすることができるかについては著しく困難な場合があり，また，周辺資料から判断するという迂遠な方途によらざるを得ないため，審理は迅速には行われ難い場合がある。こうしたことから，情報開示の申立てを行う当事者の側には，インカメラ審理を導入して少なくとも裁判所には当該文書を直接見分して適正に判断してもらいたいという要望がある。また，インカメラ審理の存在は，行政機関の適切な対応を担保する機能を果たすとも考えられる。」「情報公開訴訟にインカメラ審理を導入することが憲法 82 条（裁判の公開）に違反しないことは泉裁判官の補足意見のとおりであるが，適正な裁判を実施するために対審を公開しないで行うということは，既に人事訴訟法22条，不正競争防止法13条，特許法105条の7等にある。開示を求める当事者がインカメラ審理を求めるのは，それが知る権利を実現するためにより実効的であるという判断があるのであり，行政機関の側には審理に先立って不開示とした理由等について説明する機会が与えられるのであれば手続保障の上でも問題はない。そして，情報公開・個人情報保護審査会設置法9条1項，2項で同審査会の手続にインカメラ審理を導入する一方で情報公開訴訟においてこれを欠いていることは，最終的には司法判断によることとした情報公開制度の趣旨にそぐわないとも考えられる。情報公開訴訟へのインカメラ審理の導入に関しては，ヴォーン・インデックス手続（情報公開・個人情報保護審査会設置法9条3項参照）と組み合わせ，その上でインカメラ審理を行うことの相当性・必要性の要件について慎重に配慮すべきであるが，情報公開制度を実効的に機能させるために検討されることが望まれる。」

（評釈）　友岡史仁・法セ654号127，鎌野真敬・ジュリ1382号122，三宅弘・民商140巻6号108，村上裕章・セレクト〈'09〉Ⅱ6，鎌野真敬・曹時62巻12号139，川嶋四郎・法セ668号130，伊東俊明・重判〈平成21年度〉143，宇賀克也・論ジュリ3号19，井上禎男・行政百選Ⅰ 39。

（コメント）　**関連判例**　刑事確定訴訟記録法4条2項は憲法に違反すると主張してフリーのジャーナリストが特別抗告した事案に対して，最三決平2・2・16判時1340号145頁は，憲法21条，82条が「刑事確定訴訟記録の閲覧を権利として要求できることまでを認めたものでないことは，当裁判所大法廷判例（最大決昭33・2・17刑集12巻2号253頁，最大判平元・3・8民集43巻2号89頁）の趣旨に徴して明らかである」として抗告を棄却している。

(9)　憲法判断の方法

a）憲法判断の回避

VI-21　苫米地訴訟上告審

最大判昭35・6・8民集14巻7号1206頁，判時225号6頁
（衆議院議員資格確認並びに歳費請求事件）

事　実　⇒ **V-2**　Xの請求は，第1審（東京地判昭28・10・19行集4巻10号2540頁）では認容されたが第2審（東京高判昭29・9・22行集5巻9号2181頁）で棄却されたので，Xはこれを不服として上告した。

判　旨　**棄却**　**衆議院の解散と統治行為論**　「現実に行われた衆議院の解散が，その依拠する憲法の条章について適用を誤ったが故に，法律上無効であるかどうか，これを行うにつき憲法上必要とせられる内閣の助言と承認に瑕疵があったが故に無効であるかどうかのごときは裁判所の審査権に服しない……」。「わが憲法の三権分立の制度の下においても，司法

権の行使についておのずからある限度の制約は免れないのであって，あらゆる国家行為が無制限に司法審査の対象となるものと即断すべきでない。直接国家統治の基本に関する高度に政治性のある国家行為のごときはたとえそれが法律上の争訟となり，これに対する有効無効の判断が法律上可能である場合であっても，かかる国家行為は裁判所の審査権の外にあり，その判断は主権者たる国民に対して政治的責任を負うところの政府，国会等の政治部門の判断に委され，最終的には国民の政治判断に委ねられているものと解すべきである。この司法権に対する制約は，結局，三権分立の原理に由来し，当該国家行為の高度の政治性，裁判所の司法機関としての性格，裁判に必然的に随伴する手続上の制約等にかんがみ，特定の明文による規定はないけれども，司法権の憲法上の本質に内在する制約と理解すべきである。」「衆議院の解散は，衆議院議員をしてその意に反して資格を喪失せしめ，国家最高の機関たる国会の主要な一翼をなす衆議院の機能を一時的とは言え閉止するものであり，さらにこれにつづく総選挙を通じて，新な衆議院，さらに新な内閣成立の機縁を為すものであって，その国法上の意義は重大であるのみならず，解散は，多くは内閣がその重要な政策，ひいては自己の存続に関して国民の総意を問わんとする場合に行われるものであってその政治上の意義もまた極めて重大である。すなわち衆議院の解散は，極めて政治性の高い国家統治の基本に関する行為であって，かくのごとき行為について，その法律上の有効無効を審査することは司法裁判所の権限の外にありと解すべきことは既に前段説示するところによってあきらかである」。「政府の見解は，憲法7条によって，――すなわち憲法69条に該当する場合でなくとも，――憲法上有効に衆議院の解散を行い得るものであり，本件解散は右憲法7条に依拠し，かつ，内閣の助言と承認により適法に行われたものであるとするにあることはあきらかであって，裁判所としては，この政府の見解を否定して，本件解散を憲法上無効なものとすることはできないのである。」

意　見　**小谷勝重・奥野健一裁判官**　「憲法に反した当然無効な解散によって，違法に議員たる身分を奪われ，歳費請求権を喪失せしめられた者は，裁判所に対し訴訟によってその救済を求めることの許さるべきことは勿論であって，その場合裁判所は，先づ解散が憲法上適法なものであるかどうか，即ち有効か無効かを判断しなければならないことは当然であり，……解散は政治性の高いものなるが故に，裁判所の審査権が及ばないものとし，政府において，既に解散は合憲であるとしている以上，裁判所はそれに盲従し，憲法上無効な解散までも有効なものと判断しなければならないとすることは，憲法81条の明文に照し裁判所の職責に反する……。69条は……解散のできることは当然の前提として，解散されなければ内閣が総辞職をしなければならないことに重点があるものと解すべきであり，同条によって始めて解散を行い得ることを規定したものと解すべきではない」。「憲法7条……は解散の場合を何ら制限していないのである。……衆議院の解散は69条の場合をも含めて，内閣の助言と承認によって天皇が右7条により，国事に関する行為としてこれを行うのである。天皇の行う解散は，内閣の助言と承認によりなされるものであって，天皇は形式的儀礼的にこれを行うのであるから，衆議院解散の決定権は，内閣にある」。「衆議院の解散が内閣の助言と承認により行われることは有効な解散の必要条件であって，その要件を具備した内閣の助言と承認がない場合の解散は憲法上無効であるから，衆議院の解散の有効無効を決するためには，この点の判断は不可欠なものである。……憲法7条にいう内閣の助言と承認とは……両者を切り離して考えるべきものではなく，要するに，天皇の国事行為については，内閣が実質的決定権を有し，天皇は内閣の決定するところに従い，形式的儀礼的に国事行為として衆議院の解散を行うという趣旨と解すべきである。」 河村大助裁判官「憲法81条……，裁判所法3条は……憲法に特別の規定ある場合を除き裁判所に一切の法律上の争訟を裁判する権限を附与しているのであって，……如何に高度の政治性を有する国家行為と雖も形式上司法審査の対象となり得る要件を備えるものである限りは，司法権に服さなければならない……。高度の政治性を有する問題であっても，それが同時に法律上の争訟を含む場合においては，その法律問題が『憲法に適合するかどうかを決定する』ことは三権分立の均衡勢力を超えた部分につき違憲審査権が附与されているものと解せられるからである。」 **石坂修一裁判官**（略）

評釈 田中真次・曹時12巻8号64，有倉遼吉・判評30号4，田中真次・法セ55号78，斎藤秀夫・民商43巻6号147，中島恒・曹時14巻11号95，有倉遼吉・憲法の判例223，山下威士・基本判例199，野坂泰司・法教298号73，赤坂正浩・行政百選Ⅱ〈第5版〉314，大林文敏・憲百Ⅱ196。

コメント **衆参同日選挙の司法審査** 1986（昭和61）年6月2日の衆議院解散の結果，同年7月に衆参同日選挙が実施されたが，二院制等の趣旨からして，同日選挙は憲法15条1項・3項，42条，47条等に違反し無効であると主張した衆議院選挙無効請求訴訟において，名古屋高判昭62・3・25判時1234号38頁は，同日選挙目的の解散には統治行為論は妥当しないとする主張を排斥しつつ，総選挙の期日の決定は，「衆議院の解散権の行使のように，直接国家政治の基本に関する極めて高度な政治性ある行為とまではなし難い」から，「司法審査の対象外のものとしなければならないものではな」く，「裁量権はその踰越・濫用の問題において司法権の対象になりうるものというべく，内閣の自由裁量権に属するからといって，それだけで司法審査の対象となしえないものということはできない」とした。
下級審での統治行為論の動向 下級審の裁判例は，砂川事件上告審判決（⇒*II-2*）を「統治行為」論を採用したものと解し，自衛隊が侵略可能な戦力であることが一見きわめて明白な場合を除き司法審査の対象とはならないという見解を繰り返している（⇒*II-4* のほか，*II-5* の第1審判決である水戸地判昭52・2・17判時842号22頁，名古屋地判昭55・11・19判時1003号81頁など）。

Ⅵ-22　恵庭事件

札幌地判昭 42・3・29 下刑 9 巻 3 号 359 頁，判時 476 号 25 頁
（自衛隊法違反被告事件）

事　実　北海道千歳郡恵庭町（現在の恵庭市）所在の陸上自衛隊島松演習場附近の農民Ｙ兄弟らは，爆音等による乳牛の被害などに関して自衛隊に補償を求めたが，法律上の根拠がないとして認められなかった。その後，牧場との境界線付近での射撃訓練に際しては事前連絡をする旨の紳士協定が成立したが，1962（昭和 37）年 12 月 11〜12 日，事前の連絡なしにカノン砲 2 門の砲撃が開始されたので，Ｙらは現場に行って抗議したが容れられず射撃が続行されたので，着弾地点等との連絡のために敷設されていた電話通信線を数カ所，ペンチを使用して切断した。検察官は，Ｙらを刑法犯（器物損壊等）としてではなく自衛隊法 121 条違反として起訴した。

判　旨　**無罪**〔確定〕　**1構成要件該当性**　「Ｙら両名の切断した本件通信線が自衛隊法 121 条にいわゆる『その他の防衛の用に供する物』にあたるか否かを検討してみるに，前判示のごとく，例示物件に見られる一連の特色とのあいだで類似性が是認せられるかどうかについては，つとめて厳格な吟味を必要とするのであるが，本件通信線が自衛隊の対外的武力行動に直接かつ高度の必要性と重要な意義をもつ機能的属性を有するものといいうるか否か，自衛隊の物的組織の一環を構成するうえで不可欠にちかいだけの枢要性をそなえているものと評価できるか否か，あるいは，その規模・構造等の点で損壊行為により深刻な影響のもたらされる危険が大きいと考えられるかどうか，ないしは，同種物件による用法上の代たいをはかることが容易でないと解されるかどうか，これらすべての点にてらすと，多くの実質的疑問が存し，かつ，このように，前記例示物件との類似性の有無に関して実質的な疑問をさしはさむ理由があるばあいには，罪刑法定主義の原則にもとづき，これを消極に解し，『その他の防衛の用に供する物』に該当しないものというのが相当である。なお，検察官指摘のごとく，本件通信線が野外電話機，音源標定機等と用法上一体の関係にあったと思料される点を考慮にいれても，右判断に消長をおよぼすとは考えられない。」　**2憲法判断回避の原則**　「弁護人らは，本件審理の当初から，先にも判示したように，自衛隊法 121 条を含む自衛隊法全般ないし自衛隊等の違憲性を強く主張しているが，およそ，裁判所が一定の立法なりその他の国家行為について違憲審査権を行使しうるのは，具体的な法律上の争訟の裁判においてのみであるとともに，具体的争訟の裁判に必要な限度にかぎられることはいうまでもない。このことを本件のごとき刑事

事件にそくしていうならば，当該事件の裁判の主文の判断に直接かつ絶対必要なばあいにだけ，立法その他の国家行為の憲法適否に関する審査決定をなすべきことを意味する。」「したがって，すでに説示したように，Ｙら両名の行為について，自衛隊法 121 条の構成要件に該当しないとの結論に達した以上，もはや，弁護人らの指摘の憲法問題に関し，なんらの判断をおこなう必要がないのみならず，これをおこなうべきでもないのである。」

（評釈）黒田了一・重判〈昭和 42 年度〉136，石川才顯・刑法百選Ⅰ〈初版〉5，中谷実・基本判例 208，芦部信喜・憲百Ⅱ 170。

ｂ）合憲判断

VI-23　適用法令挙示判決

最大判昭 23・12・1 刑集 2 巻 13 号 1661 頁
（食糧管理法違反被告事件）

事　実　Ｙは，法定の除外理由がないのに 1948（昭和 23）年 2 月 12 日に犯した食糧管理法違反の罪で起訴され，第 1 審（鳥取地裁米子支部）で懲役と罰金の有罪判決を受けた。これに対し，Ｙは，同人が第 1 審審理中に食糧管理法の違憲性を主張したにもかかわらず，この事実とこれに対する判断を判決文中に記述していないのは，憲法 81 条に違反する等として跳躍上告した。

判　旨　**棄却**　**判決中の適用法令の挙示と合憲性判断**　「裁判所は，法令に対する憲法審査権を有し，若しある法令の全部又は一部が憲法に適しないと認めるときはこれを無効として其適用を拒否することができると共に，有罪の言渡をなすにはその理由において，必ず法令の適用を示すべき義務あるものであるから，当事者において法令が憲法に適合しない旨を主張した場合に，裁判所が有罪判決の理由中に其法令の適用を挙示したときは，其法令は憲法に適合するものであるとの判断を示したものに外ならないと見るを相当とする。従って原審における所論の主張に対し，特に憲法に適合する旨の判断を積極的に表明しなかったとしても，所論の如く判断を示さない違法があるとは言い得ない。」

少数意見　**真野毅裁判官**（略）

（評釈）永田秀樹・憲百Ⅱ〈第 3 版〉200。

第Ⅶ章　財　　政

(1)　租税法律主義

Ⅶ-1　通達課税違憲訴訟

最二判昭33・3・28民集12巻4号624頁，判時145号15頁
（物品税課税無効確認並びに納税金返還請求事件）

事　実　パチンコ球遊器製造業者であったXらは，1951（昭和26）年3月に東京国税局長が，さらに同年9月に国税庁長官が発した「パチンコは遊戯具であるから物品税を賦課せよ」との趣旨の通達により，Xらが製造するパチンコ球遊器に対し，それが物品税の課税物件たる遊戯具（旧物品税法1条1項2種丁類38）に該当するとの理由で，品川税務署長により物品税が賦課された。Xらはいったん物品税を納付した後，課税処分の無効の確認と納付税額の還付を求めて出訴したが，第1審（東京地判昭28・2・18行集4巻2号298頁），第2審（東京高判昭30・6・23行集6巻6号1404頁）でいずれも敗訴したので，Xらは，本来パチンコ球遊器は遊戯具に属さないから本件物品税課税は「物品税法1条遊戯具に名をかりて実は国税庁長官の発した通達に依拠した行為」であって，憲法30条に違反する違法無効の行為であると主張して上告した。

判　旨　**棄却**　**1課税物件該当性**　「第1，2審判決の掲げるような理由にかんがみれば，社会観念上普通に遊戯具とされているパチンコ球遊器が物品税法上の『遊戯具』のうちに含まれないと解することは困難であり，原判決も，もとより，所論のように，単に立法論としてパチンコ球遊器を課税品目に加えることの妥当性を論じたものではなく，現行法の解釈として『遊戯具』中にパチンコ球遊器が含まれるとしたものであって，右判断は，正当である。」　**2通達課税の合憲性**　「なお，論旨は，通達課税による憲法違反を云為しているが，本件の課税がたまたま所論通達を機縁として行われたものであっても，通達の内容が正しい解釈に合致するものである以上，本件課税処分は法の根拠に基く処分と解するに妨げがなく，所論違憲の主張は，通達の内容が法の定めに合致しないことを前提とするものであって，採用し得ない。」

（評釈）　白石健三・曹時10巻5号163，須貝脩一・民商38巻4号175，甲斐素直・憲百Ⅱ202，大橋洋一・租税百選6，今村哲也・行政百選Ⅰ54。

VII-2 秋田市国民健康保険税条例訴訟

秋田地判昭54・4・27行集30巻4号891頁，判時926号20頁
（国民健康保険税賦課処分取消請求事件）

事　実　Xらは秋田市の住民で国民健康保険法のもとでの被保険者たる世帯主であるが1975～77（昭和50～52）年度において秋田市国民健康保険条例により保険税を課された。しかし同保険条例は税率を定率ないしは定額で規定せず，また税率算出の構成要素をなす課税総額等に関する規定が不明確であるため，行政庁の自由裁量により税率が算出される結果となった。そこでXらは，これらのことを理由に，同条例が課税要件法定主義，課税要件明確主義に違反して違憲無効のものであると主張し，よって同条例に基づく本件課税処分も違法であるとして，同処分の取消しを請求した。

判　旨　**認容**　**1租税法律主義の趣旨と地方税**「租税法律主義は，租税要件を法定することにより，行政庁の恣意的な課税を排し，……法的安定性と予測可能性を付与することを目的とするものであって，……法律に根拠のない……租税の賦課は許されない……課税の根拠，……に関する実体規定はもとより，……手続規定についても正当な立法手続を経た法律によることを要し，……その内容は一義的で明確であることが要請される。」「地方税につき……租税法律主義の原則は，……地方公共団体が……地方税法の定める範囲内で，……条例によってその租税要件，手続規定等を定めることを要するとする趣旨でその適用がある……」。**2定率・定額によらない税率の決定**「課税要件が行政庁の恣意を容れる余地のない程度に明確かつ一義的に規定されている限り課税要件法定主義の要請を充たすものとみるべきであるから，……定率または定額による税率の定めを欠くことのみを理由に……法律主義違反をいうXらの主張は採用し得ない。」**3課税総額認定の不明確**「本件条例2条にいう『当該年度の初日における療養の給付及び療養費の支給に要する費用の総額の見込額から療養の給付についての一部負担金の総額の見込額を控除した額』という規定自体，客観的一義的に明確ではなく，その額の認定については裁量による判断を必要とすると解されるうえ，……課税要件をなす課税総額の認定を課税庁である被告の裁量に任せた趣旨と解するほかなく，……課税要件である税率の決定について，被告の裁量を許容するものとみるべきであって，……課税総額および税率が賦課期日現在において一義的，客観的に定まり，被告の税額確定手続を経由することにより課税額が具体的に確定すると解することは困難である。」**4条例規定の不備**「課税要件を定めた本件条例……の規定は一義的明確を欠き，……被保険者らにおいて……課税総額および

税率を確知し得ないため，……課税額を予測することは全く不可能であるうえ，……法的安定性と予測可能性を付与することを目的とする租税法律主義の原則に反する……本件条例2条および6条の規定は憲法84条に違反し無効であって，右条例の規定に基づいてなされた本件賦課処分は違法である……」。

（評釈） 北野弘久・重判〈昭和54年度〉31，安念潤司・ジュリ730号125，田中治・租税百選〈第2版〉4，碓井光明・判評255号157。控訴審判決につき，水野忠恒・憲百Ⅱ〈第4版〉209。

（コメント） 本件の控訴審（仙台高秋田支判昭57・7・23行集33巻7号1616頁，判時1052号3頁）も同旨。

Ⅶ-3 旭川市国民健康保険料条例訴訟

最大判平18・3・1民集60巻2号587頁，判時1923号11頁
（国民健康保険料賦課処分取消等請求事件）

事 実 市町村は，国民健康保険事業に要する費用に充てるために，世帯主から保険料を徴収するか（国民健康保険法〔以下「法」という〕76条本文），目的税である国民健康保険税を課することになる（地方税法703条の4第1項，平成6年および同9年改正前のもの）が，秋田市健康保険税条例事件控訴審判決（⇒Ⅶ-2のコメント参照）以降，多くの自治体で保険料による徴収方法に切り替えた。Y_1（旭川市）も，国民健康保険料条例（昭和34年旭川市条例5号，平成6年及び同10年改正前のもの。以下「本件条例」という）を制定して保険料を徴収する方式を採用した。1994（平成6）年4月にY_1を保険者とする国民健康保険の一般被保険者（全被保険者から退職被保険者及びその被扶養者を除いた被保険者）の資格を取得した世帯主であるXは，1994～1996（平成6～8）年までの各年度分の健康保険料についてY_1から賦課処分を受け，Y_2（旭川市長）から所定の減免事由に該当しないとする減免非該当処分を受けたことから，本件条例による保険料算定の基礎となる賦課総額は不明確であり，本件条例は憲法違反であるとして，Y_1に対して賦課処分の取消しおよび無効確認を，Y_2に対しては減免非該当処分の取消しおよび無効確認を求めて提訴した。第1審（旭川地判平10・4・21判時1641号29頁）は，保険料が「保険税という形式を採っていなくても，民主的なコントロールの必要性が高い点で租税と同一視でき」，一種の地方税として憲法84条の租税法律主義の適用があるとし，本件条例は憲法92条，84条に違反すると判断した。旭川市の控訴に対して控訴審判決（札幌高判平11・12・21判時1723号37頁）は，憲法84条の租税法律主義は国民健康保険の保険料には直接には適用がないが，強制的に賦課徴収されるという点では租税と共通するところがあるから同条の趣旨は保険料についても及ぶとし，国民健康保険の特質を考慮すると，本件条例において保険料率算定の基準・方法を具体的かつ明確に規定した上，この規定に基づく具体的な保険料率の決定を下位の法規たる告示に委任し

た本件条例の定めは，課税要件法定主義・課税要件明確主義の趣旨を実質的に充たしており，憲法84条の趣旨に違反しないとした。そこで，Xから上告及び上告受理申立てがなされた。

判　旨　棄却　**1国民健康保険料と憲法84条にいう「租税」**「論旨は，本件条例が定める保険料の賦課総額の算定基準は不明確，かつ，不特定であり，本件条例において保険料率を定めず，これを告示に委任することは，租税法律主義を定める憲法84条又はその趣旨に反し，法81条に違反するなどというものである。」「国又は地方公共団体が，課税権に基づき，その経費に充てるための資金を調達する目的をもって，特別の給付に対する反対給付としてでなく，一定の要件に該当するすべての者に対して課する金銭給付は，その形式のいかんにかかわらず，憲法84条に規定する租税に当たるというべきである。」「市町村が行う国民健康保険の保険料は，これと異なり，被保険者において保険給付を受け得ることに対する反対給付として徴収されるものである。……Y_1における国民健康保険事業に要する経費の約3分の2は公的資金によって賄われているが，これによって，保険料と保険給付を受け得る地位とのけん連性が断ち切られるものではない。また，国民健康保険が強制加入とされ，保険料が強制徴収されるのは，保険給付を受ける被保険者をなるべく保険事故を生ずべき者の全部とし，保険事故により生ずる個人の経済的損害を加入者相互において分担すべきであるとする社会保険としての国民健康保険の目的及び性質に由来するものというべきである。」「したがって，上記保険料に憲法84条の規定が直接に適用されることはないというべきである（国民健康保険税は，前記のとおり目的税であって，上記の反対給付として徴収されるものであるが，形式が税である以上は，憲法84条の規定が適用されることとなる。）」　**2保険料への憲法84条の適用可能性**「もっとも，憲法84条は，課税要件及び租税の賦課徴収の手続が法律で明確に定められるべきことを規定するものであり，直接的には，租税について法律による規律の在り方を定めるものであるが，同条は，国民に対して義務を課し又は権利を制限するには法律の根拠を要するという法原則を租税について厳格化した形で明文化したものというべきである。したがって，国，地方公共団体等が賦課徴収する租税以外の公課であっても，その性質に応じて，法律又は法律の範囲内で制定された条例によって適正な規律がされるべきものと解すべきであり，憲法84条に規定する租税ではないという理由だけから，そのすべてが当然に同条に現れた上記のような法原則のらち外にあると判断することは相当ではない。そして，租税以外の公課であっても，賦課徴収の強制の度合い等の点において租税に類似する性質を有するものについては，憲法84条の趣旨が及ぶと解すべきであるが，その場合であっても，租税以外の公課は，租税とその性質が共通する点や異なる点があり，また，賦課徴収の目的に応じて多種多様であるから，賦課要件が法律又は条例にどの程度明確に定められるべきかなどその規律の在り方については，当該公課の性質，賦課徴収の目的，その強制の度合い等を総合考慮して判断すべきものである。」「市町村が行う国民健康保険は，保険料を徴収する方式のものであっても，強制加入とされ，保険料が強制徴収され，賦課徴収の強制の度合いにおいては租税に類似する性質を有するものであるから，これについても憲法 84 条の趣旨が及ぶと解すべきであるが，他方において，保険料の使途は，国民健康保険事業に要する費用に限定されているのであって，法 81 条の委任に基づき条例において賦課要件がどの程度明確に定められるべきかは，賦課徴収の強制の度合いのほか，社会保険としての国民健康保険の目的，特質等をも総合考慮して判断する必要がある。」 **3本件条例による委任の合憲性**「本件条例 12 条 3 項は，Y_2に対し，保険料率を決定し，決定した保険料率を告示の方式により公示することを委任しているが，本件条例においては，保険料の賦課総額が確定すれば，保険料率が自動的に算定されることとなっているから，本件条例は，所定の算定基準に従って賦課総額を確定することをも，Y_2に委任したものと解される。」「本件条例 8 条は，保険料の賦課総額を，同条 1 号に掲げる額の見込額から同条 2 号に掲げる額の見込額を控除した額を基準として算定した額と規定しているところ，同条 1 号に掲げる額の見込額は，国民健康保険事業の運営に必要な各種費用の合算額の見込額であり，同条 2 号に掲げる額の見込額は国民健康保険事業に係る収入（保険料を除く。）の合算額の見込額である。国民健康保険の保険料は，国民健康保険事業に要する費用に充てるために徴収されるものであるから（法 76 条本文），当該年度の費用から収入（保険料を除く。）を控除したその不足額の合理的な見込額を基礎として賦課総額を算定し，これを世帯主に応分に負担させることは，相互扶助の精神に基づく国民健康保険における保険料徴収の趣旨及び目的に沿うものであり，本件条例もこれを当然の前提としているものと解される。そして，本件条例 8 条各号は，この費用及び収入の見込額の対象となるものの詳細を明確に規定している。」「また，本件条例 8 条は，賦課総額を，同条 1 号に掲げる額の見込額から同条 2 号に掲げる額の見込額を控除した額そのものとはしないで，この額を「基準として算定した額」と定めている。これは，前記の保険料徴収の趣旨及び目的に照らすと，徴収不能が見込まれる保険料相当額についても，保険料収入によって賄えるようにするために，賦課総額の算定に当たって，上記の費用と収入の見込額の差額を保険料の収納率の見込みである予定収納率で割り戻すことを意味するものと解される。そうすると，同条の上記の定めをもって不明確であるということはできない。」「このように，本件条例は，保険料率算定の基礎となる賦課総額の算定基準を明確に規定した上で，その算定に必要な上記の費用及び収入の各見込額並びに予定収納率の推計に関する専門的及び技術的な細目にかかわる事項を，Y_2の合理的な選択にゆだねたものであり，また，上記見込額等の推計については，国民健康保険事業特別会計の予算及び決算の審議を通じて議会による民主的統制が及ぶものということができる。」「そうすると，本件条例が，8条において保険料率算定の基礎となる賦課総額の算定基準を定めた上で，12条3項において，Y_2に対し，同基準に基づいて保険料率を決定し，決定した保険料率を告示の方式により公示することを委任したことをもって，法81条に違反するということはできず，また，これが憲法84条の趣旨に反するということもできない。」「また，賦課総額の算定基準及び賦課総額に基づく保険料率の算定方法は，本件条例によって賦課期日までに明らかにされているのであって，この算定基準にのっとって収支均衡を図る観点から決定される賦課総額に基づいて算定される保険料率についてはし意的な判断が加わる余地はなく，これが賦課期日後に決定されたとしても法的安定が害されるものではない。したがって，Y_2が本件条例12条3項の規定に基づき平成6年度から同8年度までの各年度の保険料率をそれぞれ各年度の賦課期日後に告示したことは，憲法84条の趣旨に反するものとはいえない。」「以上によれば，憲法84条及び法81条違反をいう論旨は，採用することができない。」 **4保険料減免規定の合憲性** 「法77条は，保険者は，条例の定めるところにより，特別の理由がある者に対し，保険料を減免することができる旨を定め，これを受けて，本件条例19条1項は，『災害等により生活が著しく困難となった者又はこれに準ずると認められる者』（同項1号）又は『当該年において所得が著しく減少し，生活が困難となった者又はこれに準ずると認められる者』（同項2号）のうち必要と認められる者に対して，申請により保険料を減免することができる旨を規定しているが，恒常的に生活が困窮している状態にある者を保険料の減免の対象としていない。」「法6条6号は，恒常的に生活が困窮している状態にある者については生活保護法による医療扶助等の保護を予定して，これを市町村が行う国民健康保険の被保険者としないものとしていること，法81条を受けて定められた本件条例17条は，低額所得被保険者の保険料負担の軽減を図るために，応益負担による保険料である被保険者均等割額及び世帯別平等割額についての減額賦課を定めていること，他方，本件条例10条は，応能負担による保険料である所得割額を，当該一般被保険者に係る賦課期日の属する年の前年の所得を基準に算定するものとしていることからすると，本件条例19条1項が，当該年において生じた事情の変更に伴い一時的に保険料負担能力の全部又は一部を喪失した者に対して保険料を減免するにとどめ，恒常的に生活が困窮している状態にある者を保険料の減免の対象としないことが，法77条の委任の範囲を超えるものということはできない。そして，上記の本件条例19条1項の定めは，著しく合理性を欠くということはできないし，経済的弱者について合理的な理由のない差別をしたものということもできない。したがって，本件条例19条1項の定めは，憲法25条，14条に違反しないし，また，Xについて保険料の減免を認めなかったことは，憲法25条に違反するものではない。」

補足意見　滝井繁男裁判官（略）

評釈　碓井光明・法教309号19，倉田聡・判評574号180，多田一路・法セ628号113，遠藤美奈・重判〈平成18年度〉10，藤井俊夫・セレクト〈'06〉14，阪本勝・曹時61巻2号379，山本隆司・法教346号42，斎藤一久・憲百Ⅱ203，藤谷武史・租税百選2，木村琢麿・社会保障百選8，尾形健・社会保障百選9，原田大樹・行政百選Ⅰ23。

Ⅶ-4　夫婦所得課税違憲訴訟

最大判昭36・9・6民集15巻8号2047頁，訟月7巻11号2229頁
（所得税審査決定取消事件）

事　実　Xは，1957（昭和32）年度分所得税の確定申告に当たって，自己の名義で取得した同年中の給与所得と事業所得について，これらの所得が家庭での妻の家事労働等による協力で得たものであるから，夫婦で等分して帰属すべきものと考え，上記所得の各2分の1のみをXの所得として申告したが，所轄税務署長はXに対し，上記所得の全部をXの所得とする更正処分および同処分を前提として過少申告加算税の決定をした。そこでXは所轄の国税局長Yに審査請求をしたが棄却されたので，さらにYを被告としてこの棄却決定の取消しを求め，所得税法の取扱いが両性の本質的平等を侵害し憲法24条，30条に違反すると主張した。第1審（大阪地判昭34・1・17行集10巻1号53頁）第2審（大阪高判昭34・9・3行集10巻9号1707頁）はいずれも，夫婦別算制（民法762条）を基礎とする所得税法の取扱いは憲法24条に違反しないとしてXの請求を棄却したので，さらに違憲を主張して上告した。

判　旨　**棄却**　**所得税法と憲法24条**　「先ず憲法24条の法意を考えてみるに，同条は，『婚姻は……夫婦が同等の権利を有することを基本として，相互の協力により，維持されなければならない。』，『配偶者の選択，財産権，相続，住居の選定，離婚並びに婚姻及び家族に関するその他の事項に関しては，法律は，個人の尊厳と両性の本質的平等に立脚して，

制定されなければならない。』と規定しているが，それは，民主主義の基本原理である個人の尊厳と両性の本質的平等の原則を婚姻および家族の関係について定めたものであり，男女両性は本質的に平等であるから，夫と妻との間に，夫たり妻たるの故をもって権利の享有に不平等な扱いをすることを禁じたものであって，結局，継続的な夫婦関係を全体として観察した上で，婚姻関係における夫と妻とが実質上同等の権利を享有することを期待した趣旨の規定と解すべく，個々具体の法律関係において，常に必らず同一の権利を有すべきものであるというまでの要請を包含するものではないと解するを相当とする。」「次に，民法 762 条 1 項の規定をみると，夫婦の一方が婚姻中の自己の名で得た財産はその特有財産とすると定められ，この規定は夫と妻の双方に平等に適用されるものであるばかりでなく，所論のいうように夫婦は一心同体であり一の協力体であって，配偶者の一方の財産取得に対しては他方が常に協力寄与するものであるとしても，民法には，別に財産分与請求権，相続権ないし扶養請求権等の権利が規定されており，右夫婦相互の協力，寄与に対しては，これらの権利を行使することにより，結局において夫婦間に実質上の不平等が生じないよう立法上の配慮がなされているということができる。しからば，民法 762 条 1 項の規定は，前記のような憲法 24 条の法意に照らし，憲法の右条項に違反するものということができない。」「それ故，本件に適用された所得税法が，生計を一にする夫婦の所得の計算について，民法 762 条 1 項によるいわゆる別産主義に依拠しているものであるとしても，同条項が憲法 24 条に違反するものといえないことは，前記のとおりであるから，所得税法もまた違憲ということはできない。」

（評釈）　中川淳＝田村悦一・民商 46 巻 3 号 97，沼正也・法セ 68 号 66，田中真次・曹時 13 巻 11 号 116，若尾典子・憲百Ⅰ 33，加藤友佳・租税百選 28，犬伏由子・民法百選Ⅲ 10。

Ⅶ-5　不利益遡及効を有する租税法規

最一判平 23・9・22 民集 65 巻 6 号 2756 頁，判時 2132 号 34 頁
（通知処分取消請求事件）

事　実　平成 16 年法 14 号（改正法）による改正前の租税特別措置法（措置法）31 条の下では，個人がその有する土地等又は建物等で所定の所有期間を満たしたものの譲渡（長期譲渡）をした場合に，それより生じた所得には分離課税がされる一方で，損失が生じたときには，これを他の所得と損益通算することが認められていた。ところが，2000（平成 12）年以降，政府税制調査会や国土交通省の「今後の土地税制のあり方に関する研究会」等において，操作性

の高い投資活動等から生じた損失と事業活動等から生じた所得との損益通算の制限，地価下落等の土地をめぐる環境の変化を踏まえた税制及び他の資産との均衡を失しない市場中立的な税体系の構築等について検討の必要性が指摘されていたところ，2003（平成15）年12月17日に取りまとめられた与党の平成16年度税制改正大綱では，2004（平成16）年分以降の所得税につき長期譲渡所得に係る損益通算を廃止する旨の方針が決定され，翌日の新聞で上記方針を含む上記大綱の内容が報道された。そして，2004年1月16日には上記大綱の方針に沿った政府の平成16年度税制改正の要綱が閣議決定され，これに基づいて本件損益通算廃止を改正事項に含む法案として立案された所得税法等の一部を改正する法律案が，同年2月3日に国会に提出された後，同年3月26日に成立して同月31日に改正法として公布され，同年4月1日から施行された。なお，平成16年分以降の所得税につき長期譲渡所得に係る損益通算を廃止する旨の方針を含む上記大綱の内容について上記の新聞報道がされた直後から，資産運用コンサルタント，不動産会社，税理士事務所等が開設するホームページ上に次々と，値下がり不動産の平成15年中の売却を勧める記事が掲載されるなどした。

X（上告人）は，1993（平成5）年4月以来所有する土地を譲渡する旨の売買契約を2004（平成16）年1月30日に締結し，これを同年3月1日に買主に引き渡し，2005（平成17）年9月，平成16年分の所得税の確定申告書を所轄税務署長に提出したが，その後，上記譲渡によって長期譲渡所得の金額の計算上生じた損失の金額については他の各種所得との損益通算が認められるべきであり，これに基づいて税額の計算をすると還付がされることになるとして，更正の請求をした。これに対し，所轄税務署長は，2006（平成18）年2月，更正をすべき理由がない旨の通知処分をし，Xからの異議申立て及び審査請求はいずれも棄却された。そこで，Xは，改正法がその施行日である2004（平成16）年4月1日より前にされた土地等又は建物等の譲渡についても上記損益通算を認めないこととしたのは，納税者に不利益な遡及立法であって憲法84条に違反する等と主張し，所轄税務署長がXに生じた上記損失について上記損益通算を認めずXの同年分の所得税に係る更正の請求に対し更正をすべき理由がない旨の通知処分をしたのは違法であるとして，その取消しを求める訴えを提起した。しかし，下級裁判所は，Xの請求を棄却した（千葉地判平20・5・16民集65巻6号2869頁，東京高判平20・12・4民集65巻6号2891頁）ので，Xが上告した。

判　旨　**棄却**　**1暦年途中の課税法規改正・施行規定を暦年当初から適用することと憲法84条の趣旨**　「所得税の納税義務は暦年の終了時に成立するものであり（国税通則法15条2項1号），措置法31条の改正等を内容とする改正法が施行された平成16年4月1日の時点においては同年分の所得税の納税義務はいまだ成立していないから，本件損益通算廃止に係る上記改正後の同条の規定を同年1月1日から同年3月31日までの間にされた長期譲渡に適用しても，所得税の納税義務自体が事後的に変更されることにはならない。しかしながら，長期譲渡は既存の租税法規の内容を前提としてされるのが通常と考えられ，また，所得税が１暦年に累積する個々の所得を基礎として課税されるものであることに鑑みると，改正法施行前にされた上記長期譲渡について暦年途中の改正法施行により変更された上記規定を適用することは，これにより，所得税の課税関係における納税者の租税法規上の地位が変更され，課税関係における法的安定に影響が及び得るものというべきである。」「憲法 84 条は，課税要件及び租税の賦課徴収の手続が法律で明確に定められるべきことを規定するものであるが，これにより課税関係における法的安定が保たれるべき趣旨を含むものと解するのが相当である（最大判平 18・3・1 民集 60 巻 2 号 587 頁参照）。そして，法律で一旦定められた財産権の内容が事後の法律により変更されることによって法的安定に影響が及び得る場合における当該変更の憲法適合性については，当該財産権の性質，その内容を変更する程度及びこれを変更することによって保護される公益の性質などの諸事情を総合的に勘案し，その変更が当該財産権に対する合理的な制約として容認されるべきものであるかどうかによって判断すべきものであるところ（最大判昭 53・7・12 民集 32 巻 5 号 946 頁参照），上記……のような暦年途中の租税法規の変更及びその暦年当初からの適用によって納税者の租税法規上の地位が変更され，課税関係における法的安定に影響が及び得る場合においても，これと同様に解すべきものである。なぜなら，このような暦年途中の租税法規の変更にあっても，その暦年当初からの適用がこれを通じて経済活動等に与える影響は，当該変更の具体的な対象，内容，程度等によって様々に異なり得るものであるところ，上記のような租税法規の変更及び適用も，最終的には国民の財産上の利害に帰着するものであって，その合理性は上記の諸事情を総合的に勘案して判断されるべきものであるという点において，財産権の内容の事後の法律による変更の場合と同様というべきだからである。」「したがって，暦年途中で施行された改正法による本件損益通算廃止に係る改正後措置法の規定の暦年当初からの適用を定めた本件改正附則が憲法 84 条の趣旨に反するか否かについては，上記の諸事情を総合的に勘案した上で，このような暦年途中の租税法規の変更及びその暦年当初からの適用による課税関係における法的安定への影響が納税者の租税法規上の地位に対する合理的な制約として容認されるべきものであるかどうかという観点から判断するのが相当と解すべきである。」 **②本件における諸事情と憲法 84 条** 「上記改正は，長期譲渡所得の金額の計算において所得が生じた場合には分離課税がされる一方で，損失が生じた場合には損益通算がされることによる不均衡を解消し，適正な租税負担の要請に応え得るようにするとともに，長期譲渡所得に係る所得税の税率の引下げ等とあいまって，使用収益に応じた適切な価格による土地取引を促進し，土地市場を活性化させて，我が国の経済に深刻な影響を及ぼしていた長期間にわたる不動産価格の下落（資産デフレ）の進行に歯止めをかけることを立法目的として立案され，これらを一体として早急に実施することが予定されたものであったと解される。また，本件改正附則において本件損益通算廃止に係る改正後措置法の規定を平成16年の暦年当初から適用することとされたのは，その適用の始期を遅らせた場合，損益通算による租税負担の軽減を目的として土地等又は建物等を安価で売却する駆け込み売却が多数行われ，上記立法目的を阻害するおそれがあったため，これを防止する目的によるものであったと解されるところ，平成16年分以降の所得税に係る本件損益通算廃止の方針を決定した与党の平成16年度税制改正大綱の内容が新聞で報道された直後から，資産運用コンサルタント，不動産会社，税理士事務所等によって平成15年中の不動産の売却の勧奨が行われるなどしていたことをも考慮すると，上記のおそれは具体的なものであったというべきである。そうすると，長期間にわたる不動産価格の下落により既に我が国の経済に深刻な影響が生じていた状況の下において，本件改正附則が本件損益通算廃止に係る改正後措置法の規定を暦年当初から適用することとしたことは，具体的な公益上の要請に基づくものであったということができる。」「そして，このような要請に基づく法改正により事後的に変更されるのは，……納税者の納税義務それ自体ではなく，特定の譲渡に係る損失により暦年終了時に損益通算をして租税負担の軽減を図ることを納税者が期待し得る地位にとどまるものである。納税者にこの地位に基づく上記期待に沿った結果が実際に生ずるか否かは，当該譲渡後の暦年終了時までの所得等のいかんによるものであって，当該譲渡が暦年当初に近い時期のものであるほどその地位は不確定な性格を帯びるものといわざるを得ない。また，租税法規は，財政・経済・社会政策等の国政全般からの総合的な政策判断及び極めて専門技術的な判断を踏まえた立法府の裁量的判断に基づき定立されるものであり，納税者の上記地位もこのような政策的，技術的な判断を踏まえた裁量的判断に基づき設けられた性格を有するところ，本件損益通算廃止を内容とする改正法の法案が立案された当時には，長期譲渡所得の金額の計算において損失が生じた場合にのみ損益通算を認めることは不均衡であり，これを解消することが適正な租税負担の要請に応えることになるとされるなど，上記地位について政策的見地からの否定的評価がされるに至っていたものといえる。」「以上のとおり，本件損益通算廃止に係る改正後措置法の規定の暦年当初からの適用が具体的な公益上の要請に基づくものである一方で，これによる変更の対象となるのは上記のような性格等を有する地位にとどまるところ，本件改正附則は，平成16年4月1日に施行された改正法による本件損益通算廃止に係る改正後措置法の規定を同年１月１日から同年３月31日までの間に行われた長期譲渡について適用するというものであって，暦年の初日から改正法の施行日の前日までの期間をその適用対象に含めることにより暦年の全体を通じた公平が図られる面があり，また，その期間も暦年当初の３か月間に限られている。納税者においては，これによって損益通算による租税負担の軽減に係る期待に沿った結果を得ることができなくなるものの，それ以上に一旦成立した納税義務を加重されるなどの不利益を受けるものではない。」 **3結論** 「これらの諸事情を総合的に勘案すると，本件改正附則が，本件損益通算廃止に係る改正後措置法の規定を平成16年１月１日以後にされた長期譲渡に適用するものとしたことは，上記のような納税者の租税法規上の地位に対する合理的な制約として容認されるべきものと解するのが相当である。したがって，本件改正附則が，憲法84条の趣旨に反するものということはできない。また，以上に述べたところは，法律の定めるところによる納税の義務を定めた憲法30条との関係についても等しくいえることであって，本件改正附則が，同条の趣旨に反するものということもできない。以上のことは，前掲各大法廷判決の趣旨に徴して明らかというべきである。」

(評釈) 弘中聡浩・ジュリ1436号8，小林宏司・ジュリ1441号110，中里実・ジュリ1444号132，大石和彦・判評642号148，髙橋祐介・民商147巻4＝5号43，小林宏司・曹時66巻6号225，渋谷雅弘・重判〈平成23年度〉221，片桐直人・憲百Ⅱ204，首藤重幸・租税百選3。

(コメント) **同趣旨判例** 同様の事件について最二判平23・9・30判時2132号39頁は同趣旨の判断を下しているが，そこには，須藤正彦裁判官と千葉勝美裁判官の補足意見がある。後者のむすびには，「納税者が不動産の長期譲渡を行うに際しては，その際の税制を前提に譲渡所得に対する課税額等を考慮するのは当然の経済活動であり，特に，本件のように，売買契約自体は既に前年（本件では前年の12月26日）に締結され，代金等の授受と登記移転・土地の引渡し等が当該年度（本件では2月26日）になったようなケース（すなわち，売買契約の締結が前年中にされているケース）についてまで，年度途中の本件損益通算廃止を年度当初に遡って適用させることは，不測の不利益を与えることにもなり，また，必ずしも駆け込み売却を防止するという効果も期待し難いところである。本件改正附則は，このようにいわば既得の利益を事後的に奪うに等しい税制改正の性格を帯びるものであるから，憲法84条の趣旨を尊重する観点からは，上記のようなケースは類型的にその適用から除外するなど，附則上の手当てをする配慮が望まれるところであったと考える。」との論述がなされている。

(2) 公の財産

Ⅶ-6 国有境内地処分法事件

最大判昭 33・12・24 民集 12 巻 16 号 3352 頁
（土地明渡請求事件）

事　実　大阪市天王寺区に所在するＸ寺の寺有地は明治初年ごろ国に上納され国有地となっていたが，Ｘ寺が旧国有財産法 24 条により国から無償貸与を受けて使用していた。1945（昭和 20）年 3 月の戦災により，前記土地上の建造物が焼失したのち，Ｙらが何らの権原なくその土地に建物を築造共有し，58 坪（本件土地）を不法に占拠していた。ところでＸ寺は，1947（昭和 22）年改正の「社寺等に無償で貸し付けてある国有財産の処分に関する法律」（国有境内地処分法）に基づいて，1948（昭和 23）年 1 月 5 日付で前記国有地の無償譲与の申請をし，1951（昭和 26）年 4 月 17 日付で，本件土地 58 坪を除く部分について国有地の譲与許可を受けた。Ｘ寺はこの行政処分に対し訴願したところ，本件土地については，本件訴訟においてＸ寺とＹらの間の本件訴訟においてＸ寺勝訴の判決確定後またはそれ以前に本件土地に所在する建物が完全に撤去されＸ寺に明け渡されたときは，これをＸ寺に譲与する旨の裁決があった（同年 7 月 31 日付）。そこでＸ寺は本件土地に対する使用収益権を保全するため，Ｙらに対する国の本件土地明渡請求権を代位行使して建物収去と明渡しを求める訴えを，大阪地裁に提起した。第 1 審（大阪地判昭 28・4・28 民集 12 巻 16 号 3363 頁）ではＸ寺が全面勝訴したのでＹらが控訴し，前記法律は憲法 89 条に反しその適用を前提とする本訴請求は失当であると主張したが，控訴審（大阪高判昭 29・12・3 高民 7 巻 11 号 1039 頁）でもＹらが敗訴したので，Ｙらがさらに上告した。

判　旨　**棄却**　**1国有財産の社寺への譲渡**　「社寺等に無償で貸し付けてある国有財産の処分に関する法律（昭和 22 年法律 53 号により改正された昭和 14 年法律 78 号）において，国有地である寺院等の境内地その他の付属地を無償貸付中の寺院等に譲与又は時価の半額で売り払うことにしたのは，新憲法施行に先立って，明治初年に寺院等から無償で取上げて国有とした財産を，その寺院等に返還する処置を講じたものであって，かかる沿革上の理由に基く国有財産関係の整理は，憲法 89 条の趣旨に反するものとはいえない。」　**2過渡的手段としての合憲性**　「又前記法律附則 10 条 2 項において，譲与又は売払をすることに決定したものについては，旧国有財産法 24 条の規定は，その譲与又は売払の日まで，なおその効力を有すると定められたのも，前記国有財産の整理に関する一連の経過規定であって，すなわち，過渡的手段としてとられた立法措置に外ならないから，同条を以て憲法 89 条に違反するものとはいえない。」

（評釈） 長谷山正観・民商40巻6号70，大石眞・宗教百選25，田中真次・曹時11巻2号127，塚本俊之・憲百Ⅱ205。

Ⅶ-7 幼児教室助成違憲訴訟

東京高判平2・1・29高民43巻1号1頁，判時1351号47頁
（公金支出差止等請求事件）

事 実 埼玉県吉川町では町内の幼児の増加に伴う幼稚園の不足に対応するため，幼稚園の事業とほぼ同様の教育事業を行っている幼児教室（本件教室）に対し，その経営のために，1975（昭和50）年ごろに同教室が開設された当初から，公の財産である本件不動産を賃借し，本件教室のための約150坪の建物を建設して，これを本件教室に無償貸与するとともに，毎年約100～900万円の補助金を交付するなどの助成措置を講じてきた。これに対してY町市民XらがY町長らを被告として，地方自治法242条の2第1項1号・4号に基づき，上記助成措置が憲法違反であるとして，土地・建物の無償使用の差止めと1983（昭和58）年度1年分の補助金相当額約258万8000円の損害賠償を求めた。第1審（浦和地判昭61・6・9判時1221号19頁）は，この助成措置は「公の支配」に属する事業に対するものであって憲法89条に違反しないとして請求を棄却したので，Xらが控訴した。

判 旨 **棄却** **1憲法89条にいう「教育の事業」の意味** 「本件教室の事業は，……学校教育法による幼稚園と若干は異なる部分があるが，幼稚園とほぼ同じように幼児を保育しているものであって，幼児を保育し，集団的な環境の下で，その心身の発達を助長することを目的とするものであること，本件契約により，本件建物及び本件土地が右の目的のために利用され，本件補助金が右の目的のために支出されたことが認められ，……保育とは，幼児に対する保護と教育の有機的一体の働きと解されるところ，憲法89条に規定する『教育の事業』とは，『人の精神的又は肉体的な育成をめざして人を教え，導くことを目的とする組織的，継続的な活動』をいうのであって，……本件教室の事業は右の『教育の事業』に当たると解されるから，本件不動産が本件教室の教育の事業に利用され，本件支出がその教育の事業のためになされたことは明らかである。」 **2「公の支配」の意味** 「憲法89条……前段については，国家と宗教の分離を財政面からも確保することを目途とするものであるから，その規制は厳格に解すべきであるが，同条後段の教育の事業に対する支出，利用の規制については，もともと教育は，国家の任務の中でも最も重要なものの一つであり，国ないし地方公共団体も自ら営みうるものであって，私的な教育事業に対して公的な援助をすることも，一般的には公の利益に沿う

ものであるから，同条前段のような厳格な規制を要するものではない。同条後段の教育の事業に対する支出，利用の規制の趣旨は，公の支配に属しない教育事業に公の財産が支出又は利用された場合には，教育の事業はそれを営む者の教育についての信念，主義，思想の実現であるから，教育の名の下に，公教育の趣旨，目的に合致しない教育活動に公の財産が支出されたり，利用されたりする虞れがあり，ひいては公の財産が濫費される可能性があることに基づくものである。このような法の趣旨を考慮すると，教育の事業に対して公の財産を支出し，又は利用させるためには，その教育事業が公の支配に服することを要するが，その程度は，国又は地方公共団体等の公の権力が当該教育事業の運営，存立に影響を及ぼすことにより，右事業が公の利益に沿わない場合にはこれを是正しうる途が確保され，公の財産が濫費されることを防止しうることをもって足りるものというべきである。右の支配の具体的な方法は，当該事業の目的，事業内容，運営形態等諸般の事情によって異なり，必ずしも，当該事業の人事，予算等に公権力が直接的に関与することを要するものではないと解される。」 **③私立学校の教育事業への助成** 「私立学校法 59 条，私立学校振興助成法 10 条，同法附則 2 条 5 項の規定は，憲法 89 条の規定を受けたものであるが，右各規定は，私立学校法による学校法人という形態を採る場合の教育事業（その設立予定の場合を含む。）に対し，その公教育たる性格に着目し且つ私立学校の自主性を尊重しつつ，一定の基準に基づき助成することを定めたものにすぎず，教育事業に対する助成が右の各法による以外には許されないと解すべきものではなく，また，憲法 89 条は，当該助成を受けた教育事業が『公の支配』に服していることを規定しているが，右規制が法律によるものであることまでを求めているものではないと解される。」 **④本件助成措置と憲法 89 条** 「本件教室は，開設当初から公立幼稚園の代替施設として設けられたものであり，本件土地，建物等その施設の大部分を町から無償で提供されており，経営経費についてもかなりの部分を町からの補助金で賄っており，財政面では公立の幼稚園と大差のないものであり，本件教室の存立自体が町の財政的負担に頼っているといえる。そして，右の公の財産の利用，支出については，補助金についての一般の規制のほか，本件教室に対する個別の指導により，公の利益に沿わないものに使用又は利用されないように規制，管理されているが，本件教室の予算，人事等については，本件教室に委ねられ，これについて町が直接関与することはない。しかし，それは，本件教室の目的が，幼児の健全な保育という町の方針に一致し，特定の教育思想に偏するものでなく，その意思決定について保護者による民主的な意思決定の方法が確保されているため，これに直接関与する必要がないためであり，本件教室と町との前示の関係を考慮すれば，本件教室と運営が町の助成の趣旨に沿って行われるべきことは，町の本件教室との個別的な協議，指導によって確保されているということができ，以上のような事情の下においては，本件教室についての町の関与が，予算，人事等に直接及ばないものの，本件教室は，町の公立施設に準じた施設として，町の関与を受けているものということができ，右の関与により，本件教室の事業が公の利益に沿わない場合にはこれを是正しうる途が確保され，公の財産の濫費を避けることができるものというべきであるから，右の関与をもって憲法 89 条にいう「公の支配」に服するものということができる。」

(評釈) 小林武・法セ 432 号 119，内野正幸・判評 384 号 173，百地章・重判〈平成 2 年度〉29，伊藤公一・セレクト〈'90〉17，大沢勝・教育百選 12，佐々木くみ・憲百Ⅱ 206。

(コメント) 愛媛玉串料訴訟⇒***III-4-13***，空知太神社事件⇒***III-4-14***。

第Ⅷ章　地方自治

(1)　地方公共団体

Ⅷ-1　特別区区長公選廃止事件

最大判昭38・3・27刑集17巻2号121頁，判時330号7頁
（贈収賄被告事件）

事　実　Yらは，1963（昭和38）年8月に東京都渋谷区議会で行われた区長の選任に関し，金銭の提供・収受をしたとして，贈収賄罪で起訴された。ところが東京地裁は，公訴事実を認めながら，贈収賄罪の成立には適法有効な職務権限の存在が必要であるが，特別区は憲法93条2項にいう「地方公共団体」に当たるから，上記の職務権限の根拠となるべき地方自治法281条の2第1項（当時）の「特別区の区長は……特別区の議会が都知事の同意を得てこれを選任する」との規定は憲法に違反し無効であるから，Yらの行為については贈収賄罪は成立しないとして，無罪を言い渡した（東京地判昭37・2・26判時291号8頁)。そこで，検察側が最高裁に跳躍上告した。

判　旨　**破棄差戻**　**①憲法上の地方公共団体の概念**　「地方公共団体といい得るためには，単に法律で地方公共団体として取り扱われているということだけでは足らず，事実上住民が経済的文化的に密接な共同生活を営み，共同体意識をもっているという社会的基盤が存在し，沿革的にみても，また現実の行政の上においても，相当程度の自主立法権，自主行政権，自主財政権等地方自治の基本的機能を付与された地域団体であることを必要とするものというべきである。」　**②特別区は憲法上の地方公共団体ではない**　「東京都の特別区についてこれをみるに，区は，明治11年郡区町村編制法施行以来地方団体としての長い歴史と伝統を有するものではあるが，未だ市町村のごとき完全な自治体としての地位を有していたことはなく，そうした機能を果たしたこともなかった。」「特別区は，昭和21年9月都制の一部改正によってその自治権の拡充強化が図られたが，翌22年4月制定の地方自治法をはじめその他の法律によってその自治権に重大な制約が加えられているのは，東京都の戦後における急速な経済の発展，文化の興隆と，住民の日常生活が，特別区の範囲を超えて他の地域に及ぶもの多く，都心と郊外の昼夜の人口差は次第に甚だしく，区の財源の偏在化も益々著しくなり，23区の存する地域全

体にわたり統一と均衡と計画性のある大都市行政を実現せんとする要請に基づくもの〔で〕あって，所詮，特別区が，東京都という市の性格をも併有した独立地方公共団体の一部を形成していることに基因するものというべきである。」「しかして，特別区の実体が右のごときものである以上，特別区は，その長の公選制が法律によって認められていたとはいえ，憲法制定当時においてもまた昭和27年8月地方自治法改正当時においても，憲法93条2項の地方公共団体と認めることはできない。」

補足意見　垂水克己裁判官（略）

（評釈）荒秀・憲法の判例230，渡部吉隆・曹時15巻5号96，堀内健志・基本判例212，飯島淳子・地自百選1，中里見博・憲百Ⅱ207。

(2)　条例制定権とその限界

Ⅷ-2　練馬区長準公選条例事件

東京地判昭43・6・6行集19巻6号991頁，判時519号22頁
（行政処分取消請求事件）

事　実　Xは，東京都練馬区の住民として，練馬区長候補者決定に関する条例の制定を請求すべく，区長職務代理者Yに対し1967（昭和42）年9月25日に条例制定請求代表者証明書の交付を申請したが，Yは同年10月7日，特別区の区長選任に関する地方自治法281条の3第1項〔当時〕および同施行令209条の7の規定〔現行規定なし〕は，区議会が区長を直接選任するという趣旨であって，たとえその候補者決定の段階といえども区議会の意思決定について他のいかなる外的拘束ないし制約をも受けるべきではないから，Xが条例で規定しようとする事項は法で許された条例制定事項ではないとの理由で，証明書の交付を拒否した。そこでXは，代表者証明書交付の段階で長が条例案の実質的審査を行うことは，住民の直接請求手続の進行を事前に禁圧する結果となり法の趣旨に背馳する，また本条例案は，区長候補者の決定に際して区議会が現にしばしば採用している公募方式と同旨であり違法であるとして，証明書交付拒否処分の取消しを求めた。

判　旨　認容　**1区長の条例案審査権限**　「長が条例案の内容を審査して代表者証明書の交付を拒否しうるとするならば，ある事柄を規律することが条例事項かどうかについて住民と長との間に見解の相違がある場合には，住民の発案権の行使が，まさにその見解のゆえに手続の最初の段階において阻止され，長の見解のみが正当として通用し，住民側の見解の当否について議会の審議を受ける機会は失われることとならざるをえないが，もともと，ある条例の発案につき，その内容の当，不当のみならず，法律的に

条例で規定しうる事項であるかどうかの点についても十分審議をつくして，これを条例として成立させるかどうかを決定することは，立法機関たる議会の固有の作用であり，議会制度を設けて立法作用を行なわしめる以上，この議会の権限を尊重すべきことはいうまでもない。……条例の本来の発案権者である議員及び長の発案権の行使については，これらの者も非条例事項を内容とする違法な条例を発案すべからざる一般的義務を負っているわけであるが，その発案の内容の適否について事前に他の機関の審査に服し，議会への提案を阻止されるというようなことは現行法上全くありえないことであって，これもまた議会制度の本質からくるものにほかならない。しかるに，これらの発案権の行使に代わるいわば第三の発案権の行使ともいうべき住民の条例制定（改廃）請求についてのみ，非条例事項に関する請求ができないとの理由により，行政機関たる長が事前にその内容を審査して議会への提案を阻止しうることを当然であるかのように考えるのは，右のような請求ができないということと，その認定権の帰属の問題とを混同するものであるばかりでなく，住民の条例制定（改廃）請求制度の意義を不当に軽視し，立法機関たる議会の権能をも侵すものであるとの批判を免れない……。」 **2区長準公選制の合法性** 「区議会が区民の意向を参酌して適当な区長候補者を選ぶために，自己の意思決定の自主性をそこなわないようにして区民投票の結果を適宜利用するということは必ずしも不可能又は無意味なこととは考えられず，また，これをすべて違法として禁ずべき理由もない。」 **3条例制定請求権と議員・長の発案権** 「条例の制定（改廃）請求手続の構造や，この手続に関与する住民及び議会の役割，とくに立法機関たる後者の地位ないし権限，長と議会との関係等を，……条例制定（改廃）請求制度の本旨に照らして総合的に考察すると，法は，住民の条例制定（改廃）請求権を議会の議員及び長の条例発案権に代わるべきものとみる立場から，その権利の行使につき，これを行使する者の良識と自覚を期待するとともに，違法な内容の条例が出現するのを防止する手段として，一方において，地方自治の主体たる一般住民及び立法機関たる議会の自主的な判断を信頼かつ尊重し，他方，行政の責任者たる長に対しては，議会の権限に対する事前干渉を避けるため，議会の議決以前には条例案を議会に付議する際に意見を附することを認めるにとどめ，もし違法な内容の条例が可決された場合には，瑕疵ある議決に対して長が拒否権を行使する一般の場合と同様，再議その他の法的手続により事後的にこれを排除しうる途を開くことによって，議会制度の下における住民の自治権の伸張と行政権の執行との調和を図っているものと解するのが相当であり，要するに，住民による条例の制定（改廃）請求を手続的にも議員及び長の発案権の行使に準ずるものとして取扱う趣旨であると解される（したがって，長が地方公共団体の事務を管理執行する権限と職責を有することから，条例案の内容に対する長の事前審査権を認めるのは正当でない。)」。

（評釈）　金子勝・憲百Ⅱ〈第5版〉236，関連判決について，原野翹・地自百選〈初版〉16。

（コメント）　**控訴審**　この判決に対し区側が控訴し，東京高判昭43・11・28判時538号14頁は，証明書交付申請について，区長は非条例事項であることが一見明白でないかぎり実質的審査権なしとして棄却した。**関連判決**　品川区長準公選条例に関する，東京高判昭50・9・18行集26巻9号1008頁。

Ⅷ-3　長野県風営法施行条例事件

最一決昭30・12・8刑集9巻13号2622頁，判時66号3頁
（風俗営業取締法違反被告事件）

事　実　Y_1会社の経営する遊技場の従業員Y_2は，1954（昭和29）年7月に多数の客から景品（チューインガム）を買いうけて現金を交付したとして起訴された。第1審（伊那簡判昭29・12・27刑集9巻13号2625頁）はY_1・Y_2の行為に対し風俗営業取締法3条，7条2項，長野県風俗営業取締法施行条例18条1号〔いずれも当時の規定〕に該当するとして罰金刑を言い渡した。そこでY_1・Y_2は，取締法3条が条例による規制の範囲を限定しているにもかかわらず，条例18条1号が「著しく射倖心をそそるような行為をなすこと，又はさせること」を禁止すると規定しているのは，この範囲を逸脱しており条例は無効であるとして控訴した。控訴審（東京高判昭30・5・7高刑8巻4号530頁）は，上記取締法3条は，条例による制限を同条に列挙した事項に限定しているものではなく，上記長野県条例は取締法3条の趣旨に沿うものであるとしてYらの控訴を棄却した。そこでY_1・Y_2は，条例で取締法3条列挙以外の事項も制限しうるものとは解されないとして上告した。

決定要旨　**棄却**　**「法律の範囲内」の意味**　「風俗営業取締法3条は，所論のように狭義に解すべきではなく，都道府県がいわゆる風俗営業の場所，営業時間及び営業所の構造設備のみならず，広くこの種営業に関し，善良の風俗を害する行為を防止するために必要な制限を，条例を以て定め得ることを規定したものと解するを相当とするから，所論長野県風俗営業取締法施行条例18条1号において，遊技場（右取締法1条3号の営業）の営業者又は従業者が賭博に類似する行為，その他著しく射倖心をそそるような行為をし又はさせてはならない旨を定めたからとて，これを目して右取締法3条所定の範囲を逸脱したものということはできない」。

（評釈）　綿貫芳源・憲百Ⅱ〈初版〉176。

（コメント）　**関連判例**　本判決に関連するケースとして，公衆浴場法2条に基づく

設置基準に関する条例の合憲を判断した最大判昭30・1・26（⇒Ⅲ-5-7），最二判昭38・11・15民集17巻11号1373頁，最三判平元・3・7（⇒Ⅲ-5-8），地方税法の委任に基づく県税賦課徴収条例を合憲とした最一決昭28・4・30刑集7巻4号909頁，旧風俗営業取締法3条に基づく東京都の同法施行条例の合憲を判断した最大判昭37・4・4刑集16巻4号377頁などがある。

Ⅷ-4　大阪市売春取締条例事件

最大判昭37・5・30刑集16巻5号577頁，判時303号2頁
（大阪市条例第68号違反被告事件）

事　実　Yは売春の目的で1956（昭和31）年2月20日午後7時50分ごろ大阪市天王寺区で通行中のAを誘ったため，大阪市売春取締条例2条1項違反として起訴された。大阪簡裁で5000円の罰金刑に処せられ（大阪簡判昭31・3・15刑集16巻5号601頁），大阪高裁もこれを支持した（大阪高判昭31・10・18刑集16巻5号605頁）のでYが上告に及んだ。Yは第1審以来一貫して，法律が下級命令に罰則制定を授権するに当たっては授権範囲を具体的に特定することを要するから，地方自治法14条5項〔現行法では同条3項〕の授権事項は特定かつ具体的でなく罪刑法定主義（憲法31条）に違反する，地方自治法を根拠として制定された上記大阪市条例も無効である，との憲法論を主張していた。

判　旨　**棄却**　**本件条例は憲法31条に違反しない**　「憲法31条はかならずしも刑罰がすべて法律そのもので定められなければならないとするものでなく，法律の授権によってそれ以下の法令によって定めることもできると解すべきで，このことは憲法73条6号但書によっても明らかである。ただ，法律の授権が不特定な一般的の白紙委任的なものであってはならないことは，いうまでもない。ところで，地方自治法2条に規定された事項のうちで，本件に関係のあるのは3項7号及び1号に挙げられた事項であるが，これらの事項は相当に具体的な内容のものであるし，同法14条5項による罰則の範囲も限定されている。しかも，条例は，法律以下の法令といっても，……公選の議員をもって組織する地方公共団体の議会の議決を経て制定される自治立法であって，行政府の制定する命令等とは性質を異にし，むしろ国民の公選した議員をもって組織する国会の議決を経て制定される法律に類するものであるから，条例によって刑罰を定める場合には，法律の授権が相当な程度に具体的であり，限定されておればたりると解するのが正当である。そうしてみれば，地方自治法2条3項7号及び1号のように相当に具体的な内容の事項につき，同法14条5項のように限定された刑罰の範囲内において，条例をもって刑罰を定めることができるとしたのは，憲法31条の意味において法律の定

める手続によって刑罰を科するものということができるのであって，所論のように同条に違反するとはいえない。従って地方自治法14条5項に基づく本件条例の右条項も憲法同条に違反するものということができない。」

補足意見 入江俊郎裁判官（略）　垂水克己・藤田八郎裁判官（略）　奥野健一裁判官（略）

（評釈）園部逸夫・憲法の判例247，大隈義和・基本判例216，鵜澤剛・地自百選28，村田尚紀・憲百Ⅱ215，高橋雅夫・行政百選Ⅰ44。

VIII-5　東京都銀行税条例事件

東京高判平15・1・30判時1814号44頁，判タ1124号103頁
（東京都外形標準課税条例無効確認等請求控訴事件）

事　実 東京都（Y）は，2000（平成12）年4月1日に，税収減による財源を回復するため打ち出した石原知事の政策を実施するため，資金の量が5兆円以上である銀行業等を行う法人に対して，制定日から5年以内に開始する各事業年度の法人について，課税標準を，各事業年度の「所得」（地方税法72条の12）から「業務粗利益」といういわゆる外形標準に変更し，その税率を原則として3パーセントとして課税をすること等を内容とする「東京都における銀行業等に対する事業税の課税標準等の特例に関する条例」（以下「本件条例」という）を制定した。そこで，本件条例の適用を受ける大手銀行であるXらは，Yを相手として訴えを提起し，本件条例が憲法14条，31条，94条，地方税法72条の19，72条の22，6条2項に違反し無効であると主張し，本件条例の無効確認，納付した事業税の返還，損害賠償等を請求した。これに対しYは，本件条例は直接国民，住民の権利・義務を形成し，その範囲を確定するものではないから，無効確認を求める対象となり得ないこと，憲法の下で，地方公共団体はその事務を処理するために必要な財源を自ら調達する権限を有していること，銀行業等について外形標準課税を導入し，かつ，資金量5兆円以上のものに限ったことに裁量権の逸脱・濫用はないことなどと主張した。第1審判決（東京地判平14・3・26判時1787号42頁）は，本件条例の処分性を否定し，その無効確認請求を却下したが，銀行業等については，所得が当該事業の担税力を適切に反映するものであるから，所得を課税標準とすべきであって，この場合に外形標準課税を導入することは許されず，地方税法72条の19が外形標準課税を許す「事業の情況」があるとも認められないから，銀行業等につき外形標準による法人事業税の課税を定める条例は同条に違反し無効であると判断し，納付した事業税の返還を認容した。これに対し，X・Y双方が控訴したところ，裁判所は，Xらの本件条例無効確認請求に係る訴えについては不適法却下と判示した上で，以下のように判断した。

判　旨 **一部変更，一部控訴棄却**　**1 本件条例と地方税法72条の19**　「『業務粗利益』を本件条例の課税

標準（外形基準）として採用したことには，以上述べてきたような会計処理との整合性や貸倒損失等の考慮といった問題点から，Ｙらが主張するような『最適の』課税標準であったとは考えられない。しかし，ここで問題となっていることは，事業税の課税という局面において，事業としての銀行業等の規模・活動量を表すものとして『業務粗利益』を採用したＹの裁量判断の合理性であり，地方税法 72 条の 19 は，『等』という地方公共団体に一定の裁量を認めた表現を採っている上に，『業務粗利益』が，銀行業界から対外的に，銀行業の業務や収益の状況に係る情報を伝える概念として，一般的，日常的に活用されていることも合わせ考えれば，事業税の課税客体である事業としての銀行業等の規模・活動量を測定するものとして，『業務粗利益』を課税標準として採用したＹの判断が，合理性を欠くものと断定することはできない。」「以上のとおりであるので，本件条例制定に当たってのＹの裁量判断は，いずれも地方税法 72 条の 19 において許容される範囲内のものであると認められるので，本件条例は同条に違反しないものと考えられる。」 **2本件外形標準課税と地方税法 72 条の 22 第 9 項**　上記認定の「Ｙの説明や均衡要件の判断に当たっての上記基礎資料によっては，上記……認定の比較値による税負担の不均衡（の可能性）の推認を覆すことはできないと評価せざるを得ない。かえって，税率と共に，本件外形標準課税による税負担に影響を及ぼす課税標準として『業務粗利益』を採用したことについては，上記……で認定した問題点があり，『所得』を課税標準とした場合の税負担がゼロとなってしまう銀行がほとんどとなっているのに，本件条例による納税額が相当額に上るのは，貸倒損失等を一切考慮しない『業務粗利益』を課税標準としたことに起因することは明らかであって，均衡要件との関係でも，課税標準における貸倒損失等の扱いについてはなお検討が必要であったということになる。そして，地方税法 72 条の 19 に基づき導入した外形標準課税が同法 72 条の 22 第 9 項の均衡要件を満たすことについては，外形標準課税を導入する条例を制定した地方公共団体側において，客観的な資料に基づき積極的に証明すべき責任があるところ，以上を総合勘案すると，本件条例による税負担が，『所得』を課税標準とした場合の税負担と，『著しく均衡を失することのないよう』なものであることを認めるに足りる証拠はなく，Ｙは，本件条例が均衡要件を満たすことの証明ができていないことになる。したがって，本件条例は，地方税法 72 条の 22 第 9 項の均衡要件を満たしていると認めることはできない。」 **3結論**　「以上のとおりであるので，本件条例は，地方税法 72 条の 19 には違反しないが，同法 72 条の 22 第 9 項には違反するものであり，憲法違反の主張等Ｘらのその余の主張について判断するまでもなく，違法なものである。そして，地方税法 72 条の 22 第 9 項の歯止め的な機能から見て，本件条例は，地方税法上与えられた条例制定権を超えて制定されたものであって，無効であるといわざるを得ない。」

(コメント) **本件のその後の経緯**　本判決に対して，Yは上告したが，最高裁判所で和解交渉が行われ，東京都は，税率を条例施行時に遡って0.9パーセントに引き下げ，銀行側に納付済みの事業税額との差額を還付し還付加算金を支払う条件で，2003（平成15）年10月8日に和解が成立した。**関連判例**　なお，大阪府においても東京都に倣った外形標準課税条例を制定し，これに対して銀行側は大阪府相手に訴訟を起こしていたが，大阪府議会が2004（平成16）年3月29日に税率を東京都の和解内容に準じて0.9パーセントに引き下げる条例改正をしたため，同年5月18日に，銀行側は訴訟を取り下げた。また，神奈川県臨時特例企業税条例に関して，***Ⅲ-6-4***を引用して同条例が地方税法に違反するとした最一判平25・3・21民集67巻3号438頁がある。

(評釈) 渕圭吾・法教273号41，岩倉正和・ジュリ1245号110，山下竜一・法セ584号32，藤田尚則・重判〈平成15年度〉26，須賀博志・憲百Ⅱ〈第5版〉223，藤谷武史・地自百選A1。

(3)　自治体財政権

Ⅷ-6　摂津訴訟控訴審

東京高判昭55・7・28行集31巻7号1558頁，判時972号3頁
（保育所設置費国庫負担金請求事件）

事　実　摂津市は1969（昭和44）年から1971（昭和46）年までの間に，児童福祉法35条3項に基づき，大阪府知事の認可を得て4保育所を設置し，9272万9990円（用地取得費を除く）を支出した。地方財政法10条の2第5号，児童福祉法51条2号〔現行法では同条6号〕・52条，同法施行令15条1項・16条1号によれば，国の負担割合は精算額の2分の1と定められていたが，厚生大臣は，補助金適正化法に基づき2保育所について250万円を交付する決定をした上で負担金を交付した。これに対し摂津市は国に対し，精算額の2分の1から上記交付額を差し引いた残額4386万4995円の支払を求めて出訴した。第1審（東京地判昭51・12・13行集27巻11＝12号1790頁）は，児童福祉法52条等は単に抽象的な国の負担義務を定めたものにすぎず，負担金の具体的請求権は適正化法に基づく行政庁の行為によって発生するが，残りの2保育所については交付決定が存在しないとして請求を棄却したので，摂津市が控訴した。

判　旨　**棄却**〔確定〕　**1国庫負担金の具体的請求権発生の根拠**　「本件負担金の交付についてその関係法令たる法52条等の規定するところは，国の裁量にかからしめるものではなく，義務的なものであり，また，……その交付額は市町村の現実の支出額を基準とするものであったということができる。」「ところで，国が負担金を交付するに当って

は，各市町村等の設置する保育所が国庫負担の対象となるべきであるか，また，このために市町村等が実際に支弁した費用のうち国庫負担金算定の基礎となるべきものの範囲，その客観的に是認される金額等につき，これを具体的に確定する必要があるところ，この点については，前記法52条等の規定自体によっては明らかでなく，これを判定するための何らかの手続を要することは当然である。また，一般に，国が負担金を支出する以上，右負担金が市町村によりその目的に従い適正に使用されるよう，国に監督権限を与え，負担金の使用が適正を欠く場合には，相当の措置をとることができるようにする必要があり，これらの点についても別途法律上明らかにしておくことが要請される。」 **2費用のうち国庫負担金算定の基礎** 「一方，適正化法は，国庫負担金を含む補助金等の交付の不正な申請及びその不正な使用を防止し，補助金等に係る予算の執行が適正に行われることを目的として制定され，補助金等の交付に関する基本的事項を定めるとともに，各省庁の長が所掌の補助金等に係る予算を執行するに当り，補助金等が公正かつ効率的に使用されるように努めるべき責務等を明らかにし，補助金等に関しては他の法律等に特別の定めのあるものを除くほかすべて同法の定めるところによるべきものとしている。」「適正化法5条ないし10条の規定及び同法全体の趣旨，構造からすると，一般に，国から補助事業者等に国庫負担金を含む補助金等が交付されるについては，その適正を期するため，まず所管の各省各庁の長に対し交付申請がなされることが必要であり，各省各庁の長は，右申請に基づき，その権限と責任において，交付要件の存否のみならず，交付すべき補助金等の額及び交付するにつき付すべき条件等を審査，判断し，交付すべきものと認めるときは，交付決定をすべきものとし，各省各庁の長の右交付決定を経由せしめることによって，はじめて補助金等の具体的請求権を発生させるとともに，補助事業者についても交付された補助金等をその目的に添って使用し，補助金事業等を適正に遂行する義務を生ぜしめ，一定の場合には右交付決定の取消により，いったん発生した補助金等の交付請求権を消滅させることができるものとしているのである。」「控訴人が本件において訴求する右各保育所の設置に要した費用の国庫負担金については，適正化法に基づく交付申請がなく，したがって交付決定がなされていないことが明らかであるから，……負担金請求権はいまだ発生していないものといわざるをえ……ない。」 **3国庫負担金の交付申請に対する行政指導** 「厚生大臣は，地方公共団体による保育所を含む児童福祉施設その他社会福祉施設の建設が総合的に，全国的規模のもとに充実して行われるべく政策を樹立する責務を負い，右の政策には自ずから国の財政の許す範囲において定められなければならない制約があることは明らかである。また地方公共団体も国庫負担をともなう事業については，地方財政法10条の2に規定するとおり『国民経済に適合するように総合的に樹立された計画に従って実施しなければならない』ものであるところ，……市町村による保育所の建設，整備に関する設置費国庫負担金の交付行政について，右のような総合的社会福祉政策及び財政上の要請並びに負担金交付手続の能率化の必要上，適正化法に基づく交付申請の前段階の事実上の手段として，前記事前協議，定額による内示の仕組み及び右内示に基づく交付申請の行政慣行が生じ，市町村側もこれを止むをえないものとして承認していたことが認められる。」「本件4保育所設置費国庫負担金に関しては，右手続を経たうえ交付申請をする行政慣行につき，控訴人において積極的にこれを支持，是認していたものではないとしても，これを容認し，これについての前記行政指導を受け入れ，右内示に即応して，右国庫負担金の交付申請を行い，又はこれを行わなかったものであり，前認定の経過及び状況に徴すると，右事前協議・内示及び交付申請についての行政指導をもって，控訴人がその意思に基づいて正当な国庫負担金の交付を申請する権利の行使を妨げた違法又は著しく不当な行為ということはできない。」

(評釈) 福家俊明・重判〈昭和55年度〉59，碓井光明・社会保障百選〈第3版〉106，稲葉一将・地自百選117。第1審について，小早川光郎・社会保障百選〈初版〉84，原野翹・重判〈昭和51年度〉34。

判例索引（年月日順）

（ゴシック体，斜体は本書の見出し判例を示す）

◆ 最高裁判所

◆ 高等裁判所

◆ 地方・家庭・簡易裁判所

◆ 弾劾裁判所

判例索引（通称名・五十音順）

◆ あ行

◆ か行

◆ さ行

◆ た行

◆ な行

◆ は行

◆ ま行

◆ や行

◆ ら行

◆ わ行

憲法判例〔第8版〕

Constitutional Law —— Cases and Comments

1973年8月30日　初版第1刷発行
1974年3月30日　再版第1刷発行
1977年2月20日　増補版第1刷発行
1983年4月30日　新版第1刷発行
1987年7月30日　新版増補版第1刷発行
1993年6月20日　第3版第1刷発行
1997年4月20日　第3版増補第1刷発行
2002年12月25日　第4版第1刷発行
2004年3月10日　第4版補訂版第1刷発行
2006年1月30日　第4版補訂2版第1刷発行
2007年4月5日　第5版第1刷発行
2010年3月25日　第6版第1刷発行
2014年3月30日　第7版第1刷発行
2018年4月1日　第8版第1刷発行
2025年4月30日　第8版第8刷発行

編著者　戸松秀典
　　　　初宿正典

発行者　江草貞治

発行所　株式会社　有斐閣
〒101-0051　東京都千代田区神田神保町2-17
https://www.yuhikaku.co.jp/

印刷　精文堂印刷株式会社
製本　牧製本印刷株式会社

ISBN 978-4-641-22745-3